Entscheidungsfeld BETRIEB

Eine praxis- und handlungsbezogene Industriebetriebslehre

von

Peter J. Schneider
Manfred Zindel
Roland Lötzerich
Wilfried Münscher

Neue Rechtschreibung

ISBN 3-8045-
4001-5

2., durchgesehene Auflage, 1998

Winklers Verlag
Gebrüder Grimm
Darmstadt

Vorwort

Die berufliche Erstausbildung hat eine Vielzahl von Funktionen zu erfüllen. Für den gesellschaftlichen Entwicklungsprozess nimmt sie eine Schlüsselstellung ein. Deshalb werden immer größere Anforderungen an die Qualität und die Inhalte der Berufsausbildung gestellt. Gleichzeitig ist aber auch feststellbar, dass die Ausbildung seitens der Betriebe zunehmend unter Kostengesichtspunkten betrachtet wird.

Das Bestreben der ausbildenden Wirtschaft, in der Berufsschule immer mehr berufliches Grundwissen in möglichst wenig Zeit zu vermitteln oder vermitteln zu lassen, wird von dem Ziel getragen die Auszubildenden möglichst reibungslos und schnell in den betrieblichen Leistungsprozess einzubeziehen. Trotzdem scheint es so, als versuche man hier die Quadratur des Kreises.

Unumstritten ist hingegen, dass die Wirtschaft qualifizierte Arbeits- und Führungskräfte benötigt, die angesichts der schnellen wirtschaftlichen und technologischen Entwicklung über so genannte Schlüsselqualifikationen verfügen.

Ziel der schulischen Ausbildung zur Industriekauffrau bzw. zum Industriekaufmann muss sein, dass die Auszubildenden die Fähigkeiten erwerben, komplexe betriebliche Zusammenhänge zu begreifen und die Notwendigkeit eines selbstständigen, flexiblen und situationsbezogenen Handelns zu erkennen. Wer diese Kompetenzen am Ende der Ausbildung unter Beweis stellen kann, hat eine reelle Chance zu den auch heute noch immer gesuchten Fachkräften zu gehören und in ein festes Arbeitsverhältnis übernommen zu werden. Auf dem Prüfstand der Leistungsfähigkeit des dualen Systems der Berufsausbildung stehen selbstverständlich auch die Berufsschulen, die hier angewendeten Lehrmethoden und die Eignung der verwendeten Schulbücher.

Das Buch **ENTSCHEIDUNGSFELD BETRIEB** ist eine **SPEZIELLE WIRTSCHAFTSLEHRE** (Industriebetriebslehre) und baut nicht nur inhaltlich, sondern auch methodisch auf den Zielvorgaben des KMK-Rahmenplanes auf. Schon durch die Arbeit mit diesem Buch sollen die Auszubildenden jene fachlichen, methodischen und sozialen Fähigkeiten erwerben, die für eine breite berufliche Handlungskompetenz nötig sind.

Viele Situationsaufgaben, die zum Teil unmittelbare Praxisbeispiele darstellen, lassen in Zusammenhang mit den ansprechend aufbereiteten Informationen unterschiedliche Lehr- und Lernformen zu. Das Buch soll die Grundlage für eine möglichst intensive fachliche Kommunikation unter den Auszubildenden sein. Es ist offen und bietet an allen Stellen die Möglichkeit eigene Erfahrungen aus dem betrieblichen oder privaten Bereich einzubringen.

Unter dem Leitspruch:

„Wenn Du Großes vollbringen willst, musst Du viele kleine Schritte tun, dieses aber oft und täglich"

wünschen wir Ihnen viel Erfolg für Ihre berufliche Zukunft.

Sommer 1997 Ihr Autorenteam Schneider/Zindel/Lötzerich/Münscher

WINKLERS VERLAG · GEBRÜDER GRIMM
64230 Darmstadt · Postfach 11 15 52 · Telefon (0 61 51) 87 68-46 · Telefax (0 61 51) 87 68-61
E-Mail: winklers @ t-online.de – internet: http://www.winklers.de

40012L

Inhaltsverzeichnis

Themenfeld 1
Der betriebliche Leistungsprozess und die betriebliche Organisationsstruktur

Themenfeld 2
Die betrieblichen Funktionen: Die Materialwirtschaft

Die betrieblichen Funktionen: Die Produktionswirtschaft

Die übergreifenden Funktionen: Die Finanzwirtschaft

Themenfeld 1 Der betriebliche Leistungsprozess und die betriebliche Organisationsstruktur

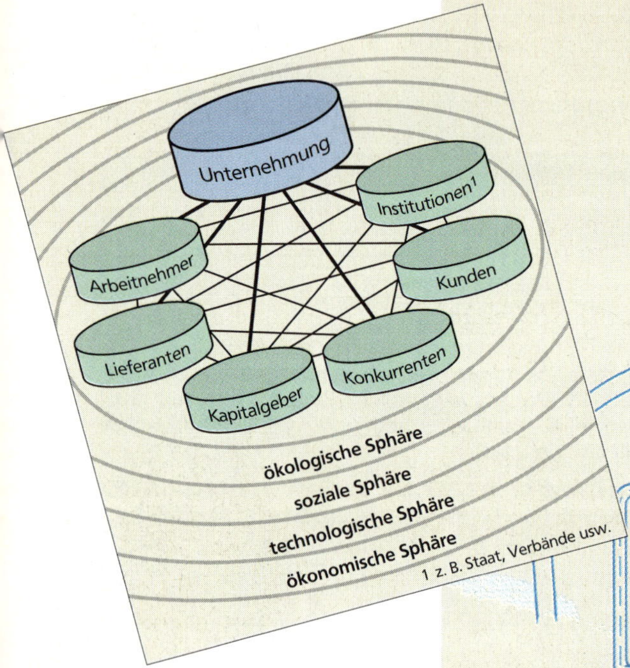

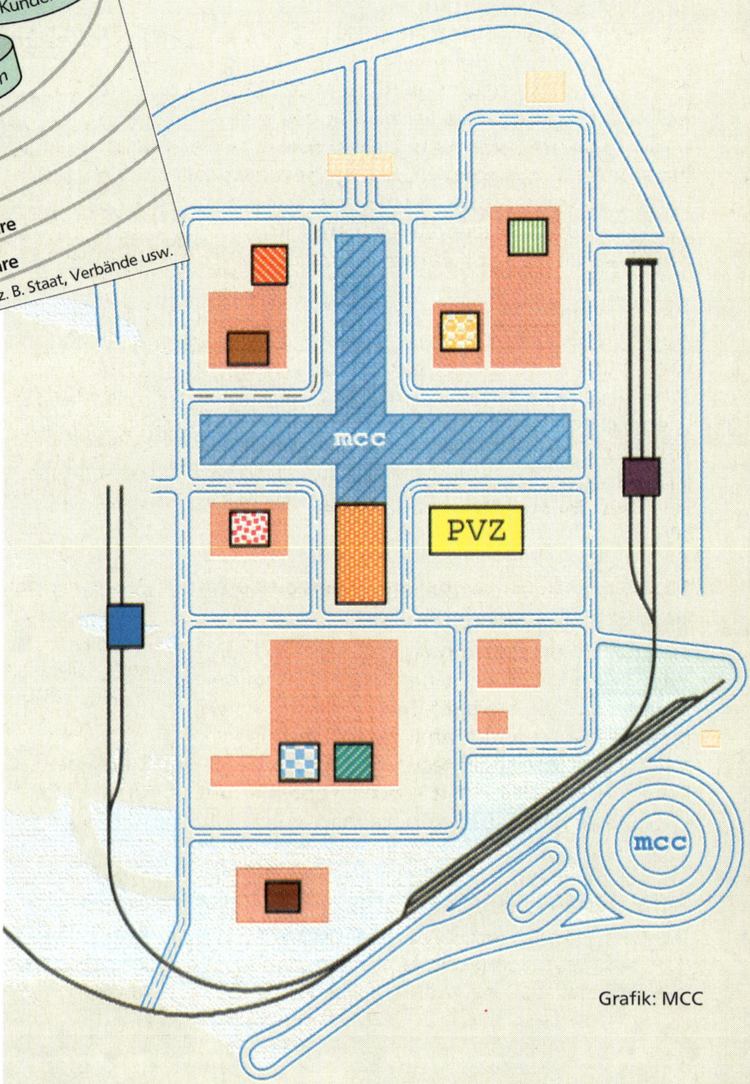

Grafik: MCC

1 Orientierungs- und Strukturwissen über den Informations- und Wertefluss im betrieblichen Leistungsprozess erwerben

„Die vollkommen, schon zu 100 % bekannten Dinge sind uninteressant. Was noch unbekannt ist, zieht uns an. Das Beste ist es aber, wenn dann ein Gebiet, wo man selber den Boden bearbeiten und pflügen kann, noch übrig bleibt. Das Gebiet hat Zukunft. Da kann man seine Kraft völlig entfalten ..."
Kuniyasu Sakai, Hiroshi Sekiyama

Situation

Von SWATCH zu SMART ... eine Idee macht Geschichte

Die junge Mercedes-Tochter MCC (Micro-Compact-Car) setzt zum großen Sprung in die kleine Klasse an. 170 Konstrukteure, Ingenieure, Designer und Techniker geben der als „Swatch-Auto" geborenen Idee Form und Inhalt. Und das tun sie auf eine radikal andere Weise, als es bisher im Autobau überhaupt denkbar war.

Für die Besitzer eines „SMART"-Autos soll sich das vollziehen, was auch den Uhrenmarkt vor Jahren völlig umgekrempelt hat. Die nüchterne Auto-Technik wird verknüpft mit der poppigen Swatch-Idee. Heraus kommt ein in allen Teilen völlig neues Gefährt.

Foto: MCC

So soll z. B. die Farbwahl eine jederzeit zu revidierende Entscheidung sein.

„Zum Preis eines guten Anzuges sind alle Karosserieteile binnen einer knappen halben Stunde auswechselbar." Dafür wird z. B. auf Blech und eine herkömmliche Lackierung verzichtet. Die komplett recycelbaren Plastikverkleidungen werden mit einer Dekorfolie beklebt, die mit Klarlack überzogen wird. Alle Mitarbeiter werden **ein persönliches Interesse** daran haben, dass aus allen Möglichkeiten die besten, preiswertesten und von den Käufern erwarteten Lösungen herausgefunden werden. Bei jeder/m Mitarbeiter/in ist das Gehalt oder der Lohn zu einem Viertel davon abhängig, inwieweit Kostenrahmen, Termine und Qualitätsstandards eingehalten wurden. „Inselstrukturen" nennt man bei MCC das **System flacher Hierarchien,** in dem jede/r Mitarbeiter/in die volle Verantwortung für ihren/seinen Bereich übernimmt.

Ziele: Der **schlanke Aufbau** soll Zeit und Geld sparen. Es muss ein Auto ohne technische Vorbilder auf die Räder gestellt werden, das sich für knapp über 15.000 DM gewinnbringend – das heißt mindestens 100 000-mal jährlich – verkaufen lässt. Bei voller Auslastung sollen später einmal 2 000 Arbeitskräfte im Dreischichtbetrieb 200 000 Autos pro Jahr bauen.

Methoden: Mit den bekannten Optimierungsmethoden können gegenüber den herkömmlichen Entwicklungskosten nach Ansicht von Experten maximal 25 % eingespart werden. Das reichte der Firma MCC aber nicht. Deshalb musste sie **alles anders** machen: Organisation, Produktion und Vertrieb. Für die beteiligten Firmen ist das Ganze ein **Experiment** mit einem Einsatz von gut 1,5 Milliarden Mark – bevor der erste SMART das Band verlässt…

Produktion: Die Fabrik entsteht nicht in einem Billiglohnland, sondern in Lothringen. Die **Montagezeit** wird mit nur 7 Stunden gegenüber üblichen ca. 15 bis 18 Stunden kalkuliert. 80 % der Wertschöpfung entsteht bei den auf dem Fabrikgelände ansässigen Zulieferern, den so genannten **Systempartnern.**

Die Kernidee ist, dass die Zulieferer ihre vormontierten Teile auf dem kürzesten Weg in die kreuzförmige Montagehalle bringen (siehe Grafik). Doch auch die **Angst vor Produktionsmängeln** sitzt tief. Täglich sollen sich leitende Mitarbeiter/innen in dem „Bistro" genannten Zentrum der Montagehalle treffen, um Fehlerquellen prompt und unbürokratisch auszumerzen. Lange Gespräche werden jedoch nicht erwartet. Im Grundriss sind keine Sitzgelegenheiten eingeplant, dafür aber 20 Parkplätze. Auf denen soll, sichtbar für alle, der tägliche Ausschuss abgestellt werden…

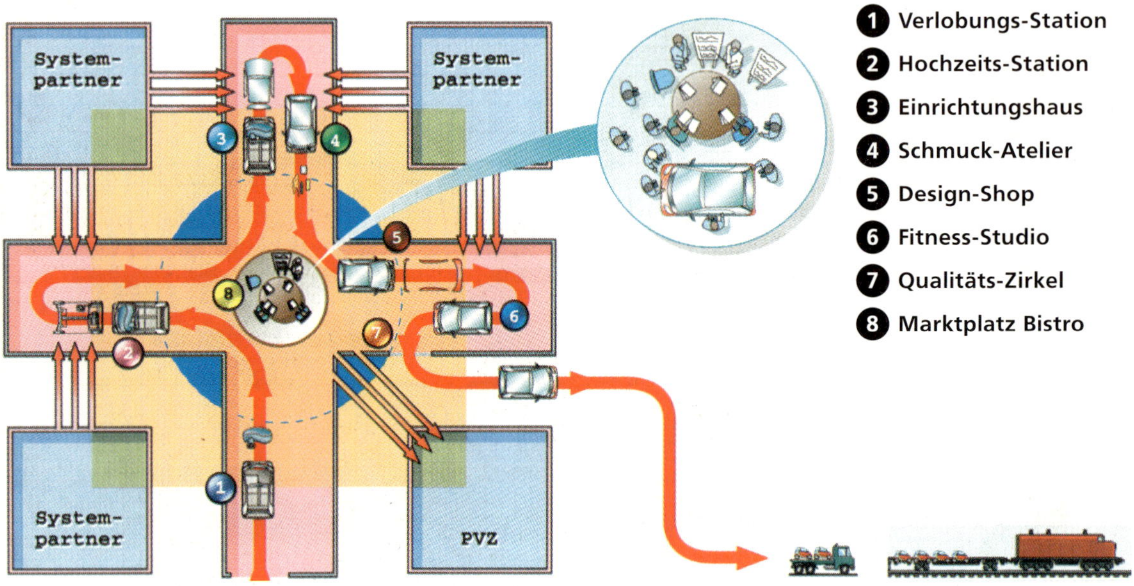

1 **Verlobungs-Station**
2 **Hochzeits-Station**
3 **Einrichtungshaus**
4 **Schmuck-Atelier**
5 **Design-Shop**
6 **Fitness-Studio**
7 **Qualitäts-Zirkel**
8 **Marktplatz Bistro**

Quelle: Grafik: MCC, Texte in Anlehnung an Stern Nr. 23 / 1996, Seite 133–142

?

- **Was ist wirklich neu am (angeblich notwendigen) neuen unternehmerischen Denken?**
- **Worin unterscheidet sich diese geplante Fabrik von bisherigen Produktionsanlagen?**
- **Was könnte den Planungen und Erwartungen vielleicht im Wege stehen?**
- **Welche Erwartungshaltungen bestehen gegenüber den Management und den einzelnen Arbeitnehmern oder Auszubildenden in diesem neuen unternehmerischen Ansatz?**
- **Was ist von den bisherigen unternehmerischen Zielen geblieben?**

400110L

Produzieren kann heute jeder. Gesetzliche Vorschriften, aber auch die Trends der Zeit (z.B. Cw-Werte für Autos als bedeutendes Konstruktionskriterium für die Karosserie) bringen es mit sich, dass die Produkte immer ähnlicher und damit immer austauschbarer werden. Außerdem bestehen heute bei vielen Herstellern Überkapazitäten. Das Ergebnis: Produktion auf Lager, Überangebot, Verkaufenmüssen um (fast) jeden Preis. Damit lässt sich dies in einem einzigen Wort zusammenfassen: **Verdrängungswettbewerb.**

Durch *Verbilligung der Produktion* ist dieses Problem nur noch in den seltensten Fällen in Griff zu bekommen. Dieser Weg scheint zwar nahe zu liegen und viele glauben ihn gehen zu müssen, aber gerade deshalb ist es ein *allgemeiner Lösungsversuch,* aber kein Weg, der das eigene Unternehmensprofil stärkt. Was soll man noch alles machen? Noch billiger produzieren, noch billiger einkaufen? Die Produktion noch mehr in so genannte Billiglohnländer verlagern? Diese Spirale hat bei der fortgeschrittenen Produktionstechnologie bald ein Ende und kann nur in wenigen Fällen eine Lösung sein.

Ein Beispiel: Sehen Sie den Unterschied?

Fast gleiche Fahrzeuge,
fast gleiche Ausstattung,
fast gleiche Preise,
fast gleiche Technik,
gleiche Produktionsstätte...

Warum eigentlich drei Marken?

Gefragt ist ein neues Denken. Ein Denken, das nicht mehr so geprägt ist von dem, was war, sondern wie es sein soll, denn nichts ist vergänglicher als der Ruhm und Erfolg von gestern. Gefragt sind neue Leitideen, die nicht nur in den Chefetagen erarbeitet werden, sondern die auch von den Arbeitnehmern akzeptiert und umgesetzt werden. **„Qualitätsmanagement"** hat nicht nur etwas mit der Produktion, sondern auch mit der Mitarbeiterführung zu tun, denn jemand, der weiß, wofür er etwas tut, wird es umso eher tun, je mehr er sich diese Ziele auch zu seinen eigenen macht.

Gefragt sind nicht nur neue Produktideen, sondern Vorstellungen, wie die Firmen von morgen und übermorgen im technischen, kaufmännischen, organisatorischen, ganz besonders aber im menschlichen Bereich aussehen können, sollen und vielleicht sogar ausgestaltet sein müssen.

Den einzig richtigen Weg zum Ziel gibt es dabei sicher nicht, aber es gibt vieles, was sich in den einzelnen Firmen zwar unterscheidet, aber sich letztlich einer „Philosophie" unterordnet, nämlich: **„Mit innovativem Denken einen Vorsprung auf dem Markt erobern und sichern."**

1.1 Funktionen und Zielsetzungen von Industriebetrieben beschreiben

1.1.1 Aufgabenfelder

Industriebetriebe stellen Sachgüter, d.h. Konsumgüter (für den Endverbrauch) oder Investitionsgüter her. Eingesetzt zur Fertigung werden die Produktionsfaktoren Betriebsmittel, Werkstoffe und Arbeitskräfte. Die wichtigsten innerbetrieblichen Aufgabenbereiche sind:

Beschaffung

Sie beinhaltet in erster Linie die Versorgung des Betriebes mit Werkstoffen und den für deren Bearbeitung benötigten Maschinen. Diese Tätigkeiten werden durch die Einkaufsabteilung erledigt. Es kann sich sowohl um Routineaufgaben handeln (wenn z.B. ständig benötigte Rohstoffe beschafft werden), es kann aber auch um intensiv vorbereitete Einzelbeschaffungen gehen (wenn z.B. auf Messebesuchen eine Investitionsmaßnahme erörtert wird).

Im weiteren Sinne gehört auch die Beschaffung von Personal und Finanzmitteln zu diesem Bereich.

Dem Beschaffungsbereich wurde in den letzten Jahren eine immer größere Aufmerksamkeit gewidmet. Ein wesentlicher Grund lag z.B. in den so genannten Outsourcing-Strategien. Das bedeutet, dass man versuchte die eigene Produktion zu verschlanken und verstärkt auf Zulieferer zurückzugreifen, die teilweise komplette Komponenten beizusteuern haben (siehe hierzu auch die Grafik der geplanten SMART-Produktion auf Seite 10). Ziel dieser Optimierungsstrategie ist über eine Verringerung der Fertigungstiefe die eigene Produktivität zu erhöhen.

Lagerhaltung

Die Betriebe versuchen unter Kostengesichtspunkten zwar Lagerkapazitäten abzubauen und „just in time" beliefert zu werden (oder selbst zu liefern), aber nicht immer ist es sinnvoll oder machbar, dass Beschaffung und Absatz exakt übereinstimmen.

Lagerhaltung dient dazu, dass Unregelmäßigkeiten in der Güterbeschaffung ebenso ausgeglichen werden wie Absatzschwankungen bei den Fertigprodukten. Hierzu gehört auch die Einrichtung von Zwischenlägern während der Produktion.

Mit der Verringerung der Fertigungstiefe und einer Erhöhung der Beschaffungsaktivitäten bei gleichzeitiger Reduzierung der Lagerhaltung werden die Unternehmen anfälliger gegen alle ungeplanten Schwankungen im Leistungs- und Zulieferungsprozess. Dazu zählen nicht nur Unwägbarkeiten im Verkehrsfluss, sondern auch Schwachstellen, die deutlich werden, wenn z.B. die Wareneingangskontrolle die just in time gelieferten Waren nicht freigibt. Je größer die räumliche Distanz zwischen Lieferant und Abnehmer, desto schwieriger sind die logistischen Probleme zu lösen.

Dies führt offensichtlich vermehrt zu einem Umdenken in der Industrie. Entweder die Zulieferer siedeln sich mit Zweigwerken in der Nähe des Abnehmerbetriebes an oder es werden nach außen verlagerte Produktionsbereiche wieder verstärkt in die eigenen Betriebe zurückgeholt.

Produktion

Sie ist die zentrale Aufgabe, auf die sich alle anderen Funktionen ausrichten. Der Betrieb kann entweder selbst produzieren oder von Fremdfirmen produzieren lassen.

Die Verlagerung von Produktionsstätten ins Ausland gewinnt unter Kostengesichtspunkten immer mehr an Bedeutung. Maßgeblich hierfür sind in erster Linie die hohen deutschen Lohn- und Lohnnebenkosten. Sie führen auch dazu, dass immer mehr Arbeitsplätze durch den Einsatz moderner Produktionsmaschinen wegrationalisiert werden.

Buchhaltung/Finanzierung/Controlling

Ohne Eigen- oder Fremdkapital ist der betriebliche Leistungsprozess nicht möglich. Ziel der Finanzierung ist die Erhaltung des finanziellen Gleichgewichts des Betriebes. Mit der ständigen Zahlungsfähigkeit sowie der

Kapitalbeschaffung und Kapitalbereitstellung sind die wichtigsten Funktionen genannt. Die Buchhaltung beinhaltet auch die Kostenrechnungs- und Kalkulationsabteilung. Mit Controlling wird der gesamte Leistungsprozess überwacht.

Industriebetriebe stellen nur einen Teil im gesamten volkswirtschaftlichen Leistungsprozess dar. Sie stehen als Produktionsbetriebe neben dem Handwerk und sind in vielfacher Weise mit anderen Betrieben des Dienstleistungsbereiches verbunden.

Ureigentliche Aufgabe der Industriebetriebe ist die Versorgung der Bevölkerung mit Konsumgütern (Endverbrauch) oder die Herstellung von Produktions- bzw. Investitionsgütern (Produktionsanlagen, Maschinen).

Optimaler Standort für die Leistungserstellung

Waren es früher ganz besonders handfeste Fragen des mit dem technischen „Know-how" verbundenen deutschen Vorsprunges, die den Standort der Industriebetriebe in der Weiterbe- und -verarbeitung bestimmten, so ist das Bild heute viel internationaler geworden. Hohe Lohnkosten, strenge Umweltauflagen und ausgeprägte Arbeitsschutzgesetze auf der einen und eine technisch gesicherte Qualität zu Billiglöhnen auf der anderen Seite führen bei vielen Unternehmungen zu Überlegungen, ganze Produktionszweige ins Ausland zu verlegen.

Standortwahl, Standortspaltung, Standortwechsel

In Abhängigkeit von Unternehmungsgröße und -ziel sowie der Stellung im Wirtschaftsablauf und des Produktionsprogramms, ist eine **Standortspaltung** (Filialbetriebe, Tochtergesellschaften) ebenso möglich wie ein **Standortwechsel.** Dabei kann unter bestimmten Voraussetzungen der Standort sogar laufend wechseln. Diese Erscheinungsform ist am häufigsten im Bereich des Handels und der Dienstleistungen anzutreffen (ambulanter Handel, Verkaufswagen, Taxiunternehmungen usw.). Teilweise ist der laufende Standortwechsel für ganze Wirtschaftszweige existenznotwendig (Schaustellerbetriebe, Bauunternehmungen usw.).

Standortanalyse

Den besten oder **den** einzig geeigneten Standort wird es nicht geben. Meist steht ein Unternehmen vor dem Problem, aus einer Vielzahl von Gründen diejenigen herauszusuchen, von denen man ausgeht, dass sie besonders wichtig seien. Die Standortwahl ist oft auch nicht in allen Einzelheiten begründbar. Es kann ohne weiteres sein, dass familiäre Bindungen und kulturelle sowie schulische Möglichkeiten hinter Kostengesichtspunkten bei Standortentscheidungen zurückstehen.

Als klassische Standortfaktoren galten noch bis vor ca. einem Jahrzehnt: **Arbeitskräfte**orientierung, **Rohstoff**orientierung, **Verkehrs**orientierung, **Absatz**orientierung. Diese Faktoren gelten zwar auch noch heute, aber ihr Gewicht hat sich in den letzten Jahren teilweise völlig verändert. Waren es früher fast ausschließlich regionale Fragen, wo sich Betriebe ansiedelten, stehen heute bei geöffneten europäischen Grenzen weit größere Möglichkeiten zur Verfügung. **Standortverlagerungen ins Ausland** werden aus mehreren Gründen immer stärker auch für alteingesessene Unternehmen zu einer echten Alternative:

Lohnkosten	... die Bundesrepublik Deutschland zählt zu den Ländern mit den höchsten Tariflöhnen, dem teuersten Sozialsystem und den höchsten Lohnnebenkosten.
Arbeitszeit	... Im Ausland sind die Arbeits- und Maschinenlaufzeiten deutlich länger. Der Einfluss der Gewerkschaften und die gesetzgeberischen Reglementierungen des Staates sind geringer.
Arbeits- und Sozialrecht	... die sozialen Errungenschaften im Arbeitsrecht (z. B. Kündigungsschutz, Mitbestimmung, Lohnfortzahlung, Urlaubsanspruch, Schwerbehindertenschutz usw.) wirken sich im internationalen Vergleich eher investitionshemmend aus.
Umweltauflagen	... Unternehmen haben im Ausland nicht unerhebliche Kostenvorteile aufgrund wesentlich geringerer oder z. B. im Ostblock kaum vorhandener Umweltauflagen.
Leistungswille	... Vielfach wird behauptet, dass mit der Aufbruchstimmung in den bisher industriell unterentwickelten Ländern ein besonderer Leistungswille bei den Arbeitnehmern vorliege, der in einer Wohlstandgesellschaft nicht mehr in dieser Form vorhanden sei.

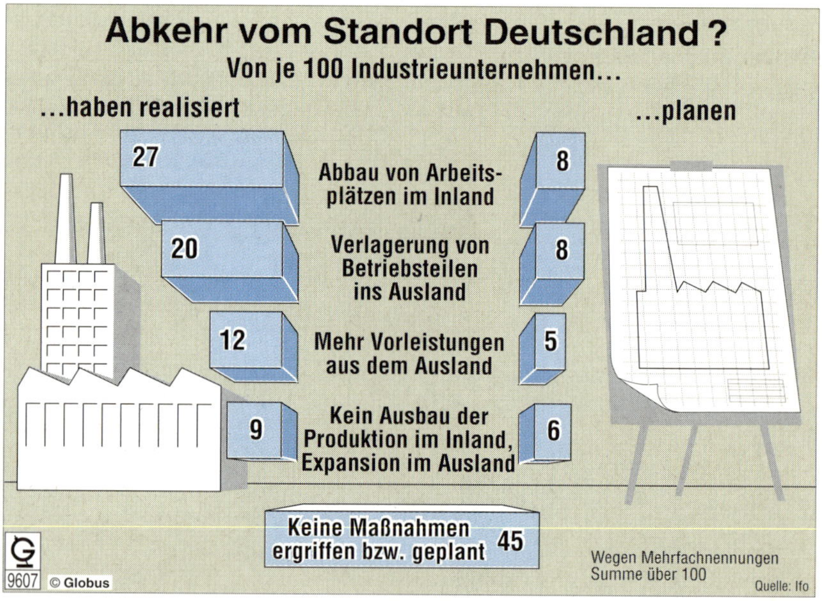

1.1.2 Ökonomische Ziele

„Der Produktion sind heute technisch kaum noch Grenzen gesetzt. Das Problem liegt eher darin, in weitgehend gesättigten Märkten die Bedürfnislücken zu finden, in denen sich mit gezielter Produktion und Bedürfnisbefriedigung noch Geld verdienen lässt."
aus einem Seminarvortrag zum Thema „Gesättigte Märkte – was ist zu tun"?

Wirtschaftsprozesse in marktwirtschaftlichen Systemen werden von dem Streben nach Gewinn geprägt. Jeder Betrieb versucht seine Leistungserstellung unter wirtschaftlichen Gesichtspunkten zu optimieren. Dazu gehört, dass der Einsatz der zur Produktion nötigen Faktoren sorgfältig geplant wird und diese möglichst kostengünstig beschafft werden. Es versteht sich aber auch von selbst, dass jeder Betrieb versucht für seine Produkte einen möglichst hohen Preis zu erzielen.

Ein Grundsatz der Marktwirtschaft: Gewinn ist nicht alles – aber ohne Gewinn ist alles nichts.

Das so genannte Erwerbswirtschaftliche Prinzip gilt als Motor der Wirtschaft. Gewinne müssen mindestens so hoch sein, dass sie einen angemessenen Unternehmerlohn, eine ausreichende Verzinsung des eingesetzten Eigenkapitals und einen Ausgleich des unternehmerischen Risikos darstellen. Das Motto „Wer nichts riskiert, der nichts gewinnt" lässt sich auch umwandeln in die Aussage „Ohne Gewinnmöglichkeit keine Risikobereitschaft". Das bedeutet nichts anderes als dass ein Unternehmer Anspruch auf die Gewinnerzielung hat, wobei sich sicher über die Höhe bzw. die Angemessenheit des Überschusses streiten lässt.

Gleichwohl steht das Ziel der Gewinnerwirtschaftung nicht allein. Je nach Unternehmenssituation können auch andere Zielsetzungen zumindest vorübergehend im Vordergrund stehen:

- **Marktführerschaft**
- **Umsatzerhöhung**
- **Absatzsteigerung**
- **Marktausweitung**
- **Konkurrenzverdrängung**
- **Marktbeherrschung**
- **Arbeitsplatzsicherung usw.**

1.1.3 Außerökonomische Ziele

Das unternehmerische Handeln wird heute nicht nur von wirtschaftlichen (ökonomischen) Überlegungen, sondern zunehmend auch von Umweltgesichtspunkten bestimmt.

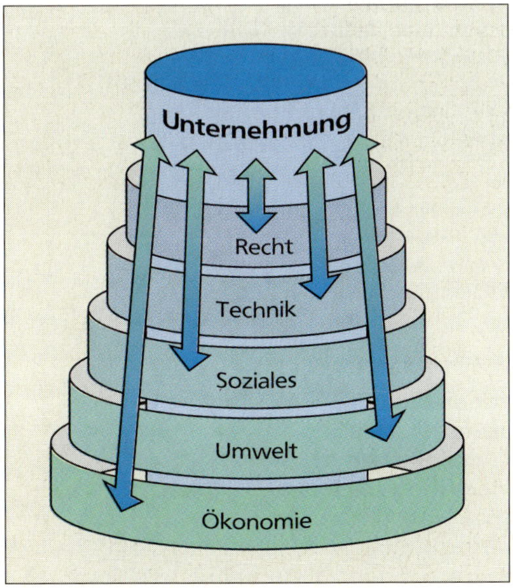

Daneben stellen technologische, aber auch rechtliche Voraussetzungen oftmals enge Grenzen des unternehmerischen Prozesses dar. In zunehmendem Maße wird von den Unternehmungen auch ein höheres Maß an sozialer Verantwortung eingefordert („Bündnis für Arbeit").

Von dem Ziel der absoluten Gewinnmaximierung müssen daher Abstriche gemacht werden.

Soziale Zufriedenheit/ Ausgeglichenheit

Die wirtschaftlichen Ziele sind nicht ohne ausreichende Berücksichtigung der Belange von Arbeitnehmern und Auszubildenden zu erreichen. Auf unterschiedlichen Wegen wird versucht die Arbeitskräfte nicht nur für ihre direkte Tätigkeit, sondern für das gesamte Unternehmensgeschehen zu interessieren. Die Arbeitnehmer sollen sich mit ihrem Unternehmen identifizieren.

Mit „Wir machen mehr aus Ihren Bildern!" drückt sich eine solche **Firmenphilosophie** z. B. in dem Leitmotiv eines großen Bilderrahmenherstellers aus. *„Wir"* soll für den Kunden gleichgesetzt werden mit der Firma und der Geschäftsleitung, *„wir"* soll im Inneren aber auch ein Ausdruck der gemeinsamen Qualitätsinteressen der Arbeitnehmer sein (siehe auch: Corporate Identity Seite ...)

Berücksichtigung finden soziale Ziele durch verschiedene **Maßnahmen:**

- **humane Gestaltung und Sicherung der Arbeitsplätze**
- **gerechte Entlohnung**
- **Gewährung von Mitsprache- und Mitbestimmungsmöglichkeiten**
- **betriebliche Sozialeinrichtungen, Arbeits- und Unfallschutz, Krankheitsvorsorge usw.**

Umweltschutz/Ökologische Ziele

Eine an der Schonung der Ressourcen und umweltgerechten Unternehmensführung orientierte Unternehmensleitung hat viele Möglichkeiten der Verwirklichung dieser Ziele:

Beschaffung

- **Optimierung der Transportwege**
  - Auswahl günstiger Verkehrszeiten
  - Wahl umweltschonender Verkehrsträger
- **Ökologische Aspekte bei der Lieferantenbeurteilung**
  - Verpackungsrücknahme oder Wiederverwendungsmöglichkeiten
  - ökologisch orientierte Leistungsmaßstäbe
  - Bevorzugung standortnaher Lieferer
  - ökologischen Interessen entsprechende Lagerhaltung

Produktion

- **Ökologische Produktionsverfahren**
  - Einsatz alternativer Energien
  - Modernisierung von Produktionsanlagen
  - Verringerung des Schadstoffausstoßes
  - Wertstoffrückgewinnungssysteme
  - Luftreinhaltung, Abwasserreinigung
  - Einsatz langlebiger Werkstoffe
  - Verzicht auf umweltschädliche Materialien
  - Zertifizierung durch ein Öko-audit nach ISO 9000
  - Einhaltung von Schutzvorschriften und Sicherheitsmaßnahmen

Personal

- **ökologische Bewusstseinsbildung**
  - Prämien für energiesparendes Verhalten
  - umweltorientierte Arbeitsbedingungen
  - Unterstützung der Nutzung öffentlicher Verkehrsmittel
  - fahrgemeinschaftsorientierte Arbeitszeitgestaltung
  - Einsatz von Betriebsbussen

Absatz

- **Produktionsprogramm**
  - Verlängerung der Lebenszyklen
  - ökologisch orientierte Preisdifferenzierung
  - Beteiligung an Rohstoffrückführungssystemen
  - Zusammenarbeit mit Verbraucherorganisationen

Arbeitsvorschlag:

1. **In welche Kategorie der Industriebetriebe ordnen Sie das SMART-Projekt ein?**
2. **Worin sehen Sie die Zielsetzungen des neuen Autoherstellers?**
3. **Welcher Wandel in der Betrachtung der Standortfaktoren hat sich vollzogen?**
4. **Welche Gründe können zu einer Standortverlagerung ins Ausland führen?**
5. **Warum stellt eine Standortentscheidung immer einen Kompromiss dar?**
6. **Nennen Sie die wichtigsten Aspekte, die Ihnen zum Standort Deutschland einfallen.**
7. **Worin unterscheiden sich die Ertragsziele von den übrigen Unternehmenszielen?**

400116L

Betriebliche Entscheidungssituation
Analysieren – informieren – diskutieren – entscheiden

In folgender Situationsdarstellung werden fallbezogen die Probleme der Entscheidung im betrieblichen Leistungsprozess aufgehellt. Ihre Aufgabe besteht darin, in einem Rollenspiel die Argumente aufzugreifen, zu ergänzen, zu entkräften, in jedem Falle aber am Schluss zu einem Ergebnis zu kommen, ob und unter welchen Bedingungen die Neueinführung des Produktes vollzogen werden soll.

Ein Hersteller der Kosmetikbranche plant eine neue Produktserie unter dem Namen „Öko-nature" auf den Markt zu bringen. Dabei handelt es sich um Shampoos, Badezusätze und Cremes, die auf Naturbasis hergestellt werden. Die Geschäftsführerin legt Wert darauf, dass die Produkte „ohne Tierversuche" entwickelt wurden.

Der Umweltbeauftragte des Unternehmens steht dem System des „Grünen Punktes" sehr skeptisch gegenüber. Am liebsten wäre es ihm, „die Dosen und Plastikbehältnisse im Pfandverfahren zurückzunehmen". Er geht davon aus, dass der Verbraucher das Bemühen des Unternehmens um Umweltschutz honoriert und bereit ist, „bis 2,00 DM Pfand zu bezahlen. Weniger", so der Umweltbeauftragte, „hat keinen Zweck, dann landen die Dosen doch im Müll."

Die Außendienstmitarbeiter wissen nicht so recht, was sie davon zu halten haben. Das Ökologiebewusstsein ist ihrer Ansicht nach zwar gestiegen, „aber ob es zum **Pfandsystem** reicht", bezweifeln sie. Vor allem sehen sie **Widerstände bei den Händlern,** die dann „wohl eher auf die Sortimentserweiterung verzichten würden, als sich mit Kostensteigerungen zu belasten". Einen Ausweg sehen sie nur darin, dass die Händler ihren **Mehraufwand** in Form günstigerer Einkaufskonditionen ersetzt bekommen.

„Aber dann würde das Produkt einschließlich Pfand an der Kasse ungefähr das Dreifache des Normalpreises kosten", so die überschlägige Berechnung des **Finanzchefs.** Außerdem, so die weitere Aussage, sei es nicht damit getan, dass man nur die **produktbezogenen Mehrkosten** berechne, denn schließlich müsse man auch in einem „nicht unerheblichen Maße **investieren,** um die zurückkommenden, verschmutzten und in vielen Fällen auch verbeulten Gefäße wieder für eine Befüllung vorzubereiten". Es besteht auch Einvernehmen, dass dadurch zumindest einige wenige **Arbeitsplätze** neu geschaffen würden.

„Es ist ja schön, dass wir etwas für die Umwelt tun wollen, aber glauben wir wirklich, dass es ökologisch ist, leere Verpackungen aus dem ganzen Absatzgebiet zu uns **zurückzuholen**? Denken wir auch an die damit verbundenen Transportkapazitäten. Ich schätze, dass jährlich bis zu **500000 zusätzliche LKW-Kilometer** anfallen", so der **Finanzchef** weiter. „Das belastet die Umwelt enorm ..."

„Wenn unsere Wettbewerber in ihrem **Zweigwerk in Polen** produzieren", so die **Geschäftsführerin,** „so haben sie nicht nur **Lohnkostenvorteile** und wesentlich lockerere **Umweltvorschriften,** sondern sie setzen nach meiner Erkenntnis auch weiterhin auf **Einwegverpackungen,** die sie dort für durchschnittlich weniger als 10 Pfennig einkaufen. Hier vor Ort", so die Geschäftsführerin weiter, „haben wir ja schon Probleme, die Anlagen für die Aufbereitung der Pfandbehältnisse überhaupt genehmigt zu bekommen."

„Auf Plastikverpackungen muss bei ‚Öko-nature' unbedingt verzichtet werden", so die **Außendienstmitarbeiter,** aber die Forschungs- und Entwicklungsabteilung müsste „Auskunft darüber geben können, ob es nicht auch ähnlich wie bei Getränkeverpackungen möglich sei, das **Produkt in recycelbaren Einwegflaschen** auf der Basis beschichteten Papiers zu produzieren."

„Dann sind wir wieder beim ‚Grünen Punkt' und die Sachen landen nicht in der **Wiederverwertung,** sondern auf Jamaika oder in Hinterindien", so der **Umweltschutzbeauftragte.** „Wenn wir alles nur unter **Kostengesichtspunkten** sehen, dann gehen wir doch gleich ins osteuropäische Ausland."

„Außerdem", so der **Einkaufsleiter,** „ist es nicht einfach, einen **Lieferer** zu finden, der diese Vorgaben auch erfüllen kann." Von einer Messe in Übersee weiß der Einkaufsleiter zu berichten, dass es bisher einen einzigen Verpackungshersteller in den USA gäbe, der für den amerikanischen Markt Ähnliches herstelle. Er gibt zu bedenken, dass bei einem Import aus den USA aus Sicherheitsgründen die **Lagerhaltung** sehr hoch sein müsste, damit nicht „bei jedem Sturm auf dem Atlantik unsere Produktion ins Stocken gerät".

„Wenn unsere Idee hier aus Kostengesichtspunkten nicht marktfähig ist, muss auch ein Import in Erwägung gezogen werden", greift die **Geschäftsführerin** den Vorschlag auf. Der anwesende **Betriebsrat** widerspricht energisch.

„Wir haben eine **soziale Verantwortung**, die dürfen Sie nicht einfach streichen", kündigt er Widerstand der Arbeitnehmer gegen eine evtl. **Produktionsverlagerung** an.

Positionsbestimmungen / Argumentationszusammenfassung

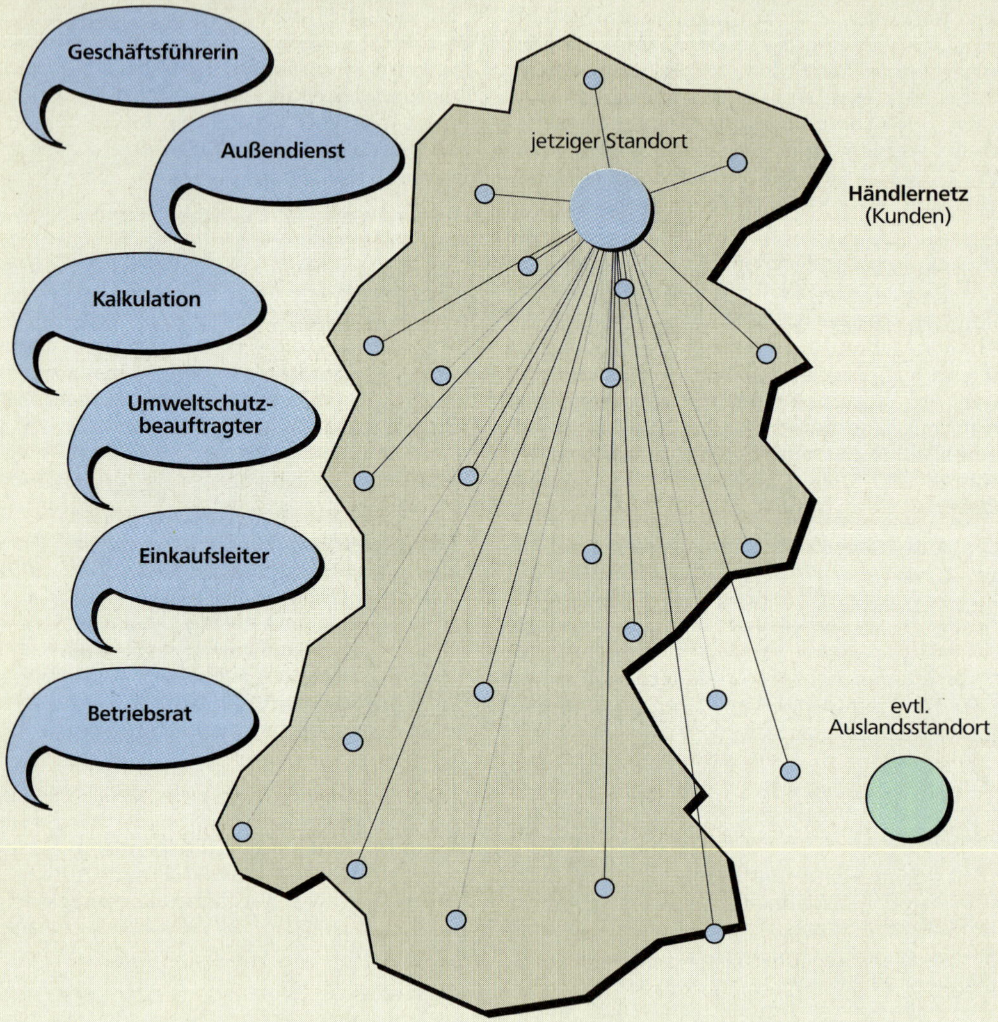

1. **Stellen Sie die Zielkonflikte, die mit der zutreffenden Entscheidung verbunden sind, präzise heraus.**
2. **Worin besteht das besondere „ökologisch-ökonomische " Problem bei der geplanten Produktionsinnovation?**
3. **Wägen Sie die Argumente der einzelnen „Parteien" ab und versuchen Sie eine eigene Position zu beziehen.**

1.2 Betriebliche Leistungsfaktoren/Aufbauorganisation

Situation

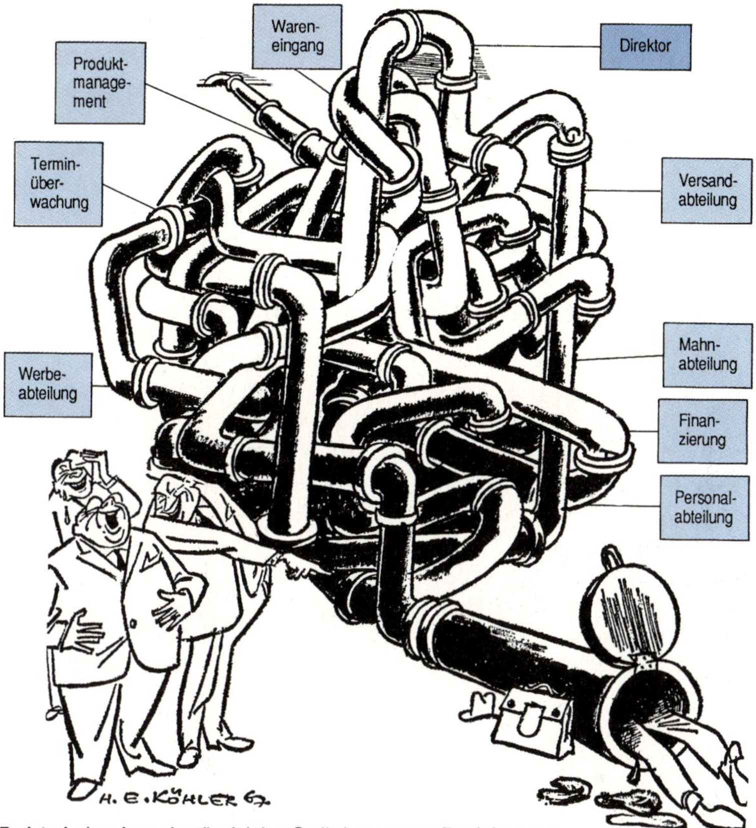

Da ist wieder einer, der die richtige Stelle in unserem Betrieb sucht ...

?

- **Welche Aussage über die Organisation in dem Unternehmen lässt die Karikatur zu?**
- **Welche Anforderungen hat eine betriebliche Organisation zu erfüllen?**

Informationen

Organisationsentscheidungen befassen sich mit der Durchsetzung von Planungen im Betrieb. Dabei geht es im ersten Schritt um die Frage, wer für was zuständig ist.

Organisationsentscheidungen

Aufbauorganisation

Die **Aufbauorganisation** stellt ein meist langfristig festgelegtes Gefüge einzelner betrieblicher Abteilungen oder Funktionsbereiche dar. Sie ist gleichzeitig eine Hierarchie aus der die Weisungsbefugnisse abgeleitet werden können.

Ablauforganisation

Die **Ablauforganisation** befasst sich mit der unmittelbaren Gestaltung des Arbeitsablaufes im Unternehmen. Es bestehen sehr enge Verbindungen zur Fertigungsplanung (siehe Seite 181 ff.).

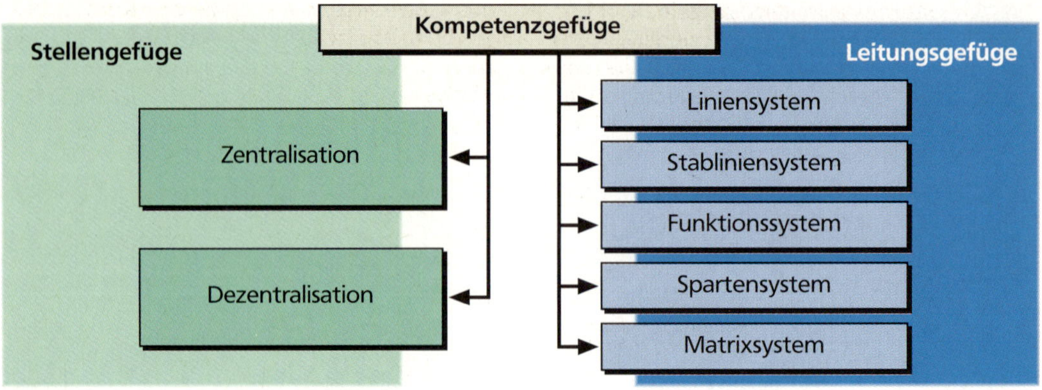

Die Aufbauorganisation schafft einen in der Regel langfristigen Rahmen für die Zuständigkeit und Zusammenarbeit der einzelnen betrieblichen Teilbereiche. Ein organisatorischer Stellenaufbau zeigt in Verbindung mit darauf aufbauenden Stellenbeschreibungen die Rechte und Pflichten der jeweiligen Stelleninhaber/innen. Grundprinzip jeder Aufbauorganisation ist, dass mit ihr nicht nur eine Aufgabenverteilung, sondern auch eine **Entscheidungsdelegation** verbunden ist. Sie ist nötig, um die Führungsspitze zumindest von Routinetätigkeiten zu entlasten. Gleichzeitig ist sie auch ein Instrument zur Motivation der Mitarbeiter, eigenverantwortliche Entscheidungen zu treffen.

Beispiel einer Aufbauorganisation eines Kunststoff verarbeitenden Betriebes, der neben Gartenmöbeln auch Spielzeug herstellt:

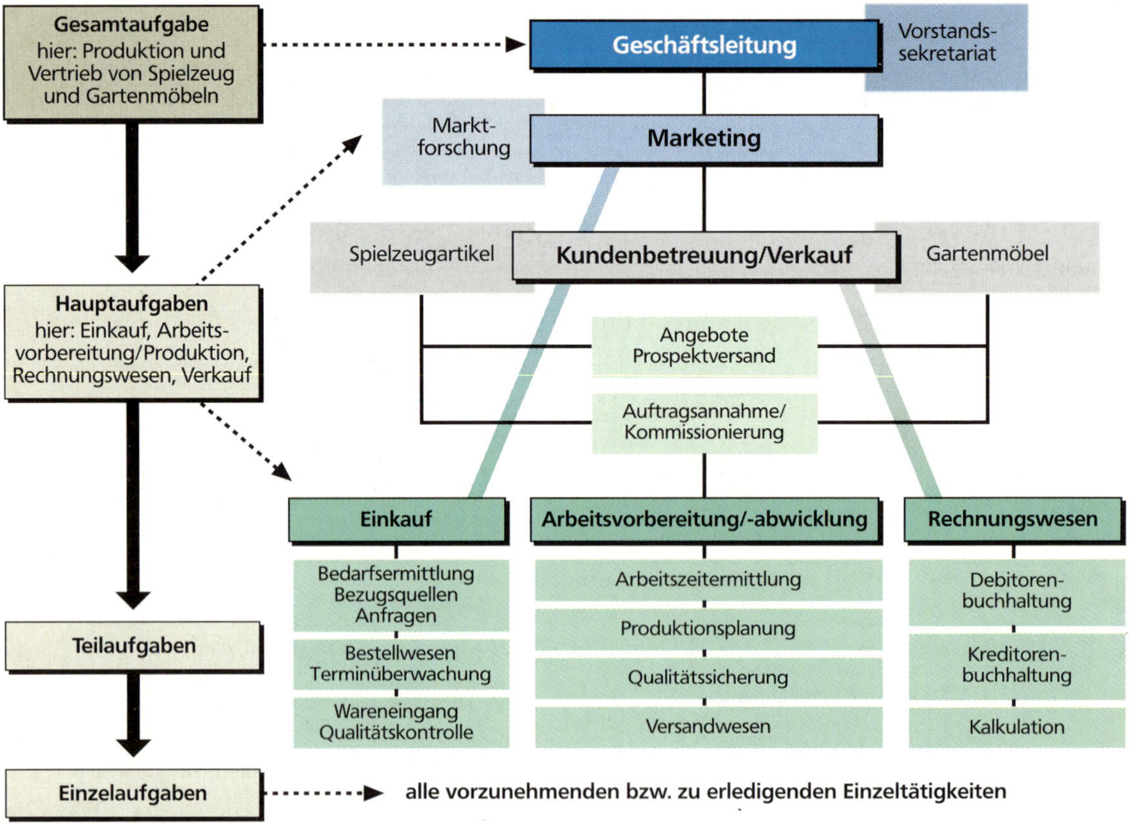

Die Kompetenzen in den einzelnen Unternehmensebenen sind unterschiedlich groß. Die Aufbauorganisation stellt eine **Hierarchie** dar. Je höher man in dieser Hierarchie steigt, desto geringer wird die Mitarbeiterzahl, die aber andererseits mit größeren **Kompetenzen** ausgestattet ist. Hingegen findet am anderen Ende der Hierarchie weitaus mehr Mitarbeiter/innen, die aber nur geringe oder gar keine **Anweisungsbefugnisse** haben.

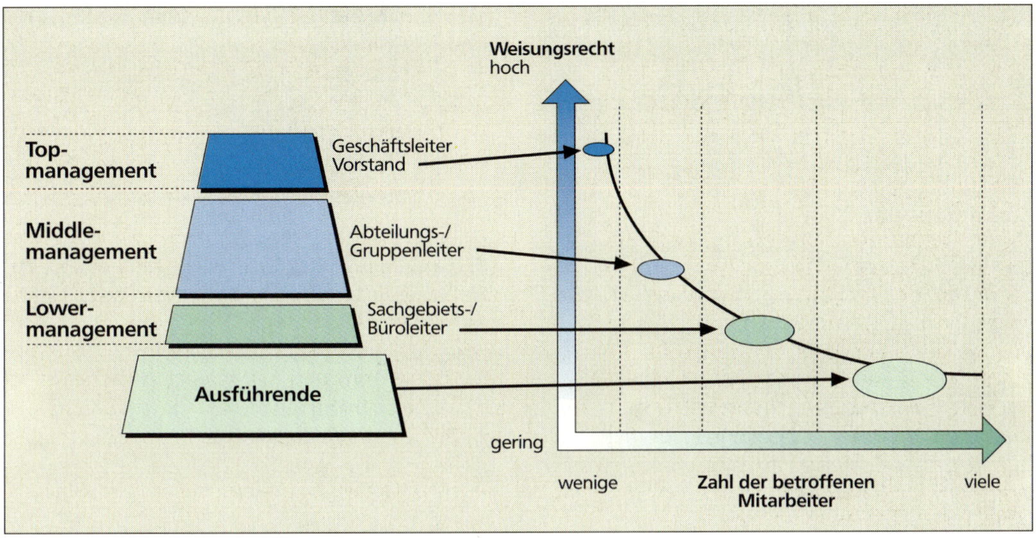

Organisationssysteme haben sich in der Praxis immer an den betrieblichen Gegebenheiten und Erfordernissen auszurichten. Obwohl die vorzufindenen Strukturen sehr vielfältig und unterschiedlich sein können, lassen sie sich doch auf einige wenige Grundtypen zurückführen.

Einliniensystem

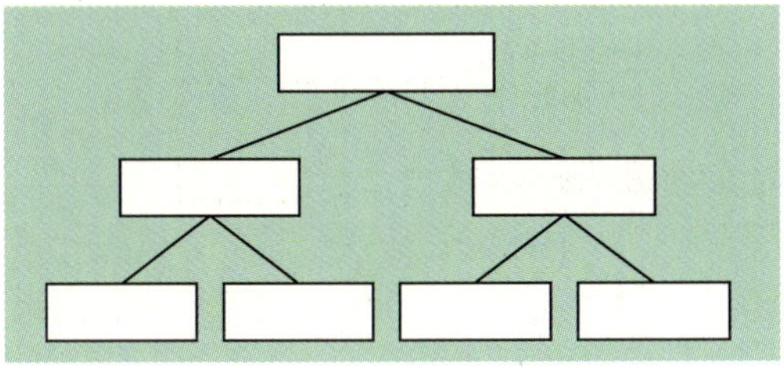

Vorteil:
- einfach, klar, überschaubar
- eindeutige Kompetenzabgrenzung

Nachteil:
- langer Instanzenweg
- schwerfällig, in größeren Betrieben mangelnde Flexibilität

Mehrliniensystem (Funktionssystem)

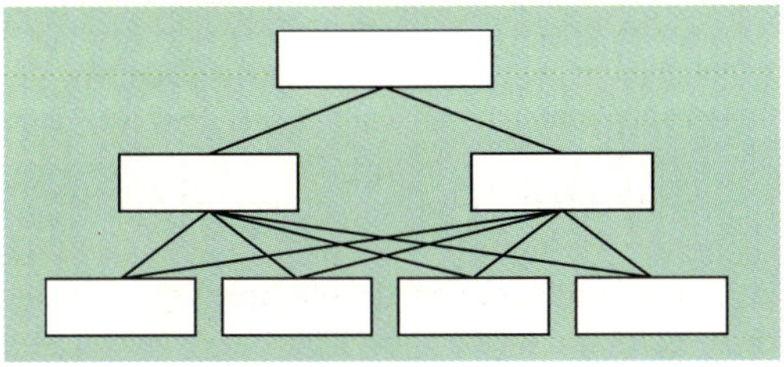

Vorteil:
- Instanzenweg wird bei notwendigen Anweisungen zwischen mehreren Abteilungen verkürzt.

Nachteil:
- Kompetenzüberschneidungen der Vorgesetzten

Spartenorganisation

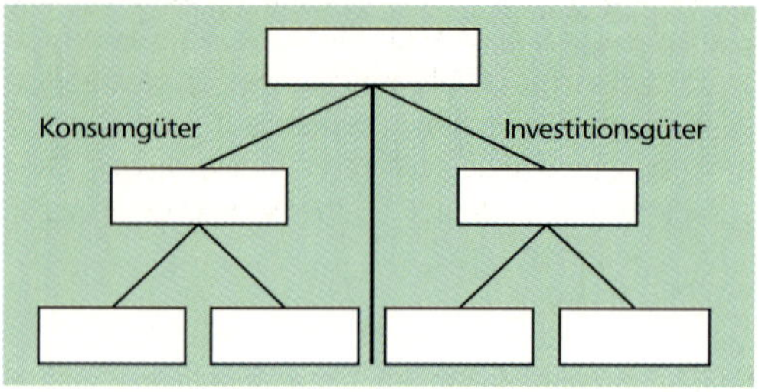

In Großbetrieben lassen sich unterschiedliche Produktionszweige (Sparten) vollkommen unabhängig voneinander (aber unter gemeinsamer Leitung) organisieren. Dies ist u.a. dann sinnvoll, wenn die Anforderungen der Sparten sehr voneinander abweichen (Beispiel: Konsum- und Investitionsgüter).

Stabliniensystem

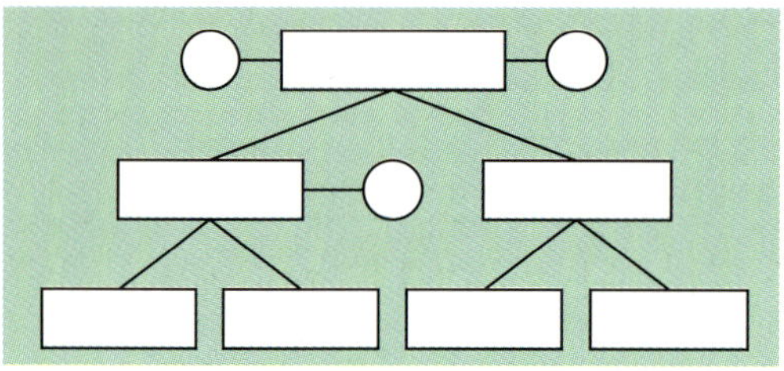

Stablinien unterstützen die jeweilige Instanz. Sie sind beratend tätig und haben selbst keine direkte Leitungsbefugnis.

Beispiel: Direktionsassistenten
Datenverarbeitung
Rechtsabteilung
Marktforschung

Matrixorganisation

Aufgabe / Projekt	Forschung	Fertigung	Absatz
Projekt A			
Projekt B			

Gliederung der betrieblichen Gesamtaufgabe nach Projekten und Verrichtungen.
Mitarbeiter werden für bestimmte Aufgaben (Projekte) aus ihren Funktionsbereichen herausgezogen. Diese Organisationsform findet man beispielsweise in der Investitionsgüterindustrie, wo sich Arbeitsteams für eine bestimmte Zeit nur mit einem bestimmten Projekt beschäftigen (z.B. Bau eines Kraftwerkes [A] und eines Staudammes [B]).

In der Praxis findet man in der Regel eher Mischformen dieser Organisationsformen vor. Sie passen sich den jeweiligen betrieblichen Verhältnissen an.

Die Aufbauorganisation kann nach funktionalen oder divisionalen Gesichtspunkten gegliedert werden. **Funktionsorientiert** bedeutet, dass die betrieblichen Aufgaben das Kriterium für die Abteilungsbildung darstellen (z.B.: Einkauf, Lagerhaltung, Produktion, Absatz, Buchhaltung). Bei der **divisionalen Struktur** erfolgt eine Gliederung nicht nach Funktionen, sondern nach einzelnen Sparten (z.B. Produktbereiche, Regionen, Absatzgruppen). Industriebetriebe sind meist in der ersten Ebene funktionsorientiert aufgebaut, während danach eine den jeweiligen Belangen entsprechende Spartenbildung erfolgt. Mit dem so genannten **„Profit-Center-Konzept"** werden praktisch „Unternehmen im Unternehmen" gebildet. Hier werden innerhalb einzelner Teilbereiche (z.B. Produktgruppen) nicht nur eigene Entscheidungen getroffen, sondern die Bereiche werden sowohl vom Umsatz als auch kostenrechnerisch als eigenständige Einheiten betrachtet, sodass eine größere Verantwortlichkeit der jeweiligen Stelleninhaber, aber auch eine höhere Motivation (z.B. über Erfolgsbeteiligungen) erreicht wird.

400122L

Aufbauorganisatorische Entscheidungen müssen auf die konkreten unternehmerischen Vorgaben und Ziele aufgebaut sein. Sowohl nach innen als auch nach außen sollen sie die Zuständigkeiten und Verantwortlichkeiten möglichst klar darstellen und erkennen lassen.

Das Organisationssystem muss einerseits möglichst klar und allgemeingültig sein, andererseits soll es aber auch das Maß an Flexibilität aufweisen, welches nötig ist, dass Entscheidungen schnellstmöglich getroffen werden können. Unabhängig von der gewählten Organisationsform ist sicherzustellen, dass in der Zusammenarbeit aller betrieblichen Entscheidungsträger die gemeinsame Zielsetzung deutlich wird.

Wer nur zögernd entscheidet, glaubt zwar keinen Fehler machen zu können, aber vielleicht ist schon dies der größte (Denk-)Fehler ...

Grundsätze der Organisation

Zweckbindung	Organisation ist kein Selbstzweck, sie ist immer Mittel zum Zweck. Daher hat sich jede Organisation dem beabsichtigten Zweck oder Ziel anzupassen bzw. ist darauf abzustimmen.
Klarheit	Organisationsentscheidungen müssen klar sein. Das heißt, es muss eindeutig erkennbar sein, wer für was zuständig ist und wer wem welche Weisungen erteilen darf. Aus den organisatorischen Regelungen muss deutlich hervorgehen, ob es sich um eine Gleichrangigkeit, Über- oder Unterordnung handelt.
Wirtschaftlichkeit	Organisationsfragen müssen auch wirtschaftlichen Gesichtspunkten genügen. Sowohl die Unterorganisation (relativ wenig feste Regelungen und viele fallweise Einzelentscheidungen, keine klaren Zuständigkeiten) als auch die Überorganisation (Detailregelungen für alle Entscheidungen, geringe Befugnisse für untergeordnete Mitarbeiter/innen) führen zu Kostenbelastungen und damit zu Einbußen bei der Wirtschaftlichkeit.
Gleichgewicht	Organisatorisches Gleichgewicht heißt, dass das Verhältnis zwischen dauerhaften und damit starren Regelungen und fallweise zu treffenden Entscheidungen möglichst ausgeglichen sein muss.

Lean Management drückt das Ziel aus, auch die Unternehmensleitung zu „verschlanken“, d.h. Entscheidungswege möglichst kurz zu halten und ganze Führungs- oder Managementebenen einzusparen. Im Rahmen von **Kosteneinsparungen** versucht man heute, auch die Aufbauorganisation zu straffen.

Dabei kommt den untergeordneten Stellen ein höheres Maß an Verantwortung und Entscheidung zu. Gleichzeitig versucht man, **fallweise Einzelregelungen durch generelle Regelungen** zu ersetzen, sodass die Entscheidungssicherheit erhöht und der Abstimmungsbedarf verringert wird (z.B. Festlegung von Rabattspielräumen, über die ein Verkäufer ohne Rücksprache mit der Geschäftsleitung selbst entscheiden kann).

Nach diesem **Substitutionsprinzip der Organisation** wird vor allem dort verfahren, wo sich standardisierte, ähnliche oder gleichartige Vorgänge oft wiederholen. Flache Organisationsformen dürfen aber keinesfalls dazu führen, dass Entscheidungen wegen Überlastung der Stellen verzögert werden oder dass die Verantwortungsbereiche nicht mehr klar abgegrenzt sind.

Arbeitsvorschlag

1. **Das nebenstehende Bild entstammt zwar einer kirchlichen Informationsschrift, kann aber durchaus auch auf organisatorische Fragen angewandt werden. Wie würden Sie es unter diesem Gesichtspunkt interpretieren?**
2. **Erläutern Sie, was man unter einer Unternehmenshierarchie versteht.**
3. **Unterscheiden Sie zwischen Ein- und Mehrliniensystem?**
4. **Welche Aufgaben haben Stabsstellen?**
5. **Die Idee der „Profit-Center" greift immer mehr um sich. Worin besteht deren Besonderheit?**
6. **Nennen Sie die Grundsätze der Organisation.**
7. **Was bedeutet der Begriff „Lean management"?**
8. **Organisationsfragen sind Systemfragen. Dazu wurden folgende Thesen erstellt. Setzen Sie sich damit auseinander und diskutieren deren Richtigkeit und/ oder Vollständigkeit.**

   in Anlehnung an: Informationsbroschüre des Steinbeis-Transferzentrum Qualität, Ulm

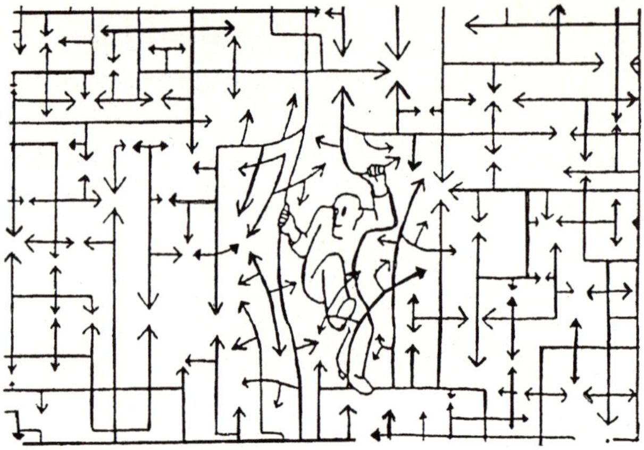

Quelle: Bonifatiushaus, Fulda, Dez. 1996

Eigenschaften eines (Organisations-)Systems:

- Ein System ist mehr als die Summe seiner Elemente.
- Die Elemente stehen in gegenseitiger Abhängigkeit.
- Ein System organisiert sich nach Regeln.
- Ein System ist geschlossen und grenzt sich ab.
- Ein System organisiert sich in Untersysteme.
- Im System besteht Spannung.
- Das Verändern eines Systems ist ein komplexer Prozess.
- Das Optimieren eines Systems ist fast unmöglich.

Betriebliche Entscheidungssituation
Analysieren – informieren – diskutieren – entscheiden

Die Firma „Gartentechnik GmbH" hat das Produktionsprogramm in den letzten Jahren ständig erweitert. Das Organisationsschema ist bisher schwerpunktmäßig divisional aufgebaut. Das bedeutet, dass für jeden Produktbereich der Einkauf sowie die Produktionsplanung eigenständig vorgenommen wird. Dagegen sind z. B. der Absatz und das Rechnungswesen zentralisiert.

Mit der geplanten Einführung einer neuen Produktionssparte (Laubsauger) soll das bisherige Organisationsschema „völlig überdacht" werden. „Dabei", so die Unternehmensleitung, „ist so zu tun, als gäbe es nahezu überhaupt keine festen Vorgaben."

Die einzige Ausgangsbasis ist die Darstellung des jetzigen und künftigen Produktionsprogrammes.

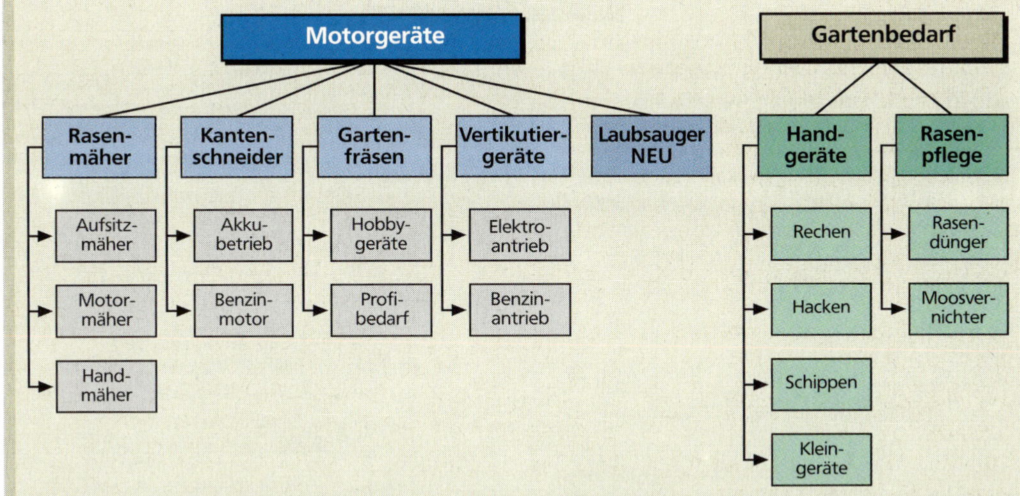

Ihre Aufgabe besteht darin, einen oder mehrere Vorschläge für die Struktur einer neuen Aufbauorganisation zu entwerfen. In dieses Organisationsschema sollen die Bereiche *„Materialwirtschaft, Einkauf, Rohstofflager, Arbeitsvorbereitung, Produktionsplanung, Fertigwarenlager, Verkauf, Personalwesen, Buchhaltung"* einschließlich aller damit verbundenen Einzelaufgaben (z. B. im Einkauf: Angebotseinholung, Bestellung, Warenannahmen, Qualitätskontrolle, Reklamationen, Rechnungsprüfung usw.) eingebracht werden.

1.3 Informationen, Güter und Werte als zentrale Steuerungsgrößen

Situation

Der norddeutsche Reifenhersteller „PNEUMUS" kämpft seit Jahren damit, dass er aus dem Schatten eines Produzenten von Fahrrad- und Mopedreifen nicht herauskommt. Von der Öffentlichkeit weitgehend unbemerkt hat sich in den letzten fünf Jahren aber ein gewaltiger Wandel vollzogen. Mit hohem Forschungsaufwand wurde der PKW-Reifen „PNEUMUS-AIR" entwickelt und jetzt dem Fachpublikum vorgestellt. Es handelt sich um einen doppelwandigen Reifen aus recyceltem Material, der zudem so genannte „Notlaufeigenschaften" besitzt. In der Anschaffung ist er zwar ca. 20 % teurer, dies, so hofft die Geschäftsleitung, sollte aber angesichts der Sicherheitsreserven des Reifens kein Nachteil sein.

„In der Planungs- und Entwicklungsphase haben wir durch intensive Tests und enge Zusammenarbeit mit unseren Abnehmern mehrfach Änderungen vorgenommen, sodass wir jetzt glauben, ein markt- und verkaufsfähiges Produkt zu haben", so der Geschäftsführer, der gleichzeitig aber einräumte, dass die eigentliche „Bewährungsphase" erst jetzt komme.

?

- **Was bedeutet der Begriff „Planung" für ein Unternehmen?**
- **Welche Informationen müssen vorhanden sein, damit ein Unternehmen seine Ressourcen optimal nutzen bzw. einsetzen kann?**

Informationen

Das Geschehen innerhalb einer Unternehmung stellt sich als ein Umwandlungsprozess dar, der in zwei großen Bereichen abläuft:

Versorgungsbereich

... auf den Beschaffungsmärkten werden alle benötigten Produktionsfaktoren (Arbeitskräfte, Anlagen, Maschinen, Werkzeuge, Rohstoffe, Hilfsstoffe, Betriebsstoffe usw.) besorgt.

Vollzugsbereich

... das Unternehmen erstellt mit den zur Verfügung stehenden Mitteln die unternehmerische Leistung.

Die dazu notwendigen Entscheidungen werden von dem so genannten **Führungsbereich** getroffen. Hier werden die genannten Tätigkeiten geplant, koordiniert, gesteuert und überwacht.

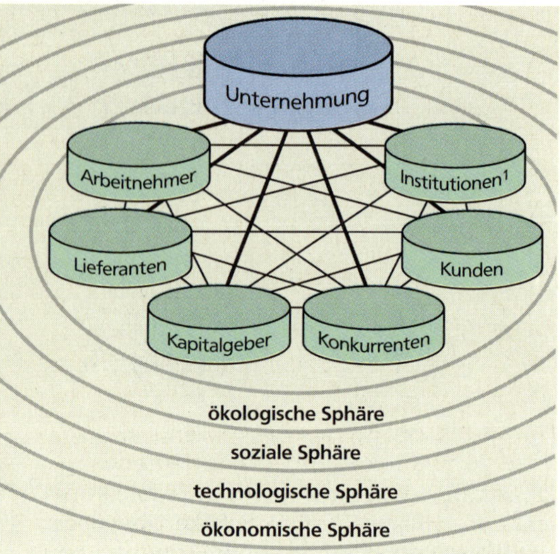

1 z. B. Staat, Verbände usw.

Planung bedeutet für eine Unternehmung, dass sie nicht nur ihre Ziele festschreibt, sondern auch alle damit verbundenen Fragen klärt. Planung als „gedankliche Vorwegnahme zukünftigen Handelns" stellt für eine Unternehmung die Herausforderung dar, möglichst viele Informationen über alles zu haben, was künftig für den Betrieb bedeutend sein könnte. Je höher der Informationsstand, desto höher ist die Sicherheit der Plangrößen. Je länger der Planungszeitraum, desto schwieriger ist allerdings auch die Erlangung relativ sicherer Informationen. Der Gesamtplan setzt sich aus einer Reihe von Einzelplänen zusammen:

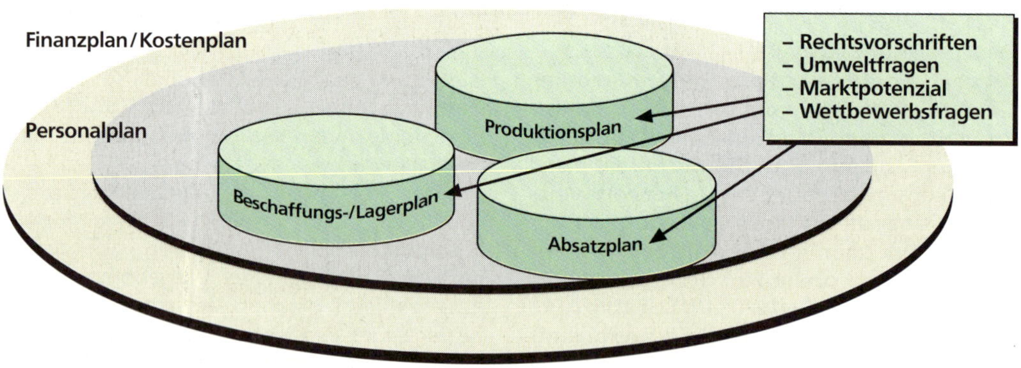

Die einzelnen Pläne müssen aufeinander abgestimmt sein und werden vielfach durch Unterpläne ergänzt. Meist handelt der Betrieb auch in der Planungsphase nicht völlig frei, sondern hat in einzelnen Bereichen Engpässe zu beachten. In diesem Falle bestimmt der Engpass die gesamte weitere Planung.

Sukzessivplanung bedeutet, dass von einem erkennbaren oder zu erwartenden Engpass oder von einem mit einer besonderen Dringlichkeit ausgestatteten Ziel ausgegangen wird und sich alle anderen Planungen daran orientieren. Schritt für Schritt müssen dann die Interessengegensätze, die zwischen den verschiedenen Abteilungen bestehen, ausgeglichen werden.

Beispiel

Absatzplan	Markteinführung eines neuen PKW-Reifens Absatzprognose für die nächsten fünf Jahre
Kapazitätsplan	Aufteilung des vorgegebenen Absatzplanes auf einzelne Zeiträume und auf einzelne Produktionsstandorte, Maschinen, Personal usw.
Investitionsplan	Notwendige Erstellung von Gebäuden, Kauf von Produktionsanlagen, Fertigungsorganisation, Lagerhaltung
Personalplan	Personaleinstellungen, -umsetzungen, -schulungen
Finanzierungsplan	Ermittlung der benötigten, vorhandenen, ggf. auch überschüssigen Finanzierungsmittel

Simultanplanung liegt vor, wenn ein optimaler Gesamtplan durch eine laufende gegenseitige Abstimmung der Teilpläne erreicht wird. Dabei herrscht keine Über- oder Unterordnung der Teilpläne, sondern eine Gleichrangigkeit.

Planungshorizont ist der Zeitraum, für den geplant wird. Die langfristige **Strategieplanung** zeigt die generelle Entwicklungsrichtung eines Unternehmens für die Zukunft auf. Eine mittelfristige **Rahmenplanung** liegt vor, wenn die strategische Planung in überschaubaren Abschnitten konkretisiert wird (z.B. fünf Jahre). In der **Detailplanung** werden die unmittelbar bevorstehenden Entscheidungen vorbereitet (z.B. Produktionsplanung für das nächste Quartal).
Jede Planung läuft in einzelnen Teilschritten ab. Ausgangspunkt ist ein konkretes betriebliches Problem mit einer Zielvorgabe, z.B. die Erzielung eines höheren Marktanteils.

Beispiel: Entwicklung eines neuen Reifens

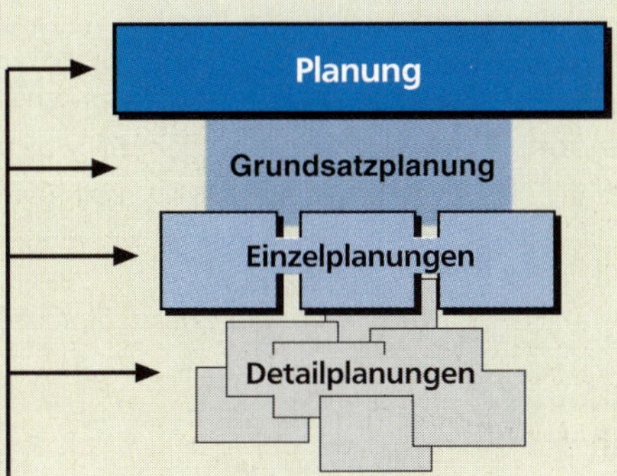

langfristige, strategische Entscheidungen, die von besonderer Bedeutung für die Unternehmung und daher meist der Geschäftsleitung vorbehalten sind
hier: Entwicklung eines Neureifens

Konkretisierung der mit dem Grundsatzplan verbundenen Hauptfragen und zu lösenden Problemen auf der Ebene der

jeweiligen Abteilungen oder Gruppen
hier: Forschungs- und Entwicklungsrahmen, Marktforschung, Absatzkonzeption

Die Planungssicherheit ist eng verbunden mit Art und Umfang der zur Verfügung stehenden Informationen (siehe hierzu auch: Marktforschung). Unter einer betrieblichen Information versteht man alle vorliegenden oder zu erlangenden Kenntnisse, die zur Entscheidungsvorbereitung benötigt werden.

interne Informationen	**externe Informationen**
aus dem eigenen Erfahrungsbereich des Betriebes	mit eigenen- oder fremdbeschafften Kenntnissen
z. B.: Lieferantenkartei, Absatzzahlen, Kapazitätsauslastungen, Vertriebsstatistiken, Finanzkennzahlen usw.	z. B.: Erkenntnisse von Messen, Vertreterberichte, Marktforschungsergebnisse, Entwicklungstrends usw.

Handelt es sich hier um bereits vorhandenes Datenmaterial, spricht man von **Sekundärinformationen** (z.B. Statistiken). Wenn Informationen erst eingeholt und/oder aufbereitet werden müssen, spricht man von **Primärinformationen.** Informationen sollen der Entscheidungsvorbereitung dienen bzw. eine Entscheidung erleichtern. Dafür müssen sie präzise, sicher, eindeutig, verständlich und sachbezogen sein. **Informationsdefizite** können Fehlentscheidungen zur Folge haben, während **Informationsüberhänge** dazu führen, dass sie unübersichtlich werden.

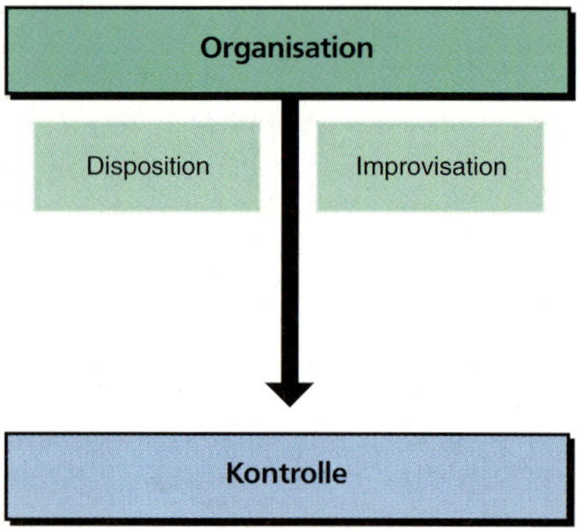

Mithilfe der Organisation werden die Planungen umgesetzt. Es handelt sich um möglichst klare und eindeutige Handlungsanweisungen an die jeweils mit der Ausführung betrauten Mitarbeiter/innen. **Dispositive Entscheidungen** sind solche, die vorher geplant waren. **Improvisationen** sind notwendig, wenn unerwartete Sachverhalte auftreten.

Nur wenige Informationen sind absolut sicher, keine Planung ist ohne Alternativen. Deshalb muss in einem ständigen feedback überprüft werden, ob Planung und Durchführung bzw. Soll und Ist übereinstimmen (vgl. auch die Seiten 35 f. und 201)

Flexible Unternehmungen zeichnen sich dadurch aus, dass sie sich schnell an Marktveränderungen anpassen können. Dazu gehört ein Informationssystem, welches sicherstellt, dass wichtige Mitteilungen erfasst, weitergegeben und umgesetzt werden.
In einem gebundenen Kommunikationsgefüge wird festgelegt, welche Informationen auf welchen Wegen zu welchen Zeiten an welche Adressaten weitergeleitet werden. Freie Kommunikationsgefüge verzichten auf solche Festlegungen. Mithilfe der Datenverarbeitung lassen sich Datenbanken anlegen, aus denen jederzeit wichtige Informationen abgerufen werden können. **Management-Informations-Systeme** (MIS) eröffnen die Möglichkeit der Verknüpfung von optimal aufbereiteten neuesten Daten.

Alternativplanungen dienen dazu, dass ein Unternehmen Ausweichmöglichkeiten hat, falls sich die Planungsgrundlagen ändern und die darauf aufbauenden Entscheidungen korrigiert werden müssen. Je kürzer der Planungszeitraum, desto stärker muss evtl. improvisiert werden, wenn es sich um nicht vorhersehbare Planänderungen handelt (z.B. kurzfristige Streiks, krankheitsbedingter Ausfall von Arbeitskräften in der Produktion usw.).

Arbeitsvorschlag:

1. **Was bedeutet der Begriff „Planung"?**
2. **Unterscheiden Sie „Sukzessiv- und Simultanplanung".**
3. **Was versteht man unter dem „Planungshorizont"?**
4. **Welche Aufgabe hat ein „Management-Informations-System"?**
5. **Woher bekommt ein Unternehmen die nötigen Planungsdaten?**
6. **Nennen Sie Beispiele für taktische und strategische Planungen aus Ihrem Ausbildungsbetrieb.**
7. **Erklären Sie, was mit den einzelnen „Unternehmenssphären" (Seite 26) gemeint ist.**

400128L

2 Zentrale Entscheidungs- und Ablaufprozesse vom Kunden bzw. vom Lieferanten durchdenken

2.1 Marktorientierung als Grundlage betrieblichen Handelns

Situation

Leistung mit System ... ein Konzept der Firma Becker & Hach für zukunftssichernde Image- und Ertragsperspektiven für den Fachhandel.

Der Eschweger Bilderrahmenhersteller Becker & Hach gehört zu den führenden europäischen Unternehmen dieser heißumkämpften Branche. Seit einigen Jahren beschreitet die Firma neue Wege und will damit ganz besonders dem Handel helfen, sich aus den Klammern des teilweise ruinösen Preiswettbewerbs zu befreien. Aus den früheren Außendienstmitarbeitern wurden „Ertragsberater", die mit dem Anspruch:

beim Fachhandel für ein neues Markt- und Preisbewusstsein sorgen sollen. Unter dem Motto **„Rückgewinnung des Verbraucherblickes"** versuchte Becker & Hach mit einer für eine Fotomesse fast spektakulären Aktion den Handel davon zu überzeugen, dass es keineswegs immer so ist, dass der Verbraucher die Preise fast aller Produkte kennt und dass der Handel deshalb keine andere Wahl hat als sich dem jeweils preisgünstigsten Anbieter ohne Rücksicht auf die eigene Ertragslage anzupassen.

Mit der provozierenden Frage **„Was darfs denn kosten?"** schlug Becker & Hach den neuen Weg der Preis- und Produktberatung ein.

Rückgewinnung des Verbraucherblicks!
Kennen Sie diese Preise – als Verbraucher?

1.	Bahlsen Butterkeks, 200 g	DM
2.	Bahlsen Schokokeks, 125 g	DM
3.	Lux Seife, 4 Stück	DM
4.	Null-Null WC-Duftspender, Doppelpack	DM
5.	Dralle Shampoo, Double-Pack	DM
6.	T-Shirt, 2 Stück	DM
7.	Tempo Papiertaschentücher, 36 x 10 Stück	DM
8.	Schaumfestiger, Doppel-Sparpack	DM
9.	Kodak Film, 2er-Pack	DM
10.	Hansaplast Mullbinden, 2 Stück	DM
11.	Tesa Klebefilmrollen, 3 Stück	DM
12.	Strumpfhosen, 4 Stück	DM
13.	Scotch Videokassetten, 2 Kassetten	DM
14.	Scotch Britt Topfreiniger, 2er-Pack	DM
15.	Sony Audio-Kassetten, 2er-Pack	DM
16.	Wilkinson Rasierklingen, 10er-Pack	DM
17.	Varta Batterien, 4er-Pack	DM
18.	Lila-Pause Schokoriegel, 4er-Pack	DM
19.	Vademecum 2 Zahncreme, 5 Stück	DM
20.	Glühbirnen, 5er-Pack	DM
21.	Clix Multi-pac Bildhalter, 2 Stück, 18 x 24 cm	DM

„In vielen Produktbereichen, so auch bei Bilderrahmen, hat der Kunde keinen Marktüberblick und damit auch kein ausgeprägtes Preisbewusstsein. Damit werden im Handel Ertrags- und Gewinnchancen verschenkt."

Es ist ein Missverständnis, dass Kunden- und Marktorientierung sehr oft mit Worten wie „Preisgünstigkeit" oder „Sonderangebot" gleichgesetzt wird.

Oft wird die für den Handel dringend notwendige Realisierung höherer Verkaufspreise dadurch blockiert, dass vielen Mitarbeiterinnen und Mitarbeitern der Verbraucherblick verlorengegangen ist. Sie sehen nicht einmal den Widerspruch zwischen ihren Wünschen nach mehr Geld und ihrer Meinung, diese Kosten nicht durch höhere Verkaufspreise an den Verbraucher weitergeben zu können.

Die Hauptsorge besteht oft darin, dass man von der Produkt-Konkurrenz preislich unterboten werden könnte und damit den Ruf des eigenen Unternehmens beim Verbraucher zu gefährden.

Dass dieses Preisbewusstsein bei weitem nicht so ausgeprägt ist, wie man häufig vermutet, zeigte die Marktforschung der Firma Becker & Hach.

Bei der Einschätzung der Preise für die nebenstehenden Markenartikel gab es nicht nur große Unsicherheiten, sondern Abweichungen von bis zu 200 %. „Von Preiskenntnis keine Spur" – so könnte das zusammengefasste Urteil lauten – und das, obwohl doch eigentlich alle Befragten meinten, dass sie so genanntes „Insider-Wissen" hätten.

?

- **Was ist neu (oder ungewöhnlich) an diesem Firmenkonzept?**
- **Welches sind die Voraussetzungen für dieses unternehmerische Handeln?**
- **Wodurch zeichnet sich marktfähige Leistung aus?**
- **Was ist das Wesentliche am Zusammenwirken der einzelnen betrieblichen Bereiche?**

Informationen

Sich am Verbraucher zu orientieren heißt, den Verbraucher in den Mittelpunkt sämtlicher unternehmerischen Überlegungen zu stellen. Tatsache ist, dass die Märkte im **Konsumgüterbereich** weitgehend gesättigt sind, kein Kunde steht Schlange, kein Käufer muss um Ware „betteln". Für den Unternehmer heißt dies, sich ein eigenes, möglichst unverwechselbares Profil und damit einen eigenen Markt zu schaffen.

Je gleichartiger die Produkte und je größer die Zahl der Anbieter, desto schwieriger ist es, ohne ein eigenständiges Profil im Wettbewerb zu bestehen.

Der **Unternehmer ist** heute mehr denn je nicht nur Produzent, sondern **Problemlöser.** Je enger die Verbindung zwischen Produzent, Handel und Verbraucher, desto reibungsloser kann diese Aufgabe erfüllt werden.

Marktorientierung bedeutet nicht nur die richtigen Produkte zur richtigen Zeit auf den Markt zu bringen, sondern es bedeutet auch, eine Vertriebsorganisation aufzubauen oder Vertriebspartner zu finden, die Interesse an dem Produktions- und Absatzprogramm des Herstellers haben.

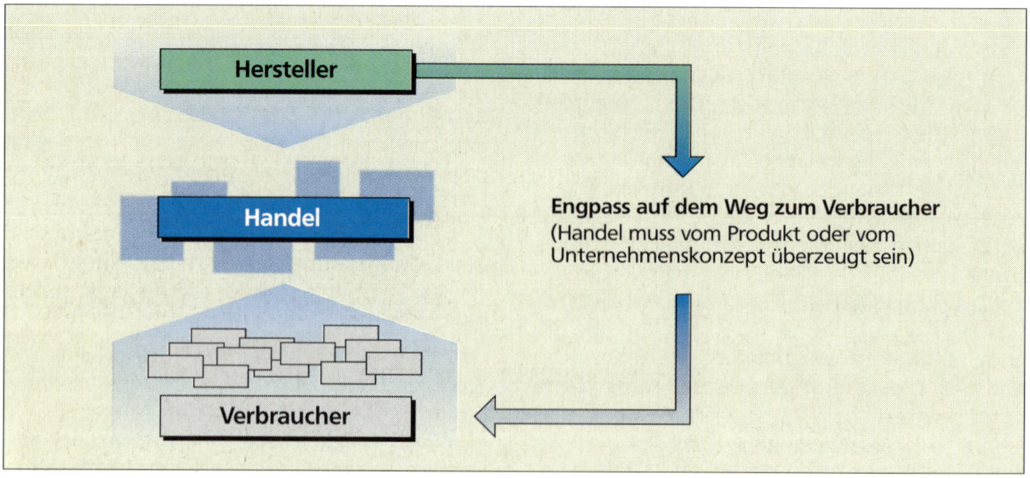

Marktorientiertes Verhalten drückt sich nicht nur in einzelnen Maßnahmen und Aktionen aus, sondern es stellt eine unternehmerische Leitvorstellung dar, welches alle Bereiche und nicht zuletzt das Verhalten jedes einzelnen Mitarbeiters prägt.

Marktorientiertes Verhalten drückt sich insbesondere darin aus, wie stark sich Anbieter und Kunden in ihren Zielen entgegenkommen. Jeder versucht natürlich auf seine eigene Weise sein eigenes „Geschäft zu machen" (sprich: den Umsatz oder den Gewinn zu maximieren). Trotzdem müssen weder die Ziele noch die eingesetzten Mittel beider Seiten gegenläufig sein. Die Positionen von Käufer und Verkäufer sind zwar verschieden, können sich aber im Idealfall durchaus ergänzen:

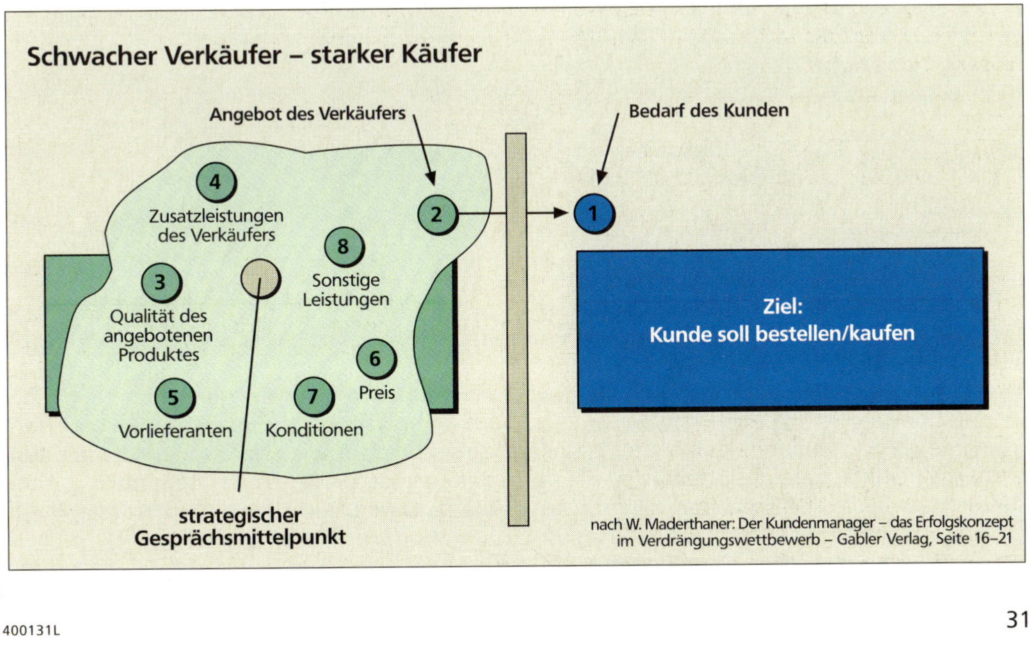

nach W. Maderthaner: Der Kundenmanager – das Erfolgskonzept im Verdrängungswettbewerb – Gabler Verlag, Seite 16–21

Was passiert im Verkaufsgespräch?

Der Verkäufer bewegt sich in „seinem" strategischen Gesprächsfeld, welches fast ausschließlich durch die eigenen Leistungsangebote geprägt wird. Der Verkäufer versucht den Kunden von der Vorteilhaftigkeit seines Angebotes zu überzeugen. Das tun allerdings alle anderen Verkäufer auch ...

Das Resultat solcher Gespräche endet oft beim Preis. Den Kunden interessiert nämlich der Verkäufer oder dessen Probleme überhaupt nicht. Die „Geschäftsgespräche" werden von dem jeweils Stärkeren bestimmt. „Entweder Sie akzeptieren die von mir genannten Bedingungen oder wir kommen nicht ins Geschäft" ist ein Satz, den viele Außendienstmitarbeiter täglich zu hören bekommen, weil es Ihnen **nicht gelungen ist, in die Rolle des Kunden zu schlüpfen und von diesem nicht als Verkäufer mit eigenen Interessen, sondern als Berater mit gemeinsamen Interessen anerkannt zu werden. Der Kunde bestimmt den Preis, die Konditionen, die Lieferbedingungen, die Zahlungsziele, die Rabatte ... letzten Endes die Unternehmensstrategie des Verkäufers ...**

Verkaufs- und Markterfolge lassen sich mit dieser Strategie nur schwer erringen. Vor allem für Markteinsteiger oder neue Produkte ist die Überzeugungsarbeit sehr schwierig. Ganz anders kann die Situation sein, wenn sich das Unternehmen bzw. der Verkäufer als „Ertragsberater" bzw. als ein vom Kunden (Handel) ernst genommener Partner versteht und diese Einstellung auch vermitteln kann.

Nicht selten wird dabei nur am Rande über das eigene Produkt geredet, weil im Mittelpunkt die Möglichkeiten des Handels stehen, den Ertrag oder die Marktposition zu verbessern.

Der marktorientierte Verkäufer setzt sein Gespräch nicht im eigenen Unternehmen, sondern direkt im Gesprächsfeld des Kunden an:

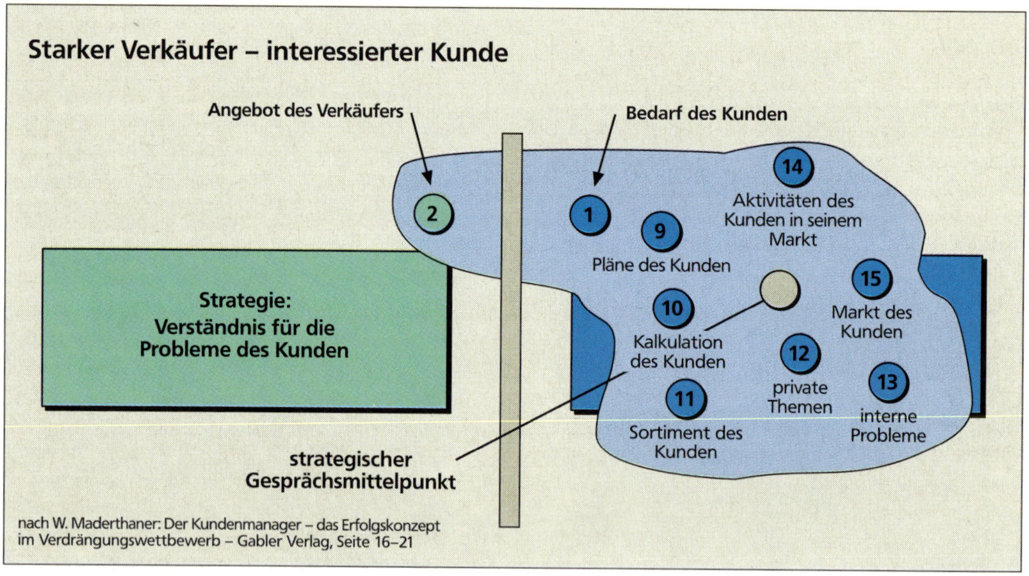

Der Kunde akzeptiert die Beratungsleistung des Lieferers und vertraut auf dessen umfassende Marktkenntnis und die damit verbundenen Informationen. Er erkennt, dass der Lieferer nur dann erfolgreich ist, wenn es die Probleme seines Kunden kennt und seine Leistungsfähigkeit darauf einstellt.

Kundenorientierte Unternehmenskonzepte schlagen sich auch in der Aufbauorganisation nieder. Die Tätigkeit aller Abteilungen (und nicht nur des Verkaufs) richten sich an den Bedürfnissen und Wünschen des Kunden aus. Dabei geht es nicht nur um Sachkenntnisse, sondern auch um die allgemeinen Regeln der Kommunikation, **Kundenorientiertes Handeln** bedeutet, die Erfahrungen, die mit Kunden gemacht werden, systematisch zusammenzufassen und daraus betriebliche Handlungskonzepte zu entwickeln.

400132L

Arbeitsvorschlag:

1. **Was bedeutet „Marktorientierung"?**
2. **Wodurch unterscheidet sich ein/e „Ertragsberater/in" von einer/m gewöhnlichen „Außendienstmitarbeiter/in".**
3. **Welche Vorteile hat eine gemeinsame Denkweise von Lieferer und Kunde, wo liegen die Grenzen solcher Strategien?**
4. **Worin unterscheiden sich die dargestellten strategischen Gesprächsfelder in den beiden Abbildungen?**

2.2 Ablauforganisation

Situation

Vom Band direkt auf den LKW?

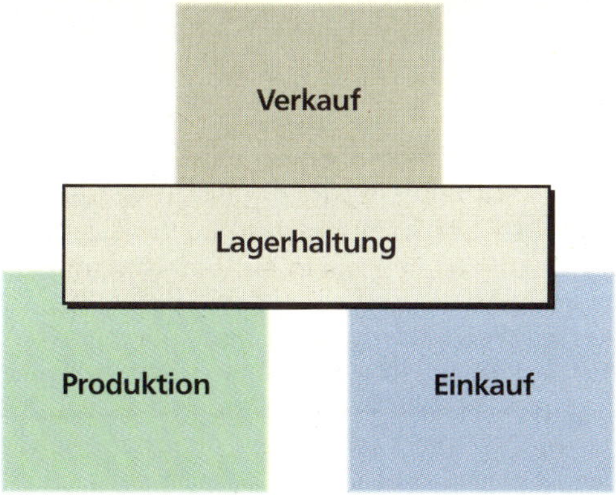

„Wie lang ist die Lieferzeit?" – dies ist eine immer wieder zu hörende Frage unserer Händler, so Herbert Wittich, Inhaber der Möbelfabrik „Wittich-Design-Studio" im sauerländischen Georgsmarienhütte. Dahinter steht der Wunsch des Kunden, der vielleicht monatelang ein passendes Möbelstück gesucht und dann endlich gefunden hat, dass er es dann auch „möglichst schon am nächsten Tag im Wohnzimmer stehen haben möchte ...

Einige wenige Stücke sind auch tatsächlich ab Lager lieferbar, aber dies beschränkt sich auf Kleinmöbel wie Hocker und Stühle."

Alles, was mehr als tausend Mark kostet, so lautet eine Faustregel des Inhabers, kann nicht gelagert werden, weil dies zu viel Geld kostet. „Andere Unternehmen denken diesbezüglich möglicherweise anders", so der Chef, „aber wir versuchen auch mit unseren speziellen Produkten keine Massenware anzubieten, sondern Möbelstücke auf die es sich auch zu warten lohnt, wenn man sich einmal entschieden hat."

„Aber wenn der Auftrag dann bei uns eingeht", so der Firmenchef, „geht es bei uns richtig los."

Die Bestellung wird per Computer erfasst, steht damit sofort allen wichtigen Stellen im Betrieb zur Verfügung. Handelt es sich um einen neuen Kunden, wird vor allen weiteren Schritten eine Bonitätsprüfung vorgenommen. Die Auftragsbestätigung mit Angaben der ungefähren Lieferzeit erfolgt erst nach Rücksprache mit der Produktionsleitung und in manchen Fällen auch erst, nachdem eine Vorauszahlung eingegangen ist.

Ziel des Wittich-Design-Studios ist aber, die Durchlaufzeiten des Möbelstückes in der Fertigung möglichst kurz zu halten.

Jetziger Ablauf bei der Auftragsbearbeitung

Die Geschäftsleitung wird grundsätzlich über alle Auftragseingänge informiert und entscheidet über das weitere Vorgehen.

Danach erfolgt entweder eine Lagerentnahme oder die Produktion wird vorbereitet. Die Arbeitsvorbereitung plant alle weiteren Schritte. Sofern Rohstoffe zu bestellen sind, wird dies veranlasst. Alle Maßnahmen werden von der Geschäftsleitung entschieden.

Die fertigen Waren werden zusammengestellt (kommissioniert), verpackt und versandfertig gemacht. Gleichzeitig werden die Versandpapiere, der Lieferschein und die Rechnung erstellt. Die Buchhaltung überwacht die Zahlungseingänge und informiert die Geschäftsleitung über wichtige Vorgänge.

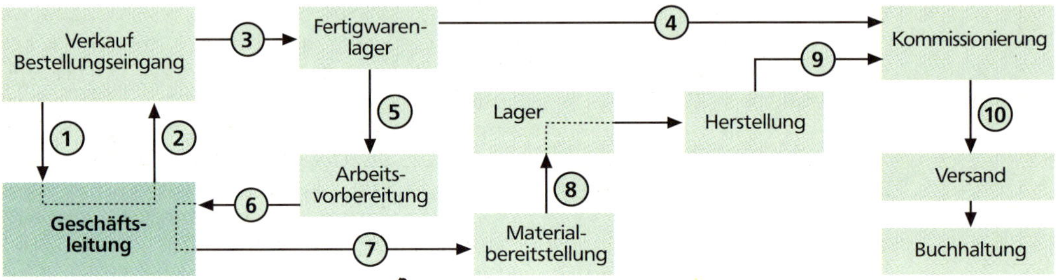

Mit modernen Produktionssteuerungsmethoden soll zum einen versucht werden die Rohstoffe- und Zubehörteilelagerung zu minimieren als auch nach Möglichkeit kein Fertigwarenlager mehr zu betreiben, sondern die produzierten Waren so zu kommissionieren, dass eine unmittelbare LKW-Beladung oder ein sonstiger Versand möglich ist.
Betroffen von diesen Bestrebungen ist aber auch die innere Verwaltung. Zusammen mit einem Organisationsberater soll ein neues Konzept für die Abwicklung von Kundenaufträgen erarbeitet werden. Hinter dem Begriff „A-Z-Studie" verbergen sich die Abkürzungen Anlieferung bis Zustellung. „Wenn wir gut und schnell sein wollen, so darf es bei der Bearbeitung von Kundenaufträgen keine Reibungsverluste geben und jede Stelle, die sich doppelt mit ein und derselben Aufgabe beschäftigt, ist eine Stelle zu viel", umreißt der Firmenchef die Zielsetzung.

?

- **Was ist der Sinn einer Ablauforganisation?**
- **Worin unterscheidet sich eine Aufbau- von einer Ablauforganisation?**
- **Was kann zu Reibungsverlusten in der Ablauforganisation führen und wie lässt sich dies vermeiden?**
- **Was gilt es bei Ablauforganisationen allgemein zu beachten?**
- **Wie werden unvorhersehbare Ereignisse bewältigt?**

Informationen

Ablauforganisation hat die Aufgabe, die Arbeitsgänge, die nötig sind, um eine Aufgabe zu erfüllen, in einen räumlichen und zeitlichen Zusammenhang zu bringen. Während die **Aufbauorganisation** für alle betrieblichen Aufgaben gilt und daher langfristiger ist, kann der Betriebsablauf von Projekt zu Projekt unterschiedlich sein.
Die **Ablauforganisation** beschreibt, wie und in welchen Stufen die Erledigung von Arbeitsgängen abläuft. Sie ist unabhängig von der Frage, wie eine Stelle besetzt ist.

400134L

Aufgabe der Ablauforganisation ist es auch, durch eine optimale Anordnung der einzelnen Bereiche im Produktionsprozess die Voraussetzungen für eine größtmögliche Wirtschaftlichkeit zu schaffen. Mit der zeitlichen und räumlichen Organisation der Arbeitsabläufe ist untrennbar auch eine Zuordnung zu einzelnen Stellen verbunden. Wie präzise dies geschieht, hängt u. a. auch von der Art der wahrzunehmenden Aufgabe ab.

Ablauforganisatorische Fragen:

1 In **welche Teilaufgaben** ist das Projekt zu gliedern?

2 Welche Einzeltätigkeiten (Verrichtungen) **sind in welcher Abfolge** zu erledigen?

3 **Wo** (in welchen Räumen, Betriebsteilen, Abteilungen an welchen Maschinen usw.) sind die einzelnen Tätigkeiten **zu erledigen** ?

4 **Wann** kann und muss mit den einzelnen Tätigkeiten begonnen werden, wie viel Zeit nehmen sie in Anspruch und wann müssen sie spätestens beendet sein?

5 **Welche Arbeitnehmer** sollen für die einzelnen Verrichtungen eingesetzt werden?

Bei ausführenden Tätigkeiten wird unter Umständen eine sehr genaue Aufgabenzuteilung vorgenommen (z.B. Fließbandfertigung). Der z.B. auch schon bei der Gruppenarbeit (vgl. Seite 168) vorzufindende Tatbestand von zusammengefassten Aufgaben ist bei leitenden Tätigkeiten noch wesentlich stärker ausgeprägt.

Ablauforganisationen stehen in einem direkten Zusammenhang mit den einzelnen betrieblichen Teilbereichen und den hier verfolgten Zielen. Da Planungen immer in die Zukunft gerichtet sind und sich im konkreten betrieblichen Alltagsgeschehen auch kurzfristige Änderungen ergeben können, die nicht vorhersehbar waren (z.B. krankheitsbedingter Ausfall von Mitarbeitern), müssen Ablauforganisationen anpassungsfähig (flexibel) sein, damit jederzeit gewährleistet ist, dass die betrieblichen Aufgaben erfüllt werden.

Deshalb ist es erforderlich, dass trotz aller Flexibilität die betrieblichen Prozesse in so genannten Ablaufdiagrammen dargestellt werden. Das Hauptziel besteht darin, dass einzelne Tätigkeiten bzw. Vorgänge ähnlich wie der Linienfertigung (Fließfertigung) lückenlos miteinander verkettet bzw. verknüpft werden. Ablaufdiagramme haben aber auch die Funktion, den einzelnen Mitarbeitern ihre jeweilige Stellung im betrieblichen Gesamtprozess deutlich zu machen. Auf diese Weise werden Arbeitsprozesse transparent gemacht, weil im Normalfall der Arbeitnehmer nur einen sehr begrenzten Einblick in die komplexen Ablaufprozesse hat.

Durch eine so genannte **prozessorientierte Organisation** soll auch das Bewusstsein für eine geänderte und den betrieblichen Zielsetzungen entgegenkommende aufgeschlossene Verhaltensweise gefördert werden. Damit verspricht man sich nicht nur eine größere Kundennähe, sondern auch ein gestärktes Kosten- und Qualitätsbewusstsein.

Kontrolle als Bestandteil des Ablaufprozesses

Kontrollen haben die Aufgabe zu überprüfen, ob die betrieblichen Planvorgaben eingehalten wurden oder welche Änderungen ggf. notwendig sind. Mit diesem **„feed-back"** soll gewährleistet werden, dass die Unternehmensleitung rechtzeitig und umfassend informiert ist und Entscheidungsgrundlagen erhält.

Die **Kontrolle wird laufend durchgeführt** und bezieht sich auf alle unternehmerischen Bereiche (Material-, Personal-, Arbeitszeitkontrolle usw.). Zu den Instrumenten der Kontrolle gehören allgemeine organisatorische Maßnahmen wie **Organisationspläne, Geschäftsverteilungspläne, Arbeitsweisungen, Arbeitsablaufpläne, Ablaufdiagramme, Kontenpläne, Buchungsanweisungen, Kontierungsrichtlinien, Formularwesen** usw.

Der Begriff „Kontrolle" kann nicht völlig mit dem Begriff „Controlling" gleichgesetzt werden.

Controlling baut zwar auch auf Kontrollmaßnahmen auf, beinhaltet aber schwerpunktmäßig eine „Entscheidungs- und Führungshilfe" durch eine ergebnisorientierte Planung, Steuerung und Überwachung des Unternehmens.

Kontrolle kann intern sowohl laufend als auch sporadisch in Form einer Revision vollzogen werden. Externe Maßnahmen ergänzen das Kontrollwesen:

interne Kontrolle	Laufender Vergleich der Planvorgaben mit dem tatsächlichen Betriebsablauf (z. B. Termineinhaltung) durch Betroffene selbst oder durch Vorgesetzte (z. B. Abteilungsleiter).
interne Revision	Nachträgliche Prüfung des betrieblichen Geschehens im Sinne der Ordnungs- und Zweckmäßigkeit durch eine innerbetriebliche Revisionsabteilung, die organisatorisch von den anderen Abteilungen getrennt ist.
externe Kontrolle	Außerbetriebliche Prüfungsorgane (z. B. Kreditinstitute, Finanzbehörden) nehmen gesetzlich vorgeschriebene oder freiwillige Prüfungen des Unternehmensgeschehens vor. Ziel ist entweder die Aufdeckung von Unregelmäßigkeiten, die Bestätigung der Ordnungsmäßigkeit oder die Erarbeitung von Konzepten zur Strukturverbesserung.

Je früher aus einer Kontrolle geeignete Schlussfolgerungen abgeleitet werden, desto geringer ist der Schaden z. B. durch einen fehlerhaften Produktionsprozess entstanden ist oder entstehen kann. Wenn z. B. bei der Rohkarosse eines Autos Beulen festgestellt werden, ist eine Lackierung sinnlos, das schadhafte Fahrzeug muss sofort aus dem Produktionsprozess herausgezogen werden. Diese **„In-Prozess-Kontrolle"** mit Kontrollabschnitten während der einzelnen Fertigungsgänge ist zwar einerseits aufwendiger als die **„End-Prozess-Kontrolle"** bringt aber insgesamt Kostenvorteile.

Mit geeigneten Schulungsmethoden, vor allem aber einer Steigerung des Qualitätsbewusstseins der Mitarbeiter/innen wird versucht, das Verständnis dafür zu wecken, dass das Einhalten von **Qualitätsstandards** über die damit verbundenen Kostenvorteile auch zur Arbeitsplatzsicherheit beiträgt.

Arbeitsvorschlag:

1. Was versteht man unter „Ablaufplanung"?

2. Worin bestehen die wichtigsten ablauforganisatorischen Fragen?

3. Stellen Sie nach evtl. vorherigen Erkundigungen dar, wie in Ihrem Ausbildungsbetrieb die Bearbeitung von
- **Kundenaufträgen,**
- **Kundenreklamationen,**
- **Verbesserungsvorschlägen,**
- **Wareneinkäufen,**
- **Eingangsrechnungen abläuft**

und verdeutlichen Sie dies an einem Beispiel mithilfe eines Ablaufdiagrammes.

4. Welche Aufgaben haben Ablaufdiagramme?

5. Was unterscheidet die prozessorientierte von herkömmlichen Organisationsformen?

6. Worin liegt der Unterschied zwischen „Kontrolle" und „Controlling" sowie „Kontrolle" und „Revision"?

7. In einem Betrieb häufen sich die Reklamationen von Kunden über die Auslieferung von beschmutzter oder zumindest leicht beschädigter Ware. Außerdem bemängeln immer wieder einige Kunden, dass die Rechnungen nicht mit den tatsächlich erfolgten Lieferungen übereinstimmen und bestimmte Sondervereinbarungen, wie z. B. vom Verkauf eingeräumte Rabatte, Skonti, Zahlungsziele usw., nicht berücksichtigt würden. „Offensichtlich stimmt etwas in Ihrer Organisation nicht" war der Kommentar, der ihren Chef dazu brachte, der Sache nunmehr endgültig einmal nachzugehen. Sie haben den Auftrag in zwei Arbeitsgruppen

a) ein Organisationsschema mit dem Schwerpunkt „Qualitätskontrolle und Versand" und

b) das Schema einer Ablauforganisation zur Behebung des Problems, der mangelnden Weitergabe und Verarbeitung von wichtigen Verkaufsinformationen zu erstellen. Die Ergebnisse sollen von jeweils einem Gruppensprecher präsentiert und diskutiert werden.

8. Organisationsschemata müssen einerseits feste Größen darstellen, andererseits aber auch flexibel und anpassungsfähig sein. Was heißt das?

2.3 Das Zusammenwirken unterschiedlicher betrieblicher Bereiche als Voraussetzung für eine marktfähige Leistungserstellung erkennen

Situation

„Es kostet fünfmal mehr, einen neuen Kunden zu gewinnen, als einen bestehenden Kunden zu halten..."

Informationen aus: TQM, Steinbeis Transferzentrum, Ulm

„Ein unzufriedener Kunde spricht mit 10 bis 12 aktuellen oder potenziellen Kunden, ein zufriedener Kunde empfiehlt seinen Lieferanten nur bei 3 anderen weiter. Aus dieser Relation ergibt sich, dass ein Unternehmen mindestens 80 % zufriedene Kunden braucht..."

„Wenn an Michael Schumachers Formel 1 Rennwagen nicht jedes kleinste Schräubchen sitzt, kann er kein Rennen gewinnen, dann ist der millionenteure Wagen im Grunde genommen gar nichts wert. Das muss jedem Mechaniker bewusst sein".

(Auszüge aus einem Interview mit einem Ferrari-Manager nach mehreren Totalausfällen wegen technischer Probleme im Jahr 1996)

Informationen

Die Marktfähigkeit der betrieblichen Leistung hängt von vielen einzelnen Bedingungen ab. Das Produkt ist dabei mehr als die Summe seiner Einzelteile. Während einerseits die Marktforschung dafür Sorge zu tragen hat, dass die richtigen unternehmerischen Entscheidungen getroffen werden, entscheidet sich die Frage des Markterfolges häufig bei den Mitarbeitern einer Unternehmung. Die gemeinsame Identifizierung mit dem Unternehmen, die Formulierung eines gemeinsamen Leitbildes oder die Bildung von Teams, die eigenverantwortlich in bestimmten Grenzen entscheiden können, fördert das, was man mit dem Begriff **„Corporate Identity"** erfasst (siehe dazu auch Themenbereich Marketing)

Qualitätssicherung und Kundenzufriedenheit sind keine Begriffe, für die nur der Produktionsleiter oder das Management verantwortlich sind. Jedes Produkt besteht aus einer Vielzahl einzelner Teile und einzelner Arbeitsgänge. Unter dem Stichwort „Qualitätsmanagement" haben sich nach ISO 9000 normierte Verfahren der Qualitätskontrolle herausgebildet, deren Ziel es ist, nicht nur die Qualität der Endprodukte zu sichern, sondern auch unternehmensintern alle Qualitätsressourcen aufzudecken und zu nutzen.

Voraussetzungen für ein erfolgreiches Bestehen im Wettbewerb sind folgende Bausteine:

- Kundenorientiertes Handeln
- Kooperative, vertrauensvolle und möglichst langfristige Zusammenarbeit mit Lieferanten (Supply Management)
- Verlässlichkeit mit Termineinhaltung und Termintreue (Time based Management)
- Garantie ganzheitlicher Qualität, d. h. nicht nur des Produktes, sondern des gesamten Unternehmensprozesses (Total Quality Management)

Qualitätsmanagement ist ein Ansatz für die Führung eines Unternehmens, um Bestleistungen zu erzielen und alle Kräfte auf Qualitätsziele zu konzentrieren. In der Zusammenwirkung der einzelnen Teilbereiche geht es vor allem darum, dass die Ursachen möglicher Ertragsverluste erkannt und minimiert werden:

Ursachen für „Qualitätsverluste“

Qualitätsbereich Produkte

- mangelnde Produktqualität
- umfangreiche Gewährleistungsansprüche
- notwendige Rückrufaktionen
- notwendige Nachentwicklungen
- zu teuer, zu aufwendig
- schlechte Montierbarkeit
- hohe Wartungskosten
- Unzuverlässigkeit, Unsicherheit
- schlechte Testergebnisse
- mangelnde Umweltverträglichkeit
- unzureichende Produktpflege
- zu späte Markteinführung
- Unverkäuflichkeit

Qualitätsbereich Produktion

- Verschwendung von Zeit und Material
- Überproduktion
- überhöhte Lagerhaltung
- ungünstiger Produktionsablauf
- hohe Ausschussquote
- notwendige Nacharbeiten
- Ausfallzeiten, Maschinenstillstände
- hohe Instandsetzungskosten
- Kapazitätsüberlastungen
- mangelnde Maschinenauslastung
- mangelnde Lagermöglichkeiten
- unnötige innerbetriebliche Transportwege
- Rüstzeiten, Leerzeiten

Qualitätsbereich Menschen

- unzureichende Fähigkeiten
- fehlende, unverständliche Informationen
- unzureichende Einarbeitung
- mangelnde Mitarbeiterschulung
- keine, zu wenig, zu viel Verantwortung
- Unter- oder Überforderung
- Misstrauen, Disharmonie
- „innere Kündigung“, Passivität
- Stresserscheinungen
- Monotonie, Interessenlosigkeit
- Defizite in der Ordnung am Arbeitsplatz
- mangelnde Loyalität
- mangelnde Lernfähigkeit und Eigeninitiative
- mangelnde Entscheidungskonsequenz
- Unfreundlichkeit/Inkompetenz im Verkaufs- und Beratungsgespräch

Qualitätsbereich Organisation

- fehlende oder unzureichende Ziele
- mangelhafte Führung
- starres Abteilungsdenken
- Reibungsverluste
- Absicherungsmentalität
- mangelnde Teamfähigkeit
- Willkürlichkeit, Undurchsichtigkeit von Entscheidungen
- fehlendes Kunden/-Lieferantenbewusstsein
- Über- oder Unterorganisation
- Bürokratie
- zu geringe Kommunikation untereinander
- unzureichende Konzentration auf Schlüsselaufgaben (Fokussierung)

nach: TQM, Steinbeis Transferzentrum, Ulm 1995

Um ein bestmögliches Ergebnis zu erzielen, ist es notwendig, eine **Qualitätsstrategie** zu entwickeln:

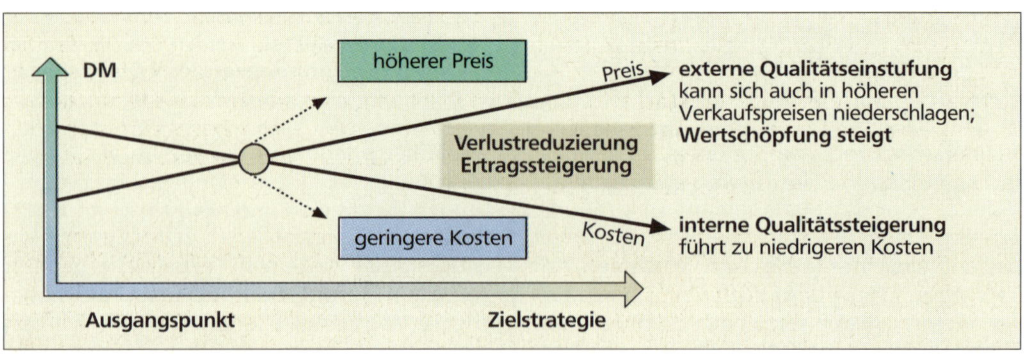

Firmen, die sich einer entsprechenden Beratung und Kontrolle unterziehen, können sich dem so genannten **„Qualitäts-Audit"** stellen. Nach einer als „ISO 9000" bezeichneten Norm wird den Betrieben von externen Organisationen nicht nur bescheinigt, dass sie auf einem hohen Qualitätsniveau arbeiten, sondern es geht in erster Linie darum, dass strenge Regeln des „Fehlermanagements" vorliegen.

Der Qualitätsstandard in den zertifizierten Betrieben wird unter anderem auch dadurch erreicht, dass Fehler nicht unentdeckt bleiben, sondern konkrete Kontroll- und Handlungsanweisungen bestehen, wie die Fehlersuche erfolgt und wie Fehlerursachen abgestellt werden. ISO 9000 gewinnt bei europäischen Auftragsvergaben zunehmend an Bedeutung.

Arbeitsvorschlag:

1. **„Das Produkt Marktfähigkeit ist mehr als die Summe seiner Einzelteile." Was heißt das?**
2. **Was versteht man unter „Total Quality Management"?**
3. **Erklären Sie die Begriffe und Zusammenhänge zwischen „Supply Management" und „Time based Management".**
4. **Entwerfen Sie unter Berücksichtigung der Erkenntnisse aus dem „Total-Quality-Management" einen veränderten/verbesserten Ablaufplan für die Auftragsbearbeitung des WITTICH-DESIGN-STUDIOS (Seite 34).**
5. **Versuchen Sie Ihren Ausbildungsbetrieb hinsichtlich der möglichen Ursachen für Qualitätsverluste zu analysieren.**

3 Die Bedeutung umweltbewussten Handelns erkennen

Situation

UMWELT-MANAGEMENT-SYSTEME – mehr als nur Umweltschutz und Schadensbegrenzung.
Umweltschutz ist zwar schon seit langem ein unbestrittenes Anliegen politischer und unternehmerischer Entscheidungsprozesse, aber genauso lange wurden ökologische Ziele eher „angehängt" als allen Überlegungen vorangestellt. Insbesondere in wirtschaftlich schwierigen Situationen rückt der Umweltschutz verstärkt in den Hintergrund, weil er zu sehr unter Kostengesichtspunkten gesehen wird.
Moderne Unternehmen versuchen mit ganzheitlichen Betrachtungsweisen, bei denen der Umweltschutz ein gleichrangiges Ziel ist, alles einzuschließen, was zur Produktion gehört: *„von der Überprüfung der Stoffe, die verwendet werden, über die Sensibilisierung der Mitarbeiter bis hin zur vorsorglichen Planung späterer Entsorgungsmöglichkeiten für die Produkte, um das Risiko der industriellen Produktionsweise zu verringern. Jede Umweltinvestition muss wie eine normale Investition behandelt werden, sie soll mittel- und langfristig das Geschäftsergebnis verbessern."* (vgl. Erziehungswissenschaft und Beruf, a. a. O. Seite 222)

Ein Unternehmen kann mittelfristig nur dann zu den führenden der Branche gehören, wenn sich seine Produkte ökonomisch rechnen und sie ökologisch vertretbar sind.
Klaus Günther, Geschäftsführer der Verpackungswerke Bischof & Klein GmbH & Co. KG, Lengerich / in: Erziehungswissenschaft und Beruf, 2/96, Seite 222; Breuer, Georg: Betriebliches Umweltmanagement

So könnte ein ökologischer Beispielbetrieb aussehen:

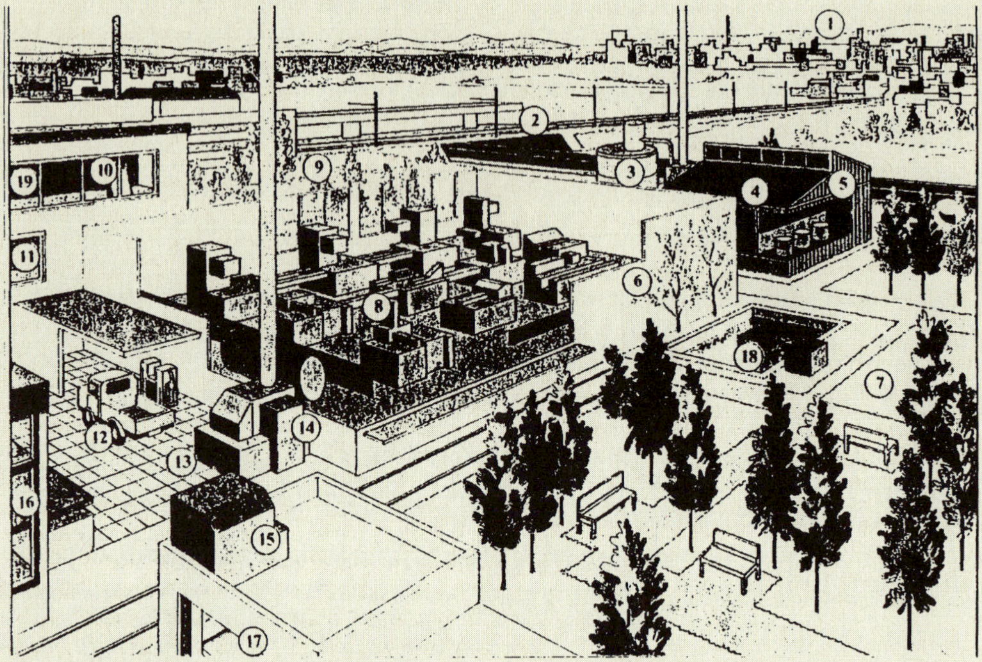

in Erziehungswissenschaft und Beruf, 2/96, Seite 222

① Standortwahl: Stadtnähe

② Umweltfreundliche Verkehrsanbindung: Gleisanschluss

③ Energienutzung der Abwärme zur Heizung der Werkhallen

④ Baubiologie: Ziegeldächer

⑤ Baubiologie: Holzfassaden, wo möglich

⑥ Begrünung: Efeu an Werkhallen

⑦ Begrünung: Rekreationszonen im Betrieb

⑧ Technologie: abfallarme Produktionsverfahren, Recycling

⑨ Baubiologie: natürlicher Lichteinfall

⑩ Umwelterziehung der Mitarbeiter (zum Beispiel ökologische Haushaltsberatung)

⑪ Umweltjurist: Absicherung vor Haftungsschäden

⑫ Praktischer Umweltschutz: bleifrei tanken und Ausstattung des Fuhrparks mit Diesel- oder Katalysatorfahrzeugen

⑬ Praktischer Umweltschutz: Kopfsteinpflaster auf dem Hof, um den Boden nicht zu versiegeln

⑭ Emissionsreduzierung: schadstoffarme Produktionsverfahren

⑮ Energieeinsparung: Wärmerückgewinnung

⑯ Entwicklung: neue umweltfreundliche Produkte und Produktionsverfahren

⑰ Personal: Abstellung eines Umweltberaters

⑱ Praktische Umweltvorsorge: Kontrolle der Abwässer

⑲ Praktische Umweltvorsorge: ökologische Materialbeschaffung

?

- **Wie kann man sich ökologisches Denken in Unternehmen vorstellen?**
- **Wie lässt sich ökonomisches mit ökologischem Denken vereinbaren?**
- **In welcher Form kann/wird sich das betriebliche Handeln unter ökologisch/ökonomischen Gesichtspunkten verändern?**
- **Wie groß ist die Wahrscheinlichkeit, dass eine ökologische Umorientierung freiwillig geschieht?**

400140L

Informationen

Auch umweltbewusstes Verhalten gehört heute zu den Eigenschaften, die ein qualifiziertes Unternehmen als Bestandteil der gesellschaftlichen Qualität zu erfüllen hat:

- **Verhinderung von Belästigungen und Schäden**
  - Abwässer und Umweltverschmutzung
  - Unfallrisiken
  - Lärm
  - Gesundheitsrisiken
  - Reduzierung von Schadstoffemissionen
- **Bemühungen zum Erhalt globaler Ressourcen**
  - Energieeinsparung
  - Verwendung wiederverwertbarer Materialien
  - Verminderung von Abfällen
- **Andere Bemühungen**
  - Ausschaltung von Verstößen gegen Normen und Gesetze
  - Einhaltung von Umweltauflagen
  - Reduzierung von sicherheitsrelevanten Vorfällen

Bisher wurden **ökologische Faktoren** eher als zusätzliche Aufgaben in den Zielkatalog von Unternehmen aufgenommen. Ob es mit dem „Blauen Umweltengel", dem „Grünen Punkt" oder nur irgendeinem „Energiesparsymbol" tatsächlich getan ist, wird immer mehr bezweifelt. Umweltschutz lässt sich mit **„Ökomarketing"** ebenso wenig erreichen wie mit „Umweltchecklisten", weil es hier in Wirklichkeit oft nur darum geht, den Umweltschutz als Mittel zum eigentlichen Zweck der Gewinnmaximierung einzusetzen.

Die eigentliche Aufgabe besteht darin, den Umweltschutz als Leitidee in die unternehmerische Konzeption einzubeziehen und zum Ausgangspunkt aller Überlegungen zu machen, weil die bisherigen Ansätze z.B. vernachlässigen, dass auch Energie ein Produktionsfaktor ist und dass die Verfügbarkeit einzelner Rohstoffe zeitlich sehr begrenzt ist.

Hauptinstrumente betrieblichen Umweltmanagements:

- **Verstärkung des Wissens über ökologische Wirkungszusammenhänge**
- **Beurteilung der Umweltverträglichkeit von Produktionsprozessen und Produkten**
- **Umwelt-Controlling als Führungsinstrument**

Untersuchungen zur Schadstoffentstehung erfassen den Material- und Energieeinsatz, der in allen Einzelphasen des Produktlebenszyklus nötig ist und stellen diesen Einsatz ins Verhältnis zum geplanten Output. Aus der Sicht der Unternehmung ist wirksamer Umweltschutz am Verhältnis zwischen dem nötigen Ertrag und der damit verbundenen Umweltbelastung zu messen.

Damit beginnt ein ökologisch ausgerichtetes Verhalten schon bei dem „Lastenheft", welches jede Produktneuentwicklung begleitet. Mit der Vorgabe einer Reduzierung umweltbelastender Ressourcen erhält schon die Produktentwicklung einen ökologischen Schwerpunkt, der sich mit einer Verringerung der Umweltbelastung durch Schadstoffausstöße im Produktionsprozess fortsetzt und durch einen geschlossenen Wertstoffkreislauf am Ende vervollständigt wird.

Nach dem **Vorsorgeprinzip** muss versucht werden, Umweltbelastungen von vornherein auszuschließen oder auf ein Mindestmaß zu reduzieren.

- **Umweltorientierte Beschaffung** mit der Bereitstellung umweltverträglicher Produktionsfaktoren und der Ausschöpfung aller Möglichkeiten des internen oder externen Recyclings:
  - Erstellung umweltverträglicher Beschaffungsrichtlinien
  - Prüflisten zu Einsatzmöglichkeiten von Recyclingstoffen
  - Ökologieorientierte Lieferantenauswahl
- **Umweltorientierte Produktion** mit dem Ziel, die vom Produktionsprozess und dem späteren Produkt ausgehenden Umweltbelastungen so gering wie möglich zu halten:
  - Verfahrensauswahl und -optimierung mit der Zielrichtung der Erhöhung des emissionsbezogenen Wirkungsgrades (Verringerung des Schadstoffausstoßes) oder des ressourcenbezogenen Wirkungsgrades (verbesserte Rohstoffausbeute)

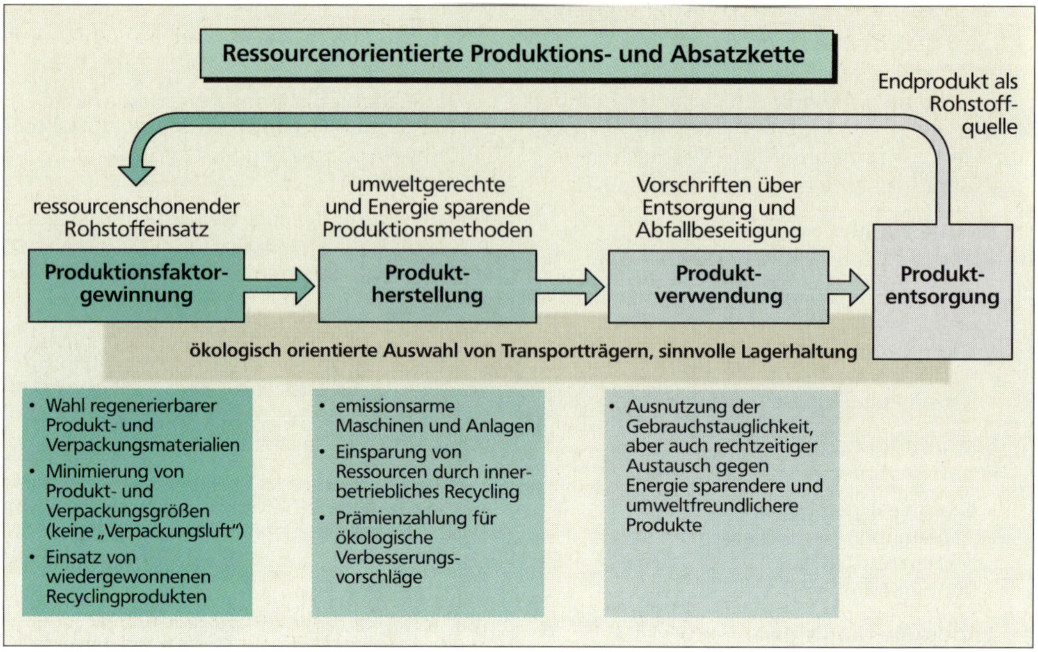

- **Umweltorientierter Absatz** mit dem Ziel die produkt-, preis- und distributionspolitischen Marketinginstrumente ggf. so einzusetzen, dass
  - Absatzwege verkürzt,
  - Logistiksysteme optimiert,
  - Lebenszyklen verlängert,
  - Verpackungen reduziert,
  - Verbraucher informiert,
  - Preise ökologieorientiert differenziert werden (z.B. Mischkalkulation zugunsten umweltverträglicher Produkte).

Gegebenenfalls muss über das **Verursacherprinzip** derjenige für Umweltschäden haften, der sie verschuldet hat. Dies betrifft den Betrieb, der durch Schadstoffausstöße die Umwelt schädigt, ebenso wie den Kapitän, der seine Öltanks auf hoher See reinigt, aber auch den Verbraucher, der den Abfall nicht ordnungsgemäß beseitigt.

Ökobilanzen versuchen auch solche Faktoren zu erfassen, die das traditionelle Rechnungswesen unbeachtet lässt. Hierbei geht es insbesondere um die Gewichtung von Umwelteinwirkungen. So behaupten z.B. die Hersteller von Einwegverpackungen, dass es sich hier um eine unter ökologischen Gesamtaspekten keineswegs negativ zu beurteilende Vorgehensweise handele. Sie begründen dies unter anderem damit, dass z.B. der bei Mehrwegverpackungen deutlich höhere Transportaufwand für Voll- und Leergut, das höhere Verpackungsgewicht, der Energie- und Chemieeinsatz bei der Reinigung sowie die in der Praxis eingeschränkte Wiederverwendbarkeit ebenso wenig oder ungenügend erfasst werden wie die Vorteile einer recyclingfähigen Einwegverpackung...

Die **Herausforderung der Wirtschaft** liegt darin,

...alles zu tun, dass der ungehemmte Abbau von Rohstoffen eingeschränkt und durch sinnvolle Recyclingsysteme ersetzt sowie die Entwicklung von energiesparenden Produkten vorangetrieben wird.

Die **Herausforderungen der Politik** liegen darin,

...in den offiziellen Statistiken über den Wohlstand das Sozialprodukt um umweltschädigende Faktoren zu ergänzen, um zu verhindern, dass die Beseitigung von Umweltschäden ausschließlich als Steigerung der Wirtschaftsleistung betrachtet wird. Mit einer „ökologischen Schadensbilanz" könnte das Sozialprodukt korrigiert werden.

...die rechtlichen Vorschriften auch international abzustimmen, da Umweltschutz eine „grenzenlose Aufgabe" ist und durch gleiche Auflagen keine nationalen Standortvor- oder -nachteile entstehen.

Die **Herausforderung der Haushalte** liegt darin,
...das Kaufverhalten stärker unter ökologische Gesichtspunkte zu stellen und ökologisch verträgliche Produkte auch bei größeren Preisdifferenzen vorzuziehen.

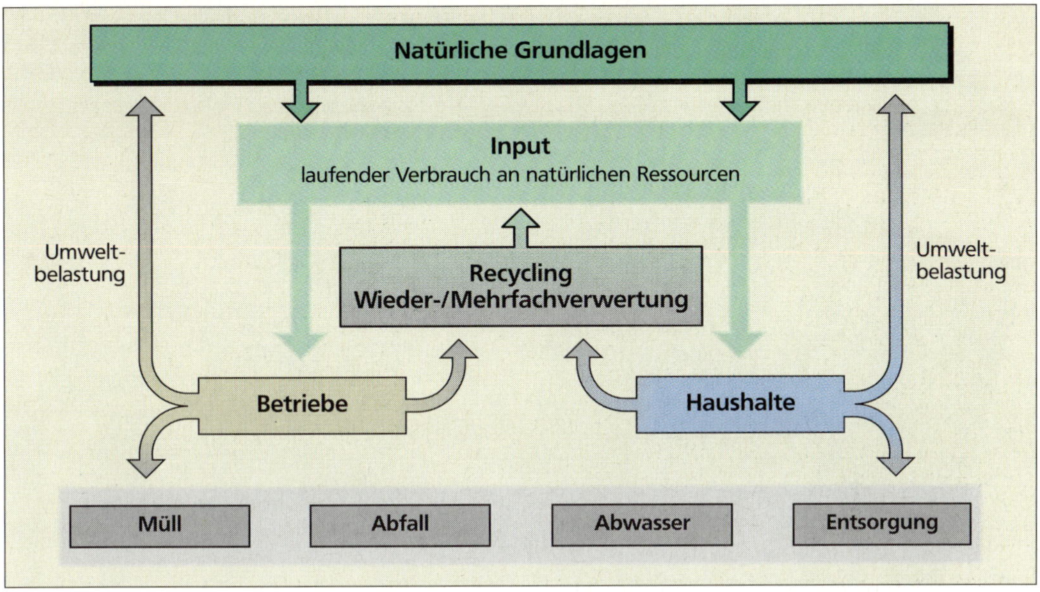

Arbeitsvorschlag:

1. **Warum kann Umweltschutz eigentlich nicht nur ein zusätzliches Unternehmensziel, sondern ein alle anderen Zielsetzungen überlagerndes System der Unternehmenssteuerung sein?**
2. **Welches sind die Hauptinstrumente des betrieblichen Umweltmanagements?**
3. **Worin unterscheiden sich Vorsorge- und Verursachungsprinzip?**
4. **Erläutern Sie die Merkmale einer „ressourcenorientierten Produktions- und Absatzkette".**
5. **Worin liegen Ihrer Meinung nach die weiteren ökologischen Herausforderungen der Zukunft?**
6. **Erläutern Sie den Zielkonflikt zwischen Ökonomie und Ökologie.**

Themenfeld 2 Die betrieblichen Funktionen

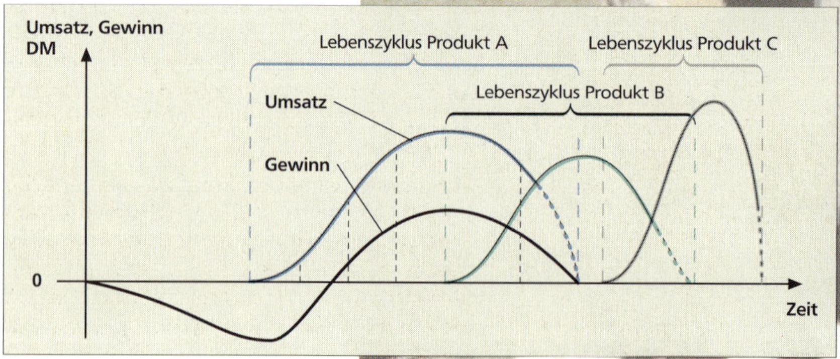

A Die Materialwirtschaft

1 Materialwirtschaft als Bindeglied zwischen Beschaffungsmarkt und betrieblichen Verbrauchsstellen erkennen

Situation

Als im Jahre 1995 die französischen Eisenbahner mehrere Wochen streikten, waren die Autobahnen rund um Eisenach (Thüringen) verstopft. Der Grund: Die dort ansässige Firma Opel musste ihre gesamte Teilezulieferung aus den spanischen Produktionsstätten per LKW abwickeln. Tausende von zusätzlichen LKW rollten quer durch Frankreich und Deutschland, um sicherzustellen, dass bei Opel die Bänder weiterlaufen konnten, denn der Lagerbestand reichte hier nur für maximal 6 Stunden Produktion aus…

„Stapelhaus" mit Platz für 270 Karosserien, die von der Lackiererei in die Montagehalle gelangen.

Materialwirtschaft hat die Aufgabe alle benötigten Teile in der jeweiligen Qualität zur rechten Zeit am richtigen Ort bereitzustellen, „egal, ob es sich um eine Eigenproduktion oder den Fremdbezug handelt".

„Plötzlich wurde deutlich, was es bedeutet, einerseits so gut wie keine Lagervorräte mehr zu haben, andererseits aber auf Teile angewiesen zu sein, die fast zweitausend Kilometer transportiert werden müssen, bevor sie hier sind", so ein Opel-Sprecher.

Was Opel hier widerfuhr, veranlasst mittlerweile immer mehr Hersteller Zulieferer auch räumlich an sich zu binden, denn der Produktionsausfall nur eines Tages, so ein Firmensprecher, „macht die Rationalisierungsbestrebungen eines ganzen Jahres kaputt". Nach einschlägigen Erfahrungen helfen auch Konventionalstrafen recht wenig. Deshalb wird der partnerschaftlichen Zusammenarbeit immer größere Bedeutung eingeräumt. Bei Neukonzeptionen von Firmen werden die Produktionsanlagen von Zulieferern gleich integriert.

Für einen außenstehenden Firmenbesucher ist der Unterschied zwischen Zulieferer und Abnehmer nicht mehr zu erkennen, weil im wahrsten Sinne des Wortes „direkt ans Band geliefert wird". Damit entfallen sämtliche Probleme der Anlieferung (die hat jetzt nur der Zulieferer für die auch von ihm benötigten Vorprodukte…). Führte die Materialwirtschaft früher in vielen Unternehmen eher ein auf die Lagerhaltung begrenztes Schattendasein, so ist sie heute zu einer Zentralfunktion aufgerückt.

„Was zählt, ist eine enge Zusammenarbeit und die beginnt bei der Produktionsplanung", so ein Firmensprecher weiter. Deshalb werden die Zulieferer im Idealfall über moderne Methoden der Produktionssteuerung auch direkt in die Produktionsplanung des Abnehmerwerks einbezogen. Aufseiten der (meist schwächeren) Zulieferer macht sich allerdings Unbehagen breit, denn „die Abhängigkeit wird immer größer und Kostenvorteile durch Massenfertigung lassen sich bei verstreuten Standorten nur noch schwer erzielen…"

Denn nach wie vor wird trotz aller Partnerschaft davon ausgegangen, dass nach einer kaufmännischen Grundregel „im Einkauf der halbe Gewinn liegt". Und diesem Diktat müssen sich die vermeintlichen Partner beugen.

?

- **Welches sind die Hauptaufgaben der Materialwirtschaft?**
- **Welche betriebswirtschaftlichen Gründe sind für eine Zusammenarbeit mit den Zulieferern maßgebend?**
- **Was muss die Materialwirtschaft als Bindeglied zwischen den einzelnen betrieblichen Funktionen leisten?**

Informationen

Bei der Firma Opel trat damals der teuerste „Fall-out" ein. Die Produktion wurde teilweise gestoppt. Die Folgen waren erheblich: Lohn- und Lohnnebenkosten liefen weiter, die Betriebsbereitschaft musste aufrechterhalten werden, Liefertermine konnten mit der Folge verärgerter Kunden und Händler nicht eingehalten werden, Produktionspläne waren neu zu erstellen, Überstunden zur Aufholung der Produktionsausfälle waren unumgänglich. Mit erheblichen Kosten wurden alle nur auffindbaren LKW-Transportkapazitäten aufgeboten, um die Produktion wenigstens auf einem Mindestniveau sicherzustellen.

Die Lieferengpässe kosteten sehr viel Geld. Die Kostenvorteile der Zulieferung aus dem spanischen Saragossa waren innerhalb weniger Tage weit überschritten – und das alles nur, weil in Frankreich die Eisenbahner streikten und damit den Materialzufluss im etwa 2000 Kilometer entfernten Thüringer Werk in Eisenach erheblich störten.

1.1 Die Aufgaben der Materialwirtschaft

Die Materialwirtschaft hat viele und zum Teil sehr unterschiedliche Aufgaben. Vor allem hat sie die grundsätzliche Produktionsbereitschaft dadurch sicherzustellen, dass alle **Roh-, Hilfs- und Betriebsstoffe** sowie **fremdbezogene Fertigteile termingerecht zur Verfügung stehen.** Daneben hat die Materialwirtschaft die Versorgung mit Werkzeugen und Verschleißteilen sicherzustellen. Im Einzelfall ist sie auch in die Beschaffung von Maschinen eingebunden:

Hauptaufgaben der Materialwirtschaft:

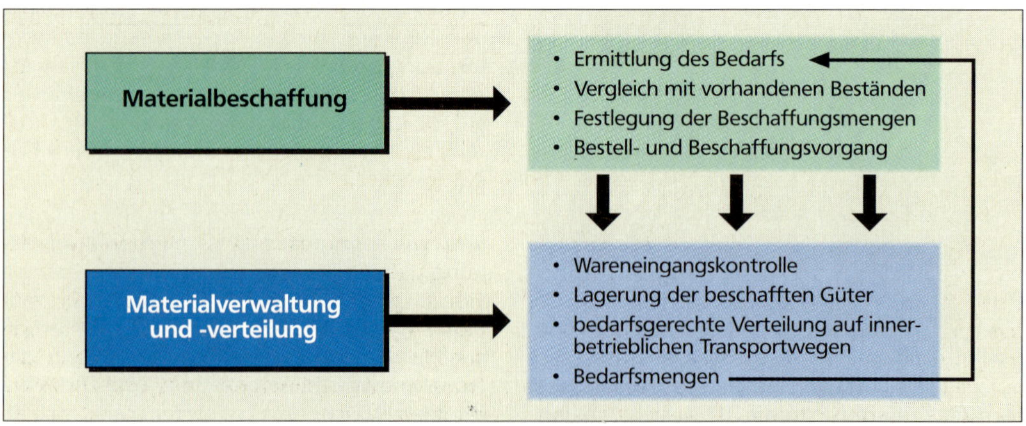

Die Einzelaufgaben stehen in einem engen wechselseitigen **Abhängigkeitsverhältnis.** In modernen Großbetrieben erfolgt die Steuerung von Einzelentscheidungen teilweise automatisch, d.h., dass z.B. nach vorgegebenen Programmstrukturen bei eingehenden Kundenaufträgen Entscheidungen über den Materialnachschub unmittelbar ohne menschliche Einwirkung getroffen werden.

Der gleichmäßige und plangenaue Produktionsablauf im Eisenacher Opel-Werk ermöglicht auch die Verwirklichung einer besonders effizienten und kostensparenden Materiallogistik: Mithilfe des Eisenacher-Material-Informations-Systems erhalten die Lieferanten stundengenaue Informationen über den benötigten Materialnachschub. Speditionen, die im Auftrag von Opel Eisenach arbeiten, haben spezielle Streckenpläne entwickelt und steuern pro Route verschiedene Lieferanten nacheinander an. Die Fahrten sind so genau abgestimmt, dass die Automobilteile just in time im Opel-Werk eintreffen. **Zwischen dem Opel-Werk und den Lieferanten erfolgt ein kontinuierlicher Datenaustausch.**

Was wird beschafft?

- **Werkstoffe**
  - **Rohstoffe** sind alle Stoffe, die als Hauptbestandteile in das zu fertigende Produkt eingehen (z. B. Blech beim Auto, Leimholz bei Möbeln).
  - **Hilfsstoffe** sind alle Stoffe, die mit einem mengen- und wertmäßig deutlich geringeren Anteil in das Produkt eingehen, also keine Haupt-, sondern nur Nebenbestandteile sind, die auch ersetzt werden können (z. B. Schrauben, Nieten, Klebstoffe).
  - **Betriebsstoffe** sind selbst kein Bestandteil des Endproduktes. Sie ermöglichen als Energie- oder Schmierstoff oder z. B. auch als Büromaterial den Produktionsprozess allgemein.
- **Zulieferer-teile**: Produkte, die **von externen Zulieferern** bezogen werden. Sie gehen ohne weitere Bearbeitung in das Endprodukt ein (z. B. Getriebe bei PKWs, Motoren für Elektrogeräte).
- **Eigen-erzeugnisse**: **Unfertige oder fertige Erzeugnisse,** die im eigenen Unternehmen hergestellt oder von konzerneigenen Zweigbetrieben hinzugekauft werden.
- **Verschleiß-werkzeuge**: **Werkzeuge,** die für einzelne Aufträge beschafft werden müssen (z. B. bestimmter Bohrer) oder Werkzeuge, die allgemein eingesetzt und durch Verbrauch ersetzt werden müssen. Dazu gehören im weiteren Sinne auch **Ersatzteile** für Maschinen und Anlagen.
- **Handelswaren**: **Fremdbezogene Fertigteile,** die zur Ergänzung des eigenen Absatzprogrammes dienen (z. B. Autoradios).

1.2 Zielsetzungen der Materialwirtschaft

Tätigkeitsschwerpunkte der Materialwirtschaft liegen in der **Beschaffung und Lagerung** von Werkstoffen und sonstigen Gütern, die für die Erstellung der betrieblichen Leistung nötig sind. Dazu gehört ein möglichst vollständiges Maß an **Informationen über den Einkaufsbereich,** die als wesentliche Beratungs- und Entscheidungsgrundlagen für die Geschäftsleitung nötig sind.

Der **Angebotsvergleich** hinsichtlich Preisen, Liefer- und Zahlungsbedingungen usw. schafft die Grundlage für die Erstellung von Unterlagen zur Eigenkontrolle und zur Rechnungsprüfung.

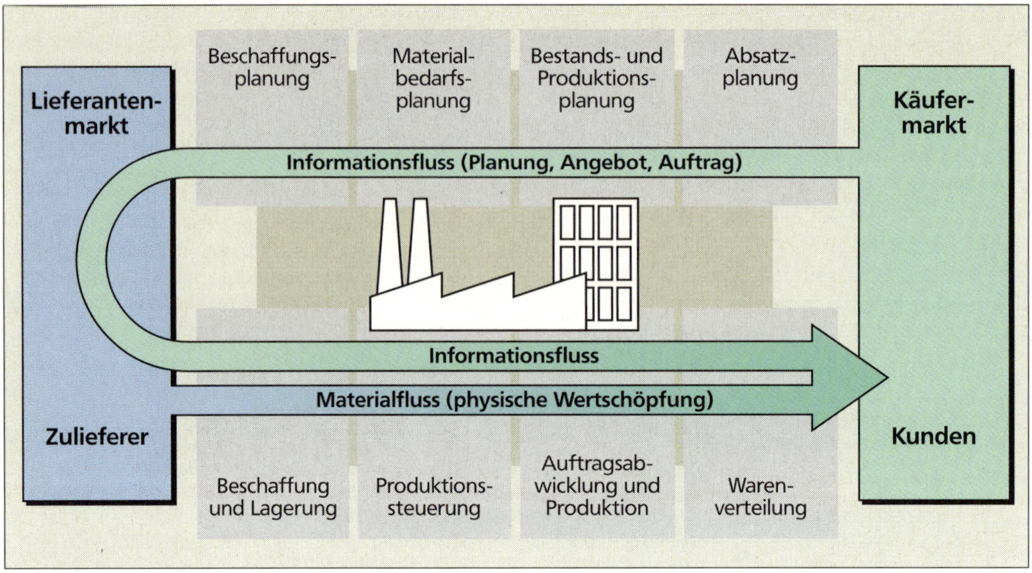

Die Materialwirtschaft stellt damit nur einen Teilbereich der betrieblichen Beschaffungsaktivitäten, die sich z. B. auch auf den Bereich des Personal- und Finanzwesens erstrecken, dar.

Wirtschaftliches Handeln gehört in diesem unternehmerischen Funktionsbereich zu den **obersten Handlungsprinzipien.** Es konkretisiert sich in dem Ziel der **Kostenminimierung.**

Dieses Ziel kann unter anderem erreicht werden, wenn

- die **Materialkosten** reduziert werden (z. B. durch Aushandeln günstiger Preise oder über die Entscheidung Eigenfertigung oder Fremdbezug);
- die Kosten des Bereichs Materialwirtschaft reduziert werden (z. B. durch Rationalisierungsmaßnahmen oder Übertragung der Lagerhaltung auf die Händler);
- die Bestände optimiert und der **Materialfluss** vom Lieferanten zum Unternehmen und durch das Unternehmen rationalisiert werden.

Die bisher rein ökonomisch ausgerichteten Interessen der Materialwirtschaft haben vor dem Hintergrund, dass die natürlichen Ressourcen (Rohstoffe) nicht unbegrenzt zur Verfügung stehen und ein möglichst hohes Maß an Wiederverwertung oder Weiterverarbeitung erreicht werden muss, eine Wandlung erfahren.

Die traditionellen Konflikte der Materialwirtschaft werden heute mehr und mehr um ökologische Zielsetzungen erweitert.

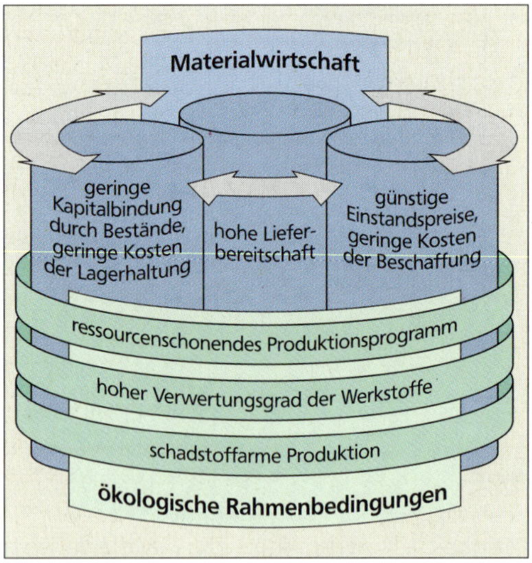

Zielkonflikte der Materialwirtschaft

1.3 Einbindung der Materialwirtschaft/Schnittstellen

Ziel einer sowohl wirtschaftlichen als auch ökologischen Gesichtspunkten gerecht werdenden Materialdisposition ist eine Vorrats- und Lagerhaltung, die „umweltverträgliche Produkte ohne unnötige Ressourcenbindung, Emissionen und Abfälle mengen-, termin- und qualitätsgerecht" bereithält.

Das Prinzip der Vorratsbeschaffung besagt, dass das produzierende Unternehmen die Lagerhaltung im Produktionsbetrieb oder in Lägern außerhalb des Unternehmens betreibt. Die Produktion erhält das Material aus den eingerichteten Vorratslägern, die zentral oder dezentral geführt werden können.

Die Materialwirtschaft steht in enger **Verbindung zu den sonstigen Aufgabenbereichen** des Betriebes, da sie keine eigenen, sondern lediglich „Zubringerfunktionen" zu erfüllen hat.

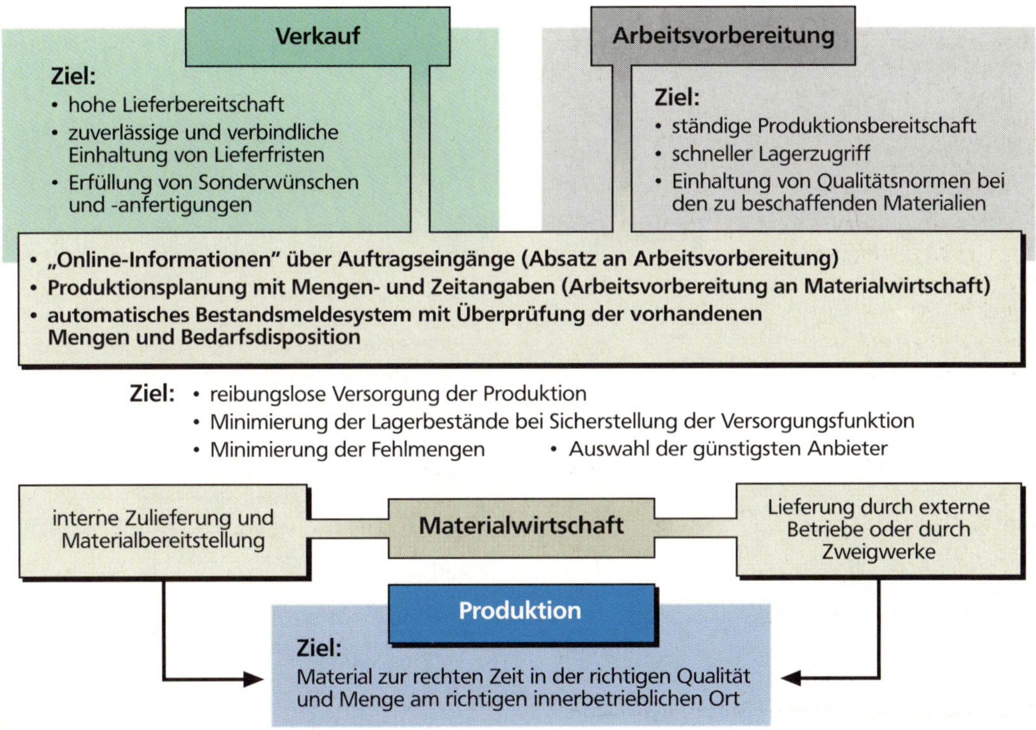

1.4 Vernetzung der betrieblichen Funktionen

Moderne Datenverarbeitungsmethoden und innerbetriebliche Vernetzungen stellen sicher, dass ein Informationskreislauf entsteht, der nach festen „Spielregeln" abläuft. Auslöser für Beschaffungsaktivitäten sind entweder erreichte Mindest- oder Meldebestände im Lager und/oder eingehende Bestellungen bzw. Entscheidungen über Produktionspläne. Die Vorgehensweise ist in der Praxis sehr unterschiedlich und hängt wesentlich von betriebs- oder produktspezifischen Besonderheiten ab. In Betrieben mit Großserienfertigung der Massenproduktion wird die Materialbewirtschaftung eher routinemäßig ablaufen, während bei Sonderanfertigungen oder in kleinen Betrieben mit Einzelfertigung eher eine auftragsbezogene Beschaffung praktiziert wird. Bei Hilfsstoffen ist die Beschaffung weitgehend unabhängig von Einzelaufträgen, weil hier eine Bevorratung zur Aufrechterhaltung der ständigen Betriebs- und Produktionsbereitschaft nötig ist.

Ähnlich dürfte es bei geringwertigen Massengütern der Hilfsstoffe (z. B.: Schrauben, Nägel, Klammern usw.) sein. Ebenso wird bei Werkzeugen und sonstigen Verschleißteilen immer ein Mindestbestand zu bevorraten sein, damit Reparatur- und Austauscharbeiten umgehend vorgenommen werden können.

Kostenbewusstes Denken und eine detaillierte **Bestandssteuerung** sind insbesondere bei den Hauptrohstoffen vorzufinden, weil hier einerseits die größten Einsparungspotenziale liegen, andererseits aber auch die größte Empfindlichkeit für Störungen des Produktionsablaufs durch mangelhafte Mengendisposition gegeben ist.

Zulieferer rücken dicht heran

Je geringer die Vorratshaltung ist, desto zuverlässiger muss die Zusammenarbeit mit den Zulieferern sein. Aus einem rein vertragsmäßigen Verhältnis entstehen ggf. partnerschaftliche Beziehungen, die sich auch auf die Standortwahl auswirken. Bei neu konzipierten Industrieprojekten werden heute ausreichende Flächen für Zulieferer, die häufig komplette Baugruppen bereitstellen (und teilweise schon eigenständig montieren) ausgewiesen.

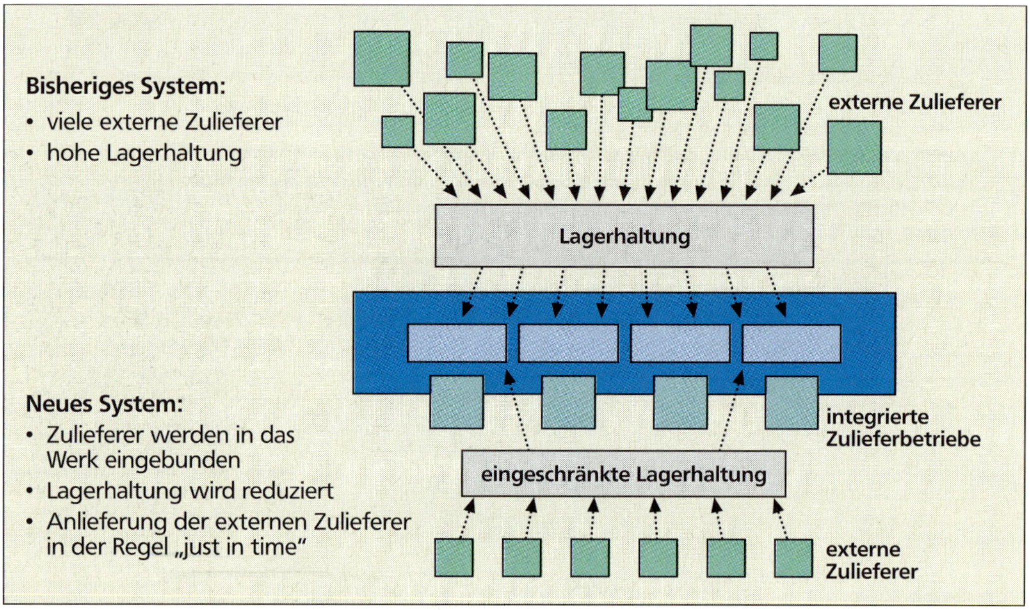

Materialwirtschaft als eigener Funktionsbereich

Die umfangreichen Aufgaben führen dazu, dass die **Materialwirtschaft** in größeren Betrieben einen eigenen Funktionsbereich mit engen Beziehungen zu den übrigen betrieblichen Aufgaben darstellt. In Abhängigkeit von der Unternehmensstruktur und -größe, aber auch von der Art und Lage der einzelnen Produktionsstätten können Materialbeschaffung, -verwaltung, -lagerung und -verteilung **zentral von einer Stelle oder dezentral von mehreren Stellen** wahrgenommen werden. Dabei ist nicht ausgeschlossen, dass z. B. der Einkauf zur Ausnutzung von Mengenrabatten zentral getätigt wird, während z. B. die Warenanlieferung und die Lagerung dezentralisiert ist. Dies ist insbesondere dann der Fall, wenn es sich um räumlich weit auseinanderliegende Zweigwerke handelt (z. B. verschiedene Produktionsstätten von Autoherstellern). Die Festlegung von Qualitätsnormen oder anderen Grundsätzen der Beschaffung wird als strategische Entscheidung immer zentral von der Unternehmensleitung ausgehen.

Aufgabenerfüllung der Materialwirtschaft

	Organisation	Unternehmens-besonderheiten	Anforderungen/ Vorteile
zentral	**Einkaufsabteilung führt die Beschaffung für die gesamte Unternehmung durch.**	Unternehmung mit homogenem Produktionsprogramm und eng zusammenliegenden Produktionsstätten	– gute Marktübersicht – gebündelte Erfahrung – Mengenrabatte – Aufgabenkonzentration mit Rationalisierungseffekten
dezentral	**Zweigwerke oder einzelne Bedarfsstellen kaufen selbstständig ein.**	Unternehmungen mit vielfältigem Produktionsprogramm und weit verstreuten Bedarfsorten	– Spezialkenntnisse über Materialbedarf – hohes Fachwissen – kurze Informationswege – überschaubare Bereiche – schnelle Anpassungsfähigkeit

Innerbetrieblich kann eine Aufgabengliederung nach dem **Funktions- oder Objektprinzip** erfolgen. Das Funktionsprinzip orientiert sich an gleichartigen Aufgaben, die in einer Abteilung zu erfüllen sind. Das Objektprinzip ist an der Art der zu beschaffenden Materialien ausgerichtet. Es kommt immer dann zur Anwendung, wenn sich die Beschaffungsgegenstände so sehr unterscheiden, dass eine objektbezogene Spezialisierung sinnvoll ist.

Beispiel:
Die Materialwirtschaft eines großen Betriebes wird zwar zentral geführt, aber die Einzelaufgaben werden wegen der Unterschiedlichkeit der Produktgruppen dezentral wahrgenommen.

Bei der Wahrnehmung der Beschaffungsaufgaben innerhalb der beiden Sparten herrscht das Funktionsprinzip vor.

Trotz der Dezentralisierung werden die Aufgaben der Rechnungsprüfung von einer zentralen Abteilung wahrgenommen.

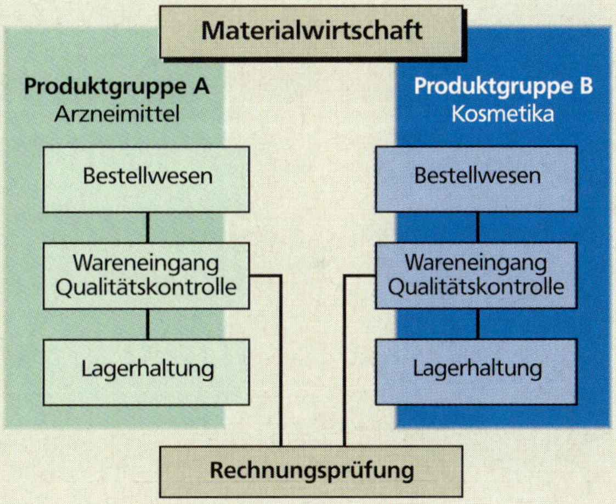

Arbeitsvorschlag:

1. **Erkundigen Sie sich und beschreiben Sie, wie der Bereich Materialwirtschaft in Ihrem Ausbildungsbetrieb organisatorisch eingegliedert ist und welche Aufgaben diese Abteilung zu erfüllen hat.**
2. **Welche Argumente sprechen für eine zentrale und/oder eine dezentrale Materialwirtschaft?**
3. **In welchem Zusammenhang stehen Wirtschaftlichkeits- und Sicherheitsüberlegungen bei Überlegungen der Lagerhaltung?**
4. **Worin bestehen die sonstigen typischen Zielkonflikte der Materialwirtschaft?**

2 Die Bedeutung, Einsatzmöglichkeiten und Umweltverträglichkeit verschiedener Werkstoffe beschreiben

Situation

Auszug aus einer Fachzeitschrift für Haushaltsgeräte:

„Modulbauweise umweltfeindlich?"

Wiederverwertungsbetriebe erfolgreich auf Expansionskurs

Mit den Worten „lieber etwas mehr für Reparaturen ausgeben, als nach dem Wegwerfprinzip zu konstruieren und zu bauen", lässt sich zusammenfassen, was in der Ökologie-Diskussion viel zu kurz kommt. Während einerseits über Recycling, den Grünen Punkt und die globalen Umweltgefährdungen viel geschrieben und geredet wird, wird als selbstverständlich hingenommmen, dass heute immer weniger über Reparaturen gesprochen wird. „Austausch heißt das vermeintliche Zauberwort". Weil die Ersatzteile häufig teurer sind als neue Geräte, wird schon oft bei kleinsten Defekten weggeworfen, statt zu reparieren. Dies gilt für den Rasierapparat oder die elektrische Zahnbürste genauso, wie für die Waschmaschine oder den Toaster. Und selbst wenn man es wollte, manches lässt sich gar nicht reparieren, weil der Fehler schon bei der Produktion oder den verwendeten Materialien liegt: eingeschweißte Elektroteile, an die niemand herankommt, Kunststoffklemmen, die schon allein bei dem Versuch der Öffnung abbrechen, Kabelverbindungen, die nicht nachgelötet werden können, Blechteile, die vernietet statt verschraubt sind ...

Den Verbraucher ärgert es – von Ausnahmen abgesehen, hat der Handel gar nicht die nötigen Fachkräfte – und die Industrie freut sich. Ob die „Produktbilanzen" bei einer kritischen Betrachtung der schwindenden natürlichen Ressourcen und der wachsenden Müllberge nicht sehr negativ ausfallen würden, bedarf eigentlich keiner besonderen Frage mehr.

Genau in diese Lücke stoßen immer mehr Wiederverwertungsbetriebe, die sich insbesondere auf so genannten Elektronikschrott spezialisiert haben. Jährlich werden z. B. allein in Deutschland ca. 1 Million Computer „entsorgt", indem sie auf den Müll wandern.

Die schon nach wenigen Jahren technisch veralterten Geräte beherbergen durchaus noch viele verwendbare Einzelteile, aber deren Ausbau und Aufarbeitung ist im Vergleich zu einem Neugerät viel zu aufwendig. Bei der Frage der Produkthaftung träte das nächste Problem auf, wenn die Teile weiterverwendet würden. „Also", so ein Sprecher des Verbandes, „wird weggeworfen, was kaputt ist." In diese Richtung zielt auch eine geplante Initiative des Gesetzgebers, wonach Altprodukte von den Herstellern zurückgenommen werden müssen. Damit soll die Wegwerf- und Austauschflut eingedämmt, zumindest aber verteuert werden.

400152L

Dass die Produkte dadurch teurer werden könnten, wird energisch bestritten. Schon allein bei der Auswahl geeigneter, möglichst umweltfreundlicher, zumindest aber nicht umweltbelastender Einsatzstoffe ist nach Ansicht des Verbandes ein „gewaltiges Einsparpotenzial" vorhanden. Während der Laie zwar die technischen Möglichkeiten nicht abschätzen könne, werde bei der Verpackungsreduzierung deutlich, wo vieles „vielleicht weniger für das Auge, aber dafür mehr für die Umwelt" getan werden könne.

Die Leser dieser Zeitschrift wurden aufgefordert, ihre Meinung zu dem Thema zu schreiben und von eigenen Erfahrungen zu berichten. Dabei sollten sie sich auch dazu äußern, ob sie evtl. bereit wären, einen höheren Reparaturpreis zu zahlen, wenn eine Reparatur statt eines Komplettaustausches möglich wäre.

?

- **Welches sind die Ursachen für die geschilderten „Wegwerfprobleme"?**
- **Welche Grundsätze müssten nach diesen Ausführungen schon bei der Produktkonstruktion stärker beachtet werden?**
- **Was sollte bei der Auswahl der zu beschaffenden Werkstoffe stärkere Berücksichtigung finden?**
- **Welche Folgen hat das eventuell für die Auswahl von geeigneten Zulieferern?**

Informationen

Während der Frage der Umweltverträglichkeit von Produkten oder Produktbestandteilen in den Sechziger- und Siebzigerjahren ebenso wenig Aufmerksamkeit geschenkt wurde, wie der Frage der Abfallentsorgung und Müllbeseitigung, haben wir zwischenzeitlich ein deutlich höheres Bewusstsein dafür entwickelt, dass der wirtschaftliche Fortschritt von heute nicht als Last an die folgenden Generationen weitergegeben werden kann.
Beeinflusst durch gesetzliche Maßnahmen, aber auch durch ein kritischeres Verbraucherverhalten, steuert dieses Umdenken immer stärker auch das unternehmerische Handeln.

2.1 Ökologische Ziele der Materialwirtschaft

In zunehmendem Maße müssen sich Unternehmen geänderten Rahmenbedingungen stellen, so auch in ihren Entscheidungen, welche die Umwelt beeinflussen. Ökologische Kriterien fließen in die Unternehmensethik und in konkrete Unternehmensentscheidungen ein. Von formalrechtlichen Regelungen gehen zwingende Vorschriften aus, deren Einhaltung (wie z. B. die Entsorgung bestimmter Abfälle oder die Rücknahme von Verpackung) sich zu einem wichtigen Kostenfaktor entwickelt.
Ökologische Fragen beeinflussen nicht nur den Bereich der Materialwirtschaft, sondern ebenso den Produktions- und Absatzbereich. Zunehmend legen Konsumenten auf die **Umweltverträglichkeit** der von ihnen gewünschten Produkte Wert.
Die Materialwirtschaft muss deshalb darauf achten, solche Produkte vorrangig zu beschaffen, die in sehr hohem Maße verwertet und recycelt werden können, die schadstofffrei oder -arm sind und deren Entsorgung problemlos ist. Dadurch bleiben die Rohstoffe im **Produktionskreislauf** und werden nicht wie früher als „Abfall" deklariert, sondern im eigenen oder fremden Betrieb weiterverarbeitet. Durch die häufigere Anwendung des Verursachungsprinzips und die Verhinderung der Abwälzung von betrieblichen Kosten auf die Volkswirtschaft findet eine Umorientierung zu einem sparsameren

Umgang mit Rohstoffen und Materialien und deren Wiederverwertung statt.

Die traditionelle **Zielsetzung der Materialwirtschaft,** günstige Einstandspreise, hohe Liquidität und hohe Lieferbereitschaft miteinander zu verbinden, muss zusätzlich ökologischen Bedingungen gerecht werden. Eine rein ökonomische Sichtweise ist nicht mehr zu vertreten, vielmehr muss eine moderne Materialwirtschaft eine **Umweltorientierung** erfahren und die Beschaffung schadstofffreier/-armer Produkte mit einem hohen Verwertungsgrad favorisieren.

Am Beispiel der Verpackung oder der Diskussion um Einweg- oder Mehrwegsysteme wird am ehesten deutlich, worin die ökologischen Aufgaben der Betriebe bestehen. Dass es *die richtige* Lösung nicht gibt, bedarf keiner besonderen Erwähnung. Wichtig ist das Bewusstsein, mit dem Konstruktions- und Beschaffungsfragen angegangen werden.

Aus der ökologischen Diskussion der letzten Jahre haben sich einige Kernpunkte herauskristallisiert:

- Umweltverträglichkeit der Rohstoffe prüfen und nach Alternativen suchen
- Ausschaltung von vermeidbaren Umwelt- oder Gesundheitsgefährdungen bei Produktion oder Verbrauch
- Erstellung ökologischer Bilanzen für den gesamten Produktlebenszyklus (Entstehung, Vertrieb, Entsorgung, Wiederverwertung)
- Umweltaufgaben als unternehmerische Stabstelle
- Verbraucheraufklärung und -information über ökologische Vorteile der eigenen Produktpalette

Unternehmerische Strategien der Materialwirtschaft werden folglich darauf angelegt sein, rechtzeitig auf erneuerbare Stoffe umzusteigen und solche zu beschaffen, von denen weder schädliche Neben- noch Folgewirkungen ausgehen, die sich entweder recyceln oder problemlos entsorgen lassen. Dieses strategische Vorgehen verhindert eventuelle Nachfrageeinbußen und Imageverluste.

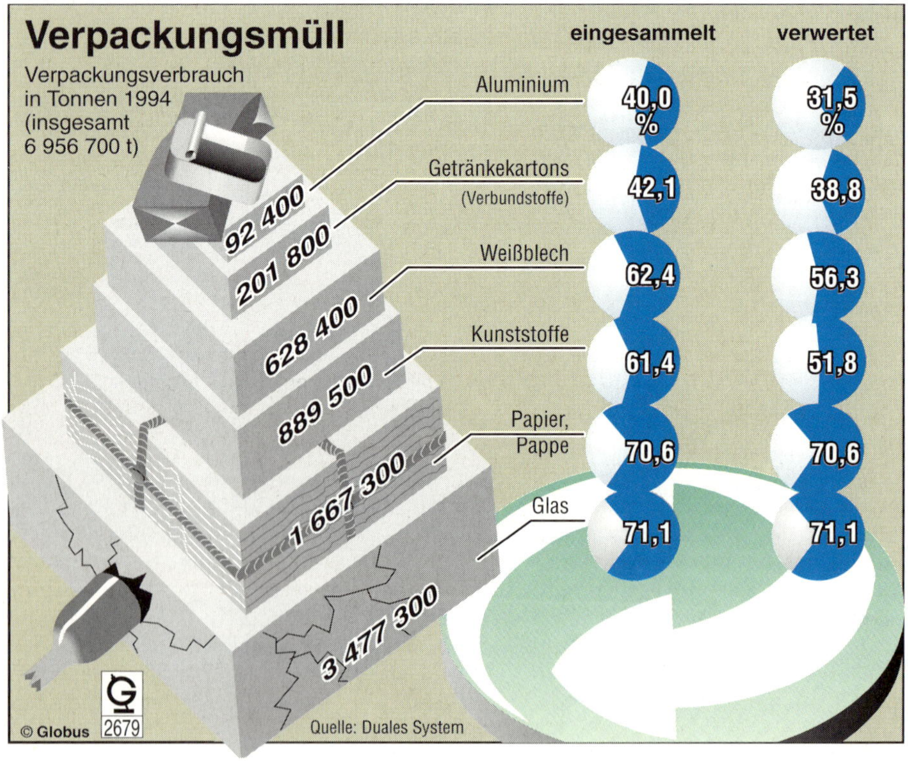

Im Einzelnen bedeutet das für die Beschaffungsabteilung in enger Zusammenarbeit mit der Produktion/Konstruktion nach Verbesserungsmöglichkeiten in folgenden Bereichen zu suchen:

umweltverträglichere Materialien	z. B. Ersatz von Kunststoff durch Pappe, Verpackung mit Papier statt Styropor, Verwendung von Recyclingpapier statt holzfreiem weißem Papier, Vermeidung von Hochglanzdrucken, Verwendung umweltfreundlicher Farben usw.
ressourcensparender Produktionsprozess, energiesparender Materialeinsatz	z. B. Verringerung des Wassereinsatzes, Erhöhung der Rohstoffausnutzung, Senkung des Materialverbrauches, Verringerung des Ausschusses usw.
Reparaturfreundlichkeit/ Austauschbarkeit defekter Einzelbauteile	z. B. Verzicht auf größere Moduleinheiten, Aufbau eines reibungslosen Ersatzteilsystems usw.
Verringerung der Schadstoffemissionen	z. B. Einsatz schadstoffarmer Rohstoffe, Einhaltung von Emissionsvorschriften

Insgesamt sollte sich die Materialwirtschaft darauf ausrichten, unter Beachtung aller betrieblichen und produktionstechnischen Gegebenheiten bei der Lieferantenauswahl in stärkerem Umfang ökologische Schwerpunkte zu setzen.

Bei der **Auswahl der Lieferanten** und der über sie zu beschaffenden Produkte geht es darum, solche Lieferanten herauszufiltern, die umweltschonende Produkte anbieten, die die Zusammensetzung ihrer Produkte offenlegen und mit denen eine Umwelthaftung für die gelieferten Produkte in den Vertragsbedingungen vereinbart werden kann.

Neben der wirtschaftlichen Vergleichbarkeit muss ein potenzieller Lieferant eine Prüfung der Umweltverträglichkeit seiner Produkte bestehen. Kriterien dafür könnten u. a. sein:

- Wie werden die Rohstoffe gewonnen?
- Wie hoch ist der Verbrauch an Ressourcen?
- Wie wird das Produkt hergestellt, genutzt und verbraucht?
- Lassen sich Abfälle verwerten oder problemlos beseitigen?
- Gehen von dem Produkt schädliche Emissionen für den Menschen aus?
- Belastet das Produkt Luft, Wasser oder den Boden?

Beispiel

Ein Hersteller von Haarpflegemitteln beabsichtigt seine Produkte nicht nur mit dem Grünen Punkt zu kennzeichnen, sondern mehr als bisher für die Umweltverträglichkeit zu tun. Von der Materialwirtschaft werden konkrete Veränderungsvorschläge erwartet. Dazu gehört, dass man von den Zulieferern, aber auch von der eigenen Konstruktions- und Forschungsabteilung genaue Angaben über die Umweltverträglichkeit von Rohstoffen und Produktbestandteilen erwartet:

- Welche Treibgase und Inhaltsstoffe werden verwendet?
- Welche wissenschaftlichen Erkenntnisse gibt es darüber?
- Sind in dem Produkt oder der Verpackung Gefahrstoffe enthalten?
- Kann eine Pumpe die Treibgase ersetzen?
- Welche Vor- und Nachteile hätte eine Produktänderung?
- Wie hoch wären die Kosten?

- Kann auf die Produktion von Kleinstdosen verzichtet werden?
- Welche Möglichkeiten einer „Verpackungsreduzierung" gibt es?
- Müssen die Dosen mehrfach lackiert sein?
- Welche Wiederverwertungsmöglichkeiten gibt es für die leeren Spraydosen?

- Was kann getan werden, damit die Zulieferer zu einer ökologischen Zusammenarbeit bereit sind?
- Wie könnten sich die Produktalternativen auf die Kostensituation und den Wettbewerb bzw. die Konkurrenzfähigkeit auswirken?

2.2 Umweltgerechte Lieferantenbewertung

Neben den Eigenschaften der zu beschaffenden Stoffe sind für eine ökologische Gesamtbetrachtung weitere Faktoren interessant. So kann z.B. die Auswahl der Zulieferer auch von deren räumlicher Nähe, der Art der eingesetzten Verkehrsträger und dem Transportaufwand abhängen. Die nachfolgende Checkliste ist ein Beispiel dafür, wie man versucht eine Umweltanalyse im Beschaffungsbereich zu systematisieren.

Umweltcheck – Produktanalyse						
Bezeichnung des Materials/Werkstoffes						
benötigt für:						
Zulieferer:				**Jahresmenge:**		
Bewertung:	1, 2, 3 Punkte je nach Einstufung	↓	4, 5, 6 Punkte je nach Einstufung	↓	7, 8, 9 Punkte je nach Einstufung	↓
Rohstoff-eigenschaften	umweltfreundlich, unbedenklich		problematisch, schadstoffhaltig		sehr gefährlich, besondere Sorgfalt erforderlich, Gefahrgut	
Zulieferung	räumlich nah/ Eigenfertigung		nächstmöglicher Lieferer		weite Transportstrecken	
Verkehrsträger	innerbetrieblich bzw. Bahn, Schiff		Sammelladungen, Speditionen		fertigungssynchrone Kleinstmengenlieferung	
Transport-aufwand	gering		mittel		hoch	
	⇩ Keine ökologische Notwendigkeit zur Änderung.		⇩ Nach ökologisch verträglicheren Alternativen suchen.		⇩ **Dringende** Suche nach ökologisch verträglicheren Alternativen.	

Ein Umweltcheck mit Auswirkungen auf den Materialbereich kann aber auch innerbetriebliche Vorgehens- und Verhaltensweisen betreffen. Häufig sind es ganz einfache Fragestellungen, die zu neuen Denkweisen anregen.

Betriebliche Entscheidungssituation
Analysieren – informieren – diskutieren – entscheiden

Voraussetzung für eine umweltorientierte Unternehmensführung ist unter anderem ein umweltgerechter Produktionsprozess. Schon bei der Beschaffung und der Produktentwicklung sind umweltpolitische Aspekte zu berücksichtigen. Untersuchen Sie anhand der nachfolgenden Checklisten einmal Ihren Ausbildungsbetrieb. Sprechen Sie mit Ihrem Ausbilder oder holen Sie sich die notwendigen Informationen bei anderen sachkundigen Personen Ihres Ausbildungsbetriebes. Vergleichen Sie Ihre Ergebnisse untereinander in der Schule und versuchen Sie geeignete Schlussfolgerungen zu ziehen.

Checkliste Umweltverhalten

		JA	NEIN
1.	Sammeln und aktualisieren wir zentral alle Umweltschutzvorschriften für unsere gefährdenden Stoffe, Anlagen und Abfälle?	☐	☐
2.	Sind unsere Mitarbeiter so motiviert, dass sie alle Sicherheitsregeln strikt beachten und von sich aus Verbesserungsvorschläge unterbreiten?	☐	☐
3.	Erfassen wir umweltbelastende Stoffe in Mengenlisten, um ihren Verbleib im Unternehmen zu kontrollieren?	☐	☐
4.	Haben wir Ersatzlösungen für umweltbelastende Stoffe und Verfahren gesucht, auch im Hinblick auf künftig verschärfte Auflagen?	☐	☐
5.	Berücksichtigen wir beim Kostenvergleich zwischen Ersatzstoffen und heute noch genutzten gefährlicheren Materialien auch die Nebenkosten, die durch Kontroll- und Sicherheitsmaßnahmen, Versicherung, Entsorgung, Schutzkleidung und Mitarbeiterschulung entstehen?	☐	☐
6.	Schöpfen wir die Möglichkeiten zur Materialeinsparung aus, zum Beispiel durch Energiesparlampen, effiziente Heiztechnik, Abwärmenutzung, geschlossene Wasserkreisläufe, materialsparende Produktgestaltung?	☐	☐
7.	Nutzen wir alle Recycling-Möglichkeiten, die sich innerbetrieblich oder durch Drittfirmen und Abfallbörsen bieten? Ist die Entsorgung unvermeidlicher Produktionsrückstände dauerhaft gesichert?	☐	☐
8.	Können wir im Verkehr mit Zulieferern und Kunden, aber auch innerbetrieblich, häufiger Mehrwegverpackungen einsetzen, um Entsorgungskosten zu sparen? Verwenden wir ansonsten Packmaterial, das sich umweltschonend herstellen und recyceln lässt?	☐	☐
9.	Ist unser Transportwesen umweltschonend? Nutzen wir Katalysatorautos, LKW-Sammeltransporte oder besser noch die Bahn?	☐	☐
10.	Diskutieren wir umweltrelevante Entscheidungen mit internen oder externen Umweltberatern? Wird die Unternehmensleitung regelmäßig über Umweltprobleme informiert?	☐	☐

Checkliste Umweltrisiken

		JA	NEIN
1.	Gab es Bürger- und Anliegerproteste und entsprechende Presseberichte wegen Umweltbelastungen durch unser Unternehmen?	☐	☐
2.	Haben wir Anfragen von unseren Kunden zur Umweltqualität unserer Produkte erhalten?	☐	☐
3.	Verarbeiten wir Gefahrstoffe?	☐	☐
4.	Brauchen wir für unsere Abluft, Abwasser und Abfälle umweltrechtliche Genehmigungen?	☐	☐
5.	Prozessieren wir mit Umweltbehörden?	☐	☐
6.	Wurde gegen unser Unternehmen schon wegen Umweltdelikten strafrechtlich ermittelt?	☐	☐
7.	Werden wir von den zur Zeit diskutierten oder geplanten, schärferen Umweltschutzvorschriften (insbesondere Umweltverträglichkeitsprüfung, Abfallgesetze, FCKW-Verbot, Lärmschutz) betroffen sein?	☐	☐
8.	Sind unsere Entsorgungskosten in den letzten drei Jahren erheblich gestiegen?	☐	☐
9.	Mussten wir Entschädigungen für Umweltschäden zahlen oder haben wir auf unseren Grundstücken Altlasten?	☐	☐
10.	Sind Konkurrenten im Ausland von fühlbar geringeren Umweltschutzauflagen begünstigt?	☐	☐

aus: „Checklisten – Am Anfang stand die Idee", Bundesministerium für Wirtschaft, Bonn 1996

3 Einen Beschaffungsvorgang selbstständig planen, durchführen und kontrollieren

3.1 Beschaffungsorganisation

Situation

Selten hatte es bei der „SUKOS GmbH & Co. KG" so „gekracht" wie nach der Beschwerde eines Zulieferers, mit dem man schon jahrelang zusammenarbeitete und der sich durch einen Brief des jetzigen Chefeinkäufers arg bedrängt sah. Ohne viel Worte hatte dieser gefordert:

„... wir gehen davon aus, dass Sie angesichts der wirtschaftlichen Gesamtsituation bei allen künftigen Lieferungen einen Rabatt von 5 % auf der Grundlage der Vorjahrespreise einräumen, wenn Sie daran interessiert sind, unsere Geschäftsbeziehungen langfristig aufrechtzuerhalten."

Die Antwort des Zulieferers fiel auch mit entsprechender Empörung aus.

„Wir vermissen den vertraulichen und für beide Seiten fairen Geschäftskontakt der vergangenen Jahre",

so lautet der Kern der Beschwerde. Und weiter führt der Zulieferer mit harten Worten aus:

„Wir haben mit den bisher zuständigen Mitarbeitern Ihrer Einkaufsabteilung bestens zusammengearbeitet und viele Probleme gelöst. Unter dem neuen Geschäftsstil können wir uns dies für die Zukunft nur schwer vorstellen. Daher bitten wir dringend um einen Gesprächstermin in Ihrem Hause ..."

Auslöser für den Vorgang war, dass der Möbelhersteller seine Einkaufsorganisation mit dem Ziel der Kosteneinsparung umgestellt hatte. Die bisherige Dezentralisierung war zugunsten einer zentraleren und von einem Chefeinkäufer geführten Organisation aufgegeben worden:

bisherige Einkaufsorganisation

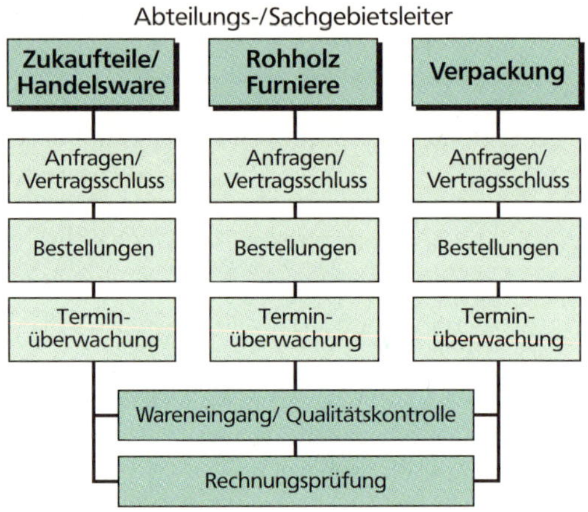

geändertes Zuständigkeitssystem

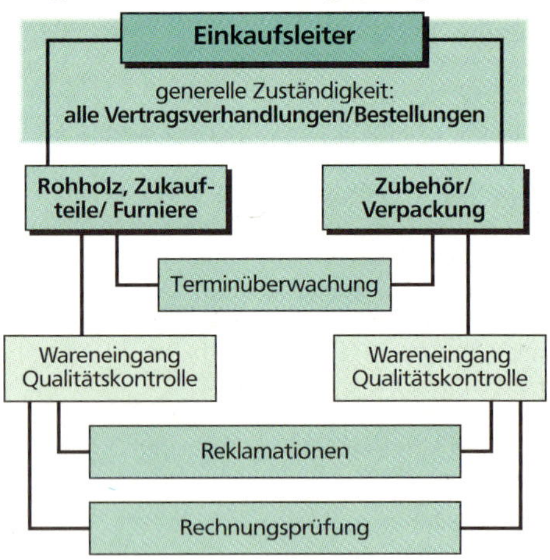

?

- **Was ist bei der Beschaffungsorganisation zu beachten?**
- **Worin bestehen die Hauptvor- und -nachteile von zentralen Aufgabenzusammenfassungen?**
- **Welche Tätigkeiten sind im Einzelnen im Wareneinkauf zu erledigen?**

400158L

Informationen

Das Beispiel der Sukos GmbH zeigt, dass es auch im Beschaffungsbereich darauf ankommt, die einzeln anfallenden Tätigkeiten aufeinander abzustimmen. Dabei spielt die sachliche und fachliche Zuständigkeit eine bedeutende Rolle. Während in Kleinbetrieben die Beschaffungstätigkeiten meist in einer Hand liegen, findet man in Großbetrieben hier eigene Organisationsstrukturen vor. Obwohl sich der Beschaffungsumfang bzw. das Einkaufsvolumen voneinander unterscheiden, bleiben die grundsätzlichen Aufgaben aber weitgehend gleich.

3.1.1 Die Aufgaben der Beschaffungsabteilung

Der Gesamtbereich der Materialwirtschaft und Beschaffung setzt sich aus vielen Einzeltätigkeiten zusammen, die im Rahmen einer Organisation in sinnvolle Zusammenhänge mit entsprechenden personellen Zuständigkeiten zu bringen sind. Im Rahmen einer so genannten **Aufgabenanalyse** werden zunächst alle Einzelaufgaben erfasst, die zu erledigen sind.

Verwaltungs- und Beschaffungstätigkeiten	
– Telefonauskünfte und -vermittlungen – Bedarfsfeststellung – Erstellung und Versendung von Anfragen – Eingangspost stempeln und verteilen – Angebotsvergleich und Auswertung – Verhandlungen mit Lieferern – Lieferantenauswahl – Erteilung von Bestellungen – Schreiben von Bestellungen – Bearbeitung der Ausgangspost – Prüfung der Auftragsbestätigungen – Terminregistratur – Verfolgung des Bestellvorganges – Verhandlungen bei Störungen in der Vertragserfüllung – Bearbeitung von Lieferungsverzug – Reklamationen bei mangelhaften Lieferungen – Schreiben der Reklamationen – Registratur und Ablage aller Vorgänge – Zahlungsanweisung nach ordnungsgemäßer Lieferung – Suche nach neuen Lieferern und Abschluss von Rahmenvereinbarungen – Vervollständigung/Fortschreibung der Liefererkarteien – Geschäftsbesuche bei und von Lieferanten – Terminvereinbarungen – Anfertigung von Statistiken (Einkaufsvolumen, Lieferanteneigenschaften) – Qualitäts- und Preisvergleiche – Dateiverwaltung – allgemeine Korrespondenz – Informationen der Geschäftsleitung	Von wem und von wie vielen Personen die Einzelaufgaben übernommen werden, hängt von der Größe, Art und Struktur der jeweiligen Unternehmung ab. Während es in Großbetrieben z.B. ohne weiteres möglich ist, dass sich ein sehr hoher Spezialisierungsgrad herausbildet, bei der z.B. eine Person lediglich für eine Produktgruppe oder für einen besonderen Zulieferer zuständig ist, werden in kleineren Betrieben sämtliche Beschaffungsaufgaben oft von nur einer einzigen Stelle wahrgenommen, die über entsprechende Universalkenntnisse verfügen muss. Sofern eine **Spezialisierung** möglich ist, kann diese **funktions- oder objektbezogen** sein. Eine funktionsbezogene Spezialisierung liegt dann vor, wenn der Einkaufsbereich nach den zu verrichtenden Tätigkeiten gegliedert ist. Von objektbezogener Spezialisierung wird gesprochen, wenn Lieferanten- oder Produktgruppen im Vordergrund stehen und die jeweiligen Stellen alle damit zusammenhängenden Aufgaben erledigen.

3.1.2 Funktions- und Objektprinzip bei der Stellenbildung

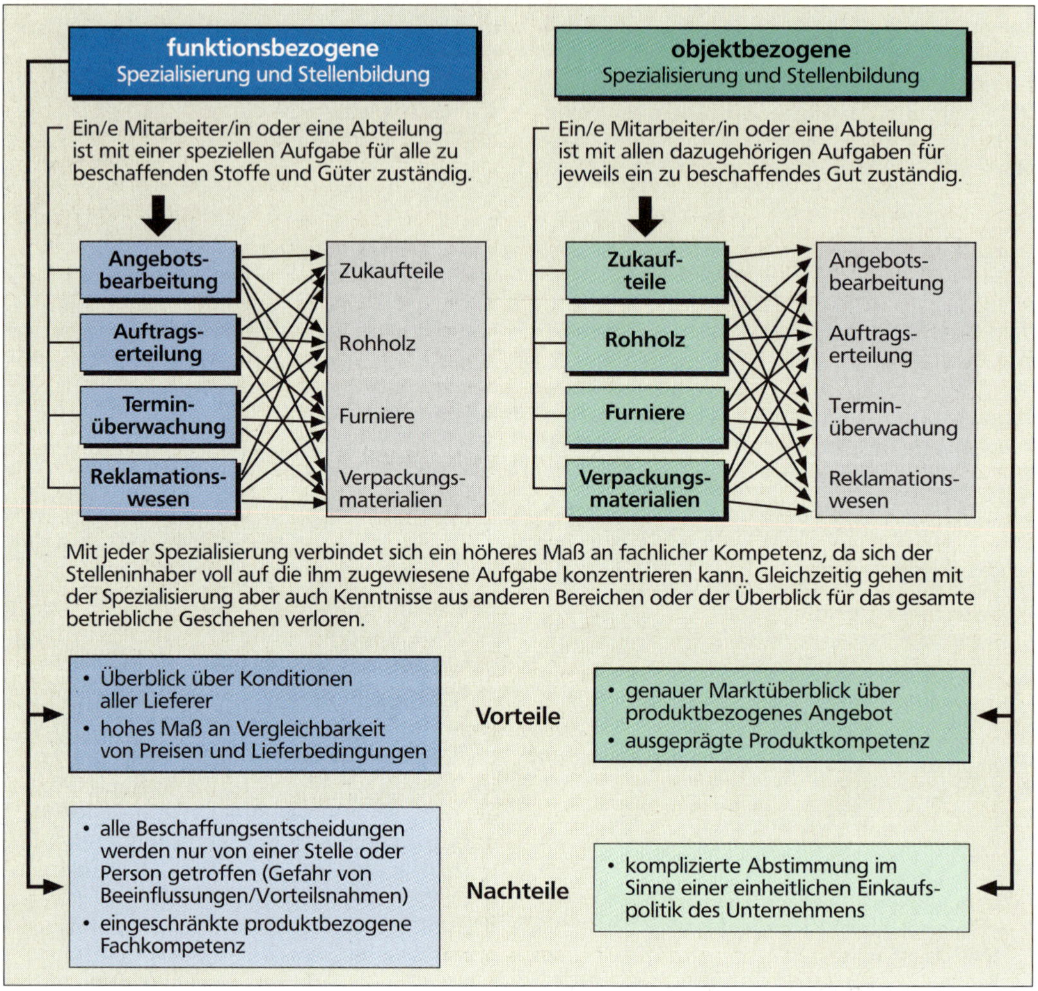

Arbeitsvorschlag:

1. **Welche Einzelaufgaben hat die Beschaffung eines Industriebetriebes zu erledigen? Ergänzen Sie die vorstehend aufgeführten Tätigkeiten durch eigene Erkundigungen in Ihrem Ausbildungsbetrieb.**
2. **Versuchen Sie die Aufgaben nach den Merkmalen „eher verwaltungsorientiert" und „eher reine Beschaffungstätigkeit" einzustufen.**
3. **Bringen Sie die dargestellten (oder ergänzten) Tätigkeiten in eine sinnvolle bzw. logische Reihenfolge.**
4. **Wie ist die Einkaufsorganisation in Ihrem Ausbildungsbetrieb aufgebaut? Stellen Sie Unterschiede und Gemeinsamkeiten heraus und versuchen Sie diese zu begründen.**
5. **Worin bestehen die Zielsetzungen einer optimalen Einkaufs- und Beschaffungsorganisation?**
6. **Zeigen Sie an einem Beispiel die Unterschiede zwischen Funktions- und Objektprinzip im Einkauf?**

3.2 Beschaffungsplanung

Situation

Die „KIENBORN KG" ist ein Industriebetrieb mit ca. 80 Mitarbeitern. Das Produktionsprogramm umfasst Fotoalben. Zurzeit wird der Betrieb um eine Produktionsstätte für Bilderrahmen erweitert. Beide Betriebsbereiche sollen als eigenständige Sparten geführt werden. Es wird erwartet, dass die neuen Anlagen in etwa einem halben Jahr betriebsbereit sind.

Zur Produktionsvorbereitung wurde schon eine Arbeitsvorbereitung sowie eine „Materialbeschaffungsstelle" eingerichtet. Von ihr erwartet die Geschäftsleitung grundlegende Informationen über den anstehenden Bedarf und evtl. Beschaffungsalternativen. In einer Besprechung aller betrieblichen Entscheidungsträger werden die Eckpunkte dafür festgesetzt:

Produktion/Absatz

Geplant ist zunächst ein Kunststoffrahmen in vier Größen, die jeweils mit Normal- und Antireflexglas produziert werden.

Pro Tag sollen insgesamt ca. 5000 Rahmen gefertigt werden. Es ergeben sich somit insgesamt 8 verschiedene Sorten.

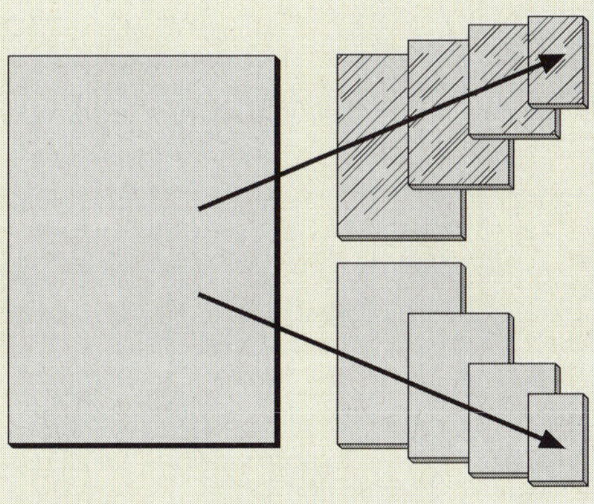

Lagerhaltung

Die Lagerkapazitäten können nur sehr begrenzt erweitert werden.

Ein größerer Ausbau scheitert an mangelnden Grundstücksflächen.

Absatz

Das Programm soll nach einem erfolgreichen Start möglichst schnell erweitert werden.

?

- Welche Aufgaben hat die Bedarfsermittlung?
- Durch welche Faktoren wird die Mengendisposition bestimmt?
- Welches sind die besonderen Aufgaben der Zeit- und Mengenplanung?

Informationen

3.2.1 Bedarfsfeststellung

Bedarfsermittlungen betreffen in erster Linie die Mengendisposition. Das bedeutet, dass festgestellt werden muss, welcher Bedarf überhaupt anliegt. Darauf aufbauend, werden alle übrigen Entscheidungen abgestellt. Je nachdem, ob es sich um einen **Einzelbedarf** oder um **regelmäßigen Bedarf** handelt, wird die Beschaffungsplanung unterschiedlich ablaufen.

Die Bedarfsfeststellung für die laufende Produktion wird mithilfe der einzelnen Produktbestandteile und der beabsichtigten Produktionsmenge getroffen. Dazu werden das von der Arbeitsvorbereitung zu erstellende **Produktionsprogramm** sowie die aus den **Stücklisten** hervorgehenden Einzelmengen herangezogen.

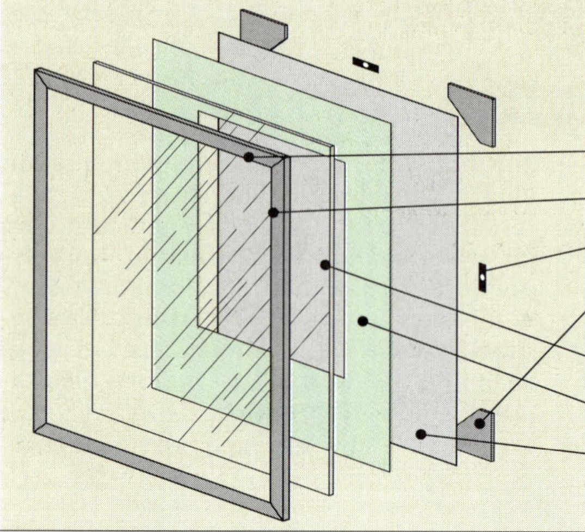

Konstruktionsstückliste		
Nr.	**Bezeichnung**	**Anzahl**
01	Kunststoffleiste	2 à 0,60 m
02	Kunststoffleiste	2 à 0,80 m
03	Klammern	4
04	Eckverbinder (Kunststoff)	4
05	Glas	0,48 m²
06	Passepartout	1 (0,80 x 0,60 m)
07	Rückwand (Hartpappe)	0,48 m²

Würden von diesem Rahmen die geplanten 5 000 Stück pro Tag produziert, ergäbe sich folgender Tagesbedarf:

EINKAUFSSTÜCKLISTE
Rahmen 80 × 60 cm

Nr.	Bezeichnung	Anzahl	Tagesbedarf (Bedarf/Stück mal 5 000)	Lieferzeit	Mindest-beschaffungs-menge
01	Kunststoffleiste	2 à 0,80 m	8 000 lfd. M.	5 Tage	40 000 lfd. M.*
02	Kunststoffleiste	2 à 0,60 m	6 000 lfd. M.	5 Tage	30 000 lfd. M.*
03	Klammern	4	20 000 Stück	2 Tage	40 000 Stück*
04	Eckverbinder Kunststoff	4	20 000 Stück	8 Tage	1 60 000 Stück*
05	Glas	0,48 m²	2 400 m²	10 Tage	24 000 m²*
06	Passepartout	0,48 m²	2 400 m²	Eigendruck	intern
07	Rückwand (Hartpappe)	0,48 m²	2 400 m²	4 Tage	9 600 m²*

* jeweils **ohne Sicherheitsbestände** (eiserne Reserven)

Ø Tagesverbrauch = Verbrauch je Periode / Anzahl d. Tage

Je differenzierter das **Produktionsprogramm** ist (viele unterschiedliche Produktarten und einzelne Ausführungen), desto umfangreicher sind die Maßnahmen zur Bedarfsfeststellung. Grundsätzlich laufen sie aber immer nach dem dargestellten Verfahren ab. Dabei bleibt es der Entscheidung des Betriebes überlassen, in welchem Umfang die zugekauften Teile oder Werkstoffe noch bearbeitet werden müssen.

Werden z.B. fertiggeschnittene Glasscheiben oder Kunststoffleisten bezogen, verringert sich der Fertigungsaufwand, wogegen die Bedarfsermittlung differenzierter erfolgen muss. In diesem Falle spricht man von einer geringeren **Fertigungstiefe.**

Ist die Fertigungstiefe dagegen größer, weil z.B. große Glasplatten oder lange Kunststoffleisten bestellt und angeliefert und danach entsprechend dem Produktionsbedarf erst im Betrieb passend geschnitten und endverarbeitet werden, wird die Einkaufsabteilung entlastet. Die Entscheidung hängt u.a. davon ab, wie exakt die Produktionsmengen bei Betrieben mit Mehrprodukt-Sortenfertigung prognostiziert werden können. Im Übrigen spielen auch transport- und verpackungsbezogene Gesichtspunkte, insbesondere aber rechnerisch-wirtschaftliche Vorteile, eine Rolle.

3.2.2 Mengen- und Zeitplanung

Nachdem die Bedarfsmengen festgestellt sind, muss entschieden werden, in welchen zeitlichen Abständen die Lieferungen erfolgen sollen. Dabei gilt die Grundregel:

Je niedriger die Lagerbestände und je größer der Tagesverbrauch, desto kürzer sind die Lieferabstände.

Ziel einer sowohl ökonomischen wie auch ökologischen Gesichtspunkten gerecht werdenden Materialdisposition ist eine Vorrats- und Lagerhaltung, die „umweltverträgliche Produkte ohne unnötige Ressourcenbildung, Emissionen und Abfälle mengen-, termin- und qualitätsgerecht" bereithält.

Entscheidend ist die Frage, wodurch und wie oft ein Beschaffungsvorgang ausgelöst wird.

Dabei kommt den Eigenschaften der zu beschaffenden Stoffe ein ebenso großes Gewicht zu wie den vorhandenen betrieblichen Lagerkapazitäten.

Insbesondere umweltgefährdende Stoffe sind einer genauen Mengendisposition zu unterwerfen, um eine unnötige Lagerhaltung und evtl. Entsorgung zu vermeiden.

Beschaffungsalternativen

Fallweise Beschaffung	Vorratsbeschaffung	Fertigungssynchrone Beschaffung
Eine Beschaffung erfolgt immer nur dann, wenn von der Produktions- und Absatzseite eine entsprechende Notwendigkeit ausgeht. Üblich ist die fallweise Beschaffung beispielsweise in Betrieben, die in Einzelfertigung aufgrund von Sonderwünschen der Kunden produzieren. Ebenso wird die Beschaffung von selten benötigten Ersatzteilen meist von Fall zu Fall betrieben.	Es werden Lagervorräte angelegt, d.h., die Beschaffungsmenge ist größer als die zur Produktion unmittelbar benötigte Menge. Gründe für eine Vorratsbeschaffung können erwartete Preisentwicklungen, vorhandene Lagerkapazitäten mit der Möglichkeit zur Ausnutzung von Mengenrabatten u.Ä. sein. Bei landwirtschaftlichen Vorprodukten wird die Beschaffung aber auch durch die Erntezeit vorgegeben. (Beispiel: Zuckerfabrik, Konservenfabrik o.Ä.)	Der Einkauf erfolgt im gleichen Rhythmus wie die Produktion, d.h., dass die Herstellung direkt die Bestellmengen steuert. Voraussetzung für die fertigungssynchrone Beschaffung ist eine ständige Lieferbereitschaft des Zulieferers. Die Beschaffungsmengen können stark voneinander abweichen, sodass u.U. Mindermengenzuschläge oder höhere Beschaffungskosten für Kleinstmengen anfallen. Andererseits werden die Lagerkosten gegenüber der Vorratsbeschaffung deutlich gesenkt.

Daraus ergibt sich der Zwang zu wirtschaftlicher Vorratsplanung und -gestaltung. Wesentliche Faktoren werden dabei

- von der Produktions-, Absatz- und Finanzseite sowie
- vom Beschaffungsmarkt selbst vorgegeben.

Die Beschaffungsprinzipien sind vor dem Hintergrund der möglichen Fertigungstypen (Einzelfertigung, Serienfertigung, Sortenfertigung, Massenfertigung, Fertigung auf Bestellung, Sonderanfertigung, Baustellenfertigung usw.) zu sehen und zu bewerten.

Außerdem kommt der Zuverlässigkeit und der räumlichen Nähe eines Zulieferers u.U. eine ebenso große Bedeutung zu, wie der eigenen Stellung im Beschaffungsmarkt.

Das Prinzip der Vorratsbeschaffung besagt, dass das produzierende Unternehmen die Lagerhaltung im Produktionsbetrieb oder in Lägern außerhalb des Unternehmens betreibt. Die Produktion erhält das Material aus den eingerichteten Vorratslägern, die zentral oder dezentral geführt werden können.

3.2.3 Vorratshaltung contra just in time

Das Just-in-time-Verfahren kommt praktisch ohne Lagerhaltung aus.

Alle Materialien werden stündlich oder täglich angeliefert und unverzüglich in den Produktionsprozess übernommen (Kanban-System). **Der Just-in-time-Gedanke fordert eine rigorose Reduzierung der herkömmlichen Lager auf das absolut unvermeidbare Mindestmaß.** Zentrale Wareneingangslager, in denen das gesamte Material mit mehrfacher Sicherheit liegt, passen nicht in dieses System.

Just in time bedeutet, dass **statt der großen Lagerkapazitäten dezentrale, vollautomatisierte und fertigungsintegrierte Puffer** aufgebaut werden, die eine hohe Umschlagsdynamik aufweisen. Diese Puffer haben als Lager nur noch eine reine kurzfristige Zeitüberbrückungsfunktion, die für den Kapazitätsabgleich aufeinander folgender Fertigungsschritte unumgänglich ist.

Just in time kann nur praktiziert werden, wenn das logistische System der Anlieferung reibungslos funktioniert.

Obwohl der Gesamtumfang der Zulieferungen nicht von der Art der Vorratshaltung abhängt, gehen von den alternativen Verfahren doch auch erhebliche ökologische Wirkungen aus.

Die Vorratsbeschaffung bindet in hohem Maße Ressourcen und erfordert zum Teil sehr hohe Lagerkapazitäten, die häufig sowohl an kapitalmäßigen Grenzen, aber auch an der mangelnden Verfügbarkeit von Grundstücken und Gebäuden scheitern.

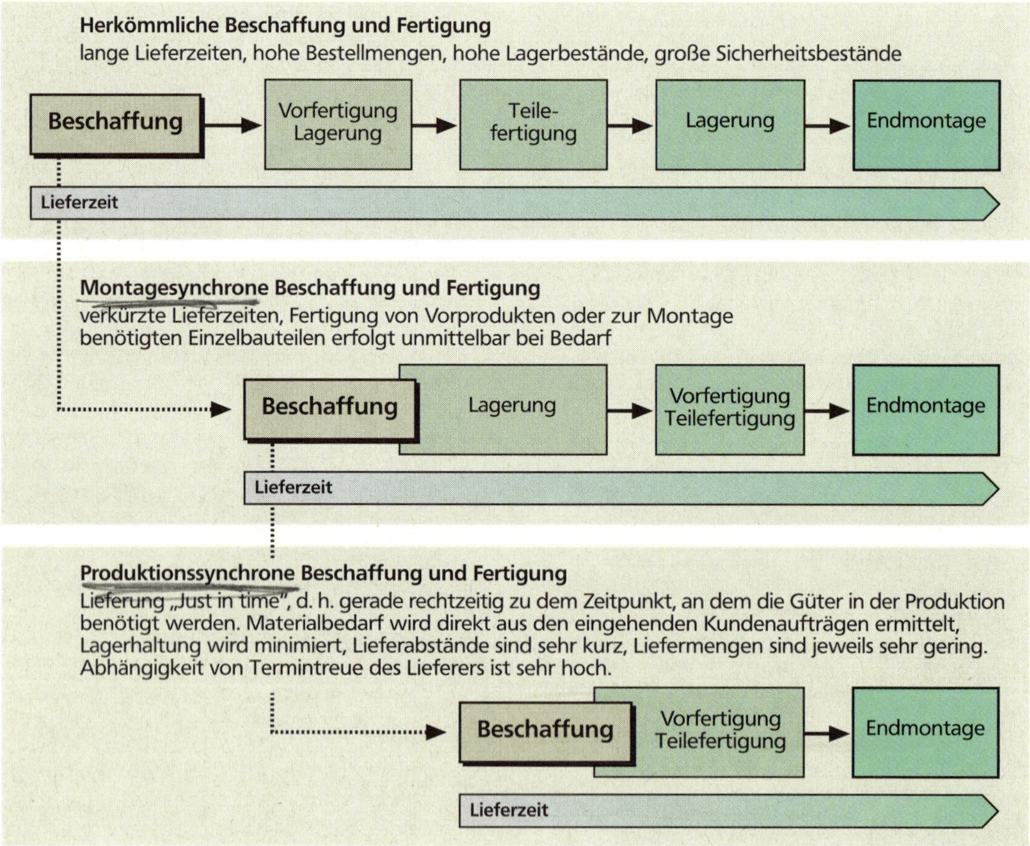

Dagegen weitet das Just-in-time-System u.U. die notwendigen Transportkapazitäten aus, weil eine mangelnde Lagerhaltung evtl. durch Tageslieferungen kompensiert werden muss. Entscheidend ist dabei die Frage, ob durch just in time tatsächlich häufigere Transportleistungen mit minimalem Volumen notwendig werden.

Je geringer die Vorratshaltung ausgeprägt ist, desto zuverlässiger muss in der Regel die Zusammenarbeit zwischen Zulieferer und Beschaffungsbetrieb erfolgen. Aus einem rein vertragsmäßigen Verhältnis entstehen ggf. partnerschaftlich orientierte Beziehungen.

In vielen Fällen, z.B. bei Beschaffungsimporten mit langen Liefer- und Transportzeiten oder bei Gütern, die einer intensiven Wareneingangskontrolle unterworfen werden müssen, lässt sich das Verfahren einer minimierten Lagerhaltung mit fertigungssynchroner Beschaffung (just in time) ohnehin nicht verwirklichen.

Eine stundengenaue Materiallogistik haben z.B. die Fertigungsplaner von Opel sogar für jene Zulieferteile entwickelt, die spanische Lieferanten herstellen: Innerhalb Spaniens holen Speditionen das Material bei den Zulieferern ab und bringen es zu einem Güterbahnhof an der Mittelmeerküste. Von dort rollen die Automobilteile auf der Schiene nach Eisenach.

Opel gehört zu den ersten Automobilunternehmen, die das **Just-in-time** auch für Eisenbahntransporte verwirklicht haben.

Zwischen den europäischen Montage- und Komponentenwerken von General Motors verkehren täglich bis zu 35 Logistikzüge und befördern rund 95 Prozent aller Frachten innerhalb des Produktionsverbundes – Automobilteile mit einem Gesamtgewicht von einer Million Tonnen pro Jahr. Das Werk in Eisenach ist in diesen **Fertigungsverbund** integriert.

In Thüringen treffen regelmäßig Logistikzüge aus Saragossa (Spanien) ein. Sie bringen die notwendigen Automobilkomponenten just in time nach Thüringen: Fahrpläne und Produktionsablauf sind so aufeinander abgestimmt, dass viele Teile **ohne Zwischenlagerung** vom werkseigenen Bahnhof sofort an die Fertigungsstraße gelangen.

Zwischen dem **Produktionsinformationssystem** des Opel-Werkes und den Lieferanten erfolgt ein ständiger Datenaustausch. Erst zwei Stunden, bevor eine Karosserie in den Bereich der Endmontage rollt, werden z.B. die für diese Modellvariante erforderlichen Sitze und Stoßfänger geordert. Diese Zulieferteile erreichen das Werk per Spezialtransporter, werden automatisch entladen und gelangen ohne weitere Zwischenlagerung zeitgenau an die jweilige Einbaustation in der Montagehalle.

aus einer Opel-Werkszeitschrift, 1996

Streckenplanung für die Just-in-time-Anlieferung

In Abhängigkeit der vorhandenen Lagerkapazitäten sowie insbesondere unter wirtschaftlichen Gesichtspunkten sind dann Entscheidungen über die konkreten Bestellmengen zu treffen. Dabei gilt die Grundregel:

Je geringer die Bestellmenge bei gleichem Verbrauch, desto geringer ist der Lagerbedarf, aber desto größer sind die Bestellkosten und desto größer ist das Fehlmengenrisiko.

Grundsätzlich gelten folgende Auswirkungen:

hohe Bestellmenge
= relativ wenige Bestellvorgänge
= relativ niedrige Gesamtkosten für die Bestellung
= hohe Lagerbestände
= hohe Kapitalbindung durch Lagervorräte

niedrige Bestellmenge
= häufige Bestellvorgänge
= hohe Bestellkosten
= niedrige Lagerbestände
= niedrige Kapitalbindung durch Lagervorräte

Das Problem von unterschiedlichen Einstandspreisen oder evtl. Mindermengenzuschlägen bzw. Mengenrabatten bleibt in der Modellbetrachtung zunächst ausgeklammert.

Anlieferung und Einbau von Sitzen

3.2.4 Bestellverfahren

Die konkrete Entscheidung, ob und in welcher Höhe Lagervorräte gehalten werden und in welchen zeitlichen Abständen welche Mengen bestellt werden, hängt auch davon ab,

- in welchem zeitlichen Rhythmus Anlieferungen möglich sind,
- ob der von der Produktion ausgehende Bedarf gleichmäßig oder unterschiedlich hoch ist.

Bei dem **Bestellpunktsystem** wird eine Bestellung immer dann veranlasst, wenn der Lagerbestand auf eine bestimmte Höhe abgesunken ist. An dieser Stelle erfolgt eine Bedarfsmeldung an den Einkauf.

Es wird immer die gleiche Menge bestellt.

Das Verfahren geht davon aus, dass

- die Lieferzeiten eingehalten werden,
- nach der Bestellung (d.h. während der Lieferzeit) die Lagerentnahme gleichmäßig wie geplant verläuft.

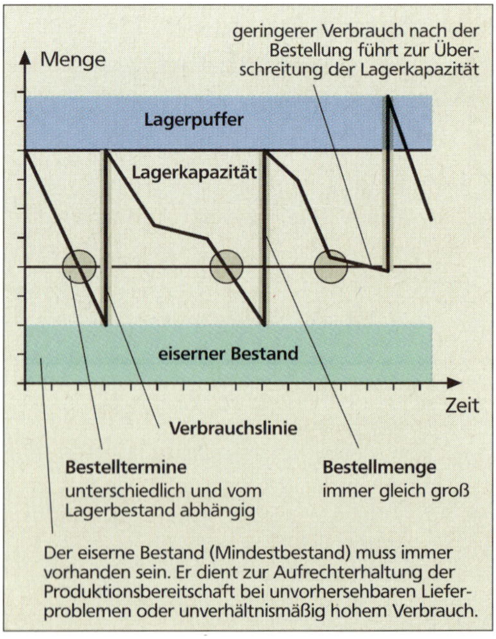

Ist der Verbrauch nach der Bestellung geringer als geplant, wird bei dem Wareneingang die Lagerkapazität überschritten, also müssen Lagerpuffer vorhanden sein. Ist der Verbrauch nach der Bestellung größer als geplant oder verzögert sich die Lieferung, sichern eiserne Bestände die Produktionsbereitschaft ab. Die Entnahme aus dem eisernen Bestand muss dann mit der nächsten Bestellung ausgeglichen werden.

Bei dem **Bestellrhythmussystem** wird eine Bestellung zu festgelegten Zeitpunkten (z. B. bei Vertreterbesuchen) veranlasst.

Die Bestellmenge ist unterschiedlich und hängt vom festgestellten Lagervorrat ab.

Das Verfahren geht davon aus, dass

- der Verbrauch für den Zeitraum zwischen Bestellung und Lieferung exakt vorhersehbar ist, da
- eine Bestandsauffüllung auch bei noch vorhandenen hohen Lagervorräten wirtschaftlich vertretbar ist.

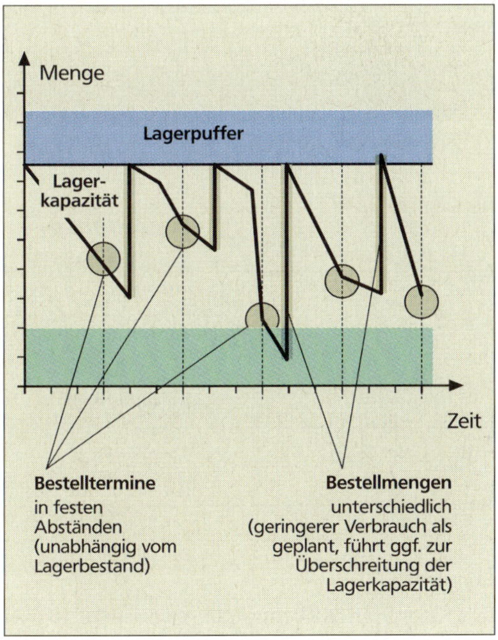

Die **Bedarfsprognose** spielt bei allen Bestellverfahren eine entscheidende Rolle. Daher arbeitet die Einkaufsabteilung eng mit der Produktions- und Absatzplanung zusammen.

Optimierungsziele

Jede Unternehmung versucht jene Bestellmenge herauszufinden, die sich mit einem reibungslosen Produktionsprozess und den vorhandenen Lagerkapazitäten vereinbaren lässt und gleichzeitig die Kosten minimiert. Ziel ist die optimale Bestellmenge zu berechnen.

Tabellarischer Lösungsansatz

Hierbei handelt es sich um eine reine **Näherungslösung,** bei der versucht wird, auf einfache Weise die optimale Bestellmenge zu ermitteln. **Es wird von beliebigen Bestellmengen ausgegangen.** Der durchschnittliche Lagerbestand stellt mengen- und wertmäßig jeweils die Hälfte der aus **Erfahrungsbereichen** und/oder den betrieblichen und lagertechnischen Möglichkeiten überhaupt nur infrage kommenden Bestellmengen dar.

Beispiel

Die KIENBORN KG berechnet für ein zu beschaffendes Kunststoffgranulat einen **Jahresbedarf von 288 000 kg.** Der **Einstandspreis** wird mit **5,00 DM/kg** kalkuliert. Durchschnittlich geht man davon aus, dass mit jedem **Bestell- und Beschaffungsvorgang** Kosten in Höhe von **ca. 130,00 DM** verbunden sind. Darin sind die Aufwendungen für die Bestellung, Terminüberwachung, Wareneingangs- und Qualitätskontrolle sowie der Einlagerung und der damit verbundenen Buchungsvorgänge enthalten. Bisher ging man davon aus, dass man für die **Kosten der Lagerhaltung etwa 15 %** des durchschnittlichen Lagerwertes ersetzen musste.

Bestell-menge	Bestell-häufigkeit	durchschnittlicher Lagerbestand (Stück, kg)	Wert/DM	Bestell-kosten DM	Lagerhal-tungskosten DM	Gesamt-kosten DM
	Jahresbedarf / Bestellmenge	Bestellmenge / 2	Bestellwert / 2	Bestellhäufig-keit · 130,00	15 % vom durchschnittl. Lagerwert	Bestell- und Lagerhaltungs-kosten
72 000	4	36 000	180.000,00	520	27.000,00	27.520,00
36 000	8	18 000	90.000,00	1.040	13.500,00	14.450,00
24 000	12	12 000	60.000,00	1.560	9.000,00	10.560,00
12 000	24	6 000	30.000,00	3.120	4.500,00	7.620,00
9 600	**30**	**4 800**	**24.000,00**	**3.900**	**3.600,00**	**7.600,00**
8 000	36	4 000	20.000,00	4.680	3.000,00	7.680,00
4 000	72	2 000	10.000,00	9.360	1.500,00	10.860,00
2 000	144	1 000	5.000,00	18.720	750,00	19.470,00

Die optimale Bestellmenge läge bei dieser Näherungsmethode bei ca. 9 600 Stück.

Grafischer Lösungsansatz

Die tabellarisch ermittelten Werte können grafisch umgesetzt werden, sodass man auch sämtliche Zwischenwerte erhält. Soweit es die Ablesbarkeit der Grafik zulässt, wird das Ergebnis genauer.

Die optimale Bestellmenge liegt genau dort, wo die Kosten für die Lagerhaltung und die notwendigen Bestellungen gleich groß sind. Dies ist der Punkt, an dem die Gesamtkosten den niedrigsten Wert haben.

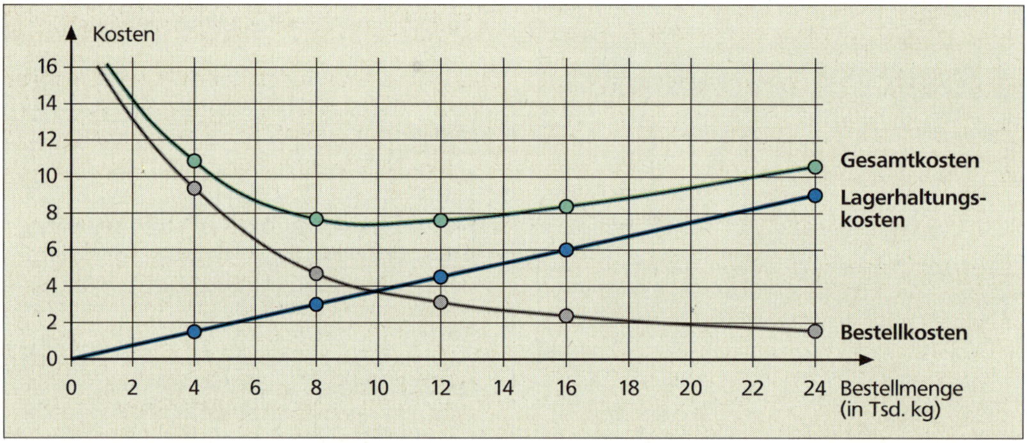

Mathematischer Lösungsansatz

Mithilfe einer mathematischen Formel, auf deren Ableitung hier verzichtet wird, lässt sich das rechnerisch exakteste Ergebnis für die optimale Bestellmenge ermitteln:

Optimale Bestellmenge =

$$\sqrt{\frac{200 \cdot \text{Jahresbedarf} \cdot \text{Bestellkosten}}{\text{Einstandspreis} \cdot (\text{Zins-} + \text{Lagerkostensatz})}}$$

$$= \sqrt{\frac{200 \cdot 288\,000 \cdot 130}{5 \cdot 15}} = 9\,992 \text{ kg}$$

Ergebnis

Die KIENBORN KG müsste jeweils ca. 10 000 kg des Rohstoffes bestellen. Dies entspräche exakt 28,8 Bestellvorgängen (aufgerundet ca. 29 – 30 Bestellvorgänge) pro Jahr. Mithin würde etwa alle 12 Tage geliefert. Voraussetzung ist in jedem Falle, dass die Lagerkapazitäten ausreichen und dass dieser Lieferrhythmus auch vom Zulieferer eingehalten werden kann.

Bewertung

Alle drei Verfahren stellen lediglich **Hilfsgrößen** für die betrieblich evtl. von einer Reihe weiterer Faktoren bestimmten Bestellmenge dar. Letztlich hängt es von der gewünschten/möglichen Transporthäufigkeit, den vorhandenen Lagerkapazitäten, der Einhaltung von Lieferterminen, evtl. Mengenrabatten, der Regelmäßigkeit von Lagerentnahmen, von verpackungstechnischen Gegebenheiten usw. ab, ob die optimale Bestellmenge sinnvoll zu realisieren ist oder nicht.

Als besondere **Einschränkung** müssen folgende Faktoren berücksichtigt werden:

- in der Realität ist der Jahresbedarf nicht gleich
- der Verbrauch schwankt im Jahresbedarf, d.h., die Beschaffungsmengen sind unterschiedlich
- Einstandspreise können sich verändern
- Mengenrabatte und Mindermengenzuschläge sind zu berücksichtigen
- im Rahmen der Lagerhaltung gibt es fixe Kosten, die sich nicht mit der Lagermenge verändern.

3.2.5 Preisplanung

„Schon im Einkauf entscheidet sich der Erfolg eines Unternehmens" – so lautet eine Regel, nach der auch die Beschaffung von einem ausgeprägten Kostenbewusstsein gesteuert werden soll. In der Praxis bedeutet dies, den preisgünstigsten Lieferer für die zu beschaffenden Güter zu ermitteln oder ggf. auch die Produkte selbst herzustellen.

Dabei sind eine Reihe betriebs- und einkaufsbestimmender Faktoren zu beachten, bei der es nicht nur um den Preis, sondern auch um die Qualität der zu beschaffenden Güter, die Zuverlässigkeit der Zulieferer usw. geht *(vgl. dazu auch Seite 74 Angebotsvergleich mit ABC-Analyse).*

Das **Wirtschaftlichkeitsprinzip** gibt dabei die Leitlinien der Beschaffungsstrategien vor:

Eine bestimmte Qualität/Menge zu einem möglichst niedrigen Preis

oder

Zu einem bestimmten Preis eine möglichst hohe Menge/gute Qualität

Die Absicherung der Qualität stellt gerade bei der Suche nach dem preisgünstigsten Lieferer einen wesentlichen Verhandlungs- und Vertragsbestandteil dar.

Für die **Eigenfertigung oder den Fremdbezug** spielen die Kosten eine entscheidende Rolle:

Beispiel

Nachdem der Zulieferer, von dem die KIENBORN KG bisher jährlich ca. 5 Millionen Klammern zum Stückpreis von 0,055 DM bezog, mitteilte, dass er sich gezwungen sehe, die Preise auf 0,06 DM anzuheben, erhält die Beschaffungsabteilung den Auftrag nach anderen Lieferern zu suchen. Gleichzeitig soll die Konstruktionsabteilung Vorschläge für Kosten sparende Alternativen entwickeln und überprüfen, ob man nicht die Klammern kostengünstiger selbst herstellen könne.

Stückzahl	**Kosten Fremdbezug** in DM		**Kosten Eigenfertigung** in DM Fixkosten 100.000 DM (Maschinen-, Raum-, Bereitstellungskosten usw.) variable Kosten/Stück ca. 0,04 DM			
	pro Stück	gesamt	Fixkosten	+ variable Kosten =	Gesamtkosten	Kosten/Stück $\frac{\text{Gesamtkosten}}{\text{Stückzahl}}$
1 000 000	0,060	60.000,00	100.000,00	40.000,00	140.000,00	0,140
2 000 000	0,060	120.000,00	100.000,00	80.000,00	180.000,00	0,090
3 000 000	0,060	180.000,00	100.000,00	120.000,00	220.000,00	0,073
4 000 000	0,060	240.000,00	100.000,00	160.000,00	260.000,00	0,065
5 000 000	0,060	300.000,00	100.000,00	200.000,00	300.000,00	0,060
6 000 000	0,060	360.000,00	100.000,00	240.000,00	340.000,00	0,057

Ergebnis:

Unter reinen Kostenbetrachtungen ist eine Eigenproduktion erst bei mehr als 5 Millionen Stück pro Jahr günstiger. Eine betriebswirtschaftliche Entscheidung hängt neben diesen Kosten aber auch von folgenden Faktoren ab:

- Ist bei der gegenwärtigen Kapazitätsauslastung eine Eigenproduktion überhaupt möglich?
- Kann eine Eigenproduktion zur Sicherung der Beschäftigung im Unternehmen beitragen?
- Wie wird sich der Gesamtbedarf des zu beschaffenden Gutes entwickeln?
- Hat die eigene Unternehmung das technische Know-how?
- Welche Erfahrungen wurden bisher mit den Zulieferern gemacht?
- Steht das für Investitionen nötige Kapital zur Verfügung?
- Sind qualifizierte Mitarbeiter/innen für eine Eigenproduktion vorhanden?

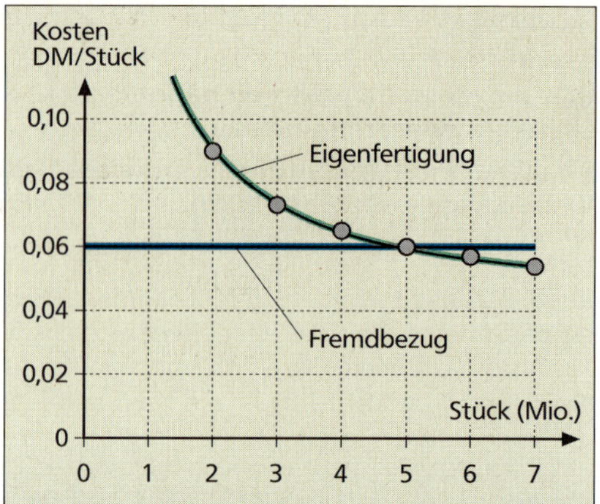

mathematische Ermittlung

Kosten (DM) Fremdbezug = Kosten (DM) Eigenfertigung

$0{,}06 \cdot x = 100.000 + 0{,}04\ \text{DM} \cdot x \quad | - 0{,}04 \cdot x$

$0{,}02 \cdot x = 100.000 \quad | : 0{,}02$

$x =$ **5 000 000 Stück**

Arbeitsvorschlag:

1. **Welche Beschaffungsalternativen hat ein Unternehmen und wovon hängt es ab, welches Verfahren angewendet wird?**
2. **Wie kann der Tagesbedarf für zu beschaffende Güter und Werkstoffe ermittelt werden?**
3. **Was unterscheidet die „montagesynchrone" von der „produktionssynchronen" Beschaffung und Fertigung?**
4. **Zeigen Sie am Beispiel des bei Opel angewendeten Just-in-time-Verfahrens die besonderen Stärken und Risiken dieser Strategie auf.**
5. **Welche Aufgaben hat ein Produktionsinformationssystem für die Materialwirtschaft?**
6. **Worin unterscheiden sich Bestellpunkt- und -rhythmussystem und von welchen Voraussetzungen gehen beide Verfahren jeweils aus?**
7. **Welches Bestellverfahren wird angewendet, wenn ein Außendienstmitarbeiter in regelmäßigen Abständen die Kunden besucht und den Bedarf ermittelt?**
8. **Welche Rückschlüsse würden Sie als Geschäftsführer/in der KIENBORN AG aus den Berechnungen ziehen?**
9. **Warum sind die Verfahren zur Ermittlung der optimalen Bestellmenge nur Näherungslösungen und warum sind sie dennoch wichtig?**
10. **Welche der folgenden Aussagen zur optimalen Bestellmenge sind richtig:**
    a) Die optimale Bestellmenge liegt da, wo die Bestellkosten am niedrigsten sind.
    b) Wo die Lagerhaltungskosten am geringsten sind, liegt die optimale Bestellmenge.
    c) Die Berechnungen zur optimalen Bestellmenge unterstellen, dass die Lagerhaltungskosten nur von der Lagermenge abhängen.
    d) Im Schnittpunkt von Lager- und Bestellkosten liegt die optimale Bestellmenge.
    e) Die Lagerhaltungskosten verlaufen progressiv.
    f) Die Bestellkosten steigen mit zunehmender Bestellmenge.
11. **Ermitteln Sie unter Anwendung aller drei Verfahren die optimale Bestellmenge unter folgenden Bedingungen:**

Jahresbedarf:	**6 000 Stück**	**Einstandspreis:**	**40,00 DM**
Bestellkosten:	**120,00 DM**	**Kosten für Lagerhaltung:**	**20 %**

12. **Inwieweit spiegelt sich das Wirtschaftlichkeitsprinzip auch in der Frage „Eigenfertigung oder Fremdbezug" wider?**
13. **Von welchen Faktoren hängt es ab, ob benötigte Teile oder Materialien selbst hergestellt oder fremdbezogen werden?**
14. **Was sind Handelswaren und warum stellt man diese nicht selbst her?**
15. **Ermitteln Sie mathematisch und grafisch die Menge, ab der sich unter folgenden Bedingungen die Eigenfertigung unter Kostengesichtspunkten lohnen würde:**

Fremdbezug:	**Kosten**	**2,50 DM/Stück**
Eigenfertigung:	**Fixkosten**	**56.000,00 DM**
	variable Kosten	**1,80 DM/Stück**

Betriebliche Entscheidungssituation
Analysieren – informieren – diskutieren – entscheiden

Die MAKO GmbH in Essen ist als mittelständischer Hersteller von Marmeladen und Konfitüren einem hohen Wettbewerbsdruck ausgesetzt und versucht daher, in allen betrieblichen Bereichen die Kosten zu reduzieren. Für den Bereich Einkauf wurde in Abstimmung mit den Produktions- und Absatzplänen ein bestimmtes Budget zur Verfügung gestellt. Als nach ISO 9000 qualifiziertes Unternehmen müssen aber gerade bei der Materialbeschaffung bestimmte Mindestnormen eingehalten werden, sodass nicht alle Anbieter infrage kommen.

Für die Abfüllung ihrer Produkte werden z.B. täglich rund 20000 Gläser mit Schraubverschluss benötigt. Da die Anlagen der MAKO GmbH „rund um die Uhr" an 360 Tagen im Jahr laufen, bedeutet das ein Einkaufsvolumen allein bei den Gläsern von ca. 7200000 Stück pro Jahr. Sie wurden bisher zum Einstandspreis von 0,50 DM/Stück von der „Arondo GmbH" in Dortmund bezogen. Die Lieferzeit betrug drei Tage. Die zuständige Sacharbeiterin im Einkauf erhält auf einer Messe ein Angebot von der Firma „Lears Ltd." in Glasgow. Bei einer Abnahme von mindestens 500000 Stück pro Lieferung würde der Preis hier bei 0,455 DM liegen.

In einer ersten Besprechung mit der Geschäftsführung wird die Frage aufgeworfen, wie sich die Entscheidung für den (zunächst) preisgünstigeren Anbieter aus Schottland insgesamt auf das Unternehmen auswirken würde. In einem Arbeitskreis sollen Fragen nach der Zuverlässigkeit des Lieferers ebenso geklärt werden wie die Frage der Auswirkung auf die Lagerhaltung und die damit verbundenen Kosten. Kernpunkt stellt die Frage dar, ob der um ca. 10 % niedrigere Einstandspreis ausreicht, um evtl. andere Probleme auszugleichen. Dabei soll nicht nur die Kostenseite, sondern auch die ökologische Seite (Transport von Glasgow nach Essen) angemessen berücksichtigt werden.

Bisher wurde mit einem Lagerhaltungskostensatz von 10% kalkuliert. Hierin waren die Lagerzinsen als auch die Lagerkosten enthalten. Für jede Bestellung wurden 50,00 DM angesetzt.

1. Von welchen Grundüberlegungen wird die Einkaufsplanung in allen Unternehmungen und somit auch im Falle der MAKO GmbH bestimmt?
2. Welches konkrete Entscheidungsproblem liegt hier vor?
3. Welche Menge an Gläsern mit Schraubverschluss müsste die MAKO GmbH zum Stückpreis von 0,50 DM bestellen, wenn sie möglichst wirtschaftlich vorgehen und den Beschaffungsaufwand minimieren will?
4. Wie würde sich die Situation ändern, wenn man auf den schottischen Lieferer zurückgreifen würde?
5. Eine weitere Alternative läge darin, die Gläser selbst zu produzieren, anstatt sie zu kaufen. Berechnen Sie und stellen Sie grafisch dar, ab welcher Menge eine Eigenproduktion kostengünstiger wäre als ein Zukauf. Bei Eigenfertigung würden pro Jahr fixe Kosten in Höhe von ca. 520.000 DM entstehen. Hierin sind auch die jährlichen Abschreibungskosten für die neu zu erstellenden Anlagen enthalten. Wägen Sie auch die grundsätzlichen Vor- und Nachteile einer Eigenproduktion ab.

   variable Kosten/Stück 0,42 DM

Betriebliche Entscheidungssituation
Analysieren – informieren – diskutieren – entscheiden

Ein KfZ-Hersteller erhält im (bisher) herkömmlichen Beschaffungsverfahren PKW-Reifen von einem ausländischen Hersteller. Der Jahresbedarf liegt bei ca. 500 000 Reifen. Das Lager hat zurzeit eine Kapazität von 20 000 Stück. Diese Menge entsprach den bei der Errichtung des Lagers und der Produktionsstätten geltenden technischen und wirtschaftlich vertretbaren Bedingungen.

In den gerade abgeschlossenen Vertragsverhandlungen wurde ein Einstandspreis pro Reifen von 40,00 DM vereinbart.

Die kalkulierten Lagerhaltungskosten liegen bei 12 %, die angenommenen Kosten pro Bestellung bei 40,00 DM.

1. Ermitteln Sie die rechnerisch günstigste Bestellmenge und wägen Sie ab, ob und unter welchen Bedingungen es möglich und sinnvoll ist, diese Bestellmenge in der Praxis umzusetzen. Nennen Sie die Rahmenbedingungen, die dazu gegeben sein müssen.

2. In einem der modernsten Automobilwerke der Welt, der Adam Opel AG in Eisenach wird in großen Teilen mit der „optimalen Bestellmenge 1" gearbeitet. Was können Sie mit diesem Begriff verbinden. Erörtern Sie, ob moderne Beschaffungsmethoden wie just in time noch in Einklang mit den herkömmlichen Berechnungsverfahren stehen.

3.3 Beschaffungsmarktforschung

Situation

Die nordrhein-westfälische Gießerei „METABA AG" hat sich auf die Produktion von Zubehör für die Luftfahrtindustrie spezialisiert. Hergestellt werden Turbinenschaufeln in jeder Größe. Weltweit ist die Firma marktführend. Wegen strenger Qualitätskontrollen bei den Abnehmern dürfen die Produktion nur Stücke verlassen, die eine hundertprozentige Qualität haben. Kleinste Maßabweichungen oder Verunreinigungen führen unweigerlich dazu, dass die Produkte in den Ausschuss wandern und eingeschmolzen werden.

Bis vor wenigen Jahren lag die Ausschussquote bei ca. 5 %. Sie war nach Auskunft des Produktionsleiters hauptsächlich darauf zurückzuführen, dass „vom Einkauf am falschen Platz gespart wurde".

Bei einer Tagesproduktion von ca. 1 000 Stück und einem Durchschnittspreis von ca. 300,00 DM entstanden der METABA bei 250 Produktionstagen dadurch jährlich Ausschusskosten von ca. 3,75 Millionen DM. Die Einkaufsabteilung erhielt den Auftrag, nach Alternativen zu suchen. Auf der Gießerei-Fachausstellung (GIFA) in Düsseldorf wurde

man mit einem neuen Lieferer und einem neuen Produkt fündig.

Seit einem Jahr werden neue Schmelzgefäße verwendet. Der Preis des neuen Einsatzgutes liegt zwar in der Tagesproduktion mit ca. 16.000,00 DM um ca. 40 % höher als bei dem früher verwendeten Material, aber der Ausschuss liegt gegenüber 5 % nun nur noch bei 2 %.

	bisher	jetzt	Veränderung
Materialeinsatz: **Schmelztiegel mit** **Gießsand** **Ausschuss**	12.000,00 DM 5 % = 15.000,00 DM	16.800,00 DM 2 % = 6.000,00 DM	+ 4.800,00 DM – 9.000,00 DM
Ergebnis:			+ 4.200,00 DM/Tag = + 1,050 Mio. DM/Jahr Ersparnis

?

- **Was sind die Hauptaufgaben der Beschaffungsmarktforschung?**
- **Nach welchen Kriterien werden Zulieferer ausgesucht?**
- **Welche Rolle spielt der Preis bei Beschaffungsfragen?**

Informationen

Die **Beschaffungspolitik** ist nicht nur ein unternehmerisches Anhängsel, sondern hat in den letzten Jahren ständig an Bedeutung gewonnen. So spricht man heute schon vom Beschaffungsmarketing und verwendet damit einen Begriff, der ursprünglich nur für den Absatzbereich vorgesehen war. Beschaffung ist damit mehr als eine innerbetriebliche Dienstleistung, bei der gemäß den Materialanforderungen der Fertigungsabteilung bestellt wird. Mit dem Begriff **Beschaffungsmarketing** verbindet sich das Ziel, auch den Beschaffungsmarkt zu gestalten oder zumindest aktiv auf das Angebot der Zulieferer einzuwirken.

Was für den einen Betrieb die Beschaffung ist, stellt für den anderen Betrieb der Absatz dar. Allein deshalb unterliegen die Beschaffungsmärkte ständigen Veränderungen. Auch hier findet ein Innovations-, Qualitäts- und nicht zuletzt ein Preiswettbewerb der Anbieter statt.

Die **Beschaffungsmarktforschung** hat die Aufgabe solche Entwicklungen zu erkennen und von den Marktveränderungen zu profitieren.

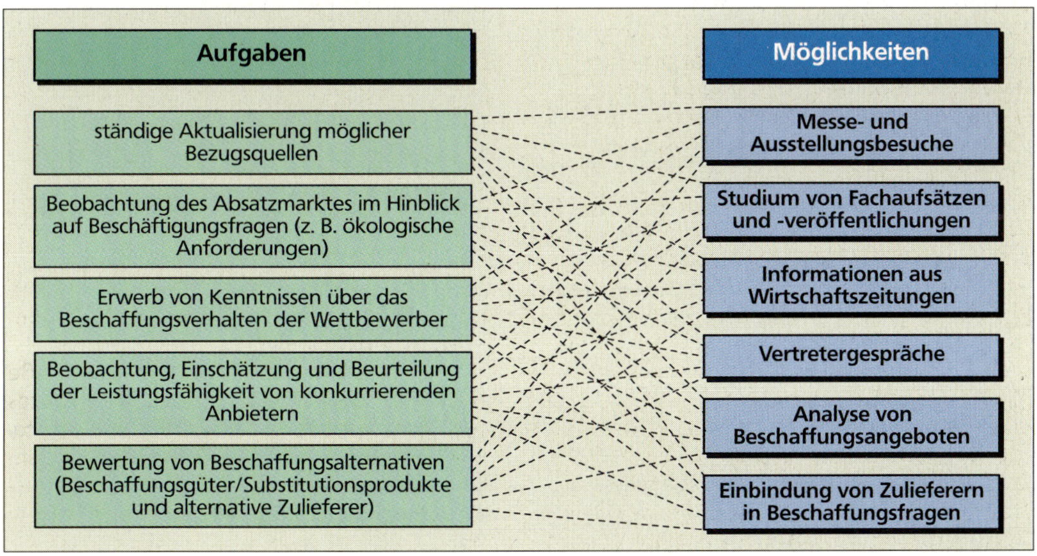

Die **Bezugsquellenkartei** oder **-datei** ist ein organisatorisches Hilfsmittel bei Beschaffungsfragen. Sie wird geführt als

Warenkartei/-datei
mit allen benötigten Gütern, deren technischen Eigenschaften, Preisen, Lieferkonditionen sowie den infrage kommenden Lieferern.

Lieferantenkartei/-datei
mit den Namen und Anschriften aller möglichen Zulieferer. Die Lieferantenaufstellung enthält auch Bewertungskriterien, die für eine Auswahl wichtig sind.

ABC-Analyse von Lieferanten und Beschaffungsgütern

Nach herkömmlicher Auffassung spielt der Preisvergleich für die Lieferantenauswahl die entscheidende Rolle. Dies ist für einen großen Teil der Güter nach wie vor unstrittig, wenngleich sich insbesondere durch die modernen Methoden der Logistik im Zusammenhang mit der Lagerbestandsminimierung auch eine Wandlung vollzogen hat und nach wie vor vollzieht.

Danach ist die Lieferantenauswahl und -beurteilung komplexer, weil der Einstandspreis gegebenenfalls nur eines neben einer Reihe anderer Auswahlkriterien ist.

Nur der geringste Teil aller Beurteilungskriterien ist konkret messbar. In den meisten Fällen stehen persönliche Einschätzungen oder Erfahrungen hinter den Entscheidungen für oder gegen einen möglichen Zulieferer. Nicht selten werden Informationen auch über Geschäftskontakte eingeholt.

Tatsache ist, dass **nicht alle Kriterien für die Auswahlentscheidung das gleiche Gewicht** haben. Häufig ist es nicht so sehr der Preis, sondern es sind andere Merkmale und Sachverhalte, die den Ausschlag geben.

In einer Zeit des gesteigerten ökologischen Bewusstseins sowie strengerer gesetzgeberischer Maßnahmen auf der einen Seite und dem Streben nach einer minimierten Lagerhaltung auf der anderen Seite ist der preisgünstigste Anbieter nicht unbedingt auch der beste Anbieter.

Die ABC-Analyse ist ein entscheidungsvorbereitendes Instrument, mit dem eine Reihenfolge der Wertigkeit von einzelnen Beschaffungskriterien verbunden ist.

Checkliste zur Lieferantenbeurteilung

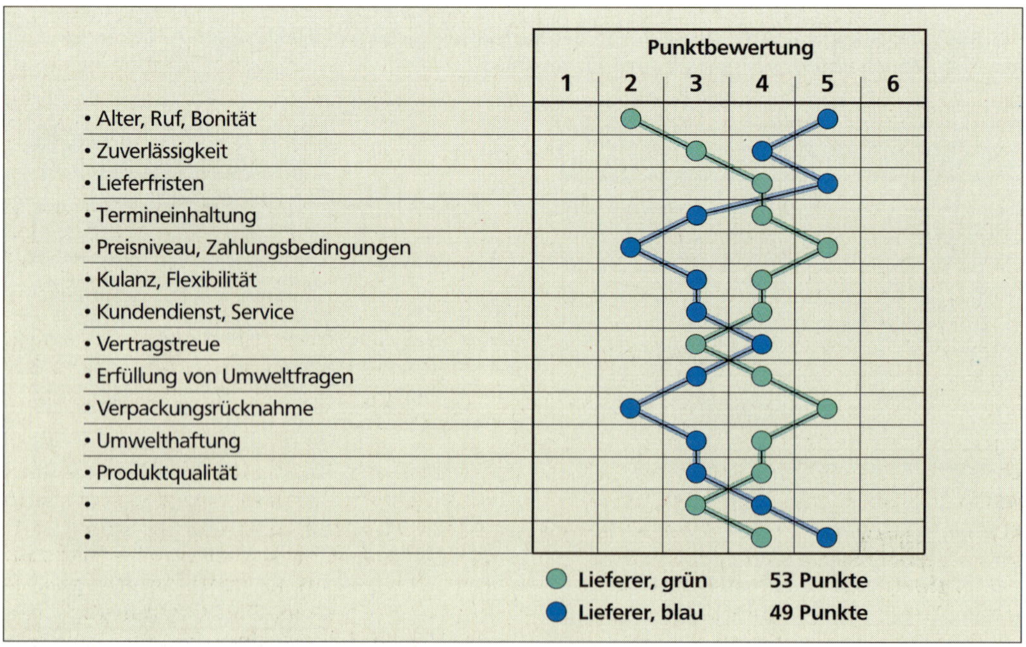

400174L

Die einzelnen **Kriterien** können von unterschiedlicher Bedeutung sein. Möglicherweise hat ein äußerst preisgünstiger Zulieferer aus Fernost das Problem, dass er seine Liefertermine nicht so exakt einplanen kann, wie ein Betrieb in unmittelbarer Nachbarschaft. In einem anderen Fall ist ein höheren Preis eventuell durch eine höhere Qualität der Rohstoffe und durch eine geringere Ausschussquote gerechtfertigt. Vielleicht spielt bei der Beschaffung von Maschinen der Service und die Wartungsfreundlichkeit eine größere Rolle als die Investitionskosten. Die zunehmende Notwendigkeit zur ökologisch orientierten Denkweise kann durchaus auch im Beschaffungsbereich ein Umdenken zur Folge haben.

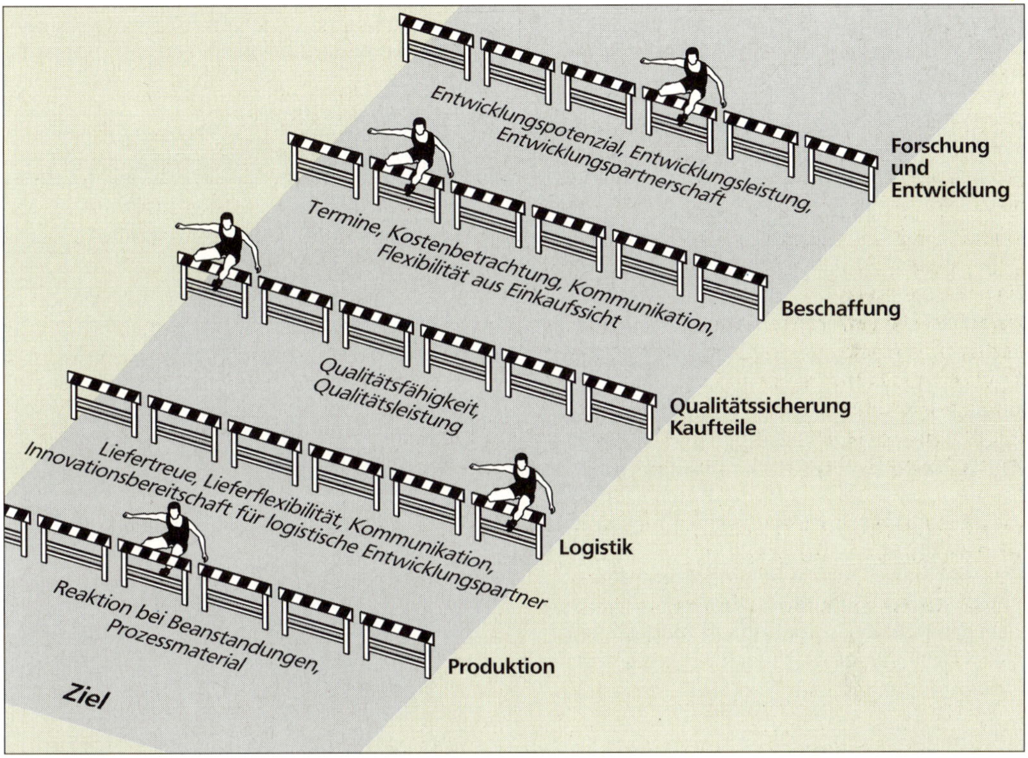

Eine Hürde nützt noch gar nichts, nur wer alle überspringt, kann Sieger sein. nach: Autogramm, Nr. 5, S. 91

Bei der Auswahl der Lieferanten findet bei vielen Betrieben das **„Hürdenprinzip"** Anwendung. Dies bedeutet, dass eine schwache Leistung in einem bestimmten wichtigen Bewertungskriterium nur bedingt durch gute Noten in einem anderen ausgeglichen werden kann. Dies hat zur Folge, dass diese Lieferanten aus dem Wettkampf ausscheiden.

In jedem Falle muss der Einkauf die unterschiedlichen Kriterien gewichten, um zu einer bestmöglichen Entscheidung für einen Zulieferer zu kommen. Mit der ABC-Analyse wird versucht eine Reihenfolge der Bewertungskriterien aufzustellen. Dabei können aus den Einzelkriterien auch Bewertungsgruppen gebildet werden. Alle Kriterien, die in der A-Gruppe sind, haben den höchsten, die in der B-Gruppe einen mittleren und die Kriterien der C-Gruppe den geringsten Stellenwert.

Die ABC-Analyse kann in ähnlicher Form auch für die Frage verwandt werden, welche **Beschaffungsmühen** im Einzelfall gerechtfertigt sind.

Inwieweit sich Beschaffungsmühe und -aufwand „lohnen", hängt nicht zuletzt vom möglichen Erfolg ab. **Grundsätzlich ist festzustellen, dass nicht allen Beschaffungsgütern die gleiche Aufmerksamkeit gewidmet werden kann. Die Konzentration gilt im Wareneinkauf den Gütern, die den**

Hauptteil des gesamten Einkaufswertes ausmachen. Bei diesen A-Gütern (z. B. Hauptrohstoffe) ist ein hoher Beschaffungsaufwand (z. B. durch intensiven Angebotsvergleich) durch die Höhe der zu erzielenden Einsparungen gerechtfertigt.

Hingegen ist bei den so genannten C-Gütern, die insgesamt nur geringfügig am gesamten Einkaufsvolumen beteiligt sind, auch der Beschaffungsaufwand zu minimieren. Hier erfolgt nicht selten ein Einkauf auch ohne vorausgegangenen Angebotsvergleich.

Die B-Güter nehmen eine Mittelstellung ein.

Beispiel

Die Firma METABA beschafft und bevorratet ca. 1 500 verschiedene Güter. Der Gesamtwert der Beschaffungen liegt bei ca. 3,5 Millionen DM. Die Einzelauflistung der Materialien ergibt folgendes Bild:

Wertgruppe	Anzahl der Artikel	Prozentanteil an der Gesamtmenge	Jahresumsatzwert (in DM)	Prozentanteil am Gesamtwert
A	270	18	2.625.000,00	75
B	600	40	700.000,00	20
C	630	42	175.000,00	5
Gesamt	1 500	100	3.500.000,00	100

Die Tabelle und die Kurve zeigen, dass eine relativ geringe Anzahl von Waren (18 %) einen großen Teil des Gesamtwertes ausmacht und eine relativ große Menge der Materialien (82 %) nur zu 25 % am Gesamtwert beteiligt ist. Daraus wird deutlich, dass der Beschaffung von A-Gütern erhöhte Aufmerksamkeit geschenkt werden muss.

B-Güter sollten normal behandelt werden.

Bei C-Gütern sollte darauf geachtet werden, dass der Aufwand so gering wie möglich gehalten wird.

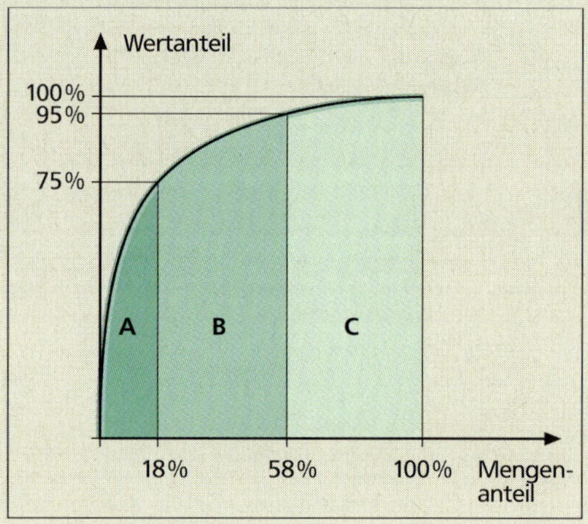

Arbeitsvorschlag:

1. **Beschreiben Sie, wie eine Lieferantenanalyse durchgeführt werden kann.**
2. **Erstellen Sie eine ABC-Analyse für folgende Beschaffungsgüter und begründen Sie Ihr Ergebnis:**

Beschaffungsgut	1	2	3	4	5	6	7	8	9	10
Einkaufswert pro Jahr (in Tsd. DM)	18	10	40	5	1	3	1,5	0,8	0,4	0,3

3. **Beschreiben Sie an einem praktischen Beispiel, was man unter dem „Hürdenprinzip" bei der Lieferantenauswahl versteht.**
4. **Versuchen Sie in diesem Rollenspiel mit vorangegangener Gruppenarbeit die verschiedenartigen Anforderungen der einzelnen betrieblichen Teilbereiche hinsichtlich der Lieferantenbeurteilung darzustellen und mit dem Ziel einer gemeinsam getragenen Lösung gegeneinander abzuwägen:**

Gruppe I Produktionsteam
Wichtig ist, dass die Materialien fehlerfrei geliefert werden, damit die Produktion als „Nullfehlerprogramm" reibungslos läuft und die Ausschussquoten minimiert werden. Die Qualität der Rohstoffe hat oberste Priorität. Man setzt auf die bisher gute Zusammenarbeit mit einem deutschen Zulieferer.

Gruppe II Rechnungswesen/Kalkulation
Wichtig ist, gegenüber der Geschäftsleitung das gesteckte Ziel einer Kosteneinsparung von mindestens 6 % nachweisen zu können. Die Bemühungen konzentrieren sich auf den preisgünstigsten Lieferer. Man ist bereit Kompromisse bezüglich der übrigen Anforderungen einzugehen. Zurzeit ist man mit einem chinesischen Zulieferer im Gespräch.

Gruppe III Lagerhaltung
Wichtig ist die Lieferpünktlichkeit, weil die Lagervorräte stark reduziert werden sollen und damit kaum noch Puffer für Verzögerungen vorhanden sind. Unabhängig von allen anderen Überlegungen bevorzugt die Materialwirtschaft einen mittelständischen Betrieb im direkten Umfeld des Unternehmens. Der einzige Nachteil liegt darin, dass die Einstandspreise dieses Zulieferers trotz der räumlichen Nöte höher liegen als bei den in- und ausländischen Wettbewerbern.

Betriebliche Entscheidungssituation
Analysieren – informieren – diskutieren – entscheiden

Die PASEWA GmbH stellt Hydraulikzylinder für Maschinen und Anlagen her. Neben Blechen und Stahl werden noch eine Vielzahl von anderen Stoffen benötigt, die von verschiedenen Lieferanten bezogen werden. Für Schrauben, Muttern und sonstige Kleinteile sind vier Anbieter am Beschaffungsmarkt vorhanden, die den Bedarf des Betriebes in dem Bereich decken könnten.
Ein alleiniger Vergleich der Angebotspreise lässt entscheidende andere Kriterien zwangsläufig außer Acht. Für fast jeden Betrieb spielen neben dem Preis andere Kriterien wie Qualität, Termintreue, sonstige Konditionen und Flexibilität eine wichtige Rolle. Für die zu beschaffenden Stoffe sollen Qualität (A) und Preis (B) in etwa die gleiche Bedeutung haben, sie werden in ihrer Wichtigkeit mit 35 % und 30 % eingestuft, sonstige Konditionen (C) werden mit 15 %, Termintreue (D) mit 16 % und Flexibilität (E) mit 4 % bewertet.

1. Treffen Sie eine begründete Auswahl eines Lieferanten mithilfe der prozentual bewerteten Kriterien.

Einstufung der Lieferanten

Kriterium	Gewichtung (maximale Punkte)	Niedermeyer KG	Hohl GmbH	Siebert OHG	Dietrich KG
Qualität	35 %	30	33	27	35
Preis	30 %	30	25	21	28
Konditionen	15 %	9	12	15	10
Termintreue	16 %	10	16	11	13
Flexibilität	4 %	3	3	4	2

2. Zeigen Sie, was sich in der Wertigkeit der Kriterien gegebenenfalls ändert, wenn der Hersteller sich für eine Just-in-time-Beschaffung entscheidet.
3. Führen Sie eine ABC-Analyse für Materialien durch, wenn sich zusammengefasst folgendes Bild in dem Betrieb ergibt:
   Insgesamt sind 15 000 Artikel zu beschaffen, die der Einfachheit halber zu Artikelgruppen zusammengefasst werden. So ergeben sich folgende Artikel- oder Wertgruppen:
   A umfasst 180 Artikel und ist wertmäßig mit 2.500.000,00 DM an der gesamten Beschaffung beteiligt. Für B gilt eine Menge von 720 Artikeln und ein Wert von 2.000.000,00 DM. C, D und E sind mengenmäßig mit 2 100, 4 500 und 7 500 Stück wertmäßig mit 1.500.000,00 DM, 700.000,00 DM und 200.000,00 DM an der gesamten Beschaffung beteiligt.
4. Stellen Sie die Ergebnisse der ABC-Analyse prozentual und grafisch dar.
5. Interpretieren Sie die Ergebnisse aus der Sicht der Betriebes.
6. Versuchen Sie herauszufinden auf welcher Basis eine ABC-Analyse aufgebaut sein müsste/könnte, welche sich nicht an der Wertigkeit der Produkte orientiert.

3.4 Angebotsvergleich

Situation

Nach einer Jahresverbrauchsstatistik sollen für die Verwaltung der KRONOS AG eine Reihe von Artikeln zusammen beschafft werden. Die Einkaufsabteilung hat bei drei bisherigen Lieferern Angebote eingeholt, deren Ergebnisse vorliegen und auszuwerten sind.

Pos.	Artikel	Menge	Angebot A (DM)	Angebot B (DM)	Angebot C (DM)
01	Kopierpapier	100 000	30,00/Tsd.	0,025/Blatt	20,00/je Hundert
02	Klebestifte	500	2,95/Stück	3,30/Stück	2,84/Stück
03	Trennblätter	6 000	125,50/Tsd.	15,50 (Hundert)	0,09/Stück
04	Druckerpatronen HP 500	150	25,90/Stück	19,80/Stück	22,50/Stück
05	Ordner DIN A4	400	3,15/Stück	2,89/Stück	3,30/Stück
06	Scheren	50	9,95/Stück	6,75/Stück	12,50/Stück
07	Filzstifte versch. Farben	600	135,50 je Hdrt.	0,90/Stück	1,10/Stück
08	Tipp-Ex	500	3,95/Stück	2,99/Stück	3,25/Stück
09	Farbbänder NEC P 6	200	14,90/Stück	17,50/Stück	12,50/Stück
10	Radiergummi	100	48,00	0,39/Stück	60,00

Angebot A
abz. 20 % Mengenrabatt:, Lieferung frei Haus, Zahlung: 30 Tage netto oder innerhalb von 10 Tagen mit 2 % Skonto

Wir würden Ihren Auftrag gerne ausführen und halten uns an das Angebot vierzehn Tage gebunden.

Eschwege, 21. August 19..

Angebot B
abz. 25 % Mengenrabatt:, Lieferung ab 300,00 DM frei Haus, Zahlung: 14 Tage netto Kasse

Die oben genannten Preise gelten nur bei Komplettabnahme.

Kassel, 19. August 19..

Angebot C
abz. 15 % Mengenrabatt:, Lieferung frei Haus, Zahlung: innerhalb von 30 Tagen oder innerhalb von 10 Tagen mit 3 % Skonto

Das Angebot gilt 10 Tage. Zu Pos. 1 kann eine Lieferung nur erfolgen, solange Vorrat reicht.

Dortmund, 24. August 19..

?

- **Was ist bei einem Angebotsvergleich zu berücksichtigen?**
- **Warum ist der günstigste Anbieter nicht unbedingt der beste Anbieter?**
- **Welche Sachverhalte sind zusätzlich zum Preis für eine Auswahlentscheidung maßgebend?**

Informationen

Angebotsvergleiche beziehen sich zunächst auf den Preis. Aber nicht immer sind die Liefer- und Zahlungsbedingungen gleich. Oft hat man es hier mit unterschiedlichen Sachverhalten zu tun. Darüber hinaus geht es im Rahmen der Verrechnung von Rabatten und Skonti sowie evtl. Bezugskosten ganz allgemein um die Vergleichbarkeit des **Bezugs- oder Einstandspreises.**

Bei Investitionsgütern werden in einem noch stärkeren Maße evtl. unterschiedliche Zahlungsziele zur Beurteilung herangezogen. Andererseits spielen hier neben dem Preis insbesondere nicht konkret zahlenmäßig erfassbare Fakten wie Servicebereitschaft, Reparaturanfälligkeit usw. eine ganz entscheidende Rolle.

400178L

Anbieter A	Listenpreis		DM
Artikel	**Menge · Einzelpreis**		**gesamt**
Kopierpapier	100 · 30,00	=	3.000,00
Klebestifte	500 · 2,95	=	1.475,00
Trennblätter	6 · 125,00	=	750,00
Druckerzub.	150 · 25,90	=	3.885,00
Ordner	400 · 3,15	=	1.260,00
Scheren	50 · 9,95	=	497,50
Filzstifte	6 · 135,00	=	810,00
Tipp-Ex	500 · 3,95	=	1.975,00
Farbbänder	200 · 14,90	=	2.980,00
Radiergummi	48,00	=	48,00
			16.680,50
Rabatt 20 %			**3.336,10**
= **Zieleinkaufspreis**			**13.344,40**
– **Skonto 2 %**			**266,89**
+ **Bezugskosten**			**---**
= **Bezugspreis**			**13.077,51**

	Listenpreis
⁒	Rabatt
	Zieleinkaufspreis
⁒	Skonto
	Bareinkaufspreis
+	Bezugskosten
	Bezugspreis

Kalkulation des Bezugspreises

Während die **Anfrage,** die den Angeboten vorausging, unverbindlich war, ist der Lieferer an sein **Angebot** gebunden, sofern er es nicht durch besondere Klauseln eingeschränkt hat (z. B. „Lieferung solange Vorrat reicht", „maßgebend sind die Tagespreise", „Abgabe nur in haushaltsüblichen Mengen", „Angebot freibleibend" usw.).

Angebotsarten	Merkmale	Beispiele	Gültigkeit
Verbindliches Angebot	Der Anbieter ist verpflichtet alle im Angebot enthaltenen Angaben einzuhalten.	■ 1 kg zu 7,90 DM ■ DIN 7980 ■ frachtfrei ■ Zahlung innerhalb 10 Tagen	Ein Angebot bleibt so lange gültig, wie unter verkehrsüblichen Umständen eine Antwort (Bestellung) eingehen kann. **Ausnahme:** Mündliche Angebote verlieren sofort ihre Gültigkeit.
Unverbindliches Angebot	Freizeichnungsklauseln bewirken, dass die Anbieter sich bezüglich bestimmter Angaben oder des gesamten Angebots nicht festlegen.	■ Preise freibleibend ■ Preisänderungen vorbehalten ■ solange Vorrat reicht oder: ■ Angebot freibleibend ■ ohne Verbindlichkeit ■ ohne Obligo (Verpflichtung)	
Befristetes Angebot	Spätester Termin der Bestellung ist anzugeben.	Das Angebot gilt bis ■ zum 8. April 19.. ■ Freitag, den 13. April 19.., 12:00 Uhr	

Von einem **Angebot an die Allgemeinheit** spricht man, wenn das Angebot nicht an eine bestimmte Person oder Firma gerichtet ist, sondern man sich mit Schaufensterauslagen, Katalogen, Prospekten, Zeitungsbeilagen, Werbebroschüren usw. an die Allgemeinheit wendet. Rechtlich ist dies eine Aufforderung zur Abgabe einer Bestellung, aber kein bindendes Angebot.

Arbeitsvorschlag:

1. **Wer ist nach Ihrer Berechnung im Ausgangsfall der preisgünstigste Anbieter für das Angebot?**
2. **Welche Möglichkeiten sehen Sie, hier die Erkenntnisse aus der ABC-Analyse anzuwenden? (vgl. Seite 76).**

3.4.1 Wichtige Bestimmungen zu Angebot und Annahme

Auszug aus dem BGB[1]

§ 145 Gebundenheit an den Antrag. Wer einem anderen die Schließung eines Vertrags anträgt, ist an den Antrag gebunden, es sei denn, daß er die Gebundenheit ausgeschlossen hat.

§ 146 Erlöschen des Antrags. Der **Antrag erlischt,** wenn er dem Antragenden gegenüber abgelehnt oder wenn er nicht diesem gegenüber nach den §§147 bis 149 rechtzeitig angenommen wird.

§ 147 Annahmefrist. [I]Der einem Anwesenden gemachte Antrag kann nur sofort angenommen werden. Dies gilt auch von einem mittels Fernsprecher von Person zu Person gemachten Antrag.
[II]Der einem Abwesenden gemachte Antrag kann nur bis zu dem Zeitpunkt angenommen werden, in welchem der Antragstellende den Eingang der Antwort unter regelmäßigen Umständen erwarten darf.

§ 148 Hat der Antragende für die Annahme des Antrags eine Frist bestimmt, so kann die Annahme nur innerhalb der Frist erfolgen.

§ 149 Verspätete Annahme. [I]Ist eine dem Antragenden verspätet zugegangene Annahmeerklärung dergestalt abgesendet worden, daß sie bei regelmäßiger Beförderung ihm rechtzeitig zugegangen sein würde, und mußte der Antragende dies erkennen, so hat er die Verspätung dem Annehmenden unverzüglich nach dem Empfang der Erklärung anzuzeigen, sofern es nicht schon vorher geschehen ist.
[II]Verzögert er die Absendung der Anzeige, so gilt die Annahme als nicht verspätet.

§ 150 [I]Die verspätete Annahme eines Antrags gilt als neuer Antrag.
[II]Eine **Annahme unter Erweiterungen, Einschränkungen** oder **sonstigen Änderungen** gilt als Ablehnung verbunden mit einem neuen Antrag.

§ 151 Vertragsabschluß. Der Vertrag kommt durch die Annahme des Antrags zustande, ohne daß die Annahme dem Antragenden gegenüber erklärt zu werden braucht, wenn eine solche Erklärung nach der Verkehrssitte nicht zu erwarten ist oder der Antragende auf sie verzichtet hat. Der Zeitpunkt, in welchem der Antrag erlischt, bestimmt sich nach dem aus dem Antrag oder den Umständen zu entnehmenden Willen des Antragenden.

§ 154 Offener Einigungsmangel. [I]Solange nicht die Parteien sich über alle Punkte eines Vertrags geeinigt haben, über die nach der Erklärung auch nur einer Partei eine Vereinbarung getroffen werden soll, ist im Zweifel der Vertrag nicht geschlossen. Die Verständigung über einzelne Punkte ist auch dann nicht bindend, wenn eine Aufzeichnung stattgefunden hat.[1]

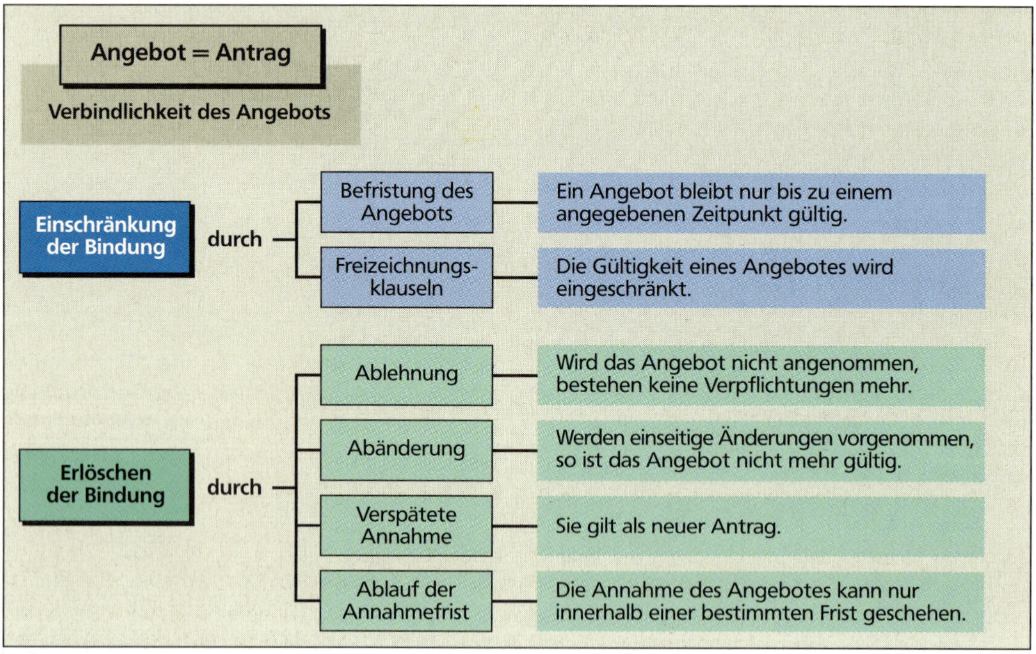

1 Gesetzestexte sind nicht in neuer Rechtschreibung wiedergegeben.

3.4.2 Inhalte eines Angebots

Das Angebot als Willenserklärung des Verkäufers zum Abschluss eines Kaufvertrags informiert über die verschiedensten Sachverhalte eines Rechtsgeschäfts. Es ist für beide vertragschließenden Parteien wichtig zu wissen, welche Inhalte ein Angebot enthalten sollte.

Dazu gehören:

- **Art, Güte und Beschaffenheit der Waren.** Durch Muster, Proben, Typen, Warenzeichen, Handelsklassen, Qualitätsstufen und Prüfzeichen (TÜV, VDE) z. B. werden Waren näher gekennzeichnet und eingestuft. Wenn nichts Besonderes vereinbart wurde, muss der Verkäufer Waren mittlerer Art und Güte liefern (§ 243 BGB).
- **Preis und Menge.** Beide Größen hängen eng zusammen, da sich der Preis oft auf eine Mengeneinheit bezieht und in Abhängigkeit von der Gesamtmenge variieren kann. Wenn eine festgesetzte Mindestabnahmemenge unterschritten wird, können **Mindermengenzuschläge berechnet werden. Größere Abnahmemengen führen oftmals zu Mengenrabatten** (Preisnachlässen). Rabatte werden aber auch aus anderen Gründen gewährt (siehe Themenfeld „Marketing").

Eine besondere Stellung nimmt der Barzahlungsrabatt/**Skonto** ein. Er ist als Vergütung für eine schnelle Zahlung innerhalb einer bestimmten Frist anzusehen. Von daher hat er einen ganz anderen Charakter als die anderen Rabattarten und gehört eigentlich in den finanzwirtschaftlichen Bereich. Im Gesetz über Preisnachlässe (Rabattgesetz) ist festgelegt, dass der Skonto bei bürgerlichen oder einseitigen Handelskäufen nicht höher als 3 % sein darf. Es gibt aber Ausnahmen!

3.4.3 Lieferungsbedingungen

Wenn eine Ware von einem Ort zum anderen transportiert werden muss, entstehen Beförderungskosten. Sie teilen sich z. B. bei einem Bahntransport auf in

- Rollgeld vom Sitz des Verkäufers bis zum Bahnhof,
- Verladekosten an der Versendungsstation,
- Fracht, Kosten des Bahntransports,
- Entladekosten an der Empfangsstation und
- Rollgeld bis zum Sitz des Käufers.

Ist bezüglich der **Beförderungskosten** nichts vereinbart, so gelten folgende gesetzliche Bestimmungen:

Auszug aus dem BGB

§ 447 Versendungskauf. I Versendet der Verkäufer auf Verlangen des Käufers die verkaufte Sache nach einem anderen Ort als dem Erfüllungsort, so geht die Gefahr auf den Käufer über, sobald der Verkäufer die Sache dem Spediteur, dem Frachtführer oder der sonst zur Ausführung der Versendung bestimmten Person oder Anstalt ausgeliefert hat.

II Hat der Käufer eine besondere Anweisung über die Art der Versendung erteilt und weicht der Verkäufer ohne dringenden Grund von der Anweisung ab, so ist der Verkäufer dem Käufer für den daraus entstehenden Schaden verantwortlich.

§ 448 II Die **Kosten der Übergabe** der verkauften Sache, insbesondere die Kosten des Messens und Wägens, fallen dem Verkäufer, die Kosten der Abnahme und der Versendung der Sache nach einem anderen Ort als dem Erfüllungsort fallen dem Käufer zur Last.

II Ist ein Recht verkauft, so fallen die Kosten der Begründung oder Übertragung des Rechtes dem Verkäufer zur Last.

Abweichend von den gesetzlichen Vorschriften können vertragliche Vereinbarungen getroffen werden. Sie beziehen sich auf die Frachtbasis und die damit verbundenen Beförderungskosten.
Durch die **Frachtbasis** ist der Ort festgelegt, von dem aus die Fracht berechnet wird. Wenn zu einem Unternehmen mehrere räumlich getrennte Betriebe gehören, so ist es in manchen Branchen üblich, dass eine einheitliche Grundlage für die Frachtberechnung festgelegt wird. Dieser Basisort muss nicht mit dem tatsächlichen Versandort übereinstimmen.

Beispiel

Eine Unternehmung mit dem Hauptwerk in Hannover hat Zweigbetriebe in Kassel und Bremen. Bei dieser Unternehmung werden von einem Kunden aus Mainz Waren bestellt. Die Auslieferung der Waren erfolgt aus den Betrieben in Kassel und Bremen. Für beide Lieferungen werden die Frachtkosten dennoch ab Hannover berechnet.
Mit der Frachtbasis Hannover werden für die Lieferung aus Kassel zu hohe, für die Lieferung aus Bremen zu geringe Frachtkosten in Rechnung gestellt; von Lieferanten wird dieses Verfahren deshalb gewählt, weil es einfacher und rationeller ist und sich Vor- und Nachteile für den Kunden in diesem Fall weitgehend ausgleichen.

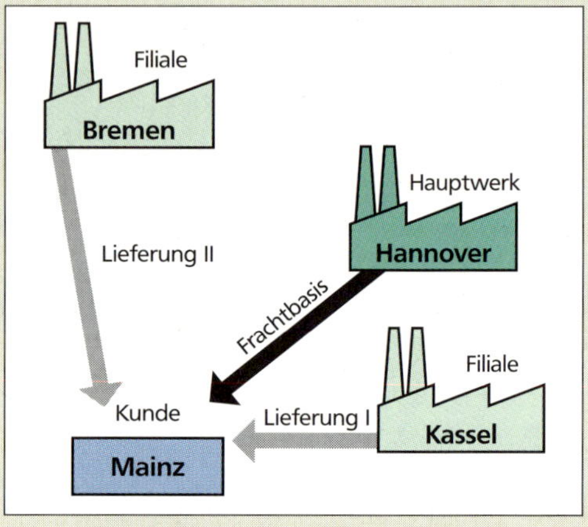

Bezüglich der **Beförderungskosten** können im inländischen Transport folgende Vereinbarungen getroffen werden:

ab Werk				Käufer trägt alle Lieferkosten			
Rollgeld		unfrei[1]			Käufer trägt Kosten ab Versandbahnhof		
Rollgeld	+	Fracht		frachtfrei[2]		Käufer trägt Kosten ab Empfangsbahnhof	
Rollgeld	+	Fracht	+	Rollgeld	frei Haus		Verkäufer trägt alle Kosten

1 (= frei Bahnhof hier) 2 (= frei Bahnhof dort, frei: Empfangsbahnhof)

3.4.4 Lieferungsbedingungen im Außenhandel (INCOTERMS)

Da im Außenhandel für jeden Ausfuhrort unterschiedliche Gesetze und Handelsbräuche gültig sein können, kommen zur Vereinfachung hier die so genannten „Internationalen Regeln für die Auslegung der handelsüblichen Vertragsformeln" **(= INCOTERMS)** zur Anwendung.
Ihre Aufgabe liegt darin, in verbindlicher und klarer Weise folgende Fragen zu regeln:

- Transportkosten
- Transportrisiko
- Geschäftsabwicklungspflichten (Dokumentenabwicklung usw.)

Der Eigentumsübergang, die Zahlungsbedingungen oder Fragen des Gerichtsstandes werden von den INCOTERMS nicht geregelt. Sie müssen gesondert vereinbart werden.

Seit Juli 1990 gelten neue **Incoterms.** Sie sind in vier verschiedene Gruppen eingeteilt.

- **„E"-Klausel:** Sie besteht allein aus der so genannten Abholklausel.
- **„F"-Klausel:** Darin wird der Verkäufer verpflichtet, die Ware einem vom Käufer benannten Frachtführer zu übergeben.
- **„C"-Klausel:** Danach hat der Verkäufer den Beförderungsvertrag abzuschließen, nicht aber das Risiko des Verlustes oder der Beschädigung der Ware oder zusätzlicher Kosten, die auf Ereignisse während des Transportes beruhen, zu tragen.
- **„D"-Klausel:** Danach hat der Verkäufer alle Kosten und Risiken zu tragen, bis die Ware im Bestimmungsland eintrifft.

Inhalt der Klausel: **Der Exporteur hat ...**

E-Klausel

- **EXW** = ex works (ab Werk)
  ... die Ware zum vertraglich vereinbarten Zeitpunkt am benannten Lieferort bereitzustellen.

F-Klausel

- **FCA** = free carrier (frei Frachtführer)
  ... die Ware zum vertraglich vereinbarten Zeitpunkt zu transportgerechter Verpackung dem Frachtführer zu übergeben.
- **FAS** = free alongside ship (frei längsseits Seeschiff)
  ... innerhalb der vereinbarten Frist dem Hafenbrauch entsprechend die Ware auf dem Ladeplatz längsseits Schiff in seefester Verpackung anzuliefern.
- **FOB** = free on board (frei an Bord)
  ... wie bei FAS die Ware zu liefern, sie aber auch zu verladen und alle Kosten und Risiken zu tragen, bis die Ware die Reling überschritten hat.

C-Klausel

- **CIF** = cost, insurance, freight (Kosten, Versicherung, Fracht)
  ... Pflichten wie bei FOB, aber zusätzlich auch die Kosten und die Risiken des Schifftransportes zu übernehmen, bis die Ware im Bestimmungshafen die Reling überschritten hat.
  Außerdem ist eine Transportversicherung abzuschließen.
- **CFR** = cost and freight (Kosten und Fracht)
  ... Pflichten wie bei CIF, aber ohne den zwingenden Abschluss einer Transportversicherung.
- **CIP** = carriage and insurance paid to (frachtfrei versichert)
  ... ähnlich wie CIF Kosten, Versicherung und Fracht zu übernehmen, CIP gilt aber nicht nur für die Schifffahrt, sondern für alle Transportarten. Ordnungsmäßigkeit gilt bei Übergabe in transportgerechter Verpackung an ersten Frachtführer.
- **CPT** = carriage paid to (frachtfrei)
  ... Pflichten wie bei CIP, aber ohne notwendigen Abschluss einer Transportversicherung.

D-Klausel

- **DAF** = delivered at frontier (geliefert Grenze)
  ... die Ware zum vereinbarten Zeitpunkt diesseits der Grenze auf eigene Kosten und Gefahr auf dem benannten Platz dem Käufer bereitzuhalten.
- **DES** = delivered ex ship (geliefert ab Schiff)
  ... die Ware dem Importeur innerhalb der vereinbarten Frist auf dem Schiff im Bestimmungshafen bereitzuhalten, ihm rechtzeitige Anzeige über das Einlaufen zu erstatten und alle notwendigen Dokumente zu besorgen.
- **DEQ** = delivered ex quay (geliefert ab Kai) verzollt,
  ... die Pflichten wie bei DES, aber es erfolgt auch die Entladung im Bestimmungshafen (Bereithaltung am Kai); Kosten und Risiken bis zur Einfuhrabfertigung.
- **DDU** = delivered duty unpaid (geliefert unverzollt)
  ... für die fristgerechte Bereitstellung im Einfuhrland zu sorgen. Darin enthalten ist nicht die Einfuhrabfertigung.
- **DDP** = delivered duty paid (geliefert verzollt)
  ... die Pflichten nach DDU und zusätzlich die Kosten für die Einfuhrabfertigung; Maximalverpflichtung des Exporteurs.

3.4.5 Lieferzeit

Wenn nichts vereinbart ist, muss sofort geliefert werden. Es können aber auch anders lautende Vereinbarungen getroffen werden:

- **Sofort nach Bestellung.** Die Lieferung hat ohne zeitliche Verzögerung zu erfolgen.
- **Innerhalb einer bestimmten Frist.** Die Auslieferung muss innerhalb einer bestimmten Zeitspanne erfolgen (bis zum 1. April, Mitte Juni, innerhalb von zwei Monaten u.Ä.).
- **Fixkauf.** Der Zeitpunkt der Lieferung ist exakt festgelegt (fix). Es kann beispielsweise heißen: 7. August 19.., 16:00 Uhr, fix Domgasse 19, Frankfurt/Main, oder 19. Juli bzw. am ersten Samstag im Monat April 19..
- **Kauf auf Abruf.** Der Kunde kauft eine größere Warenmenge und behält sich vor, diese in einzelnen Teilmengen nach Bedarf abzurufen.

3.4.6 Verpackung

Ist nichts vereinbart, trägt der Käufer die Verpackungskosten. Mögliche andere Vereinbarungen verdeutlicht die Tabelle:

Mögliche Vereinbarungen	Beispiele
netto einschl. Verpackung	50 kg à 5,00 DM/kg = 250,00 DM
netto ausschl. Verpackung	50 kg à 5,00 DM/kg = 250,00 DM + Verpackungskosten = 30,00 DM } 280,00 DM
brutto einschl. Verpackung (b/n = brutto für netto)	50 kg + 3 kg Verpackung = 53 kg 53 kg à 5,00 DM/kg = 265,00 DM
brutto ausschl. Verpackung (b/n + Verpackung)	wie b/n zusätzlich der Verpackungskosten 53 kg à 5,00 DM/kg = 265,00 DM + Verpackungskosten = 30,00 DM } 295,00 DM
leihweise Überlassung	Kisten, Paletten, Flaschen, Körbe ...
Vermietung	Container, Kühlbehälter ...

3.4.7 Zahlungsbedingungen

Sind im Kaufvertrag keine Regelungen getroffen, so kann sofortige Zahlung nach der Lieferung verlangt werden. Abweichend davon, können verschiedene Zahlungszeitpunkte und -möglichkeiten gewählt werden:

Zahlung vor der Lieferung

- **Anzahlung**
  Ein Teilbetrag wird vor dem Erhalt der Ware gezahlt, der Rest später.
- **Vorauszahlung**
  Der gesamte Rechnungsbetrag wird vor dem Erhalt der Ware gezahlt.

Zahlung bei der Lieferung

- **Nachnahme**
  Die Post als Beförderer der Ware zieht den Betrag sofort ein.
- **Barzahlung**
  Die Zahlung erfolgt mit der Lieferung oder kurze Zeit später.

Zahlung nach der Lieferung

- **Ratenzahlung**
  Zahlung wird in Teilbeträgen geleistet.
- **Zielkauf**
  Zahlungszeitpunkt wird aufgeschoben.
- **Kreditzahlung**
  Lieferer oder Bank stellen einen Geldbetrag zur Verfügung.

Arbeitsvorschlag:

1. **Worin liegt die rechtliche Bedeutung des Angebots?**
2. **Wodurch unterscheidet sich das verbindliche von dem unverbindlichen Angebot?**
3. **Wie lange hat ein Angebot Gültigkeit?**
4. **Welche rechtlichen Konsequenzen gehen von der verspäteten Annahme eines Angebots aus?**
5. **Wodurch lässt sich die Bindung eines Angebots einschränken?**
6. **Wie hoch ist der Bezugspreis in folgenden Fällen?**

	a)	b)	c)
Listenpreis	590,00 DM	10.300,00 DM	4.387,00 DM
Rabatt	10 %	5 %	20 %
Skonto	2 %	–	3 %
Bezugskosten	80,00 DM	–	50,00 DM

7. **Bei der Kleiderfabrik Schaumann & Rüppel gehen die drei folgenden Angebote über 4 Ballen Flanell ein:**

1. Angebot
Listenpreis pro Ballen 962,00 DM,
Sonderrabatt 5 %,
Skonto 3 %,
Lieferung frei Haus.

2. Angebot
Listenpreis pro Ballen 830,00 DM,
Skonto 2 %,
Lieferung ab Werk,
Frachtkosten 43,00 DM,
Rollgeld 12,00 DM.

3. Angebot
Listenpreis pro Ballen 810,00 DM,
Skonto 3 %
Lieferung frei Haus.

Ermitteln Sie die Bezugspreise und vergleichen Sie die Angebote.

8. **Wie muss sich ein Verkäufer verhalten, wenn bezüglich der Qualität nichts Besonderes vereinbart ist?**
9. **Welche Faktoren können den Einkaufspreis eines Produkts beeinflussen?**
10. **Unterscheiden Sie zwischen Skonto und Rabatt.**
11. **Nennen Sie vier Liefervereinbarungen im Inlandsgeschäft und unterscheiden Sie diese.**
12. **Was bedeuten die Klauseln FOB, CIF, EXW, FAS und DAF?**
13. **Wer hat die Beförderungskosten zu tragen, wenn nichts vereinbart ist?**
14. **Beschreiben Sie, welche Vereinbarung bei der Bedingung brutto für netto (b/n) getroffen wird.**
15. **Nennen Sie mögliche Vereinbarungen für die Lieferzeit.**
16. **Verdeutlichen Sie, welche Unterschiede zwischen Anzahlung und Vorauszahlung bestehen.**
17. **Ein Kunde aus Köln erhält eine Lieferung aus Darmstadt und München. Er muss für beide Lieferungen zusammen 230,00 DM Fracht mit Frachtbasis Frankfurt zahlen. Würde die Fracht jeweils von München bzw. Darmstadt nach Köln einzeln berechnet, hätte der Kunde 250,00 DM zu entrichten. Was bewegt Unternehmungen, auch in einem für sie ungünstigen Fall, von einer bestimmten Frachtbasis auszugehen?**

Betriebliche Entscheidungssituation
Analysieren – informieren – diskutieren – entscheiden

Die Werkzeugmaschinenfabrik Peters OHG in Kassel benötigt zur Vergrößerung ihrer Produktionskapazitäten möglichst schnell 5 Säulenbohrmaschinen.

Aus der Bezugsquellenkartei der Peters OHG gehen die folgenden Firmen hervor, die nach einer Anfrage die gewünschten Bohrmaschinen anbieten:

- Maschinenbau AG, 80335 München
- Keim OHG, 65207 Wiesbaden
- Heppe & Roll, 50934 Köln

In der Einkaufsabteilung soll entschieden werden, welcher Lieferer den Auftrag erhält. Um den Angebotsvergleich durchzuführen, wird zuerst ein Preisvergleich angestellt:

Einkaufsgegenstand: 5 Säulenbohrmaschinen – Preisvergleich			
Angebotsinhalt	Maschinenbau AG	Keim OHG	Heppe & Roll
Rechnungspreise (5 Maschinen)	40.500,00 DM	42.000,00 DM	39.750,00 DM
Zahlungsbedingung	Ziel 2 Monate, 3 % Skonto innerhalb 4 Wochen	30 Tage nach Rechnungseingang netto, 5 % Mengenrabatt	Ziel 2 Monate, 2 % Skonto innerhalb 30 Tagen
Bareinkaufspreis	?	?	?
Bezugskosten			
– Fracht, Rollgeld	165,00 DM	490,00 DM	220,00 DM
– Transportvers.	–	188,00 DM	180,00 DM
Bezugspreis	?	?	?

Neben dem Preis müssen auch andere, nicht rechenbare Faktoren der Lieferanten und ihrer Produkte in einem Angebotsvergleich berücksichtigt werden. Herr Zinn, ein Sachbearbeiter aus der Einkaufsabteilung, hat zu diesem Zweck folgende Kurzberichte über die 3 Lieferanten erstellt.

- **Maschinenbau AG:** Kann die Ware innerhalb von 6 Wochen liefern. Sie ist als wenig kulant bekannt und besteht z.B. auf einer strikten Einhaltung der Zahlungstermine. Serviceleistungen werden zur Zufriedenheit der Kunden erbracht, aber zu überhöhten Preisen in Rechnung gestellt. Termintreue ist im Allgemeinen als vorbildlich einzustufen. Die gewährten Garantieansprüche können innerhalb von 8 Monaten geltend gemacht werden. Die Qualität der Bohrmaschine geht bei allen wesentlichen technischen Eigenschaften über die Ansprüche der Fertigung hinaus.
- **Keim OHG:** Lieferung der Ware ist frühestens nach 8 Wochen möglich, wobei 10 Wochen nicht auszuschließen sind. Kulanz der Firma ist als durchschnittlich einzustufen. Die Serviceleistungen werden zur vollen Zufriedenheit der Kunden ausgeführt. Hinsichtlich der Termintreue gilt die Firma als absolut zuverlässig. Garantieleistungen werden aber nur für einen Zeitraum von 6 Monaten übernommen. Die technischen Eigenschaften der Maschinen entsprechen trotz einer nur mittelmäßigen Bohrgeschwindigkeit und einer relativ geringen Bohrleistung noch den Anforderung im Fertigungsbereich.
- **Heppe & Roll:** Ware ist 3 Wochen nach Bestellung lieferbar. Kulanzbegehren wird ausgesprochen großzügig nachgekommen. Die Qualität der Serviceleistungen gibt häufiger Anlass zu Beschwerden. Ihren Lieferverpflichtungen kommt die Firma nicht immer pünktlich nach. Garantiezusagen erstrecken sich auf eine Zeitdauer von 2 Monaten. Bis auf die Eigenart, dass der Energiebedarf pro Stunde mit 30 kW als überdurchschnittlich hoch einzustufen ist, erfüllen die technischen Eigenschaften der Bohrmaschine voll die Anforderungen.

1. Berechnen Sie die Bezugspreise der 5 Säulenbohrmaschinen der einzelnen Lieferanten. Bei der Rechnung ist davon auszugehen, dass die Peters OHG Skonto in Anspruch nimmt.
2. Stellen Sie fest, welche Angebotsvergleichsfaktoren (Lieferanteneigenschaften) in den Kurzberichten enthalten sind.
3. Übertragen Sie die nachstehende Tabelle in Ihre Arbeitsunterlagen und tragen Sie anhand der Lieferantenberichte die Angebotsfaktoren dort ein.

Einkaufsgegenstand: 5 Säulenbohrmaschinen – Angebotsvergleich						
Vergleichsfaktoren	Maschinenbau AG		Keim OHG		Heppe & Roll	
		Note		Note		Note
Bezugspreis	? DM	?	? DM	?	? DM	?
Kulanz	wenig kulant	3	durchschnittlich	2	großzügig	1
.	.	.	.	.	.	.
.	.	.	.	.	.	.
Summe		?		?		?

4. Versuchen Sie die Ausprägung der jeweiligen Lieferanteneigenschaft durch wenige Stichworte begrifflich zu bestimmen (siehe Beispiel). Tragen Sie Ihre Ergebnisse in die Tabelle ein und diskutieren Sie Ihre Einschätzung innerhalb der Klasse.
5. Um die Angebotsfaktoren leichter vergleichen zu können, sollten Sie eine Bewertung der Angebotsdaten durch die Noten 1–3 vornehmen und damit Ihre Tabelle vervollständigen.
6. Entscheiden Sie nun, welches Angebot nach Ihrer Einschätzung das günstigste ist.

3.5 Vertragsabschluss

Der **Kaufvertrag** ist eine zweiseitige, übereinstimmende Willenserklärung von geschäftsfähigen Partnern über den Übergang des Eigentums an einer Sache gegen Zahlung eines vereinbarten Kaufpreises.

Der Vertragsabschluss ist das so genannte **Verpflichtungsgeschäft.** Mit der Übergabe von Ware und Geld wird der Vertrag erfüllt, deshalb spricht man vom **Erfüllungsgeschäft.**

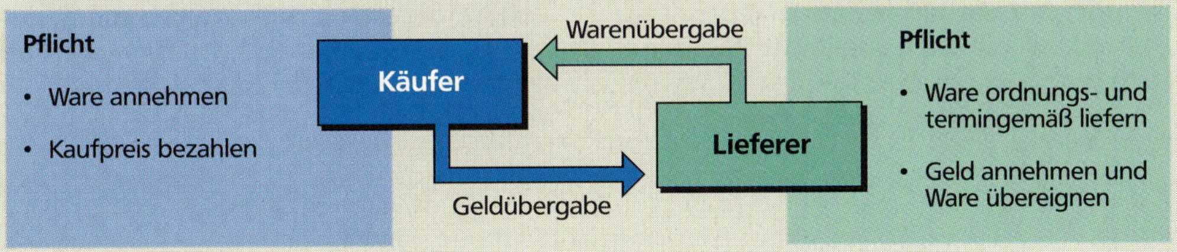

Die Schritte auf dem Weg zum Kaufvertrag

Möglichkeit 1

Der Kunde erhält ein Angebot. Sofern es keine Einschränkungen enthält, ist der Lieferer daran so lange gebunden wie unter üblichen Umständen eine Antwort erwartet werden kann. Im Normalfall ist die Gültigkeitsfrist ca. 1 Woche. Bestellt der Kunde, ist der Vertrag zustande gekommen.

Möglichkeit 2

Der Käufer bestellt, ohne dass er ein Angebot erhalten hat. Nun liegt es am Verkäufer, ob er die Bestellung annimmt oder ob er sie ablehnt.

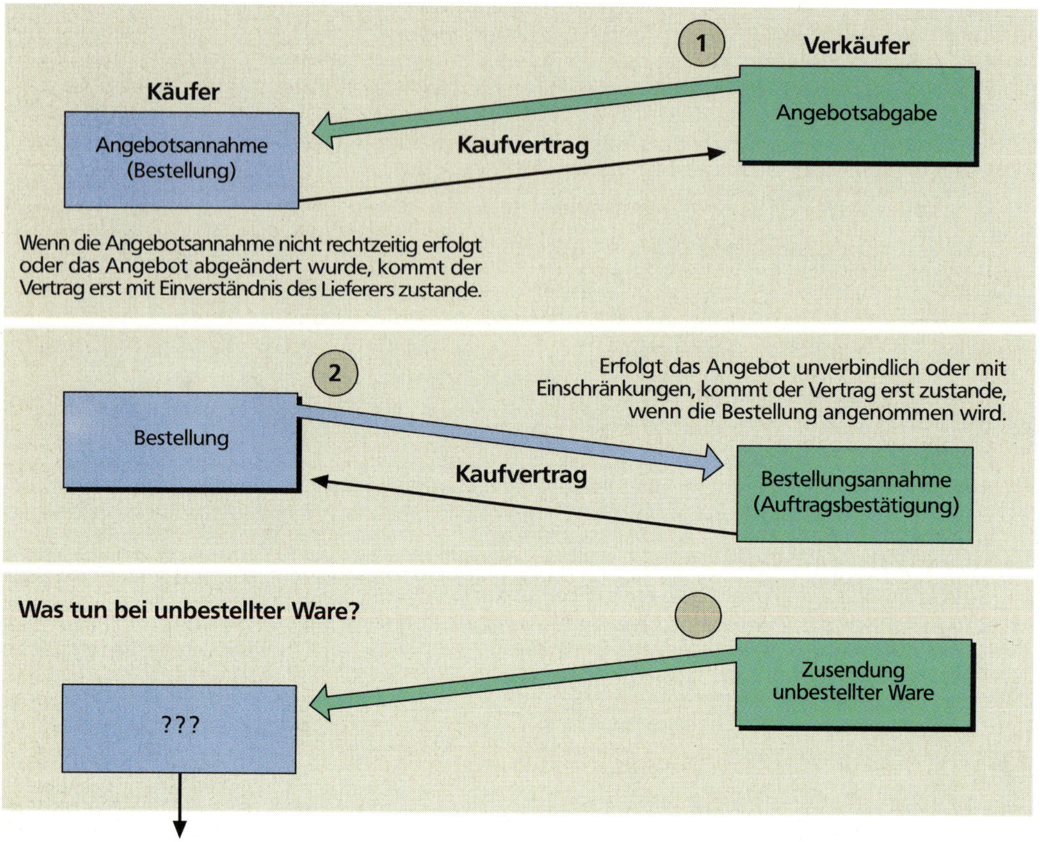

Wird unbestellte Ware zugesandt, ohne dass der Empfänger reagiert (d.h. die Ware behält), gilt dies bei bestehenden Geschäftsbeziehungen unter Kaufleuten als Annahme, d.h., der Vertrag kommt durch Stillschweigen **zustande.** Der Vertrag kommt in jedem Falle **zustande,** wenn die zugesandte Ware genutzt wird.

Der Vertrag kommt **keinesfalls zustande,** wenn es sich um eine Privatperson als Empfänger handelt, wenn der belieferte Kaufmann bisher keine Geschäftsbeziehungen zu dem Lieferer hatte oder er der Zusendung widersprochen hat. Eine Rücksendung innerhalb einer bestimmten Frist ist nicht nötig, die Ware muss nur zur Abholung aufbewahrt werden.

3.5.1 Verpflichtungs- und Erfüllungsgeschäft

Mit dem Abschluss eines Kaufvertrages entsteht gleichzeitig ein **Verpflichtungsgeschäft.** So verpflichtet sich

der Käufer

- die Ware anzunehmen und
- den vereinbarten Preis zu zahlen.

der Verkäufer

- die Ware zu liefern und
- dem Käufer das Eigentum an der Ware zu verschaffen.

Auf das Verpflichtungsgeschäft folgt das **Erfüllungsgeschäft.** Dabei sind vor allem folgende Regelungen zu beachten:

- Die richtige und unbeschädigte Ware muss zu den vereinbarten Bedingungen geliefert werden,
- die festgelegte Lieferfrist und der Lieferort sind einzuhalten,
- die Leistung hat an dem Erfüllungsort zu erfolgen.

3.5.2 Erfüllungsort

Für den Erfüllungsort gelten unter anderem folgende Bestimmungen:

Auszug aus dem BGB

> **§ 269 Leistungsort.** [1]Ist ein Ort für die Leistung weder bestimmt noch aus den Umständen, insbesondere aus der Natur des Schuldverhältnisses, zu entnehmen, so hat die Leistung an dem Orte zu erfolgen, an welchem der Schuldner zur Zeit der Entstehung des Schuldverhältnisses seinen Wohnsitz hatte.
>
> **§ 270 Zahlungsort.** [1]Geld hat der Schuldner im Zweifel auf seine Gefahr und seine Kosten dem Gläubiger an dessen Wohnsitz zu übermitteln.

Die Bedeutung des Erfüllungsortes liegt darin, dass aus der Warenlieferung entstehende Gefahren und Kosten vom Verkäufer auf den Käufer übergehen. Immer, wenn vertraglich nichts vereinbart ist, hat der **Warenschuldner** (Verkäufer) seine Leistung an dem Ort zu erbringen, an dem er seinen Wohn- oder Geschäftssitz hat. Das Gleiche gilt für den **Geldschuldner** (Käufer), der aber zusätzlich für die ordnungsgemäße Übermittlung des Geldbetrages zu sorgen hat.

Das so genannte **Abstraktionsprinzip** sieht im Verpflichtungs- und Erfüllungsgeschäft zwei rechtlich voneinander unabhängige Vorgänge.

gesetzlicher Erfüllungsort

Ort, an dem der jeweilige Schuldner seine aus dem Kaufvertrag entstehende Verpflichtung zu erfüllen hat. Gesetzlicher Erfüllungsort ist der Wohn- oder Geschäftssitz des Schuldners.

Lieferer hat eine **Warenschuld** zu erfüllen.	Käufer hat eine **Geldschuld** zu begleichen.
Erfüllungsort für die Warenlieferung ist der Ort des Lieferers, d.h., er erfüllt seine Verpflichtung, wenn die Ware termingemäß zur Abholung bereitsteht. **Warenschulden sind Holschulden,** d.h., der Käufer hat die Kosten und die Risiken des Warentransports ab Erfüllungsort zu übernehmen.	Erfüllungsort für die Geldzahlung ist der Ort des Käufers, d.h., die Bezahlung gilt als erfolgt, wenn die Geldsumme fristgemäß zur Zahlung angewiesen wird. Aber: **Geldschulden sind trotzdem Bringschulden,** d.h., die Kosten und das Risiko der Geldübergabe trägt unabhängig vom Erfüllungsort auch der Käufer.

Eine kaufmännische Vereinbarung bezüglich der Übernahme von evtl. Transportkosten (z.B. „frei Haus") berührt die Frage des Erfüllungsortes und damit den Gefahrenübergang nicht.

Der Erfüllungsort ist maßgebend für den Gerichtsstand. Im Klagefall ist für Warenschulden der Geschäftssitz des Verkäufers und für Ansprüche aus Geldverpflichtungen der Ort des Käufers entscheidend.

Nur zwischen Kaufleuten kann dies durch entsprechende Vereinbarungen geändert werden (z.B.: Erfüllungsort und Gerichtsstand ist für beide Teile der Sitz des Verkäufers).

Auch wenn dies ein Bestandteil der Allgemeinen Geschäftsbedingungen ist, bleibt die Regelung bei Geschäften mit Nichtkaufleuten ungültig!

Zeitpunkt des Überweisungsauftrages entscheidend

Beim bargeldlosen Zahlungsverkehr kommt es gelegentlich zu Meinungsverschiedenheiten zwischen dem Zahlungspflichtigen und dem Zahlungsempfänger. Grund hierfür sind verschiedene Auffassungen darüber, wann eine Geldschuld tatsächlich erfüllt ist.

Das Landgericht Frankfurt a.M. entschied in einem Berufungsverfahren (Az. 2/1 S 78/93), dass es auf den Zeitpunkt der Erteilung eines Überweisungauftrages durch den Schuldner ankommt und nicht auf den Erfüllungszeitpunkt, also auf die Kontogutschrift für den Gläubiger. Die Richter begründeten diese Entscheidung damit, dass Geldschulden qualifizierte Schickschulden im Sinne des bürgerlichen Rechts sind. Bei Schickschulden, bei denen Leistungs- und Erfüllungsort auseinanderfallen, wie dies beim bargeldlosen Überweisungsverkehr der Fall ist, hat der Schuldner seine Pflicht zur rechtzeitigen Leistung dann erfüllt, wenn er alle Handlungen vorgenommen hat, die an seinem Wohnsitz zur Befriedigung des Gläubigers erforderlich sind.

Quelle: Deutsche Handwerker-Zeitung, im Herbst 1996

Arbeitsvorschlag:

1. Unter welchen Voraussetzungen kommt ein Kaufvertrag zustande?

2. Worin besteht das Verpflichtungs- und das Erfüllungsgeschäft?

3. Eine Kunststofffabrik aus Kassel bestellt Ware bei einem Lieferer in Mönchengladbach. Als Liefertermin wird der 15. Juni vereinbart. Die Rechnung wird am 16. Juni ausgestellt und trifft am 18. Juni in Kassel ein. Die vereinbarte Zahlungsfrist beträgt 8 Tage.

a) Wo liegen Erfüllungsort(e) und Gerichtsstand (-stände) bei diesem Rechtsgeschäft?

b) Über die Lieferung sind keine vertraglichen Vereinbarungen getroffen worden. Überlegen Sie, ob die Ware am 15. Juni in Mönchengladbach zur Abholung bereitstehen oder im Auftrag des Verkäufers nach Kassel gebracht worden sein muss.

c) An welchem Datum muss die Zahlung spätestens erfolgen?

d) Entscheiden Sie, ob der Käufer seiner Verpflichtung gerecht wird, wenn er an diesem Tag das Geld anweist, an diesem Tag einen Verrechnungsscheck schickt, oder ob der Betrag dann bereits beim Verkäufer sein muss.

3.5.3 Besondere Formen des Kaufvertrages

Rechtliche Position der Vertragspartner

Nach dem rechtlichen Geltungsbereich unterscheidet man folgende Kaufvertragsarten:

- **Bürgerlicher Kauf:** Keiner der Vertragspartner ist Kaufmann oder für beide Parteien stellt der Kauf kein Handelsgeschäft dar. Für ihn gelten die grundlegenden Bestimmungen des BGB (§§ 433–514).
- **Einseitiger Handelskauf:** Nur ein Vertragspartner ist Kaufmann und der Kauf stellt für ihn ein Handelsgeschäft dar. Die Bestimmungen des BGB werden durch die §§ 345, 373 ff. des HGB ergänzt
- **Zweiseitiger Handelskauf:** Beide Parteien sind Kaufleute und der Kauf ist für beide ein Handelsgeschäft. Auch hier gelten die o.g. Bestimmungen des BGB und HGB.

In der Praxis schließt man oft **Sonderformen von Kaufverträgen** ab, die den jeweiligen Gegebenheiten besser gerecht werden sollen. So werden besondere Kaufverträge **nach Art und Beschaffenheit der zugrunde liegenden Waren und nach besonderen Lieferungs- und Zahlungsbedingungen** unterschieden.

Art und Beschaffenheit der Ware

- **Kauf zur Probe.** Der Käufer bezieht zunächst nur eine kleinere Menge einer Ware. Wenn sie ihm zusagt, stellt er eine größere Bestellung in Aussicht.
- **Kauf auf Probe:** Der Käufer kann die Ware bei Nichtgefallen innerhalb einer vereinbarten oder angemessenen Frist zurückgeben. Schweigt er innerhalb dieser Zeit, so gilt dies als Billigung des Vertrags.

- **Kauf nach Probe:** Der Käufer bestellt die Ware nach einem Muster, dessen Eigenschaften für die zu kaufende Gesamtmenge verbindlich sind.
- **Spezifikationskauf:** Der Käufer kann innerhalb einer bestimmten Frist eine nach Art und Menge bereits gekaufte Ware noch näher nach Größe, Farbe, Muster, Stärke usw. bestimmen.
- **Ramschkauf:** Kauf einer bestimmten Menge von Waren, ohne dass für einzelne Stücke eine bestimmte Qualität zugesichert ist (auch: „Kauf en bloc" oder „Kauf in Bausch und Bogen").
- **Faq-Kauf:** Es wird ein Kaufvertrag über Waren geschlossen, die eine Durchschnittsqualität haben. Dieser Vertrag wird hauptsächlich im Außenhandel geschlossen (faq = fair average quality).

Besonderheiten bei Lieferungs- und Zahlungsbedingungen

- **Ratenkauf:** Es wird vereinbart, den Kaufpreis in gleichen oder verschieden hohen Teilbeträgen zu bezahlen. Oft wird vor oder mit dem ersten Teilbetrag eine Anzahlung verlangt. Beim einseitigen und bürgerlichen Kauf muss der schriftlich geschlossene Vertrag, laut Gesetz, neben dem Barzahlungs- auch den Teilzahlungspreis, Beträge, Anzahl und Fälligkeit der Raten und den effektiven Jahreszins enthalten. Er kann **innerhalb einer Woche ohne Grund schriftlich widerrufen** werden.
- **Fixkauf:** Fest vereinbarte Liefertermine bzw. Lieferfristen sind wesentliche Bestandteile des Kaufvertrags (siehe S. 84).
- **Kauf auf Abruf:** Die gekaufte Ware wird ganz oder in Teilmengen zu späteren Zeitpunkten auf Abruf des Käufers geliefert.
- **Kommissionskauf:** Der Käufer (Kommissionär) einer Ware kann diese seinem Verkäufer (Kommittent) zurückgeben, wenn er sie selbst nicht verkaufen oder verwenden kann.
- **Termin- oder Zeitkauf:** Die Lieferung der Ware erfolgt hierbei zu einem vereinbarten späteren Termin oder innerhalb einer vereinbarten Frist (Lieferung nach der Ernte; Lieferung Ende Juli).

Arbeitsvorschlag:

1. Ordnen Sie die Begriffe „bürgerlicher Kauf, ein- und zweiseitiger Handelskauf" den folgenden Fällen zu:

a) Ein Angestellter zieht sich in der Mittagspause aus einem Getränkeautomat eine Flasche Limonade.

b) Der Bauunternehmer Müller verkauft einem Arbeitnehmer seinen privaten Pkw.

c) Am nächsten Tag kauft Müller seiner Frau einen Zweitwagen bei einem Kfz-Händler.

d) Der Bauunternehmer bestellt einen neuen Lkw.

2. Um welche Sonderformen eines Kaufvertrags handelt es sich in nachfolgenden Fällen?

a) Aufgrund von Mustern bestellt der Einkäufer einer Kleiderfabrik verschiedene Stoffe.

b) Bei einer Versteigerung kauft ein Händler eine Briefmarkensammlung.

c) Eine Baustoffhandlung kauft beim Hersteller eine bestimmte Menge Zement, um den Mengenrabatt auszunutzen. Da ihr Lager jedoch nicht so groß ist, holt sie den Zement in Teilmengen je nach Bedarf innerhalb einer bestimmten Frist ab.

d) Eine Weberei bestellt eine bestimmte Menge Garne. Die Farben und Stärken wird sie nach den Auftragseingängen noch genauer bestimmen.

e) Ein Gastwirt bestellt vom Weingut einige Flaschen der neuen Weine, um sie zu probieren. Falls ihm der Wein zusagt, hat er Nachbestellungen in Aussicht gestellt.

f) Ein Gastwirt gibt nach einem Fest 45 Schachteln Zigaretten zurück und bezahlt die verkauften Packungen.

g) Bei Erhalt des gekauften Farbfernsehers macht Herr Schuster eine Anzahlung; den Rest will er in zwölf Monatsraten begleichen.

h) Ein Sportverein bestellt für sein Sportfest am 24. Juli beim Metzger 600 Bratwürstchen.

i) Ein Spezialversandhaus überlässt seinen Kunden Ferngläser und Fotoapparate für 14 Tage zur unverbindlichen Ansicht. Danach kann der Kunde entscheiden, ob er die Ware kaufen oder zurücksenden will.

3.6 Vertragsüberwachung

Situation

Nach dem Konkurs ihres bisherigen Verpackungsmittellieferanten hat die Kosmetikfirma „COSFIT GmbH" einen neuen Zulieferer gefunden. Der zunächst für ein Jahr geschlossene Vertrag sieht vor, dass ca. 5 Millionen Verpackungen für die neue Produktserie „natur-line" einschließlich Beipackzetteln geliefert werden.

Das plötzliche Ausscheiden des bisherigen Lieferanten hatte die COSFIT in erhebliche Schwierigkeiten gebracht. Der durch die Lieferausfälle entstandene Umsatzverlust wird auf „mindestens 3 Millionen Mark" geschätzt. „Der immaterielle Schaden", so die Geschäftsleitung, „liegt noch viel höhner, weil die Werbekampagne für das neue Produkt schon angelaufen war und verärgerte Händler die Verträge kündigten, weil wir nicht liefern konnten."

VERPAKO AG meldet Konkurs an
500 Mitarbeiter auf der Straße

Aachen (sk) Die VERPAKO AG, einer der größten europäischen Hersteller von Einwegverpackungen hat überraschend Konkurs angemeldet. In Fachkreisen wurde schon seit längerer Zeit ein solcher „Crash" erwartet. „Mit knüppelharten Just-in-time-Verträgen, die dem Zulieferer alle Kosten aufbürden", so ein Verbandssprecher, „kann auf Dauer kein Betrieb leben".

Dass das plötzliche „Aus" für die VERPAKO AG Folgen hat, musste in unserer Region auch die COSFIT GmbH schmerzhaft spüren. Hier blieben die Bänder stehen, weil man gerade einmal für zwei Produktionsstunden Lagervorräte hatte. Danach wurden die Mitarbeiter „bis auf Weiteres" in Sonderurlaub geschickt...

Deshalb wurde der neue Zulieferer auch nicht nur unter Kostengesichtspunkten ausgewählt. Obwohl sein Angebot um ca. 5% über dem des nächsten Wettbewerbers lag, erhielt er den Zuschlag. „Maßgebend", so der Chefeinkäufer, „war die räumliche Nähe, die gesunde Unternehmensstruktur und die aus anderen Geschäftsbeziehungen bekannte Zuverlässigkeit."

Trotzdem soll die Anlieferung zunächst wöchentlich und später täglich erfolgen. Damit soll in der Startphase ein Puffer für evtl. unvorhersehbare oder nicht eingeplante Schwierigkeiten bei der Zulieferung vorhanden sein. Der Überwachung von Lieferfristen und der Einhaltung der geforderten Qualitätsnormen kommt nach Ansicht des Einkaufsleiters in dieser Phase die höchste Bedeutung zu. „Zu einem Lieferungsverzug darf es keinesfalls kommen", fasst er die Geschäftsgrundlage zusammen.

?

- **Was ist im Rahmen der Vertragsüberwachung zu tun?**
- **Welche Folgen können Lieferungsverzögerungen haben?**

Informationen

Das Problem der COSFIT GmbH spiegelt die Schwierigkeiten wider, die entstehen können, wenn dringend benötigte Werkstoffe oder sonstige Materialien von einem Lieferer bezogen werden und dieser Zulieferer ausfällt. Außer bei einem generellen Ausfall treten die Probleme in ähnlicher Form auch schon auf, wenn die Lieferung nicht rechtzeitig eintrifft. In diesen Fällen spricht man von einem Lieferungsverzug.

Die **Terminüberwachung** ist daher eine der zentralen Aufgaben des Wareneinkaufs. Im Regelfall wird bei Vertragsabschluss der vereinbarte Liefertermin in **Karteien, Wiedervorlagemappen** oder in **Liefer-** und **Termindateien** festgehalten. Bei langfristigen Lieferterminen und bei Investitionsobjekten empfiehlt sich auch zwischendurch die Einholung von Auskünften über den jeweiligen Produktionsstand, damit rechtzeitig in geeigneter Form reagiert werden kann.

Mit dem Abschluss eines Kaufvertrages übernimmt der Verkäufer die Pflicht, die Ware „zur vereinbarten Zeit am rechten Ort in der richtigen Art und Weise" zu liefern bzw. bereitzustellen. Der Käufer hat die Pflicht die Ware anzunehmen.

3.6.1 Lieferungsverzug

In Lieferungsverzug kommt der Verkäufer, wenn

- die **Lieferung fällig** war
  und
- die **Leistung nicht erbracht** wurde
  und
- der Ausfall der Lieferung nicht durch höhere Gewalt oder Ähnliche, vom Lieferer nicht beeinflussbare Sachverhalte verursacht wurde, sondern der **Lieferer den Verzug selbst zu vertreten hat** (schuldhaftes, d.h. vorsätzliches oder fahrlässiges Verhalten)
  und
- der Käufer den Lieferer durch eine **Mahnung** in Verzug gesetzt hat.

Selbstinverzugsetzung/Fixkauf

Wenn sich der Lieferer selbst in Verzug setzt, ist eine Mahnung ebenso wie beim Fix-, Termin- oder Zweckkauf nicht nötig. Hier tritt der Verzug mit Ablauf des kalendermäßig eindeutig feststehenden Lieferdatums ein. Beim Fix-, Terminkauf und Zweckkauf spielt auch das Verschulden des Lieferers keine Rolle, d.h., selbst wenn der Lieferer z.B. aufgrund eines Streiks seine Leistung nicht erbringen kann, gerät er trotzdem in Verzug.

Was tun, wenn die Lieferung ausbleibt?

Die Rechte, die der Kunde geltend machen kann und geltend machen wird, hängen vor allem von der jeweiligen Situation ab. Entscheidend ist, wie sich der Lieferungsverzug auf das betriebliche Geschehen auswirkt, ob andere Liefermöglichkeiten bestehen und/oder ob durch den Lieferungsverzug ein nachweisbarer Schaden entstanden ist.

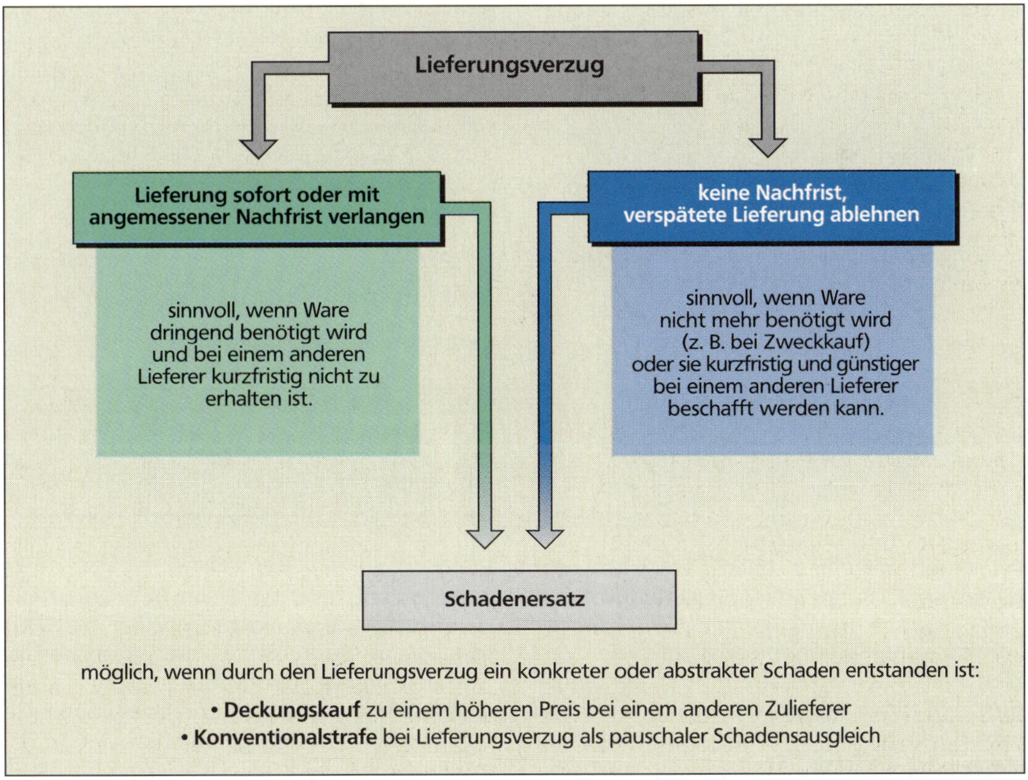

Arbeitsvorschlag:

1. **Erläutern Sie, wann man von einem Lieferungsverzug spricht. Versuchen Sie zu begründen, warum für den Fixkauf besondere Regeln gelten.**
2. **Stellen Sie an Beispielen dar, welcher Schaden für den Empfänger entstehen kann, wenn eine Lieferung nicht termingemäß eintrifft. Leiten Sie daraus die besonderen Aufgaben der Einkaufsabteilung bei der Auswahl der Lieferer und der Überwachung der Vertragserfüllung ab.**
3. **Was unterscheidet einen konkreten von einem abstrakten Schaden?**
4. **Unter welchen Bedingungen wird ein Betrieb einen Deckungskauf vornehmen?**

3.6.2 Annahmeverzug

Erfolgt die Lieferung ordnungsgemäß, muss sie der Käufer auch annehmen. Tut er das nicht, gerät er in Annahmeverzug. Wurde Lieferung ab Werk vereinbart, so tritt der Annahmeverzug dann ein, wenn auf eine Mitteilung des Lieferers die bereitgestellte Ware nicht abgeholt wurde.

Der Verkäufer hat dann folgende Möglichkeiten:

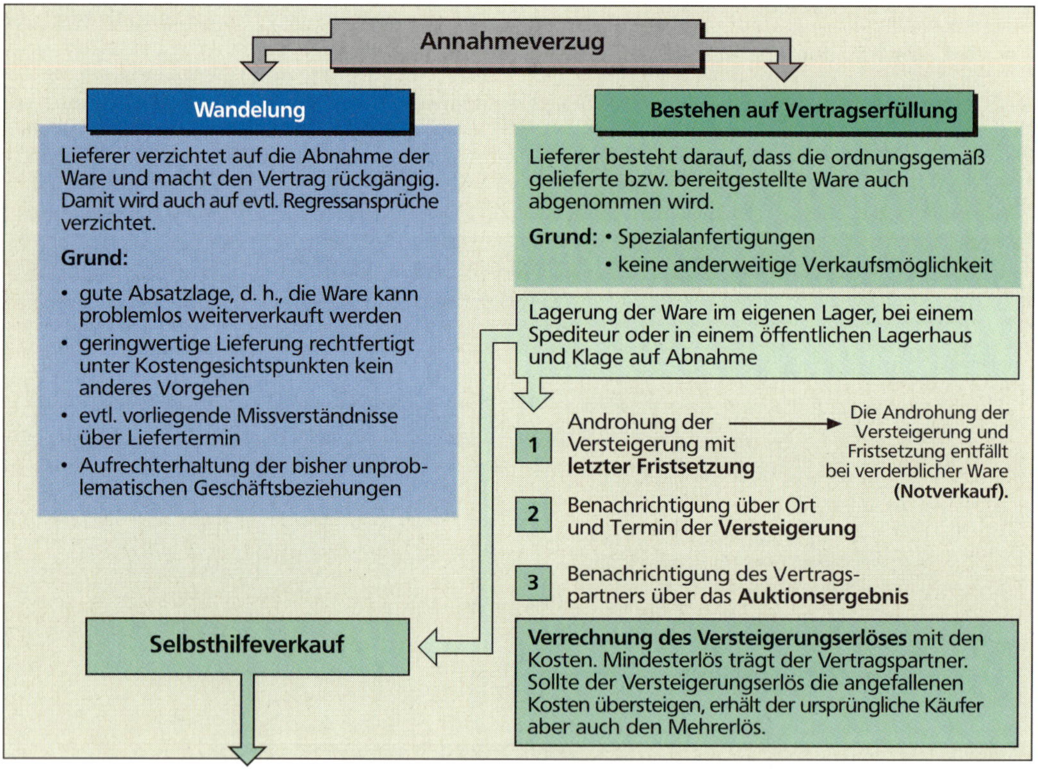

Für Waren mit einem üblichen Markt- oder Börsenwert kann der Selbsthilfeverkauf durch einen ermächtigten Handelsmakler vorgenommen werden. Sonst muss der Verkauf im Rahmen einer öffentlichen Versteigerung vollzogen werden. Dem Käufer muss mitgeteilt werden, dass die Ware hinterlegt worden ist und wann und wo die Versteigerung stattfinden soll. Damit hat der Käufer Gelegenheit, die Ware noch anzunehmen oder an der Versteigerung selbst mitzuwirken. Wenn die gesetzte Frist verstrichen ist, wird die Versteigerung durch einen öffentlich bestellten Auktionator oder einen Gerichtsvollzieher vorgenommen.

Arbeitsvorschlag:

1. **Wann gerät ein Käufer in Annahmeverzug und welche Möglichkeiten hat dann der Lieferer?**
2. **Unter welchen Bedingungen wird der Lieferer auf Abnahme verzichten oder darauf bestehen, dass die Ware abgenommen wird?**
3. **Warum erhält der ursprüngliche Käufer einen evtl. Mehrerlös aus der Versteigerung?**
4. **Was unterscheidet einen normalen Selbsthilfe- von einem Notverkauf?**

3.7 Warenannahme / Wareneingangskontrolle

Situation

Montagmorgen, 7:15 Uhr – Krisensitzung in der COSFIT GmbH

Grund: Die am Freitag angemahnte Lieferung der Zella-AG mit 100 000 Verpackungen ist eingetroffen. Die Qualitätskontrolle hat in einer Stichprobe von 500 aus verschiedenen Kartons entnommenen Einheiten mehrere Mängel festgestellt, die auf einer Checkliste festgehalten wurden.

Qualitäts-Check			
Montag, 30. September 19.. **Verpackungsmaterial:** **Lieferumfang:** **geprüft:**	**6:15 Uhr** **„COSFIT nature-line"** **100 000 Stück** **500 Stück (= 0,5 %)**		
Qualitätsmaßstab	100 % einwandfrei	98 % Toleranzgrenze	< 98 % unbrauchbar
Druckqualität Farbgenauigkeit Konturenschärfe	450 Stück	40 Stück	10 Stück verwaschene Farben
Maßgenauigkeit Breite Länge Höhe	 380 Stück 460 Stück 470 Stück	 120 Stück 40 Stück 30 Stück	 – – –
Textprüfung Rechtschreibung Zeichensetzung Vollständigkeit	300 Stück		200 Stück Firmenbezeichnung fehlerhaft: „COSFI" statt „COSFIT"

Die Lagervorräte reichen noch für eine Produktionszeit von maximal 6 Stunden. Ein Anruf bei dem Lieferer hat ergeben, dass der erste Teil einer Ersatzlieferung frühestens am nächsten Morgen eintreffen könnte. Was tun, ist die große Frage der Krisensitzung.

?

- **Welche Aufgaben hat die Warenannahme?**
- **Wann liegt eine mangelhafte Lieferung vor?**
- **Welche rechtlichen und tatsächlichen Möglichkeiten gibt es bei mangelhaften Lieferungen?**

Informationen

Der Verkäufer übernimmt mit dem Abschluss des Kaufvertrages die Pflicht die Ware ordnungsgemäß, d.h. auch in der vereinbarten oder zu erwartenden Qualität, zu liefern. Im Betrieb hat die Warenannahme die Aufgabe die eingehenden Güter umgehend nach evtl. Mängeln zu überprüfen und ggf. die nötigen Schritte einzuleiten.

In einer ersten **Sichtkontrolle** wird die Verpackung auf Beschädigungen untersucht. Sollte hier etwas festgestellt werden, kann die Ware entweder zurückgewiesen oder nur unter Vorbehalt angenommen werden. In jedem Falle sollte man sich vom Überbringer der Ware (Post, Spedition, Bote, Paketdienst usw.) die Beschädigung bestätigen lassen.

Die danach folgende **Wareneingangskontrolle** beschäftigt sich mit der Qualität der angelieferten Werkstoffe oder sonstigen Gütern. Nicht alle Mängel sind sofort erkennbar, wie z.B. die Druckfehler in obigem Fall. Ist ein Mangel nicht unmittelbar zu sehen, so handelt es sich um einen versteckten oder verdeckten Mangel (z.B. mangelhafte Klemmverbindung in einem Elektrogerät).

3.7.1 Ablaufdiagramm Wareneingangskontrolle

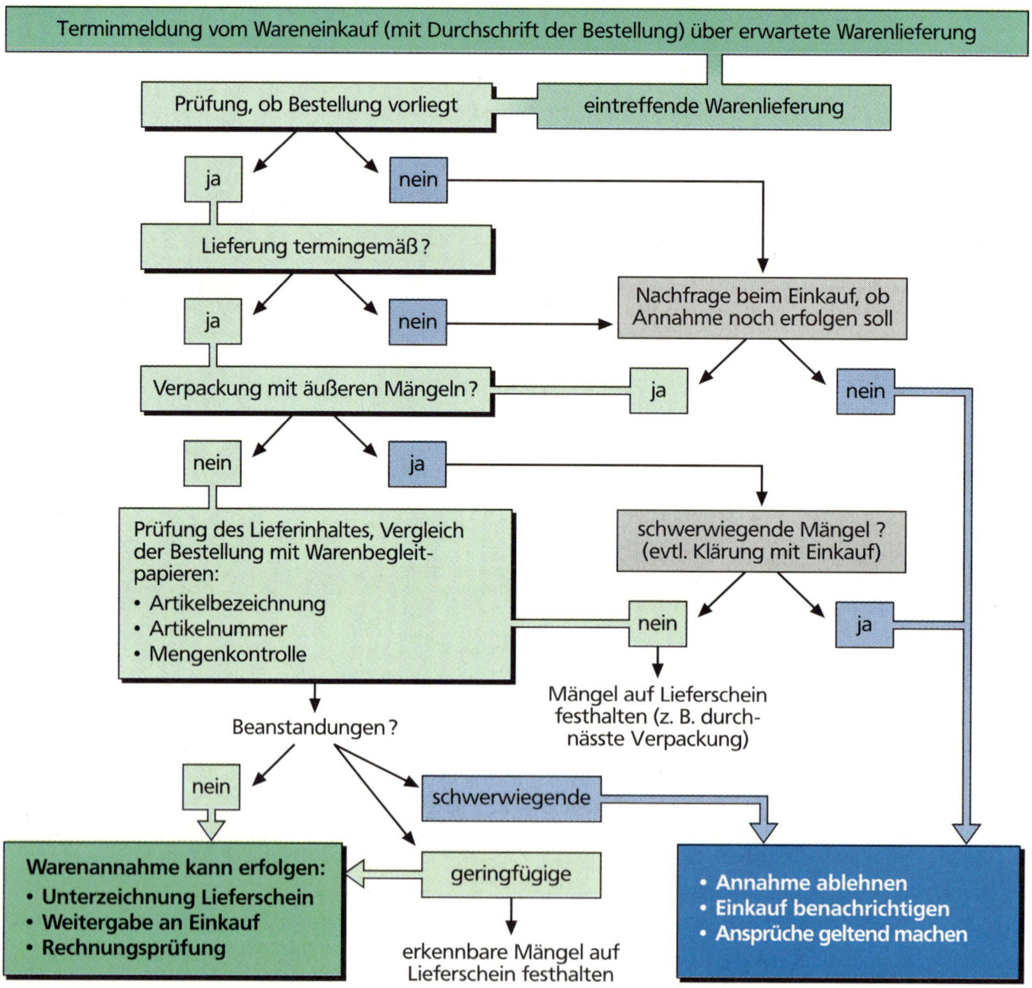

3.7.2 Mangelhafte Lieferung

Wann kann man überhaupt von einem Mangel sprechen?

Die COSFIT hat bei der Wareneingangskontrolle mehrere Mängel festgestellt, die offensichtlich unterschiedlich gewichtet werden. Eine **mangelhafte Lieferung** im Sinne des Bürgerlichen Gesetzbuches liegt vor, wenn ...

... der Gebrauch oder Verbrauch einer Sache nicht oder nur mit erheblichen Einschränkungen möglich ist.

Damit werden unerhebliche Beeinträchtigungen oder geringfügige Abweichungen von der zu erwartenden Qualität nicht als ein Mangel angesehen. Selbstverständlich liegt keine mangelhafte Lieferung vor, wenn beim Kauf auf den Mangel hingewiesen wurde, wenn Waren ersteigert wurden oder wenn ein so genannter Ramschkauf vorliegt.

Mängelarten

Erkennbarkeit

Mängelarten	Beispiele
offene Mängel	Mängel können sofort bei Sichtkontrolle entdeckt werden (z.B. Farbabweichungen, Druckfehler, Risse, Lackkratzer usw.).
versteckte Mängel	Mängel können nicht sofort erkannt werden, sondern treten erst bei Ge- oder Verbrauch auf (z.B. eingetrocknete Farbe, verdorbene Konserven).

konkret festgestellter Fehler

Fehlerquelle	Beispiele
Güte und Beschaffenheit	Fehlen einer bestimmten Eigenschaft, andere Qualität (z.B. mangelhafte Imprägnierung, Lieferung von Ware mit abgelaufenem Verfalldatum, Handelsklasse C statt A, Kratzer im Lack usw.)
Mängel in der Art auch als Falschlieferung einzustufen	Lieferung falscher Ware (z.B. Hosenträger statt Ledergürtel, Sperrholz statt Spanplatten usw.)
Mängel in der Menge	Lieferung von zu viel oder zu wenig Ware (auch als Lieferungsverzug einzustufen)

Wird ein Mangel festgestellt, kann sich der Käufer nur mit einer rechtzeitigen Rüge die aus dem Mangel ableitbaren Rechte sichern. Zu rügen bedeutet den Lieferer von dem festgestellten Mangel in Kenntnis zu setzen und Ansprüche geltend zu machen. Die mangelhafte Ware muss an einem geeigneten Ort aufbewahrt werden, bis das weitere Vorgehen entschieden ist.

Bei einer **Mängelrüge** unterliegen die Kaufleute wesentlich strengeren Vorschriften als Privatpersonen. Grundsätzlich gilt aber, dass im Zweifelsfall der Käufer nachweisen muss, dass er die Ware mit Mangel erhalten hat. Deshalb liegt es im eigenen Interesse, einen Mangel möglichst umgehend nach seiner Entdeckung zu rügen.

Für die Mängelrüge gibt es keine besonderen Formvorschriften. Dennoch ist die Schriftform aus Beweisgründen sinnvoll, sofern der damit verbundene Aufwand gerechtfertigt ist. Im Privatbereich wird eine Mängelrüge häufig durch ein direktes Gespräch mit dem Verkäufer geklärt.

Rechte des Käufers bei mangelhaften Lieferungen

Wird im Kaufvertrag kein besonderer Anspruch vereinbart, hat der Käufer bei einer mangelhaften Lieferung je nach Situation folgende Gewährleistungsansprüche:

Wandelung

Rücktritt vom Vertrag. Die Rechnung wird mit Warenrücksendung storniert, der Käufer hat Anspruch auf Rückgabe des evtl. schon bezahlten Kaufpreises. Das Recht auf Vertragsrücktritt kann immer geltend gemacht werden. Der Käufer allein entscheidet, ob er eine mangelhalfte Ersatzlieferung haben möchte oder ob er mit einem Preisnachlass einverstanden ist. Der Verkäufer kann nicht darauf bestehen, dass der Käufer z. B. nur eine Gutschrift zum Kauf anderer Waren erhält. Der Vertragsrücktritt kommt immer dann infrage, wenn der Käufer für die Ware keine spätere Verwendung mehr hat oder sie von einem anderen Lieferer schneller und günstiger beziehen kann.

Umtausch

Rückgabe der mangelhaften und **Ersatzlieferung mangelfreier Ware.** Diese Möglichkeit kommt insbesondere dann in Betracht, wenn die Ware nicht sofort benötigt wird und/oder wenn es kurzfristig keine anderen Lieferer dafür gibt. Umtausch ist aber nur bei Gattungswaren möglich. Achtung: In den Allgemeinen Geschäfts- oder Garantiebedingungen kann es Abwandlungen geben, die dem Verkäufer das Recht auf Nachbesserung geben.

Beispiel

1. **Innerhalb der gesetzlichen Gewährleistungsfrist von sechs Monaten**
   „Soweit wir zur Gewährleistung gesetzlich verpflichtet sind, werden wir – unter Ausschluss des Rechts auf Wandelung oder Minderung – nach unserer Wahl entweder kostenlos nachbessern oder kostenlos Ersatz leisten. Gelingt die Nachbesserung nicht oder ist auch der Ersatzgegenstand mit einem Mangel behaftet, so ist der Kunde zur Herabsetzung des Kaufpreises oder nach seiner Wahl zur Rückgängigmachung des Vertrages berechtigt."
2. **Nach Ablauf der ersten sechs Monate bis zu einem Jahr**
   „Nach Ablauf der gesetzlichen Gewährleistungsfrist umfasst und beschränkt sich die Garantie auf die Behebung solcher Mängel, die nachweisbar auf Material- oder auf Fabrikationsfehler zurückzuführen sind und die Funktion beeinträchtigen. Wir behalten uns vor, Ihnen eventuell anfallende Wege- und Transportkosten in Rechnung zu stellen."

Minderung

Ein **Preisnachlass** kommt dann infrage, wenn die Ware trotz des Mangels noch verwendbar ist. Käufer und Verkäufer müssen sich über einen angemessenen Nachlass einigen. Der Käufer kann zwar Forderungen stellen, aber der Verkäufer muss nicht unbedingt darauf eingehen. Bei Nichteinigung erfolgt entweder Umtausch oder Wandelung.

Nachlieferung

Bei Mindermengen kann der Käufer auf Nachlieferung bestehen. Dabei entstehen für ihn keine Kosten. Hier gelten grundsätzlich die Bestimmungen des Lieferungsverzuges.

Schadenersatz

Schadenersatzansprüche können **zusätzlich** zu den vorausgehenden Rechten nur geltend gemacht werden, wenn der Ware eine extra zugesicherte Eigenschaft, die über den normalen Qualitätsstandard hinausgeht, fehlt, oder wenn der Mangel arglistig verschwiegen wurde. Ein **konkreter Schaden** liegt z. B. bei Produktionsausfallkosten vor; von einem **abstrakten Schaden** spricht man, wenn die Folgen zwar nicht konkret messbar, aber doch vorhanden sind (z. B. Imageverlust durch Unzuverlässigkeit).

Prüfungs- und Rügefristen

	bürgerlicher Kauf (Privatkauf) Kauf unter Privatpersonen	**einseitiger Handelskauf** Verkäufer: Kaufmann Käufer: Privatperson	**zweiseitiger Handelskauf** Kauf unter Geschäftsleuten (Vollkaufleuten)
Prüfung der gelieferten/gekauften Ware	innerhalb von sechs Monaten nach dem Kauf bzw. der Entgegennahme der Ware	innerhalb von sechs Monaten von dem Kauf bzw. der Entgegennahme der Ware	sofort nach Lieferung bzw. Entgegennahme der Ware
Mängelrüge offene Mängel	Mangel muss innerhalb von sechs Monaten gerügt werden. (Achtung: Beweispflicht!)	Mangel muss innerhalb von sechs Monaten gerügt werden. (Achtung: Beweispflicht!)	Mangel muss sofort gerügt werden.
versteckte Mängel	Mängelrüge innerhalb von sechs Monaten	Mängelrüge innerhalb von sechs Monaten	Mängelrüge sofort nach Entdeckung, spätestens aber sechs Monate nach dem Kauf bzw. der Lieferung

Für **arglistig verschwiegene Mängel** beträgt die Rügefrist **30 Jahre.** Unter Kaufleuten ist eine Änderung der gesetzlichen Gewährleistungsfrist möglich. Bei Verträgen mit Privatpersonen darf die gesetzlich garantierte Frist von sechs Monaten nicht unterschritten werden. Entsprechende Vereinbarungen sind nichtig.

Hinweis

Die Rechte aus einer mangelhaften Lieferung können auch dann geltend gemacht werden, wenn es z.B. im Schlussverkauf heißt: **„Die Ware ist vom Umtausch ausgeschlossen."**
Das Wort „Umtausch" darf hier **nicht im Sinne einer Gewährleistung** gebraucht werden, sondern sich nur darauf beziehen, dass die Ware z.B. bei Nichtgefallen, Auswahl einer falschen Größe oder Farbe usw. nicht mehr zurückgegeben werden kann. Also: Auch bei Sonderangeboten oder im Schlussverkauf sind Sie nicht verpflichtet, mangelhafte Ware zu akzeptieren, es sei denn, dass dies beim Kauf erkennbar war (z.B. Wühltischware) oder wenn die Ware entsprechend deklariert war. Aber auch in solchen Fällen hängt es davon ab, wie schwerwiegend der Mangel ist. Ist die Ware unbrauchbar, kann auch hier gewandelt oder umgetauscht werden.

Arbeitsvorschlag:

1. **Wie erfolgt in Ihrem Ausbildungsbetrieb die Wareneingangskontrolle? Wer ist hierfür zuständig, wie umfassend sind die Kontrollen und auf welchem Wege werden evtl. Unkorrektheiten (Mängelfeststellungen) weiterverfolgt?**
2. **Wann spricht man von einer mangelhaften Lieferung?**
3. **Untersuchen Sie, um welche Mängel es sich bei den Feststellungen der COSFIT GmbH handelt.**
4. **Welche Rechte kann ein Käufer bei mangelhaften Lieferungen geltend machen und wann kann Schadenersatz verlangt werden?**
5. **Welche Möglichkeiten hat die COSFIT im Falle der festgestellten Mängel und wovon würden Sie Gebrauch machen?**
6. **Welche Gründe sind Ihrer Meinung nach für die unterschiedlichen Prüfungs- und Rügefristen für Privatpersonen und Kaufleute ausschlaggebend?**
7. **Diskutieren Sie anhand des nachfolgenden Berichtes, warum der Bundesgerichtshof überhaupt eine Entscheidung in Sachen mangelhafte Lieferung treffen musste, wenn die Sachlage seitens des Gesetzes eindeutig ist (oder zu sein scheint)!**

NEUWAGEN

Nachbessern nur bei schriftlichem Vertrag

Autokäufer müssen eine Nachbesserung bei Mängeln an ihrem Neuwagen nur hinnehmen, wenn sich der Händler im Kaufvertrag das Recht dazu vorbehalten hat. Andernfalls haben Kunden bei erheblichen Mängeln das Recht das Fahrzeug zurückzugeben (Wandelung) oder eine Minderung des Kaufpreises zu fordern. Dies hat der Bundesgerichtshof in einer Entscheidung (BGH, AZ VIII ZR 252/95 v. 19. Juni 96) ausdrücklich klargestellt. Er hat dabei dem Käufer ein Recht auf Wandelung zugestanden, obwohl der Händler bereits erfolgreich, aber eigenmächtig und ohne Zustimmung des Kunden nachgebessert hatte.

Grundsätzlich haftet ein Verkäufer für eine mangelhafte Ware mindestens sechs Monate nach dem Kauf. In der Automobilbranche jedoch sind heute bei Neufahrzeugen Gewährleistungen zwischen einem und drei Jahren üblich. Innerhalb dieser Zeit hat der Kunde, wenn Nachbesserungen nicht schriftlich vereinbart worden sind, das Recht auf eine Kaufpreisminderung oder das fehlerhafte Fahrzeug an den Händler zurückzugeben. *(mid)*

Hessisch-Niedersächsische Allgemeine, 28. Sept. 1996, S. 50

Betriebliche Entscheidungssituation
Analysieren – informieren – diskutieren – entscheiden

Die Beruflichen Schulen Eschwege haben 2000 Zettelblöcke bestellt. Die Lieferung wies Mängel auf:

Originalvorlage

gelieferte Ausführung

a) Welche Mängel stellen Sie im Einzelnen fest und wie beurteilen Sie jeweils deren Bedeutung?
   – eher unerheblich
   – ärgerlich, aber mit Vorbehalten/Preisnachlass zu akzeptieren
   – sehr schwerwiegend, keine Nutzung möglich
b) Wägen Sie ab, welche Ansprüche Sie geltend machen können bzw. geltend machen würden.
c) Versuchen Sie sich auch in die Rolle des Lieferers zu versetzen, für den eine Rücknahme einen entsprechenden Schaden bedeuten würde, da er die Ware nicht weiterverwenden kann. Simulieren Sie mit einem anderen Schüler in einem Rollenspiel ein Telefongespräch zwischen den beiden Geschäftspartnern, in dem Sie sich am Schluss einigen, dass der Sachverhalt zunächst in einem Brief dargelegt wird.
d) Schreiben Sie eine Mängelrüge.
e) Wie beurteilen Sie die Position des Lieferers aus rechtlicher und kaufmännischer Sicht?

4001100L

4 Aufgaben und Ziele des Bestandmanagements als Teil eines Logistikkonzeptes erklären und seine Wirtschaftlichkeit beurteilen

Situation

Mit der Einführung der Massenfertigung wurde die ständige Produktionsbereitschaft bis in die Achtzigerjahre hinein nur durch entsprechende Lagerhaltung sichergestellt. Eine ganze Reihe von Gründen hat zu einem Umdenken geführt, von dem kaum ein Betrieb ausgenommen ist. Wo früher Beschaffungs-, Produktions- und Fertigwarenlager unumgänglich erschienen, wird heute versucht fertigungssynchron anzuliefern, aber auch absatzsynchron zu produzieren. In einem der modernsten Automobilwerke Europas, der Opel-Produktionsstätte in Eisenach (Thüringen) wird gezeigt, was man unter „level production" und „just in time" versteht. Hier werden die Materialien ohne Zwischenlagerung per LKW oder Eisenbahn direkt in die Produktionshallen zur Verwertung bzw. zum Einbau an das Band geliefert. Nach nur ca. 20 Stunden werden die fertigen Fahrzeuge am Ende des Produktionsdurchlaufes wiederum ohne Lagerung direkt auf Bahn oder LKW zum Versand beladen. Die Funktionen, die eine Lagerung früher hatte, werden nun vielfach von den Zulieferern wahrgenommen.

„Damit die Uhren synchron gehen"

P&O eröffnet Logistikzentrum bei Opel Eisenach

Eisenach (kb). Mit „P&O Trans European" hat sich nun ein weiterer Partner von Opel Eisenach in unmittelbarer Nähe des Werkes niedergelassen.

„... damit unsere Uhren auch weiterhin synchron gehen", steht auf einem großen Zeitmesser, darüber die Logos von Opel und P&O. Er ist ein Geschenk von Opel Eisenach an ein Logistikunternehmen, das seit einigen Jahren eng mit dem Automobilwerk zusammenarbeitet und ein wichtiger und zuverlässiger Partner geworden ist.

P&O versorgt die Produktion „just in time" mit Reifen, Dieselmotoren und anderen Teilen. Zudem wird das Leergut nach einem festen Zeitplan abgeholt und für die Lieferanten sortiert und zwischengelagert.

„Opel hat das Grundstück zur Verfügung gestellt und erschlossen, P&O hat das Gebäude errichtet und wickelt für uns wichtige logistische Arbeiten ab", erläuterte Opel-Eisenach-Geschäftsführer Michael J. Wolf bei der Einweihung des neuen Zentrums, das auf einem rund 8000 Quadratmeter großen Areal vor den Toren des Werkes erbaut wurde.

Es umfasst ein Terminal mit 3000 Quadratmetern sowie einen großen Trakt mit Büro- und Sozialräumen und eine Freilagerfläche von 1600 Quadratmetern.

Ein direkter Gleisanschluss ermöglicht auch die Belieferung per Schiene.

Nicht umsonst sprechen P&O und Opel von einem „umweltfreundlichen Logistikkonzept".

Durch den Bau des neuen Zentrums direkt am Werk und durch die Optimierung der Lieferungen einschließlich der Leergutrückführung entfallen außerdem pro Tag etwa 80 Lkw-Transporte durch die Stadt, denn das Unternehmen hat Opel bisher von seinem Terminal in der Mühlhäuser Straße aus angefahren.

Das neue Zentrum in der Adam-Opel-Straße bietet noch andere Vorteile. Der Hallenteil, in dem sich das Leergut-Depot befindet, wurde mit einer verstärkten Lärmschutzisolierung versehen. Das Resultat ist eine wesentliche Reduzierung der Geräusch-Emission. Der Bau einer Lkw-Ein- und -Ausfahrt mit automatischen Toren erlaubt zudem eine Be- und Entladung auf Rampenhöhe innerhalb der Halle.

Von insgesamt sieben Überladebrücken aus wird das Opel-Werk mit Reifen versorgt, die entsprechend dem Produktionsplan direkt an die Andockstationen im Werk geliefert werden. Ähnlich verhält es sich mit den Motoren, die per Bahn das Logistikzentrum erreichen. Sie werden entladen, sortiert und in Spezialfahrzeugen ins Werk transportiert.

Gleichtakt: Michael J. Wolf (li.) hat als Einweihungsgeschenk eine Uhr mitgebracht.

?

- **Welche Funktionen hat die Lagerhaltung?**
- **Welche Lagerarten gibt es?**
- **Welche Kosten sind mit der Lagerhaltung verbunden?**
- **Welche wirtschaftlichen Ziele verfolgt die Materialwirtschaft?**
- **Wie erfolgt der innerbetriebliche Transport, um eine reibungslose Materialversorgung zu gewährleisten?**
- **Kann man unter Umständen völlig auf Lagerhaltung verzichten?**

Informationen

Auch wenn in modernen betriebswirtschaftlichen Veröffentlichungen oder Aufsehen erregenden Einrichtungen neuer Produktionsstätten fast der Eindruck erweckt wird, als sei Lagerhaltung überflüssig, ist die Vorratshaltung aus verschiedenen Gründen auch heute noch eine wichtige Voraussetzung, um die Produktions- und Lieferbereitschaft zu sichern.

In vielen Bereichen haben sich allerdings in Verbindung mit entsprechenden Transportmitteln und -konzepten sowie modernen Formen der Kommunikation und der sich mit der Datenverarbeitung eröffnenden Möglichkeiten neue Formen des Bestandsmanagements ergeben. Das Ziel besteht darin, mit ausgeklügelten Logistiksystemen die Vorratshaltung zu minimieren.

4001102L

4.1 Lagerfunktionen/Lagerarten

Die Vorratswirtschaft erfüllt folgende unterschiedlichen Aufgaben, die je nach Betrieb verschieden wichtig sein können.

Sicherungsfunktion

Eine laufende Produktion wird gegenüber Störungen abgesichert, die sich durch Ausfall von Lieferanten, Transportverzögerungen, Qualitätsproblemen bei gelieferten Gütern usw. ergeben können.
Im Fertigwarenbereich wird bei Gattungswaren ohne individuelle Sonderwünsche eine ständige Lieferbereitschaft erreicht.

Umformungsfunktion

Bestimmte Güter werden **vor der Verarbeitung** gelagert, um zu reifen, zu trocknen oder in sonstiger Weise „produktionsfertig" zu werden (z.B. Holz, Tabak).
Nach der Fertigung kann ebenfalls eine Lagerung nötig sein, damit die Produkte ihre volle Qualität erhalten (z.B. Wein, Whisky usw.) oder verkaufsfertig sind (z.B. Trocknung der Lackierung usw.).

Ausgleichsfunktion

Die Lagerhaltung gleicht sowohl mengen- als auch zeitmäßig Unterschiede zwischen dem Beschaffungs-, Fertigungs- und Absatzbereich aus.

- **mengenmäßig:**
  Einkauf erfolgt in der Regel mit bestimmten Mindestmengen (vgl. Bestellmengenprobleme, die nicht mit dem Produktionsbedarf übereinstimmen müssen).
- **zeitlich:**
  Güter, die nicht kontinuierlich angeboten werden (z.B. landwirtschaftliche Produkte) und daher gelagert werden müssen.
- **preislich:**
  Mit Warenlagern können Preisschwankungen am Beschaffungs- oder am Absatzmarkt ausgeglichen bzw. überbrückt werden.

Die Lagerhaltung hat dabei folgende Aufgaben:

- Ergänzung und Fortschreibung der Lagerbestände
- Prüfung und Einlagerung der Güter
- Erfassung der Lagerbewegungen
- Werterhaltung der eingelagerten Güter
- Beachtung von wirtschaftlichen Größen
- Transport und innerbetriebliche Logistik

In Abhängigkeit dieser Aufgaben lassen sich Lager in Industriebetrieben danach einteilen, um welche Lagergüter es sich handelt oder an welcher Stelle sich die Lager im Betriebsprozess befinden.

Art der gelagerten Ware

- Roh- und Hilfsstofflager
- Betriebsstofflager
- Zubehör-, Teilelager
- Handelswarenlager
- Werkzeug- und Ersatzteillager

Stellung im Betriebsprozess

- Wareneingangslager
- Handlager
- Zwischen-/Pufferlager
- Fertigwaren- bzw.
- Versandlager

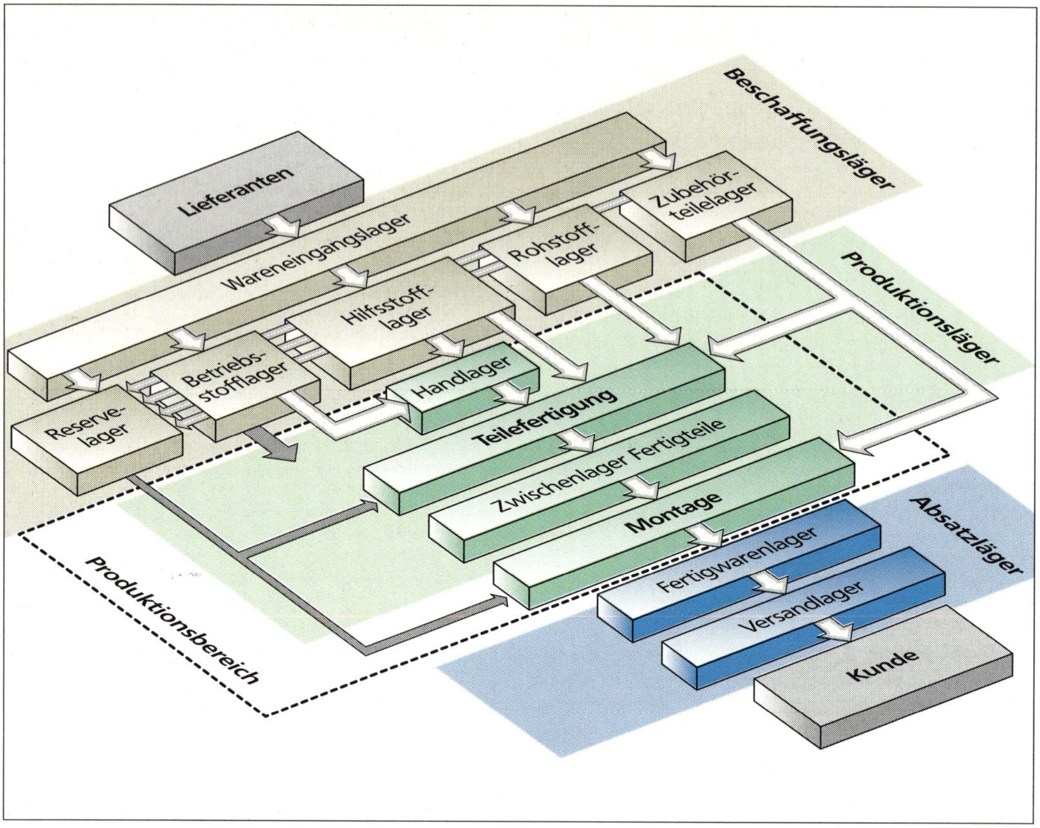

Aufgabenbereiche der Lagerarten

Wareneingangslager

- Ausgleichsfunktion zwischen Beschaffung und Produktion
- Sicherung der Produktionsbereitschaft
- Sicherung des Reifeprozesses (z. B. bei der Fruchtverarbeitung)
- evtl. Spekulationsfunktion bei erwarteten Preissteigerungen (z. B. Rohöl)

Zwischenlager

- Sicherung des reibungslosen Produktionsablaufes
- Ausgleich von Produktionsschwankungen
- Vorbereitung auf die nächste Produktionsstufe (z. B. Trocknen von lackierten Teilen)

Fertigwarenlager

- Ausgleich zwischen Produktion und Absatz
- Sicherung der Lieferbereitschaft
- evtl. Spekulationsfunktion bei sinkenden Marktpreisen

Lagertechnik

Der Art der Lagergestaltung hängt sehr von betriebs- und produktspezifischen Eigenheiten ab. In der Praxis unterscheidet man eine Reihe unterschiedlicher Lager- bzw. Regalsysteme.

Welche konventionellen und automatischen Lagertechniken u. a. Anwendung finden, wird an folgenden Systemen veranschaulicht:

Fachbodenregale – z. B. im Pharma-Großhandel

Kragarmregale – z. B. zur Lagerung von Langgutmaterialien

Palettenregale – z. B. zur Lagerung von schwergewichtigen Ersatzteilen

Stückgut-Durchlaufregale – z. B. als Formular- und Prospektlager

Steckregal-Hochlager – z. B. als Teilelager für Maschinen-Reparaturteile

Gitter-Stapelbehälter – z. B. zur Fertigungs-Zwischenlagerung

4.2 Lagerorganisation

Im Rahmen der Lagerorganisation geht es sowohl um die äußere als auch die innere Konzeption der Lagerhaltung. Ziel aller Überlegungen ist eine möglichst kostengünstige Lagerwirtschaft. Dazu gehören insbesondere **Fragen des Lagerstandortes und der Lagergröße:**

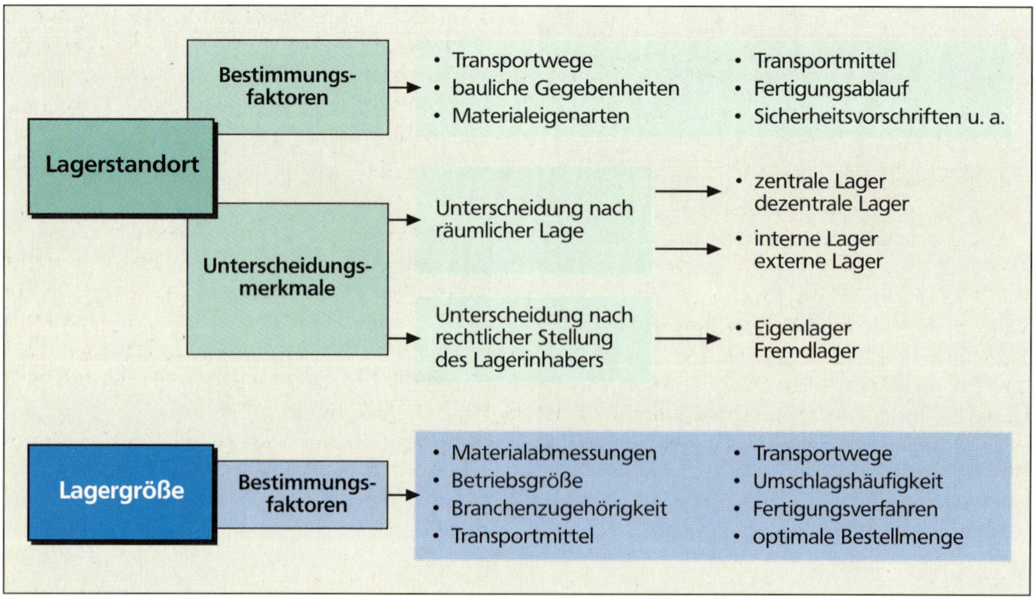

Lagerstandort

Ziel der Standortwahl ist letztlich die Bestimmung von möglichst **kostengünstigen** Lagerstandorten. Die Wahl selbst wird durch eine Vielzahl von Faktoren beeinflusst.

Lagerstandorte sind so zu wählen, dass u.a.

- die innerbetrieblichen Transportwege des eingelagerten Materials möglichst kurz sind,
- das ankommende Material unmittelbar in das Wareneingangslager übernommen werden kann,
- die bestellten Waren dem Versandlager entnommen und direkt mit dem jeweiligen Verkehrsmittel abtransportiert werden können,
- eine reibungslose Einordnung in den Fertigungsablauf gegeben ist (Forderung gilt vor allem für Produktionsläger),
- die baulichen Gegebenenheiten der Unternehmung beachtet werden (z.B. Tragfähigkeit von Betondecken),
- die Eigenarten des einzulagernden Materials (Wert, Gewicht, Größe, Temperatur) berücksichtigt werden,
- geeignete Transportmittel (z.B. Laufkatzen, Kräne, Rollenbänder) eingesetzt werden können,
- die Vorschriften von Gewerbeaufsichtsämtern, Bauaufsichtsbehörden, Berufsgenossenschaften usw. beachtet werden, die z.B. Sicherheitsvorkehrungen bei der Lagerung von Explosivstoffen oder feuergefährlichen Materialien verlangen.

Nach der räumlichen Lage der Lagerstandorte unterscheidet man **zentrale Lager** (Lagerung der Ware an einem Ort) und **dezentrale Lager** (Lagerung an verschiedenen Orten). In der betrieblichen Praxis wird im Allgemeinen eine Kombination aus beiden Möglichkeiten gewählt.

Lagerstandorte lassen sich auch danach unterscheiden, ob die Lagerhaltung innerhalb **(interne Lagerhaltung)** oder außerhalb **(externe Lagerhaltung)** der eigentlichen Produktionsstätte erfolgt.

Weiterhin ist von Bedeutung, ob das Lager in Eigenverantwortung **(Eigenlager)** oder von einem Fremden **(Fremdlager)** selbstständig geführt wird. Unterscheidungsmerkmal ist hierbei die rechtliche Stellung des Lagerinhabers.

Ein Bestimmungsfaktor für die Wahl des Lagerstandorts sind die innerbetrieblichen Transportkosten. Um sie möglichst gering zu halten, werden Produktionsläger im Allgemeinen dezentral angeordnet. So könnte z.B. in einer Automobilfabrik jeweils ein Lager für den Getriebebau, Motorenbau, Karosseriebau usw. eingerichtet werden.

Gegenüber der zentralen hat die dezentrale Lagerung auch Nachteile:

- geringere Lagerübersicht,
- weniger effektive Nutzung der Lagereinrichtung,
- erschwerte Bestandskontrolle,
- Notwendigkeit der Mehrfachlagerung,
- Erhöhung der Raum-, Personal- und Verwaltungskosten.

Durch eine zentrale Lagerung werden solche Nachteile weitgehend umgangen. Dabei können sich jedoch andere Probleme ergeben, so z.B. längere Transportwege, größerer Arbeitsaufwand beim Umladen des Materials und längere Wartezeiten beim Materialempfang.

Lagerplatz

Grundsätzlich unterscheidet man **Lager mit festen Plätzen** für bestimmte Güter oder aber die so genannten **„chaotischen Lager“**, in denen eine Einlagerung jeweils dort erfolgt, wo gerade Platz ist.

Maßgebend für die Zuweisung einer Lagerplatzes sind u.a.

- Gewicht,
- Volumen,
- Umschlagshäufigkeit eines Stoffes.

So wird z.B. ein schweres, voluminöses Gut mit hoher Umschlagshäufigkeit i.d.R. in der Nähe des Lagereinganges untergebracht, während ein leichtes, geringvolumiges Gut mit niedriger Umschlagshäufigkeit weit hinten im Lager seinen Platz findet.

Mit folgendem „Fadenkreuzsystem“ lässt sich der geeignete Lagerplatz feststellen:

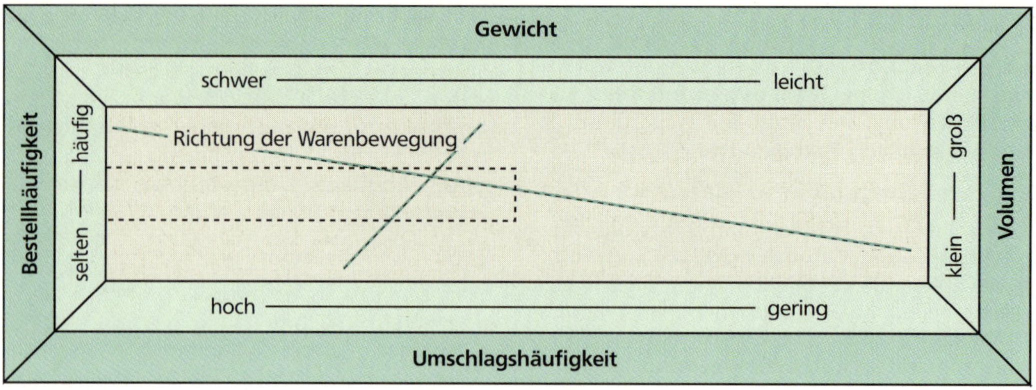

nach: IHK-Abschlussprüfung „Industriebetriebslehre"; Sommer 1988

Lagergröße

Auch die Wahl der Lagergröße hat Auswirkungen auf die Kostensituation der Betriebe. Faktoren, welche die Lagergröße beeinflussen, sind u.a.:

- Abmessung des Materials bzw. der Erzeugnisse,
- Größe des Betriebs,
- Branchenzugehörigkeit des Betriebs (die Lager einer Uhrenfabrik sind z.B. wesentlich kleiner als die einer Möbelfabrik),
- Art und Anzahl der im Lager benötigten Transportmittel,
- Abmessungen und Anzahl der erforderlichen Transportwege,
- Umschlagshäufigkeit des eingelagerten Materials bzw. der Erzeugnisse (je schneller sie umgeschlagen werden, desto geringer ist der Bedarf an Lagerraum),
- Art des jeweiligen Fertigungsverfahrens (Betriebe mit Einzelfertigung benötigen z.B. nur ein kleines Fertigwarenlager, da die auf Bestellung hergestellten Erzeugnisse sofort ausgeliefert oder aber nur kurze Zeit gelagert werden),
- Höhe der optimalen Bestellmenge,
- Lagerfähigkeit der Werkstoffe.

Betriebswirtschaftliche Nachteile zu großer Lager:

- hohe Raumkosten,
- hohe Kapitalbindung,
- Gefahr von Schwund, Beschädigung, Veralterung und Verderb.

4.2.1 Von der Einlagerung zur Materialausgabe – der Lagerablauf

Gerade wegen der hohen Kapitalbindung, aber auch der mit der Lagerhaltung verbundenen Risiken ist eine Bestandsminimierung einerseits und eine exakte **Kontrolle der Warenbewegungen** andererseits eine zentrale unternehmerische Aufgabe. Schematisch lässt sich der **Warendurchlauf** ganz einfach darstellen:

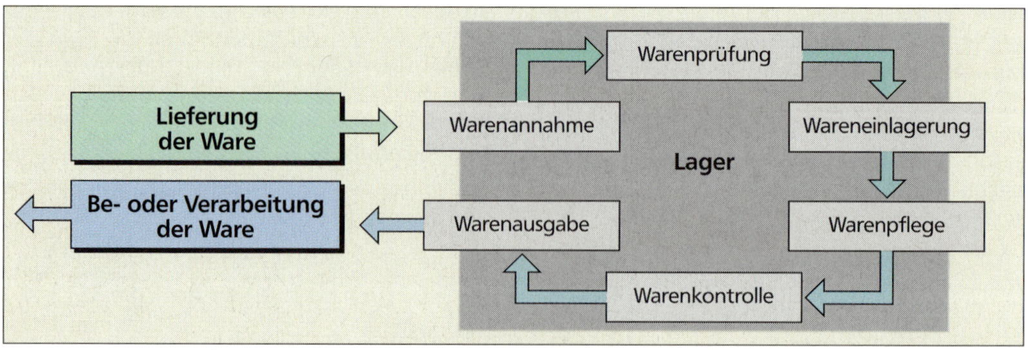

4001108L

An die Lagerverwaltung und -steuerung werden immer höhere Ansprüche gestellt, um die Effizienz des Lagers zu verbessern, Bestände und die Durchlaufzeiten zu minimieren. Die Konsequenz besteht darin, kleinere Läger zu unterhalten, die funktionieren, weil die Informationen über Lagermengen, -bestände, -bewegungen und Bedarfsmengen ständig verfügbar sind. Im Einzelnen bestimmen folgende **Ziele** die Lagerverwaltung und -steuerung:

- Bestmögliche Ausnutzung aller Lagerräume,
- Minimierung der Durchlaufzeiten,
- optimale Versorgung der betrieblichen Bereiche,
- absatzorientierte Bestandsverwaltung, keine zu hohen oder zu niedrige Bestände,
- Information über alle Lagerdaten zu jeder Zeit.

Diese Ziele können nur verwirklicht werden, wenn moderne Techniken der elektronischen Datenverarbeitung zum Einsatz kommen. Anhaltspunkte für eine computerunterstützte Lagerverwaltung kann folgendes Programmkonzept geben.

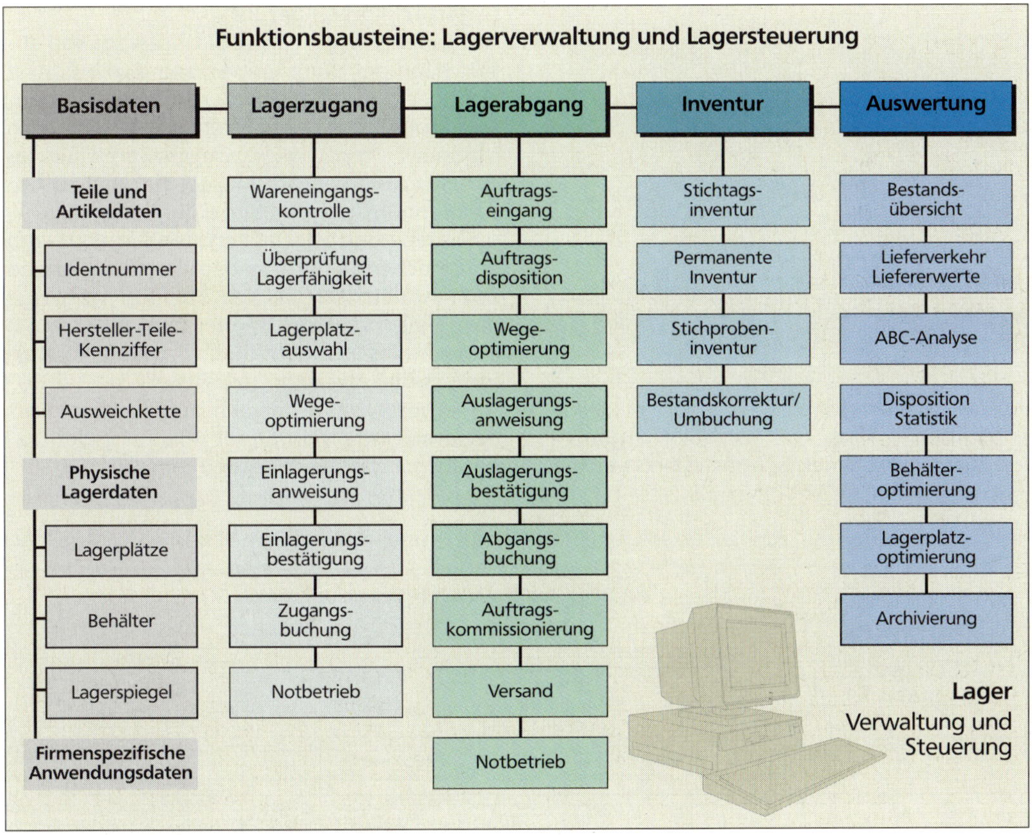

Um einen ständigen Überblick über den Materialbestand und den Lagerort zu erreichen, muss für den Bereich der Lagerhaltung ein Organisationssystem geschaffen werden, in das sich alle Vorgänge einordnen.

Dabei bedient man sich heute der Datenverarbeitung, die viele der herkömmlichen manuellen Bearbeitungsvorgänge abgelöst hat.

Die Einsatzmöglichkeiten von EDV-Anlagen reichen von einer rechnerunterstützten Bestandsbuchführung bis hin zur vollautomatischen, elektronisch gesteuerten Lagerhaltung. In Abhängigkeit von den betrieblichen Gegebenheiten und von der Ausstattung mit Hard- und Software lassen sich nahezu alle Probleme der Lagerhaltung mit modernen Datenverarbeitungsanlagen lösen.

So z. B. werden eingehende Rohstoffe, Halb- oder Fertigteile mengenmäßig und mit dazugehörigen Preisen über Datenerfassungsgeräte eingegeben, unter Umständen mit einer Zuordnung des Lagerplatzes für den jeweiligen Artikel. In Abhängigkeit von der Menge der betrieblichen Daten ist das System in der Lage vielfältige Auskünfte zu erteilen, so z. B.:

- Lagerbestände nach Lagerort, Artikel, Nummer, Farbe ...
- Auftragsbestand je Artikel, Nummer, Farbe ...
- Auflistung aller von einem Lieferanten bzw. an einen Kunden gelieferten Artikel, Gesamtumsatz, Umsatz mit einem Lieferanten/Kunden ...

Antriebswelle 456-8976 45 × 180 mm				
Lager 17	Regal 4	Fach 9	Einheit Stück	Mindestbestand 20
Datum	Beleg-Nr.	Zugang	Abgang	Bestand
3. Juli	1233491	120	–	150
8. Juli	E-453	–	50	100
10. Juli	E-610	–	62	38
12. Juli	893256	45	–	83

Gleichwohl findet man insbesondere in kleineren Betrieben nach wie vor auch Organisationssysteme, die manuell gesteuert werden.

Hier wird z. B. für jeden Artikel eine **Lagerkarte** angelegt, auf der folgende wichtige Angaben enthalten sind:

- Artikel-Nr.
- Bezeichnung
- Mengenangabe
- Lager-Nr.
- Lagerplatz
- Datum
- Zugang
- Abgang

Neben den Lagerkarten werden insbesondere in Klein- und nichtautomatisierten Mittelbetrieben an den einzelnen Lagerplätzen **Lagerfachkarten** geführt.
Auf ihnen werden alle Zu- und Abgänge sofort nach der Warenbewegung durch Eintragung erfasst, sodass jederzeit der momentane Sollbestand abgelesen werden kann. In rationalisierten Lagern von größeren Betrieben wird die Lagerfachkarte durch PC-Erfassung von Bestandsveränderungen ersetzt.
Voraussetzung ist, dass an den Lagerplätzen entsprechende Peripheriegeräte vorhanden sind. Andernfalls werden Zu- und Abgänge nach Belegen verbucht oder z. B. im Verkaufsbereich des Handels durch integrierte Kassensysteme abrufbar gespeichert.
Als zusätzliches Kontrollmittel werden **Entnahmebelege** verwendet, die für jeden Lagerausgang erstellt werden müssen.

Nachfolgendes **Beispiel** stellt einen solchen Beleg für die Entnahme von Gemeinkostenmaterial dar:

Entnahme von Material für Gemeinkostenzwecke

Mengeneinheit (ME)
1 = Stück
2 = cm *
3 = m³ *
4 = kg *
5 = m *
6 = m² *
7 = Paar
8 = Liter/dm³ *
9 = Satz
* Zwei Kommastellen berücksichtigen

Freigaben von Produktivmaterial müssen durch den Disponenten erfolgen

Kartenarten (1 – 3)	Beleg-Nr. (18 – 23)	Entn. Datum (25 – 27)
843	801859	

Teil-/Stoff-Nr. (4 – 11)	MX (12 – 15)	Gr. K	ZA-Nr. (16 – 17)	Siehe oben (18 – 27)	Werkstoff / Rohmaterial / DIN	Entnahmemenge (28 – 36)	ME (37)	Kost.-Stell./Proj.-Nr. (47 – 50)	Kostenart/WA-Nr. Masch.-Nr. (51 – 57)	Lagerort Haupt-Lager / Reihe/Band / Fach/Platz K.-St. (74 – 80)
00138976					SCHMIEROEL MX 13	5000	8	111	4591	A
18723005					GLORIUS HYDROOEL	10550	8	84	01559	B
75400124					RUNDNAEGEL	050	4	900	1246	113

Beleg verbleibt bei Aussteller

Datum	Kst.-Stelle	U-Schr. Ausst.	Datum	U-Schr. Dispon.	Datum	U-Schr. Lager
03-13	638	Witzel	03-14	[illegible]	03-14	Meyer

4.2.2 Lagerkosten und -risiken

In allen Aufgabenbereichen der Unternehmung treten Risiken auf, so auch bei der Lagerhaltung. **Je höher der Lagerbestand und je länger die Lagerdauer, desto größer sind Lagerrisiken und die damit verbundenen Kosten.** Lagerrisiken lassen sich vermindern, indem die Lagerdauer verkürzt und der Lagerbestand gesenkt wird. Außerdem dienen die nachfolgend beschriebenen Maßnahmen einer Verminderung der Lagerrisiken:

Risiken, denen gelagerte Waren u. a. ausgesetzt sein können	Maßnahmen zur Minderung von Lagerrisiken
wirtschaftliche Risiken	
Bedarfsverschiebung Preisverfall technischer Fortschritt Mode- und Geschmacks-wandel Konjunkturrückgang	Systematische Beobachtung und Analyse des Marktes, um bestimmte Entwicklungstendenzen frühzeitig voraussagen zu können. Verstärkte Werbung und/oder Gewährung von Preisnachlässen können dazu dienen, die von den wirtschaftlichen Risiken betroffenen Waren noch rechtzeitig zu veräußern.
Wechselkursrisiko	Abwälzung des Kursrisikos auf den Importeur (Käufer) durch Preisvereinbarungen auf DM-Basis, Abschluss einer Wechselkursversicherung bei der Hermes Kreditversicherungs-AG (nur möglich bei längerfristigen Ausfuhrgeschäften und bestimmten Währungen), Anwendung des Mittels der Risikokompensation (Risikoausgleich). Hierbei wird versucht das Risiko des Verkaufs in fremder Währung durch einen möglichst wertgleichen Einkauf zum selben Zeitpunkt auszugleichen.
sonstige Risiken	
Feuer	Abschluss einer Feuerversicherung, Ausstattung mit Feuerschutzeinrichtungen (z. B. Stahltüren).
Diebstahl	Abschluss einer Diebstahlversicherung, Durchführung von Personenkontrollen, Einbau von Diebstahlsicherungen (z. B. Alarmanlagen).
Schwund	Ausstattung mit zweckmäßigen Lagereinrichtungen (z. B. Kühlräumen), häufigere Kontrolle der eingelagerten Waren.
Wassereinbruch	Abschluss einer Leitungswasserversicherung (Schadensfälle, die durch Grund- oder Hochwasser entstehen, sind nicht mitversichert).

Lagerrisiken lassen sich auch mindern durch eine Übertragung auf andere Personen. Dies ist z. B. der Fall bei einem Kauf auf Abruf oder wenn die Einlagerung und Aufbewahrung der Ware durch einen Lagerhalter erfolgt. Teilweise wird versucht diese Risiken durch entsprechende Versicherungen abzudecken. Zusammen mit anderen Lagerkosten ergibt sich ein **Lagerkostensatz**, der in die unternehmerische Kalkulation eingeht.

Arbeitsvorschlag:

1. **Welche Aufgaben hat ein Lager zu erfüllen und an welche Bedingungen ist eine Reduzierung der Lagerbestände geknüpft?**
2. **Was versteht man in der Produktion unter einem „Pufferlager"?**

3. An welchen Stellen im Produktionsprozess (L1, L2, L3, L4, L5) befinden sich i. d. R. folgende Lager:

a) Handlager
b) Rohstofflager
c) Teilepuffer
d) Fertigwarenlager
e) Reservelager

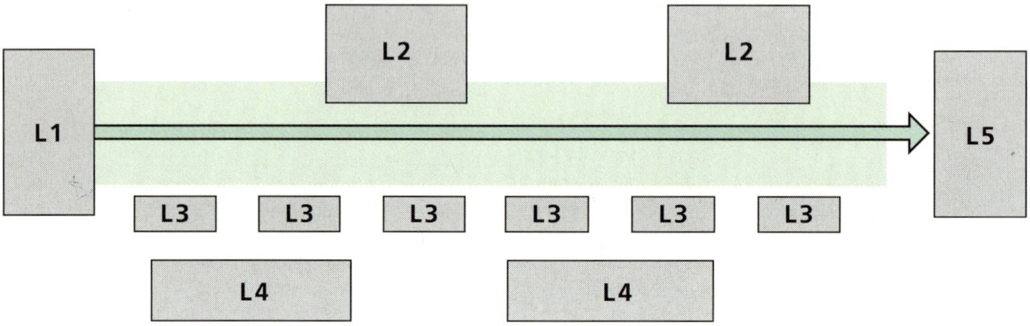

4. Welche Aspekte sprechen für die Einrichtung von Zentrallagern und für welche Lagerarten ist dieses System nicht geeignet?

5. Was ist ein „chaotisches Lager" und worin liegen seine besonderen Vorteile?

6. Erläutern Sie das auf Seite 108 dargestellte System zur Ermittlung des geeigneten internen Lagerplatzes und entscheiden Sie, wo man folgende Güter lagert:

a) schwere Güter mit hoher Umschlagshäufigkeit, häufiger Bestellung und kleinem Volumen
b) schwere Güter mit niedriger Umschlagshäufigkeit, seltener Bestellung und kleinem Volumen
c) Styroporverpackungen, die täglich angeliefert und durchschnittlich nach ca. 4 Stunden wieder aus dem Lager entnommen werden müssen

7. Welche Aufgaben haben Lagerkarten?

8. Was versteht man in der Lagerhaltung unter den Begriffen „Sicherungs-, Umformungs- und Ausgleichsfunktion"?

9. Welche betriebswirtschaftlichen Vor- und ggf. Nachteile hat eine direkte räumliche Anbindung eines Zulieferers an einen Industriebetrieb als Abnehmer? Erörtern Sie dies möglichst aus der Sicht beider Seiten. Evtl. bietet sich auch ein Rollenspiel an:

Zulieferer

- weist darauf hin, dass er ca. 300 Kunden hat und keinesfalls überall Zweigwerke bauen kann
- kann Kostenvorteile nur durch Massenproduktion an einem zentralen Ort erreichen
- will unbegrenzt gültigen Liefervertrag

Abnehmer

- ist daran interessiert, den Lagervorrat zu minimieren
- sieht in der Einsparung von Transportkosten einen erheblichen Kostenvorteil für den Zulieferer
- stellt Grund und Boden für den Bau eines Zweigwerkes des Zulieferers zur Verfügung
- bietet Abnahmegarantie für 10 Jahre an

10. Welche Lagerhaltungsgrundsätze werden von Ihrem Ausbildungsbetrieb verfolgt (Lagermenge, Lagerarten, Risikoverminderung usw.)?

4.3

Lagerkennziffern

Situation

Ein mittelständisches Unternehmen der Metall verarbeitenden Industrie beabsichtigt dem zunehmenden Wettbewerbsdruck unter anderem dadurch zu begegnen, dass die Lagerhaltung verschlankt wird. Konkret bedeutet das, dass die Unternehmensleitung die Bestandsführung überprüfen und hinsichtlich vorhandener Einsparmöglichkeiten durchleuchten lässt. In diesem Zusammenhang wird die folgende Statistik für einen Artikel erstellt:

Monat	Zugang	Abgang	Bestand
			5 000
Januar	4 000	8 000	1 000
Februar	4 000	3 000	2 000
März	8 000	6 000	4 000
April	5 000	7 000	2 000
Mai	6 000	4 000	4 000
Juni	4 500	6 000	2 500
Juli	7 000	5 000	4 500
August	2 000	3 000	3 500
September	2 000	3 500	2 000
Oktober	4 000	4 000	2 000
November	6 000	5 500	2 500
Dezember	6 500	5 000	4 000
Summe	**59 000**	**60 000**	**39 000**

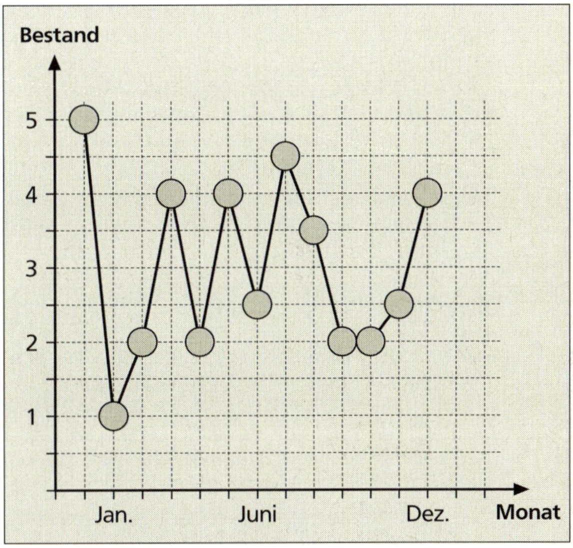

Die Monatsbestände ergeben sich aus der Verrechnung von den jeweiligen Zu- und Abgängen. Der betreffende Artikel hat einen **Einstandspreis von 50 DM/Stück.** Für das durch die Lagerhaltung gebundene Kapital wird ein Marktzinssatz von 10 % kalkuliert. Der Auftrag besteht darin, Lagerhaltungskennziffern zu berechnen und aus ihnen die richtigen betriebswirtschatlichen Rückschlüsse abzuleiten.

?

- **Welche Aufgaben haben solche Lagerstatistiken?**
- **Welche Funktion hat der eiserne Bestand?**
- **Zu welcher Zeit muss bestellt werden, damit ein reibungsloser Materialfluss gesichert ist?**
- **Welche Auswirkungen haben Verbrauchsschwankungen auf die Materialdisposition?**
- **Welche Lagerkennziffern lassen sich berechnen?**

Informationen

Lagerkennziffern sind mehr als rein statistische Größen. Sie dienen dazu, betriebsinterne Entwicklungen und Veränderungen darzustellen. Mit ihnen können aber auch betriebsübergreifende Vergleiche angestellt werden, sofern die entsprechenden Zahlen der Wettbewerber bekannt sind.

Zu den wichtigsten **Lagerkennziffern** zählen:

Eiserner Bestand/Sicherheitsbestand

Der Sicherheitsbestand – auch eiserner Bestand, Mindestbestand, eiserne Reserve genannt – ist der **Lagerbestand an Materialien bzw. Rohstoffen, der im Normalfall nicht unterschritten werden darf.**

Er dient ausschließlich der Absicherung gegen Unsicherheiten in der Beschaffung, so z. B. bei

- Bestandsabweichungen (Differenz zwischen IST- und SOLL-Bestand, (z. B. bei Schwund, Diebstahl o. Ä.),
- Verbrauchsschwankungen (Absatzschwankungen, erhöhter Ausschuss o. Ä.),
- Überschreitungen des Liefertermins,
- Lieferung mangelhafter oder ungeeigneter Ware,
- Lieferung von Mindermengen.

Der Sicherheitsbestand sollte so bemessen sein, dass die Leistungsbereitschaft des Betriebes nicht gefährdet wird. Der Sicherheitsbestand wird in der Praxis oft als feste Größe vorgegeben. Die Höhe hängt ab

- von der Zeit, die für eine reibungslose Wiederbeschaffung anzusetzen wäre (Beschaffungsvorbereitung, Lieferzeit, Transportzeit, Materialannahme, Qualitätskontrolle) oder
- von der Zeit, die für die Fertigung von Gütern bei der Eigenerstellung benötigt wird (Arbeitsvorbereitung, Materialbeschaffung, Auftragsdurchführung, Fertigungsmeldung, Qualitätskontrolle).

Sicherheitsbestände unterliegen nicht dem Umsatzprozess und stellen somit „totes Kapital" dar. Aus finanzwirtschaftlichen Gründen ist ihre Höhe daher zu kontrollieren und zu begrenzen.

Höchstbestand

Der Lagerhöchstbestand wird durch die vorhandenen oder nutzbaren Lagerkapazitäten vorgegeben. Er stellt allerdings über die Steuerung der Beschaffungsmenge auch eine kaufmännische Größe dar. Rechnerisch lässt sich der Höchstbestand ermitteln durch die Formel

$$\textbf{Höchstbestand} = \textbf{Bestellmenge} + \textbf{Sicherheitsbestand}$$

Die **Lagerkosten** spielen bei der Festlegung des Höchstbestandes ebenso eine Rolle wie die **Lagerfähigkeit** der Produkte.

Durchschnittlicher Lagerbestand

Der durchschnittliche Lagerbestand gibt als Kennzahl an, wie hoch die Vorräte im Durchschnitt sind. Bei einer gleichmäßigen Lagerentnahme und -zuführung lässt sich der durchschnittliche Lagerbestand mit folgender Formel errechnen:

$$\textbf{durchschnittl. Lagerbestand} = \frac{\textbf{Anfangsbestand} + \textbf{Endbestand}}{\textbf{2}}$$

Bei einer unregelmäßigen Entnahme oder Zuführung wird in der Praxis häufig auf die Ergebnisse von Zwischeninventuren zurückgegriffen:

$$\textbf{durchschnittl. Lagerbestand} = \frac{\textbf{Anfangsbestand} + \textbf{12 Monatsbestände}}{\textbf{13}}$$

Mithilfe der Datenverarbeitung kann die Bestandsberechnung durch die permanente Verarbeitung der Tagesbestände noch weiter verfeinert werden.

im Beispiel:
(Ausgangssituation Seite 113) $= \frac{39\,000}{13} = $ **3 000 Stück**

Umschlagshäufigkeit/Lagerumschlag

Die Umschlagshäufigkeit gibt an, wie oft der durchschnittliche Lagerbestand im Jahr umgeschlagen wurde. Errechnet wird diese Kennziffer mit der Formel:

$$\text{Lagerumschlagshäufigkeit} = \frac{\text{Materialverbrauch pro Jahr}}{\text{durchschnittlicher Lagerbestand}}$$

Je höher die Lagerumschlagshäufigkeit bei gleichem Verbrauch ist, desto niedriger werden die durchschnittlichen Lagerbestände und damit das gebundene Kapital und damit die Lagerkosten:

im Beispiel:
(Ausgangssituation, Seite 113) $= \frac{60\,000}{3\,000} =$ **20-mal pro Jahr**

Durchschnittliche Lagerdauer

Die durchschnittliche Lagerdauer zeigt an, wie lange die Bestände vor der Verarbeitung gelagert werden:

$$\text{durchschnittliche Lagerdauer} = \frac{360}{\text{Lagerumschlagshäufigkeit}}$$

Eine Verminderung der durchschnittlichen Lagerdauer kann generell für eine Unternehmung bedeuten:

- Senkung der Lagerkosten
- Verringerung des Kapitalbedarfs
- Zinskostenersparnis
- Verbesserung der Wettbewerbssituation
- Erhöhung der Wirtschaftlichkeit

im Beispiel:
(Ausgangssituation, Seite 113) $= \frac{360}{20} =$ **18 Tage**

Lagerzins

Das im Lager gebundene **Kapital muss verzinst werden.** Der anzusetzende Prozentsatz richtet sich nach dem Marktzins. Da der Marktzinssatz eine auf ein Jahr bezogene Größe ist, erfolgt eine Umrechnung auf den Zeitraum der durchschnittlichen Lagerdauer:

$$\text{Lagerzinssatz} = \frac{\text{Marktzinssatz} \cdot \text{durchschnittliche Lagerdauer}}{360}$$

$$\text{oder: } \frac{\text{Marktzinssatz}}{\text{Lagerumschlagshäufigkeit}}$$

Damit **gibt es zwei Möglichkeiten der Verrechnung der anfallenden Zinskosten für das im Lager gebundene Kapital:**

a) Der durchschnittliche wertmäßige Lagerbestand wird mit dem Marktzinssatz verzinst.

Lagerzinsen
$$= \frac{\text{ø Lagerbestand} \cdot \text{Lagerzinssatz}}{\text{Jahresverbrauch}}$$

b) Der errechnete Prozentsatz wird im Rahmen der Kalkulation auf den Preis jedes Gutes hinzugerechnet.

Lagerzinsen
= Einstandspreis · Lagerzinssatz

im Beispiel:
(Ausgangssituation, Seite 113)
durchschn. Lagerbestand: 3 000 Stück
(Einstandspreis 50,00 DM/Stück)
durchschn. Lagerwert: 150.000,00 DM

anzusetzende Zinskosten:
150 000,00 · 10 % = 15.000,00 DM/Jahr
entspricht bei einem
Jahresverbrauch von 60 000 Stück
Zinskosten von 0,25 DM/Stück

im Beispiel:
(Ausgangssituation)

$$\textbf{Lagerzinssatz} = \frac{10 \cdot 18}{360} = 0{,}5\ \%$$

Warenwert	50,00 DM
Lagerzins 0,5 %	**0,25 DM**

Meldebestand

Das Bestellpunktverfahren beinhaltet, dass eine Bestellung immer dann veranlasst wird, wenn ein bestimmter Lagerbestand erreicht wird. Bei Erreichen dieses Lagervorrates erfolgt eine Meldung an den Einkauf. Die Bestellung muss so exakt erfolgen, dass die Ware unter Berücksichtigung der Lieferzeit so rechtzeitig eintrifft, dass die eisernen Bestände gerade erreicht sind, aber noch nicht angegriffen werden mussten.

Meldebestand = Tagesverbrauch · Lieferzeit + Sicherheitsbestand

im Beispiel: (Seite 113)	**Tagesverbrauch durchschnittlich ca. 166 Stück (60 000 pro Jahr : 360 Tage) Lieferzeit: 10 Tage**
Meldebestand:	**= (166 · 10) + 1 000 = 2 666 Stück**

Diese Formel kann eigentlich nur sinnvoll angewendet werden, wenn die Entnahmemengen bzw. der Tagesverbrauch konstant sind. Je unregelmäßiger der Verbrauch desto problematischer ist die praxisnahe Anwendung dieser Formel.

Selbstverständlich können die hier angesetzten 360 Kalendertage auch durch die tatsächlichen Arbeitstage als Berechnungsgrundlage ersetzt werden. In der Regel sind dies bei 52 Wochen ca. 260 Arbeitstage abzüglich evtl. Betriebsferien.

Arbeitsvorschlag:

1. **Welche Aufgabe hat der eiserne Bestand?**
2. **Der Lagerhöchstbestand kann räumlich vorgegeben sein, kann aber auch durch wirtschaftliche Entscheidungen bestimmt werden. Wo liegt der Unterschied zwischen beiden Bestimmungsgrößen?**
3. **Der durchschnittliche Lagerbestand lässt sich auf unterschiedliche Art ermitteln. Worin unterscheiden sich die Methoden und die Aussagekraft der ermittelten Ergebnisse?**
4. **Wie berechnet man die Umschlagshäufigkeit und was sagt diese Kennziffer aus?**
5. **Erläutern Sie den Sinn der Umrechnung des Marktzinssatzes in einen Lagerzinssatz.**
6. **Erstellen Sie eine Lagerbestandsstatistik (mit Grafik) und berechnen Sie die Lagerkennziffern:**

Anfangsbestand:	**10 000 kg**
davon eiserne Reserve:	**1 000 kg**
Monatsverbrauch:	**15 000 kg (gleichmäßige Entnahme)**
Bestellmenge:	**2 000 kg**
Einstandspreis:	**4,00 DM**

Ermitteln Sie, wie hoch die optimale Bestellmenge ist, wenn die Bestellkosten mit 20,00 DM und die Lagerkosten mit 15 % kalkuliert werden.

4001116L

7. Unter welchen Bedingungen wird die Umschlagshäufigkeit größer?
   a) steigender Lagerbestand bei abnehmendem Verbrauch
   b) sinkender Lagerbestand bei steigendem Verbrauch
   c) Erhöhung der Bestellmenge bei sinkender Produktion
   d) Senkung der Lagerhaltungskosten bei steigendem Marktzinssatz
8. Was bewirkt eine Verringerung der durchschnittlichen Lagerdauer?
   a) die Lagerkosten steigen
   b) die Umschlagshäufigkeit sinkt
   c) der durchschnittliche Lagerbestand sinkt ebenfalls
   d) die Zinsen für das im Lager gebundene Kapital sinken
9. Was kann dazu führen, dass die durchschnittliche Lagerdauer sinkt?
   a) die Senkung der Lagerhaltungszinsen
   b) die Verringerung der Bestellmenge
   c) die Erhöhung der Lagerkapazitäten
   d) die Senkung des Meldebestandes

Betriebliche Entscheidungssituation
Analysieren – informieren – diskutieren – entscheiden

Ein Elektrogerätehersteller benötigt pro Jahr im Produktionszweig „Taschenlampen" durchschnittlich ca. 1 800 000 Batterien. Sie werden nicht selbst gefertigt, sondern von einem französischen Zulieferer bezogen. Der Einstandspreis für eine auslaufsichere Hochleistungsbatterie beträgt ca. 1,80 DM. Das Unternehmen kalkuliert unabhängig von der Bestellmenge pro Bestellvorgang (Bestellung, Warenannahme, Einlagerung usw.) Kosten in Höhe von ca. 90,00 DM.

Für die Lagerhaltung werden Kosten von durchschnittlich 20 % des eingelagerten Warenbestandes kalkuliert. Die Lieferzeit beträgt von der Bestellung bis zum Wareneingang durchschnittlich 10 Tage. Es wird ca. 360 Tage pro Jahr produziert.
Die von der Lagerhaltung ermittelte optimale Bestellmenge läge bei 30 000 Stück. Im Gegensatz dazu steht die bisherige Bestellpraxis und Lagerbestandsführung:

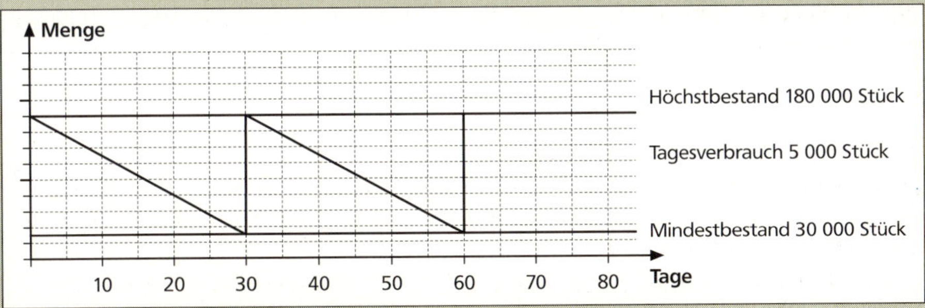

Zur Vorbereitung einer Entscheidungsfindung über die künftige Lagerhaltung- und Bestellungsstrategie wurde unter anderem ein deutscher Hersteller gefunden, der die gleichen Batterien für 2,00 DM liefern würde. Hier wäre mit Bestellkosten von 16,00 DM pro Bestellung zu kalkulieren.

Zur Lösung dieses Problems sind einige grundsätzliche Sachfragen zu klären:

a) Berechnung der optimalen Bestellmenge, die mit dem deutschen Lieferer zu realisieren wäre.
b) Auswirkungen der jetzigen Situation sowie der geänderten Mengendisposition im Falle der Bestellung von jeweils 30 000 Stück bei dem französischen Hersteller oder der berechneten optimalen Bestellmenge bei dem deutschen Lieferer sowie deren Vereinbarkeit mit den sonstigen Rahmenbedingungen. (Lässt sich die optimale Bestellmenge bei den gegebenen Lieferzeiten und berechneten Meldebeständen überhaupt realisieren?)

	Ausgangs-situation	Realisierung der optimalen Bestellmenge bei Lieferung aus Frankreich	aus Deutschland
durchschnittlicher Lagerbestand			
Umschlagshäufigkeit			
durchschnittliche Lagerdauer			
Lagerzinssatz bei einem Marktzins von 15%			

c) Nach den herkömmlichen Verfahrensweisen werden Lagerhaltungskosten ausschließlich als variable Größen angesetzt. Beleuchten Sie dies unter Berücksichtigung weiterer Kriterien zur Lagerhaltung kritisch.
Zeigen Sie unter Rückgriff auf das Beispiel auf, von welchen betriebswirtschaftlichen Einzelfaktoren die Entscheidung für ein just in time orientiertes Verfahren abhängt und gehen Sie dabei auch auf die Frage ein, ob moderne produktionssynchrone Beschaffungsmethoden noch im Einklang mit den herkömmlichen Berechnungsverfahren stehen bzw. ob und welchen Stellenwert diese Verfahren überhaupt noch haben.

In einem anderen Produktionsbereich werden pro Tag u. a. 7 500 kg Bleche benötigt. In dem dafür eingerichteten Lager wird ein für drei Produktionstage reichender Sicherheitsbestand vorgehalten. Wollte der Betrieb auf eigene Lagerhaltung verzichten, müsste er sich auf Just-in-time-Beschaffung umstellen.

Das Lager verursacht im Jahr folgende Kosten:

- Personalkosten für drei Lagerarbeiter, von denen jeder im Monat 2.500,00 DM brutto verdient (Arbeitgeberanteil zur Sozialversicherung ca. 350,00 DM).
- Raum- und Energiekosten 2.700,00 DM
- Abschreibungen 1.300,00 DM
- Sonstige Kosten 1.500,00 DM
- Kapitalbindungskosten ?

Aus Gründen der Betriebserweiterung wird überlegt das Lager zu verlegen oder zu schließen.

1. Beurteilen Sie dieses Problem allgemein aus Produktions- und Kostengesichtspunkten.
2. Berechnen Sie die Lagerhaltungskosten, wenn unterstellt wird, dass die Lagerumschlagshäufigkeit 12 beträgt, zur Berechnung des Jahresverbrauchs 250 Arbeitstage angesetzt werden, der Marktzinssatz 9 % beträgt und 1 kg Blech 5,00 DM kostet.
3. Berechnen Sie den Sicherheitsbestand, den Meldebestand und die optimale Bestellmenge bei der Beschaffungsdauer von 5 Tagen und Kosten pro Bestellung in Höhe von 150,00 DM.
4. Beschreiben Sie kurz die Just-in-time-Beschaffung und die damit verbundenen betriebswirtschaftlichen Vorteile unter Berücksichtigung von evtl. verkehrs- und umweltpolitischen Folgen.

Industriemeister Oskar Müller, der seinen Arbeitsplatz in der Fertigungshalle der Schalterproduktion hat, ist verärgert. Schon mehrere Male musste der Sicherheitsbestand an Isoliermaterial angetastet werden. Letzte Woche stand man sogar kurz davor, die Montagearbeiten aufgrund zu spät eingegangener Lieferungen unterbrechen zu müssen.

Die Einkaufsabteilung geht von folgender Vorratsplanung aus:

- Durchschnittlicher Tagesverbrauch wird mit 40 kg angenommen,
- Beschaffungsdauer beträgt 5 Tage,
- Sicherheitsbestand hat dem Tagesverbrauch von 3 Produktionstagen zu entsprechen,
- Höchstbestand soll 800 kg nicht überschreiten.

1. Erläutern Sie die Bedeutung der Begriffe Sicherheitsbestand, Höchstbestand und Meldebestand.
2. Erstellen Sie ein Schaubild, mit dem Sie den Bestellzeitpunkt, Meldebestand, Sicherheitsbestand, Höchstbestand, die Bestellmenge und den Verbrauch verdeutlichen.
3. Sachbearbeiter Ellermann muss einräumen, dass die Beschaffung von Isoliermaterial in letzter Zeit nicht immer in 5, sondern bisweilen auch erst in 6 Tagen erfolgte. Welchen Einfluss hat diese Entwicklung auf die Beschaffungsplanung?
4. Ein weiterer Grund für die Engpässe liegt darin, dass der Tagesverbrauch an Isoliermaterial von 40 auf 50 kg anstieg, ohne dass die Einkaufsabteilung davon erfuhr.
   Ergänzen Sie Ihr Schaubild durch die Berücksichtigung einer geänderten Beschaffungsdauer und eines höheren Tagesverbrauchs.

Betriebliche Entscheidungssituation
Analysieren – informieren – diskutieren – entscheiden

Als Auszubildender der **Rohra AG** haben Sie die Aufgabe die Lagerhaltung statistisch zu erfassen. Die Darstellung der Lagerbewegungen der letzten 12 Monate brachte folgendes Ergebnis:

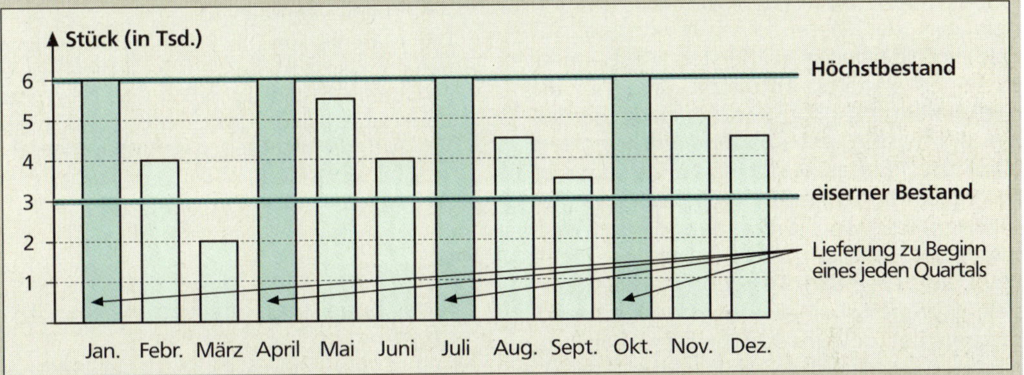

a) Berechnen Sie den durchschnittlichen Lagerbestand, die Umschlagshäufigkeit sowie die durchschnittliche Lagerdauer.
b) Wie beurteilen Sie die Höhe des eisernen Bestandes sowie die gesamte Lagerbevorratung?
c) Wie groß ist der Lagerzins, wenn der Marktzinssatz mit 12 % kalkuliert wird?
d) Schlagen Sie Optimierungsmöglichkeiten für die Lagerbestandsführung vor.

Ein verantwortlicher Mitarbeiter im Wareneinkauf erhält den Auftrag laufend über Bestandskontrollen eine optimale Lagerhaltung zu gewährleisten. Dabei hat er neben einer Berechnung der Lagerbestandskennziffern auch Vorschläge für eine Kosten sparende Lagerhaltung zu machen. Aus der Lagerbestandsstatistik geht folgendes Bild hervor:

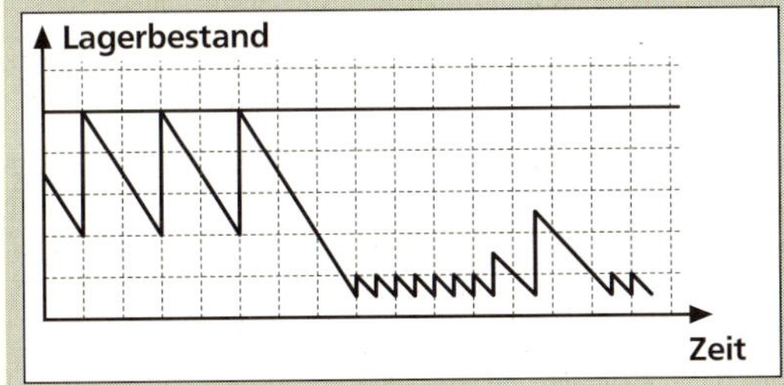

a) Welche Kennzahlen können Sie aus dieser Statistik ableiten?
b) Welche betriebswirtschaftlichen Rückschlüsse ziehen Sie aus dieser Darstellung? Gehen Sie dabei insbesondere auf die Bestellmengen, Höchstbestände, Sicherheitsbestände usw. ein.
c) Worin unterscheiden sich die verschiedenen Verfahren der Bestellmengenplanung?

4.4

Innerbetriebliche Transportsysteme/ Termin- und Kapazitätsplanung

Situation

Ein Grundsatz der schlanken Lagerhaltung lautet, die richtigen Materialien in der richtigen Menge zum richtigen Zeitpunkt bereitzustellen. Ein Beispiel, wie auch innerbetrieblich das Just-in-time-Verfahren perfektioniert angewendet wird, kommt aus Eisenach, wo die Opel AG dies mit dem Kanban-System praktiziert:

„Kanban" bedeutet übersetzt Anzeigekarte: An jedem Materialbehälter sind spezielle Bestellkarten befestigt, auf denen die jeweilige Teilenummer, die Teilebezeichnung, die Menge, der Lagerort sowie der Bestimmungsort des Materials vermerkt sind. Sobald ein Mitarbeiter zum ersten Mal Material aus einem Behälter entnimmt, steckt er die dazugehörige Kanban-Karte in einen speziellen Briefkasten, der kontinuierlich geleert wird. Der Rücklauf einer Karte ins Lager ist das Signal für die Nachschublieferung der jeweiligen Teile an die Fertigungslinie: Mitarbeiter der Abteilung Werklogistik, die regelmäßig mit speziellen Transportfahrzeugen in den Fertigungsbereichen unterwegs sind, bringen das gewünschte Material bei ihrer nächsten Rundfahrt an die jeweilige Arbeitsstation.

Das Kanban-Prinzip bietet viele Vorteile:

- Ein Materialfluss ist gleichmäßig, zuverlässig und flexibel.

- Die Menge des umlaufenden Materials bleibt gering und überschaubar.
- Das Material kann in kleine, überschaubare Behälter verpackt werden, die sich in Regalen ergonomisch günstig neben den Arbeitsstationen aufstellen lassen. Dadurch verringern sich auch die Wegezeiten der Mitarbeiter.

?

- **Was bedeutet „innerbetriebliches Just-in-time"?**
- **Warum kann nicht auf jegliche Vorratshaltung verzichtet werden?**
- **Welche Anforderungen muss ein innerbetriebliches Transportsystem erfüllen?**

Informationen

Die innerbetriebliche Vorratshaltung und der Aufbau des innerbetrieblichen Transportsystems hängen eng zusammen mit der Art des Produktionsverfahrens und der Menge der hergestellten Erzeugnisse. So sind bei der Fließfertigung ganz andere Versorgungsfragen zu lösen als dies bei einer Einzelfertigung der Fall ist. Häufigkeit und Umfang von Transporten hängen auch von der Lagerorganisation ab.

Wenn eine weitgehend zentrale Lagerung erfolgt, sind die innerbetrieblichen Transportsysteme auch bei dem Vorhandensein evtl. dezentraler Nebenläger größer, als wenn die Warenbevorratung direkt dort erfolgt, wo auch der Verbrauch stattfindet.

4001120L

Das Material-Management hat die Aufgabe die Materialverteilung im Unternehmen zu optimieren. Im Durchschnitt entfallen zur Zeit zwischen 10 % und 20 % der Personalkosten in der Fertigung allein auf den Materialtransport. Daher ist es eine der wichtigsten Aufgaben der **Materiallogistik**[1], das Nachschub- und Versorgungswesen effektiv zu gestalten. Dazu gehören die Festlegung

- **der Grundsätze für die Lagerhaltung und**
- **der Art und Weise der Materialversorgung in den einzelnen Produktionsabschnitten.**

Dabei soll der **Materialfluss** im Unternehmen möglichst reibungslos in den Fertigungsprozess integriert werden. Die innerbetriebliche Materialverteilung hat prinzipiell die gleichen Aufgaben, wie sie auch im Distributionsplan für die Fertigprodukte zu erledigen sind. „Kunden“ sind im Falle der innerbetrieblichen Verteilungsaufgaben die einzelnen Fertigungs- oder Verbrauchsstellen, die vom jeweiligen Lager aus zu „beliefern“ d.h. mit den notwendigen Roh-, Hilfs- und Betriebsstoffen oder den jeweiligen Teilen zu versorgen sind.

Vielfach wird zwischen dem **Zentrallager** und den einzelnen Verbrauchsstellen ein Netz von Zwischenlagern eingebaut, um die **Versorgungswege** kürzer und schneller zu gestalten.

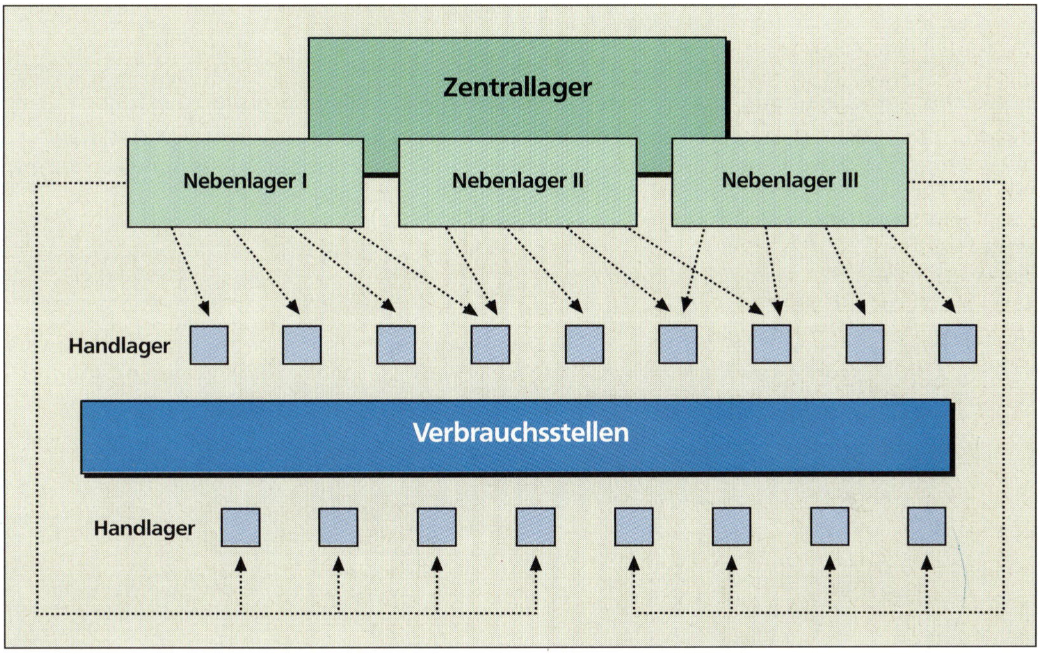

Die Sicherheit und die Schnelligkeit der Materialversorgung kann dadurch erhöht werden, dass

- die Zahl der dezentralen Lager erhöht wird und/oder
- günstigere Standorte der Nebenlager gefunden werden und/oder
- die Vorratshaltung (Handlager) an den Verbrauchsstellen steigt.

Andererseits verursacht jedes weitere Lager zusätzlich Kosten und erfordert eine Mindestbestandsführung, sodass sich aus dieser Sicht ebenfalls Grenzen ergeben. Mithilfe von optimierten logistischen Systemen wird versucht den innerbetrieblichen Materialfluss so kostengünstig, aber auch so sicher wie möglich zu gestalten.

[1] Logistik: Verfahren, bei dem versucht wird, betriebswirtschaftliche Probleme unter Anwendung der Regeln mathematischer Logik zu lösen. Der Logistikbegriff entstammt dem Militärwesen und steht dort für die Organisation des Nachschubes.

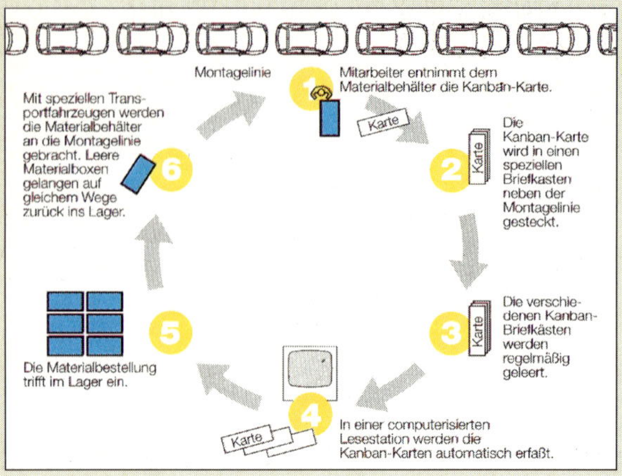

Ein Beispiel

Der Materialvorrat an den Fertigungslinien ist sehr gering. Dadurch wird nicht nur Platz gespart, sondern auch dazu beigetragen, dass der Überblick an den Montagelinien erhalten bleibt und nicht durch große Lagervorräte verstellt wird.

Mit so genannten Kanban-Karten fordern die Mitarbeiter Materialnachschub an, wenn ein bestimmter Bestand in dem Handlager erreicht ist.

Die Kanban-Karten werden elektronisch gelesen und veranlassen den Transportprozess vom Hauptlager zu den Zwischenlägern, wo die angeforderten Waren unmittelbar aufgenommen und an die Fertigungslinie weitergeleitet werden.

Arbeitsvorschlag:

1. **Welche Anforderungen hat die innerbetriebliche Materialversorgung zu erfüllen?**
2. **Erkundigen Sie sich nach der in Ihrem Ausbildungsbetrieb praktizierten Materialversorgung und vergleichen Sie dieses System mit dem beschriebenen Kanban-Verfahren.**

4.5 Wertanalyse

Mit der Wertanalyse wird ähnlich der ABC-Analyse (vgl. Seite 76) der betriebliche Prozess und damit auch der Bereich der Materialwirtschaft nach Verbesserungs- oder Einsparungsmöglichkeiten durchleuchtet. Man unterscheidet zwei Verfahren:

konzeptionelle Wertanalyse

Die Entwicklung eines Erzeugnisses wird nach möglichen Einsparungspotenzialen untersucht.
Vorausgehen muss eine Festlegung der Gewichtung von bestimmten Maßnahmen. Im so genannten „Lastenheft" werden bei Neuentwicklungen z.B. unabdingbare Ablauf- oder Produkteigenschaften festgeschrieben.

produktbezogene Wertanalyse

Die Wertanalyse befasst sich mit bereits bestehenden Produkten. Es geht hier vornehmlich darum, dass z.B. bei der Materialauswahl (Kunststoff statt Stahl) nach Einsparungspotenzialen gesucht wird. Evtl. kann die produktbezogene Wertanalyse auch in eine völlig neue Konzeption übergehen.

Ablauf einer Wertanalyse:

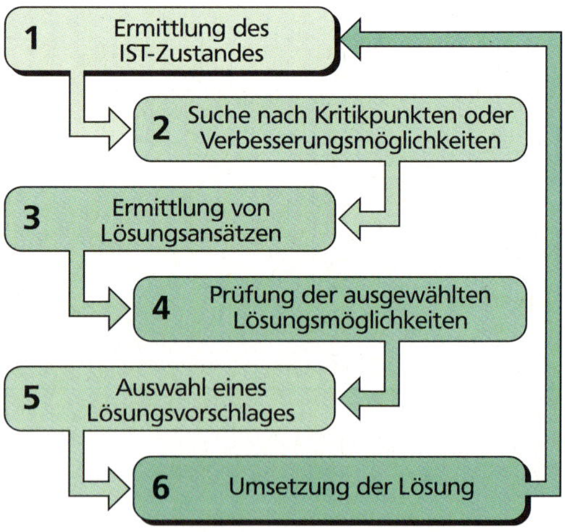

Arbeitsvorschlag:

Die Wertanalyse wird oft auch als „Modell der ständigen Unzufriedenheit" bezeichnet. Interpretieren Sie diese Aussage.

B Die Produktionswirtschaft

1 Die Produktionswirtschaft als integrierten Prozess erkennen

1.1 Aufgaben und Ziele

Situation

Ein PKW soll hergestellt werden. Innerhalb der Produktionswirtschaft sind hierbei eine Vielzahl von Aufgaben zu erfüllen:

Hier wird konstruiert

Hier wird Material bereitgestellt

Hier wird getestet

Hier wird die Qualität kontrolliert

Hier wird Hand angelegt bei der Fertigung

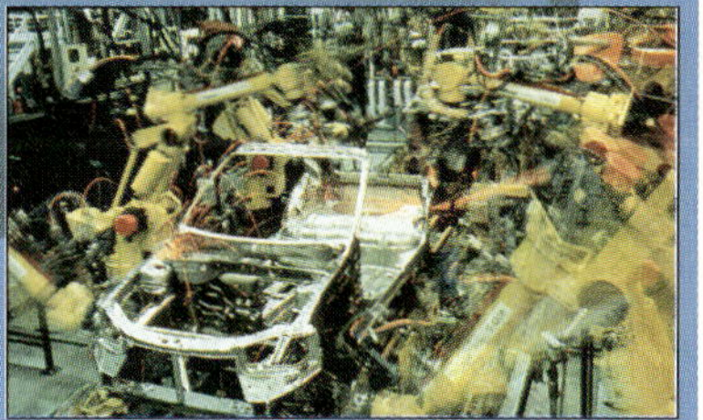
Hier wurde auf automatische Fertigung umgestellt (rationalisiert)

?

- **Welche Aufgaben hat die Produktionswirtschaft?**
- **Welche allgemeinen Ziele sind in der Produktionswirtschaft anzustreben?**

Informationen

Industriebetriebe produzieren Sachgüter. Dadurch unterscheiden sie sich von anderen Betriebsarten, wie z.B. Versicherungs-, Handels- oder Bankbetrieben.

Der produktionswirtschaftliche Tätigkeitsbereich wird eingeteilt in die Hauptaufgaben Planung, Durchführung und Kontrolle der industriellen Leistungserstellung.

Zahlreich sind die Aufgabenbereiche, die in der Produktionswirtschaft wahrzunehmen sind. Sie sollen am Beispiel der Automobilindustrie kurz vorgestellt werden:

Aufgabenbereich der Produktionswirtschaft	
Forschung	Beispiel: Erforscht wird die Eignung von Wasserstoff als Antriebsenergie für Motoren.
Konstruktion	Beispiel: Ein neuer Motor für Wasserstoff wird konstruiert und in einer Testphase erprobt.
Fertigungsplanung	Beispiel: Mithilfe von EDV-gestützten Programmen wird die Reihenfolge der Arbeitsvorgänge für die Serienfertigung exakt geplant.
Fertigungssteuerung	Beispiel: Um einen reibungslosen Produktionsprozess zu sichern, wird das notwendige Material in der richtigen Menge und Qualität bereitgestellt.
Arbeitsdurchführung	Beispiel: Auf dem Serienmontageband werden die Einzelteile des Motors zusammengebaut.
Qualitätskontrolle	Beispiel: Auf Prüfständen werden die Laufeigenschaften der Motoren mit den Sollvorgaben verglichen.
Rationalisierung	Beispiel: Zur Kosteneinsparung werden Industrieroboter eingesetzt, die Motoren in Rohkarosserien montieren.
Beachtung des Umweltschutzgedankens	Beispiel: Zur Herstellung der Motorblöcke wird Aluminiumschrott eingeschmolzen, um so neues Rohmaterial zu gewinnen.

Die **allgemeinen Ziele** der Produktionswirtschaft sind:
- Die Fertigung sollte wirtschaftlich erfolgen.
- Die Fertigung sollte menschengerecht gestaltet sein.
- Die Fertigung sollte umweltschonend erfolgen.

1.2 Verhältnis von Produktionswirtschaft zu anderen betrieblichen Funktionsbereichen

Um Sachgüter herzustellen, benötigen Industriebetriebe Betriebsmittel, Werkstoffe und Arbeitskräfte (Produktionsfaktoren). Diese sind im Sinne einer wirtschaftlichen und ökologischen Leistungserstellung zu kombinieren. Das Betriebsgeschehen lässt sich dabei durch die Hauptfunktionen Beschaffung, Produktion und Absatz sowie durch die Nebenfunktionen Finanzierung und Verwaltung beschreiben. Die Lagerhaltung kann zusätzlich als weitere Nebenfunktion aufgefasst werden.

Die betrieblichen Funktionen sind voneinander abhängig. Maßnahmen bzw. betriebliche Vorfälle in einem Funktionsbereich wirken sich häufig auf andere Bereiche aus. Soll z. B. das Produktionsprogramm eines Betriebes erweitert werden, hat dies Auswirkungen auf die Beschaffung (z. B. Kauf neuer Maschinen), den Absatz (z. B. verstärkte Kundenberatung, Werbung, Schulung des Außendienstes) und die Verwaltung.

Die Produktion bewirkt jedoch nicht nur Änderungen in den anderen Funktionsbereichen, sondern kann selbst durch betriebliche Vorfälle in diesen Bereichen betroffen werden. Es bestehen somit **wechselseitige Abhängigkeiten** zwischen den betrieblichen Funktionen. Diese aufeinander abzustimmen (zu koordinieren) und grundsätzliche Ziele vorzugeben, ist Aufgabe der Betriebsleitung.

Das Zusammenwirken der Produktionswirtschaft mit den anderen Funktionen zu einem betrieblichen Ganzen wird auch durch das folgende stark vereinfachte Arbeitsablaufschema verdeutlicht:

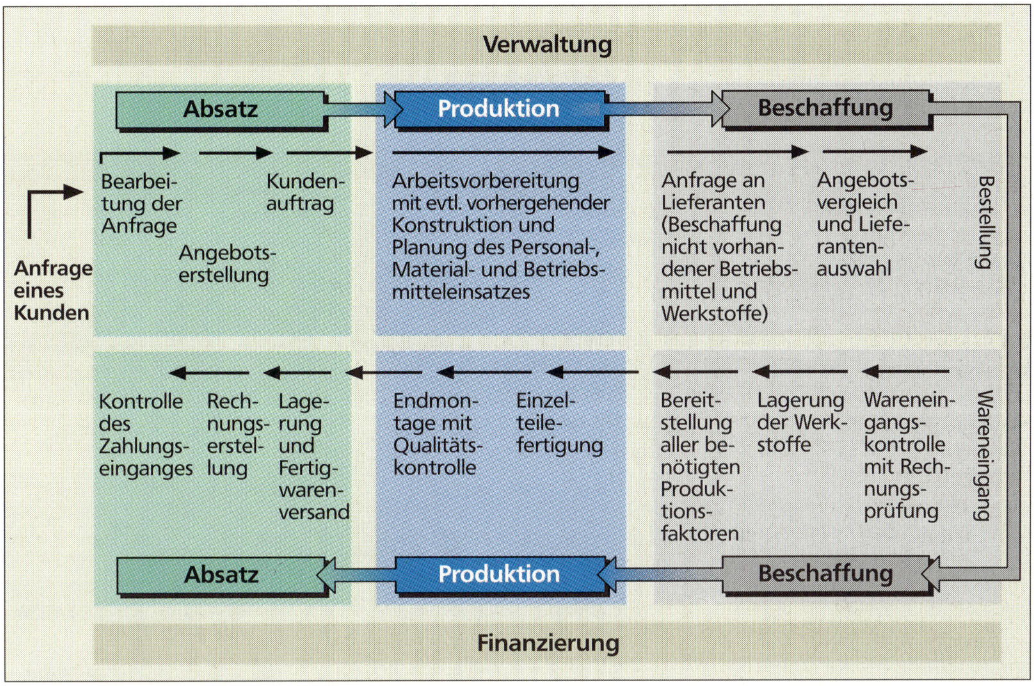

Arbeitsvorschlag:

1. **Versuchen Sie jeweils ein weiteres Beispiel zu nennen für Maßnahmen, welche die Aufgabenbereiche Forschung, Konstruktion, Qualitätskontrolle und Rationalisierung betreffen.**
2. **Was könnte z. B. ein Betrieb unternehmen, um den Produktionsprozess umweltschonender zu gestalten?**
3. **Wegen einer starken Nachfrage nach Erzeugnissen werden zusätzliche Rohstoffe gekauft. Geben Sie jeweils eine mögliche Auswirkung dieses Geschäftsvorgangs auf die folgenden betrieblichen Funktionen an: Finanzierung, Verwaltung, Produktion und Absatz.**
4. **Erklären Sie das Zusammenwirken der Produktionswirtschaft mit den anderen betrieblichen Funktionen anhand des vorstehenden Ablaufschemas.**

2 Die Produkt- und Programmplanung als zentrale betriebliche Sachaufgabe in ihrer Abhängigkeit vom Absatzmarkt und den Zusammenhang mit der Fertigungsorganisation und der Kostenstruktur beschreiben

Situation

„Das Programm ist (vorerst) komplett“

Mit der Einführung des Audi A3 hatten es die Ingolstädter im Jahr 1996 doch geschafft, sich nach Aussagen der Fachpresse „vor der Konkurrenz zu etablieren“.

Die verwirrende Vielzahl von A3 über A4, A6 bis A8 ist Programm. Dessen Ziel wurde von Audi selbst für das neue Modell mit „hoher Marktpositionierung“ beschrieben. „Höher als der Golf und damit edler als der Konkurrent aus dem gleichen Konzern.“ Die Produktreihe lässt darauf spekulieren, dass dies „nicht der letzte Streich aus Ingolstadt“ ist, denn sowohl nach oben als auch nach unten ist „noch für neue Ziffern Platz“.

Der „Zielgruppenmensch“ für den A3 ist nach Werksaussagen damit beschäftigt, „als Single die Karriereleiter zu erklimmen“ oder seine erwachsenen Kinder „aus dem Haus zu komplimentieren (empty nest)“.

Lange Zeit hatte es gedauert bis im Konzern Einigkeit herrschte, dass der A3 neben den Golf passt, ohne ihm zu sehr in den „Erfolgsweg“ zu fahren. Geschickt minimierte Audi aber Überschneidungen mit dem Wolfsburger Klassiker. Der behält sämtliche Benziner-Motoren unter 100 PS exklusiv. Audi „baut dafür oben an“. Ebenso geschickt griff Audi aber auch in den „Konzernbaukasten“, denn viele Einzelelemente findet man sowohl bei den VW- als auch bei den Audi-Fahrzeugen. Selbst Bodengruppen weisen große Ähnlichkeiten auf.

Den Ingolstädtern wurden von den Fachjournalisten „eine besonderes geschickte Modellpolitik“ bescheinigt. Danach rollen die jährlich geplanten 100 000 Autos keine Sekunde zu früh auf den Markt: „Golf-Fahrer, die mehr Auto, aber weniger Außenlänge fordern, sind bisher auf BMW umgestiegen, „seinen Verkaufserfolg verdankt der 3er Compact vor allem dieser Klientel“, so die einhellige Meinung. „Jede Marktlücke, die wir nicht besetzen, wird von anderen wahrgenommen“, so ein Audi-Sprecher. Grundsatz sei aber, dass sich jedes neue Modell lückenlos in das bisherige Programm einreihe, damit sich die „Flexibilität der Kundenwünsche“ jederzeit problemlos in der Produktion umsetzen lasse.

in Anlehnung an: FOCUS 26/1996, Seite 140

?

- **Welche Aufgabe hat die Programmplanung und welche Faktoren sind dabei zu berücksichtigen?**
- **Mit welchen allgemeingültigen Merkmalen lässt sich ein Produktionsprogramm beschreiben?**

Informationen

Industriebetriebe, wie z. B. Automobilfabriken, fertigen im Allgemeinen mehrere Erzeugnisse im Rahmen ihres Produktionsprogramms. Die Aufgabe der Programmplanung ist dessen Zusammensetzung zu bestimmen. Folgende Faktoren sind hierbei vor allem zu berücksichtigen:

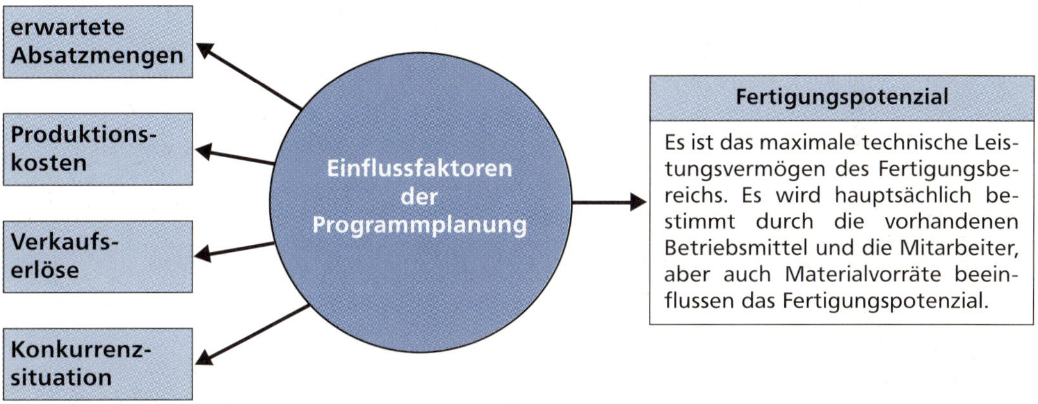

2.1 Programmbreite und -tiefe

Wichtige Entscheidungen bei der Programmplanung betreffen die Programmbreite und Programmtiefe.

Breite des Produktionsprogramms

Die Programmbreite gibt Auskunft über die **Zahl der unterschiedlichen Erzeugnisarten,** die gefertigt werden. Ein **breites** Produktionsprogramm liegt z. B. vor, wenn in einem Automobilwerk neben normalen Limousinen auch Sportwagen, Geländewagen, Großraumlimousinen und Kleintransporter gefertigt werden. Würden dagegen nur Lastkraftwagen gefertigt, läge ein **enges** Produktionsprogramm vor.

Eine Art Zwang zu einer bestimmten Programmbreite ist bei Industriebetrieben mit **Kuppelproduktion** gegeben (Sonderfall), da hier verschiedene Erzeugnisse in einem Fertigungsgang gleichzeitig entstehen. So fallen z. B. bei der Gaserzeugung immer auch Koks und Teer mit an.

Die Entscheidung über die Anzahl der Erzeugnisarten hängt vor allem von fertigungstechnischen und absatzpolitischen Überlegungen ab.

Fertigungstechnische Vorteile eines engen Produktionsprogramms sind:

- Seltene Umstellung der Maschinen auf andere Erzeugnisarten: Je mehr Erzeugnisarten ein Betrieb auf den gleichen Produktionsanlagen herstellt, desto häufiger müssen diese umgestellt werden. Dabei können beträchtliche Kosten für Löhne und Material sowie für das Umrüsten der Maschinen entstehen. Einschränkung: In Großbetrieben mit flexibler Produktionstechnologie (z.B. Industrieroboter) ist die Situation anders. Die Umstellungskosten sind hier niedriger.
- Auswirkung des Gesetzes der Massenproduktion: Betriebe, die nur eine oder wenige eng verwandte Erzeugnisart(en) herstellen, produzieren diese häufig in großen Mengen. Die Kostenbelastung, die dabei auf das einzelne Produkt entfällt, ist vergleichsweise gering.
- Einfachere Fertigungsplanung und Fertigungssteuerung: Je mehr Erzeugnisarten herzustellen sind, desto schwieriger und kostenintensiver wird die Planung und Steuerung des Fertigungsprozesses.

Ein enges Produktionsprogramm kann auch einen gewichtigen **fertigungstechnischen Nachteil** haben. Bei zurückgehendem Absatz und einer unflexiblen Fertigungstechnologie ist ein Ausweichen auf andere Erzeugnisse nur mit erheblichem Aufwand möglich.

Absatzpolitische Vorteile eines breiten gegenüber einem engen Produktionsprogramm sind:

- Betriebe mit breitem Produktionsprogramm profitieren bei der Herstellung von Komplementärgütern häufig von deren gegenseitiger absatzfördernder Wirkung. So stellen z.B. Fotoartikelfabrikanten außer Kameras auch Blitzlichter, Zusatzobjektive, Stative, Projektoren u.a. her.
- Breite Produktionsprogramme entsprechen den Kundenwünschen und tragen in manchen Fällen dazu bei, Wettbewerbsvorteile der Konkurrenz zu verhindern. So wird sich z.B. ein Werkzeughersteller u.U. dazu entschließen, auch selten nachgefragte Spezialwerkzeuge, die nur geringe Gewinne einbringen, anzubieten.
- Betriebe mit breitem Produktionsprogramm sind unanfälliger gegenüber einem Nachfragerückgang, da das Absatzrisiko auf alle hergestellten Erzeugnisse verteilt wird. Rückläufige Umsatzzahlen bei einem Erzeugnis lassen sich u.U. durch steigenden Umsatz bei anderen ausgleichen. Geht z.B. die Nachfrage nach PKW-Limousinen zurück, kann dies eventuell durch eine höhere Nachfrage nach Kombis oder Cabrios ausgeglichen werden.

Tiefe des Produktionsprogramms

Die Programmtiefe wird durch die **Anzahl der Fertigungsstufen** bestimmt, die ein Erzeugnis innerhalb einer Unternehmung durchlaufen soll. Je größer die Zahl der Be- oder Verarbeitungsstufen ist, desto tiefer ist das Produktionsprogramm.

Die Programmtiefe lässt sich vermindern, indem bestimmte Fertigungsstufen auf andere Unternehmungen übertragen werden. Der Anteil der Eigen- und Fremdfertigung wird hierdurch bestimmt.

So werden z.B. von Automobilwerken Teile wie Vergaser, Bremssysteme, Reifen, Sitzbezüge, Scheinwerfer und vieles andere mehr nicht mehr selbst erstellt, sondern von Zulieferern bezogen. Diese verfügen auf ihrem Spezialgebiet häufig über ein besseres technisches Know-how und können die gewünschten Teile kostengünstiger herstellen, da sie größere Stückzahlen produzieren.

2.2 Der zeitliche Rahmen der Programmplanung

Die Programmplanung einer Unternehmung spielt sich in unterschiedlichen zeitlichen Dimensionen ab. Man unterscheidet die langfristige (strategische), mittelfristige (taktische), und die kurzfristige (operative) Programmplanung.

Programmplanung		
langfristig strategische Programmplanung	**mittelfristig** taktische Programmplanung	**kurzfristig** operative Programmplanung
Produktfelder werden ausgewählt, die der Unternehmung ermöglichen langfristig einen angemessenen Gewinn zu erzielen. Die strategische Programmplanung ist die Rahmenplanung für die taktische und operative Planung. Der zukünftige Aktionsraum der Unternehmung wird in groben Zügen abgesteckt.	Die durch die strategische Programmplanung festgelegten Produktfelder (z. B. Produktfelder Sportwagen und Limousinen) werden in allen Varianten (z. B. Motorstärken, Motorarten, Farbe, Ausstattungsdetails) bestimmt. Auch die Programm- bzw. die Fertigungstiefe und das Qualitätsniveau werden durch die taktische Programmplanung festgelegt.	Sie legt für einen genau bestimmten Planungszeitraum (z. B. Jahr oder Monat) genau die Menge, Art, Serie usw. fest, die konkret zu fertigen ist. Anders als bei der strategischen und taktischen Programmplanung wird im Rahmen der operativen Planung ein präzise umrissener Fertigungsauftrag an die Produktionsabteilung erteilt.

Arbeitsvorschlag:

1. **Welche Aufgabe hat die Produktionsprogrammplanung?**
2. **Begründen Sie, warum die vorhandene Produktionskapazität einer Unternehmung ein wichtiger Einflussfaktor für die Produktionsprogrammplanung ist.**
3. **Welche Faktoren haben bei der Firma Audi AG die Fertigungsprogrammplanung für den neuen Autotyp beeinflusst?**

Betriebliche Entscheidungssituation Analysieren – informieren – diskutieren – entscheiden

Bei einer der wöchentlichen Sitzungen der Möbelbau GmbH werden von der Geschäftsleitung die Gründe für die Absatzrückgänge und mögliche Wege aus der Krise diskutiert. Während die Marketingabteilung fordert, in stärkerem Maße durch eine Erhöhung der Sortenvielfalt und das Eingehen auf Sonderwünsche von Kunden die Attraktivität des Produktionsprogrammes zu steigern, sieht der Produktionsleiter den einzig richtigen Weg darin, den Massenabsatz von einfachen Möbelstücken zu fördern, denn jede Sonderanfertigung koste mehr Geld als man von den Kunden durch Preisaufschläge verlangen könne.

1. Nennen Sie die grundsätzlichen Faktoren, welche die Planung eines Produktionsprogramms beeinflussen.
2. Erklären Sie, was man unter einem breiten und einem engen Produktionsprogramm versteht und welche speziellen Vor- und Nachteile sich damit jeweils verbinden.
3. Rollenspiel: Der technische und kaufmännische Leiter erhalten den Auftrag, in ihren Abteilungen in Arbeitsgruppen die aus ihrer Sicht jeweils richtigen Strategien zum Produktionsprogramm zu erörtern. Die wesentlichen Argumente sollen dann thesenartig zusammengefasst in einer gemeinsamen Konferenz vorgetragen werden. Am Schluss soll eine Entscheidung fallen. – Erarbeiten Sie in Gruppen die Eckpunkte der jeweils von einem Gruppensprecher vorzutragenden Argumentation. Wählen Sie einen Versammlungsleiter (Moderator) und versuchen Sie zu einer Entscheidung zu kommen, die möglichst von vielen getragen wird.
4. Die Möbelfabrik will in einem völlig neuen Produktions- und Absatzbereich Fuß fassen. Sie plant die Herstellung von Gartenmöbeln. Beschreiben Sie anhand des Produktfeldes Gartenmöbel die Wesensmerkmale der strategischen, taktischen und operativen Programmplanung.

2.3 Forschung, Entwicklung, Konstruktion

Situation

Ende der 70er-Jahre von Philips entwickelt, sollte die CD-Technik eine Verjüngungsquelle für einen stagnierenden Industriezweig darstellen. Hinter diesem völlig neuen Produkt steckt eine jahrelange konsequente Forschungs- und Entwicklungsarbeit, deren Kosten bei allen Herstellern insgesamt im dreistelligen Millionenbereich liegen dürften.

Bei Philips wurde zu Beginn des Jahres 1968 im Forschungslabor des Bereichs Optik ein neues Medium für Unterrichtszwecke gesucht. Die Qualität von Filmen sollte verbessert und ein neues Speichermedium gefunden werden. 1970 beendete man die Forschungsarbeit mit der Bildplatte, auf der aber nur Geräusche hörbar waren. Um Bilder zu erhalten, hätte ein Laser installiert werden müssen, der für diesen Zweck zu teuer war. Bis 1978 entwickelte Philips einen Prototyp der Laser-Vision, einer 12-Zoll-Bildplatte, die aber von VHS als Heim-Video-System zu starke Konkurrenz erhielt und sich deshalb nicht auf dem Markt durchsetzen konnte.

Das Interesse ging bei Philips daher wieder auf den Tonträger über. Ein Grund für die Forschung war auch, dass die Musikindustrie immer mehr darunter litt, dass Tonträger wie Musikkassetten leer gekauft und dann als „Raubkopie" überspielt wurden.

Es entstand ein Rennen in der Entwicklung zwischen Philips und der ebenfalls auf diesem Gebiet forschenden japanischen Firma Sony. Trotz des harten Wettbewerbs musste man frühzeitig einen gemeinsamen Standard festlegen, um die Kompatibilität der Geräte zu gewährleisten. Das zweite Problem war die Schallplattenindustrie, die zur Mitarbeit überzeugt werden musste. Im Mai 1982 wurden erstmals in Hannover, in der Fertigungsstelle der PolyGram, CD-Scheiben hergestellt.

Das neue System, bestehend aus CD-Spieler und CD-Platte, wurde schnell ein Markterfolg. In den ersten drei Jahren fand ein ständiger Wettlauf zwischen Verbrauchernachfrage und Produktion statt.

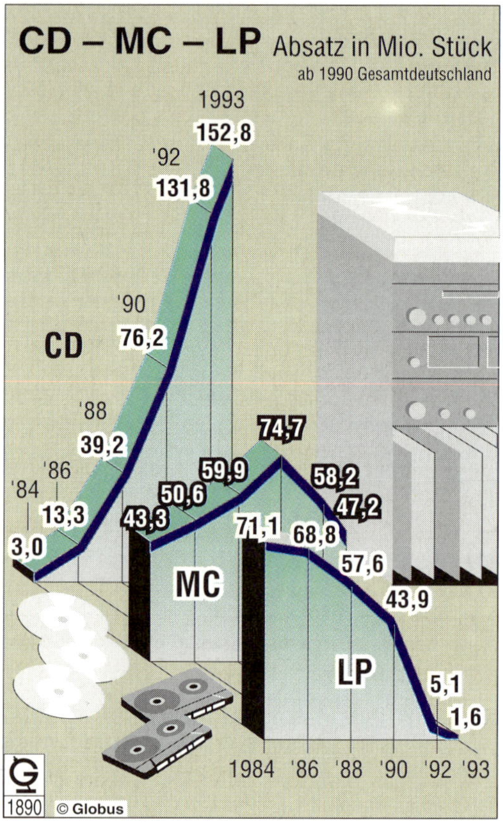

Der Absatz übertraf alle Erwartungen und die gute alte Schallplatte hatte nach den Absatzeinbußen durch die Einführung von Tonkassetten nun endgültig ausgedient. Zunächst war es fast unmöglich CDs zu kopieren. Mittlerweile sind auch hier Möglichkeiten vorhanden, die dem Markt neu zu schaffen machen. Die Forschungslabors der großen Elektronikkonzerne arbeiten an dem nächsten System.

in Anlehnung an: Hansmann, Industrielles Management, München 1994, Seite 74f.

?

- **Welche Ziele verfolgen Forschungs- und Entwicklungsarbeit und wie werden die Ergebnisse vor Produktionsbeginn umgesetzt?**

4001130L

Informationen

Unter **Forschung** versteht man das systematische Suchen nach Problemlösungen. Entsprechend ihrer Zielsetzung wird die Grundlagenforschung von der angewandten Forschung unterschieden.

Grundlagenforschung: In ihrer reinen Form dient sie dazu, naturwissenschaftliche Erkenntnisse zu erarbeiten. Sie ist nicht an dem Ziel einer praktischen Anwendbarkeit orientiert.

Angewandte Forschung: Sie ist auf ein bestimmtes Aufgabengebiet gerichtet. Die Ziele der angewandten Forschung bestehen darin, neue

- Materialarten und Produkte zu schaffen (Material- bzw. Produktforschung),
- Fertigungsverfahren zu erkunden (Verfahrensforschung),
- Verwendungsgebiete für bereits vorhandene Erzeugnisse zu ergründen (Anwendungsforschung).

In zunehmendem Maße wird die Forschung und Entwicklung nicht nur von wirtschaftlichen Fragen, sondern durch ökologische Vorgaben bestimmt.

In der Industrie wird vorwiegend angewandte Forschung betrieben. Träger der Grundlagenforschung sind insbesondere Hochschulen.

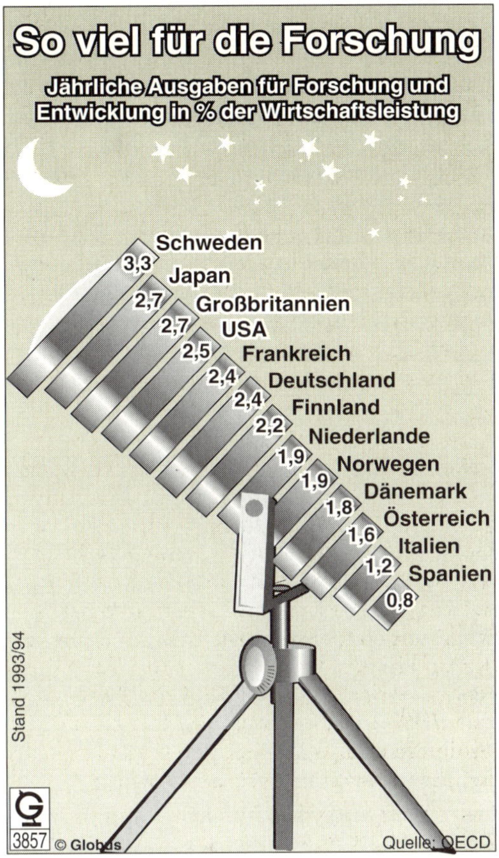

Die **Entwicklung** beinhaltet die Auswertung und Anwendung von Forschungsergebnissen. Sie knüpft damit an die Ergebnisse der angewandten Forschung an. Die Entwicklungstätigkeit kann sich, ebenso wie die angewandte Forschung, auf Materialarten, Erzeugnisse, Fertigungsverfahren und Anwendungsgebiete beziehen. Ihr Ziel besteht letztlich darin, die erforschten Projekte zur Fertigungsreife zu führen.

Zur Entwicklung gehört neben der **Neu- und Weiterentwicklung** (z.B. von Materialarten oder Erzeugnissen) die **Erprobung**. Hierbei werden die Ergebnisse der Entwicklungstätigkeit auf die an sie gestellten technischen Anforderungen hin geprüft (z.B. Erprobung der Reißfestigkeit eines Sicherheitsgurtes). Bei vielen Erzeugnisarten (z.B. Autos, Waschmaschinen) werden vor dem Beginn der Serienfertigung kleinere Mengen **(Nullserien)** erstellt, die speziell der Erprobung dienen.

Die Forschungs- und Entwicklungsarbeiten beinhalten auch viele technische Einzelheiten, die in geeigneter Weise darzustellen sind. Dazu dienen unter anderem technische Zeichnungen, die Konstruktionsergebnisse festhalten und als Grundlage für die Materialbeschaffung sowie die Herstellung herangezogen werden.

Auszug aus einer Urstückliste

1	Zylinderstift		12	5×30 DIN7 - St50K	
1	Spindelkopf	2030/11	11	Rd 30×25 DIN 1013-St42-1	
1	Druckfeder	2030/10	10	Draht 1,1×430B DIN 2076-A	
2	Buchsen	2030/9	9	Rund 30×28 DIN 1013-C35V	
1	Zylinderstift		8	5m6×35 DIN7-St50K	
1	Hebelstange	2030/7	7	Rund 10×80 DIN 668-9S20	
1	Spindel	2030/6	6	Welle 12×102 DIN 669-35S20	
1	Hakenklaue m.Fed.	2030/5	5	Flach 50×22×40 DIN 1077-C35	
1	Hakenklaue m. Nut	2030/4	4	Flach 50×22×32 DIN 1077-C35	
1	Scheibe	2030/3	3	Rund 22×5 DIN 668-9S20K	

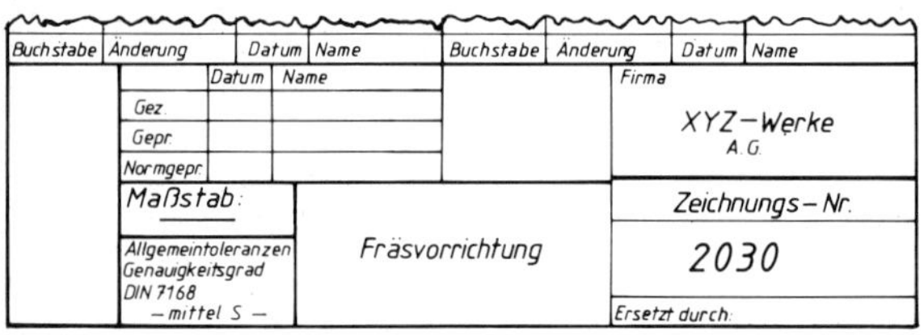

Beispiel einer Einzelteilzeichnung

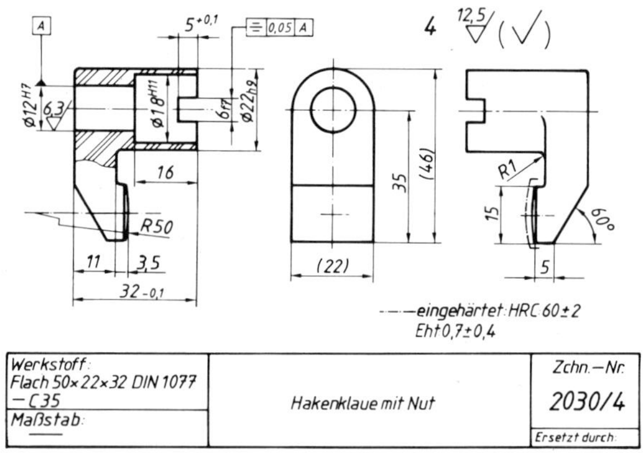

aus: Töpken/Zeffler, Zeichen für metallische Berufe, Winklers Verlag, Gebrüder Grimm, Darmstadt

Kürzere Produkt-Lebenszyklen und ein starker **Kosten- und Wettbewerbsdruck** erfordern auch von Konstrukteuren und Designern neue Arbeitsmethoden. Innerhalb kürzerer Zeit gilt es, Produktalternativen kostengünstiger darzustellen, als es mittels der herkömmlichen Zeichnungen, Skizzen oder auch Modellen möglich war. Viele Industriebetriebe bedienen sich daher der **CAD-Methode, wobei CAD** als Abkürzung für Computer Aided Design (computergestütztes Konstruieren) steht.

VIRTUAL REALITY

Dreidimensionale Bilder „zum Anfassen“

Das Zeitalter der Hochleistungsrechner ermöglicht es Konstrukteuren und Entwicklern, komplexe Vorgänge wie Crashsituationen oder Strömungen in und am Fahrzeug mit einem dreidimensionalen Datensatz darzustellen. Doch je mehr Informationen verarbeitet werden, desto stärker schränkt der zweidimensionale Bildschirm die Arbeit ein.

Bei Daimler-Benz setzt man deshalb jetzt auf Virtual Reality: Auf einer großen Mattscheibe ist mit bloßem Auge nur ein verschwommenes Bild zu erkennen. Durch eine Spezialbrille betrachtet, erhebt sich die Abbildung jedoch dreidimensional.

Mit einem Zeige- und Markierungsstift kann der Betrachter das virtuelle Bild „bearbeiten“, es drehen und zoomen, einzelne Bauteile verändern und so kritische Bereiche freilegen, was bei der Untersuchung von Crashvorgängen wichtig ist.

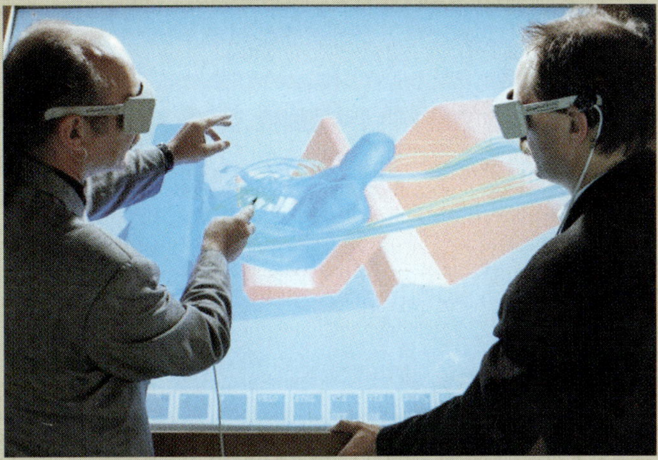

Virtuelle Realität im Einsatz: Aus dem Computerbild wird – durch eine Spezialbrille betrachtet – ein dreidimensionales Modell, zum Greifen nahe.
aus: HNA – Sonntagszeitung vom 16. Febr. 97 (Foto: Daimler-Benz)

Stücklisten

In einem Industriebetrieb sind nicht nur Fertigungsaufgaben, sondern auch eine Reihe von kaufmännischen Arbeiten (z.B. Beschaffung, Kalkulation, Terminplanung) auszuführen, die dem Fertigungsbeginn vorangehen. Hierfür sind die technischen Zeichnungen als Arbeitsgrundlage nicht geeignet. Es werden daher verschiedene Arten von Listen (Stücklisten) erstellt, die den kaufmännischen Anforderungen entsprechen.

Die Urstückliste (bzw. Gesamt- oder Konstruktionsstückliste) wird von dem Konstruktionsbüro anhand der technischen Zeichnungen erstellt. Sie ist eine Aufstellung aller Einzelteile, aus denen sich ein Produkt zusammensetzt. Die Urstückliste wird entweder in die Gesamtzeichnung aufgenommen oder bei Produkten mit vielen Einzelteilen getrennt von ihr erstellt.

Für die **Arbeitsvorbereitung** (siehe Seite 181 ff.) ist die nach konstruktionstechnischen Merkmalen aufgebaute Urstückliste nur bedingt brauchbar. Sie wird daher in verschiedene Stücklistenarten aufgelöst, die sich in **Aufbau- und Arbeitsstücklisten** einteilen lassen. **Aufbaustücklisten** informieren über Art und Menge von Baugruppen und Einzelteilen der herzustellenden Erzeugnisse. **Arbeitsstücklisten** dienen speziellen betrieblichen Aufgaben, so z.B. der Ermittlung des Materialbedarfs.

Arbeitsvorschlag:

1. **Unterscheiden Sie zwischen Grundlagen- und angewandter Forschung.**
2. **Welcher Zusammenhang besteht zwischen Forschung und Entwicklung?**
3. **Nennen Sie einige Faktoren, welche die Entwicklungsarbeit von Produkten beeinflussen.**

2.4 Rechtsschutz der Erzeugnisse

Situation

WALKMAN

Klagen bis in die dritte Instanz

Andreas Pavel hat vom Tüfteln die Nase voll. „Ich werde mich hüten noch was zu erfinden", sagt der 51-Jährige entnervt. Dabei war seine erste Idee gar nicht schlecht. Das tragbare Stereogerät, das der Industriellensohn 1977 zum Patent anmeldete, wurde als „Walkman" zwei Jahre später ein echter Verkaufsschlager. Über 140 Millionen der Stereozwerge hat der japanische Elektronikhersteller Sony inzwischen verkauft.

Doch gerade das macht Pavel so zornig. Denn trotz des Patents will Sony sein geistiges Eigentum nicht anerkennen. Seit 1989 prozessiert Pavel, der heute als Medienberater in Mailand arbeitet, gegen den Konzern – ohne Erfolg. Vor wenigen Wochen wurde seine Klage von einem Berufungsgericht abgewiesen. Die Richter entschieden, dass das Patent ungültig sei, weil die tragbare Stereoanlage keine Innovation, sondern nur eine normale Weiterentwicklung der Technik sei.

KONTRAHENTEN PAVEL, MORITA:
Streit um geistiges Eigentum

Pavel ist deshalb heute doppelt arm dran. Er musste nicht nur zusehen, wie Sony gute Geschäfte machte. Bei dem Prozess, der ihn seinen Angaben nach bisher rund 2,5 Millionen Mark kostete, büßte er auch noch sein gesamtes Privatvermögen ein. Statt umgerechnet rund 250 Millionen Mark Tantiemen und Schadenersatz zu kassieren, ist Pavel heute ein verschuldeter Mann.

aus: Wirtschaftswoche, Nr. 18, 25. April 1996, S. 130

?

- **Welche Möglichkeiten gibt es, um neu entwickelte Produkte rechtlich schützen zu lassen?**
- **Welche rechtliche Wirkung hat der Rechtsschutz der Erzeugnisse?**

Informationen

Jeder Erfinder hat das Recht, sein „geistiges Eigentum" schützen zu lassen, damit es nicht von anderen kostenlos nachgeahmt oder nachgebaut wird. Allerdings müssen – wie das obige Beispiel zeigt – einige Bedingungen erfüllt sein, weil die Grenze zwischen der „Weiterentwicklung einer Idee oder eines Produktes" zu etwas „völlig Neuem" oft fließend ist.

2.4.1 Patentschutz

Patente werden für Erfindungen erteilt. Eine Erfindung gilt als patentfähig, wenn sie neu und gewerblich anwendbar ist. Eine Erfindung wird als neu eingestuft, wenn sie eine wirkliche technische Innovation darstellt, die es in dieser Form bisher nicht gab.

Patentarten

Sach- oder Erzeugnispatent

Geschützt wird ein neues Erzeugnis

Beispiel:
wartungsfreier Benzinmotor

Verfahrenspatent

Geschützt wird ein neues Herstellungsverfahren

Beispiel:
Gewinnung von recyclingfähigen Holzspänen aus Sperrmüll

Ein Patent wird erst auf Antrag und nach umfangreicher Prüfung der erfinderischen Leistung durch das Patentamt erteilt. Unter fortlaufender Nummer wird es in die Patentrolle beim Deutschen Patentamt in München eingetragen und veröffentlicht. Möglich ist auch die Schutzwirkung auf Europa und andere Länder auszudehnen.

Die Schutzfrist selbst beträgt 18 Jahre. Nach dieser Zeit ist der Patentschutz abgelaufen. Jetzt kann auch ein Dritter die Idee verwerten.

Wenn ein Patentinhaber einem anderen das Nutzungsrecht einräumt, jedoch Eigentümer bleibt, spricht man von der Vergabe einer Lizenz. Sie kann bezüglich des Verbreitungsgebietes, der Benutzungsart, der Produktionsmenge oder der Zeit beschränkt werden.

Ein altes „Weltpatent“

Der Patent-Motor-Wagen „Benz“ aus dem Jahre 1883 war eines der ersten Patente, die in allen Industriestaaten der Welt angemeldet waren.

aus: PM, 3/1991, Seite 32

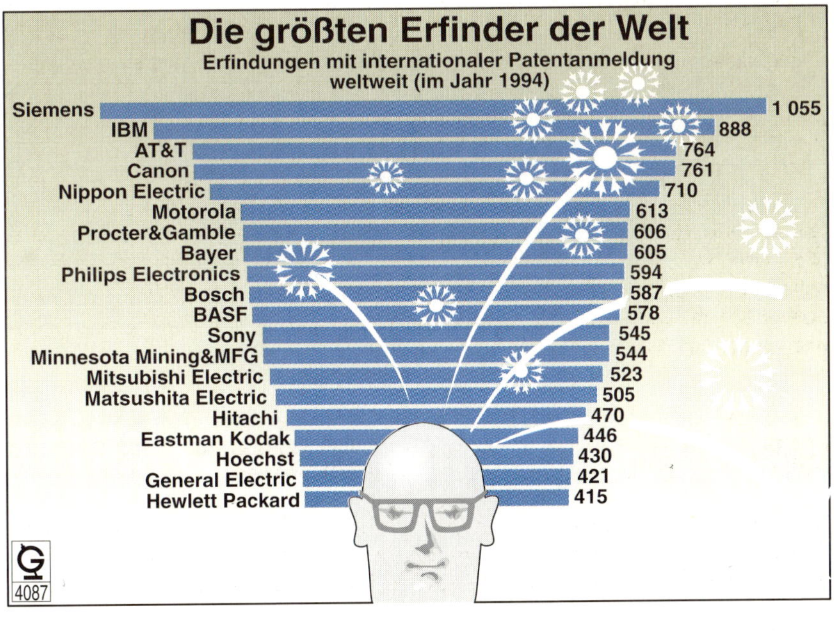

2.4.2 Markenschutz

Geschützt werden hierbei Marken- und Gütezeichen.

Markenzeichen: Sie stellen ein Kennzeichnungsmittel dar, um Waren oder Dienstleistungen einer Unternehmung von denen der Konkurrenz abzuheben. Eine markierte Ware nennt dem Käufer den Hersteller und soll ihm das Gefühl von höherer Qualität geben. Auch kann erst durch die Markierung der Käufer zum Stammkunden werden, da er immer wieder zu „seiner" Marke greift, um gleich bleibende Qualität zu haben. Letztlich ist die Namengebung eines Produktes durch die Marke Voraussetzung für gezielte Werbung. Eine Unternehmung muss daher verhindern können, dass andere Betriebe das gleiche oder eine täuschend ähnliche Marke verwenden. Daher wird das Warenzeichen durch Eintragung in die **Zeichenrolle** beim **Patentamt** geschützt. Mit der Eintragung hat der Inhaber die Möglichkeit seine Marke mit dem eingekreisten R (® für „registered trade mark") zu kennzeichnen. **Die Dauer dieses Schutzes beträgt zehn Jahre** und kann jeweils um diesen Zeitraum verlängert werden. Die einheitliche Bezeichnung „Marke" hat die früher üblichen Begriffe Warenzeichen und Dienstleistungsmarke abgelöst.

Markenzeichen können aus Buchstaben, Zahlen, Zeichen oder deren Kombinationen bestehen.

Beispiele

Gütezeichen: Sie sind nicht Zeichen eines einzelnen Unternehmens, sondern Gemeinschaftszeichen für Warengruppen einer bestimmten Branche. Sie werden von den jeweiligen Fachverbänden der Industrie und des Handwerks erarbeitet. Die beteiligten Unternehmen verpflichten sich einen bestimmten Qualitätsstandard einzuhalten. Das Deutsche Institut für Gütesicherung und Kennzeichnung e.V. (RAL) überwacht die Gütezeichen.

Beispiele

2.4.3 Musterschutz

Geschützt werden Gebrauchs- und Geschmacksmuster.

Gebrauchsmuster: Neugestaltungen, neue Anordnungen oder Vorrichtungen an Gebrauchsgegenständen oder Arbeitsgeräten, mit denen der Arbeits- oder Gebrauchsnutzen erhöht wird, können als Gebrauchsmuster geschützt werden. Diese werden bei dem Patentamt in die **Gebrauchsmusterrolle** eingetragen. Der **Schutz beträgt drei Jahre** und kann verlängert werden.

Geschmacksmuster: Sie beziehen sich auf die ästhetische Wirkung eines Produktes. Schutzfähig ist z.B. die geschmackliche oder künstlerische Ausführung von Stoffen, Tapeten, Gläsern und Teppichen. Geschmacksmuster sind gegen gewerbliche Nachbildung geschützt, wenn sie in das Musterregister beim Patentamt eingetragen werden. Die **Schutzfrist dauert zunächst 5 Jahre** und kann verlängert werden.

Trotz der rechtlichen Möglichkeit die eigenen Erzeugnisse bzw. deren Marke gegen missbräuchliche Handhabe zu schützen, ist der Schaden der Unternehmen durch Produktfälschungen sehr hoch. Von einem ungewöhnlichen Weg mit „Markenpiraten" umzugehen, berichtet der folgende Artikel:

Werben mit Fälschungen

Dass ihre Produkte massenhaft nachgemacht werden, als Plagiate in den Handel geraten und – dank ihrer schlechten Qualität – den guten Namen des Originals gefährden, treibt Markenartikler wie den Jeansproduzenten Levi's sonst auf die Palme. Doch jetzt wirbt der Hosenproduzent aus Heusenstamm sogar mit den Fälschungen.

Eine Printkampagne soll die Verbraucher für Fälschungen der 501-Levi's-Jeans sensibilisieren. Der offene Umgang mit dem Thema Plagiate ist neu: „Markenpiraterie als Werbethema ist schon deshalb heikel, weil es nur unterschwellig Werbung für uns ist und nicht einmal unser Produkt zeigt", so Gunther Rüttiger, Trade Marketing Manager bei Levi Strauss. Die Kampagne stammt von Start Advertising in München, die Idee jedoch von Levi's.

Levi's-Werbung mit Markenpiraterie: heikles Thema

„Gerade in Deutschland haben wir das Problem mit den Plagiaten viel krasser als zum Beispiel in den USA", erläutert Rüttiger – was auch daran liegen mag, dass die gleiche Jeans in Deutschland ein Vielfaches kostet.

aus: Wirtschaftswoche, Nr. 18, 25. April 1996, S. 138

2.4.4 Arbeitnehmererfindungen

Viele Unternehmen haben noch nicht erkannt, welch großes Potenzial sich in den Arbeitnehmern verbirgt. „Jemand, der Tag für Tag bestimmte Tätigkeiten verrichtet, der nicht nur die Stärken, sondern aus eigener Erfahrung auch die Schwachstellen von Betrieb und Produkten kennt, ist wie geboren für Verbesserungsvorschläge", so der Geschäftsführer eines mittelständischen Autozulieferers.

Tatsächlich wird eine Vielzahl von Erfindungen von den Arbeitnehmern eines Betriebes gemacht. Die rechtliche Grundlage für diesen Bereich ist das Gesetz für Arbeitnehmererfindungen (ArbnErfG). Zu unterscheiden sind verschiedene Arten dieser Erfindungen.

Arten der Arbeitnehmererfindungen

1. Diensterfindungen

Sie werden während der Zeitdauer des Arbeitsverhältnisses gemacht. Die Erfindungen beruhen auf Erfahrungen, die der Arbeitnehmer im Betrieb gewonnen hat. Das allgemeine Nutzungsrecht der Erfindung steht daher dem Arbeitgeber zu. Dieser ist verpflichtet eine angemessene Vergütung zu zahlen und die Erfindung rechtlich schützen zu lassen.

2. Freie Erfindungen

Auch sie sind während der Zeitdauer des Arbeitsverhältnisses entstanden. Sie beruhen aber nicht direkt auf den am Arbeitsplatz gewonnenen Erfahrungen. Freie Erfindungen sind dem Arbeitgeber gegen eine Vergütung zur Nutzung anzubieten.

3. Verbesserungsvorschläge

Auch diese sind zu vergüten, wenn sie vom Arbeitgeber verwendet werden. Einzelheiten hierzu können sich auch aus Tarifverträgen und speziellen Betriebsvereinbarungen ergeben.

Arbeitsvorschlag:

1. **Begründen Sie, warum der Anspruch von Herrn Pavel, der eigentliche Erfinder des Walkmans zu sein, gerichtlich nicht anerkannt wurde?**
2. **Was bedeutet die Aussage: „Eine Maschinenfabrik stellt Fräsmaschinen in Lizenz her"?**
3. **In der Designabteilung eines Autoherstellers wurden in den letzten Wochen sehr originelle Sitzbezüge für einen neu auf den Markt kommenden Sportwagen entworfen. Was müsste von der Rechtsabteilung unternommen werden, um das Aussehen der Bezugsstoffe gegen gewerbliche Nachahmungen zu sichern?**
4. **Unterscheiden Sie zwischen einem Erzeugnis- und einem Verfahrenspatent.**
5. **Die drei Elektronikingenieure Ingel, Bertram und Wachinger haben gemeinsam ein neuartiges Faxgerät in Kompaktform entwickelt, das sie unter folgendem Warenzeichen auf den Markt bringen wollen. Beurteilen Sie ihr Vorhaben aus rechtlicher Sicht.**

IBW

6. **Beschreiben Sie den Unterschied zwischen Waren- und Gütezeichen und nennen Sie Beispiele.**
7. **Was hofft der Textilhersteller von Levi's durch seine Werbekampagne zu erreichen?**
8. **Diskutieren Sie über den Aussagegehalt der folgenden Karikatur.**

aus: Computer 7-8/96, S. 61, Bund-Verlag

2.5 Die Umweltverträglichkeit von Produkten

Situation

Ein Beispiel aus der Praxis: Umweltschutz in einem großen Industriebetrieb.

Immissionsschutz, Luftreinhaltung
- Einsatz umweltverträglicher Lacktechnologien wie Wasser- und Pulverlackierung
- Verwendung moderner Filteranlagen

Immissionsschutz, Schall-/Erschütterungsschutz
- Immissionsprognosen und Schallschutzplanung für Industriebauten
- Verkehrskonzepte bei Logistikvorgängen

Datenbank umweltrelevanter Stoffe (ZEUS)
- Beurteilen von Stoffen
- Störfallbetrachtung

Abfallwirtschaft
- Erarbeiten und Einführen von Abfallwirtschaftskonzepten
- Reduzieren der Abfallmengen
- Abfallsortierung und Wiederverwertung von Reststoffen

Genehmigungsplanung
- Durchführung von Genehmigungsverfahren nach Immissionsschutz-, Wasser-, Abfall- und Gewerberecht

Wasserwirtschaft
- Reduzieren des Wasserverbrauchs (z.B. Kreislaufführung)
- Einsatz neuester Technologien zur Abwasserreinigung
- Kontrolle der Werkskanalisation zum Schutz des Grundwassers

Naturschutz
- Begrünungs- und Ausgleichsmaßnahmen bei Bauvorhaben
- Ökologisch sinnvolle Einbindung der Werksgelände in die Landschaft

Energietechnik
- Umsetzen von Konzepten zur optimalen Nutzung von Primärenergie (Blockheizkraftwerk)
- Einsatz umweltverträglicher Energieträger
- Durchführung von Maßnahmen zur Energieeinsparung und Abwärmenutzung

Bodenschutz
- Ausschöpfen aller technischen und organisatorischen Maßnahmen zur Vermeidung von Bodenverunreinigungen
- Untersuchung auf Altlasten vor Grunderwerb für neue Standorte

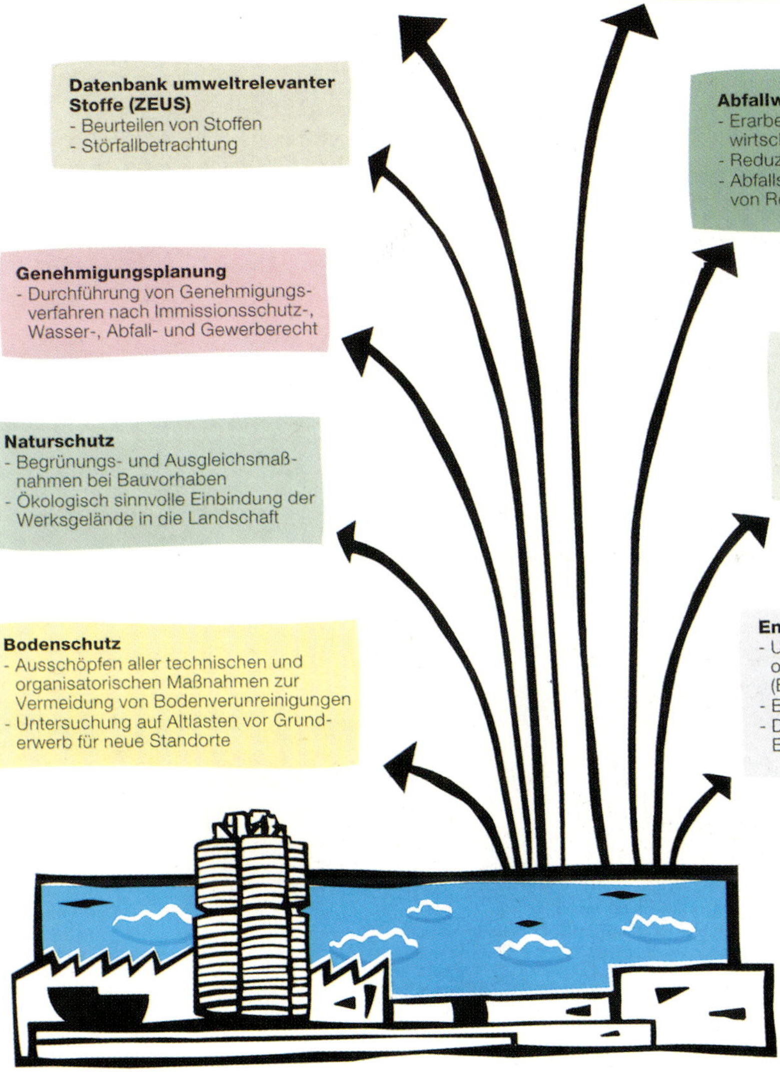

aus: BMW AG,
Aktuelles Lexikon 1993, S. 6

?

- **Welche Ansatzpunkte gibt es für den Umweltschutz in einem Industriebetrieb?**
- **Welche Recyclingarten lassen sich unterscheiden?**

Informationen

2.5.1 Ansatzpunkte des Umweltschutzes

Produktionsprozesse sind ohne eine Beanspruchung der Umwelt nicht denkbar. Wollte man einen konsequenten Umweltschutz betreiben, müssten hierzu die Produktionsprozesse gänzlich eingestellt werden. Da die Wirtschaft die Versorgungsfunktion für die Menschen dann nicht mehr wahrnehmen könnte, bleibt ein totaler Umweltschutz eine Illusion. Denkbar und notwendig ist aber, die Umweltbelastungen möglichst gering zu halten und schon eingetretene Umweltschädigungen zu vermindern. Ein Überblick über die Umweltauswirkungen einer industriellen Produktion ist der nachstehenden Abbildung zu entnehmen.

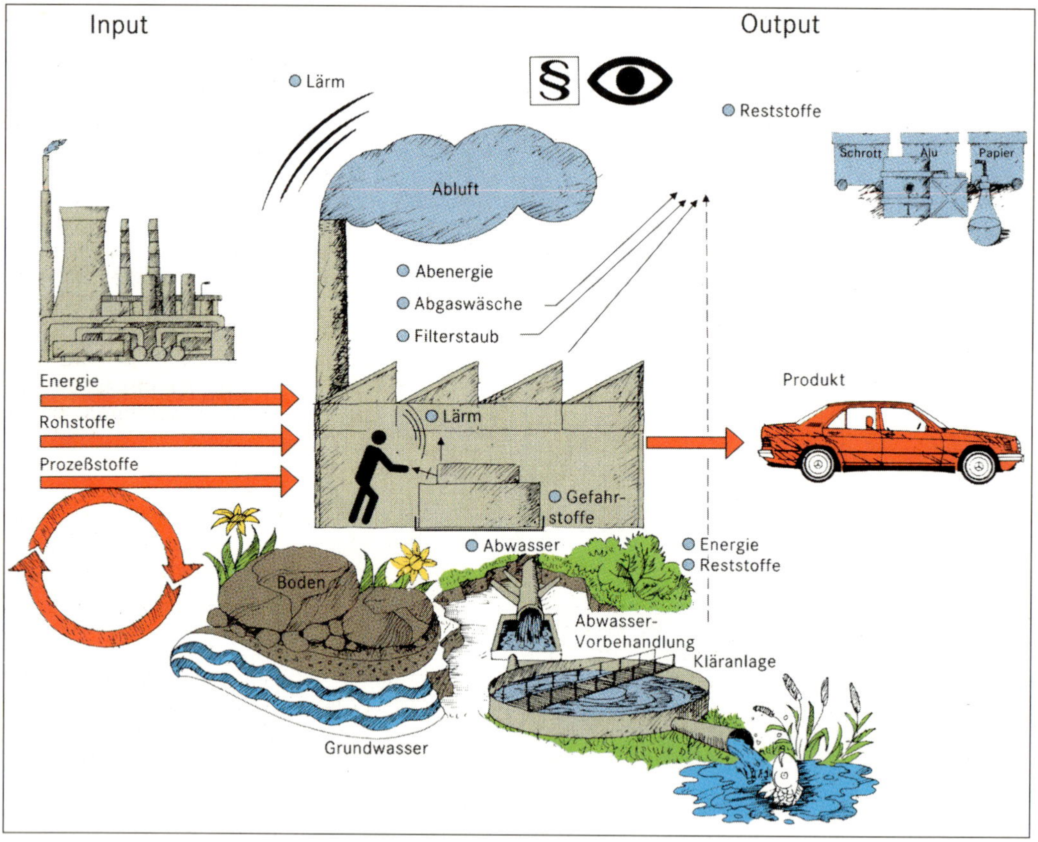

aus: Mercedes-Benz AG (Hrsg.), Umwelterklärung Standort Untertürkheim 1996, S. 5

Umweltschutz war noch vor einem Jahrzehnt eher eine unternehmerische Pflichtaufgabe. Mehr und mehr erkennt man heute aber auch das freiwillige Bestreben von Industrie, Handwerk und Handel etwas zur Vermeidung von Umweltschäden beizutragen. Ob es sich um ressourcenschonende Herstellungsverfahren, Kosten und Material sparende Produktionsprozesse, die Rücknahme und Wiederverarbeitung von Transportbehältern und Verpackungen oder den Einbau von Rauchentschwefelungsanlagen handelt, es wird deutlich sichtbar, dass der „Funke des ökologischen Bewusstseins" übergesprungen ist.

Ein aktiver Umweltschutz im industriellen Sektor lässt sich durch die folgenden Eigenarten beschreiben:

- **Umweltschonende Produktgestaltung:** Produkte gelten als umweltverträglich, wenn bei ihrer Produktion, ihrer Nutzung und auch ihrer Entsorgung eine vergleichsweise geringe Umweltbelastung verursacht wird. Belastende Wirkungen für die Umwelt gehen vor allem von der stofflichen Zusammensetzung der Produkte aus. Auch die entstehenden Rückstände, die sich bei einer späteren Entsorgung ergeben, werden maßgeblich von den verwendeten Stoffen bestimmt. Wenn es gelingt, diese zu recyceln, kann sich der Verbrauch an natürlichen Ressourcen erheblich vermindern. Schon bei der Entwicklung sollte die Entsorgung der Produkte aber mitbedacht und keine Materialien verplant werden, die in absehbarer Zeit nicht recycelt werden können.
- **Umweltschonendes Fertigungsprogramm:** Art und Menge der tatsächlich hergestellten Erzeugnisse finden ihren Ausdruck in dem Fertigungsprogramm. Eine Unternehmung, die sich entschließt nur die Erzeugnisse aus ihrer Produktpalette in grösseren Mengen herzustellen, die eine geringere Umweltbelastung verursachen, leistet einen aktiven Beitrag zum Umweltschutz.
- **Umweltschonende Gestaltung der Produkt-Lebensdauer:** Die Lebensdauer eines Produktes wird ausgedrückt durch seine tatsächliche Gebrauchsdauer. Werden Produkte nach ihrem Verschleiß für andere Zwecke noch verwendet (z. B. ausgediente Autoreifen auf Kinderspielplätzen), so verlängert sich hierdurch die Nutzungszeit. Die durch die Produktion und Entsorgung des Produkts verursachten Umweltbelastungen werden so auf einen längeren Zeitraum verteilt. Eine längere Produktlebensdauer bewirkt schließlich auch, dass die umweltbelastende Ersatzproduktion erst zu einem späteren Zeitpunkt stattfinden muss.
- **Umweltschonende Verfahrensgestaltung:** Bei der Güterherstellung können die Betriebe im Normalfall zwischen alternativen Fertigungsverfahren wählen. Die Verfahrenswahl wirkt sich auch meistens auf die Höhe der Umweltbelastung aus. Eine umweltbeeinflussende Verfahrenswahl haben Betriebe aber auch hinsichtlich der Lagerung und des Transports zu treffen. Werden z. B. die gestellten Erzeugnisse mit der Bahn statt mit LKWs zu den Kunden transportiert, ist dies auch ein Beitrag zum Umweltschutz.
- **Auswahl von umweltschonenden Einsatzstoffen:** Durch die Wahl der Einsatzstoffe kann ein Industriebetrieb beeinflussen, ob gefährliche Substanzen in bestimmten Mengen die Umwelt belasten. So z. B. das Schwermetall Cadmium, ein besonders giftiger Einsatzstoff, dessen Verwendung in manchen Ländern verboten wurde. Über die Auswahl der Einsatzstoffe kann auch ein wichtiger Beitrag zur Ressourcenschonung geleistet werden. Würde es z. B. gelingen, verstärkt Methanol statt Benzin als Antriebsenergie für Fahrzeuge zu verwenden, könnte man das knappe Rohöl in größeren Mengen für kommende Generationen reservieren.
- **Standortverlagerung:** Manchmal wird auch die Standortverlagerung als Instrument zur Umweltbelastung einer bestimmten Region gesehen. Wird das belastende Technologiepotenzial bei dem Standortwechsel beibehalten, so wird die Umweltbelastung nur verschoben und nicht vermindert. Nicht selten sind es strengere Umweltauflagen, die Betriebe veranlassen ihren Standort aus Kostengründen in Gegenden zu verlagern (so z. B. in Entwicklungsländer), wo der Umweltschutz großzügiger gehandhabt wird. Gelegentlich wird sogar von solchen Ländern mit dem Argument von geringen Umweltauflagen in ihrem Staatsgebiet geworben. (Vgl. Schweitzer, M., Industriebetriebslehre, München 1990, S. 727 ff.)

2.5.2 Recycling

Das Recycling von Erzeugnissen macht es möglich, ihren Weg über die Produktion, den Gebrauch und die Entsorgung im Idealfall kreislaufmäßig zu schließen.

Einen Überblick der verschiedenen Arten von Umweltbelastungen während eines Produktlebenszyklus vermittelt die folgende Übersicht.

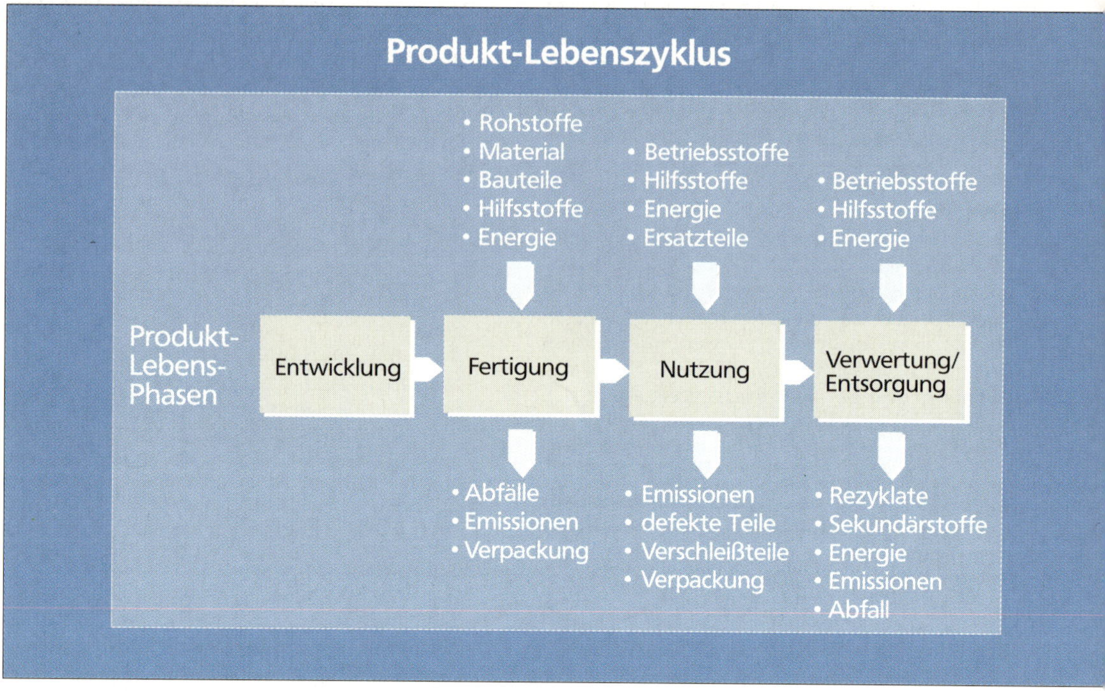

aus: ZVEI (Hrsg.), Die Elektroindustrie im Zeichen der Globalisierung, Tätigkeitsbericht 1996, S. 49

Entsprechend der Stellung von Produkten in ihrem Lebenszyklus sind drei verschiedene Recyclingarten zu unterscheiden:

- **Produktionsabfall-Recycling:** Produktionsabfälle sind Reststoffe, die vor allem in der Rohstoff erzeugenden und auch in der verarbeitenden Industrie während des Herstellungsprozesses anfallen. Dazu zählen z. B. Stanzabfälle oder auch Metallspäne. Als „Kreislaufschrott" sind sie problemlos zur Wiederverwertung geeignet.

- **Altstoff-Recycling:** Ein immer größer werdender Anteil von ausgedienten Produkten wird dem Altstoff-Recycling zugeführt. Vor allem Anlagen zur Verarbeitung von Massenschrott sind hier zu finden. So werden z. B. ausgediente Kraftfahrzeuge oder metallhaltige Haushaltsgroßgeräte in nur wenigen Sekunden durch diese Schredderanlagen in faustgroße Stücke zerkleinert. Anschließend werden die einzelnen Stoffarten getrennt, um dann wieder verwendet zu werden. Nicht nur von metallischen Werkstoffen, sondern auch von vielen Kunststoffen (z. B. Computergehäusen) ist inzwischen eine Recycling möglich.

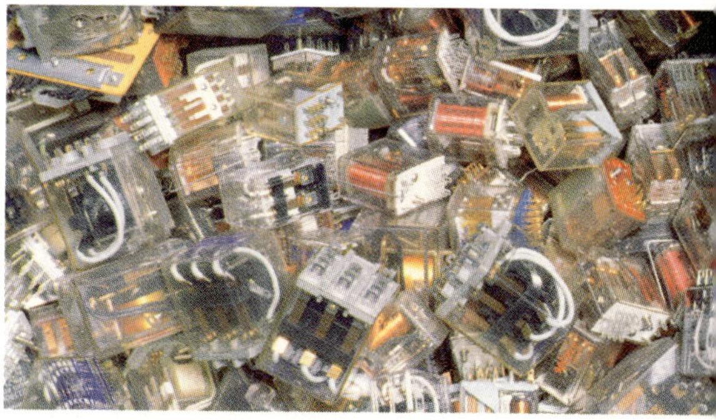

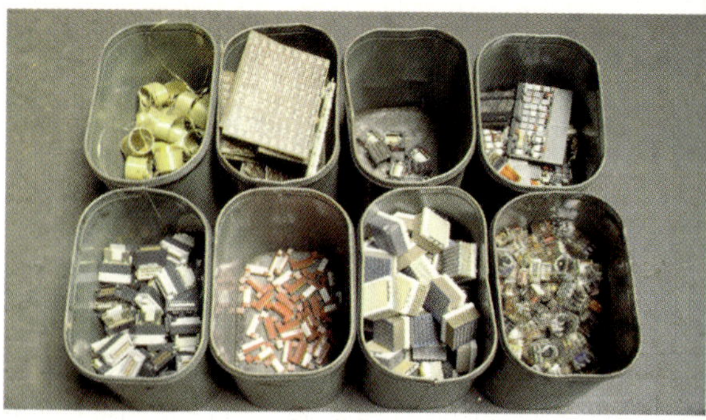

Die bei der Demontage von ausgedienten Computern anfallenden Materialien werden nach Wiederverwertbarkeit getrennt.
Fotos: IBM

- **Recycling beim Produktgebrauch:** Hierbei besteht das Ziel darin, ein bereits genutztes Produkt weiter zu verwenden. So werden z. B. von Computerherstellern seit einigen Jahren gebrauchte Geräte zurückgenommen. Falls möglich erfolgt eine technische Hochrüstung und eine anschließende Wiedervermarktung. Ist der erneute Einsatz des gesamten Gerätes nicht mehr möglich, werden von vielen Herstellern die wieder verwertbaren Teile ausgebaut. Sie werden anschließend als gebrauchte Teile vermarktet oder aber intern verwertet.

WIEDERVERMARKTUNG UND RECYCLING

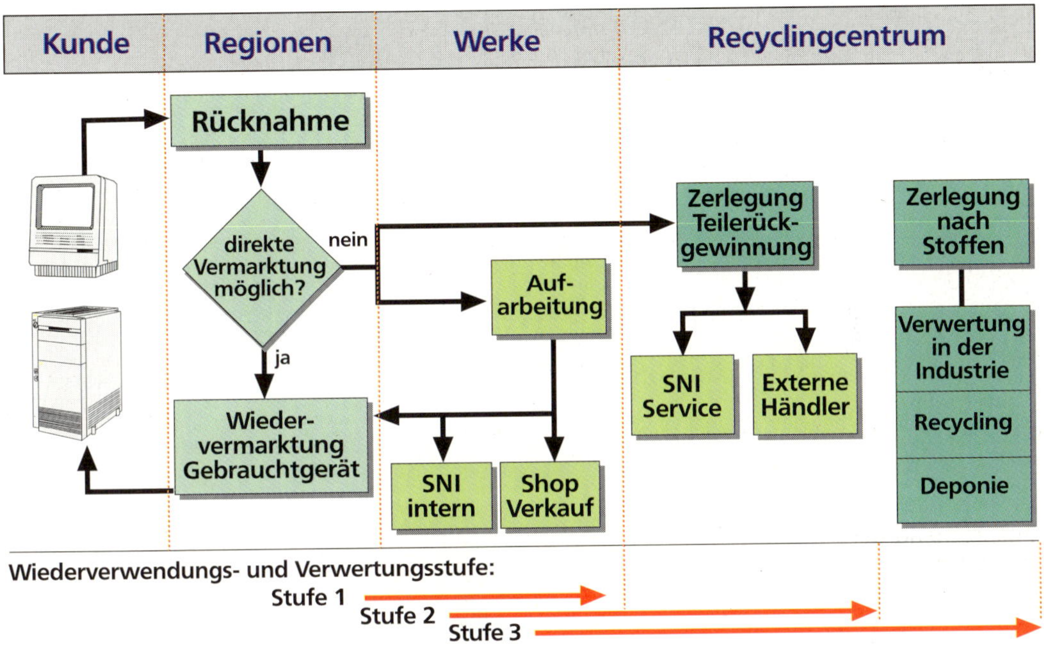

aus: Siemens-Nixdorf (Hrsg.), Umweltschutz ein Unternehmensziel, o. J., S. 12

2.5.3 Die Produktgesamtkosten: eine ganzheitliche Kostenbetrachtung

Eine ganzheitliche Kostenbetrachtung interessiert sich nicht nur für die Höhe der Produktionskosten. Auch die Gebrauchs- und Entsorgungskosten sollten mit erfasst werden. Wie das nachstehende Schaubild verdeutlicht, sind die durch das Produkt verursachten Kostenbelastungen in den jeweiligen Produkt-Lebensphasen sehr unterschiedlich.

Die Kosten für eine umweltgerechte Entsorgung, die ein möglichst weitgehendes Recycling verlangt, werden in der Zukunft ganz beträchtliche Summen ausmachen. Bereits heute ist es z. B. so, dass das Recycling von Fluorchlorkohlenwasserstoffen (FCKW) aus Kühlschränken und Gefriertruhen 12,5 % der Produktgesamtkosten beträgt. Durch die gesetzliche Verpflichtung, die immer mehr Herstellern eine Rücknahmeverpflichtung für ihre Produkte auferlegt, werden ihm die Entsorgungskosten angelastet. Eine Weitergabe an den Verbraucher ist wahrscheinlich.

Ziel einer zukünftigen Produktherstellung sollte es daher sein, ein gemeinsames Minimum aller Kosten in den einzelnen Produkt-Lebensphasen zu erreichen. Neben dem Ziel die Produktionskosten zu senken, sollten auch die Gebrauchskosten von Produkten (z. B. Senkung der Benzinkosten durch Leichtbauweise bei Autos) und die Entsorgungskosten möglichst gering sein.

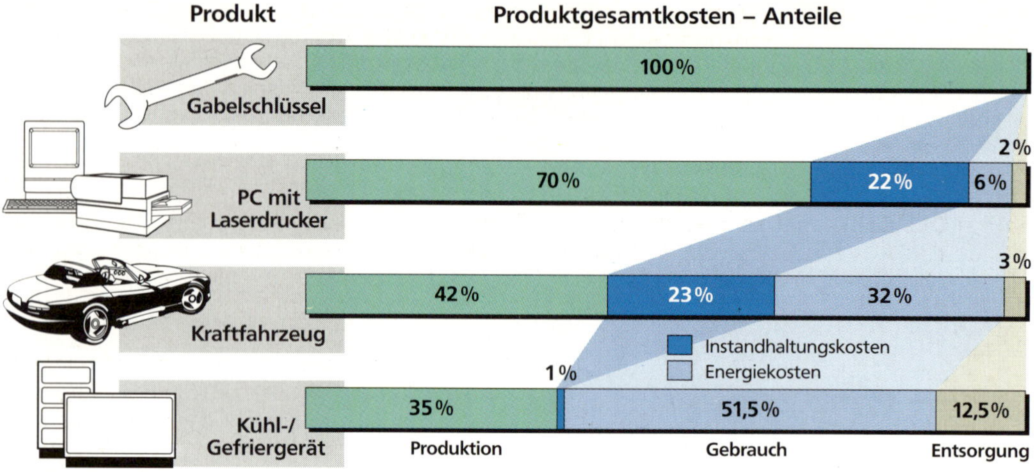

nach: Warnecke, H. J., Der Produktionsbetrieb 3, Stuttgart 1992, S. 279

Arbeitsvorschlag:

1. Diskutieren Sie den Leitsatz: „Nur derjenige handelt wahrhaft ökonomisch, der sich auch ökologisch verhält" aus der Sicht der Unternehmer, Politiker und Bürger.
2. Nennen Sie betriebliche Maßnahmen, die einer umweltschonenden Leistungserstellung dienen.
3. Früher warf man sowohl Konsumenten als auch Produzenten vor, sie handelten nach der Devise „vergraben – verbrennen – vergessen". Heute geht es verstärkt um das Prinzip: „vermeiden – verringern – verwerten". Erläutern Sie die Unterschiede und versuchen Sie herauszufinden, inwieweit sich diesbezüglich auch in Ihrem Ausbildungsbetrieb ein Wandel vollzogen hat und welche weiteren umweltschonenden Ansätze noch verfolgt werden können oder umgesetzt werden sollten.
4. Beschreiben Sie die Zielsetzung einer ganzheitlichen Kostenbetrachtung.
5. Zeigen Sie an einem Beispiel den Einfluss auf, den Konstrukteure auf die Kostenhöhe in den einzelnen Produkt-Lebensphasen haben.
6. Diskutieren Sie den Aussagegehalt der beiden Karikaturen.

4001144L

Die Kosten im Industriebetrieb

Situation

„Wenn nicht bald etwas passiert", so Gesellschafter Eckhard Roll von der Fahrradfabrik ROLL OHG, „gehen hier die Lichter für immer aus!" Nach längerer Diskussion wurde man sich einig: In der Fertigungsstelle Rahmenbau muss dringend etwas geschehen.

An die Tatsache, dass man preislich mit den Angeboten der ausländischen Billiganbieter nicht mithalten konnte, hatte man sich inzwischen gewöhnen müssen. Seitdem aber der Qualitätsstandard der Importware den eigenen Markenrädern immer ähnlicher wurde, bestand auch für die ROLL OHG akuter Handlungsbedarf. Das höhere Preisniveau auch zukünftig am Markt durchzusetzen, erschien nur möglich durch die Verwendung eines stärker belastbaren Rahmenmaterials und einer gewichtssparenden Konstruktion. Um diese Produktverbesserung zu verwirklichen, war es notwendig, das Schweißverfahren auf den technisch neuesten Stand zu bringen. Von den eingeholten Angeboten kamen schließlich zwei in die engere Wahl. Die Unternehmensleitung stand vor der Aufgabe, sich für das kostengünstigste Verfahren zu entscheiden.

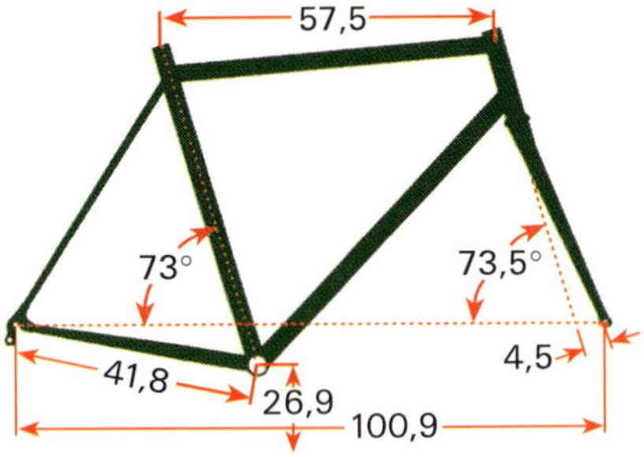

Verfahren I

Kostenmerkmale:
- monatliche fixe Kosten der Fertigungsstelle Rahmenbau 20.000,00 DM
- variable Kosten pro Rahmen 70,00 DM

Verfahrensmerkmale:
- maschinell ausgerichtete Fertigung
- hoher Anteil menschlicher Arbeitskraft

Verfahren II

Kostenmerkmale:
- monatliche fixe Kosten der Fertigungsstelle Rahmenbau 45.000,00 DM
- variable Kosten pro Rahmen 60,00 DM

Verfahrensmerkmale:
- teilweise automatisierte Arbeitsgänge
- geringer Anteil menschlicher Arbeit

	Kostenentwicklung Verfahren I (in DM)				Kostenentwicklung Verfahren II (in DM)			
Ausbringungsmenge in Stück je Monat	fixe Kosten	variable Kosten	Gesamtkosten	Stückkosten	fixe Kosten	variable Kosten	Gesamtkosten	Stückkosten
500	20.000,00	35.000,00	55.000,00	110,00	45.000,00	30.000,00	75.000,00	150,00
1000	20.000,00	70.000,00	90.000,00	90,00	45.000,00	60.000,00	105.000,00	105,00
1500	20.000,00	105.000,00	125.000,00	83,33	45.000,00	90.000,00	135.000,00	90,00
2000	20.000,00	140.000,00	160.000,00	80,00	45.000,00	120.000,00	165.000,00	82,50

?

- **Was versteht man unter Kosten?**
- **Welcher Unterschied besteht zwischen fixen und variablen Kosten sowie Gesamt- und Stückkosten?**
- **Wie verhalten sich Kosten bei einer Beschäftigungsänderung?**
- **Zu welchem Verfahren würden Sie der Fahrradfabrik ROLL OHG raten?**

Informationen

2.6.1 Der Kostenbegriff

Einer der am häufigsten gebrauchten Begriffe in der wirtschaftlichen Fachsprache ist der Kostenbegriff. Aber auch in den täglichen Informationen von Zeitungen, Rundfunk und Fernsehen taucht das Wort „Kosten" sehr häufig auf. Und wenn man sich im Alltagsgespräch z. B. über die hohen Betriebskosten für ein Auto beklagt, wird der Begriff auch wie selbstverständlich verwendet.

Kosten in der wirtschaftlichen Fachsprache:

Kosten sind der bewertete Verbrauch von Gütern und Dienstleistungen, welcher der Erstellung von betrieblicher Leistung dient.

Welches sind die einzelnen **Merkmale** des Kostenbegriffs?

Auszug aus einer Rechnung an die ROLL OHG:

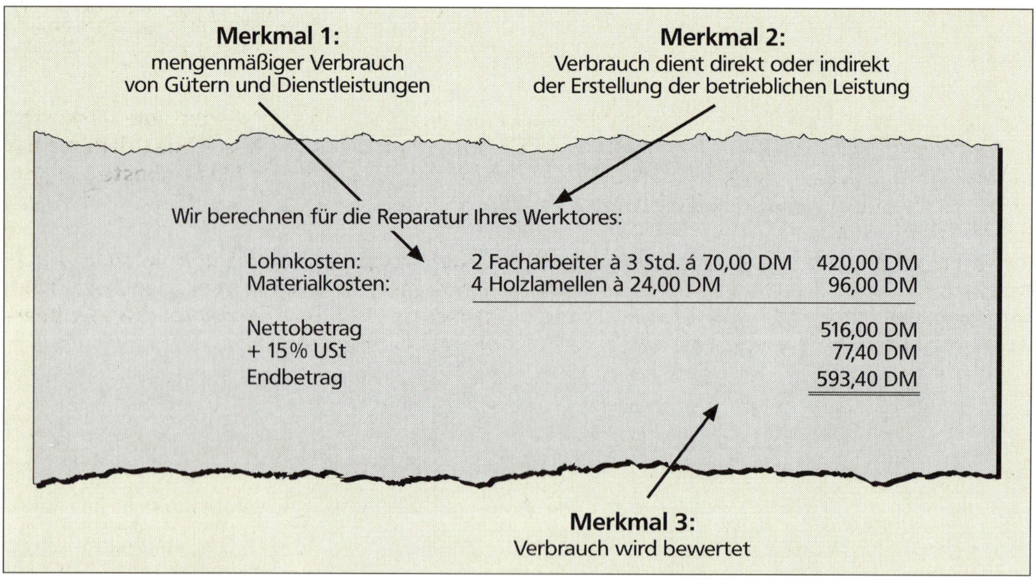

2.6.2 Fixe Kosten und das Gesetz der Massenproduktion

Fixkosten sind unabhängig von der Produktionsmenge. Fixe Kosten fallen als fester Bestandteil der Produktion immer an. Dies ist z. B. der Fall bei Mieten, Versicherungen, Gehältern oder Abschreibungen. Viele fixe Kosten lassen sich aber mittel- oder langfristig auch abbauen oder zumindest teilweise einer veränderten Absatz- oder Umsatzsituation anpassen (z. B. Kündigung von Versicherungs- oder Arbeitsverträgen, Verkauf von nicht genutzten Maschinen usw.).

Werden fixe Kosten durch die Ausbringungsmenge dividiert, ergeben sich die Fixkosten pro Stück, die bei steigender Ausbringungsmenge ständig abnehmen. Die zeichnerische Darstellung der fixen Stückkosten zeigt einen degressiven Kurvenverlauf.

Ausbringungsmenge (Stück)	a) fixe Gesamtkosten (DM)	b) degressive Stückkosten (DM)
500	20.000,00	40,00
1000	20.000,00	20,00
1500	20.000,00	13,33
2000	20.000,00	10,00
2500	20.000,00	8,00

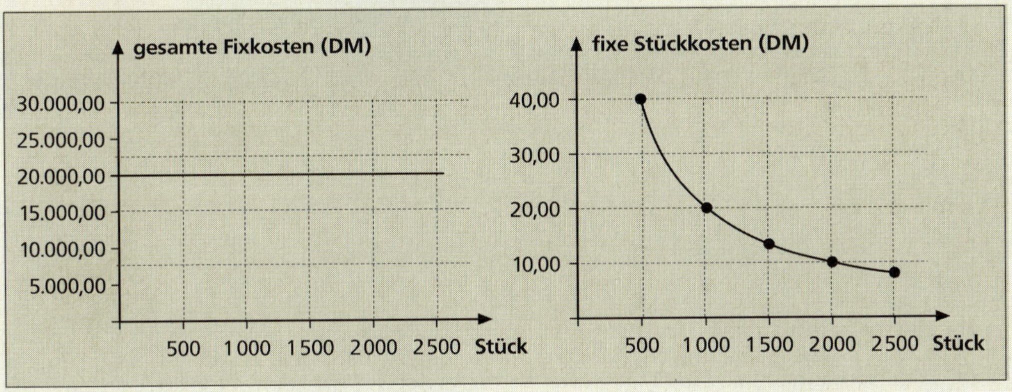

Von den unternehmensfixen Kosten sind solche Fixkosten zu unterscheiden, die abhängig sind vom Einsatz der Betriebsmittel. Werden z. B. Maschinen in Betrieb genommen, so haben die hierdurch verursachten Fixkosten die Eigenschaft innerhalb eines bestimmten Beschäftigungsintervalls unabhängig von der Ausbringung zu sein. Wird die Beschäftigung überschritten und eine weitere Maschine in Betrieb genommen, steigen die Fixkosten sprunghaft an. Man bezeichnet daher diese Art von Fixkosten als **Sprungkosten** (intervallfixe Kosten).

In dem folgenden Zahlenbeispiel wird unterstellt, dass auf jeder Fräsmaschine der ROLL OHG nur 1000 Stück eines Werkstücks bearbeitet werden können.

	Ausbringungsmenge (Stück)	a) sprungfixe Gesamtkosten (in DM)	b) sprungdegressive Stückkosten (in DM)
Maschine 1	100 600 1 000	3.000,00 3.000,00 3.000,00	30,00 5,00 3,00
Maschine 2	1 001 1 600 2000	6.000,00 6.000,00 6.000,00	5,99 3,75 3,00
Maschine 3	2 001 2 600 3 000	9.000,00 9.000,00 9.000,00	4,50 3,46 3,00

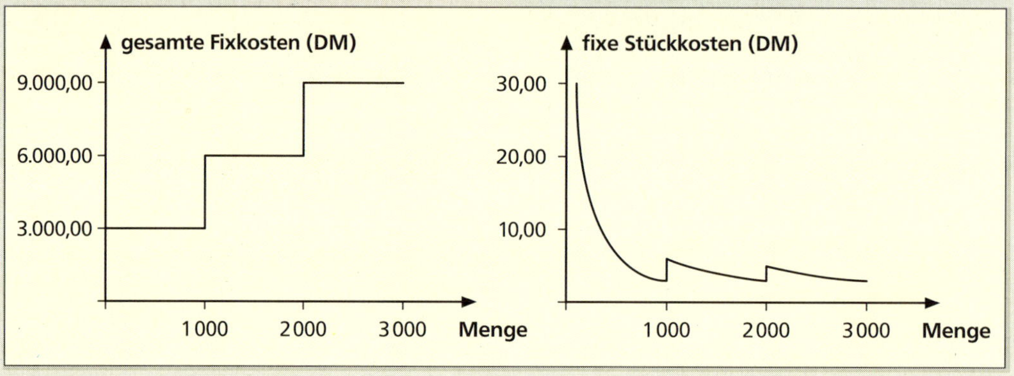

Gesetz der Massenproduktion

Die fixen Kosten bleiben zwar konstant, aber die fixen Kosten pro Stück verändern sich mit der Ausbringungsmenge.

Je höher die Kapazitätsauslastung und die Ausbringungsmenge, desto geringer werden die fixen Kosten pro Stück.

Dies bezeichnet man als das „Gesetz der Massenproduktion". Diese Art des Kostenverhaltens machen sich insbesondere Großunternehmen bei der Herstellung von Massengütern zunutze. Aber das „Gesetz" gilt für jeden Produzenten, der eine Entscheidung über den Kauf einer Maschine oder der Errichtung einer Betriebsstätte zu treffen hat. Sind die Kosten nämlich einmal da, kann sich das Blatt auch schnell wenden, wenn die Kapazitäten nicht mehr so gut oder schlechter als geplant ausgelastet werden können. Dann kehrt sich die Fixkostendegression nämlich um. Zu den ohnehin schwierigen Absatzbedingungen kommen auch noch höhere Fixkostenbelastungen pro Einheit, sodass die Preiskalkulation weiter erschwert wird.

Je höher der Fixkostenanteil, desto schneller steigen die Stückkosten und je eher werden Verluste erwirtschaftet. Dies erklärt, warum große Unternehmungen bei rückläufiger Nachfrage anfälliger sind als kleinere und mittlere Produzenten.

4001148L

Zwei weitere Besonderheiten der fixen Kosten:

Nutz- und Leerkosten

Nach dem Auslastungsgrad der betrieblichen Kapazität lassen sich die fixen Kosten einteilen in Nutz- und Leerkosten. Der Teil der fixen Kosten, der auf die ausgenutzte Kapazität entfällt, sind Nutzkosten; der auf die nicht genutzte Kapazität entfällt, sind Leerkosten.

Beispiel

Für eine Lagerhalle muss die ROLL OHG 2.000,00 DM Miete monatlich bezahlen. Ist die Lagerhalle nur zu 80 % ausgefüllt (ausgelastet) so beträgt der Anteil der Nutzkosten 1.600,00 DM (80 %), der Anteil der Leerkosten 400,00 DM (20 %).

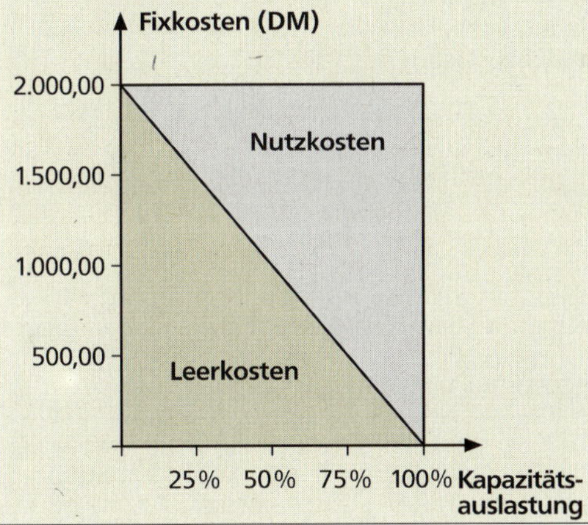

Kostenremanenz

Ist die Beschäftigung in einem Betrieb rückläufig, so bleiben die fixen Kosten trotz rückläufiger Ausbringungsmenge weitgehend unverändert. Diese Tatsache bezeichnet man auch als Fixkostenremanenz. Die Folge ist, dass die Fixkostenbelastung pro Stück höher wird.

Beispiel

Soziale Gründe (z. B. Rücksichtnahme auf soziale Härtefälle, arbeitsrechtliche Beachtung von Kündigungsfristen) u. a. erlauben dem Betrieb nicht seine Leerkosten entsprechend den betrieblichen Gegebenheiten unmittelbar abzubauen.

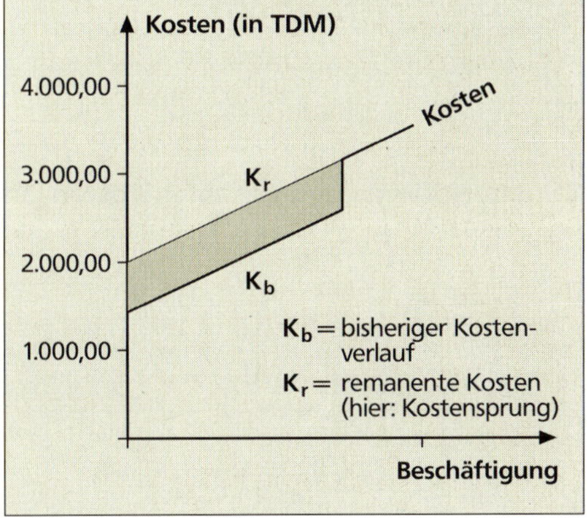

Arbeitsvorschlag:

1. **Wovon hängt die Entscheidung ab, welches das kostengünstigste Produktionsverfahren bei der ROLL OHG ist?**
2. **Für welches Verfahren würden Sie sich entscheiden, wenn der Absatz mit ca. 2 000 bis 3 000 Stück prognostiziert wird?**
3. **Entgegen den Annahmen belaufen sich die fixen Kosten bei Verfahren I auf 35.000,00 DM pro Monat. Welche Auswirkungen hat dies auf die Investitionsentscheidung der ROLL OHG, wenn mit einem Absatz von ca. 1 500 Stück gerechnet wird?**
4. **Was sind „fixe Kosten" und warum findet man sie in Reinform in der Praxis kaum vor?**
5. **Wie entwickeln sich die fixen Stückkosten bei geänderter Kapazitätsauslastung?**
6. **Was besagt das „Gesetz der Massenproduktion"?**
7. **„Wegen der Unteilbarkeit von Betriebsmitteln kann es in Zeiten rückläufiger Beschäftigung zu einem remanenten Kostenverhalten kommen." Erklären Sie diese Aussage.**
8. **Unterscheiden Sie „Nutz- und Leerkosten".**

2.6.3 Variable Kosten

Ihre Höhe ist abhängig von der Menge an Fahrrädern (Ausbringungsmenge), die durch die ROLL OHG hergestellt werden. Je nach Form des Kostenverhaltens werden die Gesamtkostenarten unterschieden, denen jeweils spezielle Stückkosten zuzuordnen sind. Letztere ergeben sich, wenn die Gesamtkosten durch die Ausbringungsmenge dividiert werden.

(variable) Gesamtkostenarten	Merkmal	Beispiel	Stückkostenarten
proportionale Gesamtkosten	Kosten verändern sich im gleichen Maße wie die Ausbringungsmenge.	Fertigungslohn	konstante Stückkosten
unterproportionale Gesamtkosten	Kosten verändern sich in geringerem Maße als Ausbringungsmenge.	Fertigungsmaterial bei Gewährung von Mengenrabatten	degressive Stückkosten
überproportionale Gesamtkosten	Kosten verändern sich in stärkerem Maße als Ausbringungsmenge.	Fertigungslohn bei Zahlung von Überstundenzuschlägen	progressive Stückkosten

Zahlenbeispiel zu den variablen Kostenvarianten:

Ausbringungsmenge (Stück)	a) proportionale Gesamtkosten (DM)	b) konstante Stückkosten (DM)	c) unterproportionale Gesamtkosten (DM)	d) degressive Stückkosten (DM)	e) überproportionale Gesamtkosten (DM)	f) progressive Stückkosten (DM)
100	4.000,00	40,00	4.000,00	40,00	4.000,00	40,00
200	8.000,00	40,00	7.800,00	39,00	8.200,00	41,00
300	12.000,00	40,00	11.100,00	37,00	12.900,00	43,00
400	16.000,00	40,00	13.200,00	33,00	18.800,00	47,00

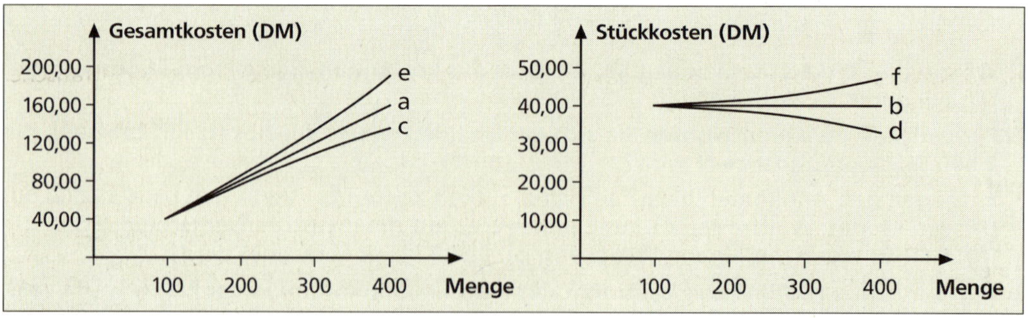

Die Unterteilung der Kosten in variable und fixe Kosten ist auch immer abhängig von dem Betrachtungszeitraum. Je kurzfristiger man ihn wählt, desto größer ist der Anteil der fixen Kosten an den Gesamtkosten des Betriebs. So ist es z. B. häufig nicht möglich, den Personalbestand wegen der einzuhaltenden Kündigungsfristen innerhalb weniger Wochen einer rückläufigen Absatzsituation anzupassen.

Arbeitsvorschlag:

1. Worin unterscheiden sich variable Kosten von fixen Kosten?
2. Erläutern Sie, wie ein unter- oder überproportionaler Kostenverlauf zustande kommen kann.
3. Wie verhalten sich die variablen Kosten pro Stück bei proportionalen Gesamtkosten?

2.6.4 Kosten- und Gewinnsituation

Situation

Die Kilger KG stellt seit Jahren Isolierglas her. Ausbringung, Umsatzerlöse und Kosten waren bisher wegen der konjunkturellen Schwankungen sehr starken Änderungen unterworfen. Zur Entscheidungshilfe bezüglich der optimalen Produktionsmenge soll die Kosten- und Gewinnsituation bei unterschiedlicher Kapazitätsauslastung untersucht und dargestellt werden. Dabei geht man von folgenden Daten aus:

- Fixkosten der Produktion: DM 30.000,00
- Variable Kosten pro m^2 Glas: DM 20,00
- Verkaufspreis pro m^2 Glas: DM 30,00
- Kapazitätsgrenze: maximal 600 m^2 Glas

?

- Wie sieht die wirtschaftliche Situation bei der Kilger KG aus?
- Welche Produktionsmenge muss mindestens erreicht werden, damit ein Gewinn erzielt wird?
- Welche Entscheidung ist zu treffen, wenn mehr als 600 m^2 Glas verkauft werden könnten?

Informationen

Zur Lösung des Problems gibt es drei Ansätze: tabellarisches, mathematisches und grafisches Verfahren.

Tabellarische Lösung:

Ausbringungsmenge	Fixkosten (DM)	variable Kosten (DM)	Gesamtkosten (DM)	Umsätze (DM)	Ergebnis (DM)
100	3.000,00	2.000,00	5.000,00	3.000,00	– 2.000,00
200	3.000,00	4.000,00	7.000,00	6.000,00	– 1.000,00
300	3.000,00	6.000,00	9.000,00	9.000,00	—
400	3.000,00	8.000,00	11.000,00	12.000,00	+ 1.000,00
500	3.000,00	10.000,00	13.000,00	15.000,00	+ 2.000,00
600	3.000,00	12.000,00	15.000,00	18.000,00	+ 3.000,00

Mathematische Lösung

Aufgabe	Bedingung	Rechnung
Ermittlung der Ausbringungsmenge, bei der die Gewinnschwelle erreicht wird	Erlöse = Kosten	$30\,x = 3\,000 + 20\,x$ $10\,x = 3\,000$ $x = 300\ m^2$

Auch hier wird eine Gewinnschwelle von 300 m² Glas ermittelt. Bei einer geringeren Produktionsmenge werden Verluste erwirtschaftet, bei einem höheren Output erzielt die Kilger KG steigende Gewinne.

Grafische Lösung

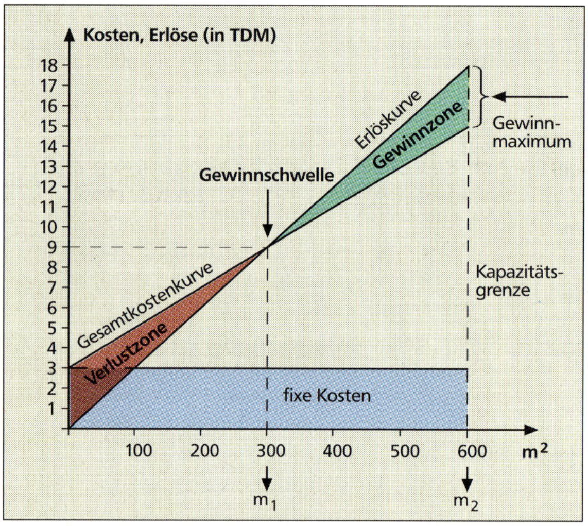

- **Gewinnschwelle (Nutzenschwelle oder Break-even-Point)**

  Bei dieser Gewinnsituation sind Kosten und Erlöse gleich hoch, sodass weder ein Gewinn noch ein Verlust erwirtschaftet wird. Die Gewinnschwelle für die Kilger KG wird bei einer Ausbringungsmenge von 300 m² (m_1) erreicht. Bei geringeren Ausbringungsmengen werden Verluste, bei größeren Ausbringungsmengen Gewinne erzielt.

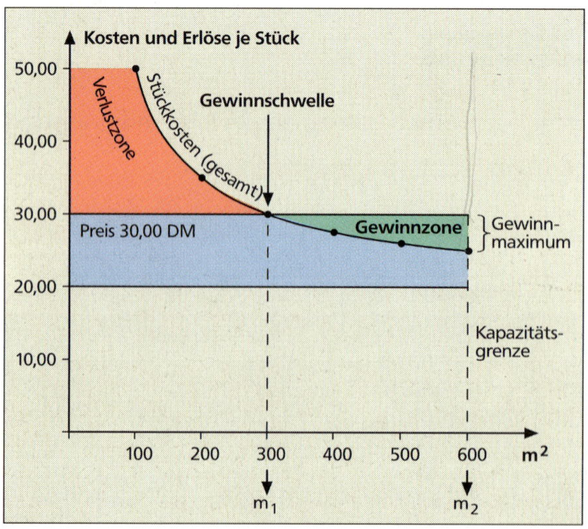

- **Gewinnmaximum**

  Gewinne errechnen sich als Differenz zwischen Erlösen und Kosten. Bei einem proportionalen Gesamtkostenverlauf, der in dem Beispiel unterstellt wurde, liegt die gewinnmaximale Ausbringungsmenge an der Kapazitätsgrenze der Unternehmung. Bei einer Ausbringungsmenge von 600 m² (m_2) ist die Differenz zwischen Kosten und Erlösen am größten.

Arbeitsvorschlag:

1. Erklären Sie den Begriff „Gewinnschwelle".
2. Erstellen Sie eine Tabelle mit den Spalten Ausbringungsmenge, Fixkosten, variable Kosten, Gesamtkosten, Umsatz, Gewinn bzw. Verlust unter folgenden Bedingungen:
   - fixe Kosten 400,00 DM
   - variable Kosten pro 100 Stück Ausbringungsmenge 300,00 DM
   - Erlös pro Stück 5,00 DM
   - Kapazitätsgrenze 700 Stück
3. Übernehmen Sie das folgende Schema in Ihre Arbeitsunterlagen und tragen Sie dann in die freien Felder die fehlenden Begriffe ein.

	Kosten steigen im gleichen Verhältnis wie die Beschäftigung	Kosten steigen stärker als die Beschäftigung	Kosten steigen langsamer als die Beschäftigung
Bezeichnung der Gesamtkostenverläufe	?	?	?
Bezeichnung der Stückkostenverläufe	?	?	?
Beispiele	?	?	?

4. Die variablen Kosten der Kilger KG sinken durch Rationalisierungsmaßnahmen von 20,00 DM auf 15,00 DM pro m^2 Isolierglas. Ermitteln Sie unter diesen geänderten Bedingungen die Gewinnschwelle der Kilger KG.

Betriebliche Entscheidungssituation I
Analysieren – informieren – diskutieren – entscheiden

Kosten- und Gewinnsituation in der Schuhfabrik Knippschild & Co.

Die kleine Schuhfabrik Knippschild & Co. hat sich auf die Herstellung von Sicherheitsschuhen spezialisiert. Zu ihren Kunden zählen insbesondere kleinere und mittlere Industriebetriebe, die ihre technischen Arbeitskräfte aus Gründen der Arbeitssicherheit mit diesen Schuhen ausstatten.

Die Kostensituation von Knippschild & Co. stellt sich wie folgt dar:

1. Variable Kosten pro Paar Schuhe:
   - Oberleder 30,00 DM
   - Material für Sohlen 8,00 DM
   - Sonstige Kleinmaterialien 2,00 DM
   - Akkordlöhne (Stückakkord) 5,00 DM
2. Fixe Kosten:
   - Miete, Strom und Heizung für Lagerraum 1.000,00 DM
   - Abschreibungen für Sachanlagen 600,00 DM
   - Versicherungen 900,00 DM
   - Angestelltengehalt 4.500,00 DM

1. Welcher grundsätzliche Unterschied besteht zwischen fixen und variablen Kosten?
2. Ermitteln Sie die Gesamtkosten für 50, 100, 200, 1 000 und 2 000 Paar monatlich hergestellter Schuhe.
3. Der zu erzielende Verkaufspreis pro Paar Schuhe beträgt 80,00 DM. Wie viel Schuhe muss Knippschild pro Monat verkaufen, um die Gewinnschwelle für seinen Betrieb zu erreichen?

4. Ermitteln Sie das Gewinnmaximum von Knippschild bei einer monatlichen Kapazitätsgrenze von 2000 Paar Schuhen.
5. Höhere Beschaffungspreise lassen die Lederkosten auf 40,00 DM pro Paar Schuhe ansteigen. Welche Auswirkungen hat diese Entwicklung auf die Gewinnschwelle und das Gewinnmaximum?
6. Im letzten Geschäftsjahr musste Knippschild feststellen, dass bei rückläufiger Herstellungsmenge die Kostenbelastung höher als in der expansiven Phase seines Betriebes (bei vergleichbaren Stückzahlen) war. Wie wird diese Erscheinung in der Kostentheorie bezeichnet und wie ist sie zu erklären?

Betriebliche Entscheidungssituation II
Analysieren – informieren – diskutieren – entscheiden

Die Unternehmensprofile zweier Blusenhersteller

Blusenhersteller: Firma Van Dam

- fertigt exklusive Produkte, die in teuren Boutiquen verkauft werden
- einzelne Arbeitsgänge werden noch in Handarbeit erledigt
- geringer Mechanisierungsgrad
- Produktionskapazität ist ausgerichtet auf die Herstellung geringer Stückzahlen

Blusenhersteller: Firma Multimoda

- fertigt Massenware, mit der vor allem Kaufhäuser beliefert werden
- Fertigung ist sehr kapitalintensiv
- Einsatz weniger Facharbeiter
- Produktionskapazität ist ausgerichtet auf die Herstellung großer Stückzahlen

Die Produktion und Kostensituation
(Vergleichsobjekt: das jeweils preiswerteste Modell der beiden Hersteller)

	Firma Van Dam	**Firma Multimoda**
Fixkosten	30.000,00 DM	60.000,00 DM
variable Kosten je Bluse	25,00 DM	10,00 DM
Selbstkosten je Stück		
– bei einem Vergleichswert von 100 Stück	325,00 DM	610,00 DM
– bei ausgelasteter monatlicher Produktion (1 000 Stück, Firma Van Dam 15 000 Stück, Firma Multimoda)	55,00 DM	14,00 DM

1. Ermitteln Sie die Selbstkosten je Stück der Firma Van Dam bei angenommenen monatlichen Herstellungsmengen von 800 bzw. 900 Stück. Begründen Sie, warum die Selbstkosten unterschiedlich sind.
2. Wie würden sich die Selbstkosten je Stück bei der Firma Multimoda verändern, wenn nur 9000 Blusen hergestellt würden und aufgrund einer Lohnerhöhung die variablen Stückkosten 11,00 DM betragen würden?
3. Nennen Sie Voraussetzungen, unter denen sich das Gesetz der Massenproduktion besonders stark auswirkt.
4. Begründen Sie, warum die Wirkungsweise des Gesetzes der Massenproduktion für Unternehmungen auch negativ sein kann.

4001154L

2.7 Kapazität und Beschäftigung

Situation

Aus der Vorstandssitzung des Motorbootherstellers Nautik AG:

Herr Dr. Ellermann, Vorstandsmitglied für Produktionsoptimierung, zu Punkt drei der Tagesordnung: „Kapazitätsauslastung im Fertigungsbereich".

„Werte Kolleginnen und Kollegen, vor einigen Tagen wurde Kritik an mich herangetragen, die unsere angeblich zu geringe Kapazitätsauslastung im Fertigungsbereich betrifft. Frau Götsch, die Leiterin unseres Rechnungswesens, verlangt aus Liquiditätsgründen die Fertigungskapazitäten stärker auszulasten, um so eine Minimierung der Leerkosten zu erreichen. Ich möchte nachhaltig darauf hinweisen, dass ich ihrem Wunsch nicht nachkommen werde. Um heutzutage kurzfristig auf die sich schnell ändernden Nachfragegewohnheiten unserer Kunden reagieren zu können, benötigen wir ein flexibles Fertigungspotenzial. Das setzt voraus, dass wir in einer Größenordnung von 10–15 % freie Kapazitäten haben. Nicht eine maximale, sondern ein optimale Kapazitätsauslastung ist mehr denn je das Gebot der Stunde ..."

?

- **Wie begründet das Vorstandsmitglied Dr. Ellermann seine Meinung?**
- **Was versteht man unter der „Kapazität" einer Unternehmung?**
- **Worin besteht der Unterschied zwischen Kapazität und Beschäftigung einer Unternehmung?**

Informationen

2.7.1 Der Kapazitätsbegriff

Im betriebswirtschaftlichen Sprachgebrauch hat der Begriff „Kapazität" folgende Bedeutung:

Kapazität ist das Leistungsvermögen einer Unternehmung während eines bestimmten Zeitabschnitts.

Messen der Kapazität

Zum Messen der Kapazität eignen sich besonders Outputgrößen (z. B. Stückzahlen, Tonnen, Kilogramm, Liter) und Prozessgrößen (z. B. Maschinenstunden, Fertigungsstunden).

Kapazitätsarten

maximale Kapazität

Sie kennzeichnet das größtmögliche Leistungsvermögen einer Unternehmung. Arbeitskräfte und Betriebsmittel sind hierbei einer überhöhten Belastung ausgesetzt. Eine hohe Ausschussproduktion und eine starke Abnutzung von Maschinen und Werkzeugen sind die Folgen, wenn eine Unternehmung ihre maximale Kapazität ausnutzen will.

Beispiel

Die Maximalkapazität eines Motors wird bestimmt durch die Höchstdrehzahl; die einer Pipeline wird bestimmt durch den Rohrquerschnitt.

minimale Kapazität

Sie bezeichnet das Leistungsvermögen, das aufgrund technischer Eigenarten eines Betriebsmittels nicht unterschritten werden kann. Die minimale Kapazität kann aber auch wirtschaftlich bestimmt sein, d. h., dass ein Produktionsprozess technisch und/oder wirtschaftlich nicht mehr möglich ist.

Beispiel

Ein Hochofen ist nur dann arbeitsfähig, wenn eine bestimmte Ausbringungsmenge erstellt wird. Um zu laufen, verlangt ein Motor eine bestimmte Mindestdrehzahl.

optimale Kapazität

Sie bezeichnet den Zustand, bei dem Betriebsmittel am wirtschaftlichsten genutzt werden.

Beispiel

Ein Motor hat im optimalen Drehzahlbereich seinen niedrigsten Benzinverbrauch. Außerdem ist der Verschleiß hier am niedrigsten.

2.7.2 Beschäftigung und Beschäftigungsgrad

Vergleiche zwischen Leistungsvermögen (Kapazität) und tatsächlich in Anspruch genommener Leistung einer Unternehmung weisen im Allgemeinen erhebliche Unterschiede auf. Der Grund hierfür liegt hauptsächlich in der unterschiedlichen Nachfrage nach den Produkten der Unternehmung.

Die tatsächlich während eines Zeitabschnitts ausgenutzte Kapazität einer Unternehmung wird als Kapazitätsauslastung oder Beschäftigung bezeichnet.

Um auszudrücken, wie viel **Prozent der Kapazität** während eines Zeitabschnitts tatsächlich ausgenutzt wurden, bedient man sich einer Messzahl: den **Beschäftigungsgrad** (Auslastungsgrad). Als Maßstab für den Beschäftigungsgrad zieht man in der Regel nicht die maximale, sondern die optimale Kapazität einer Unternehmung heran.

$$\text{Beschäftigungsgrad} = \frac{\text{tatsächlich ausgenutzte Kapazität (Beschäftigung)} \cdot 100}{\text{optimale Kapazität}}$$

Drückt man die Kapazität in Anzahl der Erzeugnisse aus, nimmt der Quotient folgende Form an:

$$\text{Beschäftigungsgrad} = \frac{\text{Menge der tatsächlich hergestellten Erzeugnisse (Beschäftigung)} \cdot 100}{\text{Menge der optimal herstellbaren Erzeugnisse (Kapazität)}}$$

Beispiel

Der Motorboothersteller Nautik AG hat bei dem Typ Kleinkajütboot eine Jahreskapazität von 250 Stück. Aufgrund eines allgemeinen wirtschaftlichen Rückgangs wurden nur 200 Stück (Beschäftigung) letztes Jahr hergestellt.

$$\text{Beschäftigungsgrad} = \frac{200 \cdot 100}{250} = 80\,\%$$

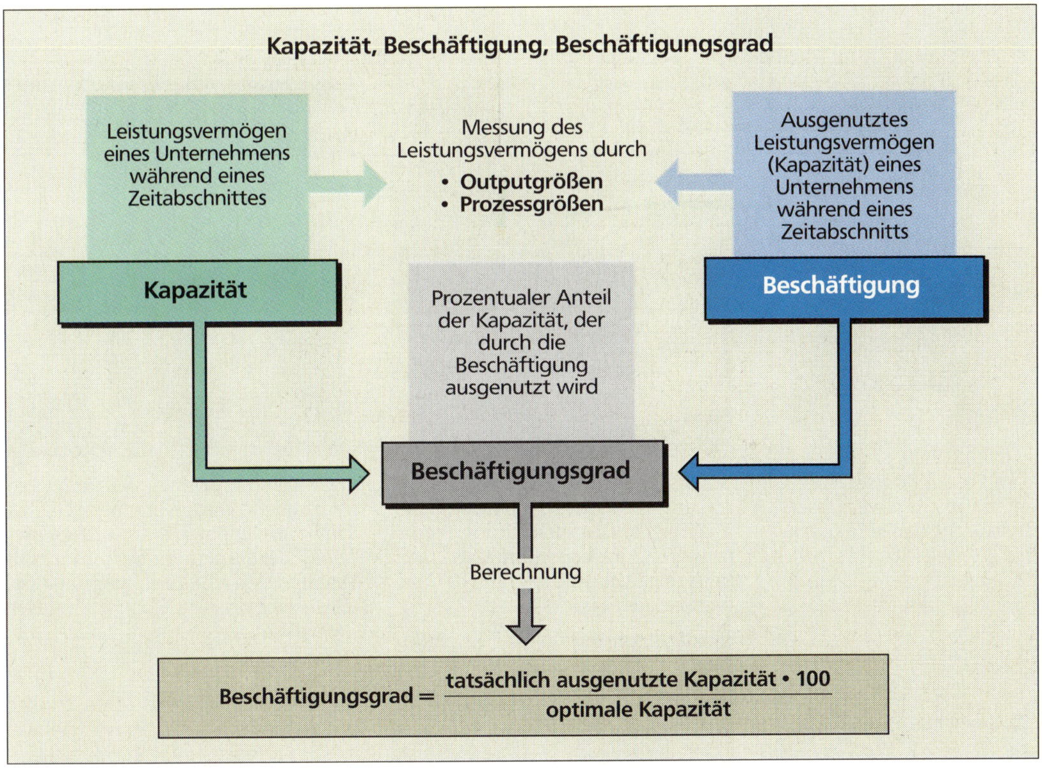

Arbeitsvorschlag:

1. **Berechnen Sie den Beschäftigungsgrad bei einer Kapazität von 12 500 und einem tatsächlichen Output/einer tatsächlichen Beschäftigung von 10 000 Erzeugnissen.**
2. **Unterscheiden Sie zwischen maximaler, minimaler und optimaler Kapazität eines Unternehmens.**
3. **Begründen Sie, warum eine maximale Kapazitätsauslastung bei der Nautik AG mit der betrieblichen Zielsetzung, schnell auf Kundenwünsche zu reagieren, schlecht zu vereinbaren wäre.**

2.8 Die Fertigungsverfahren nach unterschiedlichen Kriterien einstufen

Situation

Ein Vergleich zwischen früher und heute: Die Unterschiede sind groß

FRÜHER

Vorwiegend stumpfsinnige Bandarbeit zur Fertigung gleicher Produkte auf starren Transferstraßen.
Foto: VW AG

HEUTE

Die schlanke Produktion setzt viele Arbeitskräfte frei und verbessert die Kostenstruktur der Betriebe.
A. Opel AG

Für den Menschen und die Produktivität: Die Fließbandarbeit der neueren Zeit berücksichtigt Forderungen der ergonomischen Arbeitsgestaltung.
Mercedes-Benz AG

Die Kommunikation wird zu einer wichtigen Voraussetzung für eine funktionsorientierte Gruppenarbeit. Der Fertigungsleiter führt mit seinen Mitarbeitern regelmäßige Dialoge.
A. Opel AG

Dank Computereinsatz ermöglichen die modernen Fertigungsanlagen des Karosseriewerks ein hohes Maß an Flexibilität.
A. Opel AG

Gut für die Qualität und die Wirtschaftlichkeit: Die perfekte Konservierung – der Roboter mit beweglichem Sprühkopf versiegelt die hintersten Winkel. Aber: Auch Arbeitsplätze fallen weg.
Mercedes-Benz AG

? Welche Unterschiede erkennen Sie zwischen der Fertigung früherer und heutiger Zeiten?

Informationen

Fertigungsverfahren lassen sich nach verschiedenen Gesichtspunkten unterscheiden. Einen Überblick gibt die folgende Darstellung:

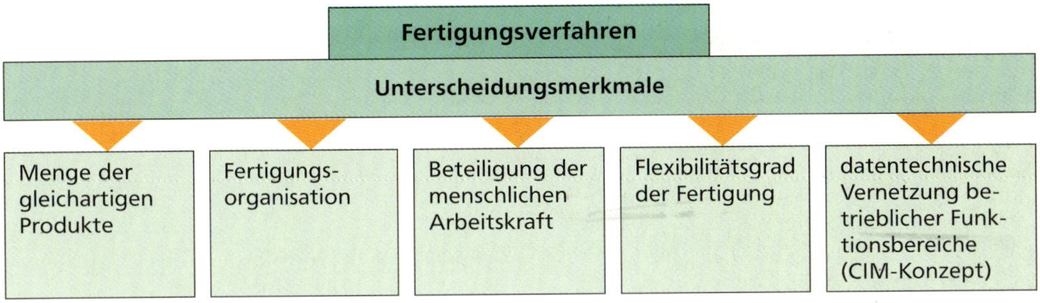

2.8.1 Unterscheidung nach der Menge der gleichartigen Produkte

Je nachdem, wie viele Produkte der gleichen Art in einem Betrieb gleichzeitig oder unmittelbar hintereinander hergestellt werden, unterscheidet man verschiedene Fertigungsarten (Fertigungstypen). Wird von einem Produkt jeweils nur eine Einheit hergestellt, liegt eine **Einzelfertigung** vor. Werden dagegen ein oder mehrere Produkte in vielen Einheiten hergestellt, ist die Bezeichnung **Mehrfachfertigung** gebräuchlich. Dabei handelt es sich entweder um eine **Sorten-, Serien-** oder **Massenfertigung.**

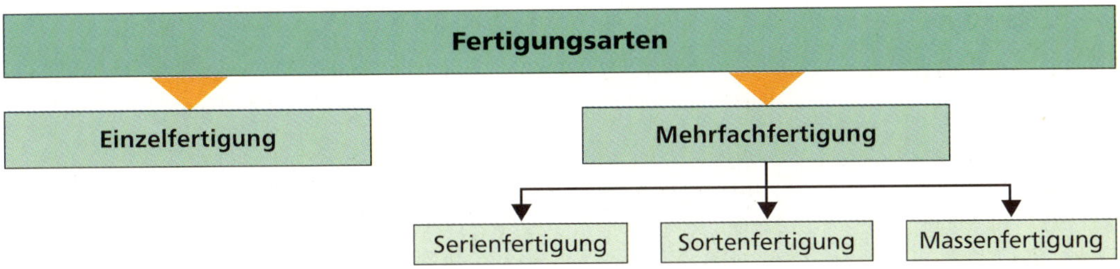

Einzelfertigung

Merkmale: Bei dieser Fertigungsart ist jedes produzierte Erzeugnis auf die speziellen Wünsche des Kunden zugeschnitten. Sie ist die typische Form einer Auftragsfertigung.

Typische Beispiele für Branchen, in denen Einzelfertigung vorherrscht, sind Anlagenbau, Bauindustrie, Großmaschinenbau und Brückenbau. In der Regel wird in Betrieben mit Einzelfertigung gleichzeitig an verschiedenen Produkten gearbeitet, die alle unterschiedlich sind. Seltener ist der Fall, dass jeweils nur an einem Objekt gearbeitet wird, wie z.B. beim Schiffs- und Tiefbau.

Die Abgrenzung zwischen den einzelnen Fertigungsarten hat Modellcharakter und ist in der Praxis wegen der vorhandenen Überschneidungen nicht ganz so einfach. Außerdem findet man in größeren Betrieben in den verschiedenen Produktionsbereichen unter

Umständen sehr verschiedene Fertigungsarten vor. So ist z.B. vorstellbar, dass ein Produzent von Massenware (z.B. Kolbenhersteller) durchaus auch im Rahmen einer Sonderanfertigung ein Einzelteil produziert (z.B. Kolbenring als Ersatzteil für einen Oldtimer). Betriebe mit Einzelfertigung arbeiten im Allgemeinen nur auf Bestellung. Die Ausführungen der jeweiligen Produkte richten sich weitgehend nach den individuellen Kundenwünschen. Dabei wird die Verschiedenartigkeit der Produkte nur begrenzt durch die vorhandenen Arbeitskräfte und den vielseitigen Betriebsmittelbestand. Diese Eigenart hat für den Betrieb den Vorteil, flexibel auf Nachfrageänderungen reagieren zu können.

Problemfelder

Da Betriebe mit Einzelfertigung im Allgemeinen nur auf Bestellung arbeiten, sind sie weitgehend von Kundenaufträgen abhängig. Ausbleibende Aufträge können letztlich die Existenz des Betriebes gefährden.

Die organisatorische Gestaltung der Einzelfertigung vollzieht sich häufig in Form der **Werkstattfertigung.** Diese hat gegenüber anderen Fertigungsverfahren wesentliche Nachteile, so z.B. eine schwierige Termin- und Fertigungsablaufplanung.

Rationalisierungsmöglichkeiten sind begrenzt. Die unterschiedlichen Einzelstücke machen es schwierig, die Normung und Typung von einzelnen Bauteilen durchzusetzen.

Die Fertigungsvorbereitung ist bei der Einzelfertigung schwieriger durchzuführen als bei der Mehrfachfertigung, da die Herstellung jedes einzelnen Produkts gesondert vorzubereiten ist.

Die Materialbeschaffung erfolgt zum großen Teil für jeden Auftrag gesondert. Nur bei universal verwendbaren Werkstoffen ist eine größere Lagerhaltung angebracht. Die Verschiedenartigkeit der hergestellten Produkte macht eine spezielle Kalkulation für jeden Auftrag erforderlich.

Das Problem der Konstruktion, Entwicklung und Arbeitsvorbereitung stellt sich für jeden Auftrag neu. Die hierdurch entstehenden Kosten sind weitgehend unabhängig von der Größe des Auftrags (auftragsfixe Kosten).

Ein besonderes Problem der Einzelfertigung besteht darin, dass in der Phase der Auftragsabwicklung häufig noch nachträglich Kundenwünsche zu berücksichtigen sind. Diese Eigenart erklärt den hohen **Flexibilitätsbedarf** im betrieblichen Ablauf. Jede Änderung in den konstruktiven Eigenarten eines Produkts wirkt sich auf verschiedene Funktionsbereiche aus (z.B. Arbeitsplanung, Werkstatt, Konstruktion, Einkauf, Kalkulation) und muss daher mit diesen abgestimmt werden.

Eine schnelle Anpassung an sich ändernde Auftragsdaten lässt sich besonders effektiv über eine informationstechnische Vernetzung der betrieblichen Funktionsbereiche herstellen. Wünschenswert ist hier eine Vernetzung des betrieblichen Planungs- und Steuerungssystems (PPS-System), mit entsprechenden datengestützten Teilsystemen im Bereich der Konstruktion (CAD-System), der Fertigung und der Arbeitsplanung (CAM-System).[1]

Arbeitsvorschlag:

1. **Begründen Sie, warum die Betriebsmittel bei der Einzelfertigung vielseitig verwendbar sein sollten.**
2. **Erklären Sie den Begriff auftragsfixe Kosten und nennen Sie Beispiele.**
3. **„Der wesentliche Vorteil bei der Einzelfertigung liegt in der Flexibilität des Fertigungsprozesses!" Begründen Sie diese These.**

1 Einzelheiten hierzu siehe S. 177

Serienfertigung

Merkmale: Werden in begrenzten Stückzahlen Produkte hergestellt, die aufgrund ihrer Konstruktion unterschiedliche Fertigungsgänge erfordern, so liegt eine Serienfertigung vor. Sie ist z.B. bei der Herstellung von Werkzeugmaschinen, Möbeln und Automobilen verwirklicht.

Je nach Produktart und betrieblichen Gegebenheiten lassen sich Serienprodukte auf gleichen oder unterschiedlichen Produktionsanlagen fertigen. Während z.B. früher im Automobilbau – zur Zeit der starren Transferstraßen – für jeden Autotyp eine spezielle Produktionsanlage vorhanden war, ist es seit einigen Jahren möglich, auf gleichen Anlagen unterschiedliche Produktvarianten herzustellen. Voraussetzung hierzu ist, dass diese umgerüstet werden. Ermöglicht wurde diese Entwicklung vor allem durch eine flexible Fertigungstechnologie, die in immer mehr Betrieben zum Einsatz kommt.

Im Vergleich zur Einzelfertigung sind bei der Serienfertigung größere Rationalisierungsvorteile innerhalb einer Serie durch Normung und Typung zu erreichen.

Wird eine Serie nicht in ihrer gesamten Stückzahl auf einmal gefertigt, sondern mit zeitlichen Unterbrechungen, liegt eine **Intervallfertigung** vor. In den jeweils freien Zeiten werden dann die Serien anderer Produkte gefertigt.

Problemfelder

Für Serienfertigung auf gleichen Produktionsanlagen gilt: Ist eine Serie angelaufen und soll eine andere aufgelegt werden, muss der Produktionsapparat zeitweise stillgelegt werden, um ihn umstellen zu können.

Durch die Umstellung werden Kosten (Lohn-, Material- und Werkzeugkosten) verursacht, die man als **Rüstkosten** bezeichnet. Je nach dem Flexibilitätsgrad der Fertigungsanlagen können sie mehr oder weniger hoch sein.

Um kostengünstig zu produzieren, muss der Betrieb die **optimale Losgröße** bestimmen. Als Losgröße bezeichnet man die Erzeugnismenge, die pro Fertigungsgang erstellt wird.

Für viele Betriebe mit Serienfertigung gilt: Die Flexibilität ihres Produktionsapparates ist im Vergleich zu Betrieben mit Einzelfertigung geringer.

Serienproduktion in der alten Kleinmotorenfabrik der AEG um 1900

Sorten-, Partie- und Chargenfertigung

Merkmale: Eine **Sortenfertigung** liegt vor, wenn Produkte hergestellt werden, die sich aufgrund des verwendeten Materials und ihrer Herstellung nur unwesentlich voneinander unterscheiden. Der Unterschied gegenüber der Serienfertigung besteht darin, dass nicht verschiedene Produktarten, sondern unterschiedliche Varianten einer Produktart gefertigt werden. Auch können die einzelnen Sorten aufgrund ihrer Ähnlichkeit auf denselben Produktionsanlagen gefertigt werden. Sollen z.B. in einem Betrieb Herrenanzüge oder Schuhe hergestellt werden, so reichen geringfügige Umstellungen der Anlagen aus, um die verschiedenen Sorten, die sich lediglich in Größe, Schnitt und Materialqualität unterscheiden, zu produzieren. Eine exakte Abgrenzung zwischen Sorten- und Serienfertigung ist nicht in jedem Fall möglich.

Problemfelder

Soll eine neue Produktsorte erstellt werden, muss auch in Betrieben mit Sortenfertigung die Produktion unterbrochen werden, um die Maschinen umzustellen. Die notwendigen Umstellungsarbeiten und die dadurch anfallenden **Rüstkosten** sind, verglichen mit der Serienfertigung, relativ niedrig.

Ähnlich wie bei der Serienfertigung muss auch bei der Sortenfertigung die optimale Losgröße bestimmt werden.

Besonders Betriebe, deren Produkte dem Zeitgeschmack unterliegen (z.B. Textilfabrik), müssen im Allgemeinen einen häufigeren **Sortenwechsel** vornehmen.

Sonderformen der Sortenfertigung sind die **Partie- und Chargenfertigung.**

Eine **Partie** ist eine in sich einheitliche Sendung von Rohmaterial. Beispiele für Partien sind bestimmte Mengen von Baumwolle aus Ägypten, Kaffee aus Brasilien, Schurwolle aus Neuseeland oder Australien. Partien von Rohstoffen, die zwangsläufig gleiche Eigenarten aufweisen, werden bei der Verarbeitung zusammengehalten. Partiefertigung findet man hauptsächlich in Veredelungsbetrieben.

Als **Charge** werden Werkstoffmengen bezeichnet, wie sie z.B. im Schmelzprozess der Roheisengewinnung vorkommen. Jeder Einsatz im Hochofen bildet hier eine bestimmte Rohstahlcharge. Kennzeichnend für eine Charge ist, dass der Mengeneinsatz jeweils begrenzt wird durch das Fassungsvermögen eines Produktionsbehälters. Da das Ausgangsmaterial und der Fertigungsprozess nicht immer gleich sind, ergeben sich ungeplante Produktunterschiede. Nicht nur in der Stahlindustrie, sondern auch in der chemischen Industrie gibt es die Chargenfertigung (diskontinuierliche Fertigung). Die **Chargenfertigung** ist z.B. bei der Arzneimittelherstellung ein ganz wesentliches Merkmal der Produktionsüberwachung sowie der Qualitätssicherung und -kontrolle.

Massenfertigung

Merkmale: Massenfertigung liegt vor, wenn stets das gleiche Produkt auf gleichen Produktionsanlagen in sehr großen Stückzahlen hergestellt wird.

Diesen Fall der **einfachen Massenproduktion** findet man z.B. in Wasser- und Elektrizitätswerken, Soda- und Schwefelsäurefabriken. Häufiger verwirklicht ist die **mehrfache Massenfertigung**. Hierbei werden auf gleichen Produktionsanlagen verschiedene, wenn auch verwandte, Erzeugnisse (Standardprodukte) in großen Mengen hergestellt (z.B. Pappen- und Papiererzeugung, Walzwerke, Brauereien). Die mehrfache Massenfertigung besitzt damit große Ähnlichkeit mit der Großserien- und Sortenfertigung.

Zum Wesen der Massenfertigung gehört ein großer Automatisierungsgrad, der durch eine sehr weitgehende **Arbeitszerlegung** ermöglicht wird.

Betriebe mit Massenfertigung produzieren ihre Erzeugnisse nicht auf Bestellung, sondern für den anonymen Markt.

Die Massenfertigung erlaubt wie keine andere Fertigungsart die Ausnutzung der sog. **Fixkostendegression**.

Problemfelder

Betriebe mit Massenfertigung produzieren häufig auf automatischen Produktionsanlagen. Um diese finanzieren zu können, müssen besonders hohe Kapitalbeträge aufgebracht werden.

Betriebe mit Massenfertigung haben, bedingt durch ihre automatischen Produktionsanlagen, eine besonders hohe Fixkostenbelastung. Bei zurückgehender Nachfrage besteht die Gefahr, dass nicht mehr kostendeckend produziert werden kann.

Die Massenproduktion ist besonders empfindlich gegenüber Nachfrageänderungen. Ein Ausweichen auf andere Produktarten ist, bedingt durch den hohen Spezialisierungsgrad der Produktionsanlagen, kaum möglich. Damit ist die mangelnde Flexibilität des Herstellungsprozesses ein großer Nachteil.

Arbeitsvorschlag:

1. **Begründen Sie, warum bei Bekleidungsstücken in der Regel die Sortenfertigung angewandt wird, während bei der Möbelproduktion die Serienfertigung vorherrscht.**
2. **Warum sind die Rüstkosten bei der Sortenfertigung im Allgemeinen niedriger als bei der Serienfertigung?**
3. **Unterscheiden Sie zwischen Partie- und Chargenfertigung.**
4. **Erklären Sie die Intervallfertigung als Variante der Serienfertigung.**
5. **Nennen Sie Merkmale der Massenfertigung.**
6. **Erklären Sie den Unterschied zwischen einfacher und mehrfacher Massenfertigung.**
7. **„Betriebe mit Massenfertigung haben einen unflexiblen Herstellungsprozess." Erklären Sie, was hiermit gemeint ist.**

2.8.2 Unterscheidung der Fertigungsverfahren nach der Fertigungsorganisation

Situation

Mensch und Fertigungsorganisation: Wie sie ein Karikaturist sieht!

Es gibt viele Möglichkeiten, die Produktionsfaktoren im Fertigungsprozess zusammenzubringen. Ob dabei das Produkt, die Maschine oder der Mensch im Vordergrund steht, lässt sich allgemeingültig kaum sagen. Fest steht, dass die Produktionsbedingungen und die Fertigungsorganisation tief in das Arbeitnehmerleben eingreifen:

aus: Kurz – Knapp – Klar, Informationen für Berufsanfänger, DGB Düsseldorf, S. 4

?

- Welche Fertigungsorganisation wird durch die Karikatur angesprochen?
- Welche unterschiedlichen Arten von Fertigungsorganisationen lassen sich unterscheiden?
- Welche Gestaltungsprinzipien lassen sich bei der Fertigungsorganisation unterscheiden?
- Welche Vor- und Nachteile sind mit diesen Organisationen verbunden?

Informationen

Je nach Anordnung der Betriebsmittel unterscheidet man verschiedene Möglichkeiten der organisatorischen Gestaltung der Fertigung.

Werden Betriebsmittel mit gleichartigen Funktionen in einer Werkstatt zusammengefasst (z.B. Dreherei, Fräserei) liegt eine Gestaltung der Fertigung nach dem **Verrichtungsprinzip** vor. Das entsprechende Fertigungsverfahren ist die **Werkstattfertigung**.

Werkstatt-, Reihen- und Gruppenfertigung schließen sich nicht unbedingt gegenseitig aus. So können z.B. Werkstattbereiche in die Reihenfertigung integriert sein (z.B. die Herstellung von Sitzbezügen bei der Autofertigung). Die Anordnung der Betriebsmittel hängt ihrerseits eng mit der Anzahl der gleichartigen Erzeugnisse zusammen. Je verschiedenartiger die Erzeugnisse, je größer die Unterschiede in den technologischen Bearbeitungsgängen und je geringer die Fertigungszahl, desto eher wird das Verrichtungsprinzip die Produktion bestimmen.

Sind Betriebsmittel entsprechend der technologischen Arbeitsfolge angeordnet, ist eine Gestaltung der Fertigung nach dem **Flussprinzip** gegeben. Dies ist beim Fertigungsverfahren der **Reihen- und Fließfertigung** der Fall.

Eine Kombination von Verrichtungs- und Flussprinzip ist beim Fertigungsverfahren der **Gruppenfertigung** zu finden.

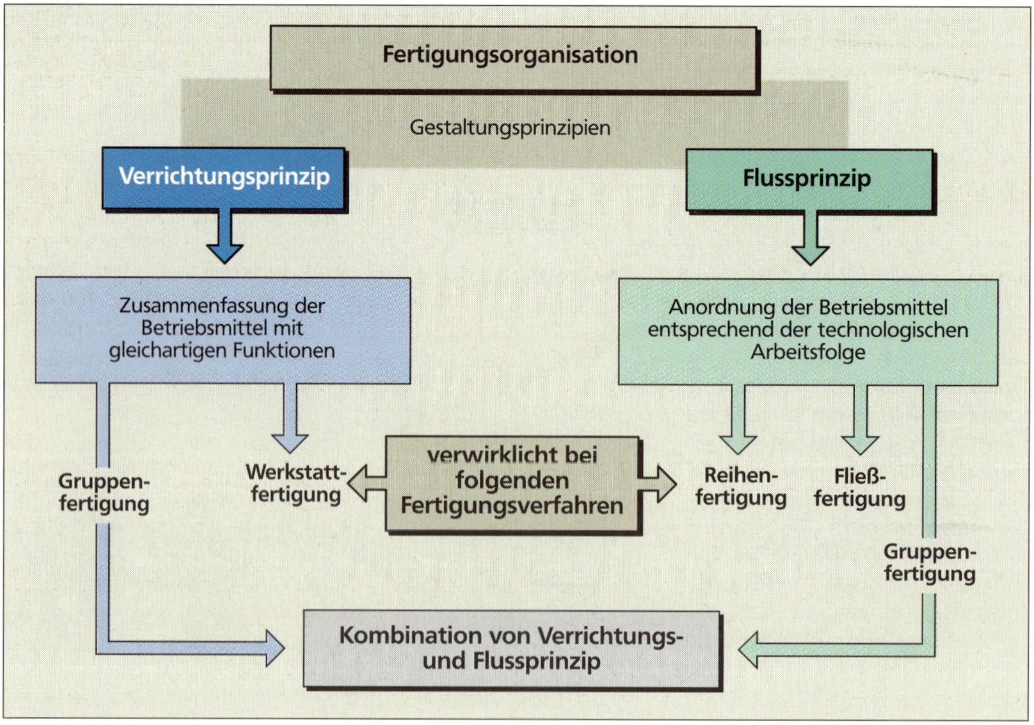

4001164L

Werkstattfertigung

Die Maschinen und Arbeitsplätze mit gleichartigen Arbeitsverrichtungen werden räumlich an gleichen Orten innerhalb des Unternehmens zusammengefasst. Sie bilden fertigungstechnische Einheiten (Werkstätten).

Jede Werkstatt führt eine andere Verrichtung im Produktionsprozess aus. Der Weg der Werkstücke wird somit von der erforderlichen Arbeitsverrichtung und dem innerbetrieblichen Standort der entsprechenden Werkstatt bestimmt.

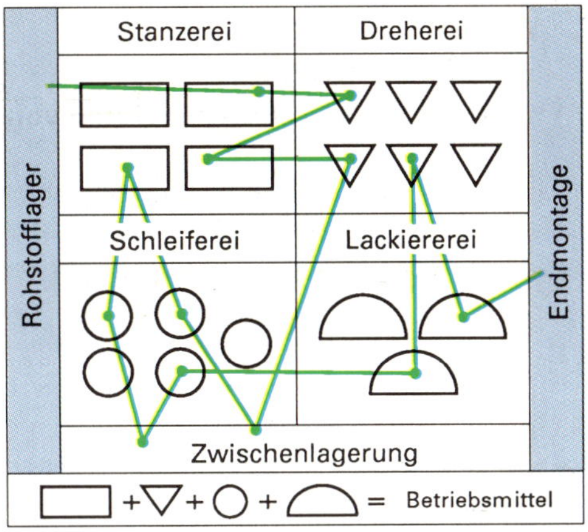

Organisationsprinzip der Werkstattfertigung

Bewertung der Werkstattfertigung

Vorteile

- vielseitiger Einsatz der Arbeitskräfte
- Arbeitstempo wird durch Arbeitskräfte selbst bestimmt
- leichte Umstellung auf andere Produktarten
- leichte Anpassungsfähigkeit bei Änderung der Nachfrage
- vergleichsweise geringe Kapitalbildung

Nachteile

- lange Transportwege zwischen den Werkstätten
- langsamer Durchlauf der Werkstücke
- unübersichtlicher Produktionsablauf mit erschwerter Kontrolle
- durch unterschiedliche Zeitdauer der Arbeitsgänge entstehen Zwischenlager

Reihenfertigung

Im Unterschied zur Werkstattfertigung sind hier die Arbeitsplätze nach der technisch notwendigen Arbeitsgangfolge angeordnet. Die wechselnde Herstellung von Produktvarianten, wie z.B. verschiedene Arten von Elektromotoren und Werkzeugmaschinen, erschwert eine exakte zeitliche Abstimmung der einzelnen Arbeitsgänge und eine automatisierte Verkettung der einzelnen Arbeitsplätze. Der Transport von Werkstücken erfolgt daher auch nicht durchgängig mit Fließbändern, sondern per Hand oder mit sonstigen Fördermitteln (z.B. Transportkarren, fahrbaren Paletten). Zwischen den Arbeitsplätzen sind häufig Lagerplätze (zeitliche Puffer) eingerichtet, die es ermöglichen, eine gewisse Anzahl von Werkstücken wegen deren unterschiedlichen Produktionsdauer aufzunehmen.

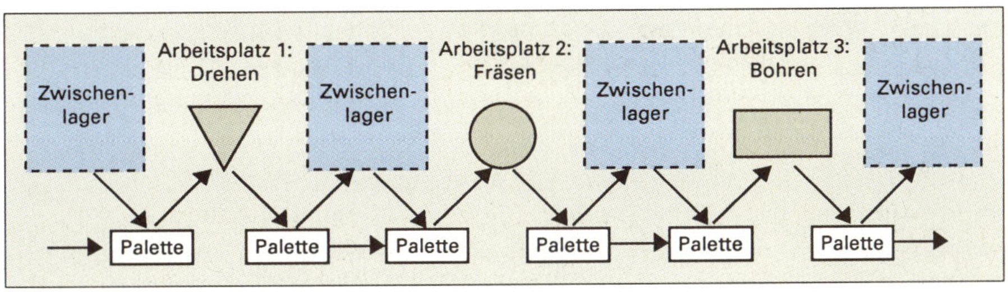

Organisationsprinzip der Reihenfertigung

Bewertung der Reihenfertigung

Vorteile

Gegenüber Werkstattfertigung:

- Durchlaufzeiten und Transportwege sind geringer
- Produktionsverlauf ist übersichtlicher
- Spezialisierungsgrad der Arbeitskräfte ist größer
- Lohnkosten durch Beschäftigung angelernter und ungelernter Arbeitskräfte sind geringer

Nachteile

Gegenüber Werkstattfertigung:

- schwierige Anpassungsfähigkeit bei Nachfrageschwankungen
- höhere Kapitalbindung durch die Anschaffung von Spezialmaschinen

Fließfertigung

Die Arbeitsplätze und Betriebsmittel sind nach dem Fertigungsablauf der Erzeugnisse angeordnet. Anders als die Werkstatt- und die Reihenfertigung findet man die Fließfertigung vor allem bei der Produktion von Großserien.

Als Prototyp der Fließfertigung gilt die **Fließband**fertigung. Als deren Begründer gilt Henry Ford, der sie bereits im Jahre 1908 bei der Herstellung seiner Autos einsetzte. Immer wieder war auch das Fließband Ansatzpunkt massiver Kritik der kapitalistischen Verhältnisse. Die Fließbandarbeit galt schlechthin als Instrument zur Entmenschlichung der industriellen Leistungserstellung.

Die Arbeitsinhalte aller Arbeitsplätze sind bei der Fließfertigung auf einen gleichen Zeitintervall, den man als **Taktzeit** bezeichnet, abgestimmt. Es ist die Zeit, in der ein Erzeugnis einen bestimmten Arbeitsgang durchläuft.

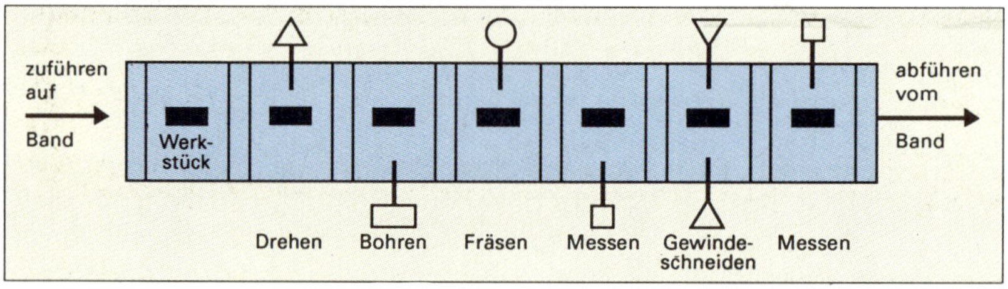

Organisationsprinzip der Fließfertigung

Bewertung der Fließfertigung

Vorteile

- gute Ausnutzung von Rationalisierungsmöglichkeiten durch sehr weitgehende Zerlegung der Arbeitsgänge
- kurze Durchlaufzeiten der Werkstücke
- geringe innerbetriebliche Transportkosten
- genaue Planung von Lieferterminen
- Fertigungsablauf ist leicht zu überschauen und zu kontrollieren

Nachteile

- geringe Flexibilität bei Produktion anderer Produkte
- hoher Kapitalbedarf
- empfindlich gegenüber Beschäftigungsschwankungen
- hohe Belastung durch fixe Kosten
- monotone Arbeit durch Zerlegung der Arbeitsvorgänge in einzelne Handgriffe

4001166L

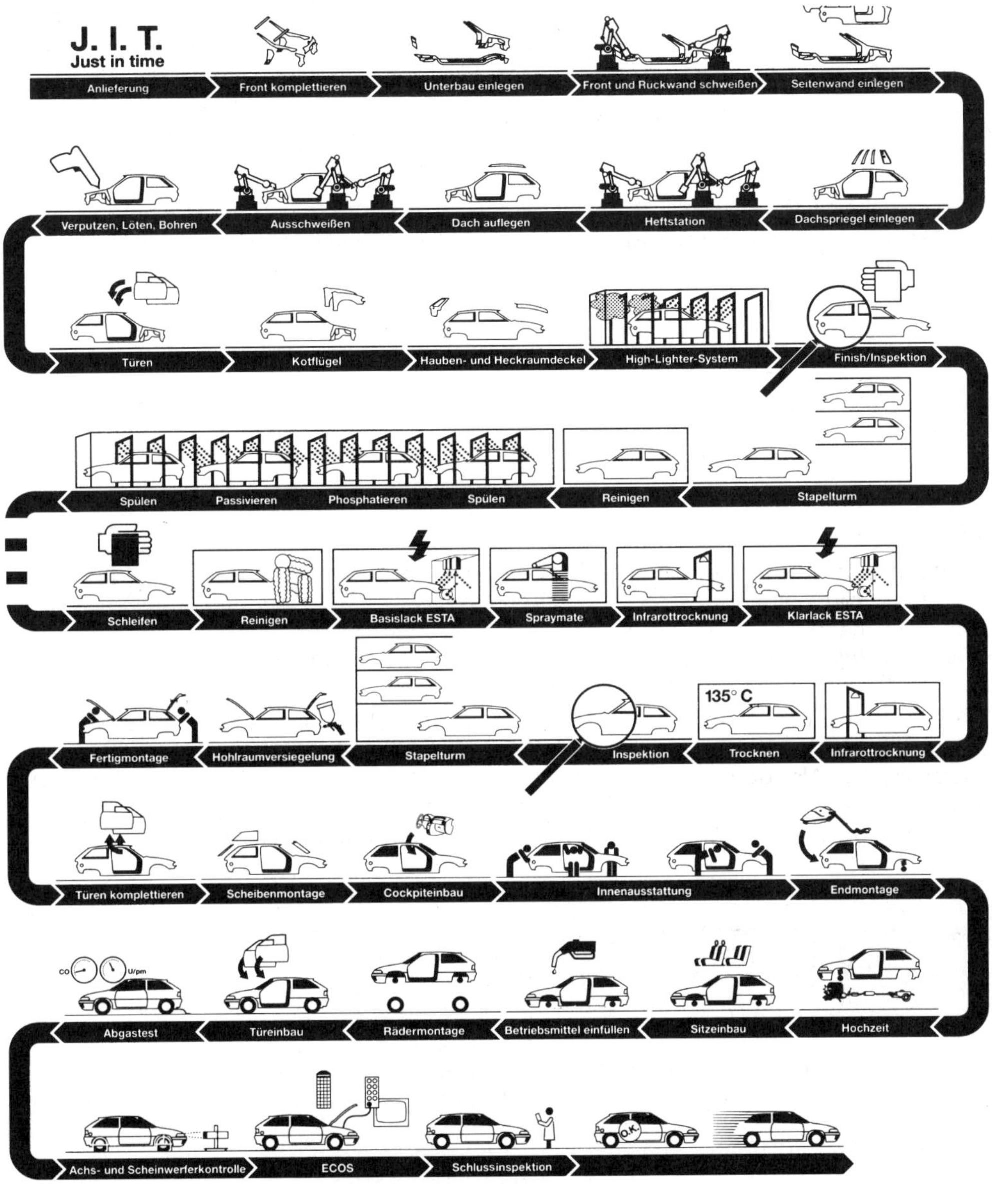

aus: Information der Opel Eisenach GmbH vom 23. Sept. 1992

Eine spezielle Art der Fließfertigung ist die **Transferstraße.** Bei ihr ist der höchste Automatisierungsgrad verwirklicht. Werkstücke werden hierbei nicht nur programmgesteuert transportiert, sondern auch automatisch eingespannt und in automatischen Betriebsmitteln bearbeitet. Die Transferstraßenfertigung gibt es in einer starren und einer flexiblen Form.

In den letzten Jahren hat es bei der industriellen Gütererstellung viele Versuche gegeben, die klassische Form der Fließfertigung zu modernisieren. Ziel dieser Organisationsformen war es, die Vorteile der Fließfertigung mit denen der Werkstattfertigung zu verbinden. Flexibilität als Merkmal der Werkstattfertigung und ein integrierter Produktionsablauf als Merkmal der Fließfertigung sollten hierbei als gestaltendes Elemente sich annähern. Die Verbindung dieser scheinbar gegensätzlichen Pole gelingt nur mithilfe von integrierten Informationssystemen, auf dem z. B. das CIM[1]-Konzept beruht.

1 CIM siehe S. 177

Gruppenfertigung

In früheren Jahren wurden immer mehr Stimmen laut, die eine Abkehr von der Fließfertigung herkömmlicher Art forderten. Die einseitige körperliche Belastung der Bandarbeiter durch eine zum Teil übertriebene Arbeitszerlegung und eine unflexible Produktionstechnologie zeigte nämlich negative Auswirkungen auf das Produktionsergebnis. Um dieser Erscheinung entgegenzutreten, gingen immer mehr Betriebe dazu über, die Fließfertigung durch die Gruppenfertigung zu ersetzen.

Die Gruppenfertigung ist eine Kombination aus vorstehend beschriebenen Organisationsformen. Sie versucht deren Vorteile zu verbinden. Einerseits soll eine große Anpassungsfähigkeit (Flexibilität) an die verschiedenen Arbeitsaufgaben ermöglicht werden, andererseits soll aber auch ein reibungsloser Materialfluss erfolgen.

BEWERTUNG DER GRUPPENARBEIT

Vorteile

- Mitarbeiter werden stärker in die Gestaltung der Arbeit eingebunden
- die Arbeitszufriedenheit wächst
- verbesserte Produktqualität und geringere Ausschussquote
- schnellere Anpassungsfähigkeit bei Produktionsumstellungen
- niedrigere Kosten

Nachteile

- hoher Kapitalbedarf
- „Teamfähigkeit" der Gruppenmitglieder muss gegeben sein
- eventuell Wartezeiten wegen nicht exakt abgestimmtem Arbeitsablauf
- langsamerer Durchlauf der Werkstücke im Vergleich zur Fließfertigung

Gruppenfertigung in der Automobilindustrie:
Bei den regelmäßigen Teamgesprächen entwickeln die Beschäftigten gemeinsam Vorschläge zur Verbesserung von Arbeitsabfolge, Produktqualität und Arbeitssicherheit.

aus: Adam Opel AG (Hrsg.), Das Opel-Produktionssystem, Rüsselsheim, o.J. S. 21

Baustellenfertigung

Sie stellt eine Sonderform der Fertigungsverfahren dar. Arbeitskräfte, Maschinen, Material und Werkzeuge sind nämlich vor Produktionsbeginn an die jeweils wechselnden Erstellungsorte zu transportieren. Die Baustellenfertigung ist vor allem im Baugewerbe zu finden, so z.B. im Haus-, Brücken-, Kanal-, Staudamm- und Straßenbau. Durch den Transport und die Einrichtung bzw. den späteren Abbruch der Baustelle entstehen beträchtliche Kosten.

4001168L

Arbeitsvorschlag:

1. Nach welchen Gesichtspunkten erfolgt die Anordnung der Betriebsmittel bei der Reihenfertigung?
2. Nennen Sie Unterschiede zwischen Werkstatt- und Reihenfertigung im Hinblick auf folgende Punkte: Arbeitsablauf, Transportwege, Durchlaufzeiten der Werkstücke, Höhe der Lagerkosten, Planung von Lieferterminen.
3. Begründen Sie, warum eine Umstellung auf andere Erzeugnisarten bei einer Fertigung nach dem Verrichtungsprinzip leichter ist als bei einer Fertigung nach dem Flussprinzip.
4. Warum treten bei der Werkstattfertigung zwischen den einzelnen Arbeitsgängen häufig Wartezeiten auf?
5. Begründen Sie, warum eine Umstellung auf andere Erzeugnisarten bei der Werkstattfertigung relativ unproblematisch ist.
6. Beurteilen Sie bei den einzelnen Fertigungsverfahren die Übersicht über den Arbeitsablauf und die Möglichkeit, exakte Liefertermine zu nennen.
7. Begründen Sie, warum die Werkstattfertigung nur für begrenzte Stückzahlen unterschiedlicher Produkte geeignet ist.
8. Warum werden bei der Reihenfertigung zwischen den Arbeitsplätzen häufig Lager für Werkstücke eingerichtet?
9. Vergleichen Sie den Tätigkeitsumfang der Arbeitskräfte bei einer Werkstattfertigung mit dem einer Reihenfertigung.
10. Ordnen Sie den folgenden Abbildungen die jeweiligen Fertigungsverfahren zu:

a)

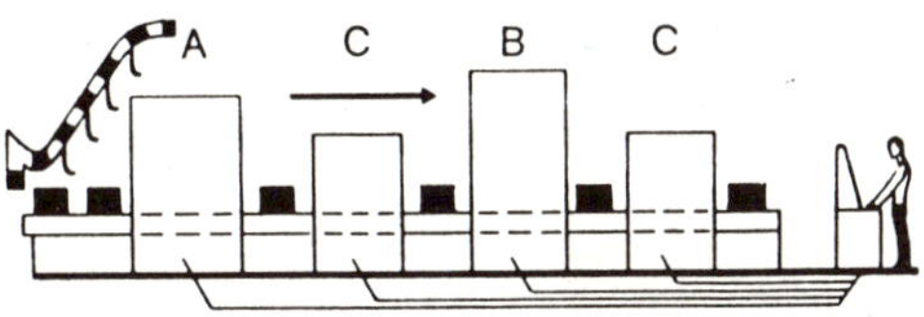

b)

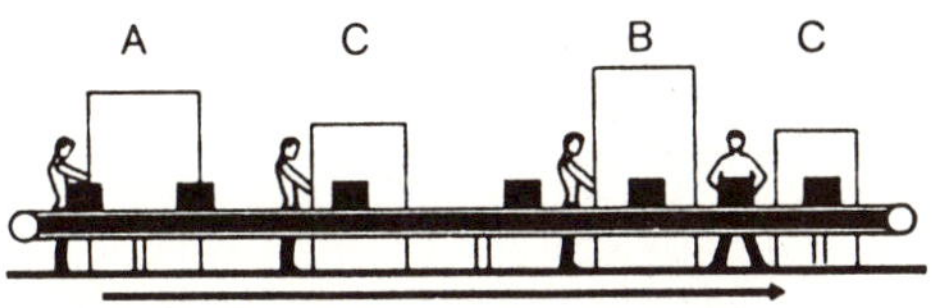

c)

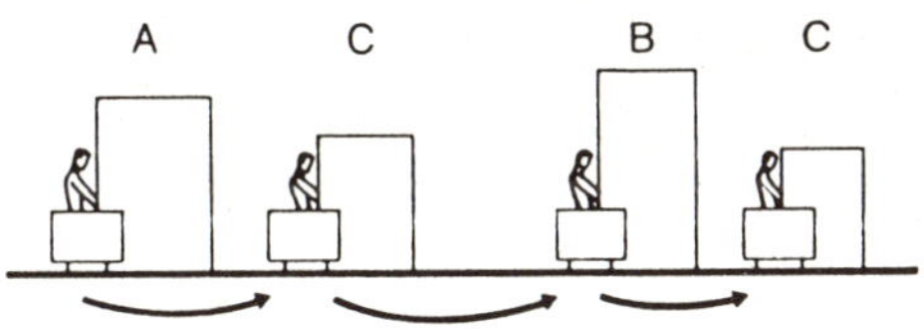

d)

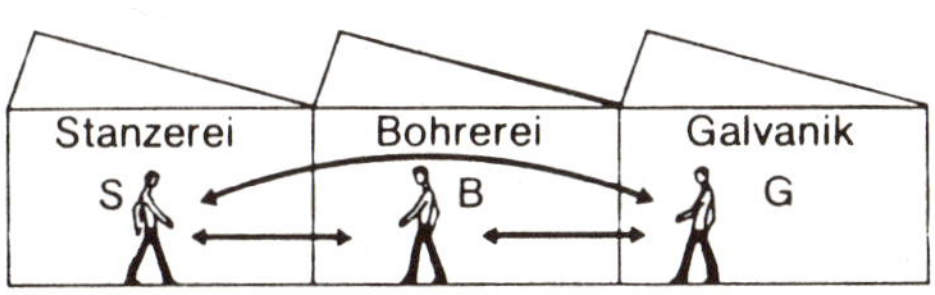

aus: REFA Methodenlehre des Arbeitsstudiums, Teil 3, Kostenrechnung, Arbeitsgestaltung, Darmstadt 1973, S. 186

Betriebliche Entscheidungssituation
Analysieren – informieren – diskutieren – entscheiden

Der Fenster- und Türenhersteller Werner Weber fertigte bisher weitgehend nach Einzelaufträgen für private Bauherrn. „Ab und zu" beteiligte er sich auch an öffentlichen Ausschreibungen, aber der Anteil dieser Aufträge lag bisher nur bei ungefähr 10%. Im Rahmen der engen Zusammenarbeit mit dem Lieferer für die Kunststofffensterprofile erhält er das Angebot in Zukunft neben der Einzelfertigung auch Normfenster in Serie zu produzieren. Dabei handelt es sich um einbruchsichere Fenster mit einer Stahleinlage und einem Glas mit einer Spezialbeschichtung, deren Wärmedämmwert um ca. 30% über den derzeitigen Werten liegt. Der Profillieferant garantiert vertraglich die Abnahme von 75% der Produktionsmenge. Die Normfenster werden dann von ihm über Baumärkte abgesetzt.
Wenn Weber auf dieses Angebot einginge, hätte dies erhebliche Investitionen und die Umstellung der Fertigung zur Folge. Sie haben die Aufgabe, zu prüfen, ob und unter welchen Bedingungen dies sinnvoll ist.

Bisheriger Fertigungsablauf bei der Fensterherstellung

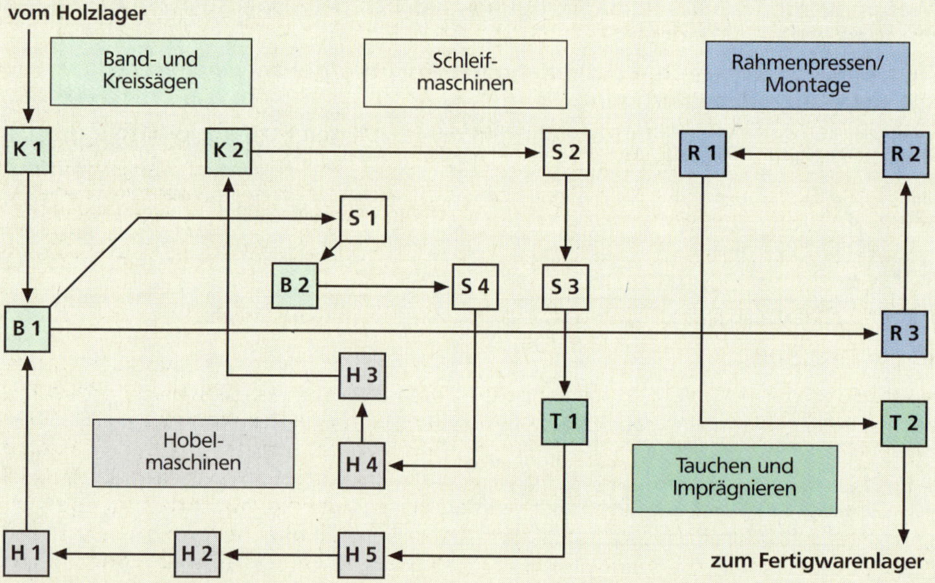

1. Wie würden Sie die jetzt praktizierte Fertigung nach den Ihnen bekannten Merkmalen charakterisieren?
2. Nach der obigen Darstellung ist der Betrieb in einzelne Werkstattbereiche gegliedert. Welche speziellen Vor- und Nachteile hat diese Anordnung der Betriebsmittel?
3. Ändern Sie die Anordnung der Maschinen zeichnerisch so, dass sie dem Produktionsprozess entsprechen.
4. Welche Vor- und Nachteile hat diese neue Fertigungsorganisation und unter welchen Bedingungen ist eine solche Umstellung sinnvoll bzw. ratsam?
5. Wie beurteilen Sie die Absicht Webers, bei einer Aufnahme des neuen Produktionszweiges auch die bisherige Fenster- und Türenfertigung anders zu organisieren?

4001170L

2.8.3 Unterscheidung der Fertigungsverfahren nach der Beteiligung der menschlichen Arbeitskraft

Als Aufgabenträger bei Fertigungsverfahren werden entweder Menschen, Maschinen oder beide eingesetzt. Die durch die Aufgabenträger zu erfüllenden Aufgabenbereiche sind dabei Folgende:

- **Arbeitsgänge ausführen**
- **Arbeitsgänge steuern**
- **Werkstücke transportieren**
- **Produktionsablauf überwachen**

Je nachdem, welche Aufgabenbereiche durch die jeweiligen Aufgabenträger erledigt werden, lassen sich unterscheiden: manuelle Fertigung, maschinelle Fertigung, Arbeitsautomatenproduktion und vollautomatisierte Fertigung.

Im zeitlichen Verlauf ging die Entwicklung von der manuellen zur vollautomatischen Fertigung. Werden den Fertigungsverfahren die Produktionsfaktoren Arbeit und Kapital zugeordnet, so ergibt sich folgendes Bild:

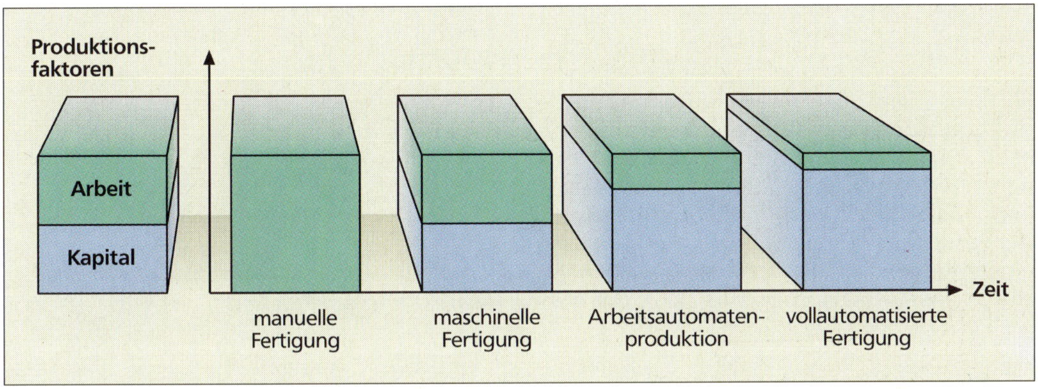

Im Einzelnen lassen sich die Fertigungsverfahren wie folgt beschreiben:

Manuelle Fertigung

Die älteste Form der Fertigung ist die **manuelle Fertigung,** bei der die Erzeugnisse ganz oder vorwiegend in Handarbeit erstellt werden. Sie wurde erst im 18. Jahrhundert durch die zunehmende Industrialisierung zurückgedrängt. Ausgestattet mit einfachen Werkzeugen mussten die Arbeitskräfte in früherer Zeit auch die körperlich anstrengendsten Arbeiten bewältigen.

In der heutigen Zeit findet man eine manuelle Fertigung überwiegend bei solchen Tätigkeiten, die viel Geschicklichkeit und schöpferische Leistung (Kreativität) verlangen. Töpfer, Maler, Goldschmiede, Holzschnitzer, Zahntechniker, Prothesenbauer, Optiker sind Beispiele für Berufe, bei denen Handarbeit vorherrscht. Im industriellen Bereich ist sie dort notwendig, wo Arbeitsgänge viel Anpassungsfähigkeit erfordern, so z.B. bei der Montage von Einzelteilen. Aber auch hier werden immer mehr technische Hilfsmittel eingesetzt.

Aus Kostengründen ist eine manuelle Fertigung bei einmaligen oder selten vorkommenden Arbeitsvorgängen sinnvoll.

Maschinelle Fertigung

Sie liegt vor, wenn Erzeugnisse mithilfe von Maschinen erstellt werden. Die körperliche Belastung der Arbeiter wurde durch die zunehmende Mechanisierung (Ersetzen von manuellen durch maschinelle Tätigkeiten) vermindert. Die moderne Arbeitswelt brachte jedoch u.a. auch folgende Nachteile mit sich:

- **monotone Arbeit**
- **Belastung durch Lärm und Arbeitsgeschwindigkeit der Maschinen**
- **Verlust an Sozialprestige**
- **Gefährdung der Arbeitsplätze durch Rationalisierungsmaßnahmen**

Beispiel	Maschinelle Fertigung

Arbeiten an einer Standbohrmaschine
Hierbei führt die Maschine den eigentlichen Bohrvorgang aus. Der Mensch steuert die Umdrehungsanzahl der Maschine und den Anpressdruck des Bohrers an das zu bearbeitende Werkstück. Außerdem kontrolliert er den Arbeitsfortschritt und muss schließlich auch das bearbeitete Werkstück zum nächsten Arbeitsplatz transportieren.

Automatische Fertigung

Werden die einzelnen Arbeitsvorgänge in einem Betrieb von einem Arbeitsautomaten erledigt, welcher die einzelnen Vorgänge selbstständig mit vorgegebenen Anforderungen vergleicht und bei Abweichungen korrigiert, liegt eine **Arbeitsautomatenproduktion** vor. Statt auf den Arbeitsprozess kann sich die Automatisierung aber auch auf den innerbetrieblichen Gütertransport beziehen, wie dies z. B. bei Produktionsprozessen der Fall ist, die mit automatischen Transporteinrichtungen (z. B. Fließbänder) arbeiten. Ist sowohl der Arbeitsprozess als auch der Materialtransport automatisiert, ist eine **vollautomatische Fertigung** gegeben. Aus Kostengründen erscheint sie nur sinnvoll, wenn Arbeitsgänge aufgrund großer Stückzahlen ständig zu wiederholen sind.

Automatisierungsbestrebungen in den Betrieben zeigen sich besonders durch die Verwendung von **Industrierobotern.** Dabei spielen flexible Automatisierungsmodelle und computerintegrierte Fertigung eine entscheidende Rolle.

aus: Der Gewerkschaftler, Heft 7, 1983, S. 39

Betriebliche Entscheidungssituation
Analysieren – informieren – diskutieren – entscheiden

Umstellung des Fertigungsverfahrens bei der Meister KG

Die Meister KG ist ein Betrieb, der Fahrräder herstellt. Seit 2 Jahren waren die Gesellschafter mit der Geschäftsentwicklung nicht mehr zufrieden. Der Grund hierfür war ihnen bekannt: Sie konnten die Fahrräder nicht zu den Preisen der Konkurrenz anbieten, da die Herstellungskosten pro Rad zu hoch waren.

Als der Radsport schließlich immer mehr Anhänger gewann, fasste man den Entschluss, die Produktionskapazität zu erweitern und das Fertigungsverfahren zu modernisieren. Niedrigere Herstellkosten und höhere Produktionsmengen waren die Ziele der geplanten Maßnahmen. Um dies zu verwirklichen, wollte man in der Fertigungsstelle Rahmenbau von der maschinellen zur automatischen Fertigung übergehen.

1. Machen Sie eine grundsätzliche Aussage darüber, unter welchen Bedingungen eine maschinelle und wann eine automatische Fertigung für die Meister KG sinnvoll erscheinen könnte.
2. Die Meister KG erwartet bei einer Einführung der automatischen Fertigung eine höhere Fixkostenbelastung bei vergleichsweise niedrigeren variablen Kosten.
   Diskutieren Sie markante Unterschiede zwischen den Kostensituationen alternativer Fertigungsverfahren.
3. Ein Ingenieur der Firma spricht sich statt der Einführung einer Arbeitsautomatenproduktion für eine vollautomatisierte Fertigung aus.
   Welcher markante technische Unterschied besteht zwischen diesen beiden Automationsarten?
4. Von der Geschäftsleitung der Meister KG wird die Forderung erhoben, dass das Nachfrageverhalten der Kunden nach Fahrrädern eine flexible Automatisierung verlange. Versuchen Sie diese Meinung zu begründen und erläutern Sie dabei, worin der Unterschied zwischen der starren und flexiblen Automatisierung besteht.

5. Vor der endgültigen Durchführung der geplanten Maßnahmen soll die Kostenentwicklung von maschinellen und automatischen Fertigungsverfahren bei unterschiedlichen Produktionsmengen gegenübergestellt werden.
   a) Erstellen Sie eine Vergleichstabelle und ermitteln Sie die „kritische Menge" bei folgender Kostensituation (Jahreszahlen):

	fixe Kosten	variable Kosten (je 2 500 Stück)
automatische Fertigung	300.000,00 DM	125.000,00 DM
maschinelle Fertigung	100.000,00 DM	175.000,00 DM

   b) Welchen Wert würde die „kritische Menge" annehmen, wenn die fixen Kosten bei der automatischen Fertigung aufgrund der Einführung einer flexibleren Betriebsmitteltechnologie auf 350.000,00 DM ansteigen würden?
   c) Wie würde sich die „kritische Menge" verändern, wenn zusätzlich die variablen Stückkosten aufgrund tariflich vereinbarter Lohnerhöhungen bei der automatischen Fertigung auf 55,00 DM und bei der maschinellen Fertigung auf 85,00 DM ansteigen würden?

2.8.4 Unterscheidung der Fertigungsverfahren nach dem Grad ihrer computergestützten Flexibilisierung

Situation

Flexibilisierung z. B. im Karosseriebau

Eine Werksinformation zu diesem Thema lautet:

„Die hochmodernen Fertigungsanlagen des Karosserie-Rohbaus erweisen sich als überaus flexibel. Mittels Computersteuerung lassen sich die Funktionen der rund 120 Industrieroboter beliebig auf die jeweilige Fertigungssequenz abstimmen. So ist es möglich, die Blechteile verschiedener Karosserievarianten von Astra und Corsa ohne Werkzeugwechsel auf einer Fertigungslinie zusammenzufügen."

aus: Opel Eisenach, o. J., S. 7)

?

- **Was versteht man unter Flexibilisierung der Fertigung?**
- **Welche Vorteile haben flexible Fertigungsorganisationen?**
- **Welche Arten von flexiblen Fertigungsorganisationen lassen sich unterscheiden?**

Informationen

Während Fertigungsorganisationen früherer Jahre starr ausgelegt waren, sind sie heute vielfach flexibel gestaltet. So wurden bei der starren Automatisierung in der Vergangenheit die Fertigungsabläufe so miteinander verkettet und automatisiert, dass auf diesen Anlagen so gut wie keine Produktvarianten gefertigt werden konnten. Für die Automobilindustrie bedeutete dies, dass man während des Produktlebenszyklus von ca. 7 Jahren nahezu unveränderte Produkte auf diesen Fertigungseinrichtungen herstellte.

Heutzutage ist der Absatz vereinheitlichter Massenprodukte schwieriger geworden. Ein differenziertes Käuferverhalten bestimmt das Produktionsgeschehen, was zu den folgenden Erscheinungen geführt hat:

- sinkende Gesamtstückzahlen
- sinkende Lieferfristen
- steigende Variantenvielfalt
- rasch abfallender Gebrauchswert der Erzeugnisse
- steigende Qualitätsansprüche

Den sich rasch wandelnden Produktionsprogrammen in der heutigen industriellen Produktion tragen die flexiblen Fertigungsorganisationen Rechnung. Sie haben für den Betrieb auch den Vorteil, dass die gesamte Nutzungszeit der Fertigungs- und Automatisierungseinrichtungen von der Produktlebensdauer entkoppelt ist.

Flexible Fertigungsorganisationen zeichnen sich nicht nur durch hochautomatisierte Bearbeitungseinrichtungen (z.B. Fertigungszellen) aus. Sie erfordern vielmehr auch eine entsprechende Gestaltung des Materialfluss- und des Informationssystems. Letzteres übernimmt all die Funktionen, die zur automatischen Produktionssteuerung und -überwachung erforderlich sind.

Eine flexible Gestaltung von Fertigungsverfahren zeigt sich in drei verschiedenen Organisationsformen

- **Flexible Transferstraßen:** Sie bestehen im Allgemeinen aus mehreren NC-gesteuerten Werkzeugmaschinen, die durch ein automatisiertes Transportsystem, wie z.B. ein Fließband, verbunden sind. Der Transport des Fertigungsmaterials erfolgt taktweise. Ein Abweichen von dem gerichteten Materialfluss ist nicht vorgesehen. Die Umrüstung für ein begrenztes Teilspektrum ist im Stillstand der Anlage relativ schnell möglich. Der Einsatzbereich der flexiblen Transferstraße liegt insbesondere in der Großserienfertigung bei engem Produktionsprogramm.
- **Flexible Fertigungszellen:** Sie erreichen das höchste Maß an Flexibilität bei den automatisierten Fertigungseinrichtungen. Es handelt sich hierbei um hochgradig automatisierte Einzelmaschinen, auf denen die Komplettbearbeitung eines Werkstücks möglich ist. NC-Maschinen sind zwar in der Lage einzelne Bearbeitungsoperationen ebenfalls automatisch durchzuführen, die Komplettbearbeitung eines Teils würde aber in der Regel erfordern, dass ein Werkstück auf unterschiedlichen Maschinen auf- und abgespannt werden muss. Die Durchlaufzeit würde hierdurch erhöht werden. Anders bei der Fertigungszelle. Sie besteht aus einer Arbeitsmaschine, wobei durch eine integrierte Werkstück- und Werkzeugwechseleinrichtung die programmgesteuerte Bearbeitung verschiedener Arbeitsobjekte in beliebiger Reihenfolge möglich wird.
- **Flexible Fertigungssysteme:** Mehrere Fertigungseinrichtungen sind hierbei eingetaktet verbunden. Flexible Fertigungssysteme zeichnen sich dadurch aus, dass sie aus mehreren sich gegenseitig ergänzenden Fertigungseinrichtungen, wie z.B. verschiedenen Fertigungszellen, bestehen. Letztere sind über ein gemeinsames Transportsystem verbunden. Der Arbeitsprozess wird durch Rechner gesteuert und überwacht. Dieses technologische Konzept macht es möglich, eine automatische Bearbeitung verschiedenartiger Werkstücke ohne umrüstungsbedingten Systemstillstand vorzunehmen. Zwischen den Fertigungseinrichtungen findet ein frei programmierbarer Materialfluss statt.[1]

1 Vgl. Zöpfel, G.: Strategisches Produktions-Management, Berlin 1989, S. 183 ff.

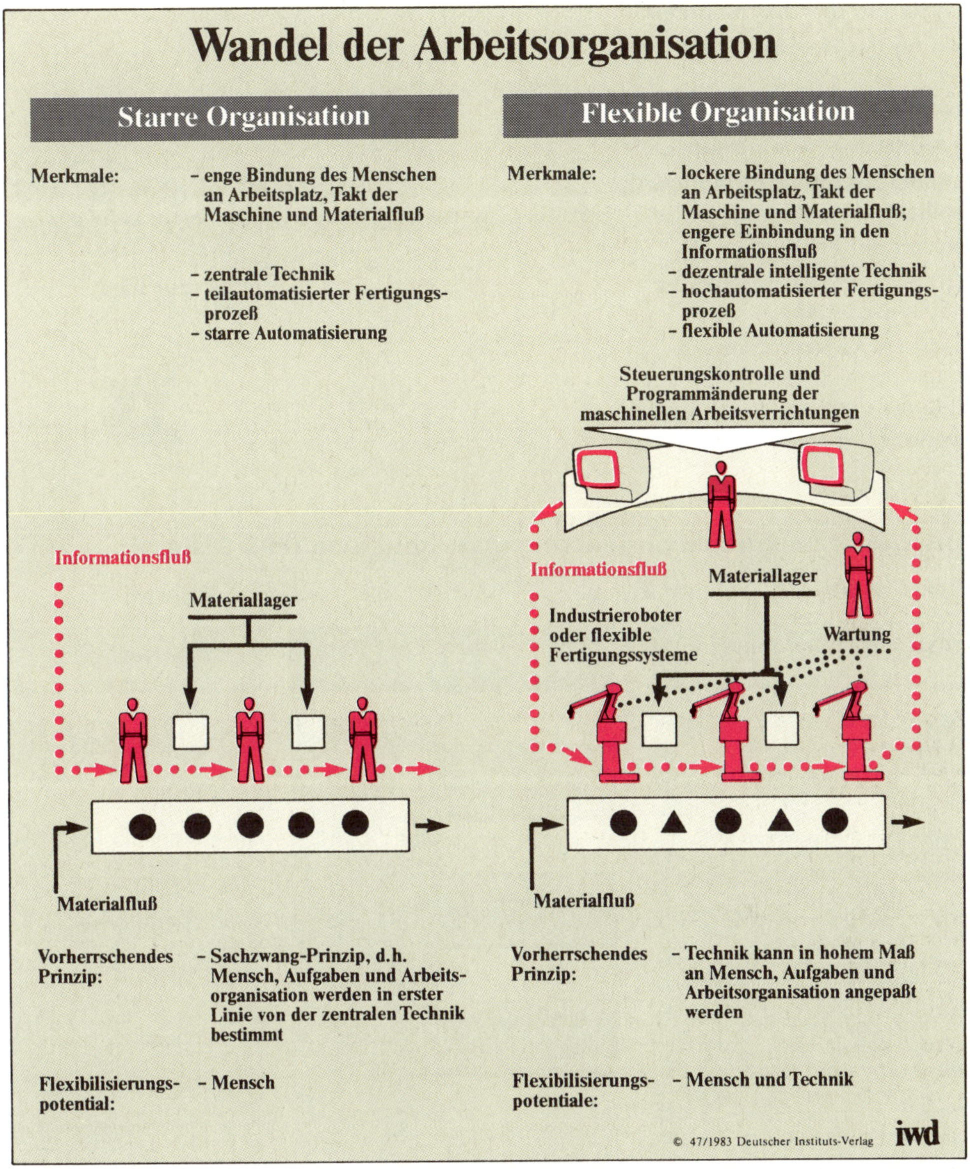

2.8.5 Computerintegrierte Fertigung (CIM)

Einführung von CIM

Weiter als die Integration technischer Abläufe, wie sie bei der Flexibilisierung der Fertigung besteht, geht die computerintegrierte Fertigung (CIM). Hier geht es vor allem darum, die Lösung kaufmännischer Aufgabenstellungen mit in den Integrationsprozess einzubeziehen.

Der Druck zur Rationalisierung in den Betrieben macht CIM zu einer der bedeutendsten Schlüsseltechnologien in den nächsten Jahrzehnten. Im Einzelnen werden mit der CIM-Technologie vor allem folgende Unternehmensziele verbunden:

- **Verringerung der Durchlaufzeit**
- **Erhöhung der Flexibilität am Markt**
- **Reduzierung der Lagerbestände**
- **Steigerung der Termintreue**
- **Erhöhung der innerbetrieblichen Flexibilität**
- **Erhöhung der Produktivität**
- **Erhöhung der Transparenz des Betriebsgeschehens**
- **Verbesserte Kapazitätsauslastung**
- **Reduzierung des Verwaltungsaufwandes**

aus: Bleicher/Stamm, Fabrik der Zukunft, Hamburg 1988

Computergestützte Produktionsplanung und -steuerung (PPS-System)

Einen Überblick über die Grundstruktur eines PPS-Systems gibt folgende Übersicht:

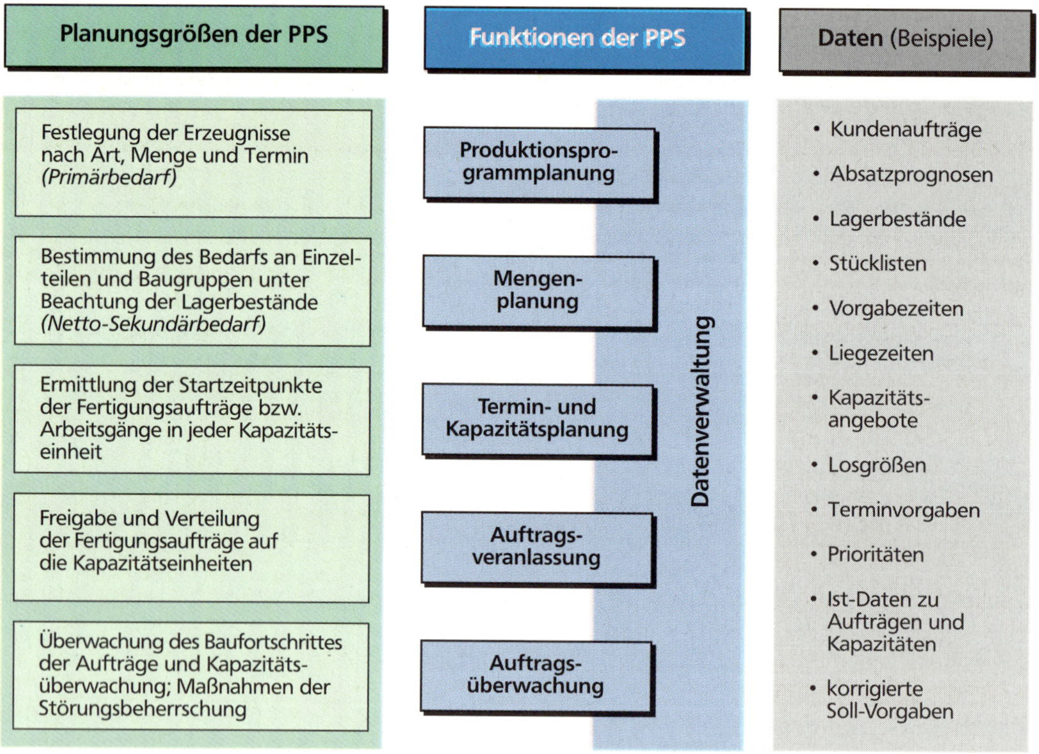

aus: Nebel, Einführung in die Produktionswirtschaft, München 1996, S. 357 – siehe dazu auch S. 178

Die moderne Fabrik

Ein Datenaustausch zwischen allen betrieblichen Funktionsbereichen und den dort arbeitenden Teilsystemen von CIM setzt die Existenz einer **zentralen Datenbank** voraus. Einen Überblick über diese Zukunftsvision vermittelt die folgende Abbildung:

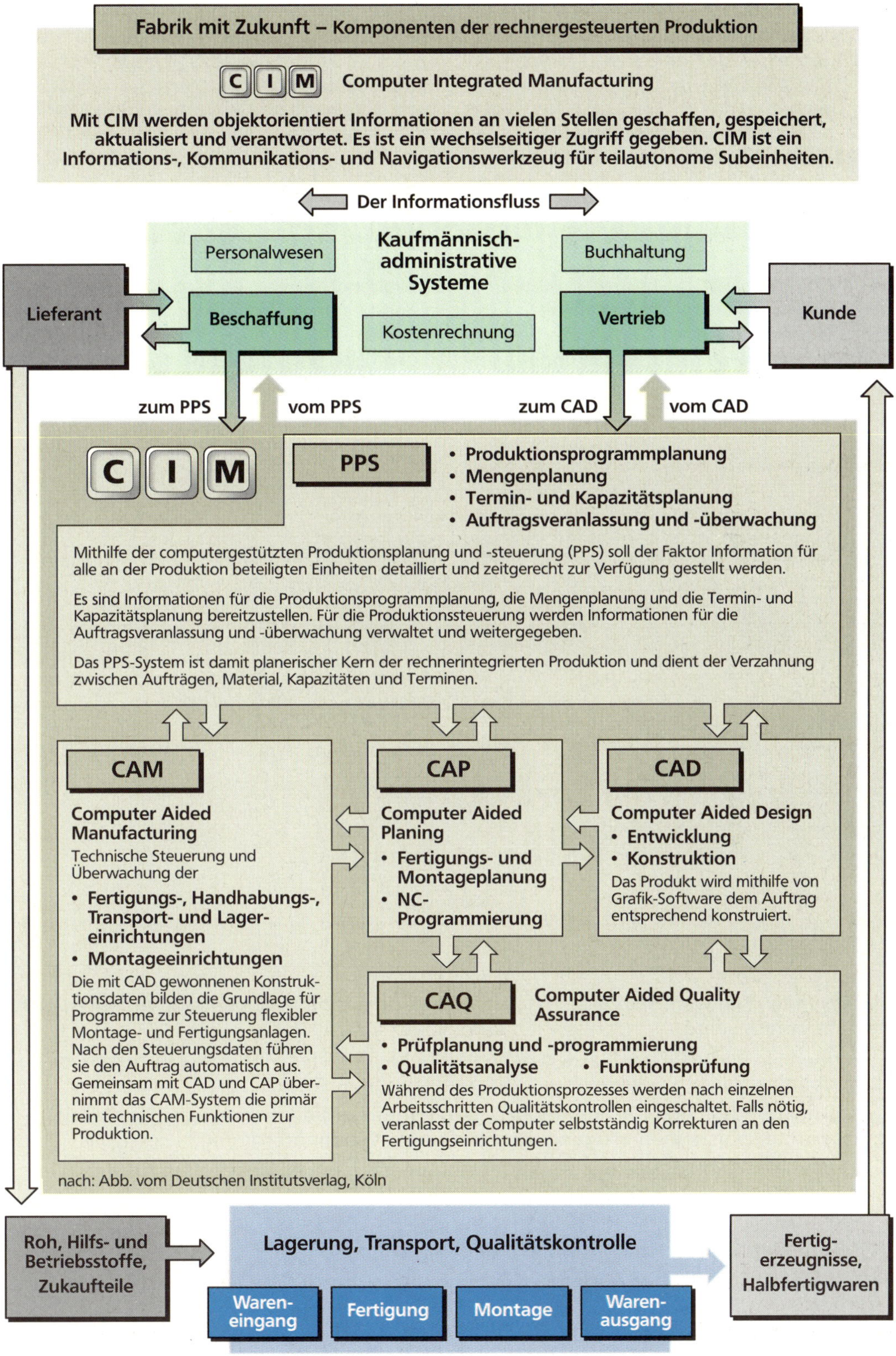

nach: Abb. vom Deutschen Institutsverlag, Köln

Die rechnerintegrierte Fertigung hängt im Besonderen von dem direkten Datenaustausch zwischen den einzelnen Teilsystemen von CIM (CAD, CAM usw.) ab. Hier gibt es bereits heute funktionsfähige Hard- und Softwarekomponenten, einschließlich der angepassten Produktionsanlagen. CIM-Ansätze dieser Art sind aber oft nur **Insellösungen** (z.B. computergestütztes Konstruieren oder computergestützte Arbeitsplanung).

Das PPS-System ist der betriebswirtschaftliche Baustein des CIM-Konzepts (siehe S. 177). Mithilfe der modernen Datenverarbeitung geht es darum, eine reibungslose und Kosten sparende Auftragsabwicklung zu erreichen.

Die Funktionen des PPS-Systems erstrecken sich dabei von der datenmäßigen Unterstützung der Programmplanung bis zur Auftragsüberwachung. Ergeben sich Abweichungen von den Plandaten, sind geeignete Maßnahmen zu ergreifen, um die gesteckten Ziele zu erreichen.

Basis eines PPS-Systems ist eine Datengrundverwaltung. Hier werden solche Daten gesammelt, gespeichert und aktualisiert, die wichtig für die Planungs- und Steuerungsprobleme bei der Auftragsabwicklung sind. Grundlegende Daten, die im PPS verwaltet werden sind: Lagerbestände, Vorgabezeiten, Losgrößen, Arbeitsplandaten und vieles andere.

Beispiel

Vergleich von Konstruktionsarbeiten nach herkömmlicher Art und mit der CAD-Technik

Arbeitsweise bei der Konstruktion mit herkömmlichen Hilfsmitteln

Arbeitsweise bei der Konstruktion mithilfe eines Computers (CAD-Technik)

aus: Grabowski, H., Produktdatentausch und CAD-Normteile, Ehringen 1990

Arbeitsvorschlag:

1. **Begründen Sie, warum eine starre Automatisierung dem heutigen Kaufverhalten nicht mehr gerecht wird.**
2. **Nennen Sie Beispiele von Betriebsmitteln, die bei flexiblen Fertigungssystemen verwendet werden.**
3. **Welche der folgenden Fertigungsverfahren hat das größte menschliche Flexibilisierungspotenzial: Reihenfertigung, Fließfertigung, Gruppenfertigung?**
4. **Erklären Sie die Feststellung: „Flexible Fertigungsorganisationen haben für den Betrieb den Vorteil, dass die Nutzungszeit der Fertigungsanlagen von der Produktlebensdauer entkoppelt wird."**
5. **Beschreiben Sie den Funktionsablauf in der „modernen Fabrik".**
6. **Welche wirtschaftlichen Vorteile erhoffen Betriebe durch das CIM-Konzept zu verwirklichen?**
7. **Was ist das charakteristische Merkmal eines PPS-Systems?**

3 Die fertigungsbezogene Abwicklung eines Kundenauftrages planen, durchführen und kontrollieren

Situation

Am 6. Juli 19.. geht bei dem Kleinmöbelhersteller Zinn GmbH ein Auftrag der Möbelkette Natura AG ein. Vorausgegangen war dem Auftrag zunächst eine Anfrage der Natura AG, bei der es um die Lieferungs- und Zahlungsbedingungen für Kindertische aus Kiefernholz ging. Hierbei handelt es sich um ein Erzeugnis, das in einer ähnlichen Variante schon von der Zinn GmbH gefertigt worden war.

Nachdem die Abteilung Verkauf die Produktions- und Liefermöglichkeiten überprüft hatte und einige Gespräche mit Sachbearbeitern aus dem Bereich der Fertigung und des Rechnungswesens geführt worden waren, wurde schließlich eine Vorkalkulation erstellt und der Natura AG ein Angebot zugesandt.

Einige Tage später geht bei der Zinn GmbH der folgende Auftrag ein:

Natura Möbel AG, Postfach 11 13, 34368 Bad Emstal

Zinn GmbH
Langer Weg 8

34270 Schauenburg

NATURA MÖBEL

Ihr Zeichen, Ihre Nachricht vom	Unser Zeichen, unsere Nachricht vom	Telefon, Name	Datum
b-n ..-06-15	e-g ..-06-05	(0 56 02) 34 32-2	..-07-06

Bestellung

Sehr geehrte Damen und Herren,

gemäß Ihrem Angebot vom 15. Juni .. bestellen wir nach vorliegendem Muster 100 Kindertische in Kiefernholz zum Stückpreis von 285,00 DM netto. Die Lieferung hat in der 33. Kalenderwoche zu erfolgen.

Wie in Ihrem Angebot zugesichert, muss die Holzoberfläche unlasiert und zweimal mit Bienenwachs behandelt worden sein. Die Rahmenkonstruktion wird als Sonderanfertigung in verzinktem Stahl ausgeführt.

Mit freundlichen Grüßen

Natura Möbel AG

Dr. Hubold

?

- **Wie läuft eine Auftragsbearbeitung ab?**
- **Welche Arten von Aufträgen lassen sich unterscheiden?**
- **Welche Bedeutung hat der Auftrag für die industrielle Leistungserstellung?**

3.1 Auftragsbearbeitung

Informationen

Durch die Bestellung der Natura AG bei dem Kleinmöbelhersteller Zinn GmbH werden eine Reihe betrieblicher Vorgänge ausgelöst. Sie erstrecken sich von der Fertigungsplanung über die Fertigungssteuerung bis hin zur Warenlieferung und der Abrechnung.

Bevor mit der eigentlichen Fertigungsplanung begonnen wird, ist eine **Auftragsprüfung** sinnvoll. Dabei geht es u.a. darum, die Bestellung des Kunden zu prüfen, ob eventuelle vertragliche Änderungen gegenüber dem Angebot vorgenommen wurden. Ist dies der Fall, gilt dies rechtlich als neuer Auftrag, der erst dann zu einem neuen Vertrag führt, wenn er durch den Lieferer angenommen wurde.

Bei einer Auftragsprüfung können z.B. kontrolliert werden:

- gewünschter Liefertermin des Kunden
- kundenspezifische Versandwünsche
- Preis- und Rabattangaben
- Artikelnummer der bestellten Ware
- Lagervorrat der bestellten Ware mit eventueller Reservierungsvormerkung
- Einhaltung des Mindestbestellwertes
- Bonität des Kunden

Kunden erwarten eine Einhaltung der vertraglichen Zusagen. Dies betrifft insbesondere die Lieferpünktlichkeit. Die Nichteinhaltung von Lieferterminen stellt nach Aussagen des Geschäftsführers eines Möbelherstellers „den Hauptteil der Beschwerden unzufriedener Kunden“ dar. Es reicht noch nicht, „einen Auftrag an Land zu ziehen, den man von vornherein nicht rechtzeitig erfüllen kann, denn nichts schadet mehr als ein Ruf der Unzuverlässigkeit“.

Aufträge von Kunden können in Industriebetrieben grundsätzlich zu unterschiedlichen Aktivitäten führen:

Auftragsarten	
Lagerversandauftrag	Das bestellte Erzeugnis ist auf Lager vorrätig und kann dem Kunden unmittelbar geliefert werden.
Einkaufsauftrag	Das bestellte Erzeugnis wird nicht selbst hergestellt, sondern als Handelsware vertrieben. Wenn diese nicht vorrätig ist, muss die Ware erst wieder beschafft werden.
Fertigungsauftrag	Das bestellte Erzeugnis wird im Betrieb produziert, weil es weder im Lager vorrätig ist noch als Handelsware geführt wird. Erzeugnisse, die bisher noch nicht hergestellt wurden, müssen gemäß betrieblichen Vorgaben erst konstruiert werden. Liegen einem Auftrag individuelle Kundenwünsche über Art und Funktionsweise eines Produktes zugrunde, so sind diese ebenfalls in der Konstruktionsphase zu berücksichtigen.

4001180L

3.2 Die Arbeitsvorbereitung

Der Entwicklung und Konstruktion eines Produkts schließt sich die Arbeitsvorbereitung an. Sie geht der Auftragsdurchführung voraus und umfasst alle Planungs- und Beschaffungsmaßnahmen, die notwendig sind, um einen reibungslosen Fertigungsablauf in der geplanten Form zu sichern. Die Arbeitsvorbereitung beinhaltet die **Fertigungsplanung** und die **Fertigungssteuerung** (Fertigungslenkung).

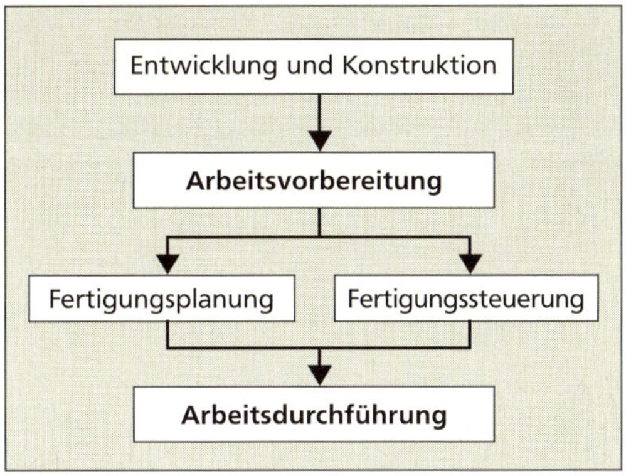

3.2.1 Fertigungsplanung

Situation

Ort: Konstruktionsbüro des Kleinmöbelherstellers Zinn GmbH

Zeit: Eine Woche nach Bestellung der Kiefernholztische durch die Natura AG

bisherige Ereignisse: Die Bestellung der Natura AG hat zu einem Fertigungsauftrag geführt. Die Konstruktionsabteilung erhielt die Anweisung, einen Kindertisch nach den Vorstellungen der Natura AG zu entwerfen. Da ein ähnliches Produkt früher schon einmal konstruiert wurde, konnte man auf noch vorhandene Arbeitsergebnisse teilweise zurückgreifen. Ausgehend von der Konstruktionszeichnung war von der Konstruktionsabteilung auch eine Konstruktionsstückliste zu erstellen. Im Wesentlichen hatte sie in tabellarischer Form Auskunft zu geben über den technischen Aufbau des Produkts. Zum Zwecke der Materialdisposition war außerdem eine Materialstückliste (siehe S. 133) auszufertigen.

aktuelle Lage: Konstruktionszeichnung und -stückliste sind fertig geworden. Sie werden der Produktionsabteilung als wichtige Unterlage für die Fertigungsplanung zugeleitet. Die Materialstückliste erhält die Einkaufsabteilung, wo sie u.a. zur Ermittlung des Materialbedarfs dient.

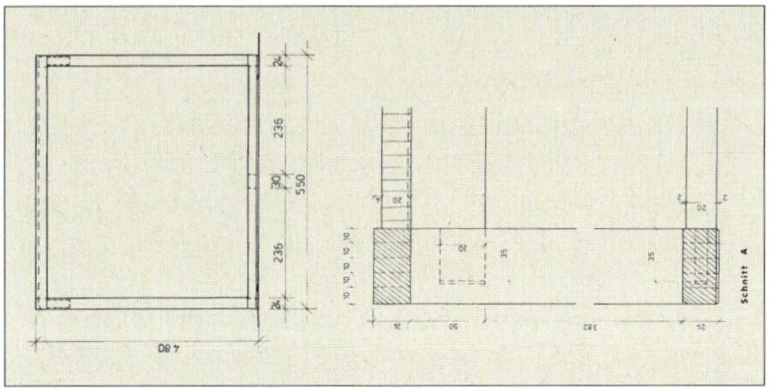

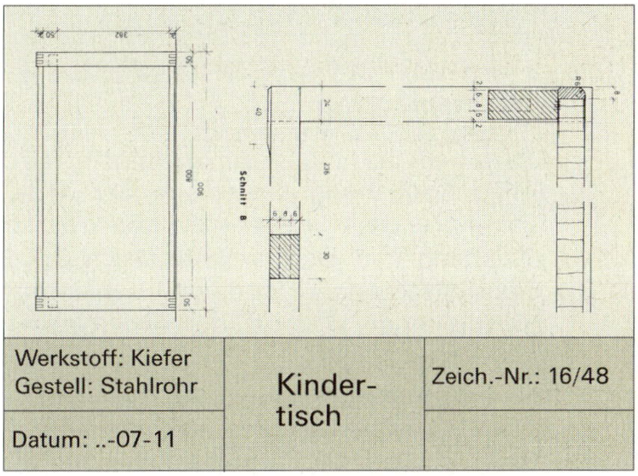

Werkstoff: Kiefer Gestell: Stahlrohr	Kinder- tisch	Zeich.-Nr.: 16/48
Datum: ..-07-11		

aus: Dormann/Hahne (Hrsg.), Projektarbeiten und Holzübungsstücke, Berlin 1994, S. 27

Konstruktionsstückliste: Kindertisch							
1	2	3	4	5	6	7	8
Nr.	Bezeichnung	Material	Stück	Fertigmaße L.	B.	D.	Fläche m^2
1	Füße	Stahl	4	480	50	24	0,10
2	Zargen	Kl	4	550	50	24	0,11
3	Zargen	Kl	2	870	50	20	0,09
4	Stege	Kl	1	870	30	20	0,03
5	Platte	STAE	1	800	534	19	0,43
6	Furnier	Kl	2				0,86

?

- **Welche Bedeutung haben Konstruktionszeichnung und -stückliste für die Arbeitsplanung (Teilbereich der Fertigungsplanung)?**
- **Welche Aufgabenbereiche gehören zur Fertigungsplanung?**

Informationen

Im Rahmen der Fertigungsplanung ist eine Vielzahl von Aufgaben zu erfüllen:

Aufgaben der Fertigungsplanung

- Arbeitsplanung
- Ermitteln des Personal-, Material- und Betriebsmittelbedarfs
- Gestalten des Materialflusses zwischen den Arbeitsplätzen
- Ermitteln der Dauer aller Arbeitsgänge (Durchlaufzeitenplanung)
- Terminplanung

Arbeitsplanung

Die Arbeitsplanung ist der wichtigste Teil der Fertigungsplanung. Grundlage der Arbeitsplanung sind die vorstehende Konstruktionszeichnung und die Stückliste. Auch der Betriebsmittelbestand und die geplante Erzeugnismenge sind bei der Arbeitsplanung zu berücksichtigen.

Die Ergebnisse der Arbeitsplanung werden in einem speziellen Datenträger, dem Arbeitsplan, festgehalten. Arbeitspläne sind keine standardisierten Aufstellungen. Sie enthalten vielmehr bei den einzelnen Unternehmungen unterschiedliche Informationen. Bei der Zinn GmbH informiert der Arbeitsplan über die Arbeitsgangfolge bei der Produktherstellung, die verantwortlichen Kostenstellen, die erforderlichen Betriebsmittel, die Rüst- und Stückzeiten und die Lohngruppen der eingeplanten Arbeitskräfte.

Die Ergebnisse der Arbeitsplanung sind Ausgangsdaten für verschiedene betriebliche Aufgaben:

- Bereitstellung des Fertigungsmaterials
- Terminplanung
- Vor- und Nachkalkulation
- Wahl des innerbetrieblichen Transportweges
- Erstellung der notwendigen Arbeitsbegleitpapiere, so z. B. Terminkarten und Laufkarten

Da die Erstellung von Arbeitsplänen in vielen Fällen sehr zeitaufwendig ist, wird diese Arbeit häufig mithilfe von EDV-Anlagen durchgeführt. Bei dieser computergestützten Arbeitsplanerstellung wird oftmals nach dem **Anpassungsprinzip** vorgegangen. Neue Arbeitspläne werden bei dieser Vorgehensweise dadurch erstellt, indem ein im DV-System gespeicherter ähnlich älterer Plan ausgewählt und durch Löschen, Ändern und Hinzufügen von neuen Daten den aktuellen Planungsvorgaben angepasst wird.

Auftrags-Nr.: 43-6-807		Gegenstand: Kindertisch		Arbeitsplan-Nr.: A-143/96		Blatt: 1
Bearbeiter: Farpel		Auftragsmenge: 100	Zeichnungs-Nr.: 42 – 17	Fertigungsbeginn: 20. Juli 19 …	Termin: 26. Juli 19 …	
Arbeitsgang Nr.	**Kosten-stelle**	**Arbeitsgang**	**Betriebsmittel**	**Rüstzeit Min.**	**Stückzeit Min.**	**Lohngruppe**
1	503	Zuschneiden	Kreissäge	2	6	05
2	506	Aushobeln	Vierseiten-hobelmaschine	3	8	06
3	504	Gestell verbind.	Fräsmaschine	9	7,33	05
4	508	Platte furnieren	Furniersäge und -presse	12	10	07
5	509	Tisch montieren	Rahmenpresse	2	8	07
6	501	Oberfläche behandeln	Spritzraum	11	6,58	05
7	501	Kontrollieren			3	05

Die **Bedarfsplanung** besteht aus mehreren Aufgabenbereichen:

- Personalplanung
- Materialplanung
- Betriebsmittelplanung

Personalplanung

Durch die Personalplanung werden Anzahl und Art der Arbeitskräfte ermittelt, die zur Fertigungsdurchführung benötigt werden. Im Allgemeinen wird sie nur bei Betriebseröffnung und -erweiterung notwendig. Ihrem Wesen nach ist die Personalplanung eine Grobplanung. Machen zeitliche Verzögerungen oder sonstige Störungen eine Änderung von den Planvorgaben notwendig, ist es Aufgabe der Fertigungssteuerung durch entsprechende Maßnahmen hierauf zu reagieren.

Reichen die vorhandenen Arbeitskräfte nicht aus, um einen Auftrag termingerecht auszuführen, müssen zusätzliche Arbeitskräfte beschafft werden. Dies ist möglich durch:

- Umgruppierung innerhalb des Betriebes
- Neueinstellungen
- Mehrarbeit vorhandener Arbeitskräfte

Denkbar ist auch Rationalisierungsmaßnahmen durchzuführen, die das Ziel haben umfangreiche Arbeitsaufgaben mit dem bisherigen Personalbestand zu bewältigen.

Materialplanung

Aufgabe der Materialplanung ist die **Ermittlung des Bedarfs an Roh-, Hilfs- und Betriebsstoffen sowie von fremdbezogenen und selbst erstellten Teilen,** die im Produktionsprozess eingesetzt werden sollen. Ihre Erzeugnisse sind wichtige Ausgangsdaten für die Vorkalkulation, die Lager- und Einkaufsdisposition. Sie kann durchgeführt werden für ein einzelnes Erzeugnis, eine bestimmte Auftragsmenge oder eine wirtschaftliche Losgröße.

Die Ermittlung des Materialbedarfs bezieht sich auf die:

- Materialart (z.B. Holz, Stahl)
- Materialmenge (z.B. 2 Tonnen, 6 Stangen)
- Materialqualität (z.B. Baustahl, Qualitätsstahl ST 50)
- Materialgröße (z.B. Länge: 2 m, Breite: 50 cm, Stärke: 16 mm)

Das zur Fertigung benötigte Material ergibt sich aus den **Konstruktionszeichnungen,** deren Inhalt in die **Urstücklisten** übertragen werden. Da diese für die Materialplanung unbrauchbar sind, werden nach Materialarten gegliederte Stücklisten **(Materialstücklisten)** erstellt.

Um die richtige Bedarfsmenge zu ermitteln, ist darauf zu achten, dass Materialzugaben für Ausschuss, Schwund usw. berücksichtigt werden. Dies geschieht häufig in Form eines aus Erfahrung gewonnenen Zuschlags zu dem regulären Materialbedarf.

Betriebsmittelplanung

Das Leistungsvermögen eines Betriebs ist u. a. abhängig von den vorhandenen Maschinen, Fahrzeugen, Gebäuden, Werkzeugen und Vorrichtungen. **Art und Anzahl dieser Betriebsmittel festzulegen,** ist Aufgabe der Betriebsmittelplanung, die anhand der **Arbeitsplätze** erfolgt (Ausnahmen: Gebäude und Fahrzeuge).

Faktoren, welche die Betriebsmitteleffizienz (Wirksamkeit der Betriebsmittel) bestimmen und daher bei der Betriebsmittelplanung berücksichtigt werden sollten, sind insbesondere:

- Abnutzungsgrad bzw. Verschleiß des vorhandenen Betriebsmittelbestands
- Betriebsbereitschaft, welche u. a. abhängig ist von Wartungs- und Instandhaltungsmaßnahmen an den Betriebsmitteln
- qualitative und quantitative Kapazität der Betriebsmittel
- Modernitätsgrad des Betriebsmittelbestands
- Elastizität, d.h. die Art und Weise wie die Betriebsmittel einzusetzen sind. So können Spezialmaschinen z.B. nur ganz bestimmte Arbeitsgänge erledigen, Universalmaschinen sind dagegen vielseitig einsetzbar.

Im Allgemeinen wird eine Betriebsmittelplanung nur bei Betriebseröffnungen, -erweiterungen und -umstellungen durchgeführt. Bei normalem Betriebsablauf muss sich der Arbeitsplaner nach den vorhandenen Anlagen und der bestehenden Fertigungsorganisation richten. Eine Betriebsmittelplanung ist dann nicht notwendig.

Materialfluss- und Transportplanung

Aufgabe der Materialfluss- und Transportplanung ist eine **rationelle Gestaltung des Materialflusses** zwischen den Arbeitsplätzen. Zu den **„Materialflussgütern"** gehören:

Roh-, Hilfs-, Betriebs- und Abfallstoffe sowie unfertige Erzeugnisse und Fertigerzeugnisse.

Bei der Planung ihres Transports muss von betrieblichen Gegebenheiten ausgegangen werden, so u. a. von:

- dem bestehenden Fertigungsverfahren (z.B. Fertigung nach dem Verrichtungs- oder Flussprinzip)
- den äußeren Eigenarten der Fördergüter (z.B. Fließ,- Schütt- oder Stückgüter)
- der physikalischen Beschaffenheit der Fördergüter (z.B. schlag- oder temperaturempfindliche Güter)
- den vorhandenen Fördermitteln (z.B. Wagen, Karren, Hängebahnen)

Zur Analyse und planerischen Umgestaltung des Materialflusses haben sich Materialflussbögen bewährt.

Durchlaufzeitenplanung

Grundlage der Zeitplanung ist der **Arbeits- und Arbeitsfolgeplan.** Hiervon ausgehend wird der Zeitbedarf für alle Arbeitsvorgänge ermittelt, die vom Entwurf bis zur Montage eines Erzeugnisses auszuführen sind. Der Zeitbedarf, den ein Erzeugnis benötigt, um den eigentlichen Fertigungsprozess vom Anfang bis zum Ende zu durchlaufen, wird als **Durchlaufzeit** bezeichnet.

Die gesamte Durchlaufzeit ist nicht identisch mit der Summe aller Teilzeiten, da nicht alle Vorgänge aufeinander folgen müssen. So können z.B. Arbeiten an den verschiedenen Einzelteilen eines Erzeugnisses häufig zum gleichen Zeitpunkt beginnen.

Reihenfolge, Zeitdauer und Beginn der einzelnen Fertigungsvorgänge eines Produktes lassen sich durch Fristenpläne veranschaulichen.

4001184L

Zu berücksichtigen sind bei der Planung:

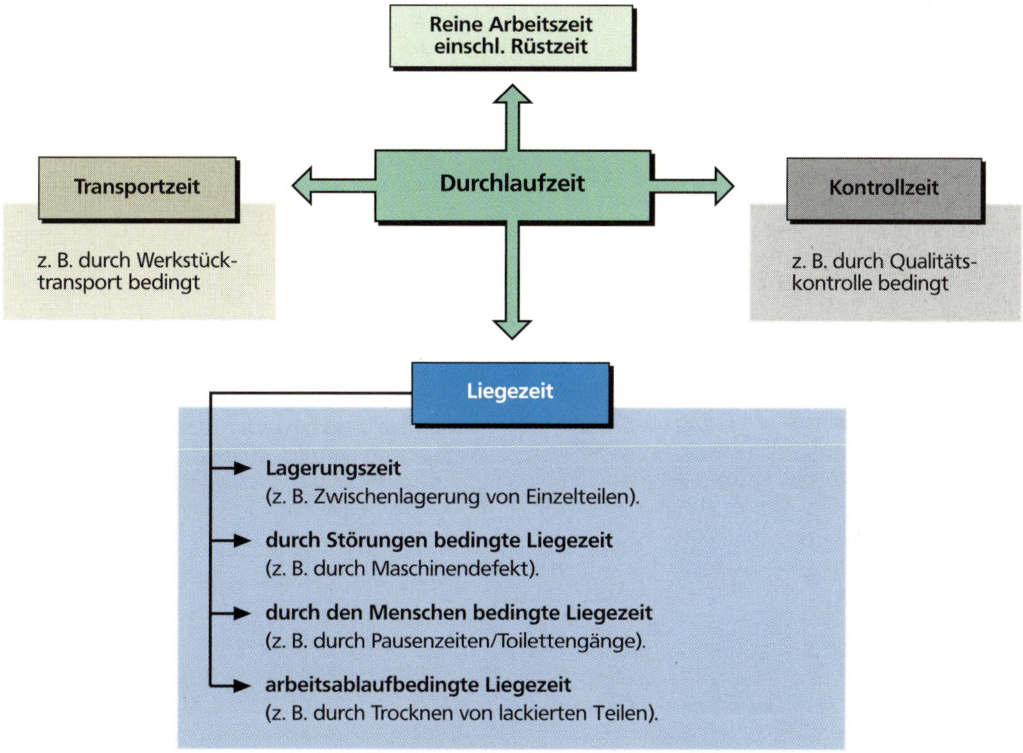

Beispiel

Der Kleinmöbelhersteller Zinn GmbH hat den Auftrag erhalten 100 Kindertische aus Kiefernholz zu fertigen. Anhand der Angaben in dem Arbeitsplan (siehe S. 183) wird die Durchlaufzeit für diesen Auftrag ermittelt. Das Soll-Konzept der Durchlaufzeitenplanung ergibt sich aus dem folgenden **Fristenplan** (Balkendiagramm).

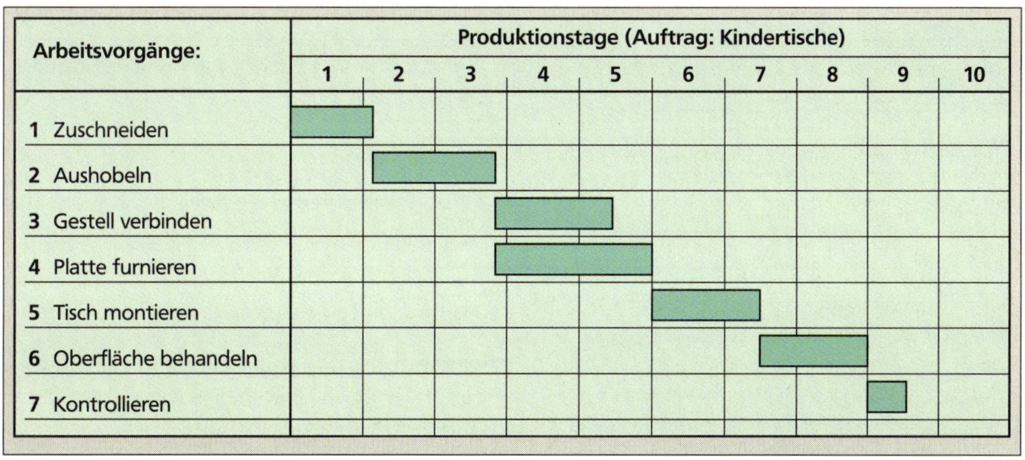

Terminplanung

Aufgabe der Terminplanung (Termingrobplanung) ist die **Ermittlung der Liefertermine.** Sind diese von den Kunden bereits vorgegeben, ist der **Produktionsbeginn** zu bestimmen. Hierzu werden Ecktermine, d.h. Beginn und Ende größerer Arbeitsabschnitte (z.B. Einzelfertigung, Gruppen- und Endmontage) festgelegt. Ihre Einhaltung sichert einen Produktionsablauf ohne größere zeitliche Verzögerungen.

Weiterhin dient die Terminplanung dazu, die **Auslastung der betrieblichen Kapazität** durch einen bestimmten Fertigungsauftrag vorhersagen zu können (Kapazitätsgrobplanung). Zu erwartende Engpässe oder Überkapazitäten können so rechtzeitig erkannt und geeignete Maßnahmen zu ihrer Beseitigung eingeleitet werden.

Bei der Termingrobplanung bedienen sich Betriebe häufig grafischer Darstellungsmethoden, so z.B. **Termindiagrammen.**

- **Progressive (fortschreitende) Terminplanung:** Den Ausgangspunkt dieser Methode bildet der geplante Termin des Produktionsbeginns. Ausgehend von diesem Zeitpunkt werden die einzelnen Termine für die Einzelteilfertigung, Gruppen- und Endmontage fortschreitend festgelegt, bis sich der Fertigstellungs- und damit Liefertermin ergibt.
- **Retrograde (rückschreitende) Terminplanung:** Hierbei wird der umgekehrte Weg eingeschlagen. Den Ausgangspunkt bildet der vereinbarte Liefertermin. Anschließend werden die Vortermine rückschreitend für die oben genannten Arbeiten ermittelt, sodass man den Termin für den Beginn der Einzelfertigung erhält.

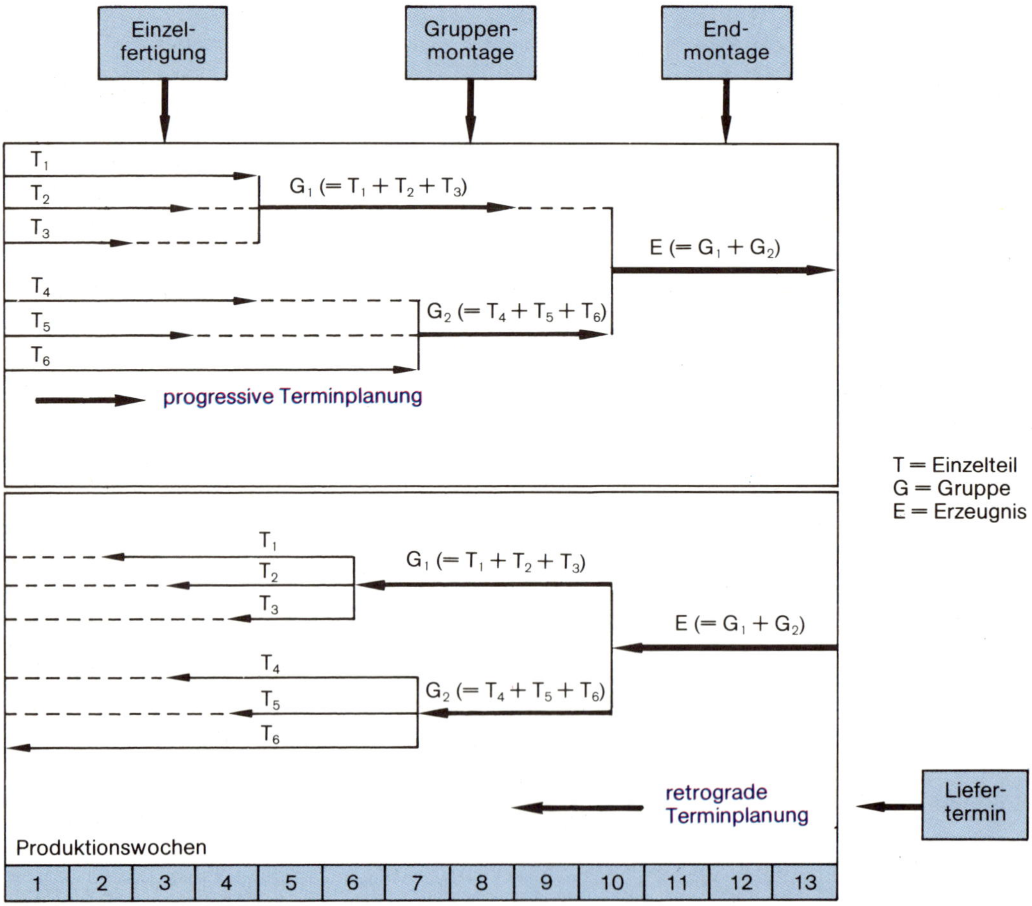

4001186L

Arbeitsvorschlag:

1. **Welche Auftragsarten lassen sich in einem Industriebetrieb unterscheiden?**
2. **Welche Aufgaben hat die Fertigungsplanung?**
3. **Beschreiben Sie die Arbeitsplanung als Teil der Fertigungsplanung.**
4. **Was versteht man unter Durchlaufzeit und welche Teilzeiten sind bei Ihrer Planung zu berücksichtigen?**
5. **Was unterscheidet die progressive von der retrograden Terminplanung?**
6. **Durch einen Maschinenausfall kann der Liefertermin für die 100 Kindertische nicht eingehalten werden. Er wird sich um ca. 3 Tagen verzögern. Teilen Sie dies dem Kunden schriftlich mit und bitten ihn um Verständnis. Entwerfen Sie einen den kaufmännischen Vorschriften und Gepflogenheiten entsprechenden Geschäftsbrief.**
7. **Erkundigen Sie sich in Ihrem Ausbildungsbetrieb nach den dort geltenden Grundsätzen für die Auftragsbearbeitung und stellen Sie den Ablauf schematisch zur weiteren Besprechung dar (Hinweis: eine Folie erleichtert die Darstellung mit dem Tageslichtprojektor).**

Betriebliche Entscheidungssituation
Analysieren – informieren – diskutieren – entscheiden

Terminplanung bei der Möbelfabrik Wolf OHG

Die Firma Wolf OHG ist eine Möbelfabrik, die neben ihrem Standardprogramm auch Sonderanfertigungen für Kunden gegen entsprechenden Aufpreis herstellt. Vorigen Monat erhielt sie den Auftrag, zur Ausstattung einer Kongresshalle in Düsseldorf zehn übergroße Konferenztische von jeweils 12 x 4 m herzustellen. Da der Auftraggeber auf der strikten Einhaltung des vertraglich vereinbarten Liefertermins besteht, soll im Rahmen der Arbeitsvorbereitung eine Terminplanung erfolgen. Hierdurch soll ermittelt werden, in welcher Produktionswoche mit der Fertigung der Einzelteile der Tische spätestens begonnen werden muss.

Dem Terminplaner wird das Ende der 16. Produktionswoche als Liefertermin genannt. Außerdem erhält er folgende Angaben über die Gliederung des Erzeugnisses und die Arbeitsdauer (ausgedrückt in Produktionswochen):

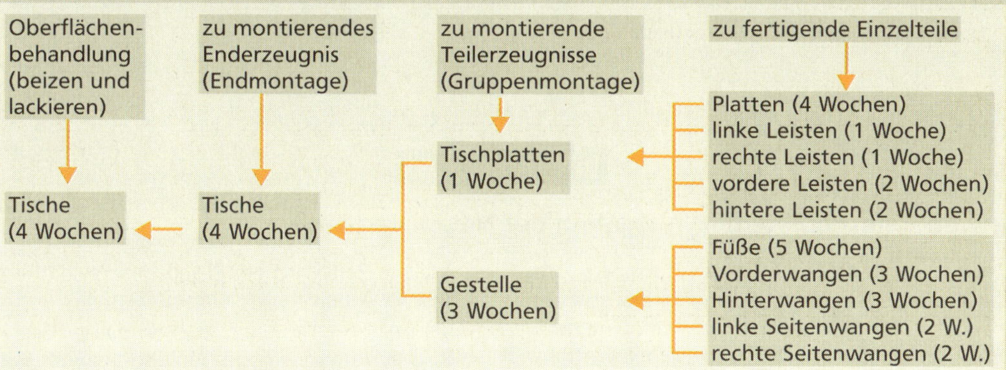

1. Stellen Sie die retrograde Terminplanung für die Herstellung des Tisches grafisch dar.
2. Nennen Sie den spätesten Produktionsbeginn für die jeweiligen Einzelteile.
3. Ermitteln Sie durch eine progressive Terminplanung, welcher Liefertermin (ausgedrückt in Produktionswochen) sich ergeben würde, wenn die Wolf OHG zu Beginn der 1. Produktionswoche mit der Einzelteilfertigung begonnen hätte?

3.2.2 Die Netzplantechnik als Instrument der Zeit- und Terminplanung kennen lernen

Situation

Die Bäumler OHG ist ein Industriebetrieb, der Freizeitsportgeräte herstellt. Einer seit 2 Jahren rückläufigen Gewinnentwicklung soll jetzt durch die Verwirklichung einer neuen Produktidee, dem „Surf-bike" begegnet werden. Dahinter verbirgt sich ein in den USA schon sehr verbreiteter Freizeitspaß. Das „Surf-bike" ist eine Kombination aus Fahrrad und Surfbrett.

Nach Rücksprache der Marketingabteilung mit der Geschäftsleitung ist man sich einig. Die ganze Sache macht nur Sinn, wenn das Produkt spätestens in einem halben Jahr auf dem Markt sein kann.

Ein Projektteam in der Bäumler OHG wird beauftragt zu untersuchen, ob die Sache in einem halben Jahr machbar ist. Hierzu soll ein Maßnahmen- und Zeitplan erstellt werden. Alle wichtigen Planvorgaben von der Ausarbeitung der Produktidee bis hin zum Start der Großserienfertigung sollen in der Planung erfasst werden. Der Projektleiter beschließt, sich der Netzplantechnik zu bedienen.

?

- **Warum will man sich im vorliegenden Fall der Netzplantechnik bedienen?**
- **Wie funktioniert die Netzplantechnik?**
- **Welchen Informationsgehalt hat der Netzplan?**

Informationen

Anwendungsgebiete und Aufgaben der Netzplantechnik

Die Netzplantechnik ist ein Planungs- und Kontrollinstrument. Sie wird bei solchen Projekten eingesetzt, die in viele Arbeitsgänge gegliedert sind (Bau von Staudämmen, Brücken, Gebäuden, Einführung neuer Produkte usw.).

Die Netzplantechnik dient insbesondere der **Zeit- und Terminplanung** sowie der **Terminüberwachung.** Dabei wird sie eingesetzt um folgende Fragen zu beantworten:

- Welche Zeit wird ein Projekt mit seinen einzelnen Arbeitsgängen benötigen?
- Zu welchen Terminen müssen die jeweiligen Arbeitsvorgänge beginnen und beendet sein, um die geplante Projektdauer einzuhalten?
- Durch welche Arbeitsvorgänge wird die Projektdauer hauptsächlich bestimmt?
- Wie verändert sich die Projektdauer, wenn Arbeitsvorgänge eine längere oder kürzere Zeit beanspruchen als geplant?

4001188L

Strukturanalyse der Netzplantechnik

Soll einer Zeit- oder Terminplanung für ein bestimmtes Projekt mithilfe der Netzplantechnik durchgeführt werden, ist zu klären, welche Arbeitsvorgänge im Einzelnen anfallen und welche Reihenfolge dabei einzuhalten ist. Dies geschieht durch eine Strukturanalyse, die in einem **Strukturplan** festgehalten wird. Er enthält auch Angaben über den jeweils vorausgehenden und nachfolgenden Arbeitsgang.

Strukturplan (Projekt: „Großserienherstellung „Surf-bike")

Vorgang	Vorgangsbezeichnung	vorausgehender Vorgang	nachfolgender Vorgang
1	Produktidee ausarbeiten	–	2,3
2	Entwicklungsauftrag formulieren	1	4
3	Marktforschung	1	4
4	Entwicklung und Konstruktion	2, 3	3, 5
5	Prototyp fertigen	4	6
6	Prototyp testen	5	7
7	Produktionsfaktoren beschaffen	6	8
8	Kleinserie fertigen	7	12
9	Produktkalkulation	4	10
10	Absatzstrategie festlegen	9	11
11	Werbemaßnahmen durchführen	10	12
12	Einführung auf Testmarkt	8, 11	13
13	Produktionsfaktoren beschaffen	12	14
14	Großserie fertigen	13	–

Die Netzplantechnik bedient sich einer eigenen Symbolsprache. Nach dem **MPM-Verfahren** (MPM = Metra-Potential-Method) setzt sich ein Netzplan aus 2 Arten von Elementen zusammen:

Knoten und gerichtete Pfeile (Kanten). Knoten symbolisieren bestimmte Vorgänge. Durch Pfeile wird die Anordnungsbeziehung verdeutlicht, die zwischen bestimmten Vorgängen bestehen.

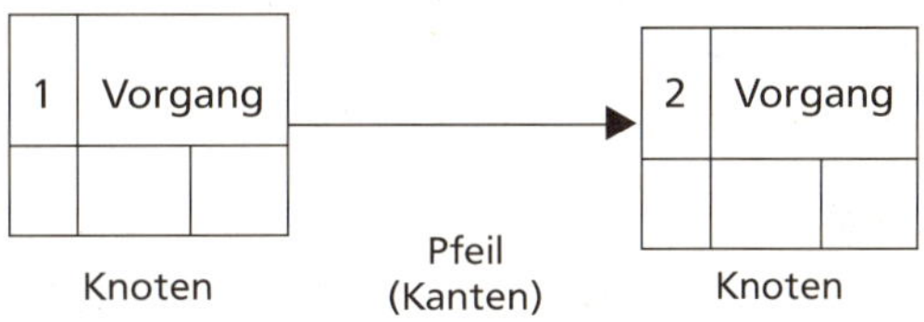

Zeitanalyse der Netzplantechnik

Um Aussagen über die **Dauer eines Projekts** und die **zeitlichen Abhängigkeiten** seiner einzelnen **Vorgänge** zu machen, ist eine Zeitanalyse notwendig. Hierzu werden für jeden Vorgang folgende Informationen benötigt:

- Dauer des Vorgangs (D)
- frühester Anfangszeitpunkt (FA)
- frühester Endzeitpunkt (FE)
- spätester Anfangszeitpunkt (SA)
- spätester Endzeitpunkt (SE)
- Gesamtpuffer (GP)
- freier Puffer (FP)

So werden die Informationen im Knoten vermerkt:

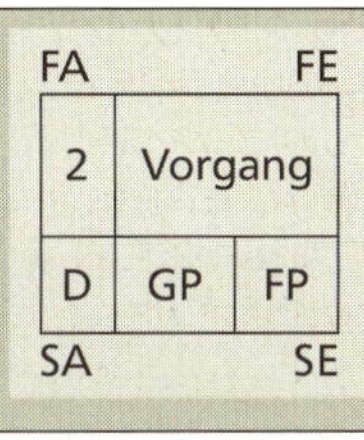

Die Ergebnisse der Zeitanalyse werden in einem Zeitplan eingetragen und in den Netzplan aufgenommen. Wie sie im Einzelnen ermittelt werden, wird anschließend erklärt.

Zeitplan (Projekt: Großserienherstellung „Surf-bike")

Vorgangsnummer	Vorgangsbezeichnung	Vorgangsdauer (in Tagen)	frühester Anfangszeitpunkt (FA)	frühester Endzeitpunkt (FE)	spätester Anfangszeitpunkt (SA)	spätester Endzeitpunkt (SE)	Gesamtpuffer (GP)	freier Puffer (FP)
01	Produktidee ausarbeiten	21	0	21	0	21	0	0
02	Entwicklungsauftrag erteilen	5	21	26	41	46	20	20
03	Marktforschung	25	21	46	21	46	0	0
04	Entwicklung und Konstruktion	20	46	66	46	66	0	0
05	Prototyp fertigen	14	66	80	66	80	0	0
06	Prototyp testen	9	80	89	80	89	0	0
07	Beschaffung von Werkstoffen	14	89	103	89	103	0	0
08	Kleinserie fertigen	10	103	113	103	113	0	0
09	Produktkalkulation	5	66	71	78	83	12	0
10	Absatzstrategie festlegen	10	71	81	83	93	12	0
11	Werbemaßnahmen durchführen	20	81	101	93	113	12	12
12	Einführung auf dem Testmarkt	22	113	135	113	135	0	0
13	Beschaffung von Werkstoffen für die Serie	10	135	145	135	145	0	0
14	Großserienanlauf	3	145	148	145	148	0	0

Vorwärtsrechnung

Die frühesten Anfangs- (FA) und Endzeitpunkte (FE) der Vorgänge werden vom Startvorgang errechnet. Beginnt der Vorgang Nr. 1 mit 0 (FA), kann er frühestens mit 21 (FE) beendet sein. Für den Folgevorgang Nr. 2, der unmittelbar an Nr. 1 anschließt, ist 21 der frühestmögliche Anfangszeitpunkt.

Mit einem Vorgang kann erst begonnen werden, wenn alle seine Vorgänger beendet sind. So kann der Vorgang Nr. 4 erst dann beginnen, wenn Nr. 2 und 3 beendet sind.

Werden alle Vorgänge in der Vorwärtsrechnung zeitlich erfasst, ergibt sich der Endzeitpunkt des Projekts.

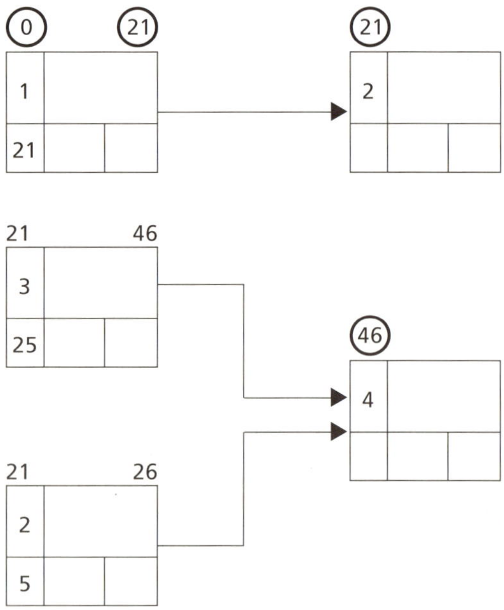

4001190L

Rückwärtsrechnung

Die spätesten Anfangs- (SA) und Endzeitpunkte (SE) werden durch eine Rückwärtsrechnung ermittelt. Sie dürfen auf keinen Fall überschritten werden, da sonst das geplante Projekt nicht termingerecht beendet werden kann. Ausgangspunkt für die Rückwärtsrechnung ist das Projektende.

Soll z.B. Vorgang Nr. 7 mit 103 (SE) beendet sein, muss er spätestens mit 89 (SA) beginnen. Für den nachfolgenden Vorgang Nr. 8 ist 103 der spätestzulässige Anfangszeitpunkt.

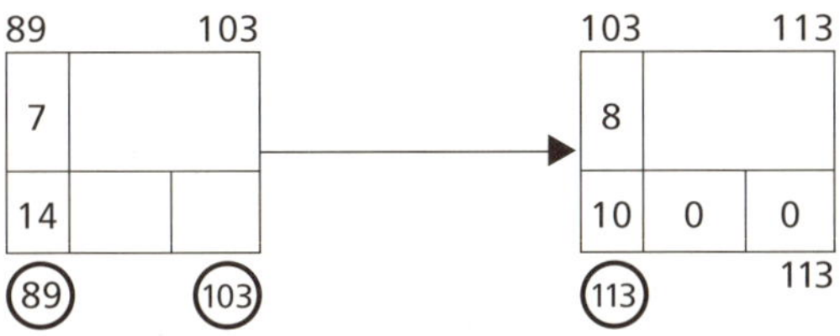

Wenn Vorgang Nr. 12 spätestens mit 113 beginnen muss, so haben die Vorgänger Nr. 11 und 8 auch spätestens mit 113 beendet zu sein.

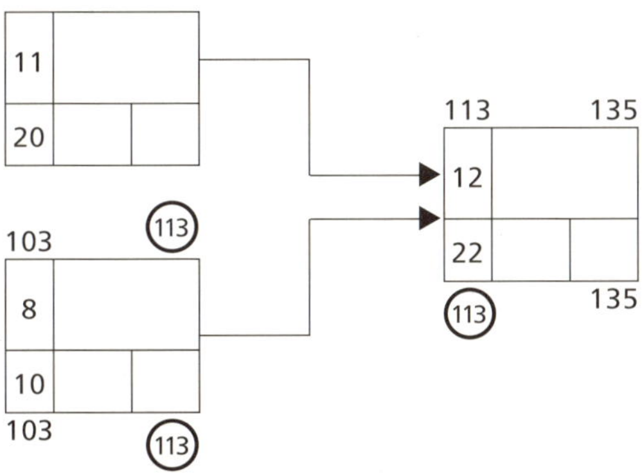

Wird die Rückwärtsrechnung weiter fortgesetzt, gelangt man schließlich zum Startzeitpunkt 0.

Pufferzeit

Von Bedeutung für die Zeit- und Terminplanung ist auch die Pufferzeit. Sie stellt eine Zeitreserve dar. Die Pufferzeit ist die Differenz zwischen dem spätesten und dem frühesten Anfangszeitpunkt eines Vorgangs. Da sie in einer Vorgangskette nur einmal enthalten ist und für die Kette in ihrer Gesamtheit nur einmal zur Verfügung steht, bezeichnet man diese Art von Puffer als **Gesamtpuffer.**

Formel

Gesamtpuffer (GP) = spätester Anfangszeitpunkt (SA) – frühester Anfangszeitpunkt (FA)

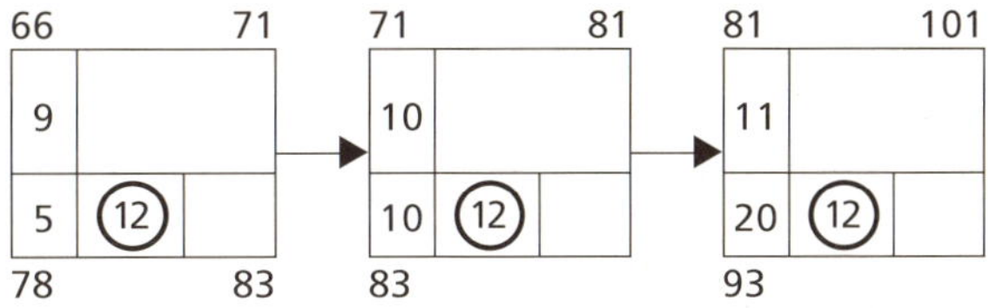

Wurde der Gesamtpuffer von 12 bereits durch den Vorgang Nr. 9 aufgezehrt, so können die nachgeordneten Vorgänge nicht mehr über diesen Zeitpuffer verfügen. Auch deren Zeitreserve wäre aufgezehrt. Anders ist die Situation bei dem letzten Vorgang einer Kette. Durch ihn kann die aufgesparte Zeitreserve ohne Gefahr für die Terminplanung verbraucht werden. Diese Art von Zeitreserve wird als **freier Puffer** bezeichnet. Er errechnet sich aus der Differenz zwischen dem frühesten Anfangszeitpunkt und dem frühesten Ende benachbarter Vorgänge.

Formel

Freier Puffer (FP) = frühester Anfangszeitpunkt (FA) – frühester Endzeitpunkt (FE)

Beispiel

12 (FP) = 113 (FA) – 101 (FE)

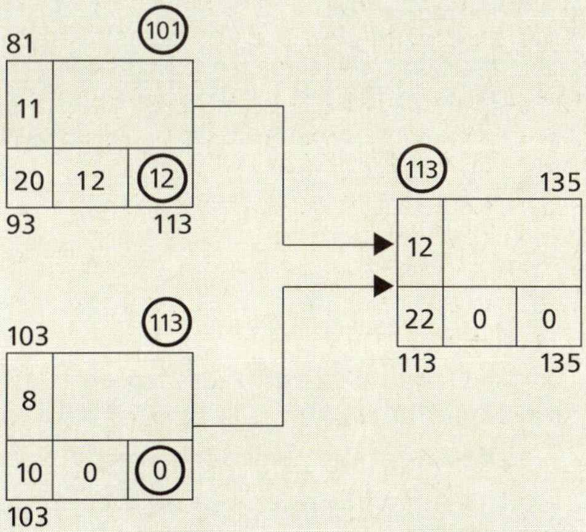

Kritischer Weg

Der **zeitlängste Weg** zwischen Projektbeginn und -ende wird als kritischer Weg bezeichnet.

Alle Vorgänge, die auf diesem Weg liegen, haben keine Pufferzeiten. Verzögert sich hier ein Vorgang, verlängert sich das ganze Projekt.

Der komplette Netzplan für das Projekt „Großserienherstellung Surf-bike“ ist nachstehend abgebildet:

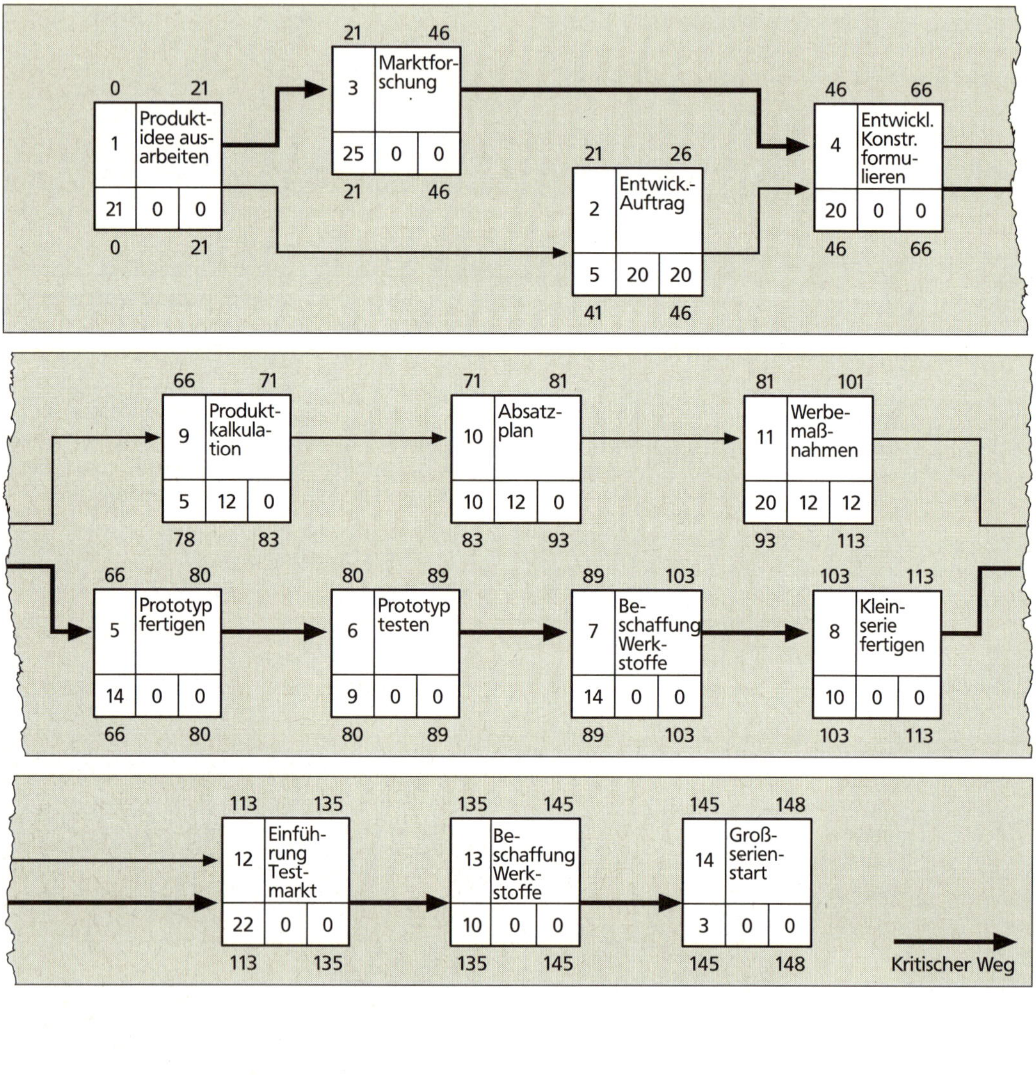

Arbeitsvorschlag:

1. **Erklären Sie den Begriff „Netzplan“ und unterscheiden Sie dabei die „Struktur-“ und die „Zeitanalyse“.**
2. **Was bedeutet der „Kritische Weg“?**
3. **Welche Auswirkungen hat eine Verzögerung von 3 Tagen bei der Anfertigung des Prototyps?**

Betriebliche Entscheidungssituation
Analysieren – informieren – diskutieren – entscheiden

Anwendung der Netzplantechnik bei dem Schraubenhersteller Heinze OHG

Die Heinze OHG ist ein kleiner Industriebetrieb, der sich auf die Herstellung von Schrauben spezialisiert hat.

Aufgrund einer sehr positiven Auftragslage soll schnellstens eine neue Halle gebaut und eingerichtet werden, die spätestens in fünf Monaten benutzt werden kann. Um zu überprüfen, ob die terminlichen Vorgaben auch einzuhalten sind und auch um eventuelle Engpässe im zeitlichen Projektablauf frühzeitig zu erkennen, wird der Entschluss gefasst sich in Zusammenarbeit mit dem Architekten der **Netzplantechnik** zu bedienen.

Strukturplan des Projekts: Bau und Einrichtung einer Lagerhalle

Vorgangsarten	Dauer in Tagen	vorausgehender Vorgang	nachfolgender Vorgang
A. **Vorbereitungsphase**			
1. Architektenentwurf	20	–	2
2. Baugenehmigung	30	1	3
3. Angebotsprüfung und Auftragsvergabe	10	2	4, 13
B. **Durchführungsphase**			
4. Ausschachtungsarbeiten	4	3	5
5. Fundamentplatte eingießen	1	4	6
6. Mauerwerk errichten	6	5	7
7. Dachkonstruktion errichten	4	6	8
8. Dach decken	2	7	9, 10
9. Dachrinne anbringen	2	8	11
10. Installation von Wasser- und Elektroleitungen	5	8	11
11. Türen und Fenster einsetzen	3	9, 10	12
12. Außenputz anbringen	5	11	17
13. Lagereinrichtung planen	8	3	14
14. Angebote für Lagereinrichtung einholen	10	13	15
15. Lieferantenauswahl vornehmen	2	14	16
16. Lagereinrichtung beschaffen	14	15	17
C. **Schlussphase**			
17. Gebäude reinigen	2	12, 16	18
18. Lagerhalle einräumen	7	17	–

1. Erstellen Sie einen Netzplan für das Projekt: „Bau und Einrichtung einer Lagerhalle".
2. Markieren Sie den kritischen Weg.
3. Welche Besonderheit weist der kritische Weg auf?
4. Beurteilen Sie, ob die Zeitvorgabe für die Durchführung des neuen Projekts ausreicht.
5. Welche Auswirkung hat es auf die Projektdauer, wenn
   a) sich die Außenputzarbeiten um 3 Tage verlängern,
   b) die Planungsarbeiten für die Lagereinrichtung 2 Tage mehr beanspruchen,
   c) das Anbringen der Dachrinne 3 Tage länger dauert,
   d) die Lagereinrichtung statt in 14 erst in 20 Tagen beschafft werden kann?
6. Worin sehen Sie die Vorteile, welche die Netzplantechnik für die Heinze OHG hat?

3.2.3 Die Fertigungssteuerung

Situation

In der Montageabteilung der Möbelfabrik Zinn GmbH (siehe Seite 179) „stapeln" sich die Aufträge. Einen Engpass stellen die vorhandenen Maschinen dar. Sie müssen optimal eingesetzt werden, damit die Produktion reibungslos läuft:

- 3 Maschinen (M_1, M_2, M_3) stehen zur Verfügung.
- Verschiedene Aufträge (A_1, A_2, A_3, A_4), die auch am gleichen Tag beendet sein müssten, sind bei der Belegungsplanung zu berücksichtigen.
- Bei der Zeitdauer und Reihenfolge der Maschinenbelegung ist Folgendes zu beachten:

Auftrag 1	M_1	5 Std.	M_3	1 Std.	M_2	3 Std.
Auftrag 2	M_2	6 Std.	M_1	3 Std.		
Auftrag 3	M_3	5 Std.	M_2	4 Std.	M_1	2 Std.
Auftrag 4	M_3	3 Std.	M_1	4 Std.		

Herr Budig legt die folgende Maschinenbelegung fest:

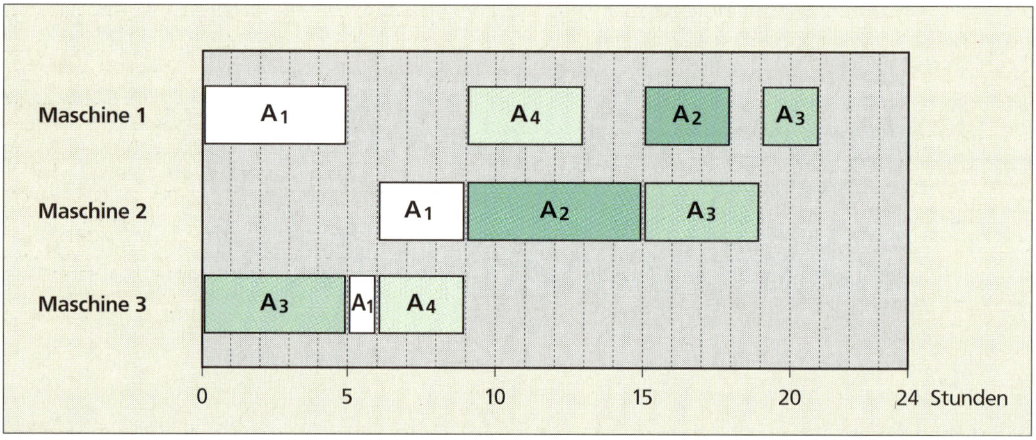

?

- **Welche Aufgabe hat eine Maschinenbelegungsplanung und welche Bedingungen hat sie zu beachten?**
- **Welche anderen Aufgaben fallen in den Bereich der Fertigungssteuerung?**

Informationen

Aufgabe der Fertigungssteuerung ist es, die erarbeiteten Planvorgaben in den betrieblichen Ablauf einzubringen und zu verwirklichen.

Maschinenbelegung

Sind die Aufträge für die Fertigung freigegeben, so muss bestimmt werden, in welcher Reihenfolge sie auf den vorhandenen Betriebsmitteln gefertigt werden. **Ziel dieser Maschinenbelegungsplanung ist die optimale Ausnutzung der betrieblichen Kapazität,** vor allem der Betriebsmittel. Im Einzelnen geht es darum, die Durchlaufzeiten und die Rüstkosten zu minimieren. Als planerische Hilfe und zur besseren Veranschaulichung benutzen Betriebe vielfach Maschinenbelegungstafeln. Sie haben den Charakter von Balkendiagrammen und sind mit einer Zeitleiste ausgestattet, die nach Wochentagen eingeteilt sind. Für eine detailliertere Planung kann eine Stundeneinteilung sinnvoll sein.

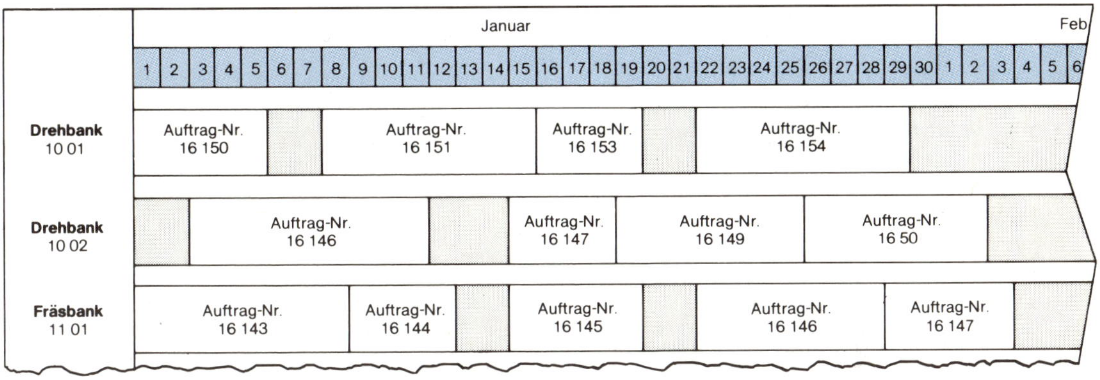

Maschinenbelegungstafel

Herkömmliche Plantafeln haben den Nachteil, dass sie viel manuelle Arbeit erfordern, um ständig aktuell zu sein. Eine Hilfe bieten hier z. B. elektronische Leitstände, bei denen die Plantafel auf dem Bildschirm des Rechners erscheint. Die Zuordnung von Aufträgen zu bestimmten Betriebsmitteln lässt sich hierbei manuell über die Tasten und auch programmgesteuert (optimierungsorientiert) vornehmen.

Bewertung des vorstehenden Beispiels Maschinenbelegung in der Kostenstelle des Kleinmöbelherstellers Zinn GmbH:

Ein Nachteil der vorstehenden Maschinenbelegungsplanung sind die vielen Leerzeiten zwischen den einzelnen Arbeitsgängen. Erst nach jeweils 21 Stunden sind alle Arbeiten erledigt. Voraussetzung für die Durchführung dieses Plans wäre ein Personaleinsatz in drei Schichten.

Durch eine andere Anordnung in der Reihenfolge der auf den Maschinen 1 und 2 zu erledigenden Aufträgen lässt sich diese Situation verbessern. Wie das folgende Diagramm zeigt, wurden die Leerzeiten so stark vermindert, dass die Durchlaufzeit nur noch 15 Stunden beträgt.

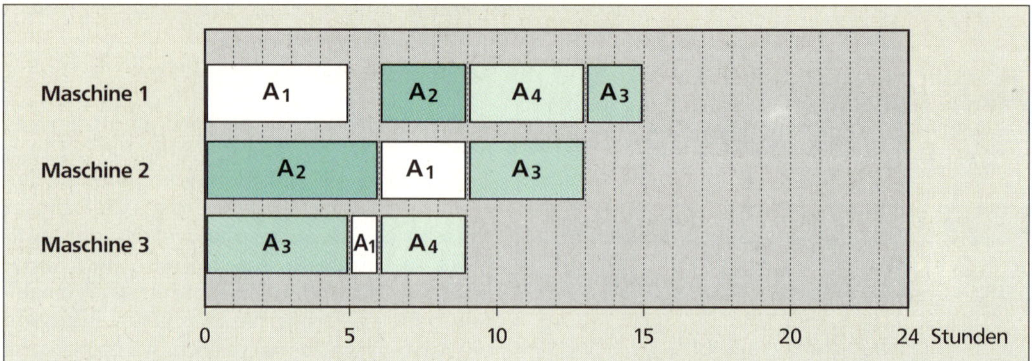

Optimierte Maschinenbelegung mit minimierten Stillstandszeiten

Materialbereitstellung

Um einen reibungslosen Fertigungsablauf zu gewährleisten, muss auch das Material termingerecht in der richtigen Art und Menge am richtigen Ort bereitgestellt werden.

Der eigentlichen Materialbereitstellung geht die **Materialdisposition** voraus, die sich ebenfalls **mit Unterstützung von EDV-Anlagen** durchführen lässt. Hierbei wird von dem Lagerverwalter der verfügbare Lagerbestand festgestellt und anschließend um den für den Auftrag benötigten Materialbedarf gekürzt. Damit wird erreicht, dass bereits eingeplantes Material nicht anderweitig verwendet wird.

Um Bestände und Durchlaufzeiten an Material zu reduzieren, bedienen sich manche Betriebe mit Fließ- und Reihenfertigung dem **Kanban-System.** Hierbei wird das Just-in-time-Konzept auf den Materialfluss übertragen.

Der Begriff „Kanban" bedeutet wörtlich „Karte". Gemeint ist ein Art Bestellkarte, die sich an jedem Einzelteil oder Materialbehälter befindet. Die Karten enthalten eine Reihe von Angaben, die das Material betreffen, so z.B. Teilenummern, Teilebezeichnungen, Lagerort, Bestimmungsort des Materials. Das Kanbansystem ermöglicht es, den Materialnachschub bedarfsgerecht auf Abruf zu steuern.

Die herkömmliche Alternative zum Kanban-System ist die Bevorratung in Handlagern sowie die manuell gesteuerte und durchgeführte Auffüllung dieser Lager.

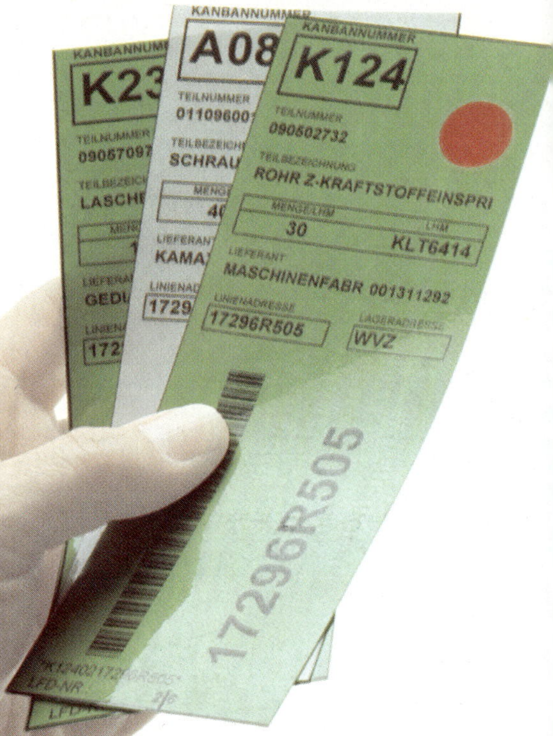

aus: Opel Produktionssystem, a.a.O., S. 11

Vorbereitung der Fertigungsstellen

Bevor mit der Produktion begonnen wird, ist sicherzustellen, dass die Fertigungsstellen (z.B. Werkstätten) auf die auszuführenden Arbeiten vorbereitet sind. Dazu gehört im Einzelnen, dass

- Art und Anzahl der benötigten Arbeitskräfte, Werkzeuge und Vorrichtungen zur rechten Zeit am rechten Ort bereitgestellt werden,
- Maschinen und Anlagen zweckmäßig angeordnet sind,

4001196L

- Maschinen und Anlagen sich in einem technisch einwandfreien Zustand befinden,
- Maschinen, soweit notwendig, für einen Auftrag umgerüstet sind,
- die Bedienung der Maschinen und die Handhabung der Werkzeuge und Vorrichtungen von den Arbeitskräften beherrscht wird.

Bestimmung der optimalen Losgröße

Für einen Betrieb mit Sorten- oder Serienfertigung stellt sich die Frage, ob der gesamte Jahresbedarf an Erzeugnissen auf einmal gefertigt werden soll oder nur eine Teilmenge, um dann mit der Fertigung wieder von vorn zu beginnen. Die pro Fertigungsgang erstellte Menge bezeichnet man als **Losgröße.** Durch ihre Wahl kann ein Betrieb auf die Höhe der **Rüst- und Lagerkosten** einwirken.

Rüstkosten entstehen, wenn der Produktionsapparat auf die Erfordernisse der neu zu fertigenden Serie (Entsprechendes gilt für Sorten) eingestellt wird. Zu ihnen zählen Lohn-, Material- und Werkzeugkosten, die durch die Umstellungsarbeiten verursacht werden. Da diese Kosten unabhängig von der Größe der Serie (Auflagenhöhe) sind, bezeichnet man sie als **auflagenfixe Kosten.**

Produziert ein Betrieb auf Vorrat, steigen die **Lagerkosten** durch eine Vergrößerung der Lose (Auflagenhöhe), da sich der durchschnittliche Lagerbestand der Erzeugnisse erhöht. Damit sind die Lagerkosten ihrem Wesen nach **auflagenvariable Kosten.** Sie setzen sich zusammen aus:

- Personalkosten
- Kosten für die Lagerräume
- Zinsen für das in den Erzeugnissen investierte Kapital

Zu den Aufgaben der Fertigungssteuerung gehört auch die **Kostenvorteile** auszunutzen, die sich durch die Bildung wirtschaftlicher Losgrößen ergeben. Dies ist häufig nur zu erreichen, wenn mehrere gleichartige Kundenaufträge, die noch durch Eigenaufträge (Vorratsaufträge) ergänzt werden können, zusammengefasst werden. Der Idealwert der optimalen Losgröße wird dabei nur selten zu verwirklichen sein, da bei Kundenaufträgen bestimmte Liefertermine zu beachten sind.

Für die Betriebe gilt es nun für ihren Jahresbedarf an Erzeugnissen die Losgröße zu ermitteln, bei der die **Summe der Rüst- und Lagerkosten ein Minimum** erreicht. Diese Menge wird als **optimale Losgröße** bezeichnet.

Anhand einer Tabelle kann gezeigt werden, wie man die optimale Losgröße ermittelt. Gegeben sind:

Jahresbedarf	3 000 Stück
Rüstkosten für einen Loswechsel	250,00 DM
Herstellkosten je Stück	40,00 DM
Lagerkosten, ausgedrückt als Prozentsatz des durchschnittl. Lagerwerts	10 %

1 Losgröße (Lg)	2 Anzahl d. Fertigungsgänge (Loswechsel) pro Jahr $\left(\frac{\text{Herstellmenge}}{\text{Losgröße}}\right)$	3 Summe der Rüstkosten (2) · 250	4 durchschnittl. Lagerbestand $\left(\frac{Lg}{2}\right)$	5 Lagerkosten 10 % von $\left(\frac{Lg}{2} \cdot 40\right)$	6 Summe d. Rüstkosten + Lagerkosten (3) + (5)
1	**3 000**	**750.000,00**	**0,5**	**2,00**	**750.002,00**
10	**300**	**75.000,00**	**5**	**20,00**	**75.020,00**
50	**60**	**15.000,00**	**25**	**100,00**	**15.100,00**
100	**30**	**7.500,00**	**50**	**200,00**	**7.700,00**
200	**15**	**3.750,00**	**100**	**400,00**	**4.150,00**
400	**7,5**	**1.875,00**	**200**	**800,00**	**2.675,00**
600	**5**	**1.250,00**	**300**	**1.200,00**	**2.450,00**
1 000	**3**	**750,00**	**500**	**2.000,00**	**2.750,00**
2 000	**1,5**	**375,00**	**1 000**	**4.000,00**	**4.375,00**
3 000	**1**	**250,00**	**1 500**	**6.000,00**	**6.250,00**

Aus der Tabelle lässt sich ablesen, dass die **optimale Losgröße** dann verwirklicht wird, wenn 600 Stück pro Fertigungsgang hergestellt werden. Die Summe der Rüst- und Lagerkosten erreicht hier ihren niedrigsten Wert (2.450,00 DM).

Weniger aufwendig und außerdem genauer lässt sich die optimale Losgröße mit der nachstehenden Formel errechnen:

Formel

$$\text{optimale Losgröße} = \sqrt{\frac{200 \cdot \text{Jahresbedarf} \cdot \text{Rüstkosten}}{\text{Herstellungskosten pro Stück} \cdot \text{Lagerprozentsatz}}}$$

Werden die vorstehenden Werte in die Gleichung eingesetzt, ergibt sich fast das gleiche Ergebnis wie in der Tabelle:

Formel

$$\text{optimale Losgröße} = \sqrt{\frac{200 \cdot 3\,000 \cdot 250}{40 \cdot 10}} = 612$$

Die tabellarische Lösung weicht nur deshalb etwas ab, weil die vorgenommene Mengeneinteilung nicht jede Einheit berücksichtigt (die Tabelle würde unübersichtlich lang).

Werden die Werte zeichnerisch dargestellt, wird das Ergebnis der Losgrößenformel bestätigt.

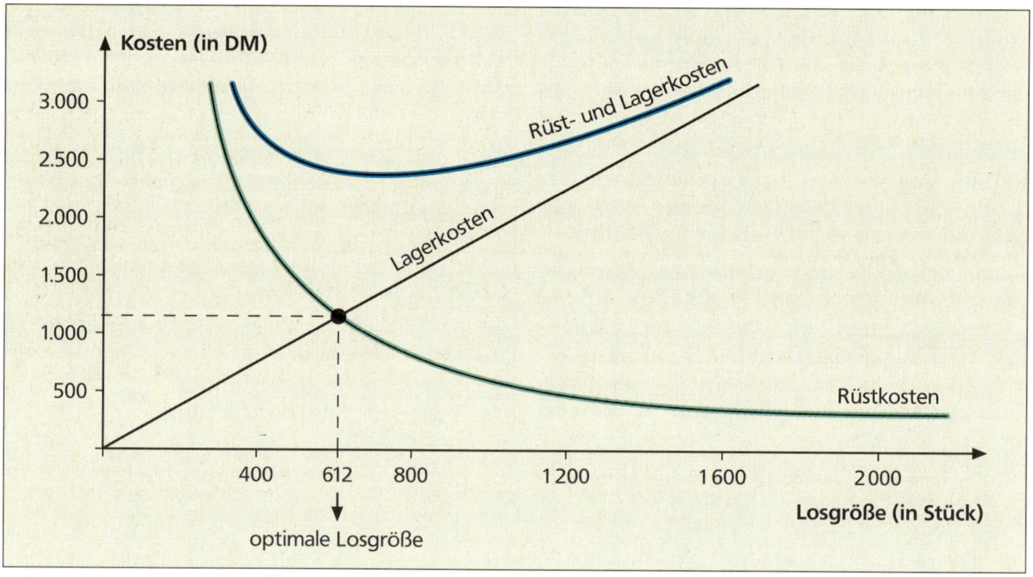

Arbeitsvorschlag:

1. **Ein Maschinenbelegungsplan ist zu entwerfen. Die Arbeitsdurchführung ist so zu planen, dass nicht mehr als 16 Stunden (2 Arbeitsschichten) benötigt werden. Die geplante Zeitdauer und Reihenfolge der Arbeiten ergibt sich aus der folgenden Übersicht:**

Auftrag 1	**M_2 5 Std.**	**M_1 4 Std.**	
Auftrag 2	**M_3 3 Std.**	**M_1 3 Std.**	**M_2 4 Std.**
Auftrag 3	**M_3 6 Std.**	**M_2 3 Std.**	**M_1 1 Std.**
Auftrag 4	**M_1 5 Std.**	**M_2 2 Std.**	**M_3 3 Std.**

2. **Erklären Sie die Funktionsweise des Kanban-Konzepts.**
3. **Was verstehen Sie unter Rüstkosten?**
4. **Durch welche Bedingung lässt sich die optimale Losgröße beschreiben?**
5. **Unterscheiden Sie zwischen auflagenfixen und -variablen Kosten.**

4001198L

6. Die Verkaufsabteilung einer Möbelfabrik ermittelt einen Bedarf von 800 Schuhschränken, die im kommenden Geschäftsjahr produziert werden sollen. Weitere Daten sind:
   - Rüstkosten 150,00 DM
   - Herstellungskosten pro Stück 60,00 DM
   - Lagerprozentsatz 10 %

   a) Berechnen Sie die optimale Losgröße.
   b) Ermitteln Sie die Anzahl der notwendigen Fertigungsgänge bei der optimalen Losgröße.
   c) Welche Stückzahl ergibt sich als optimale Losgröße, wenn der Jahresbedarf an Schuhschränken durch einen weiteren Kundenauftrag auf 1 000 Stück steigt?
   d) Wie sieht die Rechnung aus, wenn außerdem die Rüstkosten durch höhere Lohnzahlungen auf 160,00 DM ansteigen?

Betriebliche Entscheidungssituation
Analysieren – informieren – diskutieren – entscheiden

Losgrößenplanung bei der Radiofabrik Hillstein OHG

Die Hillstein OHG ist ein mittelständisches Industrieunternehmen, das in Serienfertigung verschiedene Typen von Autoradios produziert. Hillstein Radios haben nur einen relativ kleinen Marktanteil; ihr Produktname ist vielen Autofahrern unbekannt. Kunden müssen gewonnen werden über eine Preispolitik, die sich gegenüber der namhaften Konkurrenz auf dem Markt durch deutlich niedrigere Angebotspreise auszeichnet. Erforderlich ist daher für Hillstein eine knappe Kalkulation ihrer Produkte, die bisher insbesondere durch eine ständige Kontrolle und Beeinflussung der Kosten erreicht wurde.

Um die Rüst- und Lagerkosten im Rahmen der Fertigungssteuerung zu minimieren, erhält der Auszubildende Windisch von seinem Abteilungsleiter den Auftrag die optimalen Losgrößen der einzelnen Radiotypen unter Vorgabe der folgenden Daten zu ermitteln:

Radiotyp	Jahresbedarf in Stück	Rüstkosten für ein Loswechsel	Herstellkosten je Stück
– Traveller-Sound	20 000	150,00 DM	120,00 DM
– Tramp-Musik	16 500	210,00 DM	180,00 DM
– Road-Star	22 870	220,00 DM	250,00 DM

An Lagerkosten, ausgedrückt als Prozentsatz des durchschnittlichen Lagerwertes, sind 8 % anzunehmen.

1. Kennzeichnen Sie die Bedingung, unter der die optimale Losgröße verwirklicht ist.
2. Ermitteln Sie die optimalen Losgrößen für die einzelnen Radiotypen.
3. Welchen Wert nehmen die optimalen Losgrößen an, wenn zu den in der Tabelle genannten Kundenaufträgen noch folgende Vorratsaufträge zu berücksichtigen sind:
   - Traveller-Sound 4 500 Stück
   - Tramp-Musik 6 000 Stück
   - Road-Star 2 300 Stück
4. Welche Stückzahl ergibt sich als optimale Losgröße, wenn das Warenhaus Bilfo AG bei dem Typ Road-Star entgegen der unternehmerischen Planung bereits im Januar auf einer vorgezogenen Lieferung von 1 850 Stück besteht?
5. Wie würden sich die unter 3. ermittelten optimalen Losgrößen verändern, wenn aufgrund von Rationalisierungsmaßnahmen, die Lagerkosten nur noch mit 6 % durchschnittlichen Lagerwertes anzusetzen sind?
6. Verdeutlichen Sie grafisch den Zusammenhang zwischen Rüst- und Lagerkosten anhand der in der vorstehenden Tabelle genannten Zahlenwerte für den Typ Traveller-Sound.

3.2.4 Die Ansatzpunkte der Fertigungsüberwachung aufzeigen

Situation

Fertigungsüberwachung: Hat sie hier versagt?

aus: auto, motor und sport, Nr. 16, 1996, S. 120

- **Welche Aufgaben hat die Fertigungsüberwachung?**
- **Wie ist die Fertigungsüberwachung organisiert?**

Informationen

Die Fertigungsüberwachung im Überblick

Fertigungsprozesse verlaufen selten reibungslos. Immer wieder ergeben sich Störungen, die sehr verschiedenartige Ursachen haben können. Störungen liegen aus betrieblicher Sicht immer dann vor, wenn die Sollvorgaben von den Istwerten abweichen. Um die Störgrößen zu beseitigen, muss eine **Abweichungsanalyse** durchgeführt werden.

Die häufigsten Störungsursachen sind:

- fehlerhaftes Material
- Ausfall einer Fertigungsmaschine
- hohe Fehlzeiten bei dem Facharbeiterstamm
- fehlerhafte Stücklisten und Arbeitspläne
- schlecht gewartete Maschinen
- ungenaue Planvorgaben
- verspätete Lieferung von Ersatzteilen
- technisch veralteter Maschinenpark
- Abnutzung von Werkzeugen

Um Störungen erkennen zu können, sind ständig **Rückmeldungen** von Daten aus der Fertigung erforderlich. Erfolgen sie ohne zeitliche Verzögerung hat dies den Vorteil, dass bei Abweichungen zwischen Soll- und Istwerten unmittelbar gegengesteuert werden kann. Die Funktionsfähigkeit des betrieblichen Systems kann so, ähnlich wie in einem Regelkreis, nach kurzer Zeit wieder hergestellt werden. Ein solches System von aktuellen Rückmeldungen wird als **Betriebsdatenerfassungssystem** bezeichnet.

Die Häufigkeit der Datenrückmeldung ist u.a. abhängig von der Art der Fertigungsorganisation. So bedarf z.B. eine Fließfertigung einer ständigen Rückmeldung von Daten. Eventuelle Störungen können sonst, wegen der technischen Verknüpfung der Betriebsmittel, weit reichende Auswirkungen auf große Teile der Fertigung haben.

Eine Rückmeldung von Betriebsdaten dient aber nicht nur dazu, Störungen zu erkennen, sondern auch der **Fertigungsfortschrittskontrolle.** Daten, die hier erfasst und weitergeleitet werden müssen, sind:

- Materialdaten (z.B. Verbrauch, Ausschuss)
- Auftragsdaten (z.B. hergestellte Menge, Anfangs- und Endtermine von Arbeitsgängen)
- Personaldaten (z.B. geleistete Arbeitsstunden, Fehlzeiten)
- Arbeitsplatzdaten (z.B. Störungszeiten, auftragsbedingte Zeiten)

Die datentechnische Abwicklung zwischen Planung, Durchführung und Kontrolle (Überwachung) der Fertigung im Sinne eines Regelkreises gehört zum Leistungsumfang heutiger PPS-Systeme (siehe S. 176).

Der Fertigungsprozess, dargestellt als Regelkreis, ist der folgenden Abbildung zu entnehmen:

Der Fertigungsprozess als Regelkreis

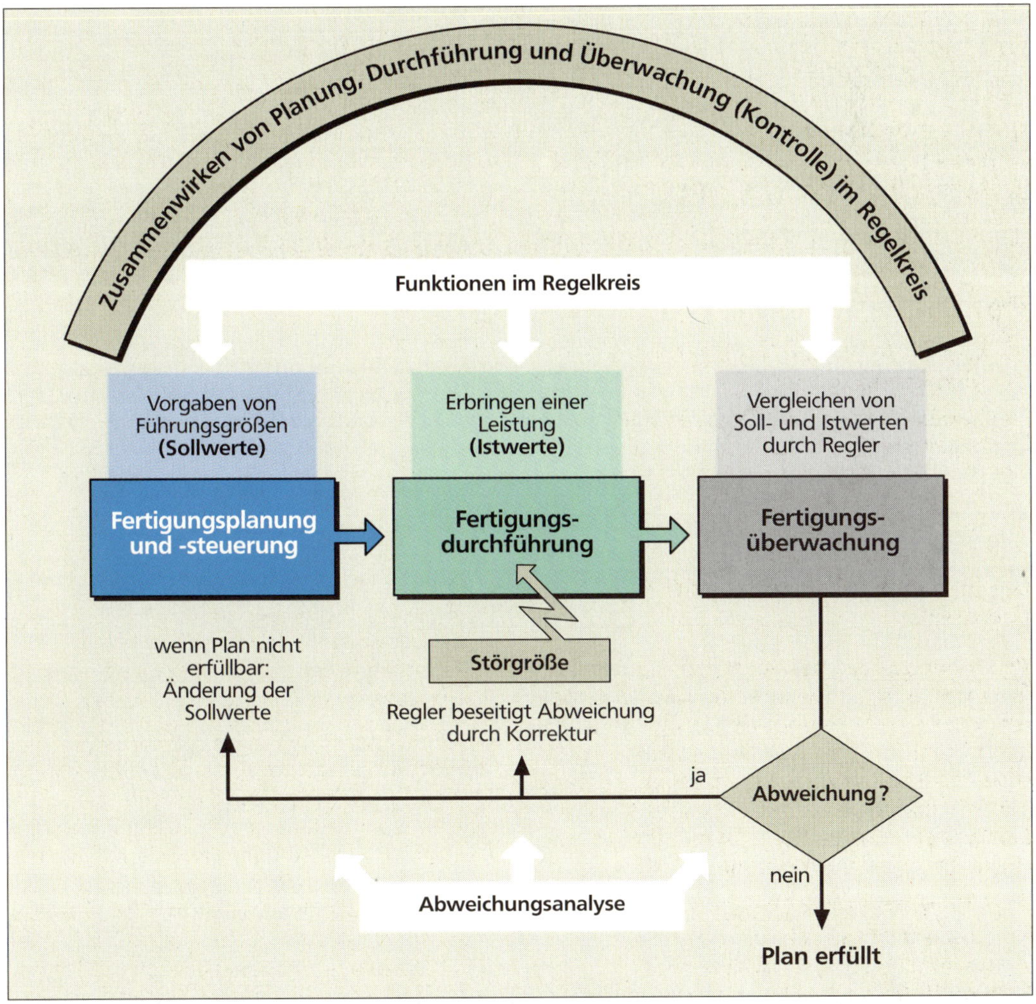

Das Problem der **Fertigungsüberwachung** wird in vielen Betrieben nach wie vor nicht über PPS-Systeme gelöst. Als Informationsträger dienen z.B. bestimmte Karteien/Dateien.

Beispiel 1

Fertigungsüberwachung terminlicher Vorgaben mithilfe der Terminkarte.

Terminkarte: Sie enthält u.a. die Start- und Endtermine der einzelnen Arbeitsgänge, aufgeteilt nach Soll- und Istzeiten. Das Original der Terminkarte wird der jeweiligen Fertigungsstelle zugeleitet. Die Durchschrift bleibt im Terminbüro. Wurden die Arbeiten ausgeführt und die Terminangaben eingetragen, wird das Original dem Terminbüro zugeleitet, damit hier der Arbeitsfortschritt überwacht werden kann.

I II III IV V VI VII VIII IX X XI XII 1 2 3 4 5 6 7 8 9 10 11 12 13 14 15 16 17 18 19 20 21 22 23 24 25 26 27 28 29 30 31

Termin-Karte	Gegenstand: Bremsbacken	Auftrags-Nr: 55112	Serie: 2

Zeichnungs-Nr.	Teil-Nr. 1	Stücklist-Nr. 362/63	Arbeitsgänge 5	Auftrags-Stückzahl 500	Termin Beginn: 3. März	Ende: 20. März

Werkstoff: Schlüssel-Nr.	Rund-Stahl (Bezeichnung)	DIN 667 (DIN)	33 ϕ (Abmessung)	3 m = 20,13 kg (Menge für 100 Stück)	15 m = 101 kg (Menge für Auftragsstück)

Arbeitsgang-Nr.	Kurzbeschreibung	Abteil. Kostenstelle	V = Vorrichtung W = Werkzeug L = Lehren	Maschinen od. Platz-Nr. / Lohngruppe	Vorschub / Spanz.	Schnittg. / Umdr.	Vorgabenzeit min/pro Stück / +Rüstzeit		Termine Start	Ende
1	planen, drehen 32 h9 bohren 10.5.senk., abst.	206	Bohrer 10,5 Senker 16,5	535 3F	0,10 0,07	48 475	2,60 ---	Soll Ist	3. März	7. März
			RL 32 h9					Soll Ist		
2	2 Seiten planen Kanal einstechen	205	----	517 3M	v.Hd.	~~32~~ 27 380	2,00 ---	Soll Ist	10. März	14. März
								Soll		

Beispiel 2

Fertigungsüberwachung der Arbeitsfolge mithilfe der Laufkarte.

Laufkarte: Sie wird für die jeweiligen Fertigungsaufträge erstellt und begleitet das Werkstück von Arbeitsplatz zu Arbeitsplatz, um hierdurch eine bestimmte vorgegebene Arbeitsfolge zu sichern. Die Laufkarte ist besonders bei Einzel- und Kleinserienfertigung ein wichtiges Arbeitsbegleitpapier. Nach jedem Arbeitsgang wird sie im Allgemeinen vom Meister abgezeichnet, wobei er erkennt, welche Arbeiten bereits ausgeführt wurden. Sie wird auch als Werkstattauftrag, Arbeits- oder Werkstückbegleitpapier bezeichnet.

Laufkarte

Werkstück-Benennung *Abdeckring*	Stückzahl *15*		Zeichnungs-Nr. *4727*	
	Termin *1.Sept. ..*		Auftrags-Nr. *210.017*	
Werkstoff *St 00.11*	W.-Nr. *310.04*	Ausgb.-Dat.	Name	Vormerkung
Abmessung *20 Durchm. mal 6*	Menge	Preis DM	Kosten DM	Lagerbest. / Bearbeitungsvermerk

Nr. / Werkst.	Arbeitsgang	Werkzeug- und Vorrichtungs-Nr.	Rüstzeit / Maschine	Stückzeit / Faktor	Gutstückzahl / Kontrolle	Arbeiter
Nr. *1* Werkst. *D1*	*Bohrung und 1. Seite formdrehen*	*D 12 448* *S. 487. 3*	Rüstzeit *0.365* Maschine *3.247*	Stückzeit *0.040* Faktor *1.08*	Gutstückzahl *15* Kontrolle *31. Aug. ..*	*D-1-036*
Nr. *2* Werkst. *D1*	*Bund und 2. Seite drehen*	*D 12 448* *S. 487. 6*	Rüstzeit *0.450* Maschine *3.247*	Stückzeit *0.065* Faktor *1.08*	Gutstückzahl *14* Kontrolle *31. Aug. ..*	*D-1-027*
Nr. *3*	Arbeitsgang	Werkzeug- und Vorrichtungs-Nr.	Rüstzeit	Stückzeit	Gutstückzahl	Arbeiter

Die Qualitätsüberwachung und -sicherung

Erzeugnisse werden produziert, um bestimmten Zwecken zu dienen. Ihre Beschaffenheit muss daher bestimmten Anforderungen entsprechen. Wesentliche Anforderungen an ein Produkt betreffen die Zuverlässigkeit und die Gebrauchstauglichkeit. Die Qualität eines Produkts wird mithilfe von **Qualitätsnormen** (Qualitätsmerkmalen) ausgedrückt. Diese sollten im allgemeinen eingehalten werden. Häufig wird aber ein bestimmtes Maß an Abweichungen von den Normen geduldet (Toleranzbereiche).

Normabweichungen können z.B. durch folgende qualitätsbeeinflussende Faktoren (Störgrößen) verursacht werden:

- verminderte Materialqualität
- mangelhafte Werkzeuge
- ungenau arbeitende Maschinen und sonstige Geräte
- schwankende Leistungsfähigkeit der Arbeitskräfte

Bei immer mehr Unternehmen ist das Qualitätswesen eingebettet in ein umfassendes System des **Qualitätsmanagements.** Gemeint ist hiermit ein Konzept, bei dem eine Vielzahl betrieblicher Funktionsbereiche (z.B. Konstruktion, Entwicklung, Einkauf, Fertigung, Kundendienst) unter Beteiligung ihrer Mitarbeiter einen Beitrag zu einer kostengünstigen Qualitätssicherung und -verbesserung leisten.

Unterschiedliche Auffassung darüber, wie weit Qualitätssicherung zu gehen habe, führte schließlich zu einer internationalen Standardisierung von Qualitätsmanagementsystemen. Diese wurden in der **Normenreihe ISO 9000–9004** verwirklicht. Inzwischen ist sicher: Die ISO-Normenreihe wurde zur weltweit wichtigsten Qualitätsnorm überhaupt.

ISO 9000 dient als Leitfaden. Sie informiert über die grundsätzliche Benutzung der Normenreihe. ISO 9001 hat für die Unternehmen die größte Bedeutung. Ihr offizieller Titel lautet: „Modell zur Qualitätssicherung/Qualitätsmanagement – Darlegung in Design, Entwicklung, Produktion und Wartung." Als Norm umfasst sie alle Bereiche des Unternehmens.

In einem **Qualitätsmanagement-Handbuch** haben die Unternehmen ihre Qualitätspolitik vorzustellen und die Organisation ihres Qualitätsmanagementsystems zu beschreiben. Angaben, die hier zu machen sind, betreffen z.B. die Grundsätze des Qualitätsmanagements, Verantwortungsbereiche, Verfahrensvorschriften und die Ablauforganisation bei der Qualitätssicherung. Mithilfe des Handbuchs ist es möglich, Mitarbeitern und Kunden das eingeführte Qualitätsmanagementsystem transparent zu machen.

Die Norm schreibt vor für die Mitarbeiter des Unternehmens spezielle Schulungen durchzuführen, um ihr Qualitätsbewusstsein zu fördern. Laut Norm müssen auch die Zulieferer von Produkten und Dienstleistungen nachweisen, dass sie die Qualitätsansprüche ihrer Abnehmer auch tatsächlich erfüllen.

Eine regelmäßig notwendige Überprüfung des Qualitätsmanagementsystems erfolgt durch eine unabhängige Untersuchung, den sog. **Qualitätsaudit**[1]. Es dient dazu, festzustellen, ob die qualitätsbezogenen Tätigkeiten den geplanten Vorgaben entsprechen. Ist dies der Fall, erhalten Unternehmungen ein Zertifikat (Zertifizierungsaudit).

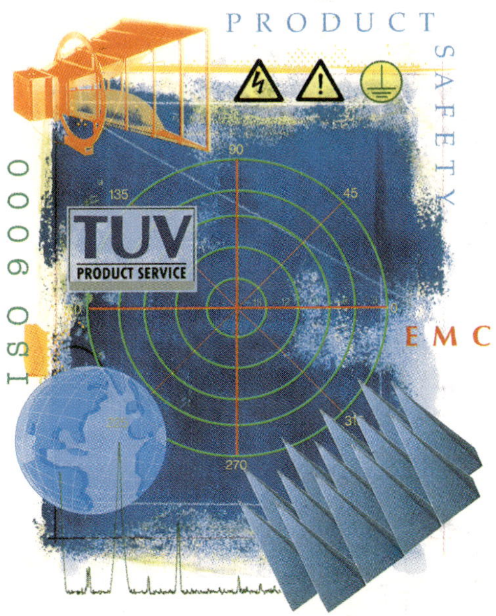

1 Audit: geplante oder auch unverhofft durchgeführte Überprüfung

Was hat diese Normung für die Unternehmen gebracht? Hier als Beispiel eine Stimme aus der Praxis:

„Viele Kunden-Audits fallen weg"

Hans Knürr, Vorstandsvorsitzender der Knürr AG (550 Mitarbeiter) in München, gehörte zu den ersten deutschen Unternehmen, die ihren Betrieb nach der Norm ISO 9001 zertifizieren ließen und dafür gut 100.000 Mark ausgaben. Das Unternehmen liefert Gehäuse, Schränke und Chassis für Elektronik und hielt sich schon immer an genormte Qualitätsstandards: **„Unser bereits vorhandenes System liegt der ISO 9001 zugrunde."** Dennoch verblüffen die Wirkung der Norm auf die Kundenzufriedenheit und die Straffung interner Prüfverfahren. Hans Knürr: **„Reklamationen gingen um 20 Prozent zurück, der interne Prüfaufwand sogar um 25 Prozent."** Beweise dafür, dass die Norm das Qualitätsdenken aller Mitarbeiter nachhaltig gefördert hat. Weil die Abnehmer in der Industrie dem Zertifikat vertrauen, entfallen aufwendige Qualitätsprüfungen beim Kunden für Knürr-Produkte. Die weggefallenen Kunden-Audits vereinfachen Akquisition und Auftragsabwicklung deutlich.

aus: Impulse 8/95, S. 95

Verfahrensweisen der Qualitätsprüfung

Qualitätsprüfungen lassen sich nach unterschiedlichen Verfahrensweisen unterscheiden:

Unterscheidungsmerkmale	Varianten	Erklärung (beispielhaft)
Prüfungsumfang	■ Stichprobenprüfung	▶ Der Produktion werden nur wenige Stücke entnommen und deren Fehlerquote ermittelt. Von der Fehlerquote der Stichprobe wird auf die Fehlerquote in der Gesamtheit geschlossen.
	■ 100%-Prüfung	▶ Erzeugnisse bzw. Teile werden lückenlos auf eventuell vorhandene Mängel überprüft.
Produktphasen	■ Prüfung in der Konstruktionsphase	▶ Produktentwürfe aller Prototypen werden einer Prüfung unterzogen.
	■ Prüfung in der Herstellungsphase	▶ Produkte werden einer Endprüfung bzw. Abnahmeprüfung unterzogen.
	■ Prüfung in der Nutzungsphase	▶ Fertige Produkte werden durch betriebsfremde Personenkreise (z.B. TÜV) geprüft.
Verwertbarkeitsgrad der geprüften Teile	■ zerstörende Prüfung	▶ Durch den Prüfungsvorgang wird das Produkt zerstört und damit unbrauchbar. Beispiel: Crash-Tests in der Automobilindustrie.
	■ zerstörungsfreie Prüfung	▶ Durch die Prüfung wird das Produkt in seiner Gebrauchstauglichkeit nicht beeinträchtigt. Beispiel: Stromverbrauch eines Elektrogeräts wird geprüft.

4001204L

Unterscheidungsmerkmale	Varianten	Erklärung (beispielhaft)
Mechanisierungsgrad des Prüfungsvorgangs	■ manuelle Prüfung	▶ Überprüfende Tätigkeit wird von Menschen durch in Augenscheinnahme des zu überprüfenden Teils vorgenommen.
	■ automatische Prüfung	▶ Mittels optischer Sensoren, die mit TV-Kameras arbeiten, werden Qualitätsdaten ermittelt. Bei Abweichungen von vorgegebenen Toleranzen wird das Betriebsmittel über eine technische Rückkopplung auf ein vertretbares Qualitätsmaß zurückgeführt.

In Anlehnung an japanische Firmen haben auch deutsche Hersteller von Großserien ihre Qualitätskonzepte geändert. Sie sehen vor, Fehler und Qualitätsprobleme von den Arbeitskräften an Ort und Stelle und nicht erst nach Fertigstellung des Produkts beheben zu lassen **(integrierte Qualitätssicherung).**

Über Funktionsweisen des Konzepts informiert der folgende Text:

Getreu dem Grundsatz keine fehlerhaften Teile an nachfolgende Bereiche weiterzuleiten, haben die Mitarbeiterinnen und Mitarbeiter jederzeit das Recht, den Fertigungsprozess innerhalb eines begrenzten Bereiches zu stoppen und Teamkollegen zur Lösung von Qualitätsproblemen um Hilfe zu bitten. Dazu befinden sich an den Arbeitsstationen des Karosserie- und Gerippebaus sowie in der Fertig- und Endmontage jeweils zwei Zugschnüre – die so genannten Andon-Schnüre (Andon = Lichtsignal):

Zieht einer der Beschäftigten die gelbe Schnur, so erscheinen ein optisches und akustisches Signal, das andere Teammitglieder auffordert Hilfestellung zu leisten. Wird die rote Schnur gezogen, stoppt das Montageband, bis die Mitarbeiter das Problem gelöst haben.

Großflächige Displays an den Fertigungslinien – die Andon-Tafeln – informieren über den Produktionsstand und machen die innerbetrieblichen Abläufe für jeden Mitarbeiter transparent.

aus: Das Opel-Produktionssystem, a. a. O., S. 23

Wirtschaftlichkeitsüberlegungen bei der Qualitätskontrolle

Die Qualitätskontrolle erfüllt keinen Selbstzweck, sondern sie soll dazu beitragen, Kosten einzusparen. Die Kosten, um die es hierbei geht, werden als **Qualitätskosten** bezeichnet. Drei verschiedene Arten werden unterschieden:

Qualitätskosten

Qualitätssicherungskosten

Kosten fallen an durch fehlerverhütende Maßnahmen im Prozess der Qualitätssicherung

Beispiele

- qualitätsorientierte Schulung der Mitarbeiter
- Wareneingangskontrolle
- qualitätsorientierte Wartung der Produktionsanlagen und der Werkzeuge

Prüf- und Beurteilungskosten

Kosten werden verursacht durch den eigentlichen Vorgang der Qualitätskontrolle und durch die Beurteilung der Prüfergebnisse.

Beispiele

- Kosten der Prüfgeräte
- Personal- und Fremddienstleistungskosten für Prüfvorgang
- Kosten, die durch einen zerstörten Prüfvorgang verursacht werden.

Fehlerfolgekosten

Kosten werden hervorgerufen, weil ein Fehler aufgetreten ist.

Beispiele

- ausschussbedingte Folgekosten
- Kosten für Nachbearbeitung
- Erlöseinbußen durch die Gewährung von Preisnachlässen

Durch das Produkthaftungsgesetz hat der Gesetzgeber festgelegt, dass die Hersteller für Schäden haften, die durch Qualitätsmängel ihrer Produkte entstanden sind (siehe nebenstehende Information).

Für ihre Produkte bestimmen die Unternehmen die Zahl der maximal akzeptierten Fehler (Accepted Quality Level), z.B. je Prüflos. Umgerechnet auf 100 Einheiten ergibt sich die Fehlerquote. Bei extrem hohen Ansprüchen an die Produktqualität können nur Fehlerquoten von 0 Prozent akzeptiert werden. Dies ist z.B. im Reaktor- und Flugzeugbau der Fall.

Durch eine effektive Qualitätskontrolle werden Kosten eingespart, die sich als Fehlerfolgekosten beschreiben lassen. Durch die Qualitätskontrolle werden aber auch Kosten verursacht, und zwar die Qualitätssicherungs- und Prüfkosten (siehe Übersicht). Diese steigen in der Regel umso stärker an, je mehr man sich einer Fehlerquote von 0 % annähert. Zwischen den beschriebenen Kostenarten besteht ein Spannungsverhältnis. Je geringer die Fehlerfolgekosten sein sollen, desto größer ist der Aufwand für Qualitätssicherung und Produktprüfung.

Wann muss der Hersteller haften?

Wichtig: Seit Anfang 1990 müssen Hersteller für Schäden durch fehlerhafte Produkte verschuldensunabhängig haften. Nach dem **alten Produkthaftungsgesetz** konnten sich Hersteller von einer Haftung entlasten, indem sie nachweisen konnten, dass sie zum Beispiel bei der Wareneingangskontrolle, bei der Produktion oder der Endkontrolle alle zumutbaren Sicherheitsmaßnahmen zur Verhinderung von Fehlern ergriffen hatten. Wurden trotz dieser Sicherheitsvorkehrungen Produkte mit Fehlern produziert, brauchten Hersteller gemäß der Verschuldenshaftung für die Folgeschäden eines fehlerhaften Produkts keinen Schadenersatz zu leisten.

Nach dem **neuen Produkthaftungsgesetz** ist das nicht mehr möglich. Hersteller können sich nicht mehr dadurch entlasten, indem sie nachweisen, dass der Fehler nicht in ihrem eigenen Verantwortungsbereich entstanden sei, sondern beim Vorlieferanten oder Zulieferer. Auch für solche Fehler müssen sie einstehen. Sie werden so behandelt, als sei der Fehler in ihrem eigenen Verantwortungsbereich entstanden oder verursacht worden. aus: WISO, Nr. 6/1996

4001206L

Wirtschaftlichkeitsüberlegungen verlangen, dass der Industriebetrieb die beiden gegenläufigen Kostenentwicklungen berücksichtigt. Er sollte die Fehlerquote anstreben, bei der die Summe aus beiden Kostenarten am niedrigsten ist.

Fehlerquoten (%)	Qualitätssicherungs- u. Prüfkosten (in TDM)	Fehlerfolgekosten (in TDM)	Gesamtkosten (in TDM)
0	20	0	20
1	14	4,5	18,5
2	9	9	18
3	5	13,5	18,5
4	2	18	20
5	0	22,5	22,5

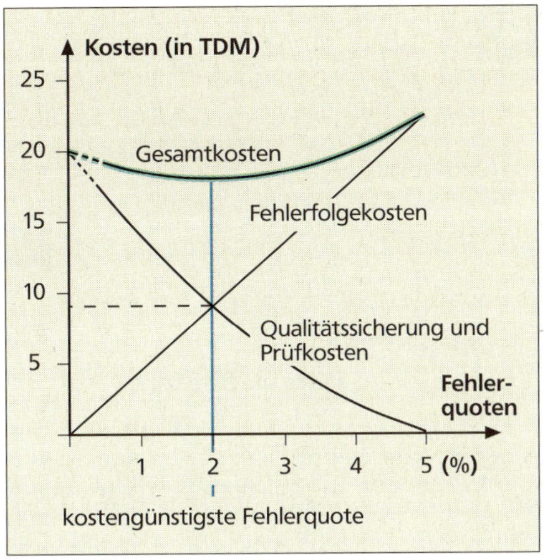

Arbeitsvorschlag:

1. **Nehmen Sie Stellung zu der These: „Sowohl für Kunden als auch für Unternehmer ist es am vorteilhaftesten, absolut fehlerfreie Produkte anzubieten."**
2. **Welchem Qualitätskonzept liegen Qualitätsmanagementsysteme zugrunde?**
3. **Durch welche Bedingung ist die kostengünstigste Fehlerquote gekennzeichnet?**
4. **Um welche wesentliche Bestimmung wurde das Produkthaftungsgesetz erweitert?**
5. **Welches betriebswirtschaftliche Entscheidungsproblem bezüglich der Qualitätskontrolle ergibt sich aus nebenstehender Darstellung?**
6. **Was versteht man unter einem „Qualitäts-Audit"?**
7. **Versuchen Sie herauszufinden, welche Qualitätsstrategie in Ihrem Ausbildungsbetrieb verfolgt wird. Stellen Sie diese Zielsetzung ausführlich dar und begründen Sie, warum es ggf. nicht möglich oder wirtschaftlich sinnvoll ist, eine Nullfehlerstrategie zu verfolgen.**
8. **In einem Gespräch wird behauptet, dass einen nach ISO 9000 qualifizierten Betrieb keine fehlerhaften Produkte verlassen würden. Wie stehen Sie dazu?**

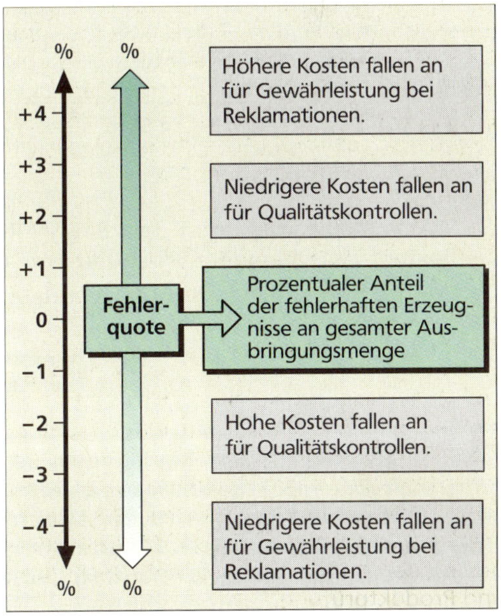

4 Notwendigkeit, Strategien und Auswirkungen zunehmender Rationalisierung beschreiben und beurteilen

Situation

Rationalisierung im Spiegel der Presse

Friedrich-Bau
Einsatz eines Maurerroboters

(Hannover) Die Friedrich-Bau wird trotz „insgesamt zufriedenstellender Auftragslage“ keine neuen Mitarbeiter einstellen. Es ist sogar geplant, die Mitarbeiterzahl von jetzt 500 auf 450 zu reduzieren. Grund ist nach Angabe der Firmenleitung der Einsatz eines neuen Roboters, der komplette Wände erstellen kann ...

Hannoverscher Report, 10. Sept. 1996

Sozialeinrichtungen dienen nicht nur sozialen Zwecken

(Hamburg) Mit der Einrichtung von sozialen betrieblichen Einrichtungen verfolgen Unternehmen nicht nur soziale Ziele. Auf einem Kongress der „Wirtschaftsberater Deutschlands“ wurde in Hamburg darauf hingewiesen, dass gerade in wirtschaftlich schwierigen Zeiten oft am falschen Platz gespart werde, wenn soziale Leistungen als Erste dem Rotstift zum Opfer fallen. „Zufriedenheit am Arbeitsplatz ist das beste Mittel um Kosten zu senken“, so ein Verbandssprecher ...

Zeit im Blick, 31. Mai 1997, Seite 15

Den Direktor gibt es bald nicht mehr
Siemens baut Hierarchien ab

(München) Große Umstrukturierungen stehen beim Elektrokonzern Siemens ins Haus. Titel und Ränge sollen abgeschafft werden. Damit will man den Leistungsanreiz für die Beschäftigten erhöhen. Letztlich – so kritische Stimmen – sollen über die erhöhten Leistungen zum gleichen Gehalt in erster Linie Kosten eingespart werden – die Arbeitszufriedenheit sei nur „Mittel zum Zweck“.

Alpenländischer Kurier, 15. Januar 1997

Ökoinvestitionen bei der Metall-AG zahlen sich aus

(Frankfurt) Millionenbeträge flossen in den letzten drei Jahren in den Emissionsschutz sowie die Wiederverwendung von Schmutzabwässern im Betrieb. Die Folge: Nicht nur die Luft im Frankfurter Stadtteil Bornheim wurde sauberer. Die Metall-AG verbrauchte im letzten Jahr 500 000 m^3 Frischwasser weniger. Bei einem Preis von 15 DM für einen Kubikmeter Frischwasser erbringt das allein eine Kosteneinsparung von 7,5 Millionen DM pro Jahr. Die Investitionen haben sich damit in fünf Jahren amortisiert ...

Main-Kurier, 10. Juni 1997

?

- **Was versteht man unter dem Begriff Rationalisierung und welcher Zusammenhang besteht zwischen dem Wort und den vorstehenden Zeitungsmeldungen?**

  Welche betrieblichen und/oder andere Anlässe können zu Rationalisierungsmaßnahmen führen?

Informationen

Rationalisierung ist ein betriebswirtschaftlicher Begriff mit nicht eindeutigem Begriffsinhalt. Eine mögliche Erklärung lautet: **Unter Rationalisierung wird die Durchführung von betrieblichen Maßnahmen verstanden, die der Erreichung von bestimmten Zielsetzungen dienen.**

Direkt oder indirekt erwarten Industriebetriebe durch alle der dabei getroffenen Maßnahmen auch eine positive Wirkung auf die Wirtschaftlichkeit. Grundsätzlich lassen sich vier Rationalisierungsanlässe unterscheiden.

4001208L

Rationalisierungsanlässe	
mit primär ökonomischer Wirkung	**Beispiele:** ■ Materialkosten werden durch sparsamen Rohstoffeinsatz gesenkt. ■ Lohnstückkosten werden durch sorgfältige Arbeitsstudien vermindert.
mit primär technischer Wirkung	**Beispiele:** ■ Drehzahlen einer Fräsmaschine werden durch eine technische Verbesserung erhöht. ■ Qualität der Erzeugnisse wird durch die Verwendung haltbarer Werkstoffe verbessert.
mit primär ökologischer Wirkung	**Beispiele:** ■ Rußanteil der Fabrikabgase wird durch einen wirksamen Filter gesenkt. ■ Schadstoffbelastung der Betriebsabwässer wird durch den Bau einer biologischen Kläranlage vermindert.
mit primär humaner Wirkung	**Beispiele:** ■ Zur Verbesserung der Arbeitszufriedenheit von berufstätigen Müttern wird die Einrichtung betriebseigener Kindergärten beschlossen. ■ Gefährliche Arbeiten sollen durch den verstärkten Einsatz von Industrierobotern vermindert werden.

4.1 Einzelmaßnahmen der Rationalisierung

Situation

Ein Modell und viele Varianten: Das Baukastenprinzip in der Automobilindustrie.

Erfunden hat es Henry Ford. Schon 1913 machte er aus dem legendären Modell T vier Autotypen vom Cabrio bis zum Kleinlaster. Dann waren es die Japaner, die sich das Baukastenprinzip zunutze machten und Nischenmodelle auf den Markt brachten, die fast alle auf Großserienautos beruhten.

Inzwischen ziehen die Europäer nach. Rationalisierung durch Verwendung der gleichen Bodengruppen (Bausteine) für unterschiedliche Typen heißt das Gebot der Stunde. So z.B. auch bei Renault Mégane: Fließheck-Limousine, Coupé, Cabriolet, Stufenheck-Limousine und Mini-Van haben eine gemeinsame Bodengruppe. Das hier konsequent angewandte Baukastenprinzip hat für den Hersteller viele Vorteile: niedrigere Entwicklungskosten, weniger verschiedene Teile und damit Kostenersparnis durch Einkauf in großen Mengen. Hinzu kommt eine bessere Auslastung der Werkskapazitäten durch eine flexiblere Produktion.

Baukastensystem bei Renault
aus: Focus 42/1995, S. 228

?

- **Was ist unter einem Baukastensystem in der industriellen Fertigung zu verstehen?**
- **Welche Ansatzpunkte für Rationalisierungsmaßnahmen gibt es im Fertigungsbereich?**

Informationen

Im Fertigungsbereich gibt es eine Vielzahl von Rationalisierungsmaßnahmen. Die wichtigsten von ihnen sind der folgenden Übersicht zu entnehmen:

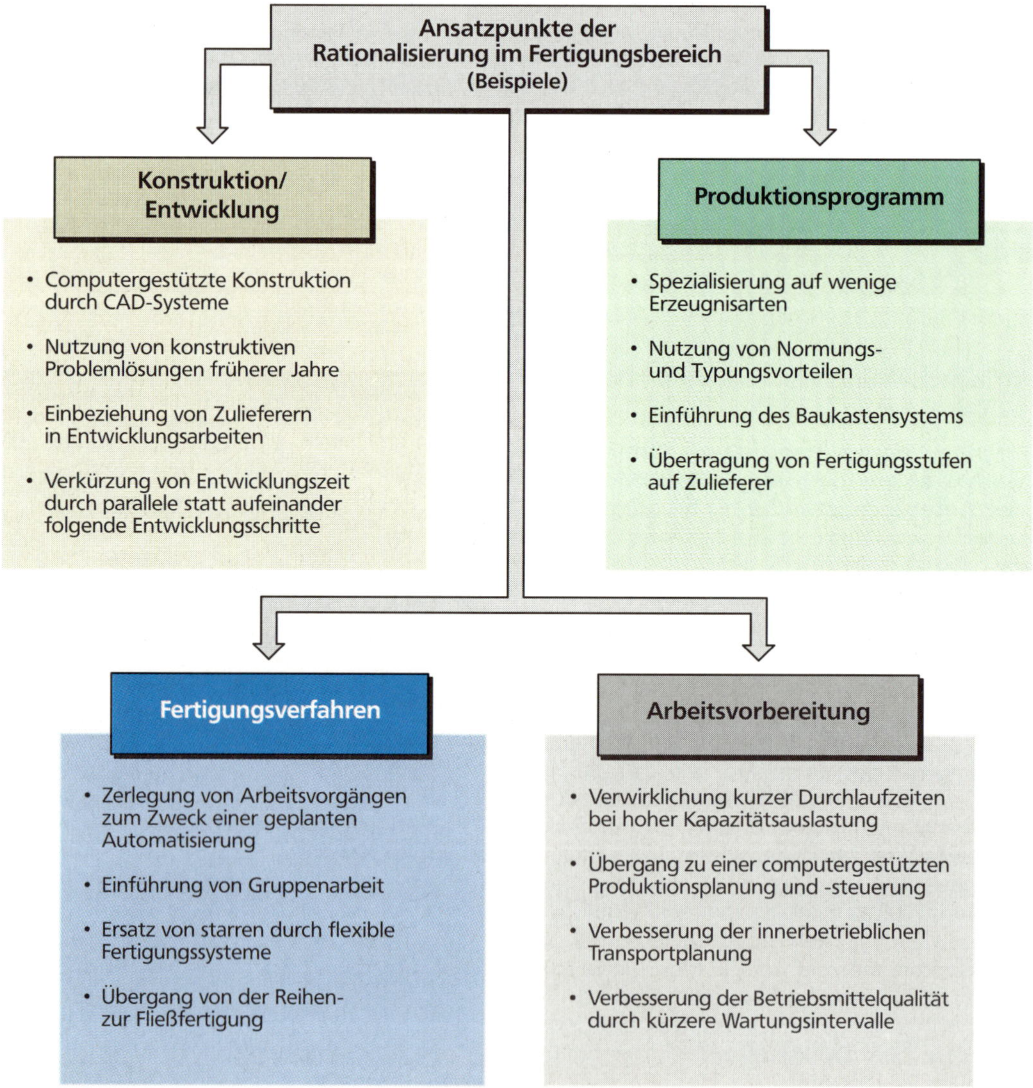

4001210L

4.1.1 Erzeugnisbezogene Rationalisierungsmaßnahmen

Bezieht sich die Rationalisierung auf vollständige Produkte und/oder deren Einzelteile, liegen erzeugnisbezogene Rationalisierungsmaßnahmen vor. Dabei wird unterschieden zwischen Normung, Typung, Einführung von Baukastensystemen und Spezialisierung.

Normung

Unter Normung versteht man die Vereinheitlichung von Formen, Größen und Qualitäten von Einzelteilen und einfachen Erzeugnissen.

Heutzutage finden in allen Lebensbereichen Normen Verwendung. Besonders die Wirtschaft hat es verstanden, die Vorteile der Normung zu nutzen. Nicht selten wird bei der Herstellung eines Erzeugnisses eine ganze Reihe unterschiedlicher Normteile verwendet. Je nach Anzahl dieser Teile liegt eine mehr oder weniger große **Normtiefe** vor.

Typung

Unter Typung versteht man die Vereinheitlichung von Endprodukten, die aus verschiedenen Teilen zusammengesetzt sind, so z. B. von Waschmaschinen, Kühlschränken, Möbeln, Autos.

Im Unterschied zur Normung wird die Typung immer unternehmensindividuell vorgenommen. Ansatzpunkt ist die Produktgestaltung eines bestimmten Unternehmens. Werden deren Produkte nicht in einer großen Anzahl von Varianten, sondern nur in einer beschränkten Typenzahl hergestellt, wird die Fertigung kostengünstiger. Bei höheren Stückzahlen, die auf einen Produkttyp entfallen, vermindert sich die Fixkostenbelastung je Stück.

Unterscheidung von Normen:

Unterscheidungsmerkmale		Erklärungen	Beispiele
Geltungsbereich	internationale Normen	haben für mehrere Länder Gültigkeit	ISO-Normen der Internationalen Organisation für Normung
Geltungsbereich	nationale Normen	Gültigkeitsbereich erstreckt sich auf ein Land	■ DIN-Normen für Bundesrepublik Deutschland ■ Ö-Normen für Österreich
Geltungsbereich	Verbandsnormen	Gültigkeitsbereich erstreckt sich auf einzelne Branchen bzw. Wirtschaftszweige	z. B. VDE-Gütezeichen
Geltungsbereich	Werknormen	legt Betrieb fest, um Leistungserstellung wirtschaftlicher zu gestalten	Rastermaße zur Festlegung der Produktabmessungen
Inhalt	Grundnormen	sind von grundlegender Bedeutung und Basis für andere spezielle Normen	■ Abmessungsnormen ■ Konstruktionsnormen ■ Planungsnormen
Inhalt	Fachnormen	wurden für relativ kleine abgrenzbare Fachgebiete geschaffen	■ Prüfnormen für Kunststofffolien ■ Liefernormen für Stanzteile aus Stahl

Die Typung hat Vor- und Nachteile, die sich weitgehend mit denen der Normung decken:

Vorteile	Nachteile
■ bessere Marktübersicht und sichere Auswahl durch Beschränkung der Erzeugnisarten, -formen und -größen ■ geringere Lieferzeiten, da getypte Güter meist vorrätig sind ■ vereinfachte Lagerhaltung aufgrund geringerer Lagerbestände und leichterer Überwachung der Lagerbestände ■ kostengünstigere Massenproduktion ■ vereinfachter Produktionsablauf durch Vermeidung von häufigen Umstellungen und Programmänderungen	■ Abhängigkeit von bestehenden Typen ■ schwierige und kostspielige Beschaffung und Produktion bei Sondermaßen ■ Gefahr einer drohenden Uniformierung bei übertriebener Typenbildung

Einführung von Baukastensystemen

Um die Vorteile der Typung auszunutzen und die Nachteile, die mit einer Typenbeschränkung verbunden wären, zu vermeiden, führten viele Betriebe das Baukastensystem ein. Hierbei werden bei den verschiedenen Erzeugnissen eines Betriebes die gleichen Bauelemente (Bausteine) verwendet. Jede Kombination ergibt eine spezielle Art des Grunderzeugnisses. Gehen außer den Bauelementen noch Sonderelemente (Nichtbausteine) in das Produkt ein, liegt ein **Baukastenmischsystem** vor.

Baukasten- bzw. Baukastenmischsysteme findet man vor allem in Betrieben, die langlebige Gebrauchsgüter herstellen, so z. B. in Auto-, Möbel- und Maschinenfabriken.

Spezialisierung

Unter Spezialisierung versteht man die Beschränkung des Produktionsprogramms auf wenige Erzeugnisarten. Sie ist damit eine weitere Maßnahme zur Rationalisierung der betrieblichen Leistungserstellung. Die Überlegungen, die zur Spezialisierung führen, gehen davon aus, dass erst durch eine Beschränkung des Produktionsprogramms die anfallenden Kosten besonders stark gesenkt werden können, da eine Produktion in großen Stückzahlen möglich wird. Viele kleinere und mittlere Unternehmen haben in den letzten Jahren den Weg zur Spezialisierung beschritten. Sie konnten damit wichtige Vorlieferanten der Großindustrie werden.

Vorteile	Nachteile
■ niedrige Stückkosten durch Herstellung großer Mengen ■ höhere Qualität der Erzeugnisse durch den Einsatz von Spezialmaschinen ■ größere Leistungsfähigkeit der Arbeitnehmer durch Verrichtung fortwährend gleicher Tätigkeiten ■ geringerer Bedarf an Werkzeugen, Maschinen und Arbeitskräften	■ verstärktes Absatzrisiko durch Konjunkturschwankungen, Saisonschwankungen und Modeänderungen ■ verstärkte Abhängigkeit gegenüber Großkunden

4001212L

Arbeitsvorschlag:

1. **Welche Arten von Normen lassen sich nach ihrem räumlichen Geltungsbereich unterscheiden?**
2. **Erklären Sie den Begriff Normungstiefe.**
3. **Welche Rationalisierungsanlässe lassen sich grundsätzlich unterscheiden?**
4. **Erläutern Sie am Beispiel von Autoradios, Autoreifen, Fotoapparaten, Taschenlampen oder Computern, die Bedeutung der Typung und Normung.**
5. **Warum leistet die Typung von Erzeugnissen einen wichtigen Beitrag zur Ausnutzung von Kostenvorteilen im Produktionsprozess?**
6. **Begründen Sie, warum durch Spezialisierung eine verstärkte Abhängigkeit gegenüber Großkunden entstehen kann.**
7. **Worin sehen Sie den wesentlichsten Vorteil der Spezialisierung?**
8. **Erklären Sie, warum das Absatzrisiko mit zunehmender Spezialisierung wächst.**
9. **Unterscheiden Sie zwischen einem Baukasten- und einem Baukastenmischsystem.**
10. **Mit der nebenstehenden Anzeige wirbt ein Küchenhersteller für sein „Modulsystem“.**
    a) **Versuchen Sie festzustellen, wie viele unterschiedliche Baukastenelemente eingesetzt werden.**
    b) **Welche produktions- und absatzpolitischen Vorteile hat dieses Baukasten-/Modulsystem?**
    c) **Der Hersteller behauptet, er habe „für jedes Küchenproblem eine Lösung“.**
    Gehen Sie der Frage nach, ob dies in einem Baukastensystem überhaupt möglich ist oder welche Grenzen den individuellen Käuferwünschen gesetzt sind.

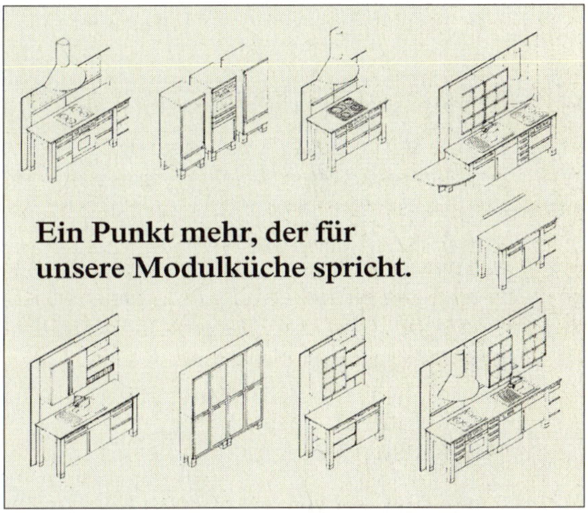

4.1.2 Arbeitsbezogene Rationalisierungsmaßnahmen

Rationalisierungsmaßnahmen können auch darin bestehen, die anfallenden Arbeiten sinnvoll den betrieblichen Produktionsfaktoren zuzuordnen. Je nachdem, wie dies gelöst wird, unterscheidet man drei Arten der betrieblichen Arbeitsaufteilung: Arbeitsteilung, Arbeitszerlegung und Gruppenarbeit.

Arbeitsteilung (Mengenteilung)

Sie ist dann gegeben, wenn gleiche Arbeiten unter verschiedene Arbeitskräfte aufgeteilt werden, sodass alle dieselbe Teilmenge eines Auftrags herstellen. Sollen z.B. 20 Regale angefertigt werden und stehen 5 Mitarbeiter zur Verfügung, so werden von jedem 4 Regale produziert.

Der Rationalisierungseffekt bei der Mengenteilung besteht darin, dass bestimmte Arbeiten durch den Einsatz weiterer Arbeitskräfte schneller bewältigt werden können. Dies kann z.B. wichtig sein, wenn es darum geht, zugesagte Liefertermine einzuhalten.

Arbeitszerlegung (Artteilung)

Hierbei werden Arbeiten in zeitlich hintereinander anfallende Teilarbeiten zerlegt und von verschiedenen Mitarbeitern ausgeführt. Bei der Herstellung der 20 Regale wird jedem Arbeiter nur eine Art von Arbeitsgang zugewiesen, so z.B. der Person A das Zuschneiden aller Holzteile.

Die Arbeitszerlegung bietet ideale Ansatzpunkte für Rationalisierungsmaßnahmen. Durch den Einsatz von Spezialmaschinen und Arbeitskräften mit eng begrenztem Aufgabenbereich lassen sich erhebliche Produktivitätssteigerungen erzielen. Ein hohes Maß an Arbeitszerlegung ist schließlich auch eine Voraussetzung für die Automatisierung von Fertigungsprozessen.

Der Zusammenhang von Mengen- und Artteilung wird durch die folgende Übersicht verdeutlicht:

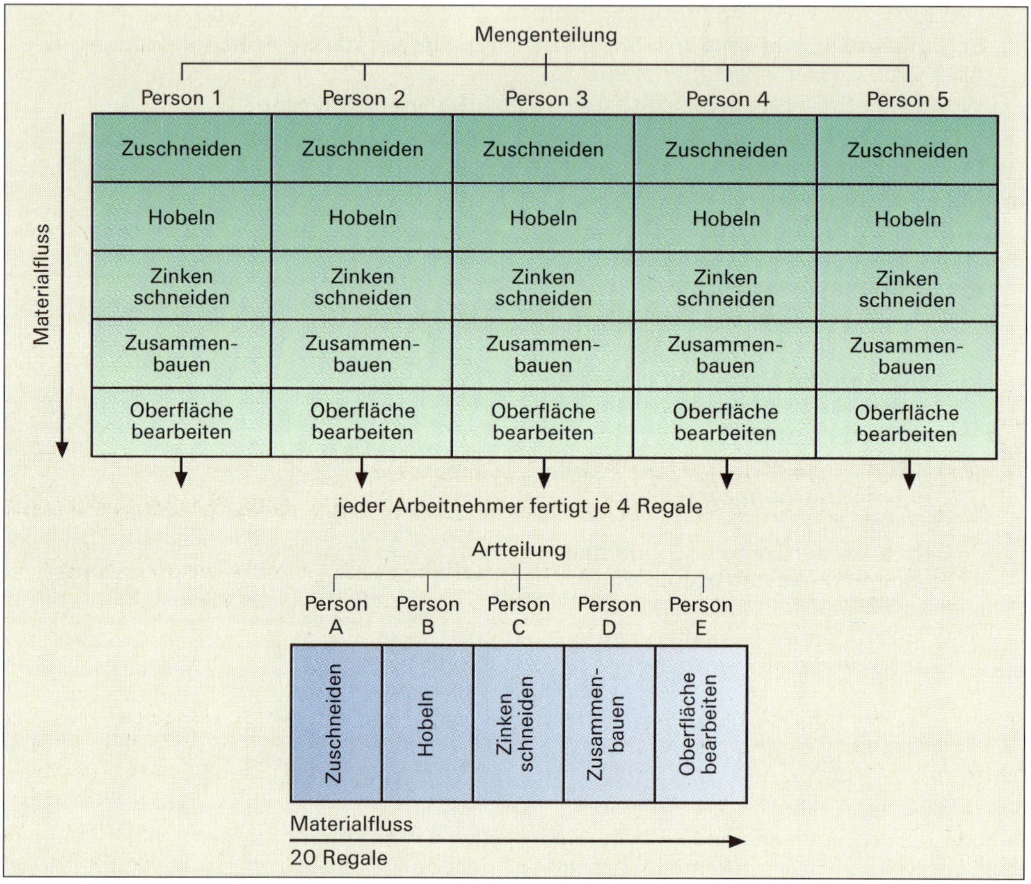

aus: E. Hammer, Industriebetriebslehre, München 1987, S. 45

Gruppenarbeit (Teamarbeit)

Sie ist dort zu finden, wo das Zusammenwirken von Arbeitskräften zur Bewältigung einer gemeinsamen Aufgabe erfolgversprechender ist als bei Einzelarbeit.

Gruppenarbeit ist immer dann angebracht, wenn **vielschichtige Aufgaben** gelöst werden müssen. Man findet sie häufig im industriellen Fertigungsprozess, so z. B. in der Automobilindustrie in Form von Fertigungsinseln oder teilautonomen Arbeitsgruppen.

Sie wurde u. a. hier eingeführt, um den Nachteilen, die mit einer übertriebenen Arbeitszerlegung verbunden waren (z. B. monotone Arbeit, geringe Fertigungsflexibilität, hohe Ausschussquoten) entgegenzuwirken.

4.2 Ganzheitliches Rationalisierungskonzept (Beispiel: Leanproduction)

Situation

Ganzheitliche Rationalisierung aus der Sicht eines Karikaturisten

„Wir haben umstrukturiert, zusammengestellt, eingegliedert, umgebaut, abgebaut… Was sollen wir jetzt machen? Fallen Ihnen NOCH irgendwelche Wörter ein?"

aus: Personalwirtschaft 6/96, S. 56

?

- **Was sind ganzheitliche Rationalisierungskonzepte?**
- **Welche Eigenarten weist Leanproduction als ganzheitliches Rationalisierungskonzept auf?**
- **Welche organisatorische Abfolge haben ganzheitliche Rationalisierungskonzepte?**

Informationen

Eine Studie amerikanischer Wissenschaftler machte vor einigen Jahren Geschichte. Sie zeigte ein wirtschaftlich sehr erfolgreiches ganzheitliches Rationalisierungskonzept der japanischen Automobilindustrie auf, das als Leanproduction (auch Leanmanagement genannt) bezeichnet wurde, was so viel wie schlanke oder abgespeckte Produktion bedeutet. Im Vergleich mit den europäischen und amerikanischen Mitbewerbern wiesen die fernöstlichen Automobilproduzenten u.a. folgende Vorteile auf:

- kurze Entwicklungszeiten für neue PKW-Modelle
- schnelle Rückkehr zur normalen Fertigungsqualität nach einem Modellwechsel
- niedrige Anzahl von notwendigen Ingenieurstunden, um Autos zur Produktionsreife zu bringen

Viele Elemente dieses Konzepts, wie z.B. Gruppenarbeit oder das Just-in-time-System, fanden zuvor auch schon in anderen Produktionsstätten Verwendung. Neu an dem japanischen Weg war dagegen der Schritt, alle Rationalisierungselemente immer wieder in eine optimale und flexible Kombination zu bringen.

Im Einzelnen zeichnet sich das ganzheitliche Konzept von Leanproduction durch folgende Eigenarten aus:

Leanproduction in der Personalführung

- Das A und O der Leanproduction ist die Teamarbeit. Oft finden sich in den Arbeitsgruppen Mitarbeiter aus unterschiedlichen Abteilungen, so z.B. Designer, Techniker, Lagerverwalter, Forscher, Konstrukteure und Verkäufer.
- Jeder Mitarbeiter trägt für die ihm übertragene Aufgabe auch die Verantwortung, wodurch sich auch seine Motivation und Identifikation mit der Arbeit erhöhen.

- Der Mitarbeiterschulung kommt ein besonderes Gewicht zu. Es wird nach der These gehandelt: Wissen zahlt sich aus! So ist dem vielseitig ausgebildeten Arbeiter neben der eigentlichen Herstellung oder Montage auch die Qualitätskontrolle und -sicherung übertragen.

Leanproduction in der Entwicklung

- Die ständig abgefragten Kundenwünsche bestimmen die Entwicklungsarbeit und nicht das technisch am einfachsten Machbare.
- Eine fertigungsgerechte Entwicklung der Produkte wird erreicht durch eine sehr frühzeitige enge Zusammenarbeit von Fertigungsabteilung und Zulieferern.
- Kurze Entwicklungszeiten werden ermöglicht durch parallele statt aufeinander folgende Entwicklungsschritte.

Leanproduction in der Fertigung

- Eine möglichst einfach gehaltene, aber dennoch ausgereifte Fertigungstechnologie reduziert den Kapitalbedarf.
- Ausfallzeiten werden durch eine neue Form der vorbeugenden Wartung minimiert.
- Ausschuss, Nacharbeit und Produktionsstörungen entfallen weitestgehend durch ein umfassendes System der Qualitätssicherung, zu der auch der einzelne Arbeiter einen aktiven Beitrag leistet.

Leanproduction im Verhältnis Hersteller – Zulieferer

- Lieferanten übernehmen eigenständige Entwicklungsaufgaben des Herstellers, tragen hierfür die Verantwortung und sind auch mit der späteren Qualitätssicherung betraut.
- Um sich die ständigen Preisverhandlungen zu ersparen, einigen sich Hersteller und Lieferant schon sehr frühzeitig auf einen am Markt orientierten Preis.
- Die Belieferung erfolgt nicht in Losen, sondern bedarfsgerecht ans Band nach dem Just-in-time-System.

Wertung:

Leanproduction wurde in vielen europäischen und außereuropäischen Ländern kopiert. Es schien die Einsicht gewonnen worden zu sein, dass Eigenverantwortung und Motivation wichtige Elemente einer effektiven Produktion sind. Gewerkschaften hofften, Leanproduction werde von den Unternehmen vor allem als Möglichkeit gesehen über eine Humanisierung der Arbeit und einer **Demokratisierung der Arbeit** zur Steigerung der Effektivität zu gelangen.

Vielfach lief die Entwicklung anders. Unter dem Druck verschärfter Konkurrenz wurde Leanproduction insbesondere als Sparprogramm gesehen, was einherging mit Arbeitsverdichtung und massiver Kostensenkung durch Personalabbau. Neuere Untersuchungen belegen inzwischen, dass in vielen Unternehmen die Gewinnsituation sich tatsächlich nur kurzfristig bessert. Langfristig gesehen handelten sich viele Unternehmen durch diese Schlankheitskuren aber den Nachteil ein, keine Kraft zu einem gesunden Unternehmenswachstum mehr zu haben. Bei immer mehr Unternehmen setzt deshalb ein Umdenken ein: Statt auf massive Kostenreduzierung zu drängen, stehen jetzt wieder mehr Innovationen und Wachstum im Vordergrund der Unternehmensstrategie.

Die REFA-Stufung als organisatorisch ganzheitliches Rationalisierungskonzept

Wird der Rationalisierungsprozess in eine zeitlich organisatorische Abfolge gebracht, lassen sich **sechs Stufen** unterscheiden:

1. Ziele setzen
2. Aufgaben abgrenzen
3. Ideale Lösungen suchen
4. Daten sammeln und praktikable Lösungen entwickeln
5. Optimale Lösung auswählen
6. Lösung einführen und Zielerreichung kontrollieren

Arbeitsvorschlag:

1. **Übersetzen Sie das Wort „Leanproduction" und erläutern Sie die damit verbundene globale unternehmerische Zielsetzung.**
2. **Nennen Sie Ansatzpunkte für Leanproduction im Bereich der Entwicklung und Fertigung.**
3. **Worin sehen Sie den wichtigsten Ansatzpunkt von Leanproduction bei der Personalführung?**
4. **Nehmen Sie eine Bewertung des Gesamtkonzepts vor.**

4001216L

5. **Diskutieren Sie das Rationalisierungskonzept, das der Karikatur zugrunde liegt.**

aus: Computer 7-8/93, S. 42

6. **Zeigen Sie anhand des folgenden Zeitungsartikels die Besonderheiten einer verschlankten Produktion in der „Fabrik der Zukunft" auf:**

VW eröffnet „Fabrik der Zukunft"

Produktion paradox: Im neuen brasilianischen VW-Werk sind die Zulieferer für die Produktion der Lastwagen und Busse verantwortlich, die VW-Arbeiter drehen keine einzige Schraube.

Mit dem „modularen Konsortium" wird die Fahrzeugfertigung auf den Kopf gestellt. Nicht VW, sondern die Zulieferer werden für die Produktion der Lastwagen und Busse zuständig sein. Acht Firmen, vom heimischen Fahrgestellproduzenten bis zum deutschen Motorenbauer, setzen mit eigenen Arbeitskräften die Komponenten zusammen. Die VW-Mannschaft wird keine einzige Schraube drehen, sondern sich auf Kontrolle, Marketing und Verkauf beschränken.

„Wir haben Just in time konsequent weiterentwickelt", erklärt Produktionsdirektor Roberto Barretti das neue Prinzip. In einer traditionellen Fabrik höre die Verantwortung des Zulieferers am Werkstor auf, die Produktion sei für ihn „ein schwarzes Loch".

Da es kein Materiallager gibt, dürfen die Teile erst wenige Stunden vor Einbau im Werk eintreffen, die Logistik übernehmen die Zulieferer. Damit sollen die Kosten zwischen 15 und 20 Prozent gesenkt werden.

So werden zum Beispiel die 200 Arbeiter von VDO-Kienzle die Fahrerkabine vor Ort zusammenbauen – vom Sitz bis zum Tachometer. In der 37000 Quadratmeter großen Fabrikhalle trennen gelbe Streifen auf dem Boden die Firmen voneinander.

Mit seiner schlanken Produktion entledigt sich Volkswagen der meisten Arbeitsplätze. Wenn 1997 die Produktion in Brasilien mit täglich 100 Lastwagen und Bussen voll in Fahrt kommt, werden von den 1500 Werksangehörigen nur 200 auf der VW-Gehaltsliste stehen.

Finanzielle Vorteile

Der Plan bringt VW auch andere finanzielle Vorteile. Von den 300 Millionen Dollar (450 Mio. DM) Investitionskosten übernimmt VW 250 Millionen, den Rest teilen sich die Zulieferer. „Wir stellen das Haus, die Möbel bringen unsere Partner mit", sagt Barretti. *(dpa)*

aus: HNA vom 31. Okt. 1996

4.3 Leistungsmaßstäbe zur Beurteilung von Rationalisierungserfolgen

Situation

Eisenach ist Spitze. Die Opel-Autowerker steigern ihre Produktivität noch einmal kräftig: Ihre Jahresleistung betrug im statistischen Mittel exakt 71,9 Fahrzeuge. Bei diesen Berechnungen wurde berücksichtigt, dass die Größenklasse der produzierten Autos die Fertigungstiefe

Das **OPEL-WERK** *in Eisenach ist Europas produktivste Autofabrik*

und der Modell-Mix von Fabrik zu Fabrik stark schwanken.

Danach betreibt Opel in Eisenach die effizienteste Autofabrik ganz Europas.

Nicht einmal die japanischen *transplants* in Großbritannien sind so produktiv. Bei Nissan in Sunderland werden pro Arbeiter und Jahr 56,7 Autos gefertigt, bei Honda in Swindon 55,9 und bei Toyota in Burnaston 52,1 Autos. Selbst Fiat fabriziert im neuen italienischen Werk Melfi mehr Autos – 64,3 je Mann und Jahr.

Miserabel jedoch ist die Produktivität in den beiden französischen Autofabriken von Peugeot; dort stellten die Arbeiter pro Kopf 1995 nur 21,2 bzw. 22,2 Fahrzeuge her.

Die niedrigste Produktivität wies noch bis vor kurzem das Stammwerk von Volkswagen in Wolfsburg auf. Hier schraubte ein VW-Werker jährlich im Schnitt nur 17,6 Golf oder Polo zusammen.

GÜNTER HEISMANN

aus: Die Woche, 30. Aug. 96

?

- **Welche Maßstäbe dienen zur Beurteilung von Rationalisierungserfolgen?**
- **Was sagen Leistungsmaßstäbe aus?**

Information

Erfolge von Rationalisierungsmaßnahmen sollten messbar sein. Hierzu dienen die betrieblichen Leistungsmaßstäbe Produktivität, Wirtschaftlichkeit und Rentabilität. Rationalisierungseffekte können aber auch andere Ursachen und Auswirkungen haben (vgl. Seite 208 ff.).

Produktivität

Die **mengenmäßige Ergiebigkeit** der Leistungserstellung, die durch Rationalisierungsmaßnahmen verbessert werden kann, wird ausgedrückt durch die Produktivität.

$$\text{Produktivität} = \frac{\text{Produktionsmenge}}{\text{Faktoreneinsatzmenge}}$$

Da mehrere Einsatzfaktoren an der Leistungserstellung beteiligt sind, unterscheidet man verschiedene Arten der Produktivität:

$$\text{Arbeitsproduktivität} = \frac{\text{Produktionsmenge}}{\text{Menge der Arbeitsstunden oder der Beschäftigten}}$$

$$\text{Kapitalproduktivität} = \frac{\text{Produktionsmenge}}{\text{Kapitaleinsatz}}$$

Beispiel **zur Produktivitätsberechnung**

In einem Industriebetrieb wurden im Mai mit 100 Beschäftigten 4 000 Stück einer Ware hergestellt. Der Kapitaleinsatz belief sich auf 800.000,00 DM. Durch Rationalisierung der Arbeitszerlegung stieg die Produktionsmenge im Monat Juni auf 4 500 Stück. Der Kapitaleinsatz erhöhte sich um 40.000,00 DM. Die Anzahl der Beschäftigten blieb unverändert.

Monate	Arbeitsproduktivität	Kapitalproduktivität
Mai	$\frac{4\,000}{100} = 40$	$\frac{4\,000}{800.000} = 0{,}005$
Juni	$\frac{4\,500}{100} = 45$	$\frac{4\,500}{840.000} = 0{,}0054$

Ergebnis der Rationalisierungsmaßnahmen:
- Die Produktionsmenge, die je Arbeitskraft hergestellt wird, erhöhte sich von 40 auf 45 Stück.
- Die Produktionsmenge, die je DM Kapitaleinsatz erzielt wird, stieg von 0,005 auf 0,0054 Stück.

Wirtschaftlichkeit

Durch den betrieblichen Leistungsmaßstab „Wirtschaftlichkeit" lässt sich die **wertmäßige Ergiebigkeit** von Rationalisierungsmaßnahmen untersuchen. Wirtschaftlich handelt ein Betrieb, wenn er danach strebt eine bestimmte Leistung mit möglichst geringen Kosten zu erzielen bzw. mit einem gegebenen Kosteneinsatz eine möglichst große Produktionsleistung zu erreichen (ökonomisches Prinzip).

Die Wirtschaftlichkeit wird ausgedrückt durch den Quotienten:

$$\textbf{Wirtschaftlichkeit} = \frac{\textbf{Leistung}}{\textbf{Kosten}} \quad \text{oder} \quad \frac{\textbf{Ertrag}}{\textbf{Aufwand}}$$

Üblich ist die Menge der abgesetzten Leistungen mit Marktpreisen zu bewerten. Das Produkt aus Leistungen und Marktpreisen ergibt die Erlöse einer Unternehmung.

Beispiel **zur Errechnung der Wirtschaftlichkeit**

Ein Industriebetrieb erzeugt in einer Woche durchschnittlich 800 Stück einer Ware, die sofort verkauft wurden. Die Kosten beliefen sich in diesem Zeitraum auf 8.000,00 DM, die Erlöse betrugen 12.000,00 DM (Stückerlös = 15,00 DM)

$$\text{Wirtschaftlichkeit (a)} = \frac{12.000}{8.000} = 1{,}50$$

Bedingt durch eine starke Nachfrage wurde beschlossen die Produktion auf 1 000 Stück pro Woche auszudehnen. Um dies zu verwirklichen, war es notwendig, die Fertigung rationeller zu gestalten. Man entschied sich einige der technisch veralteten Maschinen durch leistungsfähigere zu ersetzen. Zusätzlich musste eine weitere Arbeitskraft eingestellt werden. Höhere Personal- und Materialkosten sowie größere Abschreibungsbeträge ließen die Kostenbelastung pro Woche auf 9.500,00 DM ansteigen.

$$\text{Wirtschaftlichkeit (b)} = \frac{15.000}{9.500} = 1{,}58$$

Ergebnis der Rationalisierungsmaßnahmen: Die Erlöse, die jeweils auf eine DM Kosten entfallen, stiegen von 1,50 auf 1,58 DM.

Rentabilität

Als Rentabilität bezeichnet man das prozentuale Verhältnis von Gewinn zu eingesetztem Kapital. Durch diese Größe wird die Verzinsung des Kapitals ausgedrückt:

$$\textbf{Rentabilität} = \frac{\textbf{Gewinn} \cdot \textbf{100}}{\textbf{Kapital}}$$

Rationalisierungsmaßnahmen gelten nach diesem Maßstab dann als erfolgreich, wenn sich das Verhältnis von Gewinn zu eingesetztem Kapital vergrößert.

Arbeitsvorschlag:

1. **Ermitteln Sie die Wirtschaftlichkeitswerte in folgendem Beispiel:**
   Betrieb A in Kiel produziert täglich 600 Stück einer Ware und hat dabei eine Kostenbelastung von 4.000,00 DM. Betrieb B in Köln stellt pro Tag 800 Stück derselben Ware her und rechnet mit Kosten in Höhe von 5.000,00 DM. Der Stückerlös für A beträgt 20,00 DM und für B 18,00 DM.
2. **Vergleichen Sie die Arbeits- und Kapitalproduktivität der beiden folgenden Betriebe:**
   Betrieb A produziert mit 60 Beschäftigten und einem Kapitaleinsatz von 43.000,00 DM 3 000 Stück. Betrieb B benötigt 80 Beschäftigte und 460.000,00 DM Kapitaleinsatz, um 3 200 Stück herzustellen.

Betriebliche Entscheidungssituation
Analysieren – informieren – diskutieren – entscheiden

Durchführung von Rationalisierungsmaßnahmen bei der Krüger GmbH

Die Krüger GmbH ist eine Unternehmung der Konsumgüterindustrie, die Sportschuhe, Hausschuhe und daneben auch Skischuhe herstellt. Die Kosten- und Ertragslage des Unternehmens im Vergleich mit anderen konkurrierenden Betrieben wird insgesamt als unbefriedigend beurteilt. Eine Gefährdung der Arbeitsplätze in absehbarer Zeit kann nicht mehr ausgeschlossen werden.

Ein Arbeitsteam aus technischen und kaufmännischen Mitarbeitern des Betriebs wird damit beauftragt, Vorschläge zu erarbeiten, wie die wirtschaftliche Situation verbessert werden kann.

1. Erklären Sie die grundsätzliche Bedeutung von folgenden Rationalisierungsmaßnahmen: Normung, Typung, Spezialisierung und Einführung des Baukastensystems.
2. Nennen Sie beispielhaft für die Krüger GmbH Ansatzpunkte für Maßnahmen auf dem Gebiet der Werksnormung und der Einführung des Baukastensystems.
3. Von einem Techniker der Krüger GmbH wird der Vorschlag gemacht sich auf die Herstellung von Skischuhen zu spezialisieren, da die technischen Gegebenheiten des vorhandenen Betriebsmittelbestands hierzu besonders geeignet erscheinen.
   Diskutieren Sie allgemeine Vor- und Nachteile einer derartigen Maßnahme.
4. Ein Sachbearbeiter aus der Verkaufsabteilung berichtet über eine Anfrage des Sportartikelherstellers ADIFIX, der bei Gewährung entsprechender Konditionen bereit wäre größere Produktionsmengen an Sportschuhen längerfristig abzunehmen. Für die Krüger GmbH würde dies bedeuten, dass 80 % ihrer Kapazität durch den Großauftrag für längere Zeit ausgelastet würden. Erörtern Sie Vor- und Nachteile einer derartigen Bindung an einen Großkunden.
5. Ermitteln und interpretieren Sie anhand der folgenden betrieblichen Zahlenvorgaben die Werte für das vergangene und das jetzige Geschäftsjahr, in dem sich die ersten Rationalisierungserfolge zeigen.

	vergangenes Geschäftsjahr	jetziges Geschäftsjahr
Kapital	9.000.000,00 DM	12.000.000,00 DM
Gewinn	270.000,00 DM	600.000,00 DM
Rentabilität	?	?
Produktionsmenge	40 000 Schuhe	70 000 Schuhe
Beschäftigte	120 Personen	100 Personen
Kapital	9.000.000,00 DM	12.000.000,00 DM
Arbeitsproduktivität	?	?
Kapitalproduktivität	?	?
Erlöse	1.920.000,00 DM	2.800.000,00 DM
Kosten	1.200.000,00 DM	1.400.000,00 DM
Wirtschaftlichkeit	?	?

C Die Absatzwirtschaft

1 Den Markt beobachten und Möglichkeiten der Marktbeeinflussung sowie Marktanpassung kennen lernen

1.1 Ziele und Konzeption des Marketings

Schon eineinhalb Jahre bevor die neue A-Klasse überhaupt auf den Markt kam, startete Mercedes eine aufwendige Werbekampagne.

Das Auto sollte ein richtiger Mercedes sein und doch ein Parklückenstar ... Im Innenraum Platz wie in der größeren C-Klasse und so sicher sollte er auch sein ...

Mit Anzeigen und TV-Spots pries Mercedes-Benz sein „starkes Stück Zukunft" an – die neue A-Klasse – eineinhalb Jahre vor Markteinführung im Herbst 1997. Noch nie hatte ein Unternehmen für ein neues Produkt so früh geworben.

Der Grund hierfür: Mercedes begab sich auf ein neues Gebiet, den Markt der Massenhersteller. Entwickelt wurde ein Auto, das kürzer, aber teurer als der Golf ist, ein Parkplatzwunder und zugleich sehr sicher ist. Es sollte der Marke mit dem Stern junge Einsteigerkunden bringen, eine Zielgruppe, die Mercedes bisher nicht anvisiert hatte. Diese sind rund acht Millionen Singles, junge Familien, Ehefrauen von Mercedes-, BMW- und Porschefahrern, ältere Ehepaare sowie Freiberufler, die über das „Statusdenken hinweg sind", so ein Mercedessprecher.

In der automobilen Oberklasse wurden die Wachstumsraten geringer, daher diese neue Strategie. Mit der Werbung müsse man den möglichen Kunden klarmachen, dass nicht noch ein Golf angeboten werde, sondern dass der kleine Benz den klassischen Vorstellungen von einem Mercedes entspricht. Schätzungsweise zehn Millionen Mark lies sich Mercedes die Einführungskampagne kosten. Ob der klassische Mercedes-Kunde, der im Durchschnitt über 50 Jahre ist, die Werbebotschaft annimmt, war die große Frage. Konservative bei Mercedes machten sich sogar um das Firmenimage Sorgen, das evtl. leiden könne. Hier müssten dann Image-Kampagnen eingesetzt werden. Um bei den hohen Ansprüchen preislich in etwa mit den Konkurrenten mithalten zu können, wurde das neue Werk in Rastatt auf höchste Produktivität getrimmt.

Mit der Marktforschung wurden nicht nur die Wünsche der Kunden, die Preisvorstellungen und mögliche Absatzchancen erforscht. So wurde die Produktionskapazität auf 300 000 Stück pro Jahr ausgelegt.

Noch früher als mit der Werbekampagne hat Mercedes mit „Salespromotion" begonnen, eine spezielle Verkäuferschulung. Viele Verkäufer von Mercedes waren im knallharten Wettbewerb der Massenhersteller ungeübt und ohne Hilfen überfordert. Aber wir werden es schaffen, gab man sich ein Jahr vor der Markteinführung bei Mercedes optimistisch.

nach: Stern, Nr. 24, 1996

?

- **Was ist Marketing?**
- **Warum gibt es Marketing?**
- **Welche Ziele werden mit Marketing verfolgt?**
- **Welche Instrumente stehen zur Verfügung?**

Informationen

Firmen, überlegen, wie sie im immer härter werdenden Wettbewerb bestehen können. Denn auch für deutsche Unternehmen ist der Wettbewerbsdruck inzwischen sehr hart geworden. Nur mit „made in Germany" lassen sich heute keine Produkte mehr verkaufen. Die Länder in der Europäischen Union und in der übrigen Welt rücken durch moderne und schnelle Transport- und Kommunikationsmöglichkeiten immer enger zusammen. Was vor wenigen Jahren noch nicht denkbar gewesen wäre, ist heute schon Selbstverständlichkeit. Die Länder in Osteuropa und der Dritten Welt bieten Arbeit zu niedrigsten Löhnen und Lohnnebenkosten. Indische Programmierer leisten online gute und preiswerte Arbeit für deutsche Firmen. Umweltschutz wird in vielen anderen Ländern klein geschrieben, was oftmals Kosten bei der Produktion oder bei Investitionen spart. Daher müssen die Unternehmungen global denken und handeln. Sie müssen strategisch geführt werden. Dabei kommt dem Marketing eine zentrale Rolle zu.

Doch was ist Marketing?

Vom Trabbi zum Golf

Wer kennt ihn nicht, den kleinen knatternden Zweitakter aus Zwickau? In Beige oder Babyblau belebte er die Straßen der früheren DDR, mit wenig PS, recht gemächlich, dafür etwas stinkend aus dem Auspuff, wenig Zubehör, die Karosse aus „Plaste", er war ein Renner, zwar nicht auf der Straße, aber in den Verkaufszahlen.

Lange mussten die damaligen Käufer auf ihn warten – er hatte viele Jahre Lieferzeit. Die westdeutschen PKWs, die an den Trabbis vorbeirasten, hatten erheblich mehr Extras, verschiedene Farben zur Auswahl, sie waren schneller, bequemer, sicherer und sie hatten längst nicht so lange Lieferzeiten wie die Trabbis – sie hatten aber einen Nachteil: Da sie immer weiterentwickelt wurden, hatten ihre Besitzer nach einer bestimmten Zeit ein altes Modell. Das konnte den Ostdeutschen nicht passieren – ihr Trabbi wurde über viele Jahre hin unverändert gebaut und auch gekauft …

Zu kleines Angebot bei zu großer Nachfrage

In der damaligen DDR (und in den Ostblockländern) gab es bis zur Wiedervereinigung einen **Verkäufermarkt.** Dieser, der auch in Westdeutschland etwa bis Ende der Fünfzigerjahre bestand, hat als Merkmal eine sehr große Nachfrage, die durch ein viel zu kleines Angebot nicht ausgeglichen ist. Durch diesen Nachfrageüberhang hat der Verkäufer die weit stärkere Marktposition. Hierbei liegen für Industriebetriebe die Probleme in den Bereichen Beschaffung, Produktion und Finanzierung während sich der Absatz völlig problemlos gestaltet.

4001222L

Nach der Wiedervereinigung wandelte sich in den neuen Bundesländern der Verkäufermarkt rasch in einen **Käufermarkt.** Hier hatten die Verbraucher nun die Auswahl aus einem Überangebot. Beschaffung und Produktion waren für die Unternehmen keine Engpässe mehr. Auf einmal stand der Käufer im Mittelpunkt, er war der König, er musste umworben werden, denn er hatte die Auswahl unter vielen Produkten, die alle immer wieder verbessert, den Kundenwünschen angepasst wurden. In den Sechzigerjahren mussten auch die westdeutschen Unternehmen weg von der Produktionsorientierung, hin zur Marktorientierung umdenken. Der Absatz war der Engpass und rückte in den Mittelpunkt.

Vom Wandel des Wandels ... oder: „Was ist Marketing?"

Der Wandel und die damit von den Betrieben geforderte Anpassung an die Marktveränderungen wurden immer schneller. Dabei gab es folgende Konzepte, hin zum modernen Marketing, die heute ganz oder in Teilen noch immer von Betrieben verfolgt werden:

- **Produktionskonzept:** Die Unternehmen versuchten gute Produkte zu einem angemessenen Preis auf dem Markt anzubieten, mit der Erkenntnis: „Gute Produkte verkaufen sich von selbst." Das Schwergewicht der Unternehmungsführung liegt hierbei auf einer optimalen Produktion.

- **Produktkonzept:** Die Produkte mit bester Qualität, Design, höchster Sicherheit usw. werden gekauft. Die Produkte müssen also laufend verbessert oder preiswerter werden.

- **Verkaufskonzept** oder auch das **„traditionelle Marketingkonzept"**: Die Produkte werden durch den Einsatz von Werbung, Verkaufsförderung, Public Relations, Kundendienst usw. verkauft. Gewinne werden mit einem möglichst großen Umsatzvolumen gemacht. Bedürfnisse müssen von den Konkurrenz- auf die eigenen Produkte umgeleitet oder ganz neu geweckt werden. Der Käufer soll im Sinne der Unternehmung denken und handeln.

- **Integriertes Marketingkonzept:** Hier wird von den Kunden, ihren Bedürfnissen, Wünschen, Lebensgewohnheiten, finanziellen Mitteln usw. ausgegangen.

  Eine nachhaltige Befriedigung der Bedürfnisse der Kunden und mögliche Zusatznutzen (Imagegewinn durch Markenprodukte) sollen die höchsten Gewinne bringen. Die marketingpolitischen Instrumente, vor allem Kommunikations-, aber auch Produkt- und Preispolitik, haben eine wichtige Bedeutung. Mit Marktforschung werden die benötigten Informationen vom Kunden ermittelt. Um so erfolgreich wie möglich zu sein, bedarf es dabei einer Integration von Marketing in das gesamte Unternehmenskonzept. Die betrieblichen Funktionen sind dabei eng miteinander verzahnt. Man spricht deshalb auch von einer **„strategischen Unternehmungsplanung"**.

- **Social Marketingkonzept.** Ein neuer Ansatz mit dem Ziel im Rahmen des Marketings das öffentliche Interesse miteinzubeziehen. Ökomarketing, Sponsoring von kulturellen, sportlichen, sozialen und anderen Bereichen von allgemeinem Interesse sind Bestandteile dieses neuen Weges. Ziel ist es, die Unternehmung als wichtigen Bestandteil der Gesellschaft darzustellen.

Mögliche Marketingziele:

Nur ein planvolles, zielgerichtetes Handeln wird langfristig am Markt erfolgreich sein. Die nachfolgenden möglichen Ziele des Marketings resultieren natürlich aus den für die Unternehmung gesetzten Gesamtzielen. Es können sein:

Marketingziele

quantitative Ziele	**qualitative Ziele**
– Umsatz steigern oder halten – Gewinn steigern oder halten – Wachstumsraten steigern oder halten – Marktanteile steigern oder verteidigen – Kosten halten oder senken – Marktführerschaft erlangen oder verteidigen	– Bekanntheitsgrad von Firma oder Produkten erhöhen – Image von der Firma oder den Produkten verbessern oder ändern – Corporate Identity (Firmenprofil) aufbauen – Vertrauen der Kunden gewinnen oder erhöhen – Qualität der Produkte verbessern – Zuverlässigkeit erhöhen

Marketingkonzeption

In der Marketingstrategie wird festgelegt, wie sich die Unternehmung langfristig verhalten und damit ihre Ziele erreichen will. Natürlich sind die Strategien von Unternehmung zu Unternehmung verschieden. Drei bekannte Marketingkonzeptionen, die Wachstums-, Marktsegmentierungs- und die Wettbewerbsstrategie sollen nachfolgend in ihren wesentlichen Elementen dargestellt werden.

Wachstumsstrategie

In vielen Unternehmungen steht „Wachstum" an oberster Stelle der Zielformulierungen. Ein wachsendes Unternehmen gilt oftmals als erfolgreich, gut geführt und kreditwürdig. Produkte mit gutem Wachstum sind die „Stars" in der Portfolioanalyse (siehe S. 238). Marktwachstum lässt sich mit der Z-Strategie (Z = Zukunft) in einer Produkt-Markt-Matrix beschreiben.

Marktsituation Produktsituation	bestehender Markt	neuer Markt
bestehendes Produkt	Marktdurchdringung	Marktentwicklung
neues Produkt	Produktentwicklung	Diversifikation

Eine **Marktdurchdringung (Penetration)** mit den vorhandenen Produkten kann durch eine Erhöhung der Verbrauchs- oder Verwendungshäufigkeit bei den Kunden erreicht werden. Möglich wäre auch ein Abzug von Kunden von der Konkurrenz oder eine Gewinnung von Neukunden.

Beispiel

Eine Fertigbackmischung kann durch bessere Werbung bei den Bäckern auch für neue Gebäckteile verwendet werden. Es können weitere Bäcker als Kunden gewonnen werden, die bisher keine Fertigbackmischung oder das Produkt der Konkurrenz verwendet haben.

Mit der **Marktentwicklung** werden für die bestehenden Produkte neue Märkte erschlossen.

Beispiel

Die Backmischung könnte auch für Hausfrauen oder im Ausland den Bäckern oder Verbrauchern angeboten werden.

4001224L

Ziel der **Produktentwicklung und -innovation** ist es, neue Produkte für bestehende Märkte zu entwickeln, neue Marktlücken zu entdecken oder bestehende Produkte durch Variationen und Modifikationen zu verändern bzw. neuen Trends anzupassen oder damit selbst neue Trends zu setzen. In jedem Falle erfolgt mit der **Produktdifferenzierung** eine Einstellung auf die Wünsche der Verbraucher.

Beispiel

Die Backmischung wird fett-, d.h. cholesterinärmer hergestellt. Daneben werden Backmischungen in verschiedenen Geschmacksrichtungen angeboten.

Im Rahmen der **Diversifikation** werden völlig neue Produkte für neue Märkte aufgenommen (siehe hierzu S. 240). Sie stehen mit dem bisherigen Programm in keinerlei Verbindung.

Marktsegmentierungsstrategie

Der Markt ist keine homogene Einheit, sondern besteht aus zahlreichen Individuen, die sich hinsichtlich Alter, Wohnort, Einkommen, Beruf, sozialer Stellung, Familienstand, Prestigedenken, Kauf-, Verbrauchs- und Lebensgewohnheiten usw. unterscheiden. Daher wird versucht, den Markt so aufzuteilen, dass möglichst homogene (gleichartige) Käuferschichten in Gruppen zusammengefasst werden. Diese können dann zielgerichteter angesprochen werden. Ihre Bedürfnisse und Wünsche können in der Produktentwicklung, im Vertrieb und in der Werbung besser berücksichtigt werden.

Beispiel

Ein Kosmetikhersteller bietet folgende Produktlinien an: A „für die Frau über 30" – preiswert, B für die gleiche Altersgruppe, aber hochpreisig, C für junge Frauen sowie D für Männer. Für Umweltbewusste wird zusätzlich die Serie E auf der Basis von Bienenwachs angeboten.

Wettbewerbsstrategie

Drei Möglichkeiten stehen zur Auswahl:

- **Strategie der Kostenführerschaft:** Ziel ist es, mit niedrigeren Kosten als die Wettbewerber zu produzieren und die Produkte preislich niedrig anzubieten. Hohe Produktivität, Massenproduktion, Kosteneinsparungen in allen Funktionen sind Voraussetzungen. Mit modernen Methoden wie just-in-time, lean management, aber auch der Produktionsverlagerung in Billiglohnländer versucht man diesem Ziel näher zu kommen.
- **Strategie der Differenzierung:** Es wird versucht die eigenen Produkte von denen der Konkurrenz positiv abzuheben. Der Kunde erhält durch das zusätzliche Produktimage einen Zusatznutzen. Beispiele sind hochpreisige Markenbekleidung, Sportschuhe und viele andere Produkte.
- **Strategie der Konzentration:** Hier konzentriert sich der Hersteller auf eine begrenzte Zahl von Kunden oder Produkten. In vielen Unternehmungen wird diese Strategie als Mischform angewendet. Alle Kunden werden zwar bedient, besonders wichtige Großkunden erfahren eine bevorzugte Behandlung. Mitarbeiter, die speziell für diese wichtigen Kunden zuständig sind, nennt man **„Key-Account-Manager"**.

Werkzeuge des Unternehmers – die Marketinginstrumente

Im integrierten Marketing sind die Funktionen in das Betriebsganze integriert und voneinander abhängig. Dies gilt auch für den Einsatz der Marketinginstrumente. Die einzelnen Instrumente sind so miteinander verzahnt, dass sie nur aufeinander abgestimmt optimal wirken können. Wie bei einem Puzzle passen die einzelnen Teile genau ineinander. Zusammen ergeben sie ein Bild von der Unternehmung nach außen und können erfolgreich eingesetzt werden. Der aufeinander abgestimmte Einsatz der Instrumente mit dem Ziel einer Einflussnahme auf den Markt, wird als „Marketingmix" bezeichnet.

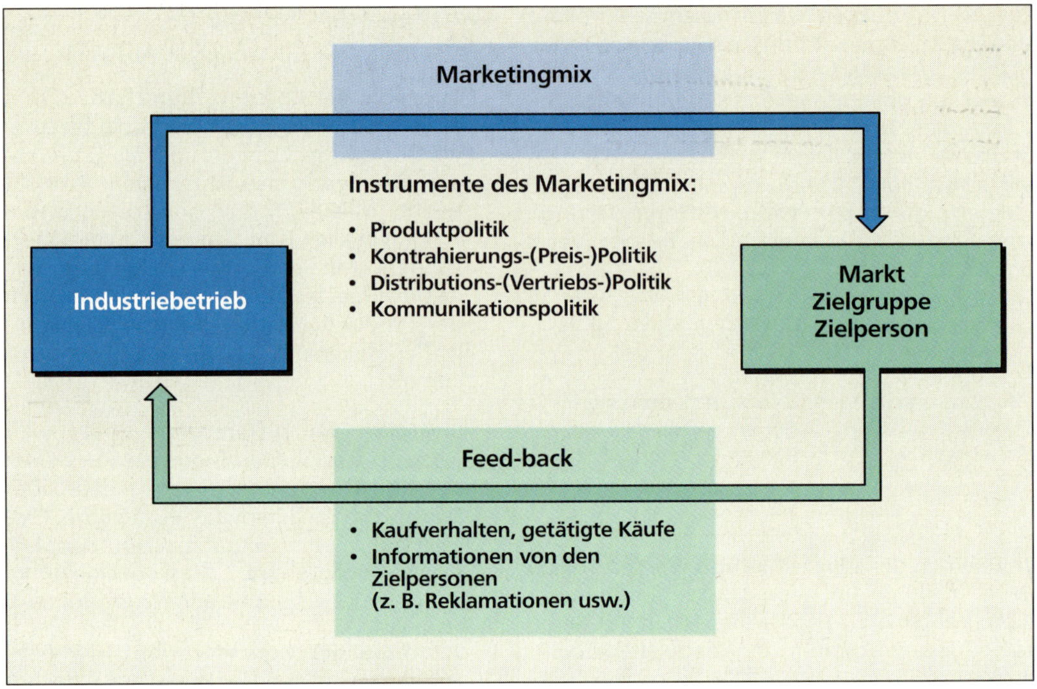

Die Kombination der Marketinginstrumente zum **Marketingmix** ist abhängig von verschiedenen Faktoren. Die wichtigsten sind:

- Art der Unternehmung
- Art der Produkte
- Konkurrenzsituation
- Größe der Unternehmung
- Kapitalkraft der Unternehmung
- Zielsetzung der Unternehmung

Aggressive Marketingziele, wie z.B. die Eroberung eines neuen Marktes, die Verdrängung eines Wettbewerbers oder die Erhöhung seines Marktanteils, verlangen ein anderes Marketingmix als defensive Ziele, wie z.B. das Halten eines bestimmten Marktanteils.

Der Marktanteil als Messlatte für den Marketingerfolg

Neben dem tatsächlichen Umsatz in DM werden Marketingaktivitäten und Zielvorgaben oftmals mit Marktanteilen angegeben. Dazu folgendes Beispiel zur Ermittlung des Marktanteils für ein Tönungsshampoo (TS) speziell für junge Damen:

- Marktpotenzial: alle Frauen zwischen 16 und 38 Jahren = 20 Millionen.
- Marktvolumen: alle Verkäufe von Tönungsshampoos der eigenen Unternehmung und der Konkurrenz = 10 Millionen.
- Absatzpotenzial: bisheriges eigenes Absatzvolumen plus mögliche Anteile, die von der Konkurrenz abgezogen werden könnten, plus evtl. neue Kundinnen, die bisher noch kein Tönungsshampoo gekauft hatten = 2 Millionen.
- Absatzvolumen: bisher erzielter Absatz in DM oder Stück, Liter o. Ä. der eigenen Unternehmung: 1,2 Millionen.

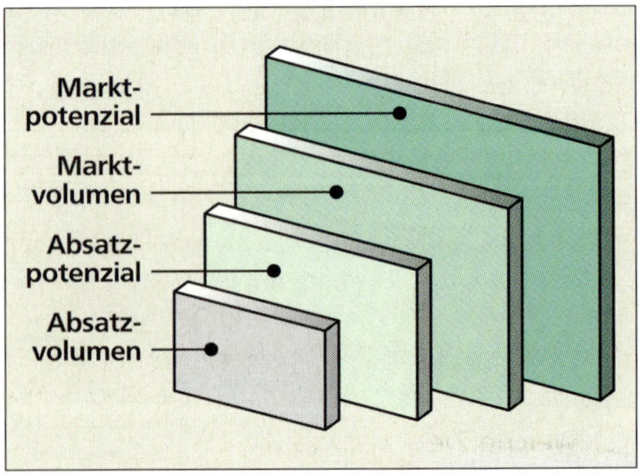

Arbeitsvorschlag:

1. Worin unterscheidet sich der Begriff Marketing vom herkömmlichen Absatzbegriff?

   Verdeutlichen Sie den Unterschied auch, indem Sie die nebenstehende Darstellung heranziehen und hieran beispielhaft den Marketingbegriff deutlich machen.
2. Unterscheiden Sie den Verkäufer- von dem Käufermarkt. Nennen Sie Gebiete, Ereignisse oder Bereiche, in denen auch heute noch Verkäufermärkte be- oder entstehen. Zeigen Sie mögliche Auswirkungen für die Verbraucher und die Verkäufer.
3. Wodurch zeichnen sich Wettbewerbsstrategien aus? Versuchen Sie aus Ihrem Ausbildungsbetrieb oder dem persönlichen Erfahrungsbereich Beispiele dafür zu finden und das unternehmerische Verhalten zu begründen.
4. Zeigen Sie mögliche Ziele auf, die Mercedes durch das Marketingkonzept bei der Einführung der A-Klasse verfolgte.
5. Was sind Marktsegmente und welche Segmentierungsstrategien unterscheidet man hier?
6. Welche Möglichkeiten gibt es, den Marktanteil bzw. den Sättigungsgrad eines Marktes festzustellen?

Betriebliche Entscheidungssituation
Analysieren – informieren – diskutieren – entscheiden

Das Marktpotenzial für das gesalzene Knabbergebäck liegt bei ca. 1 Milliarde DM. Der gesamte Umsatz für Salzstangen lag im vergangenen Jahr bei 50 Millionen DM. Die Firma Oltje AG ist die Edel-(Premium-)Marke in diesem Markt. Sie hatte einen Umsatz von 12 Millionen DM. Im vergangenen Jahr sank dieser aber um 10 Prozent. Eine Marktforschungsstudie ergab, dass dieser Rückgang durch den Anstieg der Marktanteile von Handelsmarken dreier großer Ketten zurückzuführen war. Diese Salzstangen wurden von ausländischen Billiganbietern hergestellt.

a) Wie groß sind die Marktvolumen, das Absatzpotenzial, das Absatzvolumen und der vor- und diesjährige Marktanteil der Oltje?

b) Die Oltje AG will mit einer entsprechenden Marketingstrategie die Umsatzeinbußen wettmachen. Welches Marketingkonzept empfehlen Sie?

c) Welche Ziele könnte die Oltje AG formulieren?

1.2 Methoden der Marktuntersuchung

Situation

Dem Markenschicksal auf der Spur

Die Konsumenten werden immer unberechenbarer. Trendforscher versuchen im Auftrag der Industrie dem geänderten Verhalten auf die Spur zu kommen.

HAMBURG ▪ Auf dem Bildschirm erscheint Markus in seiner Studentenwohnung. Er greift ins Regal, nimmt Milch aus dem Kühlschrank und mischt sich ein Biomüsli zusammen. Schnitt. Die nächste Szene zeigt Markus in einem Supermarkt, er packt fünf oder sechs Cola-Dosen in den Einkaufswagen, kauft Hackfleisch und Wurst an der Metzgertheke. Schnitt. Die Kamera verfolgt Markus auf dem Weg ins Schnellrestaurant. Er bestellt einen Hamburger, Pommes und Cola. Schnitt.

Ungewöhnliche Methoden

Die Szene aus dem Leben von Markus sind von der Gesellschaft für Innovative Marktforschung (GIM) gedreht worden ... Mit ungewöhnlichen Methoden untersuchen Marktforscher die Bedürfnisse, die die Menschen und Verbraucher bewegen. Tagelang begleiten sie Testpersonen mit der Kamera, lassen sie eigene Drehbücher aus ihrem Leben schreiben und bitten sie am Ende sogar auf die Couch.

...

Wertewandel

„Hinter jedem Produkt stecken ganz spezielle Images", versichert Harry Riether. Namen bekannter Markenprodukte seien über ihre Werbebotschaften emotional angereichert und erführen ein eigenes Markenschicksal. Dieses Schicksal ändert sich mit dem Wertewandel in der Gesellschaft. So mag der Begriff „ultra" als Werbesynonym für Karriere, Erfolgsstreben und Funktionieren in den 80er-Jahren viele Menschen angesprochen haben. Aber die 90er?

Trendforscher versuchen genau das herauszufinden – im Auftrag von Industrie und Handel. Denn die Unternehmen wollen heute wissen, ob das Image einer Zigarettenmarke bis ins Jahr 2000 trägt oder Geländewagen auch 1999 noch Verkaufschancen haben.

...

Strategen irritiert

Dass jemand aus dem Aufsteigermilieu eher eine prestigeträchtige Limousine als untere Mittelklasse fährt, leuchtet jedem ein. Heute kommt es aber immer öfter vor, dass ein Besserverdienender mittags beim Discount-Supermarkt einkauft, abends im Schnellrestaurant einen Hamburger verzehrt und kurz darauf in die Oper geht. Das passt in keine Kategorie mehr und hat die Marktstrategen irritiert. Die Konsumenten sind eben weitgehend unberechenbar geworden.

Ist das der Grund, warum so manche Vorhersagen über Konsumtrends ins Leere gehen? Man muss die Nase halt immer im Wind haben, um zu wissen, welche Images und Stile, Moden und Designs morgen gefragt sein könnten.

aus: HNA, vom 17. Sept. 95

?

- **Was stellen Sie sich unter Marktforschung vor?**
- **Wie werden die Daten vom Markt erhoben?**
- **Welche Methoden werden angewendet?**
- **Welche Entscheidungshilfen kann die Marktforschung geben?**

4001228L

Informationen

Damit's kein Flop wird. Die Märkte in Industrieländern werden immer gesättigter, die Käufer immer anspruchsvoller. So müssen die Produkte immer genauer auf die Bedürfnisse und Wünsche der Kunden abgestimmt werden. Trends müssen frühzeitig erkannt und als Basis der Unternehmensstrategie verarbeitet werden. Ohne diese fundierten Kenntnisse wäre es kaum möglich, das Design von Produkten schon im Voraus zu planen und erfolgreiche Produkte von morgen zu entwickeln. So wurde vor einigen Jahren z.B. erkannt, dass auch die Billiguhr als modischer Trendartikel von den Kunden angenommen wird. Es war die Geburtsstunde der Swatch, die ihren Siegeszug rund um die Welt antrat und zahlreiche Nachahmer fand.

Doch wie erfährt man die geheimen Wünsche, Kaufmotive, Träume der Kunden? Woher weiß man, wie viel Menschen zu einer Zielgruppe gehören und über wie viel Kaufkraft eine bestimmte Zielgruppe verfügt?

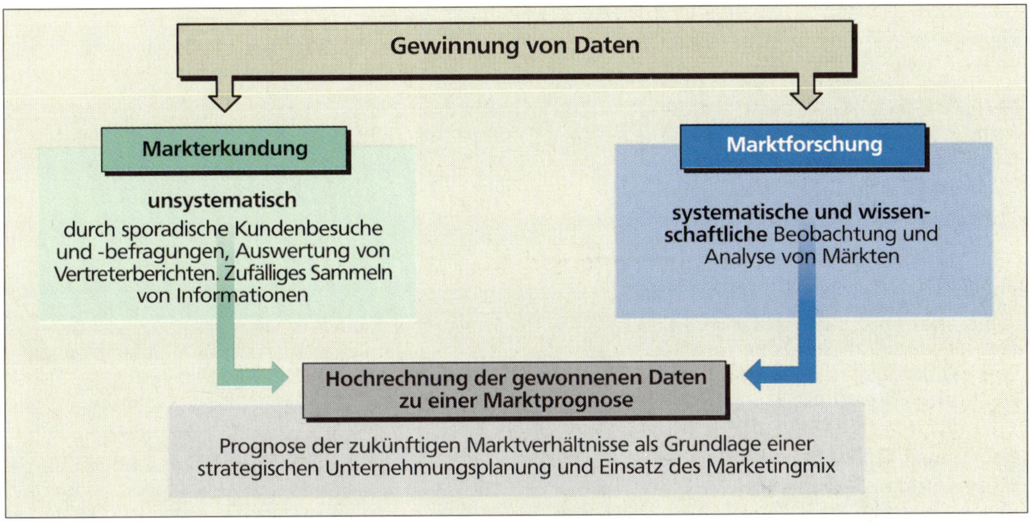

Arten der Marktforschung

Die zufällig gewonnenen Daten sind oftmals zu ungenau als Basis für Marketingentscheidungen. Die Marktforschung im eigenen Unternehmen oder spezielle Marktforschungsinstitute versorgen die Entscheidungsträger mit den benötigten Informationen über Märkte, Kunden, Wettbewerber, Produkte, Verbraucherverhalten usw. Dies geschieht mit folgenden Arten der Marktforschung:

Unterscheidung nach

dem Gegenstand der Marktforschung

Ökoskopische Markforschung

Sie ist sach- oder objektbezogen. Untersucht werden der Markt, die Marktstruktur und seine Produkte. Ermittelt werden Informationen über die Unternehmung und deren Produkte sowie diejenigen der Konkurrenz. Marktanteile, Preisniveau, Image, Bekanntheitsgrad usw. interessieren.

Demoskopische Marktforschung

Hier werden die Nachfrager, deren Verhaltensweisen und Einstellungen, die Reaktionen auf Marketingmaßnahmen erforscht. Aber auch Merkmale, wie Beruf, Alter, Einkommen, sozialer Status, Haushaltsgrößen, sowie das Kaufverhalten, Kaufmotive, Lebensgewohnheiten usw. der Zielgruppe interessieren.

Unterscheidung nach der Erhebungsart von Daten

Sekundärforschung

Mit ihr werden Informationen aus bereits vorhandenen Materialien und Veröffentlichungen gewonnen. Da diese Arbeit hautptsächlich am Schreibtisch erfolgt, nennt man sie auch **„Desk-Research"** oder **„Tischforschung"**. Innerbetriebliche Informationsquellen, wie Absatzstatistiken, Berichte von Außendienstmitarbeitern, Reklamationen, Kostenrechnung, Statistiken u.a., werden ausgewertet. Es können aber auch außerbetriebliche Materialien analysiert werden, z.B. Statistische Jahrbücher, Berichte von Kammern und Verbänden, Fachzeitschriften, Veröffentlichungen oder Prospekte der Konkurrenz, Testberichte, Offline-, Online- oder CD-ROM-Datenbanken u.a.

Primärforschung

Mit ihr werden die benötigten Daten erst auf dem Markt erhoben. Sie wird daher auch als **„Field-Research"** oder **„Feldforschung** bezeichnet. Die Methoden der Primärforschung sind meist aufwendiger und kostenintensiver als die Sekundärforschung. Entscheidend ist, dass die erhobenen Daten auch einen Aussagewert für den Erhebungszweck, d.h. die jeweilige betriebliche Problemstellung haben.

Unterscheidung nach dem zeitlichen Einsatz der Marktforschung

Marktanalyse

Mit ihr werden die Marktverhältnisse zu einem bestimmten Zeitpunkt oder zu bestimmten Zeitpunkten in Intervallen untersucht (zeitpunktbezogen).

Erforschung der Marktstruktur:

- Bedarfsuntersuchung
- Kaufkraft
- Versorgungsgrad mit bestimmten Produkten
- Beurteilung der Erzeugnisse
- geschmackliches Empfinden
- Konsum- u. Kaufgewohnheiten
- Wettbewerbssituation

u.a.

Marktbeobachtung

Hier werden die Daten über einen längeren Zeitraum hinweg vom Markt erhoben (zeitraumbezogen).

Erfassung laufender Veränderungen der Marktfaktoren:

- Mode- und Geschmacksänderungen
- saisonale Schwankungen
- konjunkturelle Schwankungen
- Reaktion auf neue Produkte
- Reaktion auf Marketingmaßnahmen der Konkurrenz

u.a.

Methoden der Datenerhebung in der Primärforschung

Ist die zu untersuchende Zielgruppe relativ klein, dann kann eine Vollerhebung durchgeführt werden. In diesem Falle werden alle Mitglieder der Zielgruppe befragt.

Beispiel

Der Hersteller einer Software für spezielle Herzoperationen befragt alle Spezialkliniken in Deutschland.

Eine große Zielgruppe kann aus Kostengründen natürlich nicht komplett befragt werden. Daher wird aus der großen Masse eine kleine Teilmasse (Stichprobe) gebildet, welche die gleichen Merkmale aufweist, wie die Gesamtmasse.

Um diese Teilmasse mittels statistischer Verfahren bilden zu können, müssen jedoch genaue Informationen über die Zusammensetzung der Gesamtmasse vorliegen. Diese

Strukturmerkmale (wie z.B. Geschlecht, Alter, Beruf, Einkommen, Wohnsitz, Anzahl und Alter der Kinder usw.) werden in der Regel öffentlichen Statistiken entnommen.

Stimmen die ausgewählten Strukturmerkmale von Teil- und Gesamtmasse überein, so liegt eine **repräsentative Teilmasse** vor. Die von ihr gewonnenen Informationen können dann auf die Gesamtmasse hochgerechnet werden (= Quotaverfahren).

Eine nicht so hohe Übereinstimmung der Merkmale der Stichprobe und der Gesamtmasse erreicht man durch die **Zufallsauswahl** (Randomverfahren). Hier wird z.B. jeder 500. Fernsprechteilnehmer ausgewählt und befragt.

Die Marktforschung bedient sich der folgenden Methoden zur Informationsgewinnung aus der Teilmasse:

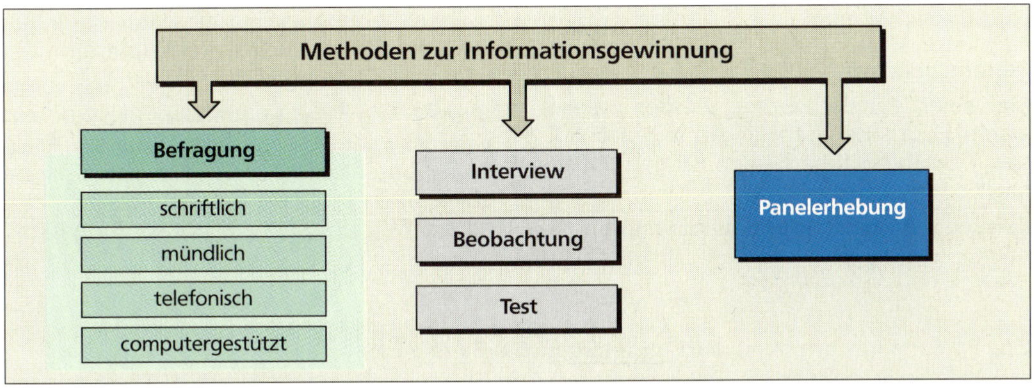

Befragung

Bei der **schriftlichen Befragung** werden den ausgewählten Personen Fragebögen zugeschickt, die von diesen beantwortet und zurückgeschickt werden müssen. Obwohl den Befragten Anreize durch Verlosungen, Preisausschreiben oder kleine Geschenke zur Bearbeitung des Fragebogens gegeben werden, ist die Rücklaufquote erfahrungsgemäß gering. Es kommen daneben i.d.R. mehr ausgefüllte Fragebögen von Personen zurück, die über genügend Freizeit verfügen (z.B. Rentner). Um zu gewährleisten, dass die Teilmasse noch repräsentativ ist, müssen evtl. Fragebögen von solchen Personen aussortiert werden. Dennoch wird diese Methode oft angewandt, da sie relativ billig ist.

Bei der **mündlichen Befragung** wird ebenfalls mit Fragebögen gearbeitet. Diese werden jedoch nicht verschickt, sondern von einem Interviewer beim Befragten ausgefüllt. Hier ist die Gefahr einer niedrigen Rücklaufquote geringer. Allerdings kann der Interviewer den Befragten beeinflussen. Dies führt, genau wie bei einem fehlerhaften Interview, zu falschen Ergebnissen. Daher werden die Interviewer stichprobenartig überprüft und Kontrollfragen in den Fragebogen eingebaut.

Die **telefonische Befragung** kann relativ billig und schnell durchgeführt werden.

Die **computergestützte Befragung** gewinnt zunehmend an Bedeutung. Online werden hier Befragungen im Internet durchgeführt.

Interview

Bei einem freien Interview werden dem Interviewer lediglich die benötigten Informationen genannt. Da er über keine vorformulierten Fragen verfügt, muss er diese Informationen in einem freien Gespräch ermitteln.

Diese Methode stellt größere Anforderungen an den Interviewer und an die Auswerter, ist jedoch informativer als eine Befragung.

Beobachtung

Hier wird das Verhalten der Verbraucher festgestellt. In der **„Feldbeobachtung"** werden Personen ohne deren Wissen beim Einkauf beobachtet (z.B. mit Kameras im Supermarkt). Bei der **„Laboratoriumsbeobachtung"** werden Konsumenten mit künstlich geschaffenen Bedingungen konfrontiert (z.B. Beobachtung verschiedenartiger Bedienungsmöglichkeiten von Elektrogeräten).

Test

Es werden Testpersonen verschiedener Produkte zur Beurteilung vorgelegt. So wird z.B. das gleiche Waschmittel verschieden gefärbt. Der Kunde soll dann ausprobieren, welches Waschmittel seiner Meinung nach am besten ist. Hierdurch wird man die von Kunden bevorzugte Färbung von Waschmitteln ermitteln. Neben diesen **Produkttests** versucht man mit Preistests Hilfen für die Preisgestaltung, vor allem für neu einzuführende Produkte, zu erhalten.

Panelerhebung

Mit einer Panelerhebung werden ausgewählte Haushalte oder Händler in regelmäßigen Abständen über einen längeren Zeitraum befragt.

Bei einem **Haushaltspanel** wird von den Befragten ein Buch geführt, in dem alle Käufe eingetragen werden. Es kann festgestellt werden, welche Käuferschichten die jeweiligen Produkte kaufen. Daneben kann der Wechsel zu anderen Produkten, z.B. aufgrund von Werbekampagnen oder Neueinführungen, sichtbar gemacht werden.

Bei einem **Händlerpanel** wird in einem Rhythmus von 61 Tagen eine Liste der verkauften Produkte erstellt. Anhand der erzielten Umsätze können die Zielgebiete der jeweiligen Produkte ermittelt werden (z.B. hoher Umsatz in ländlich strukturiertem Gebiet).

Mithilfe von **Werbepanels** werden die Verhaltensweisen von Haushalten auf Werbeaktionen untersucht. Das GfK-**Fernsehzuschauer-Panel** ermittelt die Einschaltquoten – eine für die Werbeplanung wichtige Information.

Eine Primärmarktforschung läuft nach folgendem Zeitplan ab:

Problem	Erklärung
Informationsbedürfnis	Welche Daten werden benötigt?
Partner	Welches Institut soll beauftragt werden? – Unter Umständen Einholen von Angeboten.
Zielgruppenermittlung	Welche Zielgruppe(en) soll(en) befragt werden?
Fehler-/Kostenanalyse	Wie hoch soll die Genauigkeit sein? Je genauer die Daten, desto mehr Personen müssen in der Stichprobenmenge sein, desto teurer wird die Marktforschung.
Erhebungsmethoden	Befragung, Interview, Beobachtung, Test, Panel
Ausarbeitung der jeweiligen Erhebungsmethode	Art der Fragen, Aufbau des Fragebogens, Ort des Tests, Beobachtung usw.
Field-Research	Ermittlung der Daten am Markt
Controlling	Überwachung und Kontrolle der Markterhebung (Rücklauf, Interviewerfehler u.a.) – evtl. zusätzliche Befragungen o.Ä.
Aufbereitung	Sammeln, Aufbereitung der Ergebnisse, evtl. Annullierung bei Falschantworten u.a.
Auswertung	Auswerten der Ergebnisse, Hochrechnung auf die Gesamtmasse und Empfehlung

4001232L

Das kosten die Leistungen der Marktforschungsinstitute

Marktforschungsinstitute helfen auch bei der Erschließung neuer Marktsegmente oder beim Erfolgstest der eigenen Werbung. Die Kosten für solche Leistungen werden nach dem Aufwand bemessen. Mit solchen Preisen ist ungefähr zu rechnen:

- Etwa 350 bis 950 DM für Datenbankrecherchen. Eine einfache Adressenauskunft gibt es aber schon für 5,00 DM.
- Ab 650 DM können Sie Fragen für ein Telefoninterview schalten.
- 1.500 bis 9.000 DM kostet die Teilnahme an einer Omnibusumfrage (Mehr-Themen-Umfragen, Ergebnisse nach vier bis fünf Wochen). Ab einer bestimmten Anzahl Fragen gibt es Rabatt.
- 1.500 bis 50.000 DM muss man für die fertigen Publikationen der Marktforschungsinstitute zahlen.
- 35.000 bis 45.000 DM kosten Werbetests in einem Studio mit anschließendem Test der Durchsetzungskraft Ihrer Werbung.

Weitere Informationen: Arbeitskreis Deutscher Marktforschungsinstitute e. V., Mölln, Telefon (04542) 8010, Telefax (04542) 801201.

aus: Wirtschaft Nordhessen, Mitgliederzeitung der IHK, 11/96, S. 18

Aufgaben der Marktforschung

Obwohl die Marktforschung auch für die anderen Funktionen, wie z.B. Beschaffung, Finanzierung, Personalwesen, eingesetzt werden kann, ist ihr Schwerpunkt eindeutig im Marketingbereich zu sehen. Hier hat sie zahlreiche Aufgaben; die wichtigsten sind:

Beobachtung und Analyse der Zielgruppen

Neben dem Aufspüren von Trends, d.h. dem Verhalten der Konsumenten, kann die Marktforschung dem Industriebetrieb auch über die Größe der Zielgruppe, deren Kaufkraft und Kaufmotive, das Verbraucherverhalten und die Beurteilung der Produkte Auskunft geben.

Wettbewerberbeobachtung und Konkurrenzanalyse mithilfe der Marktforschung

Mit der Marktforschung werden ermittelt:

Forschung und Entwicklung

- An welchen Problemen arbeitet die Konkurrenz?
- Welche produktpolitischen Maßnahmen sind geplant?

Beschaffung

- Wo und welche Qualitäten kaufen die Wettbewerber ein?
- Welche Preise, Rabatte und Lieferungs- u. Zahlungsbedingungen erhalten sie?

Produktion

- Welche Produktionsmethoden werden angewendet?
- Welche Patente, Methoden zur Kostenersparnis usw. werden eingesetzt?

Marketing und Vertrieb

- Welche Marktnischen nutzt der Konkurrent?
- Welche Vorteile und Nachteile haben die Produkte der Wettbewerber?
- Wie werden die Produkte, der Service und der Name des Wettbewerbers von den Kunden beurteilt?
- Welche Preise und Konditionen erhalten die Absatzmittler bei der Konkurrenz?
- Welche Kommunikationsmittel setzt der Wettbewerber ein?
- Wie hoch wird der Werbeetat der Konkurrenz eingeschätzt?
- Wie hoch wirken sich geplante oder laufende Werbeaktionen auf die eigenen Produkte aus?

Zahlreiche weitere Fragen sind möglich.

Hilfe für den Einsatz und Kontrolle von Marketinginstrumenten

Die Marktforschung liefert für die Entwicklung eines neuen Produkts dessen Namensgebung, die Veränderung bestehender Produkte, die Preisgestaltung, den von den Kunden gewünschten Service, den Vertriebsweg und für geplante Werbeaktionen wichtige Informationen, Meinungen und Motive der Kunden.

Daneben kann mit dem Instrumentarium der Marktforschung auch die Wirksamkeit der geplanten und bereits eingesetzten Marketinginstrumente getestet und laufend kontrolliert werden.

Arbeitsvorschlag:

1. Erklären Sie, warum die Trendforschung für Industrieunternehmen so wichtig ist.
2. Grenzen Sie Marktforschung von der Marktbeobachtung voneinander ab und überlegen Sie, zu welcher Art die in der Situation auf S. 228 beschriebene „Trendforschung" zählt.
3. Unterscheiden Sie zwischen Sekundärforschung und Primärforschung. Ordnen Sie die beschriebene Trendforschung zu und nennen Sie mögliche weitere Beispiele der Informationsbeschaffung für Sekundärforschung.
4. Begründen Sie, ob Panels zur Marktanalyse oder zur Marktbeobachtung zählen.
5. Ein Lebensmittelkonzern plant eine Palette von Light-Fertiggerichten für berufstätige Singles. Checken Sie die einzelnen Methoden zur Informationsgewinnung mit ihren Vor- und Nachteilen ab.

2 Die Anpassung eines bestehenden Absatzprogramms an Marktveränderungen bzw. die aktive Beeinflussung oder Erweiterung von Märkten planen und durchführen

Situation

Haßloch: Neue Produkte im Test

Frühwarnsystem für die Industrie

In der 19 000-Einwohner-Stadt Haßloch in der Pfalz zwischen Rhein und Wein scheint Ruhe die erste Bürgerpflicht zu sein ... Eine Gemeinde ohne Ecken und Kanten. Westdeutscher Durchschnitt, in der Tat: Ein Haßlocher Haushalt ist mit der Durchschnittsgröße von 2,7 Personen repräsentativ für deutsche Haushalte. Mit 2.625 Mark netto im Monat steht der Haßlocher Familie genauso viel Geld zur Verfügung wie dem Durchschnittshaushalt, und auch die Kaufkraft ist gleich hoch. Und dennoch – oder vielleicht gerade darum – hat Haßloch etwas Einmaliges: Die Haßlocher sorgen dafür, ob neue Produkte – von der Seife bis zum Saft – auf den deutschen Markt kommen oder nicht. In den Regalen der Supermärkte stehen neue Produkte, lange bevor es sie im übrigen Deutschland gibt. Haßloch – der Testmarkt für das Konsumverhalten der Deutschen.

...

Auf jeden Fall ist man in Haßloch dem Traum der Werbewirtschaft vom gläsernen Konsumenten ein ganzes Stück näher gekommen – und das mit modernster, millionenschwerer Technik.

Die ganze Sache funktioniert, einfach gesagt, so: Von den 9500 Haßlocher Haushalten machen 3000 mit. 2000 von ihnen haben neben dem normalen Kabelanschluss eine kleine Zusatzbox. Dieses kleine Wunderwerk der Technik ermöglicht es, dass die „normalen" Werbespots in ARD, ZDF, RTL-plus und SAT1 durch andere, die neue Produkte anpreisen, ersetzt werden können.

Diese Spots werden von der GfK ins Kabelnetz eingespeist. Wenn für den normalen deutschen Fernsehkonsumenten für Peugeot, Pampers oder Pril geworben wird, bekommen die Haßlocher also Exklusives geliefert. Etwa wird für die neueste Schokolade mit der lila Kuh Reklame gemacht, für die absolut umweltgerechten Filtertüten oder den frischesten Orangensaft, der noch die Zähne stärkt.

Wichtig dabei: Kein Haßlocher merkt es bewusst, dass für ihn andere Werbespots laufen. Die Mainzelmänner toben weiter zwischen den Spots über den Bildschirm, die Tagesschau kommt pünktlich um acht.

Außerdem bekommt jeder Haßlocher Testhaushalt noch drei Zeitschriften umsonst ins Haus geliefert: TV Hören und Sehen, Tina und die Bunte. Und auch in ihnen sind spezielle Anzeigen für die neuen Produkte enthalten. Familie Schmidt hat also fleißig Fernsehen geguckt und die Zeitschriften studiert. Nächsten Morgen gehts dann zu toom oder in den Penny-Markt. Großeinkauf steht an.

Frau Schmidt greift zum biologisch abbaubauren Waschmittel, ihr Mann zum Whisky, Junior zum Schokoriegel. Der Einkaufskorb füllt sich. An der Kasse zücken die Schmidts zunächst eine Art Eurochequekarte: Eine Identifikationskarte der Gesellschaft für Konsumforschung, die sie als Testfamilie ausweist.

Doch die Karte kann noch mehr: Gelesen vom Scanner an der Kasse, wird so automatisch der Einkauf registriert. Die Marktforscher wissen nun ganz genau, was Familie Müller eingekauft hat und ob darunter auch die neuen Produkte sind. Unter anderem vielleicht das Waschmittel, das es eigentlich noch gar nicht gibt. Damit ist es für den Produzenten leicht, Rückschlüsse zu ziehen. „Läuft" der Artikel in Haßloch, wird er auch in Kiel oder Kassel Käufer finden. Wird die Ware in der Pfalz verschmäht, kommt sie auch in Bonn oder Berlin nicht in die Regale.

Heinrich Litzenroth spricht so von einem „Frühwarnsystem" für die Industrie, von einer Begrenzung des Risikos, das schließlich den Firmen auch viel Geld spare: „Von 1000 neuen Produkten, die auf den Markt kommen, scheitern 850." Und ehe man Millionen von Artikeln auf den bundesdeutschen Markt schüttet, reichen auch ein paar tausend für Haßloch.

Auszug aus: HNA, vom 10. Febr. 1991

?

- **Welche Aufgaben hat ein Testmarkt?**
- **Wie entsteht ein Produkt und welche Risiken bergen Innovationen?**
- **Welche produktionsprogrammpolitischen Alternativen können eingesetzt werden?**

Informationen

2.1 Das Produktionsprogramm einer Unternehmung …

- … kann sehr schmal sein, wenn diese nur ein Produkt herstellt. Je mehr Produktlinien (jeweils andere eigenständige Produkte) produziert werden, desto breiter wird ihr Produktionsprogramm.
- … kann generell sehr flach sein, dann wird in einer Produktlinie nur eine Variante (Farbe, Größe o. Ä.) produziert. Mit jeder hinzukommenden Größe, Form, Farbe technischer Variante, Ausführung in verschiedenen Materialien usw. wird das Produktionsprogramm tiefer.

flach ↑ Produktions-programm ↓ tief	schmal ← Produktionsprogramm → breit				
	Produktlinie 1	Produktlinie 2	Produktlinie 3	Produktlinie 4	Produktlinie 5
	1 A 1 B 1 C 1 D 1 E	2 A 2 B 2 C	3 A	4 A 4 B 4 C	5 A 5 B 5 C 5 D

Aus den jeweiligen Marktsituationen (Informationen durch Marktforschung) und Marktprognosen auf der einen Seite und den gesetzten unternehmerischen Zielen sowie den betrieblichen Voraussetzungen (z.B. Auslastungsgrad der Produktion) auf der anderen Seite ergeben sich für die Unternehmung verschiedene Strategien.

In diesem Rahmen muss das Produktionsprogramm immer wieder auf seine Breite und Tiefe untersucht werden. Kommt man dabei zu der Erkenntnis, dass das Produktionsprogramm zu breit ist, können ganze Produktlinien, wenn es zu tief ist dagegen einzelne Produkte eliminiert, d.h. aus dem Markt genommen werden.

Ist es zu schmal oder zu flach, muss das Produktionsprogramm durch Produktinnovationen ausgeweitet werden. Mit diesen kann man letztlich aber auch das Produktionsprogramm in seiner Größe belassen und es aktualisieren, d.h. modernisieren (siehe hierzu „Produktvariation", S. 239). Neben der Analyse des gesamten Produktionsprogramms müssen daher auch die einzelnen Produkte laufend beobachtet werden.

2.2 Der Produktlebenszyklus als Hilfe für Analyse und Planung

Das Modell des Produktlebenszyklus geht davon aus, dass – besonders Konsumgüter – ein begrenztes „Leben" haben, d.h., sie werden „geboren, wachsen und sterben". Der Lebensweg der Produkte wird dabei von der Markteinführung bis zur Eliminierung in fünf Phasen beschrieben. Jeder Lebenszyklus verläuft zwar zeitlich individuell anders, d.h., die Phasen sind unterschiedlich lang, als Modell dient aber folgende Betrachtung:

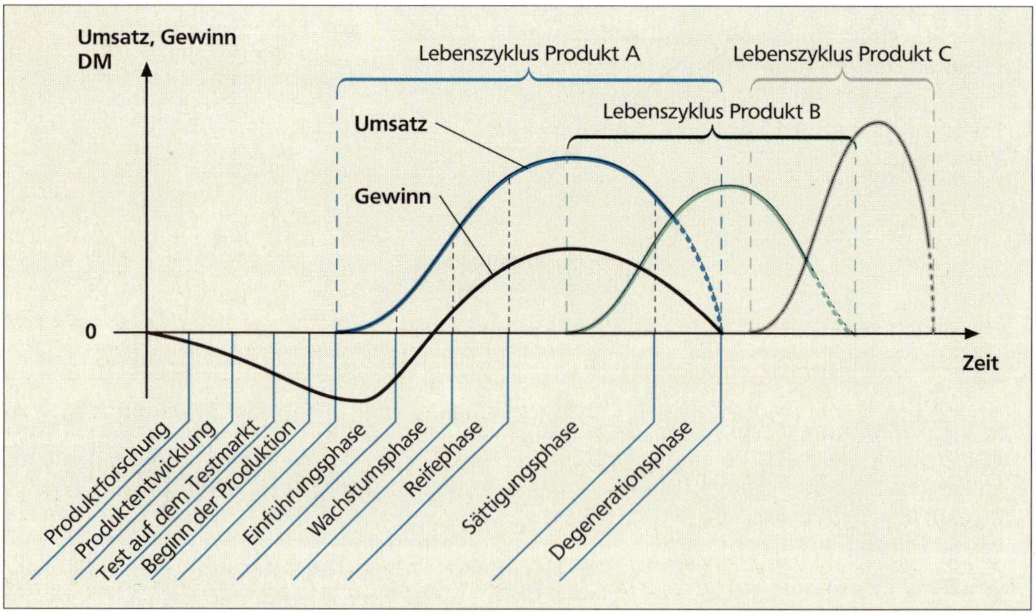

4001236L

Kurzbeschreibung der einzelnen Phasen:

1. **Einführungsphase:** Bei Marktneuheiten besteht häufig ein starker Marktwiderstand, der mit niedrigen Einführungspreisen, hohen Rabatten und Werbeausgaben überwunden werden kann. Bei „Me-too-Produkten"[1] werden niedrige Preise zur Einführung verlangt. Bei Marktneuheiten hat der Hersteller eine zeitlich begrenzte Monopolstellung, die er preispolitisch nutzen kann. Durch die hohen Kosten der Markteinführung werden aber relativ hohe Verluste gemacht.

2. **Wachstumsphase:** Es setzt eine wachsende Nachfrage ein. Das Produkt kommt in die Gewinnzone. Konkurrenten können als Nachahmer auftreten („Me-too-Produkte"[1]), was zu Preissenkungen führen kann. Die Stückkosten sinken i.d.R. durch steigende Absatzmengen.

3. **Reifephase:** Das Produkt hat sich einen festen Platz am Markt erobert. Die Steigerungsraten nehmen aber ab, trotz steigenden Umsatzes. Durch hohe Umsätze erreicht man Kostendegression durch Massenfertigung, dadurch steigen die Gewinne. Durch Produktdifferenzierung versucht man neue Zielgruppen anzusprechen. Dies wird auch mit der Kommunikationspolitik versucht.

4. **Sättigungsphase:** Es kommen preiswertere oder verbesserte Substitutionsprodukte auf den Markt. Der Umsatz ist auf hohem Niveau, kann aber leicht oder stärker fallen. Werbung, Preissenkungen und Rabatte sind wichtige Mittel, um die Rückgänge zu bremsen.

5. **Degenerationsphase:** Wenn es nicht gelingt den Lebenszyklus zu verlängern, wird bei zu niedrigem Umsatz das Produkt vom Markt genommen.

Verschiedene Lebenszyklusverläufe

Je nachdem, ob es sich um Ge- oder Verbrauchsgüter, Konsum- oder Investitionsgüter, Luxus- oder Güter des täglichen Bedarfs, hoch- oder niedrigpreisige usw. handelt, verlaufen deren Lebenszyklen verschieden. Nachfolgende Beispiele zeigen die Modelle für Lebenszyklen.

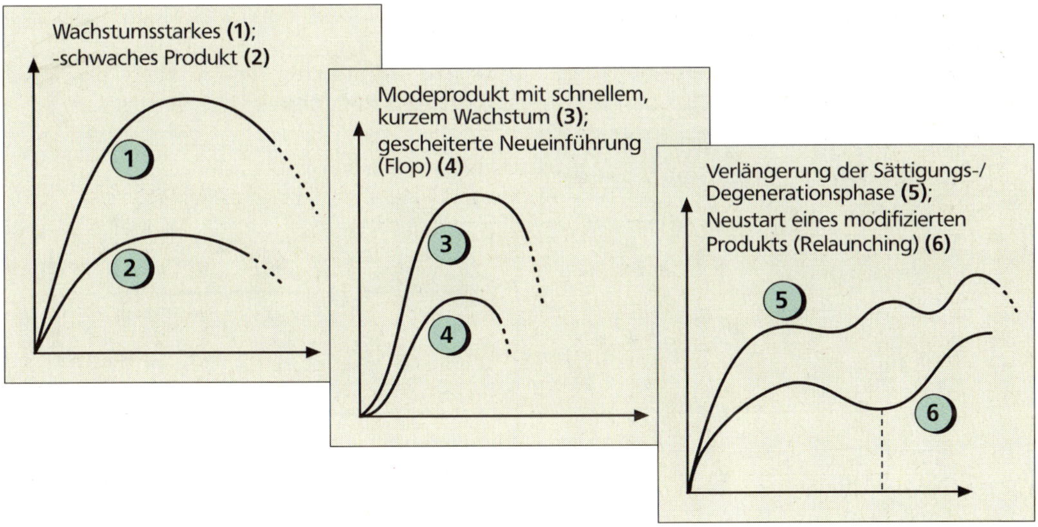

Ziel der Unternehmung wird es sein, möglichst schnell in die Reife- oder Sättigungsphase zu gelangen. In diesen Phasen werden normal die Gewinne gemacht, die i.d.R. umso größer sind, je höher das Umsatzniveau ist. Ein weiteres Ziel wird es sein, in dieser Phase möglichst lange zu verweilen. Sollten die Umsätze fallen, muss die Sättigungsphase notfalls verlängert oder es müssen zumindest drohende Rückgänge gebremst werden.

1 Me-too-Produkte: Imitationen bestehender Produkte, die sich von den auf dem Markt befindlichen Waren nur geringfügig unterscheiden. Dadurch werden hohe Entwicklungskosten gespart und das Einführungsrisiko wird gesenkt.

2.3 Portfolio-Analyse als Alternative zum Lebenszyklus

Eine andere Möglichkeit ist die Darstellung der Produkte in ihren Lebensabschnitten mit der Portfolioanalyse. Hierbei werden das Marktwachstum bzw. die Wachstumschancen und der relative Marktanteil der Produkte verglichen. Dadurch entstehen folgende vier Felder:

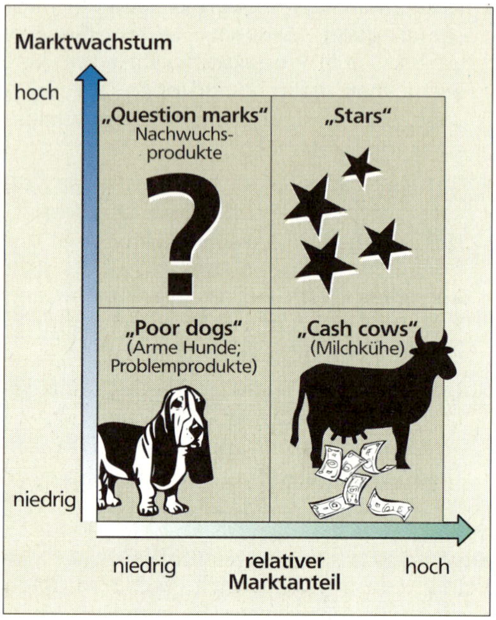

Question marks oder Fragezeichen: Es sind Nachwuchsprodukte bei der Markteinführung. Sie haben noch einen geringen Marktanteil und müssen besonders gefördert werden. Sollte das Produkt nicht genügend angenommen werden, muss es eliminiert werden (Ausstieg).

Stars (Sternchen): Durch hohe Wachstumsraten werden die Nachwuchsprodukte zu „Stars". Sie werfen Gewinne ab, die Marktanteile und der Umsatz sind aber noch weiter steigerungsfähig.

Cashcows (Milchkühe) sollen „gemolken" werden. Sie haben hohe Umsätze. Es wird versucht, das hohe Niveau möglichst lange zu halten.

Poor dogs (arme Hunde): Hier handelt es sich um Produkte, die nur einen geringen Umsatzanteil haben. Sie werden entweder aus programmpolitischen Gründen beibehalten oder aus dem Markt genommen.

Ein Beispiel von fünf Zahnpasten eines Unternehmens:

Produkt	Marktwachstum	Marktanteil
A = „Antikaries": Die Zahnpasta speziell gegen Karies	5 %	17 %
B = „Bubble": Die Zahnpasta für Kinder mit Bubblegumgeschmack	8 %	22 %
C = „Clean": Die Zahnpasta gegen Zahnbelag	3 %	9 %
D = „Dual": Gegen Karies und Parodontose	30 %	5 %
E = „Elite": Die Premium-Zahnpasta	35 %	27 %

Daraus ergibt sich folgendes Portfolio:

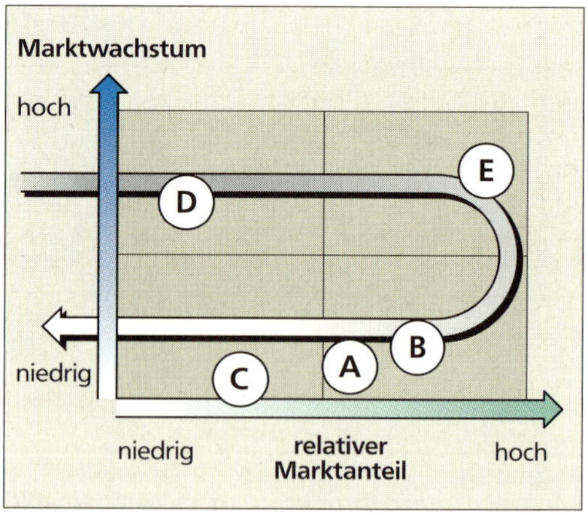

Der typische Weg eines Produktes läuft durch alle 4 Phasen. Das Unternehmen wird bestrebt sein, die Verweildauer eines Produktes in der gewinnträchtigen „Cash-cow-Phase" möglichst lange auszudehnen.

4001238L

2.4 Strategische Produktionsprogrammpolitik

In Abhängigkeit mit den strategischen Grundsatzentscheidungen (siehe Seite 224) kann das Produktionsprogramm einer Unternehmung durch Veränderungen neuen Marktgegebenheiten angepasst werden. Mit produktionsprogrammpolitischen Maßnahmen kann die Unternehmung aber auch versuchen den Markt zu beeinflussen, d. h. ihn in ihrem Sinne zu gestalten. Sie kann Wünsche wecken, Ge- oder Verbrauchsgewohnheiten sowie Geschmack ändern, sie kann versuchen die Konkurrenz aus dem Markt zu verdrängen usw. Dabei gibt es generell drei Möglichkeiten: Das Produktionsprogramm bleibt in Breite und Tiefe bestehen, einzelne Produkte darin werden aber verändert. Es wird verkleinert (bereinigt) oder aber erweitert.

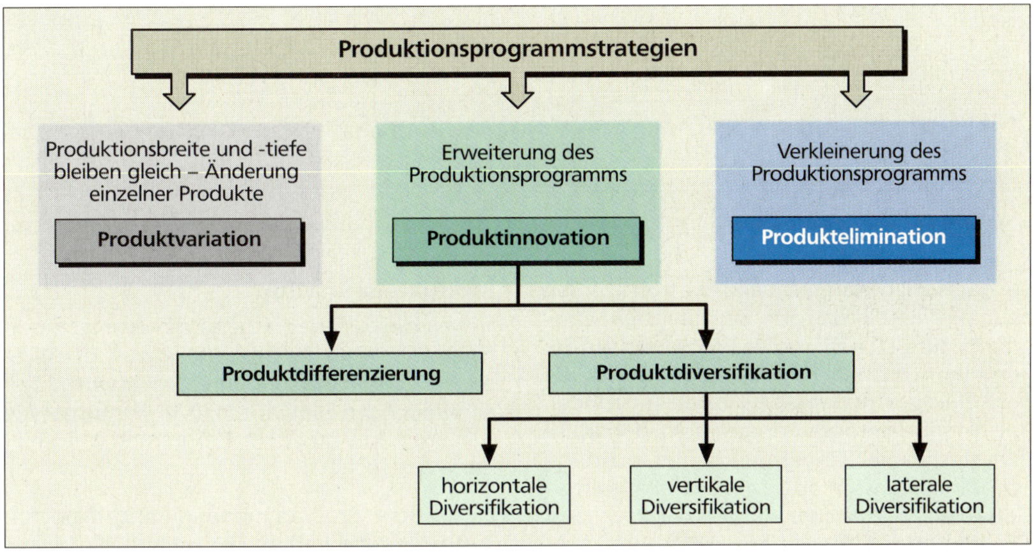

Produktvariation (Produktmodifikation)

Wenn bestehende Produkte modifiziert werden, die alten Modelle auslaufen und nur noch die leicht veränderten Produkte angeboten werden, liegt **Produktvariation** vor. Mit ihr soll die Sättigungs- und Wachstumsphase eines Produktes verlängert werden. Man spricht auch von „Relaunch".

Folgende Möglichkeiten zur Produktvariation bieten sich an:

- **Änderung des Produktäußeren:** Ein Produkt kann in seiner Form, Größe und Material und Farbe geändert werden (z. B. neuer Kühlergrill und andere Farben für Pkw, man spricht auch von „Facelifting").
- **Änderung der Technik:** Es können technische Neuerungen eingebaut werden (z. B. neue Hinterachse). Das Produkt kann aber auch in seiner Gebrauchstauglichkeit, Haltbarkeit und Sicherheit verändert werden (z. B. Knautschzone, Verwendung von Kunststoffteilen).

Meist bietet es sich an, durch eine **Namensänderung** (neuer Name oder Zusatz zum bisherigen Namen) die Änderung des Produkts herauszuheben.

Durch diese optischen Veränderungen oder Verbesserungen in der Produkteigenschaft sollen neue Kunden gewonnen werden bzw. die bestehenden Kunden zu Neuanschaffungen bewegt werden.

Produktdifferenzierung

Ein Produkt wird in verschiedenen Varianten gleichzeitig angeboten. Damit wird auf die Wünsche der einzelnen Käuferschichten (Zielgruppen) spezieller eingegangen. So werden diese z. B. mit den verschiedenen Motoren, Ausstattungen und Preisen eines Pkw genauer angesprochen. Der Kundenkreis wird größer und damit die Absatzchancen verbessert.

Produktdiversifikation

Produktdiversifikation bedeutet eine Aufnahme neuer Produkte in bestehende oder neue Märkte. Die neuen Produkte sind nicht verwandt mit denen des bisherigen Produktionsprogramms. Mit dieser produktpolitischen Strategie will die Unternehmung eine Risikostreuung erreichen, da sie mit völlig verschiedenen Produktarten „auf mehreren Beinen steht".

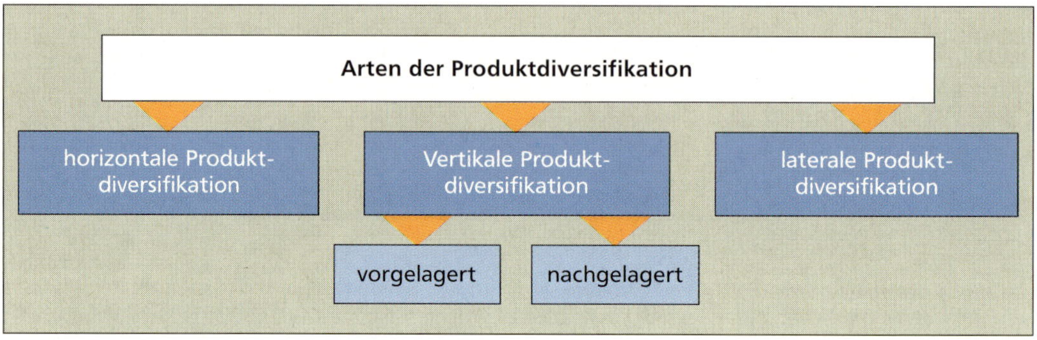

Bei der **horizontalen Diversifikation** werden neue Produkte, die auf der gleichen Wirtschaftsstufe stehen, in das Programm aufgenommen. Oft haben diese neuen Produkte den gleichen Kundenkreis oder sie runden das Angebotsprogramm aus Sicht der Kunden ab. Beispiel: Eine Brauerei bietet zusätzlich Mineralwasser oder andere alkoholfreie Getränke an (gleicher Abnehmerkreis, bessere Auslastung des Fuhrparks).

Wenn die Brauerei dem Hauptprodukt vorausgehende Produkte selbst herstellt (z.B. Flaschen), liegt eine **vorgelagerte vertikale Produktdiversifikation** vor. Eine **nachgelagerte vertikale Produktdiversifikation** liegt z.B. vor, wenn eine Unternehmung der Rohstoff- oder Teilefertigung jetzt selbst Fertigprodukte anbietet (z.B. bietet eine Unternehmung, die Granulate herstellt, selbst Dämmstoffplatten an). Oftmals werden auch bei der Produktion anfallende Abfälle zu neuen Produkten weiterverarbeitet **(Recycling),** z.B. Tiernahrung aus den Abfällen einer Wurstfabrik.

Eine Unternehmung betreibt **laterale Produktdiversifikation,** wenn sie neue Produkte aufnimmt, die in keinem Zusammenhang zu ihrem bestehenden Produktionsprogramm stehen. So bietet z.B. der Bekleidungshersteller „BOSS"-Parfüm an. Bei dieser Form der Produktionsprogrammerweiterung ist das unternehmerische Risiko am größten, da völliges „Neuland" betreten wird.

Produktelimination

Neben den Überlegungen Produkte zu modifizieren bzw. neue Produkte in das Produktionsprogramm aufzunehmen, muss auch über eine mögliche Elimination, d.h. Herausnahme der Produkte aus dem Programm, entschieden werden.

Eine solche Programmbereinigung kann folgende Gründe haben:

- Das Produkt ist überaltert, eigene Neuerungen oder verbesserte Produkte der Konkurrenz sind auf dem Markt.
- Das Produkt ist in der Degenerationsphase und hat nur noch geringe Umsätze.
- Neuen gesetzlichen Regelungen (z.B. Umweltschutz) kann das Produkt nicht mehr gerecht werden.
- Das Produkt passt nicht mehr in die Unternehmungsstrategie.
- Das Produkt kann das Image der Unternehmung und damit der anderen Produkte gefährden.
- Ein relativ neues Produkt war ein „Flop", d.h., es wird auf dem Markt nicht angenommen.

Ein weiterer Grund für die Produktelimination kann ein Engpass bei den Produktionskapazitäten sein.

Das heißt, auch wenn ein Produkt noch Gewinne erwirtschaftet, aber die Kapazitäten für gewinnträchtigere Produkte benötigt werden, kann es eliminiert werden.

4001240L

Dabei spielt die **Deckungsbeitragsrechnung** eine entscheidende Rolle. Diese Teilkostenrechnung geht davon aus, dass die fixen Kosten ohnehin vorhanden sind und das vorrangige Unternehmensziel zumindest kurzfristig darin besteht, die variablen Kosten zu decken.

Deckungsbeitrag ist der im Preis (bzw. Umsatz) über die variablen Kosten hinaus enthaltene Bestandteil zur Deckung der fixen Kosten und zur Erzielung eines Gewinnes.

Beispiel

Die Unternehmung „Schokoland GmbH" stellt die Produkte A, B und C in Sortenfertigung her. Aus Kapazitäts- und Ertragsgründen soll eine Straffung des Produktionsprogramms erfolgen. Es soll mithilfe der Deckungsbeitragsrechnung entschieden werden, welches Produkt ausscheidet:

Produkte	**A**	**B**	**C**
Umsatz	200	120	80
– variable Kosten	140	115	83
= Deckungsbeitrag I	+ 60	+ 5	– 3
– Fixkosten	35	7	10
= Deckungsbeitrag II	+ 25	– 2	–13
	Gesamt: +10		

Die Produkte B und C bringen Verluste. Die Unternehmungsleitung prüft eine Elimination beider Produkte.

Da der Deckungsbeitrag I bei Produkt B positiv ist, deckt es zumindest noch einen Teil der Fixkosten durch seinen Umsatz.

Bei einer Elimination blieben die Fixkosten bestehen und müssten von der übrigen Produktion mitgetragen werden. Der Gewinn würde sinken:

Eine Elimination von B und C			
	A	B	C
Umsatz	200	0	0
– variable Kosten	140	–	–
= Deckungsbeitrag I	+ 60	0	0
– Fixkosten	35	7	10
= Deckungsbeitrag II	+ 25	– 7	–10
	Gesamt: +8		

Ganz anders ist die Situation bei Produkt C zu beurteilen. Da hier nicht einmal die variablen Kosten gedeckt sind, ist eine Elimination kosten- und ertragswirtschaftlich unumgänglich:

Nur eine Elimination von C			
	A	B	C
	200	120	0
	140	115	0
	+ 60	+ 5	0
	35	7	10
	+ 25	– 2	–10
		Gesamt: +13	

Ergebnis: Produkt C wird eliminiert. B wird nur dann aus dem Programm genommen, wenn die Produktionsanlagen für ein anderes Produkt (neues oder Ausweitung der Produktion A) benötigt werden oder wenn sie veräußert werden können, sodass auch deren fixe Kosten null sind.

In der folgenden Situation wird unterstellt, dass das Unternehmen bei den Produkten B und C rationalisiert hat und entsprechende Kostenvorteile zu Buche schlagen. Trotzdem kann eine Produktelimination auch aus Kapazitätsgründen infrage kommen.

Produkte	**A**	**B**	**C**
Umsatz	200	120	80
variable Kosten	140	90	50
Deckungsbeitrag I	+ 60	+ 30	+30
Fixkosten	35	25	17
Deckungsbeitrag II	+ 25	+ 5	+13

Ergebnisanalyse: A + B = 25 + 5 = 30
A + C = 25 + 13 = 38
B + C = 5 + 13 = 18

Die Produkte A und C erbringen zusammen den höchsten Deckungsbeitrag.

Unter den gegebenen Annahmen würde B eliminiert, obwohl der Umsatz hier deutlich höher ist als bei C.

2.5 „Damit es kein Flop wird …“ Von der Idee bis zur Einführung

Der Wettbewerb zwingt die Industrie verstärkt nach Marktlücken (Marktnischen) zu suchen, um einen Wettbewerbsvorteil zu erhalten. Durch die zum Teil sehr an individuellen Verbraucherwünschen ausgerichtete Produktpolitik werden die bearbeiteten Marktsegmente tendenziell immer kleiner. Dazu kommt ein rasanter technischer Fortschritt, der Produkte sehr viel schneller veralten lässt. Nicht zuletzt gibt es eine Flut von Gesetzen (z.B. Verbraucher-, Umweltschutzgesetze usw.), die neue Produkte erforderlich machen bzw. neue Märkte eröffnen (z.B. die Märkte für alternative Energiequellen).

Neuentwicklungen bergen aber auch unternehmerische Risiken. Die wichtigsten sind:

- Neuentwicklungen und Forschung sind sehr teuer und z.T. auch langwierig. Von 1 000 Produktideen werden im Durchschnitt nur zwei realisiert. Für alle anderen entstanden aber für die Auswahl, die Entwicklung und den evtl. Testmarkt hohe Kosten, die von den laufenden Produkten getragen werden müssen.
- Immer mehr gesetzliche Einschränkungen (z.B. das Verbot von gesundheitsgefährdenden oder umweltschädigenden Stoffen usw.) machen die Entwicklungen zum Teil schwierig und teurer.
- Durch die Produzenten- oder Produkthaftung können Neuentwicklungen, die beim Kunden Schäden verursachen, sehr hohe Regressansprüche nach sich ziehen.
- Nicht ganz ausgereifte oder gut getestete Produkte können zu aufwendigen Rückrufaktionen führen. Diese verursachen nicht nur hohe Kosten, sondern verärgern und verunsichern auch den Handel und die Verbraucher.
- Flops können zu Imageverlusten für die gesamte Unternehmung und deren Produkte führen. Diese Imageverluste sind nur sehr schwer und unter hohen Kosten wieder wettzumachen.

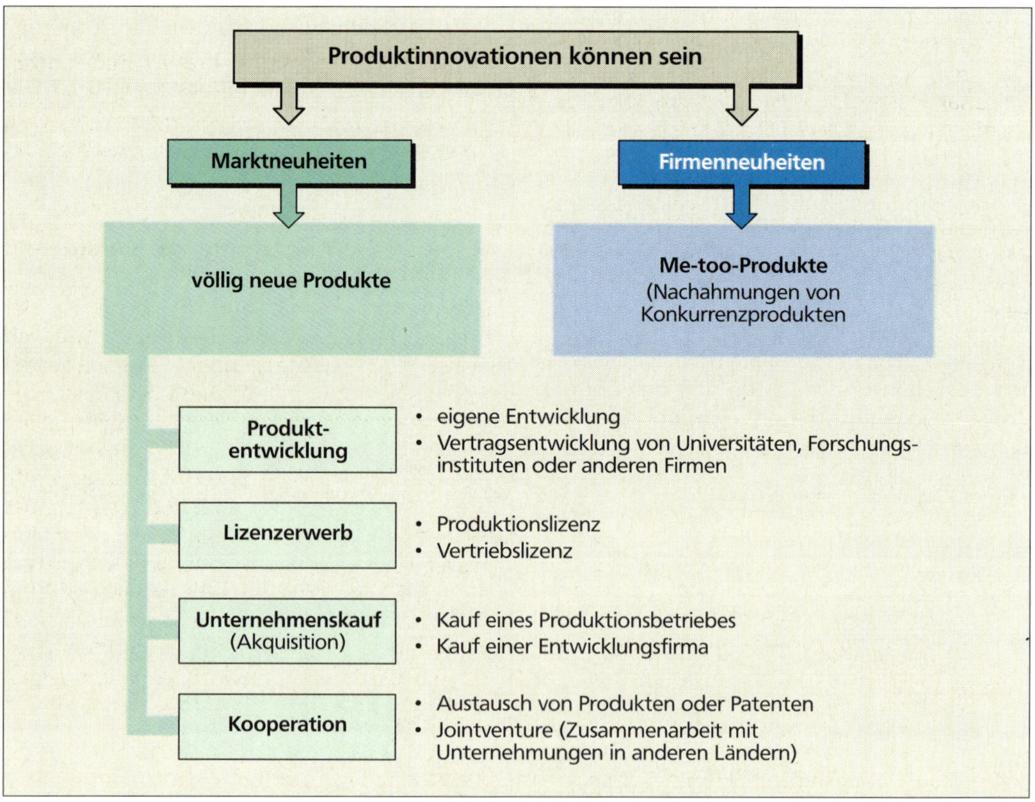

Von der Idee zum Verbraucher

Produktentwicklungen laufen in etwa nach folgendem hier beispielhaft dargestelltem Schema ab:

1. Stufe: Suche nach Produktideen

Die Quellen der Ideen können unternehmensintern oder -extern sein.

Wichtige interne Quellen: Forschungs- und Entwicklungsabteilung, Marketing und Vertrieb, betriebliches Vorschlagswesen usw.

Externe Quellen: Kundenreklamationen, Marktforschung bei Konsumenten und Handel, Vertreterberichte, Unternehmungsberater, Agenturen, Forschungsinstitute, Konkurrenz, Fachzeitschriften, Lizenzgeber.

2. Stufe: Vorauswahl der Produktideen

Hier werden u. a. folgende Fragen beantwortet: Passt das Produkt in das Produktionsprogramm? Bringt es keinen Imageverlust? Ist es technisch realisierbar? Könnte es sich im Markt behaupten? Welche Konkurrenzprodukte gibt es und wie wird die Konkurrenz auf das Produkt reagieren? Verstoßen das Produkt oder dessen Herstellung nicht gegen bestehende Gesetze, z. B. Umweltschutz? Wie hoch sind mögliche Gefahren bezüglich der Produkthaftung? Verfügt die Unternehmung über die notwendigen Kapazitäten? Ist das Material beschaffbar? Ist es finanzierbar? Wie reagiert der Handel? Und letzlich die wichtigste Frage: Wie reagieren die möglichen Kunden?

3. Stufe: Wirtschaftlichkeitsanalyse

Wenn die Fragen in der zweiten Stufe positiv beantworten werden konnten, dann wird eine Wirtschaftlichkeitsanalyse mit einer „Break-even-Analyse" (siehe Grafik) durchgeführt.

4. Stufe: Produktentwicklung

Zuerst werden sog. Prototypen entwickelt und gebaut. Diese durchlaufen dann interne Produkttests durch die Mitarbeiter, aber auch schon unter Hinzuziehung der Kunden.

Festgelegt werden neben dem Design, der Farbe, den verwendeten Materialien, der Gebrauchstauglichkeit, Sicherheit, Handhabung auch die evtl. Verpackung, Markierung und der Preis.

5. Stufe: Markttest mit Store-Test oder auf Testmärkten

Die sehr hohen Einführungsrisiken werden bei Ge- und Verbrauchsgütern des Konsumbereiches durch Tests gemindert. Der „Store-Test" wird in ausgewählten Einzelhandelsgeschäften durchgeführt. Danach wird die probeweise Einführung auf einem Testmarkt erfolgen.

Ein Testmarkt muss möglichst regional abgegrenzt sein und sollte in seiner Zusammensetzung dem späteren Gesamtmarkt entsprechen (repräsentativ).

Hier können neben dem Produkt selbst die gesamten Marketing-mix-Maßnahmen getestet werden.

Eventuelle Veränderungen werden vorgenommen. Erst wenn das Produkt auf dem Testmarkt die Erwartungen erfüllt hat, wird über die Einführung auf dem Gesamtmarkt entschieden.

6. Stufe: Markteinführung des Produktes

Vor der endgültigen Einführung werden u. a. folgende Probleme geklärt: Wann ist der günstigste Einführungszeitpunkt? Soll mit hohen oder niedrigen oder den kalkulierten Einführungspreisen begonnen werden? Sind Preisdifferenzierungen und Einführungsrabatte geplant? Wie soll das neue Produkt dem Außendienst und dem Handel sowie der Presse vorgestellt werden? Welche besonderen Einführungsveranstaltungen sollen laufen?

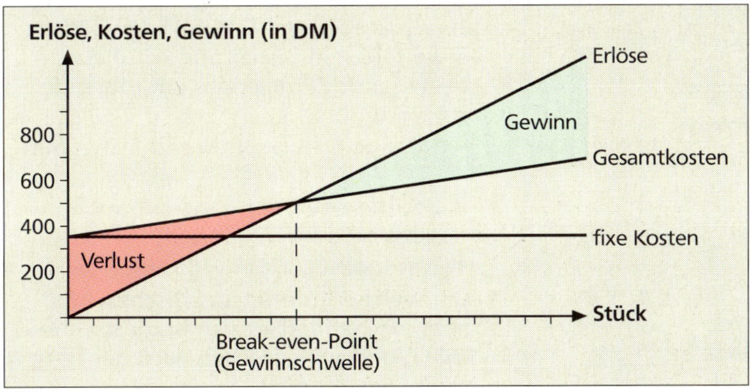

7. Stufe: Kontrolle der Einführung

Gerade in der Einführungsphase ist eine ständige Kontrolle des Umsatzverlaufes und der Wirksamkeit der eingesetzten Marketinginstrumente nötig. Falls Mängel erkannt werden, sind schnelle Korrekturen notwendig.

8. Stufe: Produktbetreuung

Auch während des auf die Markteinführung folgenden „Produktalltags" muss das Produkt durchgehend betreut werden. Kontrollen der Umsatzentwicklung im Vergleich zu den Plandaten, Veränderungen im Markt, der Kundenansprüche, der Konkurrenzprodukte und -Marketingaktivitäten, evtl. gesetzliche Änderungen usw. können zu Änderungen im Marketingmix führen.

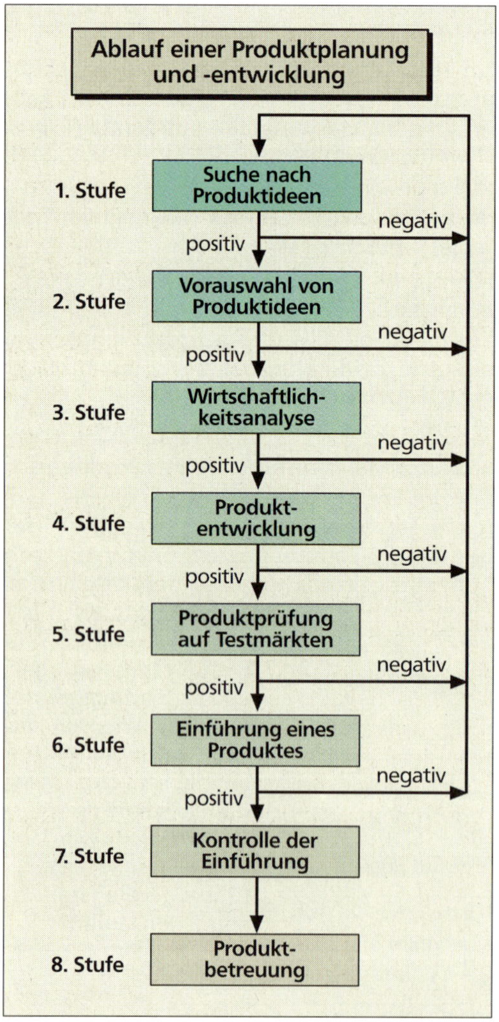

Arbeitsvorschlag:

1. **Nennen Sie Beispiele für relativ breite und flache sowie für relativ schmale und tiefe Produktionsprogramme. Diskutieren Sie mögliche Vor- und Nachteile für beide Varianten.**
2. **Vergleichen Sie die einzelnen Phasen des Lebenszyklus eines Produktes mit dessen Portfolioanalyse. Nennen Sie bekannte Produktbeispiele für die einzelnen Phasen.**
3. **Die Unternehmung „SCHOKA GmbH" stellt Schokoriegel (S), Nussschnitten (N) und Rumkugeln (R) her. Die Produkte erzielten folgende Ergebnisse (in TDM): Umsätze: S = 5.600; N = 2.240; R = 3.360; variable Kosten: S = 3.920; N = 2.320; R = 3.320; fixe Kosten: S = 980; N = 280; R = 200. Ermitteln Sie jeweils die Deckungsbeiträge und ziehen Sie daraus geeignete Schlussfolgerungen.**
4. **Unterscheiden Sie Produktvariation und Produktdifferenzierung. Erklären Sie – möglichst mit Produktbeispielen – die unternehmerische Zielsetzung mit beiden Varianten.**
5. **Warum betreibt eine Unternehmung Produktdiversifikation? Beschreiben Sie die verschiedenen Arten und nennen Sie möglichst Beispiele.**
6. **Erklären Sie „Innovation durch Akquisition". Welche anderen Alternativen gibt es noch?**
7. **Erklären Sie die Aufgabe sowie die Notwendigkeit eines Testmarktes. Erläutern Sie, welche Informationen man von Testmärkten erwarten kann und für welche Produkte sich dieses Instrument sehr, weniger oder gar nicht eignet.**
8. **Ein Hersteller von Schuhpflegemitteln erweitert sein bisher aus Schuhcreme bestehendes Programm um folgende Produkte:**
   - **flüssige Schuhpolitur mit Schwamm**
   - **neuartiger Schuhlack, mit dem alte Schuhe neu oder ganz anders gefärbt werden können.**
   - **Autopolitur in Spraydosen.**

   Um welche produktspezifischen Maßnahmen handelt es sich in diesen drei Fällen und welche Ziele wird der Hersteller verfolgen?

4001244L

Betriebliche Entscheidungssituation
Analysieren – informieren – diskutieren – entscheiden

Produktpolitische Entscheidungen der DÜFA GmbH

Die Düsseldorfer Fahrradbaugesellschaft mbH (DÜFA GmbH) fertigt Tourenräder (T), Mountainbikes (M) und Rennräder (R).

Absatzgebiete sind Deutschland und die westeuropäischen, seit 1991 aber auch vermehrt die osteuropäischen Länder.

Obwohl die Fertigung schon seit Monaten an der Kapazitätsgrenze läuft, werden die Lieferzeiten dennoch immer länger. Die Unternehmungsleitung meint dies aus Imagegründen nicht länger hinnehmen zu können.

Es wird eine Sortimentsbereinigung und dadurch gleichzeitig eine Spezialisierung geplant.

Folgende Zahlen liegen vor:

	Tourenräder	Mountainbikes	Rennräder
Absatz	50000	30000	20000
Preis/Stück	500	600	750
Umsatz	25 Mio.	18 Mio.	15 Mio.
Variable Kosten	20 Mio.	16,2 Mio.	12 Mio.
Fixe Kosten	1,5 Mio.	1,8 Mio.	2 Mio.

1. Wie groß sind die Deckungsbeiträge I und II der drei Produkte und was sagen sie aus? Erörtern Sie mithilfe der Ergebnisse dieser Rechnung, welches Produkt ggf. im Rahmen der geplanten Sortimentsstraffung aus dem Programm genommen werden sollte.
2. Um wie viel Prozent müsste der Absatz steigen, wenn bei den Tourenrädern der gesamte Deckungsbeitrag trotz einer Preissenkung von 10% gleich bleiben soll? Wie sähe das Ergebnis aus, wenn der Preis gleich bleibt, aber die variablen Kosten um 20% steigen?
3. Wie stark müssten die variablen Kosten fallen (in DM und %), wenn der Preis aus Wettbewerbsgründen bei den Tourenrändern um 5 % gesenkt werden müsste, der Deckungsbeitrag aber gehalten werden soll?
4. Ein Marktforschungsinstitut ermittelte, dass es vor allem bei Jugendlichen eine Trendverschiebung vom Rennrad zum Mountainbike geben wird.
   a) Um welche Art der Marktforschung handelt es sich?
   b) Überprüfen Sie den mit der Deckungsbeitragsrechnung gemachten Vorschlag zur Produktelimination.
5. Die DÜFA GmbH könnte eine Fahrradfabrik in Wismar übernehmen.
   a) Durch die Fabrikübernahme könnten die Kapazitätsengpässe bereinigt und jetzt sogar Kinderfahrräder in das Produktionsprogramm aufgenommen werden. Um welche produktpolitische Maßnahme handelt es sich?
   b) Es wird geplant weitere Produktlinien in das Programm aufzunehmen. Was ist eine Produktlinie? Unterbreiten Sie Vorschläge.
6. Die DÜFA GmbH plant eine Produktdiversifikation.
   a) Bilden Sie mögliche Beispiele und grenzen Sie Produktdiversifikation von Produktdifferenzierung und Produktvariation ab.
   b) Diskutieren Sie die Vor- und Nachteile eines breiten Produktionsprogramms für alle möglichen Arten der Produktdiversifikation der DÜFA.

2.6 Einflussfaktoren auf die Kontrahierungspolitik und Preisanpassungsstrategien kennen lernen

Situation

Duell der Pillendreher

Der Pharmariese Bayer legt sich mit dem Marktführer bei Billigmedizin, ratiopharm, an

Oh Schmerz lass nach: Die Bayer AG glaubt endlich ein Rezept gegen die immer stärker werdende Konkurrenz der Hersteller von Billigpräparaten (Generica) gefunden zu haben. Man gründete die Bayer-Tochter „Basics Pharma", um mit ihr in den inzwischen 4,5 Milliarden schweren Markt der Generica einzusteigen. Arzneimittel sind teuer, vor allem wegen des sehr hohen Anteils an Forschungs- und Entwicklungskosten. Doch wenn der Patentschutz für einen Wirkstoff abgelaufen ist, bringen Billiganbieter die Nachahmerprodukte (Generica) zu einem erheblich günstigeren Preis auf den Markt.

Dieser Markt der Generica wird ständig größer, unterstützt durch die Kostendämpfungsgesetze im Gesundheitswesen. „Das Segment wächst schon seit Jahren stärker als der Gesamtmarkt", so ein Bayer-Mitarbeiter. „Da müssen wir als einer der Marktführer dabei sein." Ab sofort will Bayer den Generica-Markt mit der Tochter Basics aufrollen. Das Ziel ist „mittelfristig zu den ersten fünf im Markt zu gehören und einen Umsatz von rund 100 Millionen Mark pro Jahr zu erwirtschaften". Das lässt sich Bayer mit einer aufwendigen Werbekampagne in Ärztezeitungen etwas kosten. Mit einem erbitterten Zweikampf gegen den Marktführer im Generica-Markt, der Ulmer „ratiopharm", unter dem Motto „Der Bessere wird gewinnen", begann Basics den Kampf um die Marktanteile im Jahr 1996. Die Kampagne wirbt unter dem Leitsatz „Billig aber Bayer". Bei ratiopharm wundert man sich über die Trendwende, denn vor 10 Jahren habe Bayer noch mit folgendem Spruch geworben: „Wenn Ihnen die Gesundheit Ihres Kindes teuer ist, darf Ihnen nicht jedes Medikament billig sein." Dass dieser Kampf der zwei großen Pharma-Anbieter mit harten Bandagen geführt wird, zeigt der schnelle Gang der Ulmer vor das Landgericht. Dieses verbot den ersten Werbeslogen der Bayer-Tochter „Basics versus Generics". (versus = gegen)

nach einem Bericht in FOCUS, Nr. 19/96

?

- **Welchen Zusammenhang zwischen Preis- und Produktpolitik erkennen Sie?**
- **Welche Faktoren beeinflussen die preispolitischen Entscheidungen?**
- **Welche preispolitischen Möglichkeiten hat eine Unternehmung und wie werden sie eingesetzt?**
- **Welche anderen Maßnahmen der Kontrahierungspolitik gibt es und wie wirken sie?**

Informationen

Unter dem Begriff „Kontrahierungspolitik" versteht man alle Maßnahmen, die ein Unternehmen im Rahmen der Preis- und Konditionenpolitik einsetzt. Das Ziel besteht darin, über die Preisgestaltung, aber auch mit geeigneten rabattpolitischen Maßnahmen, kunden- und marktgerechten Lieferungs- und Zahlungsbedingungen sowie kreditpolitischen Konditionen im Wettbewerb zu bestehen und langfristig den Unternehmensgewinn zu sichern:

2.6.1 Preispolitik

Die Preispolitik ist eine der zentralen Herausforderungen des Marketings. Grundsätzlich wird die Preisgestaltung sowohl von der Kosten-, als auch der Wettbewerbs-, aber auch von der Kundenseite her beeinflusst.

Folgende Probleme müssen gelöst werden:

- **Festlegung der Preislage (niedrig, mittel, hoch), in der die Unternehmung langfristig operieren will.**
- **Preisfestsetzung für neue Produkte sowie Änderungen von bestehenden Preisen für Produkte oder Produktgruppen**
- **Differenzierung des Preises eines Produktes**

In der Marktwirtschaft bestimmt theoretisch der Preis das Angebot und die Nachfrage. Die Beziehungen lassen sich recht einfach veranschaulichen:

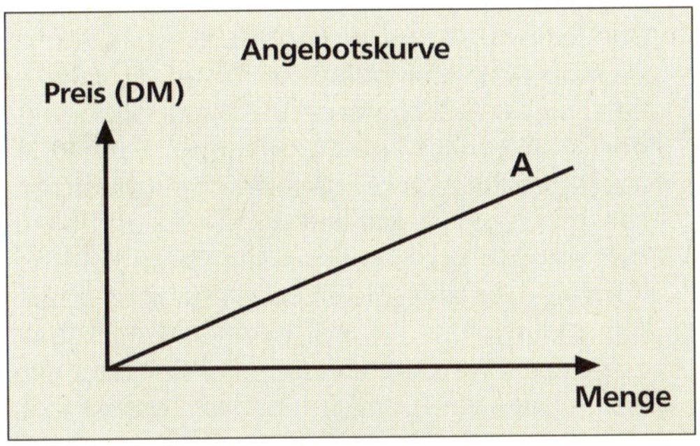

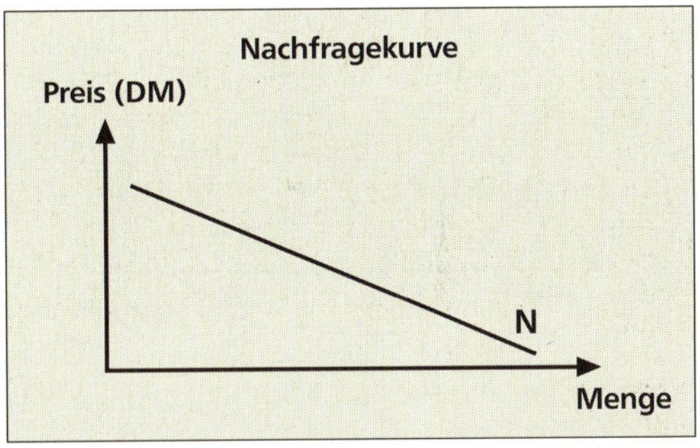

Wenn beide Kurven kombiniert werden, dann ergibt sich:

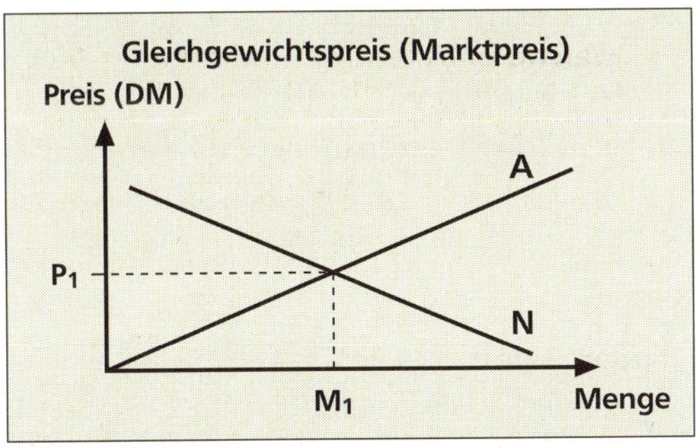

Im Schnittpunkt von Angebots- und Nachfragekurve ergibt sich der Gleichgewichtspreis (P_1) und die Gleichgewichtsmenge (M_1).

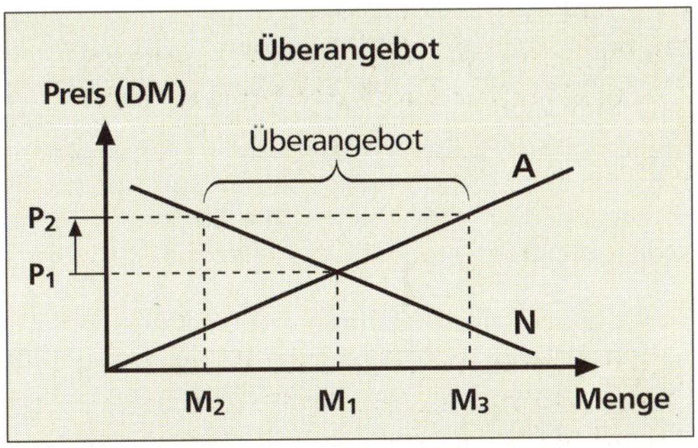

Steigt der Preis auf P_2, so wird nur noch M_2 nachgefragt, aber die größere Menge M_3 angeboten. Es entsteht also ein Überangebot, die Verkäufer müssen den Preis wieder auf P_1 senken.

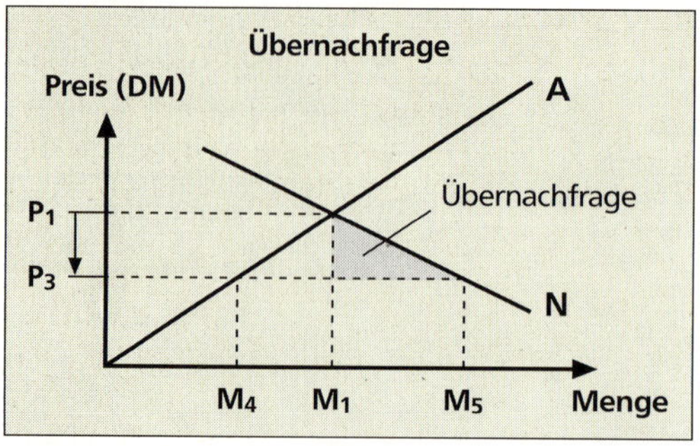

Sinkt der Preis auf P3, dann würde nur noch M4 angeboten aber M5 nachgefragt. Die Nachfrage könnte also nicht befriedigt werden. Der Preis könnte angehoben werden, die Angebotsmenge würde steigen bis zu P1 und M1.

In der Praxis ist der Preisbildungsprozess natürlich nicht ganz so einfach, da er von weiteren Einflussfaktoren abhängt.

Die **Preiselastizität der Nachfrage:**

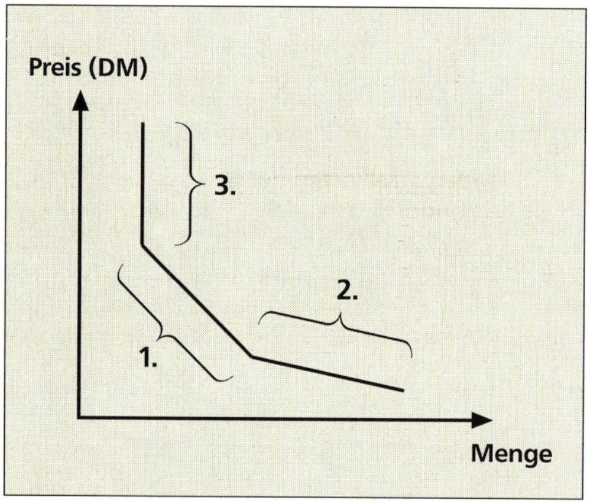

Die Preiselastizität (PE) der Nachfrage gibt an, wie sich die Nachfrage nach einem Produkt verändert, wenn dessen Preis geändert wird

$$PE = \frac{\text{prozentuale Mengenänderung}}{\text{prozentuale Preisänderung}}$$

Die oben stehende Nachfragekurve zeigt verschiedene Reaktionen der Nachfrager auf Preisänderungen: (1.) eine normale Nachfrage, je flacher die Kurve verläuft, desto größer wird die Mengenänderung bei einer Preissenkung, bis hin zum fast waagrechten Verlauf (2.), bei der die Nachfrage dann vollkommen elastisch ist. Je steiler die Kurve verläuft, desto starrer wird die Nachfrage, d.h., Preiserhöhungen oder -senkungen haben kaum Einfluss auf die Nachfrage. Dies ist zum Beispiel bei Gütern des Existenzbedarfs der Fall. Bei besonderen Gütern der Luxusklasse kann eine Preissenkung sogar zu einem Nachfragerückgang führen, weil das Produkt an Exklusivität verliert (Snob-Effekt). Bei einem senkrechten Verlauf (3) reagieren sie gar nicht mehr.

Die **Einkommenselastizität der Nachfrage** gibt an, wie sich der Absatz eines Produktes bei einer Einkommenserhöhung oder -senkung der Zielgruppe verändert. Werden z.B. durch höhere Abgaben (Steuern, Sozialabgaben, Müllabfuhr usw.) die realen (d.h. die tatsächlich verfügbaren) Einkommen gesenkt, dann werden die Ausgaben für Luxusbedürfnisse stärker reduziert als für lebensnotwendige Bedürfnisse. Für Letztere ist die Einkommenselastizität also geringer als die für Luxusgüter.

Die **Kreuzpreiselastizität** gibt an, wie sich die Absatzmenge des Produktes A bei einer Preisänderung (Senkung oder Erhöhung) des Produktes B verändert.

Marktsituation als Rahmenbedingung:

Ein weiterer Einflussfaktor auf die betriebliche Preispolitik ist die Marktsituation, in der sich der Betrieb befindet.

- Ein **Angebotsmonopolist** ist grundsätzlich frei, seinen Angebotspreis und seine Angebotsmenge zu bestimmen. Er wird den Preis setzen, bei dem er den größten Gewinn erwartet. Reine Angebotsmonopolisten gibt es in der Praxis nur sehr selten.
- Bei einem **Angebotsoligopol,** das durch wenige Anbieter gekennzeichnet ist, gibt es verschiedene Situationen. Ist ein Oligopolist der große, mächtige Marktführer, dann ist er auch der Preisführer. Die kleinen Konkurrenten müssen sich mit ihren Preisen und Mengen an den großen anpassen. Sind alle Konkurrenten etwa gleich groß und mächtig, dann umgehen sie i.d.R. einen Preiskampf, der ruinös werden könnte. Nicht auszuschließen sind auch Versuche, durch Preisabsprachen den Wettbewerb zu umgehen. Die Alternative kann auch eine aktive „Kampfpreispolitik" sein, bei der versucht wird, die schwächsten Wettbewerber vom Markt zu verdrängen.

Weitere Einflussfaktoren aus der Praxis:

Neben den o.g. allgemeinen wirken noch weitere Einflussfaktoren auf die Preisbildung einer Unternehmung.

Die wichtigsten Einflussfaktoren sind:

- die Zielsetzung der Unternehmung (aggressiv oder defensiv usw.)
- die Situation der Nachfrager (Kaufkraft, Einkommensverwendung, Lebens- und Konsumgewohnheiten, Preisbewusstsein, Preisimage, d.h. vermuteter Qualitätsbezug usw.)

4001248L

- die unternehmensspezifischen Kosten
- die Konkurrenzsituation.

Daraus ergeben sich generell drei wichtige Grundstrategien:

- kostenorientierte Preisbildung
- nachfrageorientierte Preisbildung
- konkurrenzorientierte Preisbildung

Die kostenorientierte Preisbildung

Bei der kostenorientierten Preisbildung steht die Kalkulation im Vordergrund. Man ist bestrebt die Kosten über den Preis ganz oder zumindest teilweise zu decken.

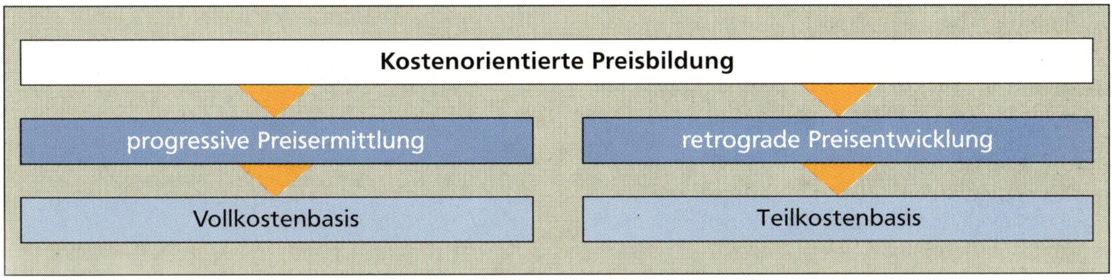

Progressive Preisermittlung (vorwärtsorientierte Kalkulation)

Bei der Preisbildung auf **Vollkostenbasis** werden die Selbstkosten z.B. nach nebenstehender Zuschlagskalkulation berechnet. Zu den Selbstkosten wird der gewünschte Gewinn addiert und man erhält den Nettoverkaufspreis. Eventuelle Rabatte und Skonti sowie Verkaufsprovisionen werden ebenfalls addiert, sodass diese bei einem späteren Abzug den Gewinn nicht schmälern.

Weil dieses Verfahren relativ einfach ist, wird es öfter in kleineren Betrieben, aber auch in der Bauindustrie angewendet. Da die Preiselastizität der Nachfrage, die Konkurrenzsituation und daraus mögliche Absatzmengen in Bezug auf die Preise nicht berücksichtigt werden, sollte dieses Verfahren nicht isoliert angewendet werden.

Schema für **Zuschlagskalkulation:**

	Materialeinzelkosten
+	Materialgemeinkosten
=	**Materialkosten**
+	Fertigungslöhne
+	Fertigungsgemeinkosten
+	Sondereinzelkosten der Fertigung
=	Fertigungskosten
=	Herstellkosten
+	Verwaltungsgemeinkosten
+	Vertriebsgemeinkosten
+	Sondereinzelkosten des Vertriebs
=	Selbstkosten
+	Gewinn
=	Barverkaufspreis (netto)
+	Kundenskonto
+	Vertriebsprovision
=	Zielverkaufspreis
+	Kundenrabatt
=	Listenpreis (netto)

Retrograde Preisermittlung (rückwärtsgerichtete Kalkulation)

Hier wird von einem bestehenden Marktpreis oder einer Preisobergrenze als feststehendem Datum ausgegangen und berechnet, ob man zu diesem Preis lieferfähig bzw. lieferwillig ist oder nicht. Der Preis kann in Form des Angebotes eines Wettbewerbes oder als feste Preisvorstellung des Kunden vorgegeben sein.

Maßgebend für die Frage, ob der Preis hoch genug ist, um die Kosten zu decken bzw. einen Gewinn zu erzielen, sind folgende Schritte:

1. Festlegung der möglichen Absatzmengen auf Grundlage der von der Marktforschung ermittelten Preise
2. Ermittlung der jeweiligen Erlöse (Preis · Absatzmenge)
3. Errechnung des Deckungsbeitrages I (DB I): (DBI = Erlöse – variable Kosten)
4. Ermittlung des Deckungsbeitrags II (DB II): (DB II = DB I – fixe Kosten)

Break-even-Analyse:
Der Break-even-Point gibt an, bei welcher Verkaufsmenge das Produkt von der Verlust- in die Gewinnzone übergeht (siehe Seite 243).

Die Preisbildung auf **Vollkostenbasis** bildet die langfristige Grundlage der preispolitischen Überlegungen. Die Unternehmung muss bestrebt sein, über die Deckung aller kalkulierten Kosten hinaus einen Gewinn zu erzielen.

Lässt die Marktsituation dies nicht zu, kann auf der Grundlage der **Teilkostenrechnung** kurzfristig auch teilweise oder sogar ganz auf die Deckung der ohnehin vorhandenen fixen Kosten verzichtet werden. Aber auch unter kurzfristigen Betrachtungen ist eine Deckung der variablen Kosten unabdingbar. Ein Preis, der nicht einmal die variablen Kosten deckt, ist im Normalfall nicht akzeptabel. Mit einem begrenzten Verzicht auf die Deckung aller Kosten können im Rahmen aktiver Geschäftspolitik folgende Ziele verfolgt werden:

- **Zeitlich befristete Sonderaktionen**
  - Unterstützung von Aktionen im Handel (Gerade die großen Handelsketten und Einkaufsgenossenschaften verlangen laufend niedrigpreisige Aktionsware.)
  - Bereitstellen von Aktionsware für die Eröffnung von neuen Läden u.a.
  - Sonderaktionen wegen besonderer Ereignisse, wie z.B. Sportereignisse u.a.
  - Einführung neuer Produkte mit Niedrigpreis (siehe: Promotionspolitik, S 278)
  - Abverkauf von hohen Lagerbeständen
  - Abverkauf von Auslaufmodellen vor Modellwechseln
  - Überbrückung kurzfristiger Liquiditätsengpässe
  - Aufmerksamkeitseffekte für andere Produkte im Sortiment
  - Kampfpreise zur Vergrößerung des Marktanteils (Verdrängung der Konkurrenz) oder zum Halten des Marktanteils (Gegenmaßnahmen auf Konkurrenzangriffe)

- **Preisdifferenzierungen zur Gewinnsteigerung**

Beispiel

Dem Hersteller von Heimwerkergeräten liegt eine Anfrage einer Kaffeerösterei, die jeweils kurzfristige Non-Food-Aktionen macht, über die Lieferung von 10 000 Bohrmaschinen vor, zu einem Abgabepreis von 55,00 DM. Die Maschinen sollen eine Phantasiemarke tragen. Auf Vollkostenbasis sind sie mit einem Abgabepreis von 85,00 DM kalkuliert. Die variablen Kosten pro Maschine belaufen sich auf 48,50 DM. Da die fixen Kosten bereits gedeckt sind, ergäbe sich von diesem Zusatzverkauf folgender Zusatzgewinn:

Verkaufserlös (netto)	55,00 DM
– variable Kosten	48,50 DM
= Deckungsbeitrag	6,50 DM
	= 65.000,00 DM Zusatzgewinn bei 10 000 Stück

Für kurzfristige Aktionen kann mit dieser Preispolitik auf harte Marktkämpfe, besondere Einführungsmaßnahmen oder besondere Kundenwünsche – z.B. für besonders wichtige Stammkunden (Key-account-Kunden) eingegangen werden. Natürlich müssen die Preise langfristig oder für den Hauptteil des Produktionsprogramms die volle Kostendeckung bringen.

Die nachfrageorientierte Preisbildung

Je nach Marktsituation müssen kostenorientierte Gesichtspunkte evtl. vor anderen, im Einzelfall wichtigeren Aspekten der Nachfrageseite zurückstehen. Dazu gehören:

- die Größe der Nachfrage (Marktsegment, Zielgruppe)
- mögliche Konkurrenzprodukte (Substitutionsprodukte und die Kreuzpreiselastizität)
- Nachfrage- u. Einkommenselastizität
- Preisvorstellungen der Nachfrager
- Einfluss von Qualität und Image eines Produktes auf den Kauf
- Preisbereitschaft der Nachfrager (Zu welchem Preis wird das Produkt gekauft?)

Diese Erkenntnisse werden mithilfe der Marktforschung ermittelt.

Die konkurrenzorientierte Preisbildung

Hier verzichtet das Unternehmen auf eine aktive Beeinflussung des Marktes durch seine Preispolitik. Es passt sich den Marktgegebenheiten an.

- **Orientierung am Preisführer:** Sie findet man im Oligopol, wo sich die kleineren Unternehmen an den Marktführer (Marktbeherrscher) anpassen.
- **Orientierung am Branchenpreis:** Bei homogenen Gütern im Oligopol oder Polypol passen sich alle Wettbewerber dem Branchenpreis an (z.B. auf dem Markt für Benzin).

Preisstrategien für Einführung eines neuen Produktes

In der Einführungsphase gibt es folgende Möglichkeiten:

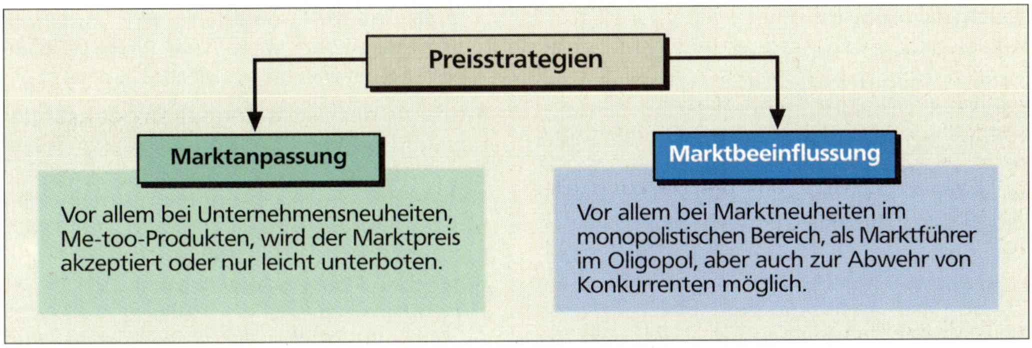

Hochpreispolitik

Setzt man einen hohen Einführungspreis fest und behält ihn auch in den anderen Lebenszyklusphasen bei, so spricht man von **Premiumpreisstrategie.** Dieser ist bei den sog. Snob-Produkten, bei ausgesprochen hoher Produktqualität, bei besonderem Markenimage (z.B. bei Bekleidung) und bei exklusiver Distribution (z.B. nur in ausgesuchten Boutiquen) möglich.

Bei der **Skimming-Preisstrategie** werden die Preise Schritt für Schritt gesenkt. Zuerst werden die Opinion-leader mit einem sehr hohen Preis angesprochen. Mit jeder Preissenkung wird eine weitere Käuferschicht erreicht. Diese Strategie trifft man oft bei technischen Neuentwicklungen an (z.B. Taschenrechner, PC, Scanner, Mikrowellenherd usw.).

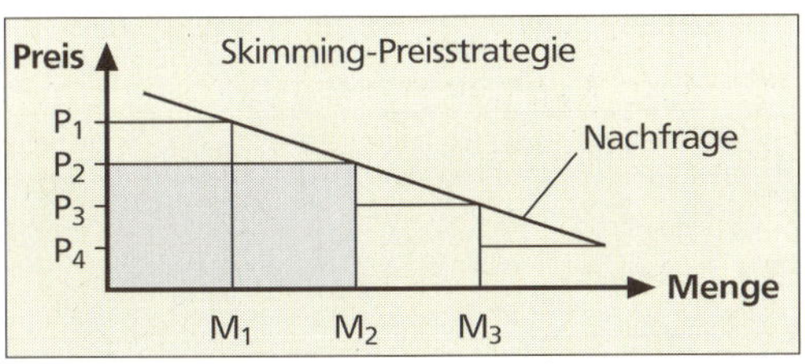

Niedrigpreispolitik

Mit der **Promotionspolitik** wird ein niedriger Einführungspreis für längere Zeit gehalten. Ziele sind z.B. die Verdrängung der Konkurrenten, Verhinderung des Markteintritts neuer Anbieter oder Auslastung der Kapazitäten.

Mit der **Penetrationspolitik** versucht man durch niedrige Einführungspreise die Kunden anzuregen, ein neues Produkt zu probieren. Wenn das Produkt zusagt, werden die Preise für spätere Nachkäufe erhöht (vor allem anzutreffen bei der Einführung von Süßigkeiten, Lebensmitteln, Putz- und Reinigungsmitteln).

Der niedrigste „Einführungspreis" ist ein **Verschenken** eines Produkts. Früher wurden z.B. Nassrasierer verschenkt, um die Rasierklingen zu verkaufen. Proben – vor allem Zigaretten, Waschmittel, Süßwaren und anderer Verbraucherprodukte – werden ebenfalls verschenkt mit dem Ziel Stammkunden zu gewinnen. Im hartumkämpften Multimediamarkt handelt es sich meist um Softwareprodukte.

Beispiel

Der Software-König Bill Gates hatte mit seiner Firma „microsoft" die Entwicklung des Internets verschlafen. Deshalb verschenkte er Explorer und Server, um später das große Geschäft mit dem Verkauf des dazugehörigen Betriebssystems zu machen. Im Internet bieten zahlreiche Printmedien ihre Informationen kostenlos an, aus Image-Gründen. Der Onlinedienst Compuserve bezahlt sogar in USA für das Anklicken von Onlinewerbung mit kostenlosen Nutzungszeiten.

Marktpreispolitik

Mit ihr versucht man sich den besonderen Bedingungen des Marktes möglichst gut anzupassen. Das wichtigste Mittel ist die Preisdifferenzierung. Diese liegt vor, wenn ein Produkt zu verschiedenen Preisen angeboten wird. Die beiden folgenden Voraussetzungen müssen hierfür aber gegeben sein: Der Gesamtmarkt für ein Produkt muss sich in Teilmärkte aufteilen lassen. Daneben muss ein Zugang zu den anderen differenzierten Märkten für die Kunden nur schwer oder gar nicht möglich sein. Im Einzelnen können eingesetzt werden:

- **Zeitliche Preisdifferenzierung:** Um die Produktionskapazität trotz saisonaler Absatzschwankungen möglichst gleichmäßig auszulasten (z.B. Sommerpreise für Brennstoffe oder Pelze).
- **Räumliche Preisdifferenzierung:** Sie liegt vor, wenn eine Unternehmung ein Produkt in räumlich abgrenzbaren Gebieten zu unterschiedlichen Preisen anbietet. Sie wird häufig im Export angewendet.
  Wird ein Produkt auf ausländischen Märkten zu einem Preis angeboten, der die Herstellungskosten nicht deckt, liegt **Dumping** vor.
- **Personelle (soziale) Preisdifferenzierung** nach Lebensalter (Schüler, Rentner, Erwachsene), oder nach Berufsgruppen (z.B. Wiederverkäufer, Betriebsangehörige, Sonderpreise für Schüler bei Lernmitteln usw.).
- **Preisdifferenzierung nach Produktvariationen:** Um mehrere Käuferschichten mit einem Produkt gezielter ansprechen zu können, werden die Produkte in verschiedenen Ausführungen angeboten. So gibt es Werkzeugmaschinen für den Profi und preiswertere für den Heimwerker; PKWs werden in mehreren Ausstattungspaketen, daneben als Limousine, Variant oder Cabrio mit mehreren Motorvarianten angeboten.
- **Preisdifferenzierung nach dem Verwendungszweck:** Alle Maßnahmen, bei denen für gleiche Produkte je nach Verwendungszweck unterschiedliche Preise verlangt werden. Zum Teil ist dies auch steuerlich bedingt (z.B. Kochsalz/Streusalz, Dieselöl/Heizöl).
- **Preisdifferenzierung nach der Abnahmemenge:** Hierbei werden die Preise nach der verkauften Menge gestaffelt.

Strategie der psychologischen oder runden Preise: Besonders bei Konsumgütern setzen die Unternehmungen oft psychologische Preise. Diese liegen geringfügig unter einem runden Preis (z.B. 19,90 DM statt 20,00 DM). Dadurch erhält der Verbraucher den Eindruck, besonders preiswert zu kaufen.

Besondere preispolitische Strategie in der Degenerationsphase

Wenn ein Produkt aus dem Markt genommen werden soll (Produktelimination), so wird zuerst bei stabilen Preisen auf alle kostenträchtigen Marketingmaßnahmen verzichtet.

Rabatte sollen den Verkauf der Restbestände beschleunigen. Danach erfolgt ein Ausverkauf durch starke Preissenkungen, verbunden mit Sonderwerbeaktionen.

Die Automobilindustrie verkauft die letzten PKWs vor einem Modellwechsel zwar mit nominell gleichem Preis, stattet die Wagen jedoch erheblich besser aus (Sondermodelle) und gewährt damit einen indirekten Preisnachlass.

Oftmals bedient man sich heute auch schon des **Telefonverkaufs,** um preisgünstige Restbestände auszuverkaufen.

4001252L

2.6.2 Rabattpolitik

Im Gegensatz zum **Nettopreissystem,** bei dem die Verkaufspreise festgesetzt sind, werden im **Bruttopreissystem** den Kunden Preisnachlässe in Form von verschiedenen Rabatten eingeräumt. Rabatte sind Preisnachlässe, die für bestimmte Leistungen des Abnehmers gewährt werden. Die Rabattgewährung kann als ein Mittel der preispolitischen Feinsteuerung verwendet werden. Der Hersteller setzt die Rabattgewährung ein, wenn er generell gültige Preise – etwa in Gestalt von Preislisten – differenzieren möchte:

- Saisonrabatt: Er dient als Anreiz für den Handel, damit er Waren, deren Absatz saisonalen Schwankungen unterworfen ist, kontinuierlich anbietet (z. B. Saisonrabatt für Speiseeis im Winter).
- Bonus: Der Bonus ist eine Zusammenfassung des Treue- und des Mengenrabattes. Er wird i. d. R. nachträglich am Ende eines Jahres gewährt und ist abhängig von der verkauften Menge.
- Skonto: Diese Sonderform des Rabattes darf nur bei Barzahlung (oder Zahlung innerhalb eines vereinbarten Termins) gewährt werden. Für Endverbraucher darf er höchstens 3 % betragen.
- Personalrabatt: Er wird den Mitarbeitern gewährt und ist besonders in der Automobilbranche ein attraktives Zusatzgeschäft.
- Funktions- oder Stufenrabatt: Wenn empfohlene Preise auf den Waren aufgedruckt oder in Preislisten dem Käufer zugänglich sind, wird dem Handel dieser Rabatt gewährt. Er umfasst die Handlungskosten und den Gewinn.
- Mengenrabatt: Er ist in der Regel nach der Absatzmenge gestaffelt und wird umso höher, je größer die Absatzmenge ist. Aus großen Aufträgen entstehen dem Produzenten Produktions- und Dispositionsvorteile (Kostenersparnis). Dagegen übernimmt der Käufer durch die Bestellung größerer Mengen auch größere Risiken (Preisrisiko, Lagerhaltung, Absatz). Der Mengenrabatt soll einen Ausgleich für diese höheren Risiken des Abnehmers bieten. Mengenrabatte sind häufig durch Kartellvereinbarungen (Rabattkartelle) in Form von Rabattstaffeln geregelt. Soweit die Lieferanten solche Vereinbarungen gelten lassen, scheidet der Rabatt als individuelles absatzpolitisches Instrument aus. Diese werden jedoch zunehmend von Großabnehmern durchbrochen.
- Treuerabatt: Er dient als Anreiz für den Abnehmer, eine Ware möglichst ausschließlich von einem Lieferanten zu beziehen. Er soll eine Auftragskonzentration herbeiführen und das Eindringen von Konkurrenten in bestehende Geschäftsbeziehungen erschweren.
- Einführungsrabatt: Er soll die Einführung neuer Produkte begünstigen und wird dem Handel gewährt, damit er sich verstärkt dem Absatz noch unbekannter Artikel widmet. Der Einführungsrabatt wird oft nicht als **Barrabatt** (Abzug vom Preis), sondern als **Naturalrabatt** gewährt. Bei der **Draufgabe** werden mehr Produkte geliefert (z. B. 60 Stück) als bestellt und berechnet (50 Stück), bei der **Dreingabe** werden weniger Produkte berechnet (40 Stück) als bestellt und geliefert (50 Stück).

Arbeitsvorschlag:

1. **Welche Marktstrategie verfolgt die Bayer AG (siehe S. 246)?**
2. **Welche Marktform herrscht auf dem Markt für Arzneimittel und Generica vor?**
3. **Diskutieren Sie die Möglichkeiten der „Bayer AG" und der „ratiopharm" unter den Prämissen „Marktstellung" und „Marktform".**
4. **Nennen Sie Produkte, bei denen die Preiselastizität der Nachfrage eher starr und solche, bei denen diese eher hoch oder sehr hoch ist.**
5. **Beschreiben Sie das Phänomen des Snob-Effekts.**
6. **Be- oder widerlegen Sie die Feststellung: „Mit der Skimming-Strategie werden schnell hohe Deckungsbeiträge erzielt und somit die Entwicklungskosten sehr schnell erwirtschaftet."**
7. **Beschreiben Sie an einem Beispiel, wie mit Teilkostenrechnung flexibler auf Marktgebenheiten reagiert werden kann.**
8. **Erläutern Sie die Formen der Preisdifferenzierung anhand selbst gewählter Beispiele.**

9. a) Nennen Sie das Ziel der Gewährung eines Mengenrabatts.
   b) Eine Großpackung Waschmittel ist preiswerter als die gleiche Menge in Kleinpackungen. Beschreiben Sie die Vorteile für den Hersteller mit diesem Mengenrabatt.

10. Die Strategie von schrittweisen Preissenkungen ist nicht unumstritten, weil sich die Käufer auch benachteiligt fühlen können bzw. nie genau wissen, wann „der richtige Kaufzeitpunkt" gekommen ist. Ein typisches Beispiel dafür ist die Computerindustrie. Versuchen Sie anhand der folgenden Pressenotiz die Gründe, aber auch die mit einer so deutlichen Preissenkung verbundenen kaufmännischen und kalkulatorischen Fragestellungen darzustellen:

Computer werden billiger

MÜNCHEN ■ Der weltgrößte Halbleiterhersteller Intel Corporation (Santa Clara/Kalifornien) wird seine Preise für Computerchips ab dem 1. August weltweit um durchschnittlich über ein Drittel senken. Für Intels neue Chipgeneration Pentium II werden die Preise sogar bis zu 57 Prozent reduziert.

Der Chipgigant rechnet damit, dass die Produzenten von Personal Computer (PC) die Preissenkungen sehr schnell an die Kunden weitergeben werden. So wird ein Multimedia-PC nach Einschätzung der deutschen Tochter Intel GmbH (Feldkirchen) um rund 500 Mark preiswerter. *(dpa)*

aus: Hessisch-Niedersächsische Allgemeine, 29. Juli 1997

2.6.3 Kreditgewährung

Die Kreditgewährung kann als marketingpolitisches Instrument mit dem Ziel eingesetzt werden, dass die möglichen Kunden die eigenen Produkte überhaupt oder früher kaufen. Es lassen sich diejenigen Kunden als Nachfrager hinzugewinnen, denen es im Augenblick an Kaufkraft mangelt. Günstige Kredite stellen insbesondere bei hochpreisigen Gebrauchsgütern (z.B. PKWs) evtl. entscheidende Wettbewerbsvorteile dar.

Es gibt folgende Möglichkeiten der absatzpolitisch orientierten Kreditgewährung:

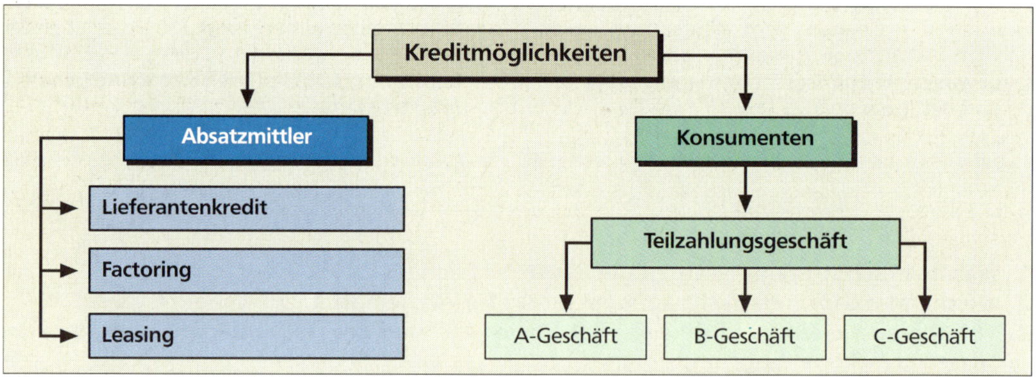

Teilzahlungskredite

Die Kaufkraft hat einen großen Einfluss auf die Nachfrage der Konsumenten. Gerade bei Verbrauchern mit wenig Kaufkraft kann durch Vergabe von Konsumentenkrediten die Nachfrage gesteigert werden. Mit zunehmendem Rückgang der Realeinkommen wurde die Kreditpolitik immer wichtiger. Für teure Gebrauchsgüter ist sie bei Bürgern mit mittlerem und niedrigerem Einkommen schon neben der Werbung zum wichtigsten Instrument geworden. So gibt es inzwischen immer mehr eigene Kreditbanken der Industrie- und Handelsbetriebe, wie z.B. die Ford-Kreditbank, VAG-Bank, Noris-Bank von Quelle, Hanseatic-Bank von Otto usw.

Es gibt generell drei Möglichkeiten von Teilzahlungskrediten:

- Als **A-Geschäft** bezeichnet man die direkte Kundenfinanzierung. Der Kunde erhält von einem Kreditinstitut den Kredit. Der Verkäufer haftet nicht mit.
- Beim **B-Geschäft** leistet der Käufer bei Vertragsabschluss eine Anzahlung. Der Rest wird finanziert. Der Kredit wird beim Verkäufer beantragt. Dieser verfügt im Rahmen eines Globalkreditvertrages über ein bestimmtes Kreditkontingent, aus dem der Kredit gegeben wird. Hier haftet der Verkäufer mit.
- Das **C-Geschäft** ist eine Variante des B-Geschäftes, es wird nur statt des Buchkredits ein Wechsel auf den Kunden gezogen.

Betriebliche Entscheidungssituation
Analysieren – informieren – diskutieren – entscheiden

Die Elektro AG hat einen neuartigen Rasierapparat, der sehr hautschonend rasiert, entwickelt. Dieser wurde auf einem Testmarkt gut aufgenommen. Auf dem europäischen Markt gibt es einen weiteren namhaften Wettbewerber und mehrere Billiganbieter. Die Elektro AG hatte vor Einführung des neuen Gerätes 42 % Marktanteil.

Im Management der Elektro AG wird die Strategie der Markteinführung diskutiert.

Dirk Schuster, Abt. Kostenrechnung/Controlling: „Die Marktprognose ergab bei einem Ladenverkaufspreis von 265,00 DM und einem durchschnittlichen Nettoverkaufspreis der Elektro AG von 185,00 DM einen Absatz von 150 000 Stück im Jahr. Bei diesem Absatz lägen die fixen Kosten bei 35,00 DM und die variablen Kosten bei 65,00 DM. Einkalkuliert wären Rabatte in Höhe von 15 %. Sie wissen, dass dieser Verkaufspreis der höchste für diese Geräte sein würde."

Zuständige Produktmanagerin Müller: „Ich empfehle die Premiumstrategie, da es sich um ein neues, hochwertiges Gerät handelt. Der Preis sollte in jedem Fall über denjenigen unserer anderen Geräte und der Konkurrenzprodukte liegen. Wir werden dann mit der Kommunikationspolitik auf die Vorzüge dieses Systems hinweisen, dazu passt die Premiumstrategie. Dem Handel werden wir Rabatte gewähren, damit er sich der Präsentation besonders widmet."

Sabine Schnell, Assistentin Sparte Kommunikation: „Trotz des recht guten Testmarktergebnisses bin ich für die Penetrationsstrategie, da dieses völlig neue Verfahren sich erst noch am Markt durchsetzen muss. Wir werden zwar unser Bestes geben, aber Sie kennen die Unwägbarkeiten des Marktes."

Dr. Schuster, der Verkaufsleiter: „Meiner Meinung nach sollten wir den Weg der Skimming-Strategie wählen – mit allen unseren Neuerungen sind wir so gut gefahren. Auch so haben sich die Entwicklungskosten recht schnell amortisiert."

1. Errechnen Sie die Deckungsbeiträge I und II.
2. Stellen Sie die drei vorgeschlagenen Preisstrategien dar und diskutieren Sie diese.
3. Machen Sie Vorschläge für evtl. Preisdifferenzierung und erörtern Sie geeignete Rabatte.
4. Ermitteln Sie den Mindestpreis, wenn die Penetrationsstrategie verfolgt wird.

3 Einen Kommunikationsplan für ein Produkt erstellen und Kontrollmöglichkeiten beurteilen

3.1 Kommunikation – Warum? Mit wem? Wie?

Situation

„Das ist er, Karl, die Durchschnittsperson der von uns angepeilten Zielgruppe", beginnt der Etatdirektor Dr. Arens sein Referat beim Treffen seiner Werbeagentur „Creative" mit der Geschäftsführung der Molkerei-Union Süd KG. Diese möchte mit einem neuen Kommunikationskonzept die Marktanteile ihrer Fruchtjogurts steigern. Dr. Arens fährt fort: „Der Verbraucher weiß nicht mehr, wo er hinsehen soll."

Ein immer größeres Angebot von Waren, die gleiche Leistungen bieten, die sich in Design, Preis, Qualität kaum unterscheiden, die immer ahnlicher werden. Marktlücken werden sofort mit Me-too-Produkten gefüllt, der Preiswettbewerb wird immer schärfer. Gebeutelt von höheren Abgaben, steigenden Sozialversicherungsbeiträgen und Steuererhöhungen, aber auch den Folgen höherer Arbeitslosigkeit achten viele Verbraucher verstärkt auf den Preis einer Ware. Seit einiger Zeit gibt es daher auch einen bestimmten Trend weg von den teureren Markenartikeln, hin zu „No-Name"-Waren oder -Handelsmarken. Die Konzentration im Handel führt dazu, dass von den Herstellern niedrige Einkaufspreise, günstige Konditionen, lange Zahlungsziele und zahlreiche Sonderleistungen verlangt werden. Beugen sich diese nicht, dann weicht der Handel auf die Konkurrenzprodukte aus oder platziert deren Waren besser (Kampf um den günstigsten Regalplatz). Auf der anderen Seite gibt es immer mehr Kunden, die eine starke Markenabhängigkeit entwickeln. Dies ist vor allem bei Bekleidung, Schuhen, Sport- und Freizeitartikeln, Uhren und hochpreisigen Produkten, aber auch bei Lebensmitteln und Gesundheitsprodukten zu sehen. Der Verbraucher erwartet von den Produkten nicht nur einen Grund-, sondern einen Zusatznutzen, der oft nur mit dem Image von Markenartikeln korrespondiert. Hier gilt es die Märkte aufzubauen und deren Image zu pflegen.

Es ist notwendig, die Kunden zu betreuen, es ist aber auch wichtig, die Vorteile der Produkte herauszustellen, ein Markenimage aufzubauen und Abwehrmaßnahmen zu den steigenden Aktivitäten der Konkurrenz zu bringen.

Kurz gesagt: Man muss ständig mit dem Kunden kommunizieren – mit ihm in Verbindung bleiben – mit dem Instrument der Kommunikationspolitik.

?

- **Welche Mittel der Kommunikationspolitik gibt es?**
- **Wie können die betrieblichen Botschaften zu den Empfängern gebracht werden?**

4001256L

Informationen

Kommunikation mit wem?

Ein intensiver Dialog mit den jetzigen und den möglichen zukünftigen Kunden wird immer wichtiger.

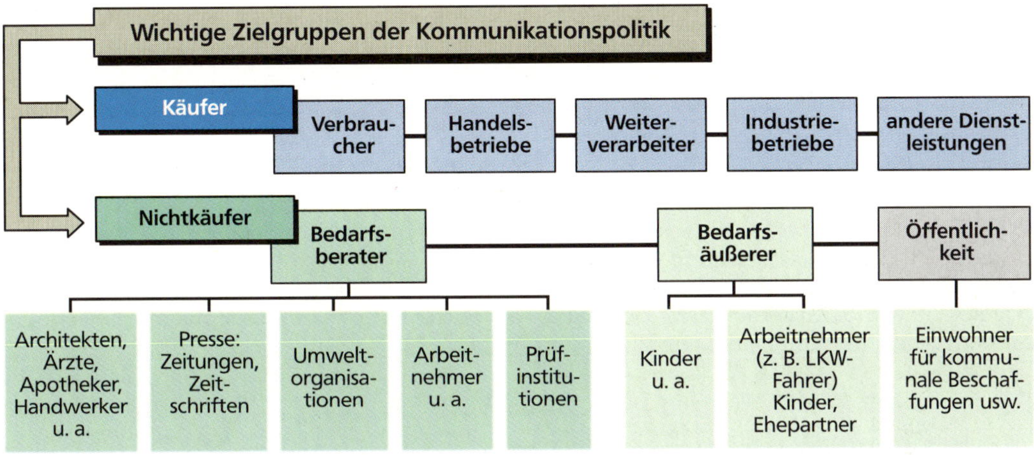

Für die Kommunikationspolitik stehen eine Rolle unterschiedlicher Möglichkeiten zur Verfügung. Ihr Einsatz hängt zum einen von den angestrebten Zielen, zum anderen aber auch von den damit verbundenen Kosten ab. Dabei wird in der Konsumgüterindustrie zum Teil völlig anders vorgegangen als es im Bereich der Investitionsgüter der Fall ist. So wird z. B. ein Hersteller von Milchprodukten ganz andere Verkaufsaktivitäten entfalten als dies z. B. ein Hersteller von Flugzeugen tun kann oder tun wird.

Je intensiver eine Maßnahme ist, desto höher ist in der Regel auch der damit verbundene Aufwand. Neben der herkömmlichen Werbung gibt es eine Reihe anderer und zum Teil „heimlich" wirkender Möglichkeiten. Es gibt aber auch kommunikationspolitische Aktivitäten, die direkt mit dem Produktverkauf am „point of sale" in Zusammenhang stehen. Entscheidend ist, dass die „Werbebotschaft" auch den Empfänger erreicht und von ihm wahrgenommen wird. Der „Fall Benetton" hat im Jahre 1995 gezeigt, dass weder Verbraucher noch Händler alles akzeptieren, was aus der „Kommunikationsmaschinerie" kommt. Der italienische Bekleidungsproduzent hatte seinerzeit mit einer brutalen Bildserie (z. B. wurde die Leiche eines erschossenen Soldaten mit blutdurchtränkter Kleidung gezeigt), den „Bogen überspannt". Als Folge drohten die Käufer mit dem Boykott und Händler stornierten die Verträge. Daher ist eine intensive Rückkopplung (feed back) ein unabdingbarer Bestandteil aller Kommunikationsmaßnahmen.

Folgende Kommunikationsinstrumente stehen zur Verfügung:

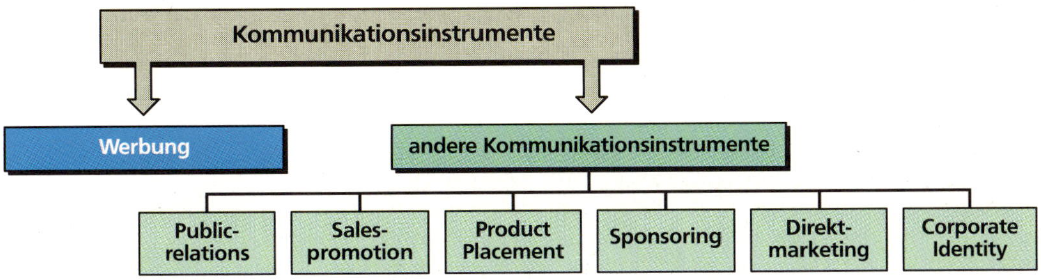

3.2 Die Werbung – keiner kommt an ihr vorbei

Situation

Am Thema Werbung scheiden sich die Geister. Was für die einen die einzige Möglichkeit ist neue Produkte marktfähig zu machen, ist für den anderen lediglich eine grenzenlose Manipulation.

Werbung ist nicht alles, aber ohne Werbung ist alles nichts ...

Wussten Sie z. B., dass allein die Autoindustrie als größte werbetreibende Branche pro Jahr ca. 2,7 Milliarden DM ausgibt und die Werbeausgaben aller Unternehmen pro Jahr auf insgesamt ca. 55 Milliarden DM geschätzt werden? Aber: Werbung wirkt. Dies beweisen Untersuchungen, in denen z. B. festgestellt wurde, dass sich 54 % der Verbraucher von Handzetteln, 47 % durch Plakate im Supermarkt, 45 % durch Fernsehspots und immerhin noch 4 % von Plakaten an Wartehäuschen zum Kauf anregen lassen. Ohne Werbung wäre manche kostengünstige Massenproduktion nicht möglich.

Werbung will aufmerksam machen, Werbung will auffallen, manchmal auch etwas provozieren. Aber sie darf nicht alles. Wer sich durch Werbung verletzt sieht, kann sich beim Deutschen Werberat beschweren. Oft mit Erfolg:

Beispiele für umstrittene Werbung:

Ein Hersteller von Wärmepumpen bildete in einer Zeitschrift ein in einer Badewanne sitzendes junges Paar ab, von denen nur die nackten Oberkörper zu sehen waren **„heiße Liebe ..."** lautete der Werbeslogan.

Werbung wurde nicht beanstandet, da sie keine anstößige, jugendgefährdende oder das religiöse Empfinden bzw. das Schamgefühl verletztende Darstellung enthält.

Ein Spülmittelhersteller machte einen *„Verbrauchertest"*, bei dem eine Hausfrau mit den Worten **„... viel hautfreundlicher und besser als alle Konkurrenzprodukte ..."** strahlend ihre gepflegten Hände in die Kamera streckte, während eine andere Frau ihre angegriffenen Handflächen mit einem anderen Spülmittel zeigte.

Werbung unzulässig, da es sich um einen direkten Produktvergleich handelt.

Mit dem Slogan **„Unser täglich Brot gib uns heute"** versuchte der Hersteller eines neuen Milchriegels sein Produkt auf den Markt zu bringen.

Werbung beanstandet, weil das religiöse Empfinden eines nicht unbeachtlichen Teils der Bevölkerung verletzt.

Ein Reifenhersteller bildete unter dem Motto **„Der Kurvenstar"** eine junge nur mit einem Tanga bekleidete Frau und daneben die Neuentwicklung eines Reifens ab.

Darstellung wurde beanstandet, weil sie die Frauen diskriminiert, weil ihre Figur mit den Fahreigenschaften eines Reifens gleichgesetzt wird.

Ein Hersteller von Hundefutter warb mit einem Fernsehspot, in dem ein Hund aus einem Napf frisst, während er von einem Kleinkind gestreichelt. wird.

Beanstandung, da die Werbung eine für Kleinkinder gefährliche Verhaltensweise zeigt.

?

- **Was ist Werbung, wie wirkt sie und welche Grenzen sind ihr gesetzt?**

Informationen

3.2.1 Werbearten

Nach dem Ziel des Werbetreibenden unterscheidet man wirtschaftliche und außerwirtschaftliche Werbung. Letztere, die man auch **Propaganda** nennt, wird für politische, religiöse oder humanitäre Ziele eingesetzt.

Bei der Werbung für betriebliche Teilfunktionen unterscheidet man zwischen der **Beschaffungswerbung** (z. B. Personal, Rohstoffe, finanzielle Mittel) und der **Absatzwerbung**.

Die **Absatzwerbung** ist in der Marktwirtschaft ein unentbehrliches Instrument einer Unternehmung, um die Nachfrager auf ihre Produkte aufmerksam zu machen, zu informieren, Interesse an ihnen zu wecken und sie zum Kauf zu veranlassen. Gerade in der Situation des tendenziellen Angebotsüberhanges wird Werbung für die Unternehmungen ein immer wichtigeres absatzpolitisches Instrument.

Abhängig von den verschiedenen Aufgaben der Werbung unterscheidet man je nach Stand des Produktes in seinem Lebenszyklus folgende Werbearten:

- Einführungswerbung: Die Werbung soll die Marktwiderstände brechen, das Produkt bekannt machen, Bedürfnisse wecken, einen Mode- oder Geschmackswandel auslösen, neue Märkte erschließen und neue Kunden gewinnen.
- Expansionswerbung: In der Wachstumsphase bewirkt die Werbung den Bekanntheitsgrad der Produkte zu erhöhen und damit den Marktanteil zu vergrößern. Die Werbeausgaben fallen in dieser Phase, da die Mund-zu-Mund-Propaganda, Testberichte und Vorstellungen des Produktes in den Medien die Werbeziele unterstützen.
- Stabilisierungswerbung: In der Reifephase drängen – angelockt durch die hohen Umsätze – immer mehr Konkurrenten auf den Markt. Hier wird mit erhöhten Werbeausgaben versucht die Konkurrenten abzuwehren und die eigenen Marktanteile auszubauen bzw. wenigstens zu stabilisieren.
- Verteidigungswerbung in der Sättigungsphase: Zunehmender Konkurrenzdruck und die Aktivierung der „späten Mehrheit" der potenziellen Nachfrager, die nur über geringe Einkommen verfügen, lassen eine Preisanhebung zur Förderung der Gewinnentwicklung nicht zu. Insbesondere in gesättigten Märkten erreichen die Werbemaßnahmen ein hohes Niveau, um die Marktanteile erhalten zu können.
- Erinnerungswerbung: Sie soll die Produkte bei früheren Kunden in Erinnerung bringen und diese zurückgewinnen.

  In der Degenerationsphase sind bei weiteren Umsatzrückgängen die Werbemaßnahmen nur dann wirtschaftlich sinnvoll, wenn die „Degenerationsphase" hinausgezögert werden soll, um vorhandene alte Produkte noch vor der Einführung der neuen abzusetzen bzw. die Produktionsanlagen bis zur Umstellung auf die neuen Produkte voll auszulasten (z. B. Werbung für Sondermodelle vor Modellwechsel in der Automobilindustrie).

3.2.2 Werbeplanung und -durchführung

Einordnung der Werbung in die strategische Unternehmungsplanung

Die Werbung stellt nur einen kleinen, aber umso wichtigeren Bestandteil der Marketingaktivitäten dar. Werbeaktivitäten müssen mit allen anderen Maßnahmen eine Einheit bilden und können daher in mehrere Phasen eingebettet sein:

- Grundlagenbestimmung
- Werbeplanung
- Kontrolle.

Diese drei Phasen beeinflussen sich gegenseitig und üben Wechselwirkungen aus.

Letztlich hat die Rückkoppelung der Werbeerfolgskontrolle einen entscheidenden Einfluss auf Veränderungen oder Fortführung der Werbeplanung.

Werbeziele

Die Ziele der Werbung können sehr vielfältig sein:

- Bekanntmachung eines neuen oder verbesserten Produkts
- Erhöhung des Bekanntheitsgrades einer Unternehmung und ihrer Produkte
- Änderung bestehender Verbrauchs- oder Verwendungsgewohnheiten
- Auslösung eines Mode- oder Geschmackswandels
- Erhöhung des Pro-Kopf-Verbrauchs für ein Produkt
- Schaffung neuer Bedürfnisse
- Neutralisierung der Werbemaßnahmen der Konkurrenz
- Rückgewinnung früherer Stammkunden
- Ausgleich saisonaler oder konjunktureller Absatzschwankungen usw.

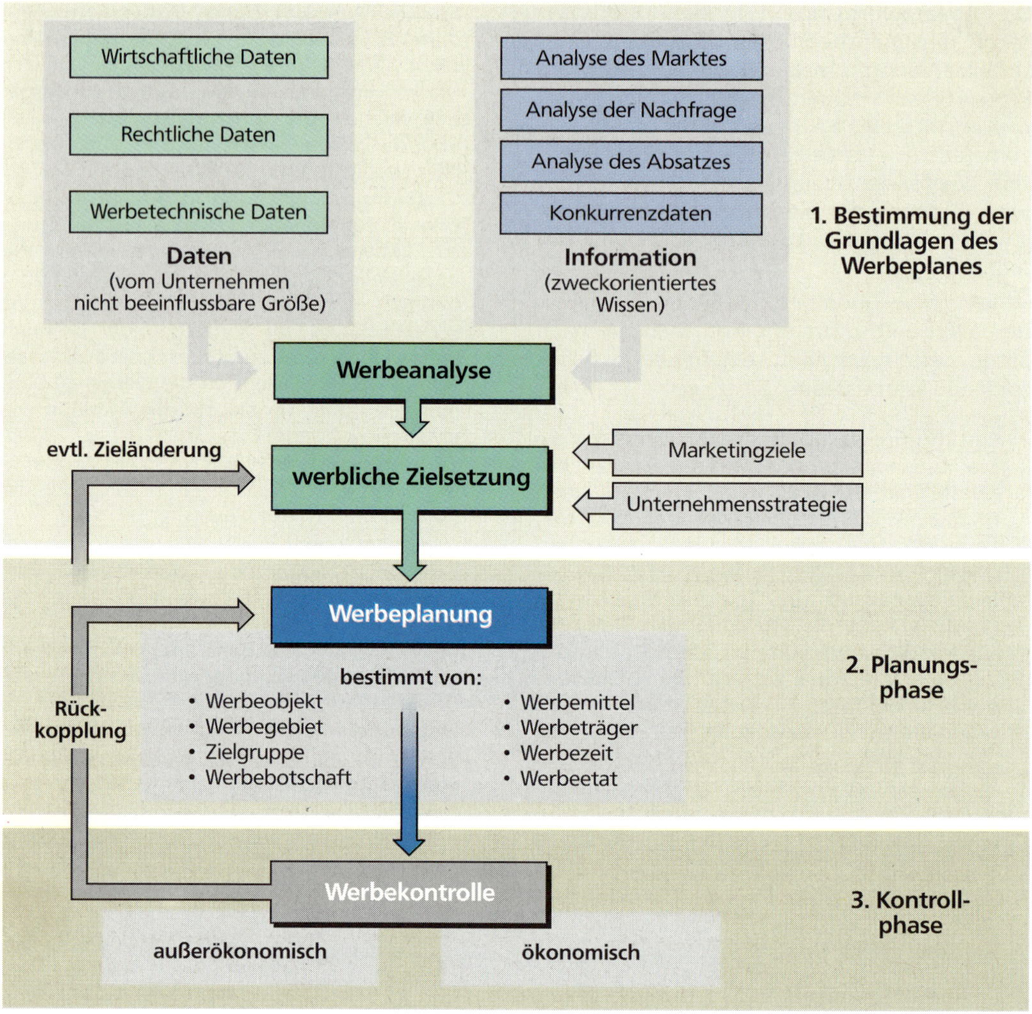

Nach dem klassischen Schema löst die Werbung verschiedene Reaktionen bei den Umworbenen aus.

A	**Attention** Aufmerksamkeit erregen
I	**Interest** Interesse wecken
D	**Desire** Wünsche nach dem Produkt schaffen
A	**Action** Kaufhandlungen beim Umworbenen auslösen

Entscheidend ist, dass eine Werbebotschaft überhaupt erst einmal wahrgenommen wird. Dies ist ggf. der Hauptgrund für ganz außergewöhnliche und zum Teil verrückt anmutende Werbeaktionen.

Eine weitere Stufe ist erreicht, wenn Interesse an dem Produkt geweckt wird und ggf. sogar ein erster Kaufwunsch entsteht. Wirtschaftlich erfolgreich ist die Werbung, wenn es zum Kaufabschluss kommt. Wie schnell diese Stufen durchlaufen werden, hängt sehr von der Warenart und dem angesprochenen Käuferkreis sowie dem Werbeumfeld ab. Bei hochpreisigen Gebrauchsgegenständen (z. B. Fertighäuser, PKWs, Fernsehgeräte usw.) wird dies wesentlich länger und unter Umständen viele Jahre dauern, während die Werbung für niedrigpreisige Verbrauchsgüter (z. B. Bonbons, Waschmittel usw.) evtl. direkt zur Kaufhandlung führt.

4001260L

Der Werbeplan

Der Werbeplan beantwortet die folgenden acht Fragen:

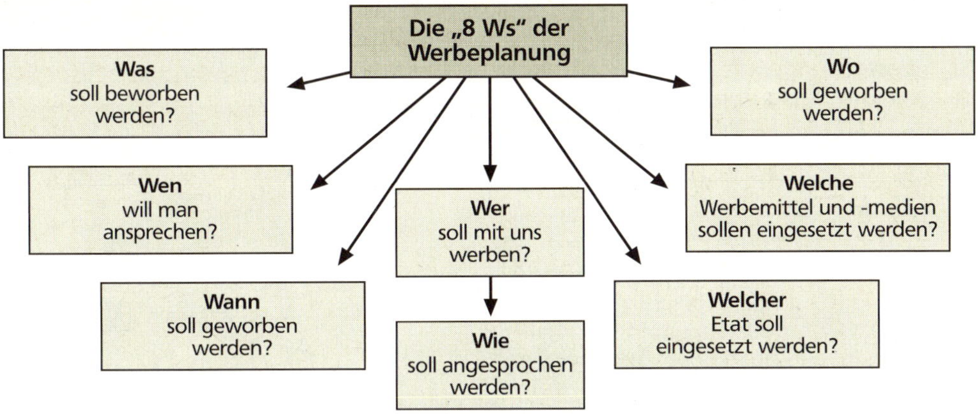

1 Mit der Festlegung der **Werbeobjekte** wird geklärt, was beworben werden soll:

Der Unternehmung stellt sich die Frage, ob sie für ein Produkt oder eine Produktgruppe werben soll. Bei dieser **Sach- oder Produktwerbung** tritt der Name des Werbetreibenden kaum in Erscheinung. Wenn ein Betrieb jedoch seinen Namen stark in den Vordergrund der Werbung stellt, versucht er für die gesamte Unternehmung bzw. deren Produktionsprogramm ein positives Image beim Kunden zu erzeugen. Diese Werbung nennt man **Personen- oder Firmenwerbung.** Letztere überwiegt in der Investitionsgüterindustrie. Die Produktwerbung findet man vor allem bei Konsumgütern. Häufig werden aber auch beide Werbearten kombiniert.

2 Danach wird mit der Frage nach den **Werbesubjekten** beantwortet, wer die Werbemaßnahme finanziert.

In der Regel wird die Werbung von einer Unternehmung allein getragen. Ziel dieser **Alleinwerbung** ist es, den Marktanteil der eigenen Produkte zu behaupten oder zu vergrößern bzw. das Image einer Unternehmung zu verbessern.

Bei der **Kollektivwerbung** wird die Werbekampagne dagegen von mehreren Unternehmen getragen. Werden die Namen der beteiligten Firmen genannt, spricht man von **Sammelwerbung** (z.B. gemeinsames Projekt eines Bekleidungs- und Schuhherstellers). Bleiben die einzelnen Partner dagegeben anonym oder trägt ein Verband die Werbung, so liegt **Gemeinschaftswerbung** vor (z.B. „Trinkt mehr Milch."). Diese Werbung richtet sich gegen Konkurrenzprodukte anderer Branchen.

3 Mit Festlegung des **Werbegebiets (auch: „Streugebiet")** wird die Frage beantwortet, wo geworben werden soll.

Es ist durchaus möglich, dass die Werbung für die jeweiligen Gebiete unterschiedlich aufgebaut ist. Sie sollte nämlich die andere Mentalität der Menschen bzw. die unterschiedlichen Marktanteile der Produkte in den verschiedenen Gebieten berücksichtigen. Daher kann auch in bestimmten Regionen vermehrt, in anderen evtl. überhaupt nicht von einer Unternehmung geworben werden.

Das Werbegebiet beeinflusst die Auswahl der Werbemedien. So wird z.B. eine Brauerei mittlerer Größe, die einen regional begrenzten Absatzmarkt hat, nicht bundesweit werben. Große Industriebetriebe werben dagegen überwiegend in der gesamten Bundesrepublik Deutschland. Lediglich bei der Erprobung eines Produkts auf einem Testmarkt beschränkt sich ihre Werbeaktion auf ein kleines Gebiet.

4 Die Festlegung auf die **Zielgruppe (auch: „Streukreis")** beantwortet die Frage: Wen will man ansprechen?

Ein Hersteller von Konsumgütern wird sich mit seiner Werbung i.d.R. an die anonyme Masse wenden. Dennoch ist die Gestaltung dieser **Massenumwerbung** auf eine bestimmte Zielgruppe gerichtet. Grundsätzlich kann der Endverbraucher vom Werbenden direkt (z.B. Fernsehwerbung) oder indirekt über den Einzelhandel (z.B. Bereitstellung von Werbeplakaten für den Handel) angesprochen werden.

Daneben kann sich eine Werbebotschaft aber auch an den Handel richten, um diesen z.B. dazu zu bewegen, ein neues Produkt in sein Sortiment aufzunehmen. Die direkte Ansprache von einzeln Umworbenen ist zwar wirkungsvoller, aber auch erheblich teurer. Diese **Einzelwerbung** oder **Direktwerbung** wird daher auch mehr für teure Produktionsgüter verwendet (z.B. Werbebrief eines Maschinenherstellers an die möglichen Kunden).

Neben den o.g. **Käufern** eines Erzeugnisses (Verbraucher, Verwender oder der Handel als Wiederverkäufer) können auch **Nichtkäufer** Zielgruppe einer Werbung sein. Es sind **Bedarfsberater** (z.B. Ärzte, Architekten) und **Bedarfsäußerer** (z.B. Kinder). Sie veranlassen mit ihrem Rat (z.B. ein bestimmtes Medikament) oder ihrem Wunsch (z.B. Süßigkeiten, Spielwaren) die eigentlichen Käufer das Produkt zu erwerben.

„Lächerlich – wie die sich von der Werbung manipulieren lassen"

„Werbung in Grenzen", edition ZAW, 9. Auflage, S. 20

5 **Werbeinhalt**

Die Frage, wie geworben werden soll, ist vor allem von dem **Werbeinhalt** abhängig. Mit zunehmender Werbung – vor allem durch die privaten Fernsehanstalten – werden die Bürger immer werbemüder. Der Zuschauer schaltet während der Werbeblöcke um, er überblättert die Anzeigen, übersieht oder überhört sie oder nimmt sie nicht auf. In diesem Fall verpufft die Werbung, sie kann ihre Ziele nicht erreichen.

Damit die Werbung nicht unbeachtet in der Informationsflut versinkt, muss sie vom Empfänger beachtet und aufgenommen werden. Die Gestalter der Werbung benutzen hierzu bestimmte Aktivierungstechniken. Dazu zählen intensive (bunte, laute) sowie emotionale und überraschende Reize. Wichtigstes Medium hierfür ist das Bild. Bilder – in Werbespots kombiniert mit Tönen – haben die Aufgabe emotionale Erlebnisse zu vermitteln, die aus der Traumwelt der Empfänger sind. Beispiele sind die Wildwestklischees der Marlboro, die heile Bergwelt der Milka, die autoleeren weiten Landschaften in der Autowerbung usw. Bilder veranschaulichen aber auch sachliche Produkteigenschaften, wie z.B. die hohe Saugkraft der Pampers-Windeln, das „besondere" Weiß einer Wäsche oder Flecken usw. Bilder sind nach der Meinung vieler Menschen ein Beweisstück – obwohl es heute leicht möglich ist, Bilder zu manipulieren.

Die **inhaltliche** Gestaltung der Werbung kann aus einem Appell, einer Argumentation oder einer Kombination von beiden bestehen. Der **Appell** ist eine kurze, eindringliche Aussage, die zum Kauf auffordern soll. Es wird meist dann gewählt, wenn über das Produkt wenig Informationen gegeben werden müssen, nur eine geringe Werbezeit (z.B. Rundfunk-, Fernsehwerbung) oder eine kleine Werbefläche (z.B. Anzeige, Plakat) zur Verfügung steht.

Die **Argumentation** soll den Kunden dagegen mit Fakten von einem Produkt überzeugen (z.B. Prospekt für ein technisches Produkt).

4001262L

Folgende Grundsätze sollen bei der Werbegestaltung beachtet werden:

Zielgruppen-gerecht	Die Werbung muss unbedingt zielgruppenorientiert sein, d.h., sie muss die umworbene Zielgruppe ansprechen, begeistern, ihre geheimen Wünsche und Sehnsüchte treffen.
Originalität	Sie soll möglichst originell sein, sich von den Kampagnen der Konkurrenz abheben, damit sie genügend beachtet wird.
Aktualität	Sie soll sich den Lebensgewohnheiten (z.B. Umweltbewusstsein), Geschmacks- und Modewandlungen der Zielgruppe anpassen.
Wahrheit	Obwohl natürlich viel in der Werbung gestellt und kaschiert ist, darf man es hiermit nicht übertreiben. Die Werbung unterliegt in Deutschland auch verschiedenen rechtlichen Beschränkungen und Selbstbeschränkungen (siehe hierzu S. 266 ff.).
Einheit-lichkeit	Die Einzelmaßnahmen einer Werbekampagne müssen inhaltlich und in ihrer Gestaltung aufeinander abgestimmt werden, damit sie vom Empfänger besser aufgenommen und behalten werden (siehe hierzu auch „Corporate Identity", S. 281 f.).
Wirtschaft-lichkeit	Werbung ist teuer. Entweder soll daher ein angestrebtes Werbeziel mit möglichst geringem Einsatz erreicht werden oder mit einem bestimmten festgelegten Werbeetat soll ein möglichst großer Werbeerfolg erzielt werden.

6 Werbemittel und Werbemedien

Die Werbeziele können nur erreicht werden, wenn die Werbebotschaft auch zum Umworbenen gelangt. Hierfür steht einer Unternehmung eine Vielzahl von Werbemitteln zur Verfügung. Die **Werbemittel** wiederum werden vom jeweils zugehörigen **Werbeträger** (oder: **Werbemedium)** transportiert. Einige Beispiele für Werbemittel und ihre Werbemedien:

Werbemittel	Werbemedien
Visuelle Werbemittel: ▪ Inserate ▪ Plakate ▪ Werbebriefe ▪ Werbeaufschriften usw.	Zeitungen, Zeitschriften, Fachzeitschriften, Prospekte, Beilagen, Plakatsäulen, Hauswände, Verkehrsmittel, Banden um Sportfelder u.a., Trikots, Kataloge
Akustische Werbemittel: ▪ Werbetexte ▪ Songs ▪ Gespräche	Rundfunk, Tonträger wie CDs Außendienstmitarbeiter
Audiovisuelle Werbemittel: ▪ Fernseh- und Kinospots ▪ virtuelle Werbung	Fernsehen, Kino, Internet, CD-ROMs

Die Auswahl der Werbemedien und der dazugehörenden Werbemittel geschieht mit einem „Media-Selektionsprogramm“. Dieses wird von verschiedenen Faktoren bestimmt:

- **Art der Zielgruppe,** die erreicht werden soll. Jeder Werbeträger erreicht nur eine bestimmte Zielgruppe und es gibt kaum Produkte, die für wirklich alle Konsumenten infrage kommen. Wichtig ist, eine zielgruppenspezifische Auswahl der Werbeträger zu treffen, damit die Werbebotschaften auch an die zu Umwerbenden herangetragen werden. Die Verlage, Sender usw. liefern zur Entscheidungshilfe Mediadaten, d.h. Auflagen- und Verbreitungsanalysen sowie Inhaltsanalysen der redaktionellen Teile und einer Beschreibung der jeweiligen Leser/Zuschauer/Zuhörer usw. nach Alter, Geschlecht, Beruf, sozialer Schicht, Bildungsstand, Kaufkraft usw. Daneben werden natürlich die Auflagenhöhen oder Einschaltquoten angegeben.

Käfer-Nachfolger Beetle: im Internet per Mausklick die Ausstattung kombinieren.
Foto: VW, Wolfsburg

- **Werbeobjekte:** Investitionsgüter werden mit Werbebriefen, CD-ROMs u.a. eher direkt beworben, Konsumgüter dagegen eher in den Massenmedien indirekt. Hochpreisige Konsumgüter werden oftmals auch schon im Internet, auf CD-ROM oder im Direktmailing mit Werbebriefen usw. beworben. Für erklärungsbedürftige Produkte kommt eher der Prospekt infrage, für unproblematische Produkte eher die Massenumwerbung in den elektronischen Medien usw. Für Baumaterialien wird z.B. in Fachzeitschriften oder Sonderbeilagen, für Arzneimittel u.a. mehr in Seniorenkundenzeitschriften usw. geworben.

- **Werbeetat:** Da die Preise der verschiedenen Werbemedien sehr unterschiedlich sind, ist der Etat ein wichtiger Faktor. Um eine Vergleichbarkeit zu erhalten, wird der sog. „Tausenderpreis“ berechnet. Es ist der Preis für 1000 erreichte Leser, Zuschauer, Zuhörer, Adressaten usw. Er errechnet sich aus:

$$\textbf{Tausenderpreis} = \frac{\textbf{Kosten des Werbemediums} \cdot 1000}{\textbf{Anzahl der erreichten Personen}} \quad \textbf{oder:} \quad \frac{\textbf{Seitenpreis} \cdot 1000}{\textbf{gelesene Auflage}}$$

In den Medien Fernsehen und Funk werden die Einschaltquoten zugrunde gelegt. In Zeitungen oder Zeitschriften ist es die sog. „Reichweite“, d.h. die Anzahl der Personen, die mit dem Werbemedium in Kontakt kommt. Diese Reichweite ist nicht nur die reine verkaufte und verschenkte Auflage, sondern zusätzlich kommen noch die Personen hinzu, die als Zweit-, Drittleser usw. (z.B. in Wartezimmern oder als Mitglieder im Haushalt des Käufers) die Zeitschrift lesen. Bei Bandenwerbung auf Straßenbahnen, LKWs usw. werden die Blickkontakte ermittelt.

Nach einer Studie kann ein LKW pro Jahr 6 Millionen Blickkontakte auf sich ziehen.

- **Gewohnheiten** der Zielgruppenmitglieder: Produkte, die speziell Hausfrauen ansprechen, werden häufig im Radio beworben, da die Frauen oft Radio während des Kochens hören. Spezielle Artikel für Schüler werden im Radio nachmittags oder in bestimmten Serien bzw. in Jugendzeitschriften, aber auch im Internet beworben.

Die Medienberater in den Werbeagenturen machen ihren Auftraggebern einen konkreten Vorschlag, wie die Reichweite mit dem gegebenen Budget am größten wird.

7 **Werbeetat (Werbebudget)**

Wie vielen anderen betrieblichen Entscheidungen sollten auch einer Werbekampagne Wirtschaftlichkeitsüberlegungen vorausgehen. Demnach muss versucht werden mit einem gegebenen Werbeetat einen möglichst großen Erfolg oder ein gestecktes Ziel mit möglichst geringen Mitteln zu erreichen.

Der Werbeetat kann von folgenden Faktoren abhängen:

- **Der Finanzlage** der Unternehmung. Bei guter finanzieller Situation sind die Spielräume für den Werbeaufwand größer, bei sinkender Ertragslage muss die Werbung evtl. eingeschränkt werden.
- **Den Werbemaßnahmen** der Konkurrenz. Dabei kann es sich um eine Anpassungs- oder Abhebungsstrategie handeln.
- **Den Werbezielen,** z.B. Marktanteile zu erhalten oder auszudehnen.

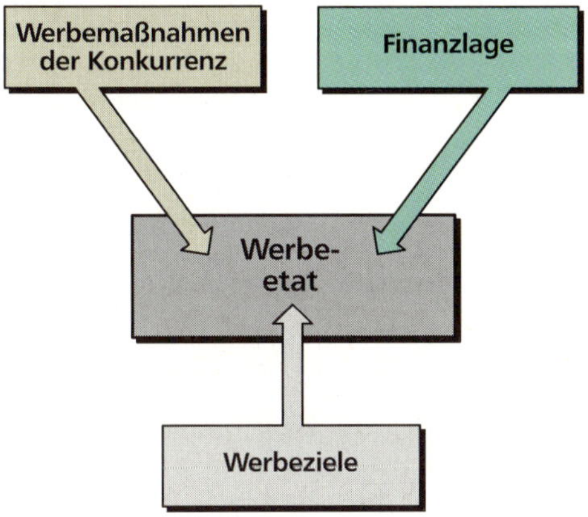

Die Ausgaben für Werbung können auch vom Umsatz abhängig gemacht werden. Dabei gibt es eigentlich nur drei Möglichkeiten:

Prozyklische Werbung

Der Werbeaufwand ist abhängig vom Umsatz. Mit zunehmendem Umsatz steigen die Werbeausgaben und umgekehrt. (Beispiel: Werbung für Saisonwaren wie Osterartikel oder Bademoden).

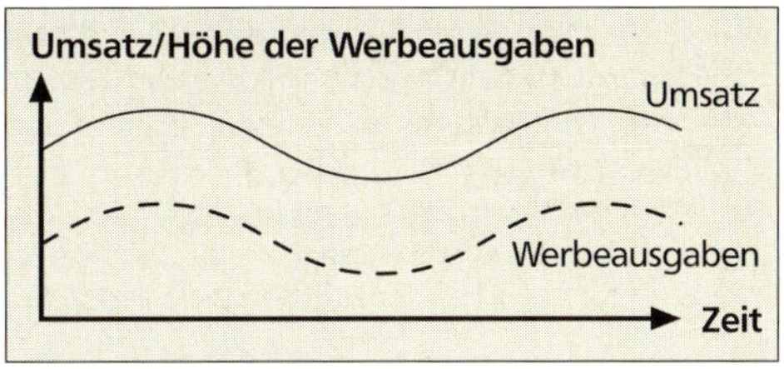

Antizyklische Werbung

Die Werbeausgaben verhalten sich umgekehrt zu der Umsatzentwicklung. Dieses Verfahren hat zum Ziel, dass ein fallender Umsatz durch vermehrte Werbemaßnahmen aufgefangen werden soll (z.B. Ausgleich saisonaler Schwankungen).

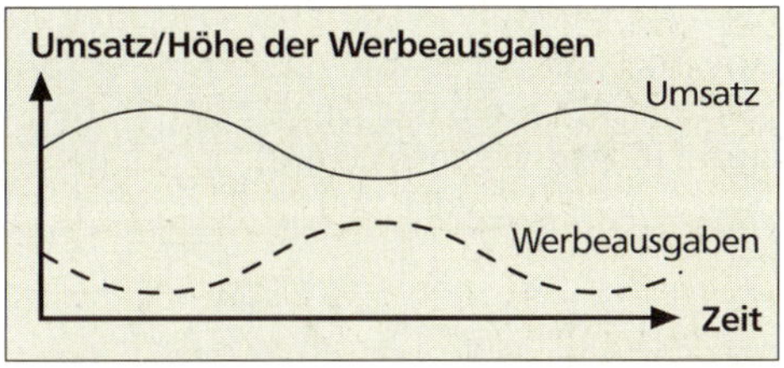

Nivellierungsprinzip der Werbeausgaben

Die Werbeausgaben sind unabhängig vom Umsatz. Dieses Verfahren bietet sich an, wenn die Unternehmung mehr für ihr Image als für ihre einzelnen Produkte werben will.

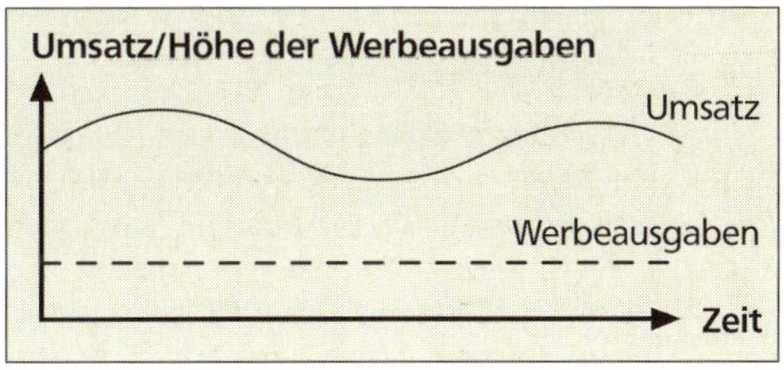

8 **Werbezeit (Streuzeit)**

Die Werbezeit wird u.a. durch die Umsatzentwicklung (Stationen im Lebenszyklus) bestimmt.

Daneben muss auch festgelegt werden, ob eine Werbekampagne über ein ganzes Jahr oder nur zu einer bestimmten Jahreszeit durchgeführt werden soll. Für Waren, deren Absatz saisonalen Schwankungen unterliegt, kann während (z.B. für Wintersportartikel) oder aber auch außerhalb der Saison (z.B. für Speiseeis im Winter) geworben werden. Es liegt dann eine **pro- bzw.**

antizyklische Werbung vor. Letztlich muss eine Unternehmung entscheiden, an welchen Tagen (z.B. Werbung am Sonntag in einer Sonntagszeitung) und zu welchen Tageszeiten (z.B. Rundfunkwerbung in der Mittagszeit oder Fernsehwerbung kurz vor der Tagesschau) sie werben will.

Zwischen Werbezeitpunkt und Werbepreis besteht ein direkter Zusammenhang. So ist z.B. der Werbespot unmittelbar vor dem Anpfiff des Fußballspiels oder zwischen zwei Runden bei WM-Boxkämpfen um ein Vielfaches höher als sonst zur gleichen Zeit. Sportereignisse bestimmen den Zeitpunkt der Bandenwerbung. Spezielle Werbesendungen – z.B. Schülerdisco ab 14:00 Uhr oder Hausfrauensendungen am Vormittag – sprechen bestimmte Zielgruppen an.

Daraus ergibt sich eine Makro- und Mikroplanung der Werbezeit: Während die Makroplanung langfristig den Einsatz der Werbung festlegt, wird mit der Mikroplanung eine Einteilung innerhalb kürzester Zeiteinheiten vorgenommen.

3.2.3 Werbung in Grenzen oder: Stoppt die geheimen Verführer?!

Damit Werbung nicht über das eigentliche Ziel hinausschießt und Unwahrheiten verbreitet, Persönlichkeitsrechte verletzt oder bewusst irre führt, gibt es in Deutschland eine Vielzahl von Gesetzen und Verordnungen – allen voran, das Gesetz gegen den unlauteren Wettbewerb (UWG).

Werbung in Deutschland

Werbung in Grenzen, edition ZAW, 9. Auflage, S. 41

Darin sind Grundsätze zur Verhinderung von Auswüchsen im Wettbewerb verankert:
- irreführende Werbung,
- Verstöße gegen die guten Sitten
  und
- geschäftsschädigende Angaben über die Konkurrenz sind verboten.

Über die Einhaltung der Gesetze wachen unter anderem zahlreiche Wettbewerbsvereine, die Verstöße abmahnen und gegen uneinsichtige Werbetreibende Vertragsstrafen erzwingen. Ökonomischer Maßstab für lautere Werbung ist immer der Werbeerfolg, das heißt, jede umstrittene Werbung wird – etwa durch Umfragen – daraufhin untersucht, wie das breite Publikum sie auffasst. Daher kommt die Werbewirtschaft nicht umhin, in ihre Werbung die Überlegung miteinzubeziehen, wie der Verbraucher Werbung verstehen oder missverstehen könnte. Denn der Konsument allein entscheidet, ob Werbung irreführend ist – so der Bundesgerichtshof.

aus: Klein, Medien- u. Werbekompetenz, div., 1996, S. 9

Der **Deutsche Werberat,** eine freiwillige Kontrollinstanz der Werbewirtschaft überwacht ebenfalls die Seriosität der Werbung. Seine Aufgaben:

Die Konfliktregelung zwischen Konsumenten und gesellschaftlichen Gruppen einerseits und der werbenden Wirtschaft andererseits. Diese Schiedsfunktion kommt beiden zugute.

Die Werbeselbstdisziplin, die das Gremium ausübt, gibt den Verbrauchern die Möglichkeit unmittelbar in das Werbegeschehen einzugreifen. Eine einzige Beschwerde kann ausreichen eine Werbekampagne zu stoppen. Seit Gründung des Werberats hat das Gremium über 5 000 Eingaben behandelt. Heute führt fast jede zweite Beschwerde dazu, dass die Werbemaßnahme eingestellt oder geändert wird.

Die Überwachung des Werbemarktes hilft, Fehlentwicklungen früh zu erkennen. Beispiel: Umweltschutz. Hier hat der Werberat mit speziellen Informationen auf Gefahren des Werbemissbrauchs hingewiesen.

Das Gesetz gegen den unlauteren Wettbewerb (UWG)

Sinn dieses Gesetzes ist es, den Wettbewerb freizuhalten von unfairen Verhaltensweisen. Dabei werden im UWG eine Reihe von unlauteren Wettbewerbspraktiken behandelt, die unterschiedlichen Problemkreisen zuzuordnen sind. Auszugsweise sollen einige davon dargestellt werden.

§ 1 UWG. Wer im geschäftlichen Verkehr zu Zwecken des Wettbewerbes Handlungen vornimmt, die gegen die guten Sitten verstoßen, kann auf Unterlassung und Schadenersatz in Anspruch genommen werden.

Aus dem Wettbewerbsrecht lassen sich zwei Grundsätze entnehmen, wie eine Werbung nicht aussehen sollte:

Grundsatz 1: Irreführende Werbung ist verboten (§§ 3, 4 UWG).

Verstöße gegen diesen Grundsatz liegen vor, wenn der Werbende irreführende Angaben macht über seine geschäftlichen Verhältnisse, insbesondere über

- die Beschaffenheit, den Ursprung, die Herstellungsart oder die Preisbemessung einzelner Waren oder Leistungen,
- Preislisten, über die Art des Bezugs oder die Bezugsquellen von Waren,
- den Besitz von Auszeichnungen,
- den Anlass oder den Zweck des Verkaufs, die Menge an Vorräten.

Aus der unerlaubten (§ 3 UWG) wird strafbare Werbung (§ 4 UWG), wenn sie einem großen Personenkreis zugeleitet wird (z. B. durch Zeitungsanzeigen).

Grundsatz 2: Vergleichende Werbung war bis Mitte 1998 in Deutschland verboten. Doch der Bundesgerichtshof passte in 1998 das deutsche Recht an das europäische an. Danach ist vergleichende Werbung grundsätzlich zulässig, wenn der Vergleich nicht irreführend ist, nachprüfbare und typische Eigenschaften miteinander verglichen werden und der Mitbewerber nicht herabgesetzt wird.

Grundsätzlich erlaubt sind auch folgende Vergleiche:

- **Systemvergleich** ist dann erlaubt, wenn das System der eigenen Erzeugnisse mit dem der Mitbewerber verglichen wird, wobei der Mitbewerber nicht direkt angesprochen werden darf (Beispiel: Vergleich von Öl- mit Gasheizung).
- **Abwehrvergleich.** Vergleich, der erlaubt ist, um den Schaden, der durch die Behauptung eines Mitbewerbers entstanden ist oder entstehen könnte, zu verringern oder abzuwenden.
- **Fortschrittsvergleich.** Vergleich, der erlaubt ist, wenn nur auf diese Weise der technische Fortschritt bei den eigenen Produkten herausgestellt werden kann (Beispiel: „Bei unseren Autos brauchen Sie nur noch alle 25000 km einen Ölwechsel zu machen.").

Vergleichende Werbung ist auch 1997 in Deutschland noch verboten.

Sie kann spannend und unterhaltsam sein.

Sie kann aber auch zu einer Flut von Prozessen zwischen den Konkurrenten führen.

Strafbare Werbung (§ 4 UWG) liegt vor, wenn die Umworbenen bewusst getäuscht werden, um den Anschein eines besonders günstigen Angebots zu wecken.

Superlativwerbung ist erlaubt, wenn die Umworbenen die Übertreibung als solche erkennen („Das strahlendste Weiß meines Lebens") oder wenn die getroffenen Aussagen nachweislich wahr sind („Der meistgebaute Wagen der Welt").

Sonstige Problemkreise

Als unlauter gelten weiterhin folgende Tatbestände:

- **Anschwärzung** (§ 15 UWG) liegt vor, wenn zum Zweck des Wettbewerbs unwahre Behauptungen aufgestellt werden, die einer Unternehmung Schaden zufügen.
- **Bestechung von Angestellten** (§ 12 UWG) liegt vor, wenn Mitbewerber Angestellten Schmiergelder oder Geschenke zukommen lassen, um sich dadurch einen Vorteil beim Wettbewerb zu verschaffen.
- **Benutzung eines eingeführten Namens,** einer Geschäftsbezeichnung oder einer Firma durch die Konkurrenz (§ 16 UWG).
- **Verrat von Geschäftsgeheimnissen** (§ 17 UWG).
- **Verrat von Vorlagen** (§ 18 UWG) liegt vor, wenn Arbeitskräfte einer Unternehmung Zeichnungen, Modelle, Schablonen, Rezepte u.a. an Dritte unbefugt weitergeben.
- **Verleiten zum Verrat** von Geschäftsgeheimnissen oder Vorlagen (§ 20 UWG).

3.2.4 Die Werbeerfolgskontrolle

Situation

Das Pharma-Unternehmen „VITA Pharma GmbH" produziert in Lizenz das Koenzym Q10 und bietet es auf dem Deutschen Markt an. Dieses Enzym wurde in den USA und Kanada begeistert aufgenommen und eroberte sich sofort einen hohen Marktanteil. Es soll das Immunsystem stärken und, ab 40 Jahren regelmäßig eingenommen, die Zellalterung bremsen.

Die Zielgruppe sind gesundheitsbewusste Menschen über 40 Jahre mit einem höheren Einkommen, da das Produkt relativ teuer ist. Die mögliche Zielgruppe für ein so teures Vitalstoffpräparat wird auf zwei Millionen Menschen geschätzt. Drei Konkurrenzprodukte sind auf dem Markt. Die VITA Pharma GmbH bietet sowohl indirekt über Apotheken als auch im Versand mit Direktmarketing an.

Zur Einführung wurden folgende Werbeaktionen durchgeführt:

- **Direktwerbung. Versand von 100000 Proben mit Info-Broschüre und Bestellkarte, Gesamtkosten 125.000,00 DM.**
- **Massenumwerbung – Printmedien. Anzeigen in der Fachzeitschrift „Gesundes Leben" und in zwei Kundenzeitschriften „Apotheker-Rundschau" und „Bewusst leben", Gesamtkosten 120.000,00 DM. Herstellung der Anzeige: 5.000,00 DM.**

- **Massenumwerbung – Elektronische Medien. Vier Spots jeweils vor der Fernsehsendung „Sprechstunde“ – Kosten: je 35.000,00 DM sowie zweimal im Werbeblock in der Sendung, Kosten je 40.000,00 DM. Herstellung des Spots: 15.000,00 DM.**

Eine Werbeerfolgskontrolle soll die Wirksamkeit kontrollieren.

?

- **Wie wird der Werbeerfolg ermittelt?**
- **Was sind ein ökonomischer und ein außerökonomischer Werbeerfolg?**
- **Welche Schwierigkeiten gibt es bei der Werbeerfolgskontrolle?**

Informationen

Werbung ist zu teuer, als dass man sie ohne Kontrolle langfristig laufen lassen sollte. Sie ist ein wichtiges Instrument zur Beeinflussung des Absatzes und bestimmt damit wesentlich den Erfolg eines Unternehmens mit. Mithilfe der Werbeerfolgskontrolle will der Werbetreibende also feststellen, wie die Werbung gewirkt hat, ob sie erfolgreich war, d.h., ob und wie die Werbeziele erreicht wurden oder werden.

Zitat nach Henry Ford:
„Ich weiß, dass die Hälfte meiner Ausgaben für Werbung aus dem Fenster geworfen sind, doch welche Hälfte, das weiß ich nicht.“

Wann wird eine Werbeerfolgskontrolle durchgeführt?

Vor Beginn der Werbeaktion	Während der Werbeaktion	Nach der Werbeaktion
wird die geplante Werbekampagne in Testmärkten auf ihre Wirksamkeit hin überprüft. So können früh genug Spots u.Ä. geändert werden, um die Zielgruppe genauer und wirkungsvoller ansprechen zu können.	sollte die Werbung laufend kontrolliert werden, um sie evtl. zu ändern, andere Werbemedien zu schalten oder auch ganz abzubrechen und eine neue Kampagne zu planen.	sollte unbedingt der Werbeerfolg gemessen werden. Er gibt Aufschluss über weitere Marketingstrategien und auch über die Arbeit der beauftragten Werbeagentur.

Durch die Werbeerfolgskontrolle kommt es zu einer laufenden Rückkoppelung und zu einem Vergleich des Werbeerfolgs mit den Marketing- und den Werbezielen.

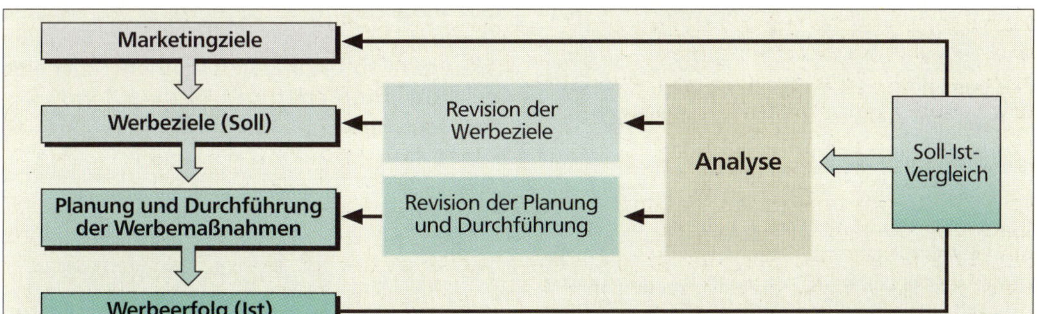

aus: Weis, Marketing, Ludwigshafen 1996, S. 368

Für die Durchführung der Werbeerfolgskontrolle gibt es generell zwei Zielgrößen:

Werbeerfolgskontrolle

- **ökonomischer Werbeerfolg**
- **außerökonomischer Werbeerfolg**

Der ökonomische Werbeerfolg

Der ökonomische Werbeerfolg wird in den durch die Werbeaktion verursachten Veränderungen des Absatzes, Umsatzes-, Gewinnes oder der Marktanteile gemessen. Oftmals wird zur Beurteilung der Wirtschaftlichkeit einer Werbeaktion die Werberendite herangezogen. Hierzu muss der Werbeaufwand zu dem Werbeerfolg in Beziehung gesetzt werden.

Der Werbeaufwand sind die Kosten einer Teilaktion oder einer gesamten Werbeaktion.

Der Werbeerfolg ist die Umsatzsteigerung, die durch die Werbeaktion hervorgerufen wurde.

Werbeerfolg (UW) = Umsatz (nach Werbung) – Umsatz (vor Werbung)

$$\textbf{Werberendite} = \frac{\textbf{Werbeerfolg} \cdot \textbf{100}}{\textbf{Werbekosten}}$$

Beispiel zur Situation auf S. 268

Direktwerbung:
Vor der Werbeaktion hatte die VITA Pharma GmbH 10 000 Direktbesteller, die als Stammkunden monatlich je eine Packung zu 50,00 DM erhielten. Durch die Direktwerbung kamen 4000 Besteller hinzu. Daraus ergibt sich folgende Werberendite:
UW = Umsatz nach der Werbeaktion (= 14 000 · 50,00 DM = 700.000 DM) – Umsatz vor der Werbeaktion (= 10 000 · 50,00 DM = 500.000,00 DM) = 200.000,00 DM
Kosten der Direktwerbung: 125.000,00 DM

$$W = \frac{200.000 \cdot 100}{125.000} = 160\,\%$$

Massenumwerbung:
Der Umsatz steigert sich nach den Werbeaktionen um 108.000,00 DM im ersten Monat. Das ergibt folgende Werberendite:

Kosten der Massenumwerbung

Printmedien, Anzeigen	120.000,00 DM
+ Anzeigenerstellung	5.000,00 DM
+ 4 · Spots à 35.000,00 DM	140.000,00 DM
+ 2 · Spots à 40.000,00 DM	80.000,00 DM
+ Spoterstellung	15.000,00 DM
Gesamtkosten	360.000,00 DM

$$\text{Werberendite} = \frac{108.000 \cdot 100}{360.000} = 30\,\%$$

Die Werberendite der Direktwerbung wäre in diesem Beispiel erheblich höher als diejenige der Massenumwerbung, bei der die Kosten weitaus höher als die Erträge sind. Allerdings sind die langfristig wirkenden Werbeeffekte in dem Werbeerfolg nicht enthalten.

Die Berechnung des ökonomischen Werbeerfolges ist allerdings nicht unproblematisch, da eine direkte Zuordnung nur bedingt möglich ist. In dem o.g. Beispiel könnten bestimmte Teile des Umsatzzuwachses der Direktbezieher auch durch eine Mund-zu-Mund-Propaganda der bisherigen Besteller hervorgerufen worden sein. Diese könnten auch den Umsatz in den Apotheken gesteigert haben. Die Zahl derjenigen, die direkt angeschrieben wurden und nicht bestellt, aber das Präparat in der Apotheke gekauft haben, ist ebenfalls unbekannt.

So können die ermittelten Umsätze u.a. von folgenden Faktoren beeinflusst werden:

- Werbemaßnahmen der Konkurrenz
- Preissenkungen oder -erhöhungen der Substitutionsprodukte
- Kaufkraftveränderungen
- Änderungen im Geschmack oder Bewusstsein der Käufer
- gesetzliche Änderungen
- Hinzukommen oder Verschwinden von Konkurrenzprodukten
- Preisveränderungen der Komplementärprodukte usw.

Ein möglicher Kauf kann zwar durch eine Werbung ausgelöst worden sein, er muss aber nicht sofort realisiert werden. So ist eine zeitliche Zuordnung der Käufe auf eine bestimmte Werbeaktion und damit die Berechnung des ökonomischen Werbeerfolgs sehr problematisch.

Der außerökonomische Werbeerfolg

Als außerökonomischen Werbeerfolg bezeichnet man alle positiven Werbeeffekte, die

4001270L

darin bestehen, dass der Umworbene zwar erreicht wurde, sich ggf. angesprochen gefühlt hat und ein erstes Interesse bei ihm geweckt wurde. Lediglich die letzte Stufe der AIDA-Regel (siehe S. 260) wurde noch nicht erreicht. Mit bestimmten Methoden (Erinnerungstest, Assoziationstest usw.) versucht man zu erfassen, ob Werbespots erkannt und richtig zugeordnet werden.

Zwei bekannte Verfahren der außerökonomischen Werbeerfolgskontrolle sind:

- Recall-(Erinnerungs-)Verfahren: Personen sollen eine bestimmte Werbebotschaft wiederholen. Es wird getestet, ob sie sich an die Werbebotschaft erinnern.
- Recognition-(Wiedererkennungs-)Verfahren: Den Testpersonen werden Teile von Anzeigen oder Spots gezeigt oder vorgespielt und sie sollen diese komplettieren.

Der Erinnerungserfolg kann z. B. mit folgendem Quotienten berechnet werden:

$$= \frac{\text{Zahl der sich an die Werbung Erinnernden}}{\text{Zahl der Umworbenen}} \cdot 100$$

Die Messung des Werbeerfolgs

	Verhaltensweise	Werbekennziffern	Zahlenbeispiel	Prozentsatz
A	**Attention:** Wie hoch ist der Anteil der Personen aus der Zielgruppe, die durch die Werbung auf das Produkt aufmerksam geworden sind?	$\frac{\text{Zahl der von der Werbung Berührten (Angesprochenen)} \cdot 100}{\text{Zahl der Umworbenen (Zielgruppe)}}$	$\frac{800\,000 \cdot 100}{2\,000\,000}$	40 %
I	**Interest:** Wie hoch ist der Anteil der Personen aus der Zielgruppe, die sich für das beworbene Produkt interessieren?	$\frac{\text{Zahl der für das Produkt Interessierten} \cdot 100}{\text{Zahl der Zielgruppe}}$	$\frac{100\,000 \cdot 100}{2\,000\,000}$	5 %
D	**Desire:** Wie hoch ist der Anteil derjenigen, die das Produkt kaufen würden.	$\frac{\text{Zahl derer, die sich das Produkt wünschen} \cdot 100}{\text{Zahl der Zielgruppe}}$	$\frac{60\,000 \cdot 100}{2\,000\,000}$	3 %
A	**Action:** Wie viele Personen haben das Produkt gekauft?	$\frac{\text{Zahl derer, die das Produkt zusätzlich kaufen} \cdot 100}{\text{Zahl der Zielgruppe}}$	$\frac{30\,000 \cdot 100}{2\,000\,000}$	1,5%

Arbeitsvorschlag:

1. **Diskutieren Sie das folgende Zitat: „Werbung kostet Geld – schlechte Werbung kostet viel Geld – keine Werbung kostet Kunden."**
2. **Ordnen Sie die Arten der Werbung den verschiedenen Lebenszyklusphasen zu.**
3. **Was ist ein „Werbeplan" und welche Grundsätze sind bei seiner Aufstellung zu beachten?**

4. **Erörtern Sie die folgenden Fragen:**
   a) Informiert oder manipuliert die Werbung?
   b) Werden die Produkte durch die Werbung teurer oder billiger?
   c) Ist die informativste oder plakativste Werbung die beste?
   d) Fördert oder behindert die Werbung die Chancengleichheit im Wettbewerb?
   e) Kann Werbung überhaupt seriös sein?
5. **Welche Stufe der „AIDA-Regel" halten Sie für die wichtigste?**
6. **Seit ca. einem Jahr hören und sehen Sie den Werbespot für ein neues Partygetränk. Gestern kauften Sie es für eine anstehende Fete, weil Sie wissen, dass Ihre Freunde es gerne trinken. Selbstverständlich lief auch am Vorabend der Werbespot wieder im Fernsehen. Werbeerfolg – ja oder nein?**
7. **Von welchen betrieblichen Größen oder sonstigen Gegebenheiten hängt die Höhe des Werbebudgets ab? Zeigen Sie, worin sich die gleichmäßige, die prozyklische und die antizyklische Werbung unterscheiden. Veranschaulichen Sie anhand der folgenden Beispiele, ob und aus welchen Gründen Sie die eine oder andere Art für geeignet oder eher ungeeignet halten:**
   a) Hersteller von Schokolade nach einem Bericht über die Gesundheitsgefährdungen eines zu hohen Schokoladenkonsums
   b) Ski- und Rodelfabrikant
   c) Fertighaushersteller
   d) Computerindustrie
   e) Hersteller von Fertigmenues
   f) Pharmaunternehmer für Grippemittel und Kopfschmerztabletten
8. **Was unterscheidet Werbemittel von Werbeträgern?**
9. **Welche Kriterien sind für die Auswahl eines geeigneten Werbeträgers maßgebend?**
10. **In welchem Zusammenhang stehen die Begriffe „Streukreis", „Werbemittel", „Werbeträger", „Zielgruppe" und „Streuverlust"?**
11. **Wie und unter Einschaltung welcher Werbemittel und Werbeträger wird in Ihrem Ausbildungsbetrieb geworben? Wie wird hier der Werbeerfolg festgestellt?**
12. **Ein Hersteller von Schokoriegeln wirbt mit folgendem Slogan: *„Null-Diät* – unser Riegel schmeckt am besten von allen, die Sie sonst noch kaufen können". Gibt es Gründe, die gegen diese Werbung sprechen?**

Betriebliche Entscheidungssituation
Analysieren – informieren – diskutieren – entscheiden

Die E-Lux GmbH produziert Dampfreinigungsgeräte und vertreibt diese auch direkt mit Reisenden.

1. Eine Werbekampagne in den dritten Programmen des öffentlich-rechtlichen Rundfunks am Vormittag kostete 560.000,00 DM.

   Der Umsatz vor der Werbung betrug 27.000 000,00 DM, nachher war er auf 28.600 000,00 DM gestiegen.
   a) Berechnen Sie die Werberendite.
   b) Diskutieren Sie die Aussagefähigkeit und die Zuverlässigkeit dieser Größe.
2. In einer Fachzeitschrift wurde eine Anzeige mit einer Antwortkarte platziert.

   Auflage der Zeitschrift 250 000 Stück. Im Durchschnitt wird die Zeitschrift von zwei weiteren Personen gelesen. Eine Hochrechnung aufgrund einer telefonischen Befragung bei ausgewählten Lesern ergab, dass sich etwa 100 000 an die Anzeige und das beschriebene Produkt erinnern konnten. 25 000 Antwortkarten mit der Bitte um weitere Informationen gingen ein. Davon bestellten später 4 500 einen Vertreter und 3 000 kauften das Produkt.
   a) Berechnen Sie die Werbekennziffern nach dem AIDA-Schema.
   b) Erklären und interpretieren Sie diese Kennziffern.

Situation

Zum Spaß in die Fabrik

Mit Ausstellungen, Werksbesichtigungen, Konzerten, Museen und anderen Aktivitäten buhlen Firmen um die Gunst der Kunden.

Die Fabrik als Ausflugsziel. Im Audi Center Ingolstadt herrscht jeden Morgen reger Betrieb. Etwa 100 Kunden warten mit Kind und Kegel auf ihr neues Auto. Unten im Foyer der auf Airport gestylten Halle rollen jetzt nach und nach die Fahrzeuge vor. Alle frisch gewienert und voll getankt. Nach technischer Einführung und kurzer Probefahrt lädt der Hausherr zur Werksbesichtigung. Seine Botschaft an das Publikum: „Bravo! Sie haben das richtige Auto gekauft."

Nachdem die Unternehmen jahrzehntelang fast ausschließlich auf die klassischen Instrumente des Verkaufens vertrauten, suchen sie jetzt nach neuen Möglichkeiten der Verführung. Sie gründen Clubs, inszenieren Partys und bieten Interessenten an einen Blick hinter die Fabriktore zu werfen.

Bereits 120 000 Kunden pilgern jährlich durch die Produktion von Mercedes-Benz, rund 80 000 Gäste lernen am Chemiestandort Leverkusen, wie aus Öl Kunststoff entsteht. Das baut Vorurteile ab und „schafft beim Publikum allemal mehr Sympathie als jeder noch so schöne Werbespot", weiß der Düsseldorfer Marketingprofessor Gerhard Schub von Bossiazky.

Die Instrumente, derer sich die Unternehmen bedienen, sind verschieden – die übergeordneten Ziele nicht. Es geht um Image, Kundenpflege und ein schärferes Profil. „Wir leben in einer Zeit, in der jedes Waschmittel angeblich noch ein bisschen weißer wäscht", analysiert Grit Lauterbach, Geschäftsführerin der Berliner Kommunikationsagentur Schröder + Schömbs. „Nur leider lockt diese Botschaft kaum noch Kunden hinterm Ofen hervor."

Raus aus der Sackgasse. Weil sich die Produkte in Funktion, Preis und Qualität immer mehr angleichen, sind nachhaltige Verkaufserfolge häufig nur noch über mehr Originalität zu erzielen. Vom Lebensmittelkonzern bis zum Plüschtierhersteller sind die Unternehmen deshalb auf der Suche nach unverbrauchten Kaufanreizen. Sie locken ihre Kunden durch Servicedienste, veranstalten Wochenendausflüge in die Firma – oder gründen ganz einfach ein Museum.

- **WERKSTOURISMUS:** **120 000** Kunden schleust allein Mercedes jährlich durch sein Werk.
- **FIRMENGESCHICHTE:** **3 Mio.** Besucher locken die Unternehmen jedes Jahr mit ihren Museen an.
- **KEIN TAG OHNE PARTY:** **300 000** Firmenveranstaltungen gehen jedes Jahr über die Bühne.

aus: Focus, Nr. 36/1996, S. 231 f.

?

- Welche weiteren Kommunikationsinstrumente gibt es?
- Wie wirken diese?
- Warum werden sie neben der Werbung eingesetzt?

Informationen

Werbung allein genügt heute nicht mehr, um seine Produkte anzupreisen, sich von der Konkurrenz abzuheben und so erfolgreich zu verkaufen.

- Je mehr die Verbraucher mit Werbung „bombardiert" werden, desto werbemüder werden sie. Ein Beispiel ist das sog. „Zapping", d. h. das Umschalten auf einen anderen Kanal, während eines Werbeblocks. Bei Videos werden mit Schnelllauf die Werbeblöcke überspielt, der Zuschauer (-hörer) verlässt den Raum während der Werbung, Plakate werden übersehen, Anzeigen in Zeitschriften überblättert.
- Die Kosten in bestimmten Medien steigen zudem unaufhaltsam. Kostete z. B. ein 30-Sekunden-Spot im ersten Fernsehkampf des Exboxweltmeisters Henry Maske im RTL noch ca. 30.000 DM, musste für seinen letzten Kampf im Herbst 1996 ein Preis von 225.000 DM für 30 Sekunden bezahlt werden.
- Im Zuge der Harmonisierung vieler Produkte, d. h. solche, die die gleichen Leistungen bieten – sog. Me-too-Produkte –, wird es immer wichtiger, mit dem Verkauf von Produkten den Käufern einen Zusatznutzen zu verkaufen – z. B. ein sehr positives Markenimage.
- Durch die zunehmende Konzentration des Handels wird die Position der Absatzmittler immer stärker. Diese können unter zahlreichen gleichen Produkten auswählen, lassen sich gute Regalplätze sehr gut bezahlen, handeln immer bessere Konditionen und niedrigere Preise heraus und nehmen selbst vermehrt Handelsmarken in ihr Sortiment auf. Auch deshalb sind ein Markenbewusstsein beim Verbraucher und ein positives Image für die Produkte und die Unternehmung immer wichtiger.
- Die Handelsbetriebe fordern stärkere Verkaufsunterstützung durch die Hersteller. Dies geschieht nicht nur im Bereitstellen von Produkten mit günstigen Preisen für Aktionen, sondern auch durch zahlreiche Verkaufsförderungsmaßnahmen.
- Die Verbraucher werden immer bewusster, daher sind Imagekampagnen, Öko- oder Sozialsponsoring und Ökomarketing positiv für die Imagebildung und damit letztlich auch absatzfördernd.

3.3.1 Productplacement

„Derrick" fährt BMW, der „Alte" einen Mercedes, der Detektiv „Matula" Alfa, in der Lindenstraße wird die becel aus einem Miele-Kühlschrank geholt, man trinkt Nesquik zum Frühstück, wäscht mit Dash, im Tatort fahren die Kommissare Ford und trinken Jever-Bier, „Dr. Brinkmann" kam immer pünktlich und ausgeruht in einem Audi zur Schwarzwaldklinik ... und der Zuschauer kann die Marken deutlich erkennen. Er sieht, was die Hauptdarsteller (Opinion-leader) rauchen, trinken, essen, welche Autos sie fahren, welche Bekleidung sie tragen und ob er ein Aspirin oder im Tatort lieber ein Alka-Seltzer nimmt und mit eurocard, Visa oder American Express bezahlt, in welchen Hotels sie absteigt, welche Zeitschrift sie liest usw. ... ist das ein Zufall? Nein, denn schon längst ist Productplacement zu einem wichtigen Kommunikationsmittel geworden.

Vorteile des Productplacements

- Das Productplacement ist oftmals vom werbemüden Zuschauer nicht als kommunikationspolitische Maßnahme einer Unternehmung zu erkennen.
- Ein Umgehen der Werbung durch Umschalten des Senders (sog. „Zapping") ist nicht möglich, da die Einblendungen der Produkte in die laufenden Handlungen des Films eingebaut sind.
- Auch im öffentlich-rechtlichen Fernsehen können so Werbeimpulse in sonst werbearmen Zeiten gesendet werden.
- Auch für Produkte, die sonst Werbebeschränkungen unterworfen sind – z. B. Zigarettenwerbung im Fernsehen –, kann geworben werden, indem der Held z. B. die Schachtel so hinhält, dass die Marke gut zu sehen ist.

Nachteile des Productplacements

- In Fernsehfilmen ist Productplacement in Deutschland eigentlich verboten. Dennoch sieht man kaum noch Serien, in denen dieses Instrument nicht angewendet wird.
- Wegen dieses Verbots ist Productplacement nicht öffentlich und daher gibt es auch keine direkten Preisvergleiche.
- Productplacement ist nicht gerade billig. Abhängig von Häufigkeit und Deutlichkeit des Placements wird heute in Deutschland pro Film zwischen 20.000 DM und 1 Million DM bezahlt.
- Die Werbeagentur oder der Industriebetrieb hat keinen oder wenig Einfluss auf die Art der Darstellung. Dies bleibt dem Regisseur überlassen.

3.3.2 Sponsoring

„Dieses Europapokalspiel wurde Ihnen präsentiert von …" Wer kennt sie nicht, die „offiziellen Sponsoren von Olympischen Spielen, Weltmeisterschaften, Musikveranstaltungen, Golf- und Tennisturnieren, Unterhaltungssendungen oder Spielfilmen im Fernsehen usw.? Der vom Überangebot von Werbung gestresste Adressat hat immer mehr Unternehmungen dazu bewogen, mit Sponsoring ihre Zielgruppen zu erreichen, sich positiv von der Konkurrenz abzuheben und ein positives Image bei der Zielgruppe zu erwerben.

Die Ziele der Sponsoren:

- Erzielung eines positiven Firmenimages
- Demonstration gesellschaftlicher Verantwortung
- Erhöhung des Bekanntheitsgrades der Unternehmung und damit seiner Produkte
- Kontaktpflege mit Kunden
- Demonstration von Leistungsvermögen
- Motivation der Mitarbeiter
- positiver Kontakt zur Bevölkerung im unmittelbaren Standortgebiet

Sponsoring kommt dabei nicht nur in den Spitzenbereichen von Sport, Kultur, Öko usw., sondern auch in den mittleren und breiten vor. Die Spitzenbereiche eignen sich natürlich noch zusätzlich, um Werbebotschaften über die Medien zu senden. So unterstützt Krombacher u.a. den Deutschen Handballbund und hat damit gleichzeitig sein Logo auf Banden, Spielfeld und Trikots bei Spielen der Nationalmannschaft. Da diese Spiele i.d.R. im Fernsehen ganz oder in Ausschnitten übertragen werden, ist diese Werbung kostenlos.

Aufteilung des Sponsoring auf die verschiedenen Bereiche

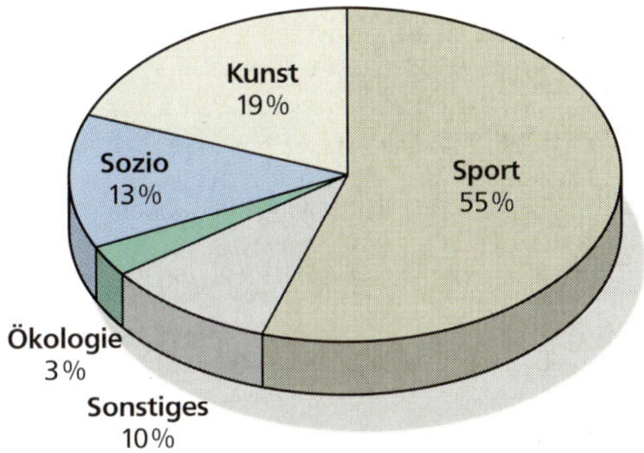

Auf breiter Ebene werden Sportveranstaltungen (Cityläufe, Fahrrad fahren), Spielfeste, Künstlerpräsentationen, Unterstützung heimischer Kindergärten, Vereine, Biotope usw. durchgeführt.

Gründung von Stiftungen als Sponsoring:

- McDonald's unterstützt mit der *„Ronald-McDonald-Kinderhilfe"* verschiedene Krankenhäuser für krebskranke Kinder.
- Die *„Stiftung Volkswagenwerk"* vergibt jährlich über 100 Millionen DM Fördergelder für Grundlagenforschung und andere Forschungsprojekte.

Eine weitere Bestätigung ist die **Unterstützung von Institutionen mit Sachleistungen.**

- Die „Siemens Nixdorf AG" hat spezielle Hard- und Software für Behinderte entwickelt.
- Die deutschen Automobilhersteller geben hohe Sonderrabatte oder kostenlose PKWs für karitative Organisationen, wie z.B. die Aktion Sorgenkind, aber auch für Jugendarbeit, den Landessportbund usw.

Immer mehr Unternehmungen gehen aber auch den Weg **Konzerte oder andere Veranstaltungen** zu sponsern.

Beispiele für Sponsoring:

Fußball-Bundesliga: Teure Kicker-Hemden

– Einnahmen durch Trikotwerbung in der 1. Fußball-Bundesliga in Millionen DM –

Saison	Anzahl der Vereine mit Trikotwerbung	Einnahmen
1974/75	6	1,5
1975/76	7	1,7
:	:	:
1993/94	18	34,6
1994/95	18	40,6
1995/96	18	46,3
1996/97	18	51,2

aus: Sport-Informations-Dienst (sid); Sponsor News

© 33/1996 Deutscher Instituts-Verlag

Mit der Rockband „The Rolling Stones" ging VW auf Tournee. Sie erreichte neben einer positiven Berichterstattung in den Medien über 3,5 Millionen Besucher. Der Erfolg dieser Maßnahme zeigt sich auch in über 100 000 Verkäufen des Golf-Sondermodells „Rolling Stones Collection".

Rewe lässt Teenager weinen. Über eine halbe Million Menschen pilgerten dieses Jahr zu den „Happy-Family"-Partys des Kölner Handelsriesen. Als in München die Teenie-Kult-Band „Caught in the Act" ihre Show abzog, starrten 150 000 Besucher auf die Bühne – und auf die Rewe-Logos links und rechts daneben. „Kinder entscheiden mit, wo Vater und Mutter einkaufen", erklärte Kommunikationsexpertin Lauterbach, die das Spektakel in Berlin organisierte. „Klar, dass wir die Interessen der Kids deshalb auch besonders stark berücksichtigen."

Sponsoring bedeutet eigentlich nichts anderes als „Förderung". Man versucht damit, sowohl für die eigene Unternehmung zu werben (wo ist der Unterschied zwischen der normalen Bandenwerbung im Stadion und den Fußballspielern, die 90 Minuten lang mit dem Namen eines Autoherstellers über den Platz rennen und Tore schießen?), aber Sponsoring versucht auch den Eindruck zu erwecken, als werde hier gönnerhaft und ohne Eigennutz eine Unterstützung von Vereinen, Einrichtungen oder einfach nur sozialen Anliegen betrieben. Oft müssen die gesponserten Personen und Vereine dann auch an ganz konkreten Werbemaßnahmen mitwirken (z. B. Autogrammstunden usw.)

Übersicht über die Maßnahmen der Kommunikation:

Objekte des Sponsoring / Nutzung im Bereich	Personen, Personengruppen, Institutionen	Veranstaltungen
Werbung	■ Aufschriften auf der Bekleidung (Trikotwerbung) ■ Ausrüstungsverträge	■ Beschriftung von Banden ■ Anzeigen in Programmheften und auf Plakaten ■ Benennung von Veranstaltungen nach dem Sponsor (Titelsponsoring)
Verkaufsförderung	■ Autogrammstunden ■ Händlertreffen, Messen ■ Vorträge	■ VIP-Lounges ■ Ehrenlogen ■ Sondergastspiele, „private views"
Publicrelations	■ Veranstaltungen mit gesponserten Prominenten ■ Pressekonferenzen ■ Vorträge	■ Kongresse, Tagungen ■ Ehrenlogen ■ Sondergastspiele, „private views"
Persönlicher Verkauf	■ gesponserte Personen als Repräsentanten einer Unternehmung	■ Verkaufsgespräche während einer gesponserten Veranstaltung

3.3.3 Direktmarketing

Immer mehr Unternehmen versuchen heute einen direkten, individuellen Kontakt zu den Kunden herzustellen. Die direkte Ansprache schafft Vertrauen und verbindet. Es gibt verschiedene Möglichkeiten:

Directmailing

Hierunter versteht man das Versenden von Prospekten, Werbebriefen, Katalogen und anderen Werbemitteln an die Adressaten persönlich. In der Regel sind Bestellkarten oder Aufforderungen zur telefonischen Bestellung beigefügt.

Werksverkauf

Begonnen hatte der Werksverkauf nur an Mitarbeiter. Gerade die PKW-Hersteller verkauften so pro Jahr z.T. über 100000 PKWs. Da der Absatz nur dann floriert, wenn die Mitarbeiter auch die gebrauchten PKWs verkaufen können, helfen die Hersteller diesen dabei mit Gebrauchtwagenbörsen, Computerlisten und auch Werbung.

Daneben gibt es auch immer mehr Hersteller von bekannten Marken, die Fabrikverkäufe anbieten (z.B. adidas, Puma, BOSS u.a.). Die Kunden nehmen weite Anfahrten in Kauf, da sie bei größeren Einkäufen doch einiges sparen. Für die Hersteller wird dieser Verkauf ein immer wichtigeres Zusatzgeschäft. Der Anreiz wird durch die Möglichkeit von Werksbesichtigungen und dem Angebot von besonders preisgünstiger Ware, die die strengen Qualitätskontrollen nicht hundertprozentig erfüllen konnten, noch verstärkt.

Museen als Kundenbagger. Ob die Firmen Geschirr (Hutschenreuther), Füllfederhalter (Montblanc) oder Modelleisenbahnen (Märklin) zur Schau stellen – sie wollen damit nicht nur die Solidität ihrer Produkte unter Beweis stellen. Unterschwellig geht es um viel mehr.

„Wenn es uns gelingt, nur jährlich drei Prozent unserer Museumsbesucher aus der Reserve zu locken und sie wieder mit dem Thema Eisenbahn auseinanderzusetzen, sind das schon 5000 neue Kunden", rechnet Wolfgang Topp vor, Marketingleiter beim Spielzeughersteller Märklin.

Noch direkter kommt Lego mit den Kleinen ins Geschäft. Allein die „Weltschau" genannte Wanderausstellung des Spielzeugherstellers lockt jedes Jahr weit über eine Million Besucher an. „Wir haben die Einsätze in den letzten drei Jahren glatt verdoppelt", bilanziert Marketingmanager Peter Leutner. „Ein besseres Werbeinstrument können wir uns gar nicht wünschen."

Erst spielen – dann zahlen. Stundenlang krabbelt der Vater mit dem Sohn auf dem Boden des Münchner Olympiaparks herum. Gleich kistenweise hat der dänische Hersteller dort seine neuesten Spielsachen ausgeleert. Gleich im Anschluss an die Ausstellung gibts die bunten Klötzchen zu kaufen – selbst am Sonntag.

Auf die Spitze treibt die Schwarzwälder Dorotheenhütte die lukrative Verkaufsmasche. Nur noch jeder zweite Mitarbeiter steht in der Produktion. Der Rest betreut bis zu 3000 Touristen pro Tag.

Telefonverkauf

Früher wurden telefonisch Überproduktionen, die die Lager füllten, an Wiederverkäufer oder andere betriebliche Kunden verkauft. Heute wird dieses Instrument auch immer mehr beim Verkauf an die Endverbraucher angewendet. Oftmals bedient man sich spezieller Telefonargenturen, die sich auf Telefonverkauf spezialisiert haben.

Kundenclubs

Kunden werden in Clubs besonders betreut. Sie erhalten Kundenkarten, die sie oftmals beim Einkauf, oftmals auch als Kreditkarten einsetzen können. Zwei Beispiele:

KUNDEN ALS MITGLIEDER

Um ihre Fans bei Laune zu halten, bieten Unternehmen im Kundenclub attraktive Zusatzleistungen. Erfolgreiche Vereine:

Märklin

Seit Gründung vor vier Jahren zählt der Eisenbahnerclub schon **70000** Mitglieder – meist leidenschaftliche Sammler.

ZUG DER ZEIT: Märklin legt für Clubmitglieder spezielle Sondermodelle auf.

Swatch

Der Uhrenspezialist organisiert für die Kunden exclusive Partys und präsentiert Neuheiten. Eine limitierte Club-Uhr ist mit dem Mitgliedsbeitrag schon bezahlt.

aus: Focus /, S. 232 f.

Neue Medien, wie der virtuelle Verkauf über das Internet, werden ebenfalls für Zusatzverkäufe genutzt.

Vor allem aber auch der klassische **Verkauf an der Haustür** expandiert weiter. So ist z. B. der direkt angebotene Staubsauger „Vorwerk“ der meistverkaufte in Europa. Tupper- und andere Verkaufspartys, Tiefkühlheimdienste, mobile Verkaufsstellen und Verkaufsfahrten setzten in 1995 über 220 Milliarden Mark um.

Auch die Direktwerbung wächst ständig. Für Beilagen, Prospekte und andere direkte Werbemittel wurden im Jahr 1970 drei Mrd., im Jahr 1995 über 11 Mrd. DM umgesetzt.

Auch dies ist ein Zeichen, dass eine direkte Ansprache des Kunden erfolgreich ist.

3.3.4 Verkaufsförderung (Salespromotions)

Mit Verkaufsförderung soll der Absatz gesteigert werden. Sie dient der Verkaufsunterstützung am Point of sale (= POS = Ort des Verkaufs), der Schulung der Verkäufer sowie der Information und Motivation aller am Verkauf beteiligten (Außendienst, Groß- und Einzelhandel). Die Maßnahmen lassen sich in drei Gruppen einteilen:

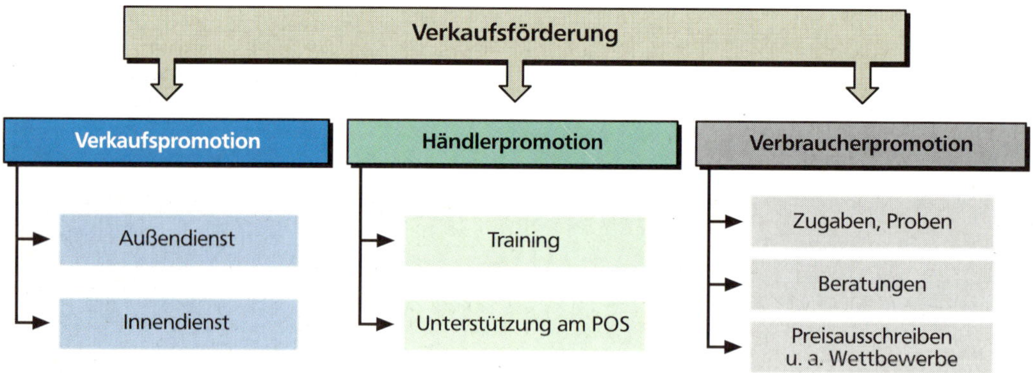

Verkaufspromotions. Hierzu gehören:

- **Schulung der Verkäufer** in Allgemeinbildung, Warenkunde, Verkaufspsychologie, Rhetorik.
- **Unterstützung der Verkäufer** mit Prospekten, Anschauungsmaterialien, Videos, Filmen, Dias usw.
- **Motivation der Verkäufer.** Prämien, Provisionen, Wettbewerbe mit Preisen, Verkaufstreffen oder -seminaren (Salesmeetings), in denen neue Produkte vorgestellt oder Verkaufsgespräche trainiert werden.

4001278L

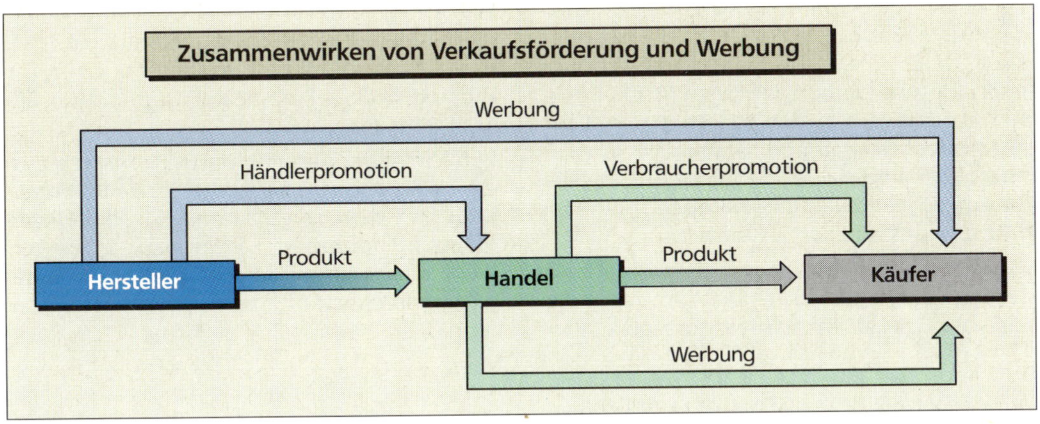

Händlerpromotions. Folgende Maßnahmen können ergriffen werden:

- Ausbildung und Information des Handels (Händlerzeitschriften, -treffen, -tagungen, Schulung der Mitarbeiter usw.)
- **Ausgestaltung der Verkaufsräume.** Aufstellen von Displaymaterialien, Verkaufsvideos, Schaufenster- und Ladendekoration, Regalpflege (d.h. Einräumen, Preisauszeichnung der Ware) u.a.
- **Preisberatung und Förderung:** Kalkulationshilfen, Verkaufs- und Einführungsaktionen (u.a. durch Propagandisten), betriebswirtschaftliche Beratung
- **Motivation des Handels.** Händlerpreisausschreiben und -wettbewerbe usw.

Verbraucherpromotion. Umsatzsteigerungen sollen erreicht werden durch:

- Displays, Werbematerialien, Filme- und Diashows usw.
- Produktproben, Kochkurse, Musterbaustellen usw.
- Preisausschreiben und andere Wettbewerbe
- Sonderpreisaktionen
- Rabattmarken, Sammelbons usw.

3.3.5 Öffentlichkeitsarbeit (Publicrelations)

Einen Tag bei Mercedes verbrachten allein im vergangenen Jahr über 120000 Besucher. Werksführungen werden dort viermal täglich durchgeführt. Sie sind beeindruckt von der modernen Technik und werden auf die gute Qualität hingewiesen. Nachdem die Besucher gesehen haben, wie viel Handgriffe notwendig sind, bis das Auto mit dem Stern fertig ist, besuchen sie das Mercedes-Benz-Museum.

Hier haben die Verantwortlichen Traditions- und Geschäftssinn perfekt miteinander vermischt. Nach einem Rundgang durch die Oldtimer-Show landen die jährlich 400 000 Besucher automatisch in der Halle mit den Neufahrzeugen. Dort stehen hilfsbereite Servicemitarbeiter und halten den Gästen gern die Tür auf. Motto: „Nehmen Sie doch ruhig mal Platz in unserer neuen E-Klasse."

Natürlich kann man auch bei Audi sehen, wie viel Schweißpunkte für einen A4 notwendig sind; bei Opel in Rüsselsheim die gute Verarbeitung beobachten. Bei Opel in Eisenach weist der Führer mit Stolz darauf hin, dass man sich in der Autofabrik mit der höchsten Produktivität in Europa befindet ... alles PR-Maßnahmen.

Publicrelations oder Öffentlichkeitsarbeit ist eine Werbung für das Image eines Betriebes. Man will damit Verständnis für die Unternehmung schaffen, Vertrauen aufbauen. Wenn dieses vorhanden ist, können die anderen Kommunikationsinstrumente besser greifen.

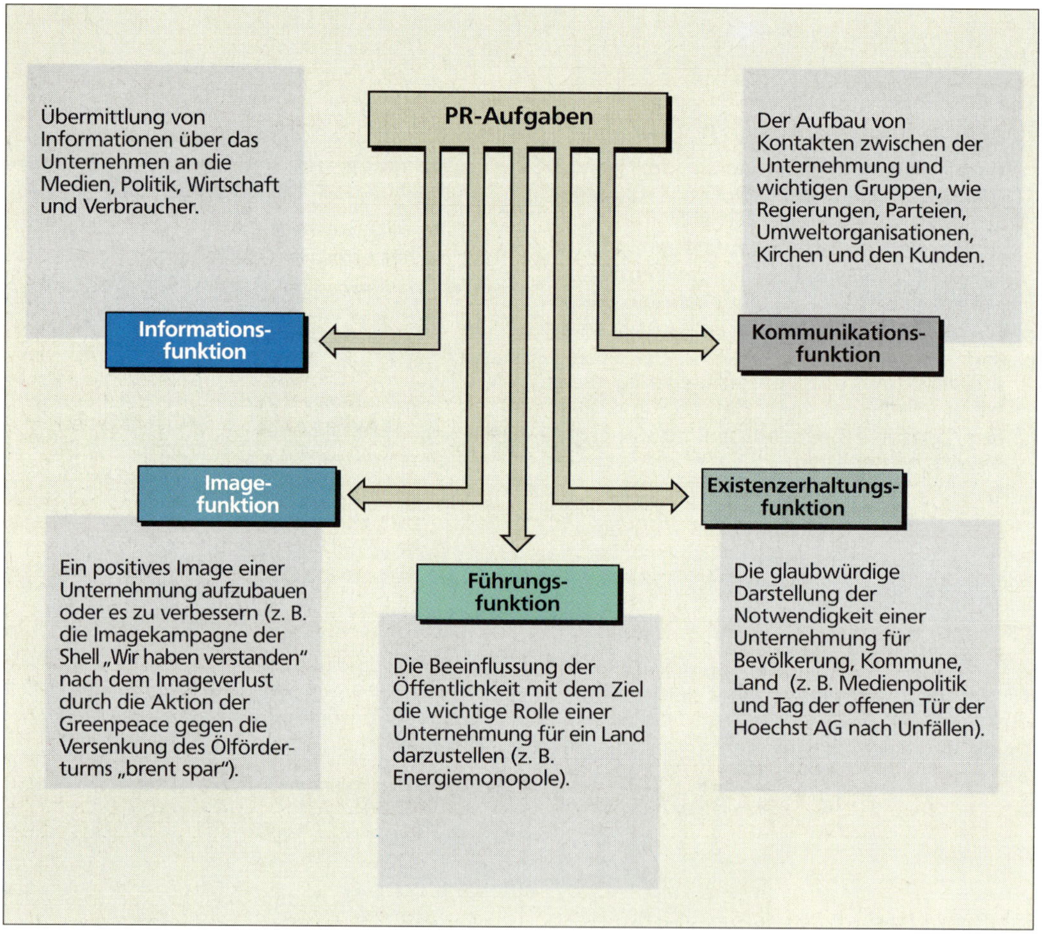

Neben den oben beschriebenen Betriebsbesichtigungen gibt es weitere Mittel:

- Veranstaltungen wie einen „Tag der offenen Tür", Ausstellungen, Jubiläumsfeiern usw.
- PR-Materialien wie Werks- und Hauszeitschriften, Aktionärsbriefe, Videos, Filme für Schulen usw.
- Pressekonferenzen und andere Informationen für Journalisten
- Einladungen von in- und ausländischen Politikern und anderen Personen des öffentlichen Lebens in den Betrieb (möglichst mit Berichten in den Medien)
- Berichte in Zeitschriften und Fachzeitschriften
- PR-Anzeigen usw.

3.3.6 Corporate Identity (CI) – gemeinsam die Zukunft meistern

Corporate Identity hat u.a. die Aufgabe, die unterschiedlichen Kommunikationsmittel zu koordinieren und unter einer Leitidee zu integrieren. Dabei reichen ein einheitliches Firmenlogo oder einheitliche Farben längst nicht mehr aus.

Corporate Identity ist die Gesamtheit aller Aktivitäten und Maßnahmen einer Unternehmung, die ihren Geist, ihr Handeln, Verhalten, ihre Kommunikation und ihr gesamtes Erscheinungsbild nach außen und innen bestimmt.

Folgende Zielgruppen werden mit CI angesprochen:

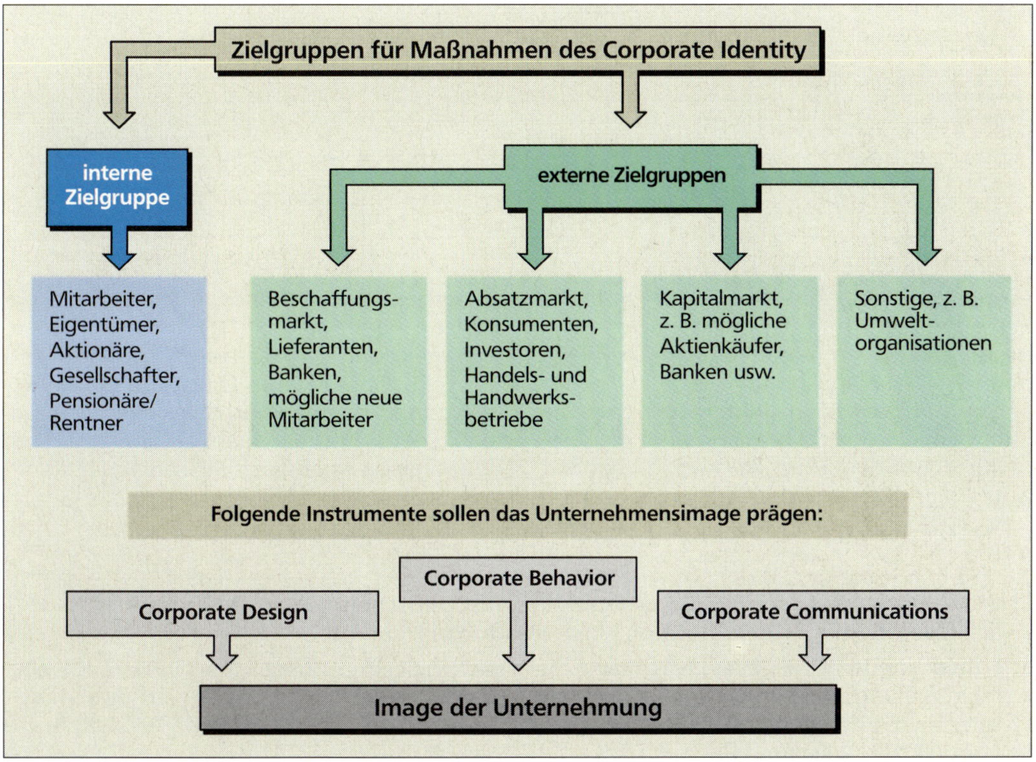

Corporate Design: Das äußere Erscheinungsbild der Unternehmung, seiner Produkte usw. sollte prägnant sein und zur Philosophie der Unternehmung passen. Alle Logos auf Gebäuden, Fuhrpark, Produkten, Werbemitteln usw. sollten ein einheitliches Aussehen haben. So wird nach außen optisch eine Einheit gezeigt. Die Autohersteller geben ihren Produkten z.B. oftmals ein markantes einheitliches äußeres Merkmal – z.B. die Kühlernarbe bei BMW. Alle Maggi-Produkte haben z.B. die gleiche gelb-rote Farbkombination.

Corporate Communications: Alle Kommunikationsmittel werden vereinheitlicht, d.h. aufeinander abgestimmt. So laufen z.B. in einer Werbekampagne alle Werbemittel unter dem gleichen Slogan, mit gleicher Musik usw. Einige Beispiele für Slogans, die die Zielrichtung des gesamten CI der Unternehmung ausdrücken:

Zielsetzung	Slogan/Aussage:
Fortschrittlich, modern	„Vorsprung durch Technik" „... die tun was"
Erfahrung, Tradition	„Aus Erfahrung gut" „Weiß, was Frauen wünschen"
Verlässlichkeit, Sicherheit	„Da weiß man, was man hat" „Auf diese Steine können Sie bauen"
Qualität, Wertarbeit	„Guter Stern auf Deutschlands Straßen", „Seat – aus der VW-Gruppe" „Made in Germany"
Gesamtwirtschaftl. (ökologisches) Denken	„... wir haben verstanden" „... wir ändern uns" „... von uns für die Natur"
Zukunft, modern	„An heute denken, für die Zukunft planen" „Go West"
Vertrauen	„Die Bank an Ihrer Seite" „Wenn was ist – wir sind für Sie da"

Corporate Behavior: Dies beschreibt das Verhalten der Unternehmung nach außen gegenüber Kunden, Lieferern, Banken, Aktionären und auch nach innen zu den Arbeitnehmern, Eigentümern, Aktionären usw. Die Mitarbeiter sollen sich mit ihrer Unternehmung identifizieren, ein „Wir-Gefühl" entwickeln. Dann werden sie eine größere Leistungsbereitschaft haben, sich auch in der Freizeit über betriebliche Probleme Gedanken machen, Verbesserungsverschläge entwickeln und auch ihre Firma und deren Produkte bei Freunden und Bekannten positiver darstellen. Gerade diese Mund-zu-Mund-Propaganda ist äußerst wirksam.

Arbeitsvorschlag:

1. **Worin unterscheiden sich die kommunikationspolitischen Mittel „Werbung", „Öffentlichkeitsarbeit", „Salespromotion" und „Productplacement"?**
2. **Früher nannte man vieles, was heute als Productplacement bezeichnet wird, ganz einfach „Schleichwerbung". Nennen Sie einige Beispiele für Productplacement und erläutern Sie die damit verbundenen Absichten, aber auch die evtl. Probleme für die herkömmlichen Werbemedien.**
3. **Erklären Sie den Unterschied zwischen Werbung und Verkaufsförderung.**
4. **Nennen Sie konkrete Slogans aus der Werbung/PR und versuchen Sie zu erkennen, wie sich die Unternehmung darstellt.**
5. **Welche besondere Funktion hat das Sponsoring? Nennen Sie verschiedene Möglichkeiten, die im Rahmen dieser Maßnahmen liegen und erklären Sie, welche Nutzen diese für andere Kommunikationsinstrumente haben.**
6. **Nennen Sie bekannte PR-Maßnahmen und versuchen Sie ihre Zielsetzungen herauszufinden.**
7. **Kommunikationsmix ist der gezielte Einsatz verschiedener Kommunikationsinstrumente. Zeigen Sie an einem Beispiel aus der Praxis, wie dieses Mix von der Corporate Identity ummantelt wird.**

4001282L

8. Deutsche Shell/Mineralölkonzern will „etwas ändern"

Unter den deutschen Mineralölkonzernen wagt die **Deutsche Shell AG,** Hamburg, eine bisher in der Branche beispiellose Trendwende in ihrer Werbe- und Kommunikationsstrategie. Unter dem anspruchsvollen Werbeslogan „Wir wollen etwas ändern" will das Unternehmen künftig „ungelöste Probleme unserer Gesellschaft" aufgreifen.

Als Themen nannte Shell-Vorstandschef Peter Duncan „perspektivlose Jugendliche, die Gefährdung von Kindern im Straßenverkehr, unfreundliche Mitmenschen sowie den sorglosen Umgang mit der Umwelt".

Mit einem Mediavolumen von 30 Mio. DM sollen solche gesellschaftsrelevanten Probleme in TV-Spots und Zeitungs- sowie Zeitschriftenanzeigen aufgearbeitet werden.

Die Deutsche Shell entfernt sich im Gegensatz zu ihren Konkurrenten BP, Aral, Esso, RWE-DEA bewusst von der reinen Produktwerbung. Da alle Wettbewerber ihre qualitativ hochwertigen Produkte bewerben, will sich die Deutsche Shell laut Duncan über eine „unverwechselbare Werbung von der Konkurrenz abheben". Darin wird ein Weg gesehen, im schärfer werdenden Wettbewerb noch Marktanteile zu gewinnen.

Im Rahmen des finanziellen Engagements für Shells „Vision von mehr Menschlichkeit" fließen auch Mittel für die Arbeit wichtiger Institutionen wie die Alsterdorfer Anstalten in Hamburg, die von dem Konzern seit Jahren mit Geld unterstützt werden.

aus: Handelsblatt vom 1. März 1995

a) Prüfen Sie, ob das Handelsblatt diese Maßnahme als „Werbung" richtig beschreibt.
b) Welche Ziele verfolgt Shell mit dieser Kampagne?
c) Welche Instrumente werden eingesetzt?
d) Diskutieren Sie, ob diese Kampagne ihre möglichen Ziele erreichen kann.

Betriebliche Entscheidungssituation
Analysieren – informieren – diskutieren – entscheiden

Werbeplanung für ein neues Waschmittel der „Weiß GmbH & Co."

Die Seifenfabrik „Weiß GmbH & Co." stellte bisher Seifen und Reinigungspasten für Großabnehmer aus Industrie und Handel her. Beim Verbraucher ist die Unternehmung unbekannt. In Kürze will Weiß & Co. jedoch mit einem neu entwickelten Produkt in den allgemeinen Markt einsteigen.

Es wurde ein Dreikomponentenwaschmittel entwickelt. Neu ist, dass der Verbraucher zum Grundwaschmittel noch Fleckensalz und Wasserenthärter je nach Bedarf zugeben muss. Während die beiden letzten Stoffe in herkömmlichen Waschmitteln schon enthalten sind, kann der Verbraucher bei dem neuen Produkt die Zusammensetzung selbst bestimmen. Leicht verschmutzter Wäsche gibt er wenig oder gar kein Fleckensalz zu. Je weicher sein Wasser ist, desto weniger Wasserenthärter benötigt er. Das Waschmittel entlastet damit die Umwelt und ist zudem für den Verbraucher preiswerter.

Eine Werbeagentur wird beauftragt Markierung und Verpackung zu entwerfen und die Kommunikationspolitik zu planen und durchzuführen.

1. Sie sind Mitarbeiter der Werbeagentur:
   a) Erklären Sie die generellen Aufgaben der Werbung anhand der Werbearten – abhängig vom Lebenszyklus.
   b) Erklären Sie, ob für das Waschmittel Sach-, Personen-, Allein-, Kollektiv-, Sammel- oder Gemeinschaftswerbung betrieben werden sollte.
   c) Erstellen Sie eine Zielgruppen- oder Streukreisanalyse.
   d) Unterbreiten Sie einen Vorschlag über den Werbeinhalt, wie Appell/Argument, formale Gestaltung.

e) Ein Media-Selektionsprogramm wird u.a. nach dem Tausenderpreis bestimmt. Nennen Sie Werbemedien und -mittel, welche die anvisierte Zielgruppe besonders gut erreichen.
f) Sollte antizyklische, prozyklische oder Nivellierungswerbung betrieben werden?
g) Unterbreiten Sie einen Vorschlag über die Streuzeit, unter besonderer Beachtung eines optimalen Erreichens der Zielgruppe.
h) Erklären Sie Möglichkeiten der Werbeerfolgskontrolle.

2. Unterbreiten Sie einen Vorschlag, mit welchen Möglichkeiten die Verkaufsförderung das Produkt in der Einführungsphase unterstützt werden kann.
3. Welche PR-Maßnahmen könnte „Weiß & Co." durchführen, um den Bekanntheitsgrad ihrer Unternehmung bei den Verbrauchern zu erhöhen?
4. Wie könnte mit Productplacement versucht werden, das Produkt zu unterstützen?

4 Einen Distributionsplan für ein Produkt aufstellen können

Situation

Flexible Distribution – oder: Wie der Kaffee auf das Land kam.

Anpassen und gestalten ... „Wir müssen flexibel sein, uns den sich wandelnden Bedingungen anpassen und so den Markt gestalten ...", unter diesem Motto steht die sehr flexible Distributionspolitik einer großen, bekannten norddeutschen Kaffeerösterei. Dabei hatte sie immer ein Ziel, nämlich: Wie erreiche ich mehr Konsumenten, um meinen Umsatz zu steigern? Die wichtigsten Schritte sollen hier nachvollzogen werden.

Es begann nach dem Zweiten Weltkrieg mit dem Versand von Kaffee. So konnten vor allem die Käufer auf dem Lande frischen Kaffee beziehen. Was in den kleinen „Tante-Emma-Läden" nicht immer gegeben war.

Doch mit zunehmend besser werdenden Einkaufsmöglichkeiten wandten sich die Städter vom Versandkauf ab. Wie erreichte man die Stadtbevölkerung? Es war schwer, in den Handel einzusteigen, da dieser ein abgerundetes Kaffeesortiment besaß. Die Lösung waren Verkaufsfilialen, die bald in allen größeren Städten anzutreffen waren. Um diese besser auszulasten, wurde das Sortiment um Tee und Kakao erweitert und erste Non-Food-Produkte aufgenommen. So wurden die relativ hohen fixen Kosten für Miete und Löhne besser ausgeglichen.

Auch auf dem Lande wurden immer mehr neue Märkte – vor allem von den bekannten Handelsketten – eröffnet. Natürlich wurde damit auch ein gutes Sortiment an Kaffee angeboten. Doch noch immer wollte man sich nicht in Abhängigkeit des Handels geben und mit den anderen Wettbewerbern im Laden konkurrieren. Eine nahe liegende und trotzdem neue Idee war die Lösung: Absatz über Bäcker als Vertragshändler. Sortiment, Preise und Werbung bestimmt der Industriebetrieb. Konkurrenzprodukte dürfen nicht geführt werden. Dafür erhält der Bäcker einen Gebietsschutz. Diese Bäckereien vertrieben ihre Produkte nicht nur im Laden, sondern fuhren auch mit Verkaufswagen auf die kleineren Orte. So erreichte der Kaffeeröster sehr viele Kunden. Bald wurden „Kaffeedepots" in den Bäckereien eingerichtet und auch andere Produkte (Non-Foods) verkauft, wie z.B. Haushaltsgeräte, Spielwaren, Heimwerkergeräte, Lederwaren usw.

Supermärkte runden ihr Sortiment oftmals durch einen Backshop, der laufend frische Backwaren herstellt, ab. Die Plätze werden an private Unternehmen verpachtet. Der Kaffeeröster war dabei und damit auch erstmals in den Lebensmittel-Einzelhandelsgeschäften präsent, ohne den Handel selbst zu beliefern.

4001284L

Vor den Toren der Innenstädte entstanden immer mehr Shoppingcenter. Auch hier war der Kaffeeröster mit den Vertragsbäckern vertreten.

In großen Shoppingcentern entstanden sogar Kaffeedepots als Franchisepartner (siehe S. 289). Diese selbstständigen Händler verkaufen nicht nur die Produkte des Vertragspartners. Oftmals laden ein paar Tische zum Ausruhen und zum Trinken einer Tasse Kaffee und zu einem Imbiss ein.

Als Rackjobber[1] steigt man in den Lebensmittel-Einzelhandel ein. So hat der Kaffeeröster ein inzwischen sehr verzweigtes Distributionsnetz aufgebaut – er erreicht sehr viele Kunden und man fragt sich „Wann kommt ein neuer Vertriebsweg?"

Während die Distribution lediglich Entscheidungen über die Form der Warenverteilung verlangt, und damit meist langfristig festgelegt ist, geht es bei der Logistik um die Frage, wie die Kommissionierung von Bestellungen erfolgt und wie die nötigen Transportkapazitäten optimiert werden können. Der Logistikbegriff entstammt dem Militärbereich und beschreibt das Bemühen bzw. die Notwendigkeit einer organisatorisch reibungslosen Nachschubsicherung, d.h. Versorgung. Logistische Entscheidungen erfolgen innerhalb eines Distributionssystems laufend und sind immer wieder neu zu treffen (z.B. Tourenplanung, Zusammenstellung von Wagenladungen usw.).

?

- **Wie kam der „Kaffee aufs Land" und welches Vertriebssystem liegt hier vor?**
- **Welche Absatzwege gibt es und welche Absatzmittler kann man einsetzen?**
- **Wodurch unterscheiden sich herkömmliche von modernen Vertriebssystemen?**

Informationen

4.1 Distribution und Logistik – zwei Begriffe, die zusammengehören

Die Distributionspolitik einer Unternehmung umfasst alle Entscheidungen, die bewirken sollen, wie die Produkte vom Hersteller bis zu den Absatzmittlern oder den Verbrauchern gelangen. Dabei müssen folgende Fragen beantwortet werden:

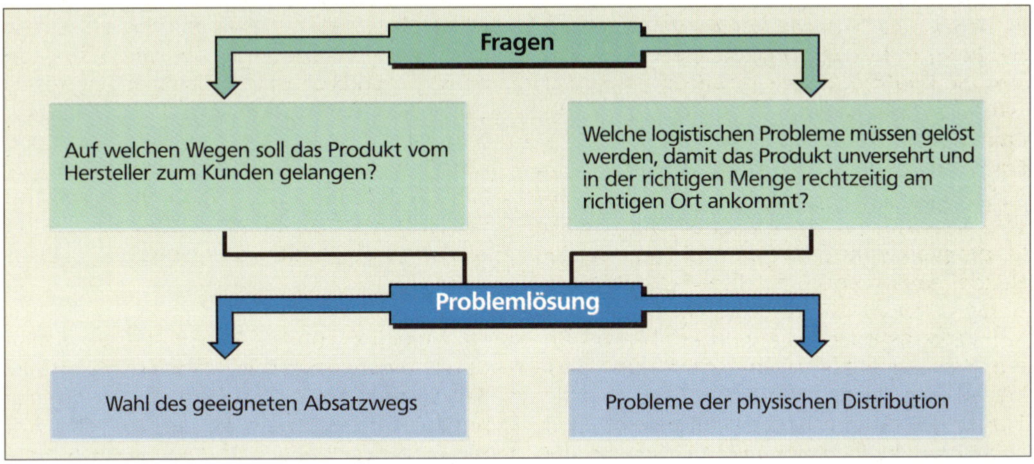

1 Rackjobber: Einzelne Regale im Einzelhandel werden an den Hersteller vermietet. Verkauft wird vom Einzelhandelsbetrieb auf Rechnung des Industriebetriebs.

4.2 Die Wahl des geeigneten Absatzweges

Die Wahl der Absatzwege nimmt in gewisser Hinsicht eine Sonderstellung im Rahmen des absatzpolitischen Instrumentariums ein. Die Entscheidungen über den Weg der Produkte vom Industriebetrieb zum Verwender/Verbraucher sind i. d. R. langfristig festgelegt und nur schwer zu ändern.

Das Grundproblem bei der Wahl der Absatzwege besteht für einen Industriebetrieb darin, wie er seine Produkte mit geringen Kosten, aber möglichst großen Absatzchancen an den Verbraucher oder Verwender bringt.

Grundsätzlich bieten sich ihm die beiden Möglichkeiten des direkten oder des indirekten Absatzes.

4.2.1 Direkter Absatz

Direkter Absatz liegt vor, wenn ein Hersteller seine Produkte, ohne fremde Absatzorgane einzuschalten, direkt dem Verbraucher oder Verwender anbietet. Der Industriebetrieb übernimmt in diesem Fall alle Verteilerfunktionen.

Der direkte Absatz wird überwiegend bei großen, hochpreisigen Investitionsgütern, wie z. B. Bussen, LKWs, Maschinen usw. eingesetzt. Obwohl eine Zunahme des direkten Absatzes auch im Konsumgüterbereich zu beobachten ist, neigt die überwiegende Mehrheit der Konsumgüterfabrikanten zu dem indirekten Absatz.

Messen und Ausstellungen

Hier werden den Besuchern die Produkte des Industriebetriebs gezeigt und Kundenkontakte hergestellt oder vertieft. Der Trend geht weg von der **allgemeinen Mustermesse,** einer Universalmesse, hin zu den **Fach- oder Branchenmessen.** Letztere sind branchenorientierte Spezialmessen. **Messen** richten sich an Wiederverkäufer und gewerbliche Verbraucher. **Ausstellungen** wenden sich an Fachbesucher, vor allem aber an die Endverbraucher.

Möglichkeiten des direkten Absatzes

Vom Industriebetrieb			Zum Verbraucher/ Verwender
1	Geschäftsleitung	bei Groß- und Einzelprojekten, z. B. Schiffsbau, Großanlagen und -maschinen, Flugzeuge	→
2	Verkaufsabteilung im Stammhaus	z. B. Maschinen, landwirtschaftliche Geräte, Zubehör und Ersatzteile	→
3	Verkaufsbüros, Auslieferungslager		
4	Versand	z. B. Kaffee, Bücher, Wäsche, Kleidung, medizinische Artikel	→
5	Handlungsreisende	z. B. Staubsauger, Kosmetik, andere Haushaltsgeräte	→
6	Propagandisten	Vorführung und Verkauf neuer Artikel auf Ausstellungen, in Handelsbetrieben u. a.	→
7	Automatenverkauf	Automaten werden von Reisenden gefüllt und gewartet	→
8	Werksverkauf	Verkauf an Mitarbeiter oder sonstige Endverbraucher	→
9	von Haus zu Haus Verkauf	z. B. Tiefkühlkost in speziellen Kühlwagen	→

Neue Absatzformen

Überschussproduktionen werden heute oftmals über **Telefonverkauf** abgesetzt. Zu günstigen Preisen bzw. Konditionen muss der Käufer sofort bestellen. Oftmals bedient sich der Industriebetrieb hierfür spezieller Telefonverkaufsbüros, deren speziell geschulte Verkäufer sich dabei als Angestellte des Industriebetriebs ausgeben.

Bei dem **Directmailing** werden die Kunden in Fernseh- und/oder Radiospots aufgefordert eine Ware zum angegebenen Preis möglichst sofort telefonisch zu bestellen.

Virtuelle Handelsbetriebe bieten ihre Produkte über das **Internet** an. Auch hier kann der Kunde dann sofort direkt bestellen.

Die wichtigsten Vorteile des direkten Absatzes:

- **Besserer Kontakt zu den Kunden.** Da für den Hersteller ein unmittelbarer Kontakt zu den Kunden besteht, können auch deren spezielle Wünsche stärker berücksichtigt werden. Die Produkte können besser vorgestellt und die Kunden intensiver beraten werden.
- **Besserer Kundendienst.** Durch werkseigene Mitarbeiter, die auf die selbst hergestellten Produkte spezialisiert sind, können die Kundendienstleistungen verbessert werden.
- **Schnelle Belieferung.** Durch die Ausschaltung des Zwischenhandels kann wegen der kürzeren Vertriebswege die Belieferung schneller sein. Dies ist vor allem für dringende Terminaufträge wichtig.
- **Einsparung der Handelsspannen.** Die Handlungskosten und Gewinne des Zwischenhandels können eingespart werden.
- **Unabhängigkeit von den Handelsbetrieben.** Alle absatzpolitischen Bemühungen, wie z.B. Werbung, Preisfestlegung usw., kann der Hersteller für seine Produkte unabhängig vom Handel durchführen.

Die Nachteile des direkten Absatzes sind:

- **Unvollständige Markterfassung.** Nicht alle Produkte eignen sich gleichermaßen für den direkten Absatz und die Verbraucher sind evtl. nicht bereit, eine größere Beschaffungsmühe auf sich zu nehmen (z.B. Lebensmittel). Dadurch werden nicht alle Absatzchancen wahrgenommen.
- **Erhöhte Lagerhaltung.** Den Ausgleich zwischen Produktion und Verbrauch der Produkte muss ein Hersteller mit direktem Absatz durch erhöhte Lagerhaltung selbst übernehmen.
- **Kleinere Auftragsgrößen.** Vor allem für Artikel der Massenproduktion ist durch viele kleine Bestellungen ein aufwendiger Vertriebsapparat erforderlich.
- **Erhöhte Kosten.** Produkte mit niedrigen Preisen werden mit relativ hohen Absatzkosten durch die aufwendige Absatzorganisation belastet.
- **Verminderte Liquidität.** Der Handel bestellt größere Mengen und verteilt diese in einem bestimmten Zeitraum an die Endverbraucher. Dadurch kann der Industriebetrieb früher über den Erlös aus dem Verkauf der Produkte verfügen.

Arbeitsvorschlag:

1. **Über welche Formen des direkten und indirekten Absatzes vertreibt der Kaffeeröster (siehe S. 284) seine Produkte? Diskutieren Sie jeweils die Vor- und Nachteile.**
2. **Unterscheiden Sie zwischen Distribution und Logistik.**
3. **Wodurch unterscheiden sich Messen und Ausstellungen? Nennen Sie konkrete Beispiele.**

Die meisten Produkte – insbesondere Konsumgüter – werden heute nicht direkt vom Hersteller an den Verwender oder Verbraucher abgesetzt. In ihren Absatzweg werden **selbstständige Handelsbetriebe** und/oder **Absatzhelfer** einbezogen.

Zahlreiche Faktoren beeinflussen die Entscheidung, die Produkte über selbstständige Handelsbetriebe zu vertreiben.

Einschaltung des Großhandels

Der Großhandel übernimmt verschiedene Aufgaben:

- **Raumüberbrückung** durch Lieferung der Produkte an den Einzelhandel.
- **Zeitüberbrückung** durch den Kauf von großen Mengen und Abverkauf in kleineren Mengen über einen bestimmten Zeitraum hinweg.
- **Sortimentsfunktion** durch Zusammenfassen verschiedener Produkte von verschiedenen Unternehmungen. Zahlreiche Produkte sind im Sortiment besser abzusetzen. Der Großhandel stellt sein Sortiment bedarfsgerecht zusammen. Ein Vorteil für den Kunden besteht gerade darin, hier das (fast) komplette Angebot der verschiedenen Hersteller räumlich gebündelt vorzufinden.
- **Finanzierungsfunktion,** indem der Großhandel die großen Aufträge an den Industriebetrieb bezahlt und erst nach und nach mit dem Abverkauf an seine Kunden die Zahlungen an ihn eingehen. Eine Vorfinanzierung könnte nur schwer auf den Einzelhandel weitergegeben werden. Im Gegenteil handeln die großen Ketten und die Einkaufsgenossenschaften immer längere Zahlungsziele heraus.
- **Beratungsfunktion,** indem die Kunden die Produkte erklärt bekommen, Verkaufshilfen, wie z.B. Displaymaterialien übergeben werden usw. (siehe auch Salespromotion, S. 278). Diese Leistungen können Reisende und/oder Vertreter ebenfalls erbringen.

Die genannten Aufgaben könnten auch von den Industriebetrieben mit übernommen werden, sodass eine unmittelbare Belieferung des Einzelhandels erfolgen würde. Dazu wäre aber dann eine deutliche Ausweitung der organisatorischen Absatzmaßnahmen nötig (Fuhrpark, Logistik, Kundendatei, Mahnwesen usw.).

Eine Übernahme der Aufgaben des Großhandels erspart zwar einerseits dessen Handlungskosten und Gewinn, andererseits steigen dadurch die Kosten des Industriebetriebs.

Großhandelsformen

Da viele Waren im Sortiment besser abgesetzt werden (z.B. Süß-, Schreibwaren), stellen **Sortimentsgroßhandlungen** mit Produkten verschiedener Hersteller ein möglichst abgerundetes Sortiment zusammen. So helfen sie auch dem Einzelhandel und den Handwerksbetrieben (z.B. Frisörgeschäften) bei der Warenbeschaffung.

Der **Spezialgroßhandel** kauft dagegen eine Produktart von verschiedenen Herstellern und gibt diese weiter an den Sortimentsgroß- und -einzelhandel. Er wird besonders im Außenhandel eingeschaltet.

Neben dem herkömmlichen **Zustellgroßhandel** gibt es heute immer mehr **Cash-and-carry**-Großhandlungen. Es sind Selbstbedienungsläden, in denen Großverbraucher, Händler oder Handwerksbetriebe die Waren selbst auswählen, zur Kasse bringen, sofort bezahlen und selbst abtransportieren.

Über welche Einzelhandelsbetriebe sollen die Kunden erreicht werden?

Vollständige oder gezielte Markterfassung?

Für Güter des täglichen Bedarfs sollte eine möglichst totale Markterfassung angestrebt werden. Denn nur wenn die eigenen Produkte in möglichst allen Verkaufsstellen präsent sind (ubiquitär), erzielen sie die gewünschten Marktanteile.

Hochwertige Produkte werden evtl. nur über die Fachgeschäfte, Fachabteilungen in Warenhäusern oder Boutiquen angeboten um z.B. zu vermeiden, dass die Ware in Discountern „verschleudert" wird und damit die Marke evtl. Imageverluste hinzunehmen hat.

Vertragshändler oder ungebundener Handel?

Wird der freie Handel als Mittler gewählt, ist der Industriebetrieb auf dessen Verkaufsbemühungen angewiesen. Er weiß nicht, ob die eigenen oder die Produkte der Konkurrenz verkaufsfördernd unterstützt werden. Der verstärkte Einsatz von Rabatten, Boni, Salespromotion oder anderen Marketingaktivitäten ist daher zu empfehlen. Möglich wäre auch jeweils einem Händler eines Gebietes einen Gebietsschutz einzuräumen, d.h. aber auch, die anderen Händler nicht zu beliefern. Dies geschieht z.B. beim Einsatz von Vertragshändlern.

Dieser Vertriebsweg wird z.B. beim Absatz höherwertiger Konsumgüter (wie z.B. PKWs, Schmuck und Uhren, Elektroartikel) praktiziert.

Der Vertragshändler ist rein rechtlich und wirtschaftlich selbstständiger Kaufmann, der Waren im eigenen Namen und auf eigene Rechnung verkauft. Mit einem meist langfristigen Vertrag bindet er sich an den Industriebetrieb. Er erhält für seinen Bezirk i.d.R. ein Alleinvertriebsrecht und profitiert von evtl. gemeinsamen Marketingmaßnahmen. Dafür verkauft er nur Produkte aus dem Produktionsprogramm des Vertragspartners bzw. von diesem genehmigte Konkurrenz- oder Komplementärprodukte **(Sortimentsbindung).** Oftmals schreibt der Industriebetrieb trotz des Verbots der vertikalen Preisbindung die Verkaufspreise, Werbeaktionen, Lagerhaltung bzw. Mindestabnahmemengen (z.B. Pkw-Vertragshändler) und Serviceleistungen vor.

4.2.2.1 Franchising – eine immer bedeutendere Verkaufsform

Beim Franchisesystem wird die Bindung von Hersteller und Händler noch weiter gestärkt. Die rechtlich und wirtschaftlich selbstständigen (Vertrags)händler tragen zwar das volle Geschäftsrisiko, aber sie haben sich einem vertraglich festgelegten Einfluss der Franchise-Geber auf die Absatzpolitik zu unterwerfen:

- Der Verkauf erfolgt unter dem gemeinsamen werbewirksamen Emblem des Herstellers.
- Alle Läden haben die gleiche Ausstattung.
- Es werden nur die Produkte des Franchise-Gebers zu einheitlichen Preisen angeboten.
- Der Franchise-Geber entwickelt die Produkte, ihre Aufmachung, Verpackung und deren Namen und gestaltet und finanziert die Werbung.

Der Franchise-Nehmer kommt nicht nur in den Genuss der einheitlichen, vom Franchise-Geber geleiteten Marketingmaßnahmen. Daneben profitiert er auch vom Konkurrenzschutz, da der Franchise-Geber jeweils nur einen Franchise-Nehmer in einem jeweiligen Absatzgebiet beliefert. Dafür muss er dem Franchise-Geber eine Gebühr in Form einer Umsatzbeteiligung entrichten.

Einer der bekanntesten Franchise-Geber ist die Firma Coca-Cola. Daneben verbreitet sich das Franchise-System immer mehr im Gaststättengewerbe (z.B. McDonald's), in der Modebranche, auf dem Tankstellen-, Möbel- und Kosmetiksektor, im Lebensmittelhandel u.a.

Der Franchise-Geber

- gewährt dem Franchise-Nehmer Nutzungsrechte, wie z.B. Name, Symbole, Waren- und Dienstleistungszeichen, Gebrauchsmuster, Patente und Know-how;
- stellt neben Vermarktungs-Know-how auch Erfahrungswissen, Betriebs- und Geschäftsgeheimnisse und allgemeine Unterstützung und Betreuung zur Verfügung;
- kümmert sich um einheitliche Werbung;
- behält sich Kontrollrechte vor;
- prüft vor Vertragsabschluss die Vertrauenswürdigkeit des Partners;
- prüft die Rentabilität;
- stellt Einrichtungen zur Verfügung;
- verhilft zu Kapital für seinen Partner (entweder Eigenkreditvergabe oder Vermittlung eines Bankkredits);
- bildet den Franchise-Nehmer und dessen Mitarbeiter aus;
- unterstützt ihn bei der Unternehmensgründung.

Der Franchise-Nehmer

- begleicht Einrichtungs- oder Anfangsinvestitionen;
- ist verpflichtet Rohstoffe, Zutaten oder die Fertigwaren ausschließlich vom Franchise-Geber zu beziehen.
- entrichtet als Gegenleistung ein Entgelt (Franchise-Gebühr), das umsatzabhängig berechnet wird oder in der übernommenen Ware einkalkuliert ist;
- verkauft Waren oder Leistungen nach den vom Franchise-Geber vorgegebenen Richtlinien;
- verkauft in eigenem Namen, auf eigene Rechnung und auf eigenes Risiko;
- hat ein einheitliches Auftreten nach außen, z.B. gleiche Geschäftsbezeichnungen sowie gleiche Aufmachung und Ausstattung;
- eigent sich das notwendige Fachwissen an;
- ist in seinen Entscheidungen abhängig vom Franchise-Geber.

4.2.2.2 Verkauf über Kommissionäre – oftmals ein risikoreiches Muss

Nach § 383 HGB ist ein **Kommissionär ein selbstständiger Kaufmann, der Waren oder Wertpapiere im eigenen Namen, aber auf Rechnung des Auftraggebers (Kommittent) kauft oder verkauft.** Wenn Handelsbetriebe Kommissionsware erhalten, muss diese nicht sofort, sondern erst nach dem Verkauf bezahlt werden. Erfolgt kein Verkauf, werden die Produkte an den Kommittenten (Industriebetrieb) zurückgegeben. So hat der Handelsbetrieb kein Risiko und braucht die Waren während der Lagerung auch nicht vorzufinanzieren. Er ist eher bereit, vor allem neue Produkte oder solche von neuen Herstellern zusätzlich in sein Programm aufzunehmen.

Der Industriebetrieb hat dagegen ein erhöhtes Risiko. Daneben bekommt er die Produkte erst nach deren Weiterverkauf bezahlt. Dennoch bleibt ihm oftmals keine andere Wahl, um überhaupt am POS (Point of sale) präsent zu sein.

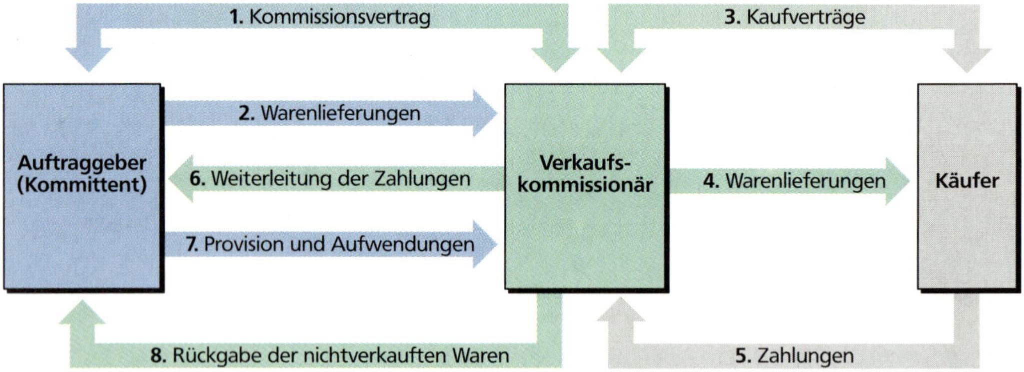

4.2.2.3 Der Handelsmakler – vor allem im Export sehr wichtig

Der Handelsmakler ist ein selbstständiger Kaufmann, der gewerbsmäßig die Vermittlung von Verträgen übernimmt, ohne in einem ständigen Vertragsverhältnis zu seinem Auftraggeber zu stehen. Er ist nur von Fall zu Fall tätig. Neben den Zivilmaklern (Grundstücks-, Heiratsmakler, Konzert- und Theatervermittler) unterscheidet man nach ihrem Tätigkeitsbereich folgende Handelsmakler:

- **Warenmakler** vermittelt Verträge über den Kauf und Verkauf von Waren.
- **Effektenmakler** vermitteln den An- und Verkauf von Effekten.
- **Frachtenmakler** vermitteln Frachtverträge zwischen dem Absender und dem Frachtführer.
- **Versicherungsmakler** vermitteln insbesondere Seeversicherungen.
- **Schiffsmakler** vermitteln Verträge über Schiffsraum und Liegeplätze.

Der Handelsmakler hat das Recht auf den Maklerlohn **(Courtage).** Wurde dessen Höhe nicht vertraglich vereinbart, ist der ortsübliche Betrag zu entrichten. Beide Parteien zahlen je die Hälfte der Courtage. Anspruch auf Ersatz der Auslagen hat der Handelsmakler nur dann, wenn dieser vertraglich festgelegt wurde.

Ihre größte Bedeutung haben Handelsmakler im Exportgeschäft, da sie oftmals Kenner bestimmter Gebiete sind.

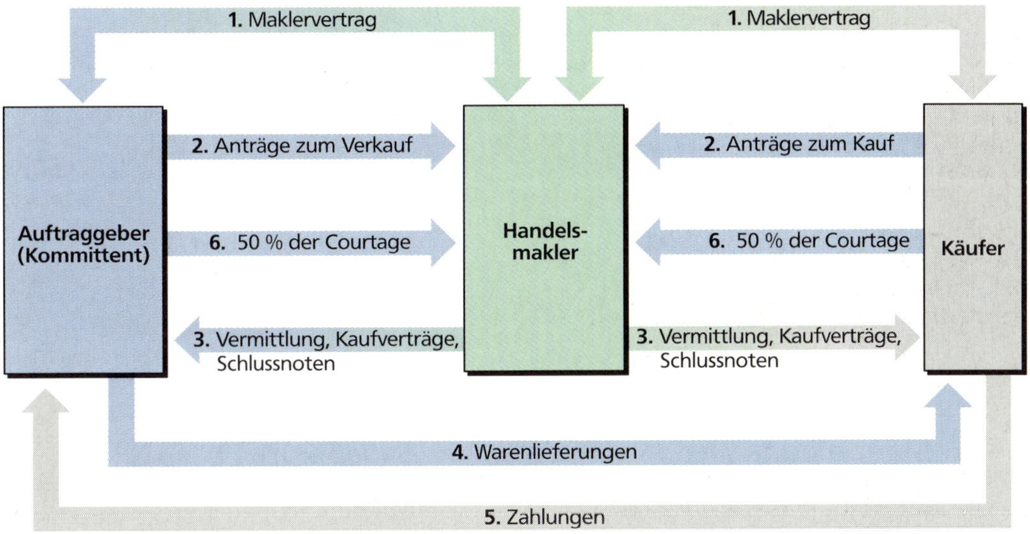

4.2.2.4 Genehmigungspflichtig: Absatz über Verkaufssyndikate

Das Syndikat ist ein rechtlich und wirtschaftlich selbstständiges Verkaufsunternehmen. In ihm haben sich mehrere Herstellungsbetriebe der gleichen Branche durch einen **Kartellvertrag** zum Verkauf ihrer Erzeugnisse durch ein gemeinsames Verkaufsbüro(-kontor) zusammengeschlossen. **Damit wird aus den weiterhin wirtschaftlich und rechtlich selbstständigen Industriebetrieben lediglich die Absatzfunktion ausgegliedert.**

Alle anderen Funktionen werden getrennt von den einzelnen Betrieben wahrgenommen. Dadurch können sich die Hersteller mehr auf die Produktion konzentrieren, verlieren jedoch die Möglichkeit, eine eigene Absatzpolitik zu betreiben. Ihre wirtschaftliche Selbstständigkeit wird dadurch stark eingeschränkt.

Syndikate sind vom Kartellamt genehmigungspflichtig, da sie die Konkurrenz auf der Absatzseite ausschalten und so den Preis- und Konditionenwettbewerb verhindern. Ein bekanntes Syndikat ist die Ruhrkohle AG, aber auch die Zement- und Ziegelindustrie betreibt zum Teil gemeinsame Verkaufsbüros.

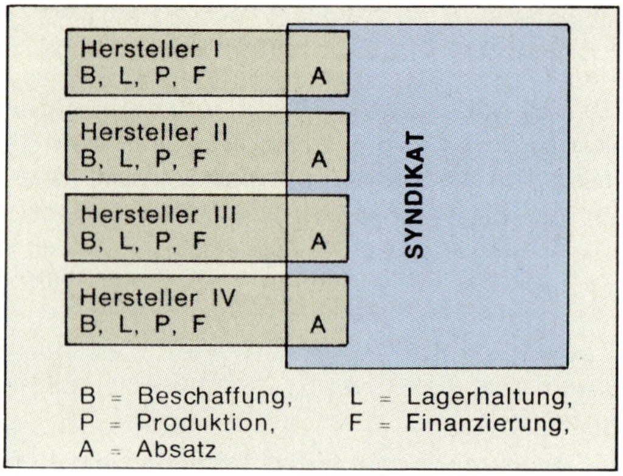

Ausgliederung der Absatzfunktion durch ein Verkaufssyndikat

4.2.2.5 Handelsvertreter oder Handlungsreisender?

Die bekanntesten Absatzhelfer sind „Handlungsreisende" und „Handelsvertreter". Sie haben eigentlich die gleiche Aufgabe, aber ihre rechtliche Stellung ist eine völlig andere. In dem einen Falle handelt es sich um einen Angestellten, im anderen um einen Selbstständigen.

Kriterien	Handlungsreisender	Handelsvertreter
Rechts-stellung	Der Angestellte ist Außendienstmitarbeiter, d.h. ein Handlungsgehilfe (Handlungsbevollmächtigter [§59ff. HGB]). Er ist damit gegenüber seinen Vorgesetzten weisungsgebunden. Er schließt Verträge im Namen und auf Rechnung seines Auftraggebers. Sein Gehalt setzt sich aus einem relativ hohen Fixum und einer geringen Umsatzbeteiligung (variable Kosten) zusammen. An Kosten für das Unternehmen fallen noch i.d.R. die Bereitstellung eines Firmenwagens, Spesen, die Ausstattung mit Werbematerial, Notebook usw., aber auch Urlaubsgeld, Sozialversicherungsbeiträge, Lohnfortzahlung im Krankheitsfalle usw. an. Diese Kosten werden in das Fixum eingerechnet.	Der Handelsvertreter ist ein selbstständiger Kaufmann, der im fremden Namen und auf fremde Rechnung handelt. Er vermittelt oder schließt im Namen der zu vertretenden Firmen Verträge ab. Als Vergütung erhält er eine Provision. In seltenen Fällen auch noch ein geringes Fixum für seine Aufwendungen. Er ist nicht direkt weisungsgebunden, muss aber bestimmten Anweisungen seines Auftraggebers folgen. Er bildet sich i.d.R. ein abgerundetes Sortiment aus Produkten mehrerer Firmen. Seine Arbeitszeit bestimmt er selbst.
Kosten-kurven	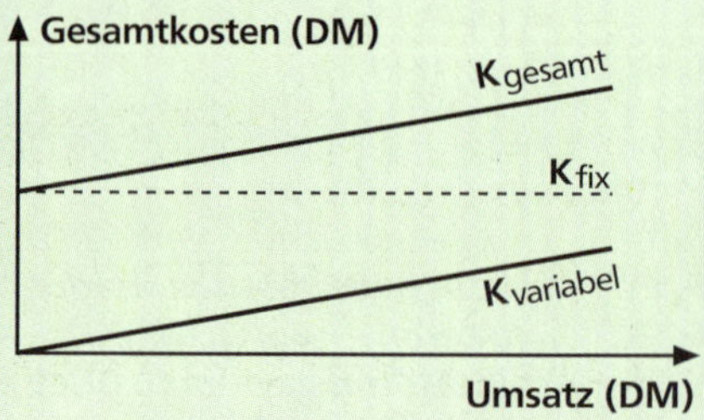	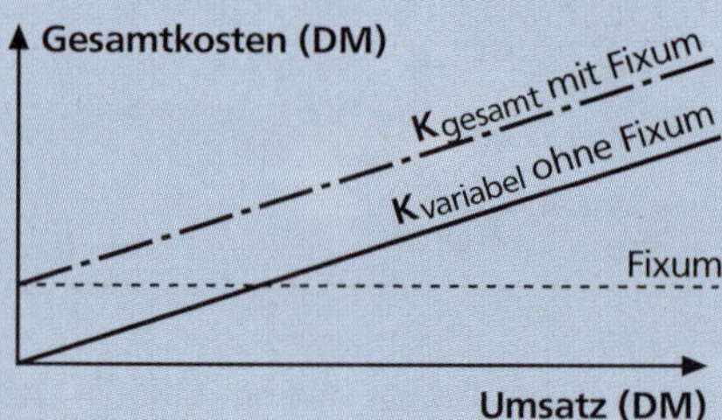

Kriterien	Handlungsreisender	Handelsvertreter
Vorteile	Er wird sich besser für die Produkte seines Arbeitgebers einsetzen. Er ist weisungsgebunden und kann seine Tätigkeit nicht frei gestalten. So kann er mit weiteren Aufgaben, wie Marktforschung und Kundenpflege, Verkaufsförderung usw. betraut werden. Gerade bei Markteinführungen können Reisende durch gute Verkaufsverhandlungen und gute Produktkenntnisse überzeugen.	Bei geringem Umsatz fallen auch nur geringe Kosten an. Lohnnebenkosten und Kosten zur Errichtung eines Arbeitsplatzes entfallen. Er erscheint evtl. objektiver und glaubwürdiger, da er unabhängig von den Produkten einer Unternehmung ist. Er unterhält oftmals ein eigenes Auslieferungslager und übernimmt so Teile der Lagerhaltung und Logistik.
Nachteile	Hohe Personal-Fixkosten, die bei sinkenden Umsätzen kurzfristig nicht reduziert werden können. Besonders in dünn besiedelten Gebieten oder bei kleinem Sortiment oder bei Marktneuerungen mit geringen Umsätzen zu hohe Kosten.	Das Hauptinteresse gilt den umsatzstarken Produkten. Stark erklärungsbedürftige Produkte oder Neueinführungen, von denen der Handelsvertreter nicht überzeugt ist, könnten zu sehr vernachlässigt werden. Keine Weisungsgebundenheit, daher kaum Übernahme von Zusatzaufgaben.

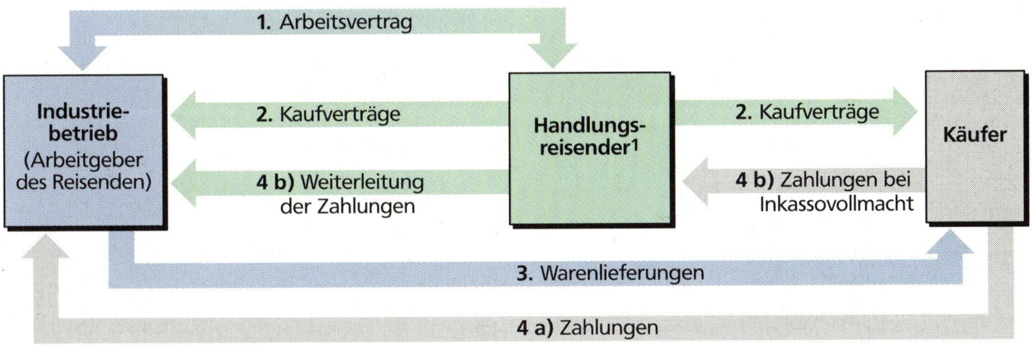

1 Handlungsreisender ohne 4. a) und mit 4. b) Inkassovollmacht

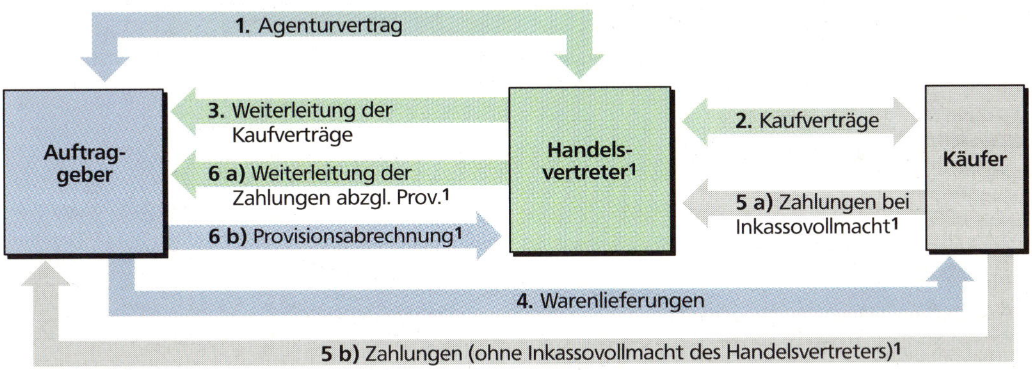

1 Handelsvertreter mit a) und ohne b) Inkassovollmacht

Besondere Rechte und Pflichten des Handelsvertreters

Da der Handelsvertreter ein selbstständiger Kaufmann ist, sind seine Rechte und Pflichten im HGB geregelt.

Pflichten

■ Bemühung
Der Handelsvertreter muss sich um den Abschluss oder die Vermittlung von Verträgen bemühen und dabei die Interessen seines Auftraggebers wahren.

■ Sorgfalt
Die Aufgaben müssen mit der Sorgfalt eines ordentlichen Kaufmanns wahrgenommen werden.

■ Befolgung
Der Handelsvertreter muss den Anweisungen seines Auftraggebers folgen (z. B. Einhaltung von vorgeschriebenen Preisen, Rabatten, Verhandlungsspielräumen usw.).

■ Benachrichtigung
Der Auftraggeber muss von jedem Abschluss oder jeder Vermittlung unverzüglich benachrichtigt werden. Auch andere wichtige Mitteilungen (z. B. Reklamationen) sind dem Auftraggeber zuzuleiten.

■ Wettbewerbsverbot
Dem Handelsvertreter ist es untersagt, Artikel von Konkurrenzunternehmen in sein Sortiment aufzunehmen.

■ Verschwiegenheit
Betriebsgeheimnisse dürfen weder während noch nach Beendigung seiner Tätigkeit von dem Handelsvertreter selbst verwertet oder an Dritte weitergegeben werden.

Rechte

■ Unterlagen
Dem Handelsvertreter sind die zum Abschluss oder zur Vermittlung von Geschäften erforderlichen Unterlagen zur Verfügung zu stellen (z. B. Muster, Preislisten, Werbematerial, Geschäftsbedingungen usw.).

■ Benachrichtigungen
Der Auftraggeber muss den Handelsvertreter unverzüglich über die Annahme oder die Ablehnung eines von ihm vermittelten Geschäfts unterrichten.

■ Provision
Für seine Tätigkeiten hat der Handelsvertreter Anspruch auf Provisionszahlungen. Ein Fixum und Spesen stehen ihm jedoch nicht zu.

Abschlussprovision erhält er für alle ausgeführten, von ihm vermittelten oder abgeschlossenen Aufträge sowie selbstständigen Nachbestellungen der von ihm betreuten Kunden. Ein Gebiets- oder Bezirksvertreter erhält außerdem von allen Aufträgen aus seinem Bezirk Provision, auch wenn die Aufträge von einem Dritten vermittelt oder abgeschlossen wurden.

Inkassoprovision: Ein mit Inkassovollmacht ausgestatteter Handelsvertreter erhält zusätzlich für eingezogene Rechnungsbeträge eine Inkassoprovision.

Delkredereprovision: Will der Auftraggeber, da ihm ein Zahlungseingang zu unsicher erscheint, auf einen Auftrag verzichten, so kann der Handelsvertreter eine schriftliche Garantie über den Zahlungseingang übernehmen. Für einen tatsächlichen Zahlungsausfall muss er dann eintreten. Für die Übernahme dieser Garantie und des damit verbundenen Risikos erhält der Handelsvertreter bei Zahlungseingang zusätzlich die Delkredereprovision.

■ Buchauszug
Zur Kontrolle der ihm vorgelegten Provisionsabrechnung kann der Handelsvertreter einen Buchauszug verlangen.

■ Ausgleichszahlung
Nach Beendigung des Vertragsverhältnisses kann der Handelsvertreter einen Ausgleich verlangen. Ein Anspruch besteht dann, wenn der Unternehmer aus der Geschäftsverbindung mit den vom Handelsvertreter geworbenen Kunden auch nach Beendigung des Vertragsverhältnisses weiterhin Geschäfte abschließt. Der Anspruch entfällt, wenn der Handelsvertreter selbst oder der Unternehmer aus wichtigem Grunde kündigt. Die Ausgleichszahlung kann höchstens eine nach dem Durchschnitt der letzten fünf Jahre berechnete Jahresprovision sein.

4001294L

Entscheidung über den Einsatz eines Handlungsreisenden oder Handelsvertreters aus Kostengesichtspunkten

Eine Unternehmung will eine Entscheidung über den Einsatz von Reisenden oder Handelsvertretern durch einen Kostenvergleich herbeiführen.

Vergleich der Absatzkosten:

Handlungsreisender:
Grundgehalt einschließlich Spesen 2.000,00 DM, zusätzlich 2 % Umsatzprovision

Handelsvertreter:
10 % Umsatzprovision
Die Unternehmensleitung ermittelt folgende Werte in DM:

Umsatz (TDM)	Handlungs-reisender	Handels-vertreter
0	2.000,00	–
10	2.200,00	1.000,00
20	2.400,00	2.000,00
25	2.500,00	2.500,00
30	2.600,00	3.000,00
40	2.800,00	4.000,00

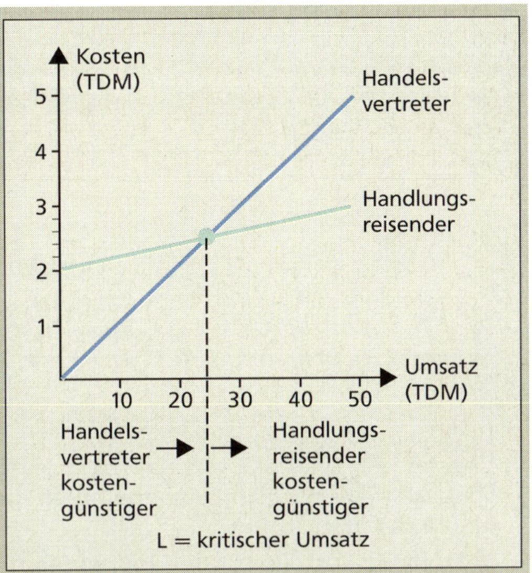

Mathematische Berechnung:

2.000 + 2 % (x) = 10 % (x)

Kosten eines Handlungsreisenden = Kosten eines Handelsvertreters

$$2.000 + \frac{2\,x}{100} = \frac{10\,x}{100}$$

$$x = 25.000{,}00 \text{ DM Umsatz}$$

Überblick: Mögliche Vertriebswege mit indirektem Absatz

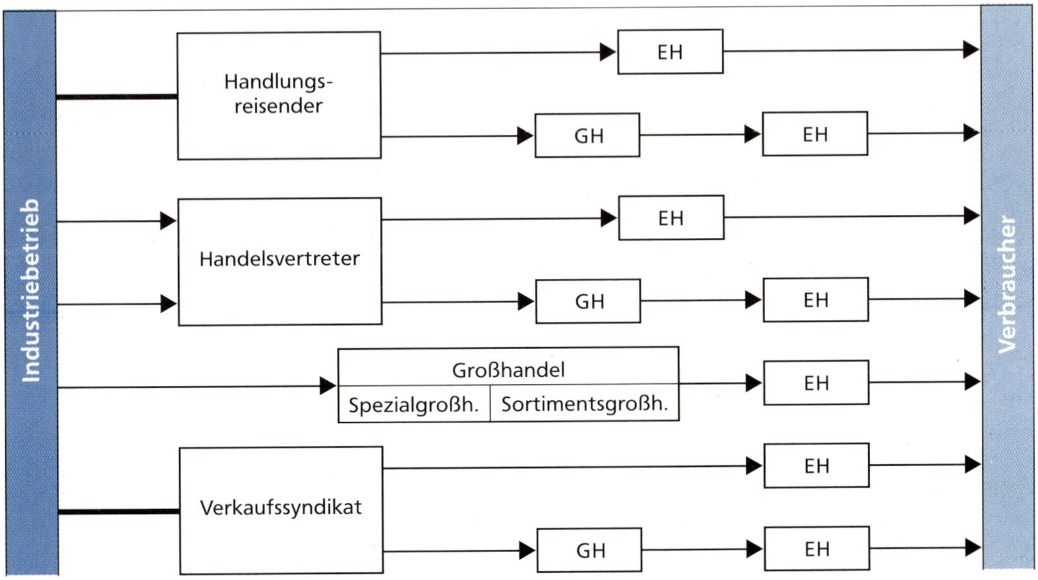

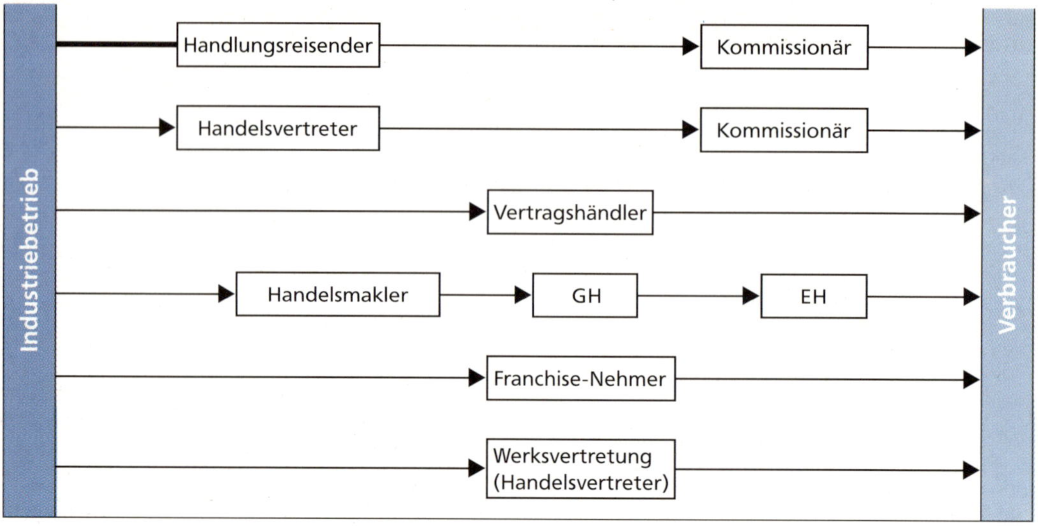

Arbeitsvorschlag:

1. **Erläutern Sie (möglichst an einem von Ihnen selbst gewählten Beispiel) die Besonderheiten des Franchising.**
2. **Nennen Sie Vorteile für den Industriebetrieb, den Franchise-Nehmer und den Kunden bei Franchising.**
3. **Nennen Sie Vor- und Nachteile des Absatzes mit Vertragshändlern.**
4. **Wie funktioniert der Absatz über ein Verkaufssyndikat und warum ist er genehmigungspflichtig?**
5. **Diskutieren Sie Pro und Contra einer Ausschaltung des Großhandels im Konsumgüterbereich.**
6. **Unterscheiden Sie Reisende und Handelsvertreter anhand folgender Kriterien:**
   a) Rechtsstellung
   b) In welchem Namen und auf welche Rechnung schließt er Verträge?
   c) Pflichten
   d) Rechte
   e) Vergütung

Betriebliche Entscheidungssituation
Analysieren – informieren – diskutieren – entscheiden

Die Firma Vorwerk stellt Staubsauger mit Zusatzbehör und Teppich- bzw. Polstermöbel-Reinigungsmaschinen her. Die Produkte sind die Preisführer im Markt, sie erhalten aber auch gute Testergebnisse. Vertrieben werden diese Produkte über den direkten Absatzweg. Reisende führen die Produkte im Haus des Kunden vor und schreiben evtl. Bestellungen. Repariert und gewartet werden die Geräte ebenfalls von diesen Reisenden in der Wohnung der Kunden. Nach Werksangaben sind die Vorwerk-Geräte die meistverkauften Staubsauger in Europa.

1. Versuchen Sie den Anteil des Vertriebsweges für diese Marktführerschaft anhand der Vorteile des direkten Absatzes zu erklären.
2. Diskutieren Sie die möglichen Nachteile durch diesen Vertriebsweg.
3. Nehmen Sie an, die Fa. Vorwerk wollte auf indirekten Absatz umstellen. Erstellen Sie ein solches Vertriebskonzept und diskutieren Sie die jeweiligen Vor- und Nachteile.

4.3 Integrierte Marketing-Logistikkonzepte

Situation

Modernes Logistikkonzept für eine reibungslose Versorgung ...

Von Kassel aus werden heute die deutschen Vertriebszentren sowie Importeure und Tochtergesellschaften in rund 160 Ländern beliefert. Dahinter stehen ca. 12 500 Servicestellen, die ihrerseits zusammen fast 30 Millionen Volkswagen und Audi versorgen.

Das zentrale Ersatzteillager bietet eine Gesamtfläche von 460 000 m^2. Das entspricht etwa der Größe von 61 Fußballfeldern. In verschiedenen Etagen und mehrstöckigen, begehbaren Regalanlagen und teils automatisierten Hochregalen liegen hier und in zusätzlichen Außenlägern 110 000 Positionen auf Vorrat.

Der Wert des Lagerbestandes beträgt rund eine Milliarde D-Mark. Das tägliche Auftragsvolumen liegt bei über 500 Aufträgen mit bis zu 24 000 Bestellpositionen, die sich aus ca. 3,2 Millionen Einzelteilen zusammensetzen.

Aufträge mit einer Gesamttonnage von rund 810 Tonnen pro Tag – das entspricht dem Gewicht von 960 VW Golf.

Übrigens fließt das gleiche Volumen auf der Wareneingangsseite auch täglich in das Zentrallager Kassel hinein.

Um eine reibungslose Versorgung zu garantieren, ist eine leistungsfähige Vertriebsorganisation notwendig.

In den seltenen Fällen, in denen weder die V.A.G.-Werkstatt noch das Vertriebszentrum das benötigte Teil bereithält, kann der Ersatz im „Nachtsprung" aus Kassel besorgt werden. Dann hat die Werkstatt das Teil am nächsten Tag – vorausgesetzt die Bestellung liegt bis 16:10 Uhr im Werk Kassel vor. Für den „Car-Down-Fall", also für den Sonderauftrag, läuft jetzt ein präziser Countdown an: Ab 20:00 Uhr werden die Sondersendungen in Kassel an der Verladerampe von Lkws übernommen. Noch in der Nacht erreichen sie das Vertriebszentrum und werden am Morgen in der Werkstatt angeliefert.

aus: Textauszüge und Bilder aus: VW-Getriebe u. -Ersatzteile kommen aus Kassel, Broschüre, o. J.

?
- **Was beinhaltet ein Marketing-Logistikkonzept?**
- **Von welchen Faktoren wird es bestimmt?**
- **Welche Stellung hat es in der gesamten Unternehmungsstrategie?**

Informationen

Ein integriertes System

Unter **Marketing-Logistik** (oder auch: **„physische Distribution")** werden alle Tätigkeiten der Gestaltung, Steuerung und Überwachung der Transport- und Lagervorgänge verstanden, mit denen die Produkte einer Unternehmung zu ihren Kunden gelangen. Dabei ist sie in das Marketingmix-Konzept zu integrieren.

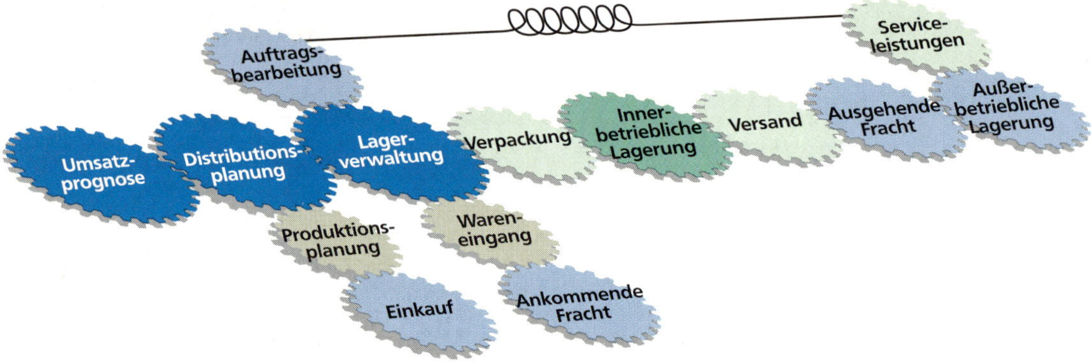

aus: Kothler, Th., Strategisches Management, ZfB, 1993, S. 87

Der Begriff **„Logistik"** beschreibt alle Maßnahmen zur Sicherstellung des rechtzeitigen Nachschubes zur Versorgung der einzelnen Unternehmensbereiche. Mit den neuzeitlichen Verfahren der Lagerbestandsreduzierung auf Beschaffungs- und Absatzseite wird die Lösung logistischer Fragen immer bedeutsamer. Dabei handelt es sich zum einen zwar nach wie vor um die Auswahl geeigneter Verkehrsträger, aber diese wird wiederum nicht nur von wirtschaftlichen, sondern von einer Reihe anderer Vorgaben beeinflusst.

Dazu gehört z.B. die Flexibilität und die Bereitschaft zur eigenständigen Übernahme von Verantwortung. Größere Unternehmen bedienen sich in der Regel dann externer Speditionen, wenn das Absatzgebiet sehr umfassend ist und nicht so lange mit einer Belieferung gewartet werden kann, bis eine sich „wirtschaftlich rechnende" Ladung aus dem eigenen Unternehmen zusammengestellt ist. In diesen Fällen haben Speditionen bzw. eigenständige Logistik-Firmen den Vorteil, dass sie sowohl im In- als auch im Ausland feste Touren fahren und auf dem Weg die Lieferungen zusammenstellen bzw. abladen (z.B. „...täglich Hamburg-Frankfurt-Paris-Lyon", „Northern Line – täglich England"). In vielen anderen Fällen der Massengüterproduktion (z.B. Getränke, Baustoffe usw.), bei denen an die Kunden komplette LKW- oder Wagenladungen, in jedem Falle aber umfangreiche Mengen ausgeliefert werden, kann dies ebenso von werkseigenen Fahrzeugen bewältigt werden.

Die Logistik stellt einen Prozess dar, an dem sehr viele Einzelbestandteile mitwirken. Sie hat insgesamt dafür Sorge zu tragen, dass der Produktions- und Absatzprozess reibungslos verläuft. **Je länger und komplizierter der Absatzweg und je kürzer die verfügbare Pufferzeit ist, desto präziser muss die Logistik abgestimmt sein** (so setzt z.B. die Teilefertigung im spanischen Saragossa für die Opel-Fertigung im thüringischen Eisenach, einschließlich der fast direkt ans Fließband erfolgten Lieferungen, eine ganz ausgeklügelte Logistik voraus).

4001298L

Einige Problemkreise sollen hier stellvertretend für die gesamte integrierte Problemlösung angesprochen werden.

Eigener Fuhrpark oder Fremdtransport?

Beispiel

Die Bio-Cosmetics GmbH belieferte ihre Einzelhändler bisher 14-tägig durch firmeneigene LKWs. Die Filialbetriebe der vier größten Drogeriemärkte, die zusammen über 40 Prozent des Umsatzes ausmachen, wurden innerhalb dieser Touren direkt angefahren und einzeln beliefert. Im Zuge einer Kostensenkung bestehen die Filialisten auf kürzeren Lieferzeiten von höchstens einer Woche. Für die Bio-Cosmetics GmbH bedeutet das eine Überdenkung ihres bisherigen Marketing-Logistikkonzepts.
Bisher wurde die Ware in einem zentralen Fertigwarenlager gelagert und von diesem auch ausgeliefert. Die Kosten für den eigenen Fuhrpark betrugen:
Fixe Kosten (Abschreibungen, Personalkosten, Versicherungen, Steuern, Garagenkosten) 810.000,00 DM pro Jahr. Die variablen Kosten für den Fuhrpark (Benzin, Öl, Reifen, Inspektion, Reparaturen ...) lagen bei 4,20 DM pro 100,00 DM Transportwert (TW).
Aufgrund mehrerer Anfragen lag das günstigste Angebot für Fremdtransport bei 10,20 DM pro 100,00 DM Transportwert.
Welche Alternative ist für die Bio-Cosmetics kostengünstiger?

Mathematische Lösung

Kosten eigener Fuhrpark (KE):
Gesamtkosten = fixe K. + variable Kosten
KE = 810.000,00 DM + 0,042 x

Kosten fremder Fuhrpark (KF):
KF = 0,102 x
Break-even-Point : KE = KF
810.000,00 DM + 0,042 x = 0,102 x
810.000,00 DM = 0,6 x
1.350.000,00 DM = x

Bis zu dieser Transportleistung ist der Versand mit fremdem Fuhrpark kostengünstiger. Bei höherer Transportleistung ist der eigene Fuhrpark kostengünstiger.

Grafische Lösung

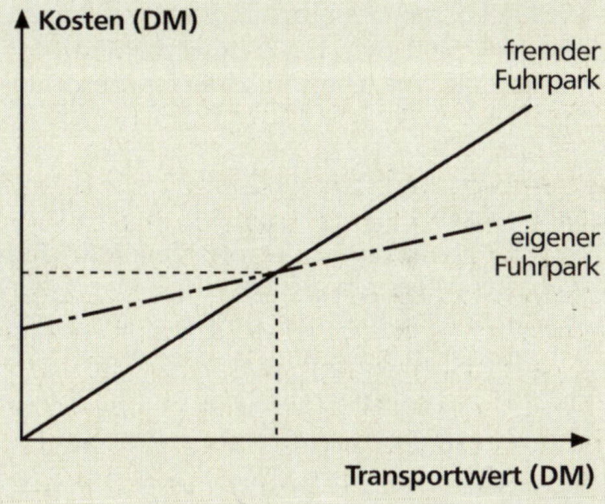

Die Übertragung der gesamten Distributionslogistik auf einen Dienstleister (Spediteur) nennt man **„Outsourcing"**.

Im Vordergrund der Entscheidung zwischen unternehmungseigener oder -fremder Zustellung steht meist das Kriterium „Kosten".

Daneben müssen aber auch noch weitere Faktoren berücksichtigt werden. So macht z.B. ein eigener Fuhrpark unabhängiger. Es kann kurzfristiger umdisponiert werden und man wird zuverlässiger. Dies kann besonders bei „just in time" wichtig werden.

Eventuell können die Fahrer des eigenen Fuhrparks noch Nebenleistungen erfüllen wie kleine Kundendienst- und Serviceleistungen. Auch auf die Freundlichkeit usw. kann besser Einfluss genommen werden.

Der eigene Fuhrpark kann ohne große Kosten als Werbemedium eingesetzt werden.

Auch im Sinne des Corporate Identity kann mit eigenem Fuhrpark ein einheitliches Firmenbild nach außen vermittelt werden.

Beispiel

Fahrzeuge und Overalls der Fahrer tragen die Farben und Logos der Unternehmung.

Welches Transportmittel...

...ist für die Beförderung meiner Produkte am geeignetsten?

Diese Frage lässt sich nicht pauschal beantworten. So sind zwar die Transportkosten ein wesentliches Kriterium. Dieses kann aber unwichtig werden, wenn der Kunde z.B. ein Ersatzteil besonders schnell benötigt. Bei verderblicher Ware oder besonders empfindlichen Gütern ist der reine Transportpreis oftmals Nebensache. Folgende Faktoren beeinflussen die Wahl des Transportmittels zusätzlich zu den reinen Frachtkosten am meisten:

- **Art der Produkte**
  Handelt es sich um Massen- oder Stückgüter? Ist ein besonderer Laderaum notwendig (z.B. Kühlwagen), weil es sich um verderbliche oder gefrostete Ware handelt? Sind die Güter klein, leicht, groß, schwer oder sperrig?

- **Transportkosten**
  Müssen evtl. noch Rollgeld, Verlade- und Umladekosten, Verpackungskosten bezahlt werden? Sind evtl. bei besonderen Beförderungen die Versicherungsprämien besonders hoch?

- **Schnelligkeit**
  Müssen besondere Liefertermine eingehalten werden? Wird ein Ersatzteil o.Ä. plötzlich sehr schnell benötigt? Ist die Ware schnell verderblich (z.B. Blumen, frische Lebensmittel o.Ä.)?

- **Sicherheit**
  Sind die Produkte besonders wertvoll? Handelt es sich um Gefahrengut für Mensch und Umwelt (z.B. Chemikalien, strahlendes Material, Öl usw.)?

- **Transportstrecken**
  Liegt das Transportziel im Nahbereich oder sehr weit entfernt? Wie sind die Straßen- oder Schienenverhältnisse zum Zielort? Müssen Krisengebiete durchfahren werden? Besteht eine erhöhte Gefahr des Diebstahls auf der Strecke? Sind die Brücken o.Ä. geeignet für den Transport oder müssen sie evtl. weiträumig umfahren werden? Müssen Umbauten vorgenommen oder Straßen o.Ä. für den normalen Verkehr gesperrt werden?

Welchen Spediteur bzw. Frachtführer wählen wir aus?

Der Spediteur übernimmt im eigenen Namen und auf fremde Rechnung die Versendung von Gütern. Er wickelt den Transport also kaufmännisch ab. Hierzu sucht er geeignete Frachtführer aus oder verfrachtet die Güter selbst (= Selbsteintrittsrecht). Er kümmert sich auch um die Transportversicherung, Verzollung u.ä. Aufgaben.

Frachtführer sind nach § 425 HGB Kaufleute, die gewerbsmäßig die Beförderung von Gütern durchführen.

In der Regel gibt es für jeden Transport mit geeignetem Transportmittel verschiedene Anbieter.

- Im **Kleingüterverkehr** bis 20 kg versenden die Post, private Paket- oder Kurierdienste (auch weltweit). Weitere Strecken können mit Luftfracht versendet werden.
- Im **Stückgutverkehr** über 20 kg konkurrieren die Deutsche Bahn AG (mit z.T. auch sehr schnellen Beförderungsmöglichkeiten in Europa), Luftfahrtgesellschaften, private Paket- und Kurierdienste, LKW-Frachtführer und evtl. auch die Reedereien.
- Im **Massenverkehr** bieten sich die Bahn AG, die Schifffahrt und LKW-Frachtführer an.
- **Weite Strecken** werden mit Schiff, Bahn, LKW oder Flugzeug bewältigt. Aber auch internationale Kurierdienste werben mit weltweiter und besonders schneller Transportabwicklung.
- **Besonders hochwertige und teure Produkte** oder sehr eilige Frachten werden im Inland mit Kurierdiensten, über weite Strecken mit Fluggesellschaften oder Kurierdiensten befördert.

Da immer wieder neue Beförderungsangebote gemacht werden, wird hier auf die Nennung dieser einzelnen verzichtet. Der Spediteur oder der Sachbearbeiter im Industriebetrieb muss Angebote vergleichen und den jeweils günstigsten Anbieter auswählen.

Bedeutung der Marketing-Logistik

Die Marketing-Logistik gewinnt immer mehr an Bedeutung. Dafür sind nicht nur die relativ hohen prozentualen Anteile der Logistikkosten am Umsatz (siehe folgende Grafik der Durchschnittswerte) verantwortlich. Dies bewirken auch moderne Konzeptionen, wie Leanproduction mit „just in time". Andere

4001300L

neuere Forderungen der Industriebetriebe, dass z. B. die Zulieferer Außenlager nahe den Produktionsstätten errichten und bis an die Fertigungsbänder liefern bzw. sogar ein Miteinbeziehen der Zulieferer in das Produktionssystem, verlangen ebenfalls ein leistungsfähiges Logistik-System. Aber auch die zunehmende Marktmacht großer Handelsbetriebe, die immer mehr Funktionen an die Industrie delegieren, lässt die Marketing-Logistik zunehmend wichtiger werden. So sieht der Kunde z. B. in Filialen immer öfter Außendienstmitarbeiter von Lieferanten, die „ihr" Regal betreuen, d. h. die Waren bestellen, auszeichnen und einräumen, abgelaufene mitnehmen oder auch Displaymaterial anbringen.

Letztendlich erlaubt der durch den zunehmenden Wettbewerb stärkere Kampf um den Kunden für Fertigprodukte und Ersatzteile keine langen Lieferzeiten mehr.

Logistikkosten in % vom Umsatz

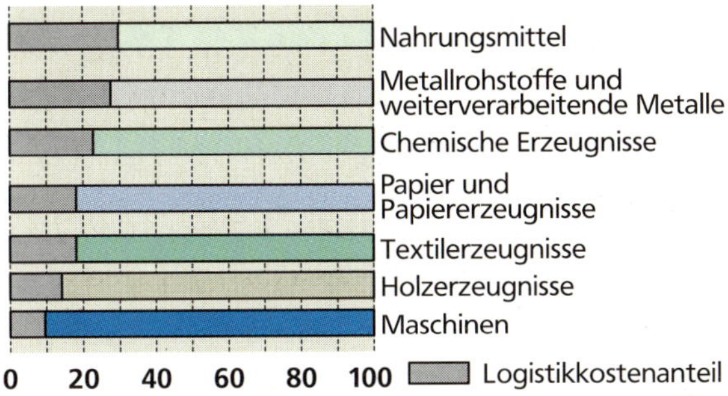

Integrierte Marketing-Logistik als Problemlöser

Lösungen zu folgenden Problemen werden geplant, durchgeführt und überwacht:

Problemkreise	Beispiele
Lager	■ eigenes Lager oder Fremdlager ■ zentrales Lager oder dezentrale Lager ■ Lagerorganisation (siehe hierzu S. ...)
Versand	■ eigener Fuhrpark oder Fremdtransport ■ Auswahl der Transportmittel ■ Auswahl der fremden Frachtführer oder Transporteure ■ kaufmännische Abwicklung und Überwachung
Personen als Absatzhelfer	■ Einsatz von Reisenden, Handelsvertretern, -maklern, Kommissionären, Franchise-Partnern ■ Betreuung, Steuerung und Überwachung der Absatzhelfer
Auftragsgrößen	■ Gewährung von Mengenrabatten (siehe auch S. ...) ■ Berechnung von Mindermengenzuschlägen
Test neuer Absatzwege	■ Telefonshopping ■ Versandkataloge auf CD-ROM ■ virtuelles Shopping im Internet usw.

Arbeitsvorschlag:

1. **Die Bio-Cosmetics GmbH (siehe Beispiel auf S. 299) erwartet für das kommende Jahr einen Umsatz von ca. 15 Millionen DM. Errechnen Sie, ob ein fremder oder ein eigener Fuhrpark kostengünstiger wäre. Wie hoch ist der Unterschied?**
2. **Zeigen Sie den Unterschied zwischen Frachtführer und Spediteur und nennen Sie Beispiele.**
3. **Schlagen Sie geeignete Transportmittel für folgende Güter vor:**
   - **Ein sehr hochwertiges Ersatzteil wird in Bogotá dringend benötigt.**
   - **10 000 m² Spanplatten (Gewicht: ca. 100 Tonnen) sollen aus Sibirien bezogen werden.**
   - **Ein deutscher Kraftwerksbauer will die technischen Anlagen für ein komplettes Erdgaskraftwerk nach Kuwait liefern.**

Betriebliche Entscheidungssituation
Analysieren – informieren – diskutieren – entscheiden

Die schwedische Elektrolux hat Teile der ehemaligen deutschen AEG erworben. Auf dem deutschsprachigen Markt sollen Haushaltsgeräte, wie Waschmaschinen, Kühlschränke, Gefriergeräte, Elektroherde und Küchenmaschinen weiter unter dem Namen und Slogan „AEG – aus Erfahrung gut" verkauft werden. Kunden sollen weiter die Fachgeschäfte und die Fachabteilungen in den Warenhäusern sein.

1. Zwei Einkaufsketten und die Zentraleinkaufsabteilungen der Warenhäuser sollen mit direktem Absatz bearbeitet werden. Welche Verkaufsorganisation(en) bietet(en) sich an? Begründen Sie Ihre Antwort.
2. Den Rest der Einzelhandelsfachgeschäfte sollen Reisende oder Handelsvertreter besuchen. Es fallen pro Monat an:
   Fixum: HV 1.000,00 DM, HR 8.000,00 DM;
   Provisionen: HV 8 %, HR 1 % vom Umsatz.
   Erwartet wird ein Umsatz von 80.000,00 DM in den dünn besiedelteren Flächen und 150.000,00 DM in den Ballungsgebieten.
   a) Berechnen Sie die jeweiligen monatlichen Kosten.
   b) Berechnen Sie den kritischen Umsatz.
   c) Empfehlen Sie den Einsatz einer Art von Außendienstmitarbeiter unter allen Marketing-Kriterien.
3. Entwickeln Sie ein Marketing-Logistikkonzept für den Deutschen Markt.

5 Die Interdependenz[1] der absatzpolitischen Instrumente erkennen und in ihrer Wirksamkeit hinsichtlich der Unternehmungszielsetzung beurteilen.

Situation

Die Südmilch KG, ein bekannter Hersteller von Fruchtjogurts, hatte ein neues Trinkjogurt entwickelt, das mit rechtsdrehenden, lebenden Jogurtkulturen einen sehr hohen Gesundheitswert hat. Das Produkt war vor einem halben Jahr mit dem Namen „JoFit" mit hohen Erwartungen eingeführt worden. Aufgrund einer Hochrechnung, basierend auf den Testmarktergebnissen, wurden für die Einführungs- und Wachstumsphase die nebenstehenden Umsätze erwartet.

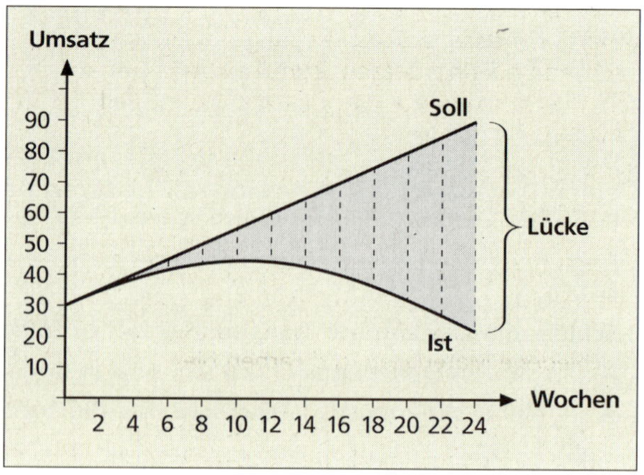

1 Interdependenz = gegenseitige Abhängigkeit

4001302L

Fünf Monate später stellt sich heraus, dass aber tatsächlich weit niedrigere Umsätze erzielt wurden (siehe vorstehende Grafik). Besonders ärgerlich für Komplementär Schulte ist, dass diese Abweichungen erst so spät festgestellt wurden. Eine Unternehmungsberatung rät ihm daher, sein Kontrollsystem in ein „Marketingcontrolling" umzuwandeln.

?

- **Worin unterscheiden sich Marketingkontrolle und Marketingcontrolling?**
- **Welche Instrumente werden eingesetzt?**
- **Welche Ergebnisse werden erzielt?**

Informationen

Zur Erreichung ihrer Ziele sollte eine Unternehmung eine Marketingstrategie entwickeln. Diese ist ein relativ langfristiger Verhaltensplan und gibt genaue Anweisungen über die operativen Maßnahmen des Marketingmix.

Das **Marketingmix** ist dabei die Auswahl der verschiedenen Marketinginstrumente. Da es innerhalb der vier Marketinginstrumentarien jeweils nochmals zahlreiche Instrumente gibt, spricht man auch von einem „Submix" innerhalb dieser vier Gruppen. Von daher stehen den Entscheidungsträgern eines Betriebes eine Vielzahl von Kombinationsmöglichkeiten der Marketinginstrumente zur Verfügung.

Diese gilt es zu optimieren, damit die gesetzten Ziele möglichst gut erreicht, d.h. mit einem möglichst geringen Marketingbudget erreicht werden.

Dabei sind die einzelnen Instrumente nicht isoliert, sondern zusammenhängend zu betrachten und einzusetzen. Zum Teil bedingen sich die Instrumente gegenseitig, zum Teil schließen sie sich aber auch aus.

Ein Beispiel aus dem Bereich hochwertiger Damenoberbekleidung:

- Produktpolitik. Hochwertige Produkte sollten mit besonderem Design, teuren Stoffen und Knöpfen usw. geplant werden. Eine weitgehende Produktdifferenzierung durch verschiedene Materialien und Farben bietet sich an.
- Kommunikationspolitik. Ein Markenimage sollte aufgebaut und laufend gepflegt werden. Massenumwerbung in Frauenzeitschriften, Displaymaterial usw. wären denkbar. Neben der Werbung könnten Konzerte, Ausstellungen, Modenschauen, aber auch Kultur-Sponsoring, Salespromotions, usw. eingesetzt werden. Alle Maßnahmen sollten unter einem CI-Slogan laufen. Denkbar wäre hier z.B. das Motto: „Exklusivität".
- Distributionspolitik. Es könnte darauf verzichtet werden, dass die Kleidung überall erhältlich ist. Mit dem Absatz über ausgesuchte Fachgeschäfte und Boutiquen würde sich eine besondere Exklusivität verbinden. Da die Kunden relativ verstreut sind, wäre ein Absatz über den Großhandel denkbar.
- Kontrahierungspolitik. Hohe Preise könnten den Exklusivcharakter unterstreichen und von daher dem Käufer einen psychologischen Zusatznutzen bieten. Der Preis wird mit der Zuschlagskalkulation ermittelt. Relativ hohe Gewinnspannen und Rabatte werden berechnet.

Neben dem Einfluss der einzelnen Marketinginstrumente untereinander, müssen für ein erfolgreiches Marketingmix auch zahlreiche externe Faktoren berücksichtigt werden. Dazu gehören z.B. Strategien der Konkurrenz, die wirtschaftspolitische Lage, politische Entscheidungen wie Umweltschutz-, Verbraucherschutzgesetze usw. und natürlich auch Veränderungen der Verbrauchsgewohnheiten, des Lebensstils, Trends und Geschmackswandlungen.

Wegen dieser Komplexität, den vielen Ungewissheiten und des laufenden Wandels, müssen die Entscheidungen im Marketingmix aber auch die Marketingzielformulierungen laufend kontrolliert und hinterfragt werden.

Marketingkontrolle

Im Sinne einer erfolgreichen Unternehmensführung muss auch beim Einsatz der Marketing-Instrumente auf geeignete Art und Weise eine Kontrolle dahingehend stattfinden, ob die Planungen (Soll) auch tatsächlich erreicht wurden (Ist).

Diese Überprüfung soll dazu beitragen, Schwachstellen in der Marketingkonzeption rechtzeitig zu erkennen und geeignete Schlussfolgerungen daraus zu ziehen. Den Prozess bezeichnet man als „feed-back".

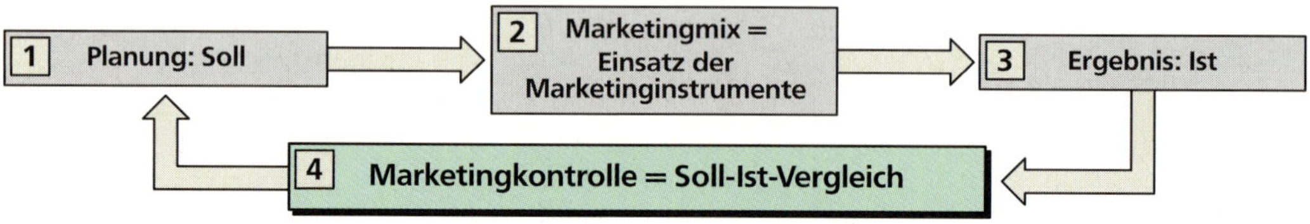

So können z. B. mit Plankontrollen die eventuellen Abweichungen der Ist- von den geplanten Sollwerten ermittelt werden. Als Werte können die Umsatzzahlen, Marktanteile, Deckungsbeiträge usw. dienen. Der große Nachteil dieser Kontrolle ist, dass sie lediglich die Abweichungen, nicht aber deren Ursachen erforscht und auch nicht in die laufenden Planungsgrundlagen einbezogen wird.

So aber nicht:
Marketingkontrolle

„Corporate Identity – liebe Mitarbeiter... – das Management überträgt Ihnen hiermit die Verantwortung für die Planungen der vergangenen Periode..."

Bei der Kontrolle können folgende Ergebnisse ermittelt werden:

Ergebnis	Maßnahmen
Ergebnisse bewegen sich im Rahmen der Planungsgrößen.	Eine Änderung der Marketingmix-Maßnahmen ist nicht notwendig.
Abweichungen zwischen Planungs- und Ist-Daten. Die Abweichungen sind auf unvorhersehbare Ereignisse, wie Streiks, Konjunktureinbruch, gesetzliche Änderungen usw. zurückzuführen.	keine Änderungen oder aber Änderungen im Marketingmix
Abweichungen zwischen Planungs- und Ist-Daten. Die Abweichungen resultieren aus Planungsfehlern oder falschen Daten.	unbedingte Änderungen der Planungsdaten

4001304L

Marketingcontrolling

„Controll" bedeutet sowohl Überwachung und Beaufsichtigung als auch Regelung und Steuerung. „Controlling" ist eine Führungsaufgabe die Kontrolle in die Informationsversorgung und damit in die Planung einbezieht. Im strategischen Controlling wird das „Marketing-Audit" eingesetzt. Audit kann man vom Lateinischen mit „anhören" übersetzen. Das Marketing-Audit beurteilt die Arbeitsweisen des Marketingmanagements und überprüft sowohl die Entstehung der Planung als auch den Einsatz der Marketingmix-Instrumente. Ziel ist dabei, mögliche Fehlplanungen so früh wie möglich zu entdecken. Durchgeführt wird das Controlling entweder von im Unternehmen angestellten Controllern oder von externen Unternehmensberatern oder Wirtschaftsprüfern.

Folgende vier Audits werden eingesetzt:

Audit	Geprüft werden ...	Mögliche Fragestellungen
Prämissen-Audit	die Annahmen, die der Planung zugrunde liegen.	■ Wurden alle verfügbaren Informationen berücksichtigt? ■ Sind diese Informationen aktuell, genau und zuverlässig?
Ziel- und Strategie-Audit	■ ob die Ziele erreichbar oder utopisch sind und ■ ob sie in die Unternehmungsstrategie inhaltlich und zeitlich passen.	■ Sind die Ziele mit den Gesamtunternehmungszielen abgestimmt? ■ Sind die Ziele der derzeitigen Situation angemessen (passen sie z. B. in den finanziellen Rahmen, in die Wettbewerbssituation, die derzeitige Markt- und allgemeine Wirtschaftslage, die Gesetzgebung usw.)?
Maßnahmen-Audit	■ ob die eingesetzten Instrumente des Marketingmix zur Erreichung der Ziele die richtigen sind.	■ Sind die Maßnahmen des Marketingmix richtig eingesetzt? ■ Passen sie in die Gesamtstrategie der Unternehmung? ■ Wurde das Budget optimal verteilt?
Prozess- und Organisations-Audit	■ die Informationsbeschaffung und -verarbeitung beim Prozess-Audit. ■ die Marketing-Organisation und deren Integration mit den anderen Funktionen im Betrieb beim Organisationsaudit.	■ Sind die Planungs- und Kontrollprozesse systematisch aufeinander abgestimmt? ■ Sind genügend Informationen für die Planung und Kontrolle vorhanden?

Arbeitsvorschlag:

1. **Erläutern Sie die wesentlichen Bestandteile einer Marketingstrategie.**
2. **Stellen Sie einen konkreten Zusammenhang zwischen Produkt- und Preispolitik sowie der Zielgruppenfestlegung her.**
3. **Wozu ist eine Marketingkontrolle nötig und was zeichnet das „Controlling" gegenüber der herkömmlichen Zielkontrolle aus?**
4. **Erläutern Sie die vier verschiedenen Audits im Rahmen des strategischen Marketingcontrollings.**

Betriebliche Entscheidungssituation
Analysieren – informieren – diskutieren – entscheiden

Marketing-Mix-Strategie bei der Einführung eines neuen Produktes der Netz AG

Die Netz Phototechnik AG war lange Jahre einer der führenden Anbieter von Fotoapparaten in der Welt. In den letzten beiden Jahrzehnten hatten jedoch die japanischen Anbieter mit günstigeren Preisen und einer Palette von Neuentwicklungen 80 Prozent der Marktanteile. Die Netz AG hat als Anbieter hochwertiger Fotogeräte nur noch einen Marktanteil von 3,5 Prozent. Auf der Fachmesse „Photokina" in Köln präsentiert die Netz AG die von ihr neu entwickelte digitale Videokamera „Netz-Vision 2000". Die Kamera hat nur noch das Format einer Streichholzschachtel.

Die neue Technik begeistert die Fachwelt.

1. Skizzieren Sie den möglichen produktpolitischen Entscheidungsweg der „Netz-Vision 2000" bis zur Markteinführung auf der „Photokina".
2. Bei einem Verkaufspreis von 1.998,00 DM im Fachhandel, der auf einem Testmarkt von einer genügend großen Zielgruppe akzeptiert wurde, wird dem Handel ein Funktionsrabatt in Höhe von 898,00 DM gewährt.
   a) Wie sollte ein Testmarkt möglichst beschaffen sein? Diskutieren Sie unter diesem Aspekt die Möglichkeiten und Grenzen der Auswertung von Testergebnissen.
   b) Bei welcher Verkaufsmenge liegt der Break-even-Point bei fixen Kosten in Höhe von 6.000.000,00 DM und variablen Stückkosten in Höhe von 500,00 DM? Ermitteln Sie diesen rechnerisch und grafisch.
   c) Wie würde sich ein Einführungsrabatt von 10 % auswirken?
3. Zeichnen Sie einen möglichen Lebenszyklus der Kamera; benennen und beschreiben Sie die einzelnen Phasen.
4. Machen Sie globale Vorschläge zum Marketingmix in den jeweiligen Lebenszyklusphasen der „Netz-Vision 2000".

6 Die marktbezogene Abwicklung eines Kundenauftrages planen und durchführen

Situation

Von der Anfrage bis zur Auslieferung

Mit einem vor wenigen Jahren für unmöglich gehaltenen System wartet die Computerfirma DELL auf. Nach dem Motto „heute bestellt – morgen geliefert" wird ein weltweit in dieser Branche einmaliges Bestell- und Versandsystem praktiziert, welches auch in der Produktion vieles auf den Kopf stellt, was bisher als unumgänglich galt. Dabei muss man nicht auf standardisierte Massenware zurückgreifen, die fertig gelagert nur noch auf die Auslieferung wartet.

Der Kunde kann sich per Internet im „Cyberraum" seinen PC individuell zusammenstellen und diesen per Mausklick ordern. Die Bestellung geht in der deutschen Firmenzentrale in Langen bei Offenbach ein und wird von hier direkt in die Produktionsstätten in Irland weitergeleitet. Dort wird der PC nach den Wünschen des Kunden aus den fertigen Komponenten zusammengebaut und sofort versandt. Nach 24 Stunden ist er beim Kunden.

?

- **Welche Tätigkeiten fallen bei der Abwicklung eines Kundenauftrages an und worin unterscheidet sich das „Dell-System" von herkömmlichen Verfahren?**
- **Was versteht man unter einer „marktbezogenen Abwicklung" des Kundenauftrages und welche Einzelschritte sind dabei normalerweise erforderlich?**

Informationen

Die Auftragsbearbeitung ist in den einzelnen Betrieben unterschiedlich organisiert. Sie wird u.a. von folgenden Faktoren beeinflusst:

- Fertigungsart: Einzel- oder Massenfertigung
- Mehrfach-, Auftragsfertigung, Fertigung auf Lager oder auf Bestellung
- Art der Waren: hoch- oder kleinpreisige Produkte
- Distribution: direkter oder indirekter Absatz, zentral oder dezentral
- Kunden: Großkunden, Kleinkunden, Einkommensgruppen, soziale Stellung
- Branche: z.B. PKWs oder Lebensmittel
- Vertriebswege: Vertragshändler, Franchising oder an den selbstständigen Handel, das Handwerk usw.

1. Schritt

Anfrage eines Kunden bearbeiten

2. Schritt

Prüfung der Lieferwilligkeit

3. Schritt

Prüfung der Lieferfähigkeit

4. Schritt

Liefertermine mit Lagerhaltung oder Produktion festlegen

5. Schritt

Angebot verschicken – evtl. besondere Maßnahmen zur Sicherung des Zahlungseinganges einbauen

6. Schritt

Auftragseingang – Auftragsbearbeitung

7. Schritt

Vorbemerkung zum Versand bzw. Auslieferung

8. Schritt

Fakturierung und Rechnungsversand

6.1 Prüfung der Lieferbereitschaft

Unter Lieferbereitschaft (Lieferwilligkeit) versteht man die Beantwortung der Frage, ob ein eingegangener Auftrag ausgeführt werden soll oder ob man darauf verzichtet.

Gründe für Prüfung der Lieferbereitschaft:

- Politische Vorgaben. Keine Lieferung von Waffen in Spannungsgebiete, keine technischen Anlagen, mit denen Waffen produziert werden können (z.B. Geräte zur Herstellung von Giftgas in den Irak).
- Rechtliche Vorschriften. Bestellung von Produkten, die gegen Umwelt- oder andere Gesetze verstoßen (die „Pille danach" wird z.B. von einem deutschen Pharmakonzern hergestellt und in EU-Ländern, nicht aber in Deutschland vertrieben — wegen strengerer Gesetze und religiöser Bedenken).

- Keine Lieferung mittel- oder unmittelbar an die Konkurrenz oder in Regionen, für die mit anderen Kunden Gebietsschutz vereinbart wurde.
- Zu kleine Liefermengen, bei denen die Kosten der Auftragsabwicklung den Erlös übersteigen.
- Die vom Kunden geforderten Preise, Rabatte oder Lieferungs- und Zahlungsbedingungen lassen keinen (ausreichenden) Gewinn mehr zu oder würden gar einen Verlust bringen.
- Der häufigste Grund einer Nichtlieferung ist allerdings ein zu großes wirtschaftliches Risiko bei Lieferungen an Kunden, die nicht kreditwürdig sind. Eine zunehmende Zahl von Firmenpleiten und eine abnehmende Zahlungsmoral sind die Gründe.

Bonitätsprüfung – oder: Wie kreditwürdig ist der Kunde?

Die Kreditwürdigkeit und die Zahlungsmoral von Kunden, die in laufenden Geschäftsbeziehungen stehen, kann aus der Kundenliste (Debitorenliste) in der Rechnungswesenabteilung ersehen werden.

Werden zusätzliche Informationen gewünscht, kann man auf die Kundenkartei oder evtl. auf Berichte der Außendienstmitarbeiter zurückgreifen.

Geprüft werden die

- persönliche Sicherheit: Informationen über den Ruf der Eigentümer und oder Geschäftsführer usw., deren Zuverlässigkeit, Lebensstil, bisherige Zahlungsweise usw.
- dingliche Sicherheit: Informationen über die Vermögenslage der Unternehmung oder der Eigentümer bzw. persönlich haftenden Gesellschafter, die Eigenkapitalquote die Trennung des eigenen vom belasteten Vermögen, und die Bewertung der als Sicherheit dienenden Werte.
- künftigen Wettbewerbschancen des Unternehmens: Prognosen über die Umsatz-, Kosten- und Ertragsentwicklung, der allgemeinen Wirtschaftslage und die der Branche.

Erteilung einer Auskunft

Insbesondere bei neuen Kunden können Auskünfte bei folgenden Institutionen bezogen werden:

- **Kreditinstitute** (Voraussetzung: das Bankgeheimnis ist aufgehoben) und Versicherungsunternehmungen
- **Geschäftsfreunde,** die auch mit dem Kunden zusammenarbeiten
- zuständige **Kammern** oder **Konsulate** (im Außenhandel)
- **Lieferer,** die vom Kunden als Referenz angegeben werden
- **öffentliche Register** (Handels-, Genossenschaftsregister, Konkurs- u. Schuldnerverzeichnis beim zuständigen Amtsgericht, Grundbuch und Güterrechtsregister)
- Eine weitere – aber etwas kostspieligere – Möglichkeit ist die Befragung einer **Auskunftei.** Diese bieten über ihre Datenbanken Online und auch schriftliche Auskünfte an. Hierin werden die Bonität, d.h. die Kreditwürdigkeit und die Zahlungsmoral bewertet. Bekannte gewerbsmäßige Auskunfteien sind z.B. „Auskunftei Schimmelpfeng – Deutsche Auskunftei" in Hamburg, „Dun-Europa", „Verein Creditreform" in Neuss, „Vereinigte Auskunftei Bürgel GmbH" in Aachen.

Ein Muster einer Auskunft sehen Sie auf S. 309.

Preis-Kosten-Check

Enthält die Anfrage (oder Bestellung) keine Preise, Rabatte, Lieferungs- und Zahlungsbedingungen, dann gelten die bestehenden Preislisten, Lieferungs- und Zahlungsbedingungen. Bei Stammkunden ist aus der Kundenkartei zu ersehen, welche Preise, Preisnachlässe usw. gewährt wurden.

Auf Anfragen für größere Projekte oder Sonderanfertigungen, Einzel- oder Auftragsfertigung werden Angebotskalkulationen (evtl. Vorkalkulation mit der Produktionsabteilung) erstellt. Unter Umständen werden auch Mindestmengen festgelegt.

Macht der Kunde bestimmte Preise, Rabatte, Lieferungs- und Zahlungsbedingungen geltend, dann müssen diese auf ihre Umsetzbarkeit überprüft werden.

Ort: Neuss | Datum: . . -08-30
Z. u. H. Nr.: 07/81 | Nr.: Bl/: 17
Kontroll-Nr.: | Dch. VC:
Ihr Zeichen: fi/hd | Mitgl. VC: A-16/H

Creditreform

An Hessische
Porzellanmanufaktur
Ziegenhainer Straße 7

34576 Homberg/Efze

Betr.: Bernd Maurer KG
Hans-Holbein-Straße 5-8

37154 Northeim

Im Interesse einer objektiven Auskunftserteilung bitten wir um Nachricht bei abweichenden Erfahrungen.

Rechtsform	KG
Gründung	1861, als KG 1. Oktober 1949
Handelsregister	1. November 1949, AG Göttingen, HRA 100
Komplementär	Bernd Maurer, geb, 1. Februar 1915, verheiratet, Nordstraße 19, Northeim
Kommanditisten	Rosemarie Maurer, Northeim 500.000,00 DM Dieter Bruchhäuser, Göttingen 400.000,00 DM
Allgemeines	Großhandel mit Haushaltswaren, Küchengeräten und Haushalt-Großgeräten. Eingeführtes Unternehmen, befriedigende Auftragslage. Betriebsräume ca. 500 m^2 für monatlich ca. 14.000,00 DM gemietet.
Mitarbeiter	8 Angestellte.
Jahresumsatz	19.. ca. 8 Mio. DM, für 19.. werden ca 9,5 Mio. DM erwartet.
Immobilien	Bernd Maurer ist Eigentümer eines Mehrfamilienhauses in Göttingen, Angerstraße 5, im Werte von etwa 5.500.000,00 DM. Belastung ca. 500.000,00 DM Überprüfung sämtlicher Angaben zum Immobilieneigentum durch Grundbucheinsicht nicht möglich.
Aktiva	Betriebs- und Geschäftseinrichtung ca. 1.150.000,00 DM 4 Kfz Lagerbestand ca. 3.000.000,00 DM Außenstände ca. 200.000,00 DM
Passiva	Lieferantenverbindlichkeiten ca. 450.000,00 DM Bankkredit in unbekannter Höhe, wird öfter beansprucht.
Banken	Kreditbank Northeim AG, Northeim Darlehensbank Nebenort, Nebenort
Zahlungsweise	unregelmäßig
Kreditfrage	Zahlungen erfolgen z. T. mit Zielüberschreitungen bis zu 90 Tagen. Ende des vergangenen Jahres hörten wir auch von gerichtlichen Maßnahmen. Zu einer ungedeckten Kreditgabe kann <u>nicht</u> geraten werden.

Diese Auskunft ist nur für den Empfänger bestimmt. Für den Inhalt der Auskunft wird jede Haftung für Fahrlässigkeit abgelehnt. Das gilt auch für Erfüllungsgehilfen. Wer die Auskunft zur Kenntnis nimmt, unterwirft sich damit diesen Bedingungen. Der Empfänger darf die übermittelten Daten für den Zweck verarbeiten oder nutzen, zu dessen Erfüllung sie ihm übermittelt werden. Eine Nutzung für andere Zwecke ist nur unter der Voraussetzung des § 28 Abs. 1 und 2 BDSG zulässig.

6.2 Prüfung der Lieferfähigkeit und Ermittlung des Liefertermins

Wenn eine grundsätzliche Lieferwilligkeit besteht, dann muss die Lieferfähigkeit überprüft werden, bevor ein Angebot abgegeben oder ein Kaufvertrag geschlossen wird. Ist die Ware in genügender Menge am Lager, wird der früheste Liefertermin festgestellt. Handelt es sich dagegen um eine Sonder-, Auftrags- bzw. Einzelfertigung oder eine zeitlich befristete Bestellung, dann muss von der Produktionsabteilung der frühestmögliche Liefertermin ermittelt werden.

Zusätzlich muss die mögliche Versanddauer von der Logistikabteilung vorausberechnet werden.

Erst jetzt kann ein verbindliches Angebot abgegeben oder ein Kaufantrag angenommen werden.

6.3 Ein Auftrag geht ein

Geht ein Auftrag ein, ohne dass vorher ein Angebot abgegeben wurde, muss über die Lieferwilligkeit und -fähigkeit (siehe S. 307 f.) entschieden werden. Sind diese Entscheidungen positiv, dann kann der Kaufantrag angenommen werden, ansonsten ist er abzulehnen. (Ein Kaufvertrag kommt ja erst durch Annahme des Antrags zustande.) Erfolgt der Auftrag auf ein Angebot, so müssen diese verglichen werden. Bei Abweichungen muss ein neues Angebot gemacht und vom Kunden akzeptiert werden. Akzeptiert der Lieferant aber die Abweichung vom Angebot, so ist ebenfalls ein Kaufvertrag zustande ge-

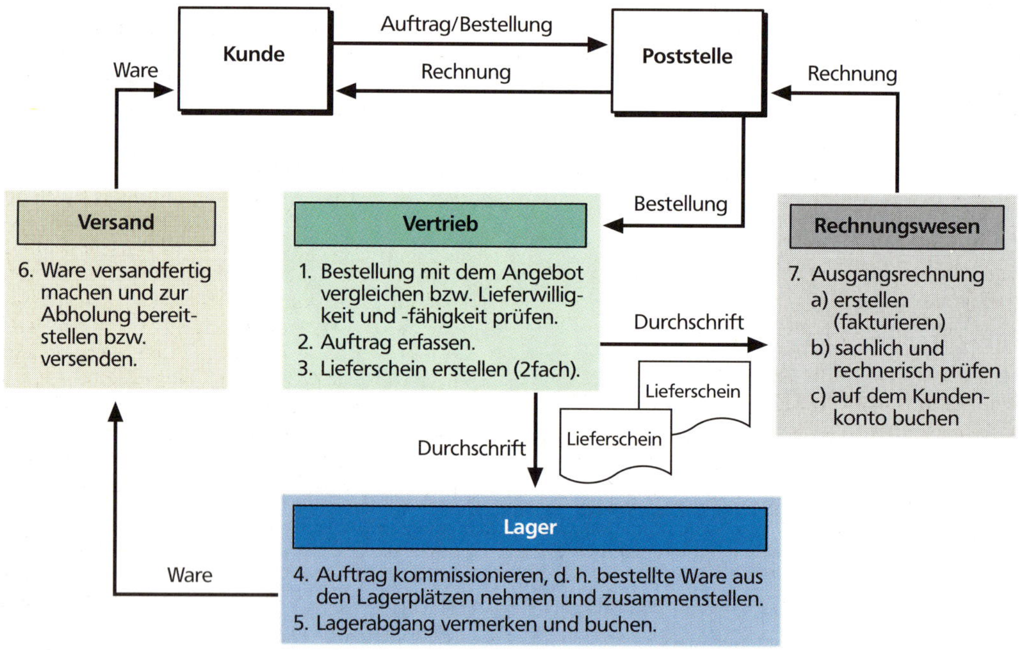

kommen. Danach wird der Kundenauftrag erfasst und erhält eine Kundenauftragsnummer. Lieferdatum, Anschrift des Kunden, Art und mögliche Besonderheiten der Ware, Farbe, Ausstattung usw. werden für die Produktion oder das Lager angegeben. Eine Auftragsbestätigung wird zum Kunden geschickt. Der mögliche weitere Gang ist in obiger Grafik ersichtlich.

6.4 Risk-Management – zur Verringerung von Forderungsausfällen

Bei Kleinaufträgen lohnen sich umfassende externe Kreditwürdigkeitsprüfungen nicht. Daneben schützen auch relativ teure Bonitätsprüfungen vor Abschluss des Kaufvertrages nicht umfassend vor möglichen Forderungsausfällen. Wirtschaftliche Voraussetzungen können sich schnell ändern. Ein größerer Schadensfall, plötzliche Umsatzeinbrüche oder aber Forderungsausfall können einen als solvent geglaubten (Stamm-)Kunden schnell zu einem Zahlungsunfähigen machen.

Zur Absicherung seiner Forderungen hat eine Unternehmung vor der Lieferung bzw. dem Kaufvertragsabschluss folgende zusätzliche Möglichkeiten:

1 Lieferung unter Eigentumsvorbehalt

Die Vertragsklausel „Die Ware bleibt bis zur vollständigen Bezahlung Eigentum des Lieferers" oder ähnliche Formulierungen zeigt den Eigentumsvorbehalt an. Er besagt, dass der Käufer bis zur vollständigen Bezahlung nur Besitzer ist, der Verkäufer bleibt solange Eigentümer der Ware.

Der Eigentumsvorbehalt ist bei Lieferantenkrediten (Raten- und Zielverkäufen) ratsam.

Verschiedene Alternativen des Eigentumsvorbehaltes

Einfacher Eigentumsvorbehalt

Folgende Rechte entstehen dem Verkäufer, wenn der Käufer in Zahlungsverzug gerät:

- **Wandelung,** d.h. Rücktritt vom Kaufvertrag und Rücknahme der gelieferten Ware.
- **Aussonderung beim Konkurs** des Käufers: Da die unter Eigentumsvorbehalt stehende Sache fremdes Eigentum ist, muss sie der Konkursverwalter auf Antrag aus der Konkursmasse aussondern (siehe Themenkreis Finanzierung).
- **Drittwiderspruchsklage gegen den pfändenden Gläubiger:** Der Käufer ist verpflichtet, im Fall einer Pfändung von unter Eigentumsvorbehalt stehender Ware den Verkäufer zu benachrichtigen, damit dieser gegen den pfändenden Gläubiger Drittwiderspruchsklage erheben kann.

Der einfache Eigentumsvorbehalt erlischt aber, wenn die Sache

- an einen gutgläubigen Dritten veräußert wurde,
- mit einem Grundstück fest verbunden wurde (Steine für einen Hausbau),
- verarbeitet, verbraucht oder zerstört wurde.

Daher gibt es folgende Möglichkeiten, den Eigentumsvorbehalt zu erweitern:

Erweiterter Eigentumsvorbehalt

- **Verlängerter Eigentumsvorbehalt**
  1. Die aus dem Weiterverkauf entstandenen Forderungen werden an den Lieferer abgetreten.
  2. Wurde die gelieferte Ware weiterverarbeitet, so wird der Verkäufer auch an der neuen Sache anteilsmäßiger Eigentümer.
- **Nachgeschalteter Eigentumsvorbehalt,** der vor allem im Zwischenhandel üblich ist. Der Käufer darf die unter Eigentumsvorbehalt bezogene Ware nur unter eigenem Eigentumsvorbehalt weiter veräußern. Damit stehen dem ursprünglichen Verkäufer auch die Rechte aus dem zweiten Eigentumsvorbehalt zu.
- **Kontokorrentvorbehalt**
  Er wird insbesondere angewendet, wenn Verkäufer und Käufer in ständiger Geschäftsbeziehung stehen. Der Eigentumsvorbehalt erlischt noch nicht, sobald der Käufer den vollständigen Kaufpreis für die Vorbehaltssache entrichtet hat, sondern erst, wenn alle Forderungen aus der Geschäftsverbindung beglichen sind, also ein Saldoausgleich vorliegt. Das vorbehaltene Eigentum sichert dann nicht nur die konkrete Kaufpreisforderung, sondern alle Forderungen des Verkäufers aus der jeweiligen Geschäftsverbindung.
- **Konzernvorbehalt**
  Er liegt vor, wenn sich der Kontokorrentvorbehalt nicht nur auf die Forderungen des Verkäufers, sondern auch auf die Forderungen anderer Lieferanten des Käufers, die zu dem gleichen Konzern wie der Verkäufer gehören, erstreckt.
- **Weitergeleiteter Eigentumsvorbehalt**
  Ihm kommt nur noch eine untergeordnete Bedeutung zu, da er kaum noch verwendet wird. Der Käufer verpflichtet sich gegenüber dem Verkäufer, die Vorbehaltssache nur so

weiterzuveräußern, dass der Verkäufer Vorbehaltseigentümer bleibt. Es liegt also kein selbstständig vereinbarter Eigentumsvorbehalt des Erstkäufers vor, wie etwa beim nachgeschalteten Eigentumsvorbehalt.

2 Absicherung durch Zahlungsbedingungen

Folgende Alternativen sind möglich:

Der Wechsel als Sicherungsmittel

Durch die Wechselstrenge wird der Käufer versuchen einen gezogenen Wechsel auch einzulösen. Somit wird die Sicherheit der normalen Buchforderung erheblich erhöht. Daneben muss eine mögliche Wechselklage innerhalb einer Woche erfolgen, d.h., die Wartezeit auf den Prozess ist erheblich verkürzt.

Der Verkäufer kann auch vom Käufer einen **Solawechsel** verlangen. Der Käufer ist dadurch Aussteller und Bezogener. Er verpflichtet sich also an sich selbst die Wechselsumme am Verfalltag zu zahlen. Den Wechsel gibt er dann an den Verkäufer weiter, der ihn am Verfalltag zur Einlösung vorlegt.

Barkauf

Bei diesem **„Zug-um-Zug-Geschäft"** wird die Ware nur gegen Barzahlung ausgehändigt. Eine Besonderheit ist der Versand gegen **Nachnahme,** der durch die Post oder private Versender möglich ist. Hauptsächlich wird diese beim Versand (Direktvertrieb) an neue Privatkunden oder an solche, die nicht kreditwürdig sind oder schon einmal in Zahlungsverzug waren, angewendet. Diese Zahlungsart wird auch beim Fabrikverkauf und bei Lieferungen an kleine Betriebe und bei direkter Lieferung durch den Außendienst angewendet.

Vorauszahlung oder Vorfaktura

Bei Kunden mit hohem Zahlungsrisiko (z.B. wenn schon einmal ein Wechsel geplatzt war) kann eine Lieferung nur gegen Vorkasse erfolgen. Bei Sonderanfertigungen werden oftmals Teilbeträge als Vorauszahlung vereinbart. Sonderanfertigungen können nämlich nur schwer oder erheblich preiswerter anderweitig verkauft werden, wenn der Besteller bei Lieferung nicht zahlen würde. Eine Besonderheit ist die Vorfaktura, d.h. eine Rechnungserstellung vor Lieferung.

Bei diesen Zahlungsbedingungen entfallen die Risiken einer nicht bezahlten Sonderanfertigung und evtl. Kosten der Lieferung und des Zurückholens der Ware.

Bankübliche Kreditsicherungsmöglichkeiten

Der Industriebetrieb kann auch die bei Bankkrediten üblichen Kreditsicherungsmöglichkeiten durch Bürgschaft, Sicherungsübereignung, Abgabe eines Pfandes, Schuldschein oder Zession zurückgreifen.

Factoring

Der Industriebetrieb verkauft seine Forderungen an den Factor (i.d.R. eine Factoring-Bank).

Diese zahlen ihm die Rechnungssumme abzüglich Zinsen bis zum Fälligkeitstag und einer Provision sofort aus. Der Factor übernimmt dafür die evtl. Eintreibung der Forderung und das Forderungsrisiko. Der Industriebetrieb erspart sich diese Arbeiten und ist sofort liquide.

Arbeitsvorschlag:

1. **Stellen Sie in einem Ablaufschema dar, wie die eingehenden Kundenaufträge in Ihrem Ausbildungsbetrieb bearbeitet werden.**
2. **Das auf S. 306 f. beschriebene, von der Firma Dell praktizierte Verfahren lässt sich mit dem aus dem Beschaffungsbereich bekannten Begriff „just in time" beschreiben. Welche Vorteile und ggf. Nachteile können Sie hierin erkennen? Was würde dafür und dagegen sprechen, diesen „Just-in-time-Absatz" auch auf Ihren Ausbildungsbetrieb zu übertragen?**
3. **Worin liegen die besonderen produktionstechnischen und logistischen Voraussetzungen dieses Verfahrens?**
4. **Nennen Sie die Probleme, die vor Abgabe eines Angebots geklärt werden sollten.**
5. **Erörtern Sie die Möglichkeiten, mit denen man durch Vereinbarungen im Kaufvertrag mögliche Risiken durch Zahlungsausfall von vornherein minimieren kann. Machen Sie einen Vorschlag.**

4001312L

Betriebliche Entscheidungssituation
Analysieren – informieren – diskutieren – entscheiden

„Auftragsbearbeitung"

Sie sind Mitarbeiter/in in der Verkaufsabteilung der RAKO GmbH, einem mittelständischen Hersteller von Spielwaren. Auf der Nürnberger Spielwarenmesse im Februar des Jahres führen Sie ein Verkaufsgespräch mit dem Chefeinkäufer eines großen Kauf- und Versandhauses, bei dem es um einen Auftrag für ca. 20000 als Messeneuheit vorgestellten Spielen im Wert von ca. 300.000,00 DM geht. Die erste Lieferung über Waren im Wert von ca. 80.000,00 DM soll nach den Bedingungen des Einkäufers bereits zum Ostergeschäft, d.h. Anfang März erfolgen.

Der Rest soll auf Abruf ab Anfang September bereitgestellt werden. Allerdings macht der Chefeinkäufer zur Bedingung, dass zusätzlich zu den üblichen 25 % Wiederverkäuferrabatt weitere 10 % Mengenrabatt gewährt werden. „Eine weitere Bedingung", so der Einkäufer, dass die Lieferung ohne Zuschläge „in Teilmengen an die von uns in 30 deutschen Städten betriebenen Filialen erfolgt und dass Sie garantieren, dass innerhalb von 24 Stunden Nachlieferungen eintreffen, wenn sie benötigt werden."

„Wir bürgen mit unserem Namen", sagt der Chefeinkäufer, als er Ihren etwas verunsicherten Blick sieht. Er erwartet, dass Sie mit ihm am nächsten Messetag einen entsprechenden Vertrag abschließen. Obwohl Sie wissen, dass ihre Firma bei Neukunden in der Regel sehr vorsichtig ist und nur gegen anteilige Vorauskasse liefert, sehen Sie hier „noch nicht einmal den Hauch einer Chance" diesen Punkt überhaupt anzusprechen, ohne dass das Geschäft von vornherein platzen würde.

1. Sie wissen, dass das Spiel bisher nur in einer Erstauflage von 3000 Stück produziert wurde. Welche Schritte müssen kurzfristig unternommen bzw. welche Entscheidungen müssen binnen 24 Stunden getroffen werden?
2. Gibt es überhaupt Gründe, den Auftrag nicht anzunehmen?
3. Welche Möglichkeiten einer Bonitätsprüfung sehen Sie und wie können Sie sich trotz aller positiven Einschätzung gegen mögliche Forderungsausfälle abzusichern versuchen?
4. Wie würde die weitere Auftragsbearbeitung in Ihrem Ausbildungsbetrieb erfolgen? Bringen Sie die einzelnen Tätigkeiten, die von den Bereichen Verkauf, Arbeitsvorbereitung, Materialwirtschaft, Produktion, Versandlogistik, Buchhaltung usw. zu erbringen sind, in eine sachlogische Reihenfolge und zeigen Sie, welche gegenseitigen Abhängigkeiten bestehen.
5. Welche Transportmittel würden Sie angesichts der von dem Einkäufer geforderten Lieferbedingungen in die engere Wahl ziehen bzw. welche Transportmöglichkeiten scheiden aus?

Themenfeld 3 Die übergreifenden Funktionen

A Personalwirtschaft

1 Die Funktion des Personalmanagements für den Industriebetrieb begreifen

Situation

Die Pyro AG ist ein Hersteller von Heizungskesseln im südhessischen Wirtschaftsraum. Vor 12 Jahren gegründet, hat das mittelständische Unternehmen inzwischen 170 Mitarbeiter. Eine der sechs betrieblichen Abteilungen im Verwaltungsbereich ist die Personalabteilung.

Um ihre vielfältigen Aufgaben zu erledigen, arbeitet die Personalabteilung mit anderen betrieblichen Funktionsbereichen (z. B. Beschaffung, Produktion, Absatz) eng zusammen. Die Aufgabengebiete der Personalwirtschaft im Einzelnen sind:

Personalbestandsanalyse
Wie viele Arbeitskräfte mit welcher Qualifikation sind in der Unternehmung vorhanden?

Personalbeschaffung
Woher und wie können zusätzliche Arbeitskräfte beschafft werden?

Personalentwicklung
Welche Maßnahmen sind notwendig, um Arbeitskräfte für bestimmte Arbeitsanforderungen zu qualifizieren?

Personalbedarfsbestimmung
Wie viele Mitarbeiter einer bestimmten Qualifikation werden benötigt?

Personalfreisetzung
Welche und wie viele Arbeitskräfte sollen abgebaut werden?

Personaleinsatz
Wo sollen die Mitarbeiter entsprechend ihren Fähigkeiten eingesetzt werden?

Personalinformationsmanagement
Welche Informationen über die Arbeitskräfte sollen auf welche Art verarbeitet werden?

Personalführung
Wie soll das Verhältnis zwischen Vorgesetzten und Untergebenen gestaltet werden?

Personalkostenmanagement
Welche gegenwärtigen und zukünftigen Kosten werden durch den aktuellen bzw. den geplanten Personalbestand verursacht?

? Welche Aufgaben hat das Personalmanagement zu erfüllen?

Informationen

Im Mittelpunkt der Personalwirtschaft steht die Unternehmung mit den beiden Personenkreisen Vorgesetzte und Mitarbeiter. Vorgesetzte sind dem Unternehmensziel verpflichtet, dem sich auch die Personalwirtschaft unterzuordnen hat.

Die Erfüllung der betrieblichen Aufgabe mit qualifiziertem Personal und möglichst niedrigen Personalkosten ist die übergeordnete **wirtschaftliche Zielsetzung** der Personalwirtschaft.

Auch Mitarbeitern sind die wirtschaftlichen Ziele nicht unwichtig. Sie haben daneben aber auch eigene Zielvorstellungen, die sich nicht unbedingt mit den wirtschaftlichen Zielen decken. Zu diesen mehr **sozialen Zielen** zählen ein sicherer Arbeitsplatz, ein angenehmes Arbeitsklima, interessante Arbeit, Anerkennung durch den Chef und eine angemessene Bezahlung.

Da wirtschaftliche Ziele auf Dauer mit Mitarbeitern zu verwirklichen sind, die sich an ihrem Arbeitsplatz wohl fühlen, ist es Aufgabe der Personalwirtschaft, wirtschaftliche und soziale Ziele miteinander zu verbinden. Nur optimal betreute Mitarbeiter können heutzutage noch die Leistungen erbringen, die notwendig sind, um auf den hart umkämpften Märkten zu bestehen.

> „Mit dem Engagement unserer Mitarbeiter steht und fällt das ganze Unternehmen. Sehr entscheidend ist, was durch unsere Personalführung und Personalentwicklung aus dem Persönlichkeitsangebot der Mitarbeiter gemacht wird."
>
> Dr. Karin Bach
> Vorstandsvorsitzende
> der Pyro AG

Personalmanagement bedeutet aber auch, dass es hier nicht nur um die erwähnten Einzelfragen der Personalwirtschaft geht, sondern dass das Personalmanagement eine komplexe Funktion für den Betrieb darstellt, in dem sich wirtschaftliche und soziale Funktionen nicht gegenüberstehen, sondern sich ergänzen. Dabei spielen sowohl wirtschaftliche als auch soziale, (arbeits)rechtliche und psychologische Fragen eine Rolle. Wegen der umfangreichen Aufgaben haben schon mittlere Betriebe eine eigene Personalabteilung.

Unabhängig von der Frage der inneren und äußeren Organisation des Personalwesens erscheint aber die Motivation der Mitarbeiterinnen und Mitarbeiter wesentlich bedeutsamer für den wirtschaftlichen Erfolg und damit auch für das Personalmanagement. Nach dem Motto „Nur ein zufriedener Mitarbeiter ist ein guter Mitarbeiter" muss nicht nur von der Unternehmensleitung, sondern auch seitens des Personaleinsatzes und der Personalführung deutlich werden, welchen Stellenwert der „Produktionsfaktor Arbeit" im Unternehmen hat. Dass es dabei auch zu Interessenkollisionen kommen kann, liegt in der Natur der Sache.

Arbeitsvorschlag:

1. **Worin sehen Sie die wirtschaftlichen und sozialen Zielsetzungen der Personalwirtschaft?**
2. **Zeigen Sie mögliche Zielkonflikte zwischen dem Betrieb und seinen Mitarbeitern auf.**
3. **Worin besteht die Kernaussage der Vorstandsvorsitzenden der Pyro AG.**
4. **Stellen Sie für sich eine Rangskala von sozialen Zielen auf, die für ihre persönliche Arbeitsplatzsituation gilt.**
5. **Begründen Sie, warum es auch im Interesse der Betriebe liegt, neben wirtschaftlichen auch soziale Ziele zu verfolgen.**

4001316L

2 Planung eines Personalbeschaffungsvorgangs

2.1 Personalstatistik

Situation

In der Personalabteilung der Pyro AG liegen die Zahlen der geleisteten Überstunden für das zurückliegende Geschäftsjahr vor. Die Sachbearbeiterin Nadine Hohmann erhält den Auftrag die Entwicklung der Zahlen im Jahresablauf als Diagramme auf ihrem PC ausdrucken zu lassen. Die Geschäftsleitung wünscht eine Aufschlüsselung nach Kostenstellen.

Für die Kostenstelle Teilefertigung der Pyro AG ergibt sich folgendes Bild:

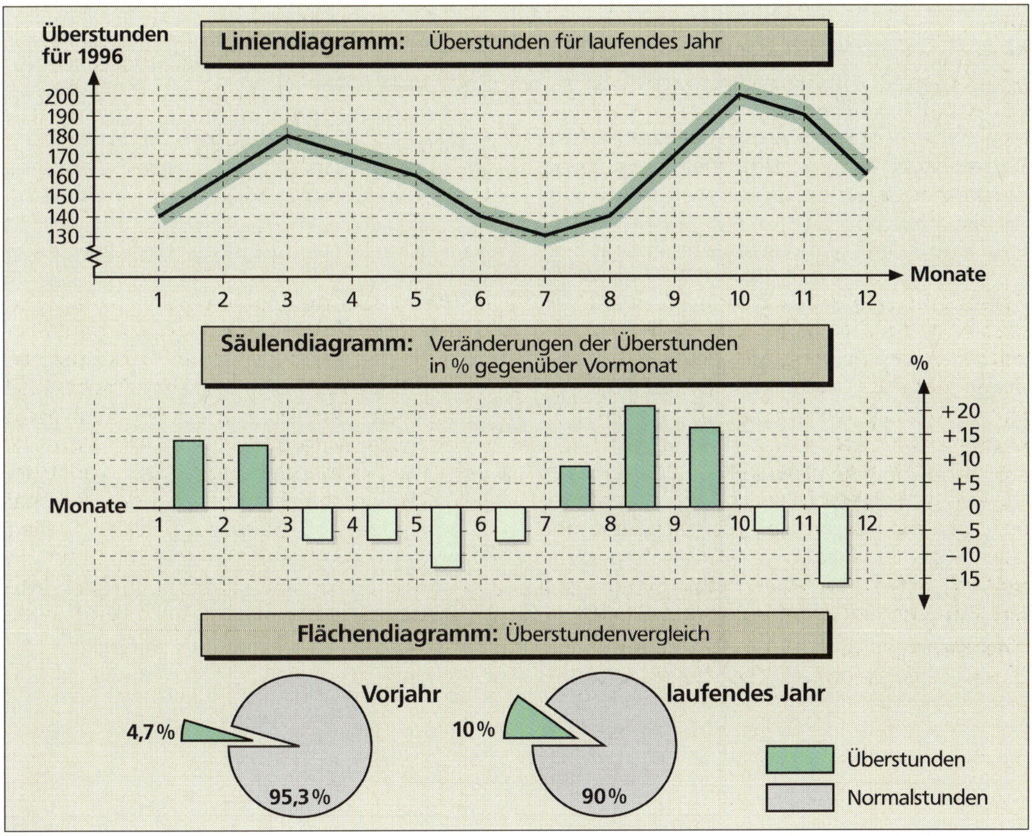

?

- **Welche Veränderungen zeigt die Zahl der geleisteten Überstunden in der Kostenstelle Teilefertigung im Jahresverlauf?**
- **Welcher Zusammenhang besteht zwischen den Aussagen der Überstundenstatistik und einer etwaigen Personalbeschaffung?**
- **Welche Aufgaben erfüllt die Personalstatistik?**
- **Welche Bereiche der Personalstatistik lassen sich unterscheiden?**

Informationen

Die Personalstatistik ist ein wichtiges Instrument für eine effektive betriebliche Personalarbeit. Im Einzelnen erfüllt sie folgende Aufgaben:

Informationsaufgabe	Sie informiert z. B. die Geschäftsleitung über die Altersstruktur der Beschäftigten und über die Höhe der Personalkosten.
Kontrollaufgabe	Die Personalstatistik kontrolliert z. B. die Wirksamkeit unterschiedlicher Personalbeschaffungsmaßnahmen und die Inanspruchnahme betrieblicher Sozialleistungen.
Entscheidungshilfe	Daten der Personalstatistik dienen z. B. als Entscheidungshilfe für den Personalabbau und einer verstärkten Personalförderung durch innerbetriebliche Maßnahmen.
Dokumentationsaufgabe	Die Personalstatistik hält Daten fest, deren Beobachtung für einen längeren Zeitraum sinnvoll sind. So z. B. ist es notwendig, Fehlzeiten über mehrere Jahre zu dokumentieren, da so eine bessere Ursachenforschung möglich ist.

Von Nutzen ist die Personalstatistik für die Personalabteilung, die Unternehmensleitung, die Vorgesetzten der anderen betrieblichen Abteilungen und für den Betriebsrat. Neben Personenkreisen im Unternehmen gibt es auch Nutzer außerhalb der Unternehmung, für die Daten aus dem Bereich der Personalstatistik zur Verfügung gestellt werden. Dies ist z. B. der Fall bei den Sozialversicherungsträgern (Daten zur gesetzlichen Unfall-, Kranken- und Rentenversicherung) und den Arbeitsämtern (Meldung über die Zahl der offenen Stellen).

Bereiche der Personalstatistik

Statistik des Personalbestands und der Personalstruktur	Bewegungsstatistik	Zeitstatistik	Kostenstatistik
Beispiele	**Beispiele**	**Beispiele**	**Beispiele**
Statistik über: ■ gesamten Personalbestand ■ Altersstruktur ■ Nationalitätenstruktur	**Statistik über:** ■ Personalfluktuation ■ Versetzungsrate ■ Personalbestandsveränderung	**Statistik über:** ■ Ausfallzeiten ■ Mehrarbeitszeiten ■ effektive Arbeitszeiten	**Statistik über:** ■ Kosten des gesamten Personalbestands ■ Kosten der betrieblichen Sozialleistungen ■ Kosten für Personalentwicklung

vgl. RKW-Handbuch, Personalplanung, Neuwied 1990, S. 493 ff.

Neben der tabellarischen und grafischen Darstellungsweise lassen sich viele Personaldaten auch durch Kennzahlen wiedergeben. Vergleiche dieser Werte mit Kennzahlen früherer Perioden (Monate, Jahre) oder auch mit konkurrierenden Betrieben der gleichen Branche können wichtige Hinweise für einen Handlungsbedarf im Personalwesen geben.

400131 8L

Firma Pyro AG: Auszug aus der Personalkennzahlenübersicht

Kennzahl	Formel	Rechnung	Ergebnis	Vergleichwert Vorjahr	Handlungsbedarf
Fluktuationsquote	$\frac{\text{Zahl der Abgänge} \cdot 100}{\text{durchschnittlicher Personalbestand}}$	$\frac{9 \cdot 100}{90}$	10 %	8 %	X
Fehlzeitenquote	$\frac{\text{Fehlzeiten (Tage/Stunden)} \cdot 100}{\text{Sollarbeitszeiten (Tage/Stunden)}}$	$\frac{6293 \text{ Tage} \cdot 100}{157320 \text{ Tage}}$	4 %	6 %	–
Quote der Personalbedarfsdeckung	$\frac{\text{abgedeckter Personalbedarf einer Periode} \cdot 100}{\text{geplanter Personalbedarf einer Periode}}$	$\frac{4 \cdot 100}{10}$	40 %	55 %	X
Einstellungsquote	$\frac{\text{Zahl der Einstellungen} \cdot 100}{\text{Zahl der Bewerbungen}}$	$\frac{6 \cdot 100}{90}$	6,67 %	8 %	–
Facharbeiterquote	$\frac{\text{Zahl der Facharbeiter} \cdot 100}{\text{Gesamtzahl der Arbeiter}}$	$\frac{60 \cdot 100}{72}$	83,3 %	78 %	–

Arbeitsvorschlag:

1. **Vergleichen Sie die Fluktuationsquote von zwei Unternehmungen für das zurückliegende Geschäftsjahr.**

	Unternehmung A	Unternehmung B
Zahl der Abgänge	42 Personen	123 Personen
durchschnittlicher Personalbestand	690 Personen	1 115 Personen

2. **Erklären Sie die Aussage: Unternehmung C hat eine große Personalbedarfsdeckungsquote.**
3. **Stellen Sie selbst die Formeln für folgende Kennzahlen aus der Personalstatistik auf: Frauenquote, Ausländerquote, Auszubildendenquote.**
4. **Welche Aufgaben erfüllt die Personalstatistik?**
5. **Interpretieren Sie den Aussagegehalt der nebenstehenden Personalstatistik mit Daten aus dem Opel Werk in Rüsselsheim.**

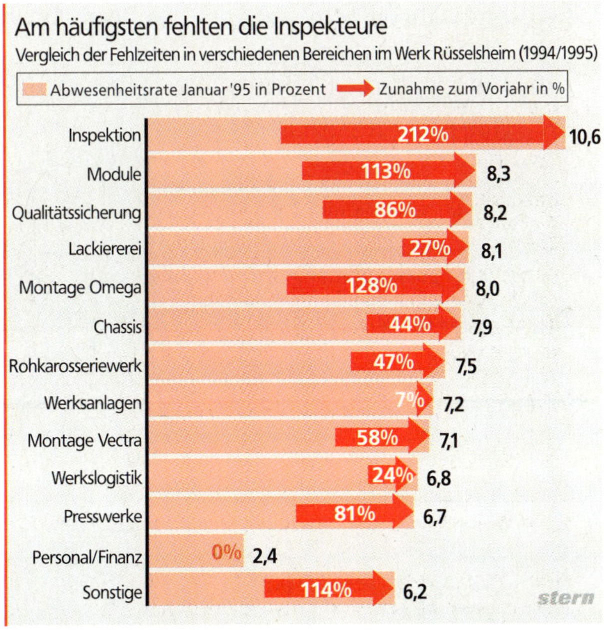

Bettina Müller-Zillgen/Stern

Betriebliche Entscheidungssituation
Analysieren – informieren – diskutieren – entscheiden

Die Anzahl der Fehltage der 22 Beschäftigten in der kaufmännischen Verwaltung der Pyro AG zeigte im letzten Geschäftsjahr folgenden Verlauf:

Januar	Februar	März	April	Mai	Juni	Juli	August	Sept.	Okt.	Nov.	Dez.
38	38	40	35	30	25	20	24	30	38	40	16

1. Ermitteln Sie die Fehlzeitenquote für das zurückliegende Geschäftsjahr (Annahme: Jahressollarbeitszeit 4 980 Tage)
2. Stellen Sie den Verlauf der Fehlzeiten in einem Liniendiagramm dar.
3. Veranschaulichen Sie die Veränderungen der Fehlzeiten gegenüber dem jeweiligen Vormonat durch ein Säulendiagramm.
4. Vergleichen Sie die Fehlzeitenquote mit der des vorausgegangenen Jahres mittels eines Flächendiagramms. Angaben für das vorausgehende Jahr: Jahressollarbeitszeit 4 700 Tage, Summe der Fehlzeiten 320 Tage.
5. Erörtern Sie, warum die Fehlzeitenquote in wirtschaftlich schwierigen Zeiten in der Regel geringer ist als zu den Zeiten von ausgelasteten Produktionskapazitäten.

2.2 Personalinformationssystem

Situation

Der Schutz vor Personaldaten wird in der Pyro AG sehr ernst genommen. Dies beginnt schon bei den Personalfragebögen, die bei der Einstellung verwendet werden. In ihnen ist nach Aussage der Betriebsratsvorsitzenden Becker „nichts, was den Unternehmer nichts angeht". In allen Bereichen, die etwas mit Personaldaten zu tun haben, sind wir „sehr sensibel", so die Vorsitzende. Daher reagiert sie zunächst auch zurückhaltend, als sie einen Brief der Geschäftsleitung erhält, in dem es um den Aufbau eines neuen Personalinformationssystems „PERSINFO" geht:

Betriebsrat der Pyro AG
im Hause

1. Juli 19..

Sehr geehrte Damen und Herren,

eine geänderte Markt- und Unternehmenssituation machen es notwendig, auch unser Personalmanagement umzustrukturieren und effektiver zu gestalten.

Erstreckte sich unsere betriebliche Datenverarbeitung im Personalbereich im Wesentlichen nur auf die Lohn und Gehaltsabrechnung, so ist für nächstes Jahr geplant, ein umfassendes Personalinformationssystem zu installieren.

Da dem Betriebsrat in dieser Angelegenheit ein Mitbestimmungsrecht laut Betriebsverfassungsgesetz zusteht, möchte ich Sie für kommenden Dienstag zu einem Gespräch um 8:30 in mein Büro bitten.

Mit freundlichen Grüßen

Meier-Lambach

Meier-Lambach
(Personalchef)

4001320L

Die Befürchtungen des Betriebsrates:

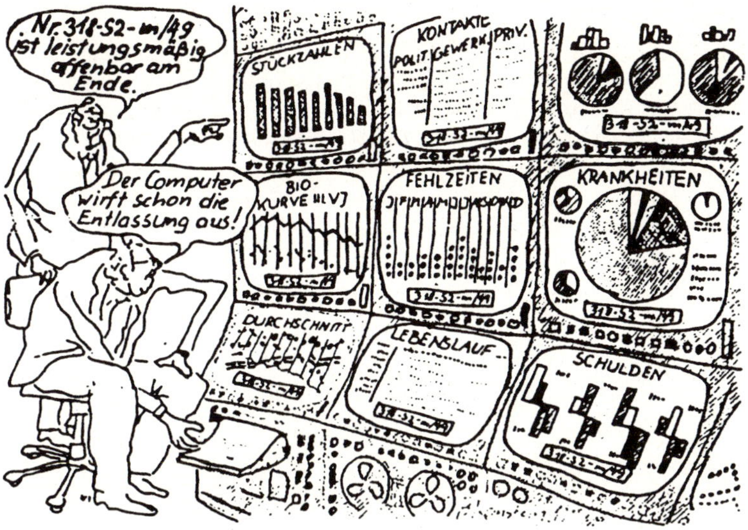

aus: Klotz u.a., Personalinformationssysteme, Hamburg 1994, S. 104

?

- **Was sind Personalinformationssysteme?**
- **Welche Vor- und Nachteile sind mit diesen Systemen verbunden?**
- **Wie sind Personalinformationssysteme aufgebaut?**

Informationen

Ein effektives Arbeiten der Personalabteilung ist abhängig von dem Umfang und der Güte der verfügbaren Personalinformationen. Ebenso wie in anderen betrieblichen Bereichen hat sich auch im Personalwesen die Datenverarbeitung durchgesetzt.

In vielen Betrieben sind Personalinformationssysteme zu finden. Dies sind in der Regel computergestützte Verfahren, durch welche die Daten der Beschäftigten erfasst, gespeichert, bearbeitet und für unterschiedliche betriebliche Zwecke bereitgestellt werden. Personalinformationssysteme gehen weit über die Funktion einfacher Lohn- und Gehaltsabrechnungssysteme hinaus. Als wichtigstes Hilfsmittel für das Personalmanagement kommen Personalinformationssysteme in folgenden Aufgabengebieten zum Einsatz:

- Personalkostenplanung
- Personalbedarfsermittlung
- Personaleinsatzplanung
- Personalbeschaffung
- Personalfreisetzung
- Personalentwicklung
- Personalverwaltung, einschließlich Lohn- und Gehaltsabrechnung

Die Grundstruktur eines computergestützten Personalinformationssystems besteht aus drei Komponenten:

- **Personaldatenbank:** Hier erfolgt die Verwaltung der Stammdaten der Mitarbeiter. Zu diesen Daten zählen Personenmerkmale der Mitarbeiter, die konstant sind oder sich kurzfristig nicht ändern.
- **Stellendatenbank:** Sie enthält Informationen über Tätigkeitsbereiche und Arbeitsplätze. Auch Arbeitsanforderungen, die eine zu erledigende Sachaufgabe an die Mitarbeiter stellt, ist der Stellendatenbank zu entnehmen.

Ein Beispiel für einen Stammdatensatz mit datenmäßigen Verknüpfungen zeigt die nachfolgende Abbildung:

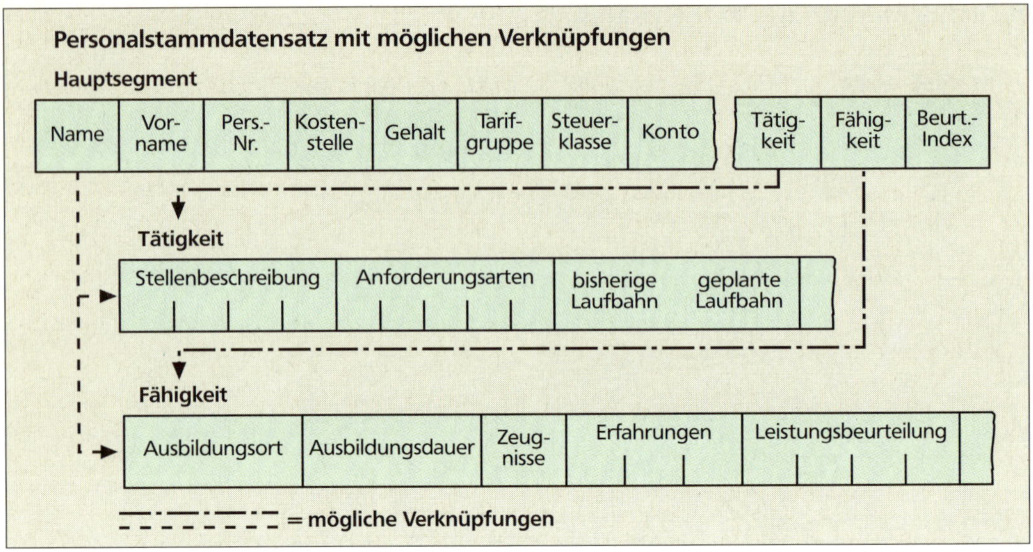

aus: Heinen, Industriebetriebslehre, Wiesbaden 1991, S. 874

- **Methoden- und Modellbank:** Sie dient dazu, die gespeicherten Daten entsprechend dem beabsichtigten Verwendungszweck zu bearbeiten.

  Beispiel für eine Aufgabenstellung, die sich computergestützt problemlos bewältigen lässt: Gesucht wird ein Mitarbeiter, der folgende Bedingungen erfüllt:

  - Ausbildung als Schlosser und
  - CNC-Grundlehrgang und
  - Meisterprüfung bestanden und
  - mindestens zehnjährige Berufserfahrung und
  - nicht älter als 45 Jahre alt

  Innerhalb von Sekunden wird die infrage kommende Person auf dem Bildschirm angezeigt.

Neben den vorstehend genannten internen können auch externe Datenbanken in ein Personalinformationssystem integriert werden. So z.B. beim Zugriff auf ein externes Arbeitskräfteangebot.

Personalinformationssysteme haben für die Betriebe erhebliche Vorteile. Dazu gehören insbesondere:

- beschleunigte und flexiblere Arbeitsabläufe
- schnelle Auskunftsbereitschaft für unterschiedliche Interessenten, wie z.B. Geschäftsleitung, Vorgesetzte, Sozialversicherungsträger, Finanzamt, Kammern
- verbesserte Entscheidungshilfe bei unterschiedlichen Problemen im Personalbereich
- Kosten sparende Erfassung, Speicherung und Bearbeitung großer Datenmengen
- Eindämmung der Papierflut
- hoher Aktualitätsgrad der Informationen
- Dateneingabe und -anzeige am Schreibtisch des jeweiligen Sachbearbeiters

Problematisierung von Personalinformationssystemen

Beschäftigte stehen Personalinformationssystemen vielfach kritisch gegenüber. Viele sehen nicht die Vorteile, sondern vor allem die Gefahren, die sie durch die umfassenden Kontrollmöglichkeiten des Systems befürchten.

Um eine missbräuchliche Benutzung von Personalinformationssystemen zu erschweren, hat der Gesetzgeber vorgebeugt.

Bei der Erfassung und Verarbeitung von Arbeitnehmerdaten sind die Bestimmungen des **Bundesdatenschutzgesetzes** zu beachten. Sie sehen z.B. vor, dass Mitarbeiter das Recht haben, Auskunft über ihre gespeicherten Daten zu verlangen. Daten, die unrichtig sind, müssen berichtigt werden. Sie müssen gelöscht werden, wenn ihre Speicherung nicht erfolgen durfte. Weiterhin muss sichergestellt sein, dass Unbefugte keinen Zugang zu den entsprechenden Datenverarbeitungsanlagen haben.

Begleiten wir Herrn K. an seinen Arbeitsplatz:

Datenerfassung und Kontrolle ... so ganz nebenbei

Herr K. kommt kurz nach halb acht in die Firma und zieht an der Pforte seinen magnetisch beschrifteten Firmenausweis durch die elektronische Stempeluhr: Erfasst werden Personal-Nr., die Zeit seines Kommens und der Ort, an dem er gestempelt hat. Herr K. geht zum Rechenzentrum der Firma, seinem Arbeitsplatz. Bevor er den Raum betreten kann, muss er seinen Firmenausweis in einen elektronischen Türautomaten stecken.

Herr K. muss in dieser Woche ein ziemlich schwieriges Programm ändern, wozu er häufig an einem Bildschirmarbeitsplatz arbeitet. Bevor er anfängt, muss er über den Bildschirm seinen Namen, seine Kostenstelle und die Projekt-Nr. angeben. Während er arbeitet, wird an diesem Bildschirmarbeitsplatz die Anzahl der neu erstellten Programmzeilen erfasst; diese Zahl wird projekt- und personenbezogen gespeichert. Wegen der schwierigen Änderungsarbeiten muss Herr K. häufiger als sonst telefonieren: Selbstverständlich werden Anzahl und Dauer der Telefongespräche und die Nummer des Angerufenen erfasst und gespeichert. Will Herr K. direkt mit einem Kollegen Kontakt aufnehmen, so muss er wieder einen oder mehrere Türautomaten betätigen. Je nachdem ob ein Kollege auch in einem sog. „sicherheitsempfindlichen Bereich" arbeitet oder nicht. Jedesmal wird die Zugangsberechtigung überprüft und es werden Ort, Zeit und Personal-Nr. des Betätigenden erfasst. Mittags freut sich Herr K. auf seine Pause: Die Kantine ist sehr gut und das Kantinenabrechnungssystem ist sehr praktisch: Statt bar zu bezahlen, gibt man der Kassiererin nur den Firmenausweis, die ihn in die elektronische Kasse steckt und dann Preise und Kennziffern für Speisen und Getränke eingibt. Am Monatsende wird ein entsprechender Betrag von Herrn K.s Gehalt einbehalten. Heute hat Herr K. Geburtstag: Er spendiert seinen Kollegen ein Bier zum Mittagessen; dies wird ebenfalls über das Kantinenabrechnungssystem erfasst.

... und die Folgen

Am nächsten Tag kommt Herr K. nicht in die Firma, er ist erkältet. Tags darauf lässt ihn sein Chef zu sich rufen. Er hält Herrn K. die sieben, in der Kantine gekauften Flaschen Bier vor und bringt sie im Zusammenhang mit seinem Fernbleiben am nächsten Tag. Auch weist er Herrn K. auf sein bereits dreimal verspätetes Erscheinen in diesem Monat hin. Bedenklich findet der Chef auch die unter dem Durchschnitt liegende Produktivität von Herrn K., seine häufigen Telefongespräche und seine vielen Gänge im Betrieb. Wenn sich das nicht ändere, müsse Herr K. damit rechnen, dass in Zeiten schlechterer Konjunktur sein Arbeitsplatz gefährdet sei. Herr K. versucht dem Chef die sieben Flaschen Bier durch seinen Geburtstag, das Fernbleiben durch seinen Schnupfen und die häufigen Telefongespräche und die Gänge im Betrieb durch die Art seiner Arbeit zu erläutern; ferner weist er darauf hin, dass er deshalb zu spät gekommen sei, weil er seine Tochter in eine neue Schule bringen müsse.

aus: Klotz u.a., Personalinformationssysteme, a.a.O., S. 127

Eine besondere Bedeutung für den Gebrauch von Personalinformationssystemen hat das **Betriebsverfassungsgesetz.** Es sieht in § 87 Abs. 6 vor, dass der Betriebsrat ein Mitbestimmungsrecht bei der Einführung und Auswertung technischer Einrichtungen hat, mit deren Hilfe das Verhalten oder die Leistung überwacht werden kann.

Durch interne Betriebsvereinbarungen werden häufig Negativlisten zwischen Unternehmensleitung und Betriebsrat vereinbart, die festlegen, welche Daten nicht in computergestützten Systemen gespeichert werden dürfen. Informationen, die häufig in diesen Listen stehen, sind z.B.:

- Zugehörigkeit zu Parteien
- Daten über gesundheitliche Verhältnisse
- Daten über frühere Beschäftigungsverhältnisse
- erhaltene Kredite
- Daten über strafbare Handlungen.

„Einen unehrlichen Mitarbeiter können wir nicht gebrauchen; in seiner Bewerbung fehlt jeder Hinweis darauf, dass sein Großvater 1927 der KPD nahe gestanden hat!"
Karikatur: Wolter

Arbeitsvorschlag:

1. **Nennen Sie Aufgabenbereiche, in denen Personalinformationssysteme eingesetzt werden können.**
2. **Beschreiben Sie die Grundstruktur eines Personalinformationssystems.**
3. **Worin sehen sie Vor- und Nachteile von Personalinformationssystemen?**
4. **Welche Arten von Personalinformationen zählen zu den Stammdaten?**
5. **Welche gesetzlichen Bestimmungen sollen die missbräuchliche Verwendung von Personalinformationssystemen erschweren?**
6. **Welche Bedeutung haben Negativlisten bei der Einführung von computergestützten Informationssystemen?**

2.3 Personalbedarfsplanung

Situation

In der Pyro AG stehen größere betriebliche Änderungen bevor. Bei dem letzten Vorstandstreffen wurde beschlossen, das Produktionsprogramm zu erweitern. Statt wie bisher nur verschiedene Arten von Heizungskesseln herzustellen, sollten zu Beginn des neuen Geschäftsjahres auch Sonnenkollektoren gefertigt werden. Immer mehr Kunden, so hatte man in den letzten Jahren feststellen müssen, waren bereit, sich diese Energie sparende Technik einbauen zu lassen.

Neben vielen anderen betrieblichen Funktionsbereichen ist auch die Personalabteilung von der Programmerweiterung betroffen. Zwei Sachbearbeiter erhalten den Auftrag den durch die Programmerweiterung notwendig gewordenen Zusatzbedarf an Personal zu ermitteln. Da in letzter Zeit vor allem im Fertigungsbereich einschneidende Rationalisierungsmaßnahmen durchgeführt wurden, war es ohnehin dringend notwendig, den Personalbedarf neu zu bestimmen.

aus: Personalwirtschaft 11/94

?

- **Welche Faktoren beeinflussen den Personalbedarf einer Unternehmung?**
- **Wie setzt sich der Personalbedarf zusammen?**
- **Wie wird der Personalbedarf ermittelt?**

Informationen

Viele Einflussfaktoren bestimmen den Personalbedarf einer Unternehmung. Zu unterscheiden sind hierbei innere Faktoren (werden durch das Unternehmen selbst bestimmt) und äußere Faktoren, die dem Unternehmen durch seine Umwelt vorgegeben werden.

4001324L

Einflussfaktoren auf den Personalbedarf der Pyro AG

innere Faktoren:

- Herstellungsmengen und Erzeugnisarten
- durchschnittliche Leistung der Arbeitskräfte
- Rationalisierungsmaßnahmen
- Arbeitsorganisation
- Produktionsmittel
- Fehlzeiten und Fluktuation der Beschäftigten

u.a.

äußere Faktoren:

- Entwicklung gesamtwirtschaftlicher Größen (Sozialprodukt, Arbeitsmarkt u.a.)
- Konkurrenzsituation
- Branchenentwicklung
- tarifvertragliche Änderungen (z.B. bei Arbeitszeit und Urlaub)
- Änderungen im Arbeits- und Sozialrecht
- staatliche Wirtschaftspolitik

u.a.

Die Aufgaben der Personalbedarfsplanung bestehen darin, festzulegen, wie viel Arbeitskräfte (quantitativer Personalbedarf) mit welchen Qualifikationen (qualitativer Personalbedarf) zu welchem Zeitpunkt (zeitlicher Personalbedarf) an welchem Ort (örtlicher Personalbedarf) für betriebliche Zwecke zur Verfügung stehen sollten.

Der ermittelte Personalbedarf ist der Ausgangspunkt für die Personalbeschaffung, den Personaleinsatz und die Personalentwicklung. Auch für Entscheidungen über etwaige Personalfreistellungen ist die Personalbedarfsermittlung eine wichtige Grundlage.

Die Personalbedarfsplanung vollzieht sich bei der Pyro AG im Wesentlichen in drei Schritten:

- Feststellung des Bruttopersonalbedarfs (Personalsollbestand)
- Prognose über die Entwicklung des Personalbestands
- Ermittlung des Nettobedarfs als Differenz zwischen Bruttopersonalbedarf und Personalbestand

Feststellung des Bruttopersonalbedarfs

Betriebe wenden bei dieser Aufgabe unterschiedliche Methoden an. Beispiele dieser Methoden sind:

- **Schätzverfahren.** Die Bedarfszahlen beruhen auf Schätzwerten der Unternehmensleitung, die auf ihre bisherigen Erfahrungen im Personalbereich zurückgreift.
- **Kennzahlmethode.** Hierbei sind zunächst Beziehungen zwischen bestimmten betriebswirtschaftlichen Größen (z.B. Umsatz, Auftragseingänge) zu der Anzahl der Mitarbeiter herzustellen. Ausgehend von diesen Kennzahlen werden Zielsetzungen formuliert.

Beispiel

Kennzahl

Beziehung		Zahlenbeispiel
$\frac{\text{Auftragseingänge}}{\text{Mitarbeiter im Vertrieb}}$	=	$\frac{1000}{20}$ = 50 Aufträge pro Mitarbeiter

Zielsetzung

Die Anzahl der Mitarbeiter im Vertrieb soll im Planungszeitraum dem Volumen der Auftragseingänge entsprechen.

Personalbedarf bei 1 500 Auftragseingängen → 1 500 : 50 = 30 Mitarbeiter

- **Stellenplanmethode.** Der zukünftige Personalbedarf wird aus den Stellenplänen und Stellenbeschreibungen ermittelt. Stellen sind Aufgabenbereiche, die von einem Aufgabenträger (Arbeiter, Angestellter) wahrgenommen werden.

Für die Fertigung der Sonnenkollektoren hat sich bei der Pyro AG nach Auswertung der Stellenpläne in den einzelnen Funktionsbereichen der nebenstehende Neubedarf an Planstellen ergeben (vereinfachte Darstellung):

Funktionsbereiche	Planstellen
Beschaffung	3
Produktion	24
Vertrieb	2
Verwaltung	2
Neubedarf an Planstellen	31

Der Nettopersonalbedarf für die Pyro AG ergibt sich aus der folgenden Übersicht:

Betrieb: Pyro AG	Planungszeitraum: I. Quartal 1996
Bruttopersonalbedarf	180 Mitarbeiter/innen
■ vorhandene Mitarbeiter (Personalbestand)	170 "
■ bereits zu späterem Zeitpunkt feststehende Zugänge (Übernahme aus Ausbildungsverhältnis, Rückkehr von Bundeswehr, Neueinstellungen)	8 "
= akuter (sofort zu deckender) Bedarf	2 "
+ zu ersetzende Pensionierungsfälle	10 "
+ zu ersetzende Einberufungsfälle	4 "
+ vorliegende Kündigungen	6 "
+ statistisch zu ersetzende Todesfälle	1 "
= Ersatzbedarf	23 "
+ Neubedarf (hier: bedingt durch Produktionsprogrammerweiterung)	31 "
− Minderbedarf (entfallende Planstellen)	4 "
= Nettopersonalbedarf (hier: Personalunterdeckung = Zusatzbedarf)	50 Mitarbeiter/innen

vgl. Freund u.a., Praxisorientierte Personalwirtschaftslehre, Stuttgart 1991

Neben dem quantitativen ist auch der qualitative Personalbedarf festzustellen. Er drückt sich aus in den Anforderungsarten, welche die einzelnen Stelleninhaber an ihren jeweiligen Arbeitsplätzen zu erfüllen haben. Anforderungsarten lassen sich mithilfe von Arbeitsanalysen ermitteln. Die Arbeitswissenschaft hat hierzu Listen von Anforderungsmerkmalen erarbeitet. So wird z.B. in dem **„Genfer-Schema"** nach folgenden Basisanforderungen unterschieden: Können, Verantwortung, Belastung und Umgebungseinfluss.

Sind gegenwärtige oder auch zukünftige Arbeitsanforderungen durch Mitarbeiter nicht zu erfüllen, sind im Rahmen der Personalentwicklung geeignete Fördermaßnahmen zu ergreifen.

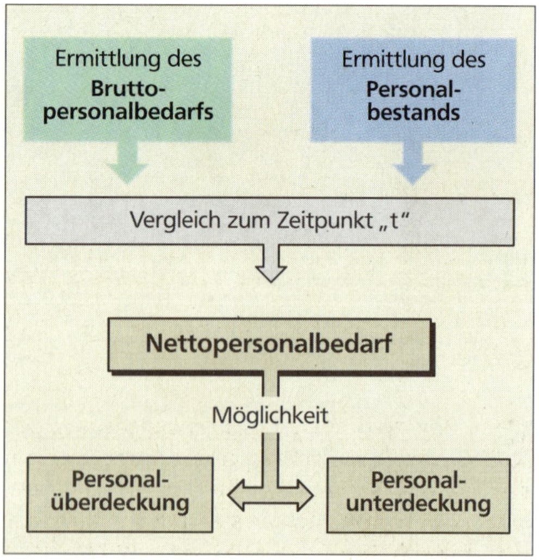

Arbeitsvorschlag:

1. Durch welche inneren und äußeren Faktoren wird der Personalbestand beeinflusst?
2. Wie hoch wäre der Nettopersonalbedarf bei der Pyro AG, wenn statt 10 sogar 15 Mitarbeiter pensioniert würden und statt 4 nur 2 Auszubildende übernommen würden?
3. Ermitteln sie den Personalbedarf bei der Friebe AG nach der Kennzahlmethode bei einem erwarteten Jahresumsatz von 12.000.000,00 DM:

   $$\text{Kennzahl: } \frac{\text{Umsatz}}{\text{Gesamtbelegschaft}} = \text{Arbeitsproduktivität}$$

   $$\text{letztjährige Werte: } \frac{10.000.000}{500} = 20.000{,}00 \text{ DM}$$

4. Wie hoch ist der Nettopersonalbedarf für den Möbelhersteller Willmann KG?
   Bruttopersonalbedarf 230 Planstellen, vorhandener Personalbestand 205, zugesagte Einstellungen 3, anstehende Pensionierungsfälle 4, vorliegende Kündigungen 3. Neubedarf bedingt durch Erweiterung des Möbellagers 10.
5. Unterscheiden Sie zwischen dem qualitativen und dem quantitativen Personalbestand.
6. Welche Methoden lassen sich zur Ermittlung des Bruttopersonalbedarfs anwenden?
7. Unterscheiden Sie zwischen dem Brutto- und Nettopersonalbedarf einer Unternehmung.
8. In der Kundendienstabteilung des Werkzeugmaschinenherstellers Mohr OHG wird bei der Stellenbesetzung nach der Kennzahlmethode verfahren. Da im kommenden Jahr mit einer beträchtlichen Absatzsteigerung gerechnet wird, geht man auch bei der technischen Leitung von einem entsprechenden Anstieg der Reklamationsfälle aus, die nur durch einen größeren Personalbestand in einer angemessenen Zeit bearbeitet werden können.

   Ermitteln Sie den Personalbedarf in der Kundendienstabteilung bei einer Zahl von 1 440 Reklamationsfällen.

   $$\text{Kennzahl: } \frac{\text{Reklamationsfälle pro Jahr}}{\text{Mitarbeiter in der Kundendienstabteilung}} = \text{Anzahl der zu bearbeitenden Reklamationsfälle pro Kundendienstmitarbeiter}$$

   $$\text{letztjähriger Wert: } \frac{960}{120} = 8 \text{ Kundendienstmitarbeiter}$$

2.4 Personalbeschaffung und -auswahl

Situation

Bei der Pyro AG gibt es schon seit einiger Zeit personelle Engpässe in der Kostenstelle Teilefertigung. Die Folge: Der gesamte Fertigungsprozess verzögerte sich. Um hier Abhilfe zu schaffen, entschließt sich Herr Kurz, der zuständige Kostenstellenleiter, einen weiteren Zerspanungsmechaniker von der Personalabteilung anzufordern.

Personalanforderung

anfordernde Abteilung:	Kostenstelle Teilefertigung
Bezeichnung der Tätigkeit:	Einrichten und Bedienen von CNC-Fräs- und -Drehmaschinen
Beschreibung der Tätigkeit Hauptaufgaben:	– Erstellen einfacher Programmsequenzen – Fehlersuche und Veränderung von Programmteilen und Programmoptimierung – Festlegen und Bestimmen von technologischen Daten bei der Bearbeitung verschiedener Werkstoffe
unbedingte Anforderungen:	Ausbildung zum Zerspanungsmechaniker, CNC-Grundlehrgang
wünschenswerte Anforderungen: gute Teamfähigkeit	
Alter: von ca. 20 **bis** ca. 45	**Berufserfahrung in Jahren:** mind. 5
unmittelbarer Vorgesetzter: Werner Müller, Meister	
unterstellter Mitarbeiter: **Tarifgruppe:** TG 7	/ **Lohn-/Gehaltsangebot: von bis**
Ersatz für: **bzw. Zusatzbedarf wegen:**	/ größerem Teilebedarf
einverstanden: (Zeichen)	**ausfüllender Vorgesetzter:** ..-07-16 Kunz (Datum, Unterschrift)

?

- Welchen Vorschlag würden Sie der Pyro AG zur Beschaffung der fehlenden Arbeitskraft machen?
- Welche Möglichkeiten der Personalbeschaffung lassen sich unterscheiden?
- Wie verläuft der Prozess der Personalauswahl?

Informationen

Personalbeschaffung

- **innerbetriebliche Beschaffung**
  - **ohne Personalbewegung durch**
    - Mehrarbeit
    - Verlängerung der betrieblichen Arbeitszeit
    - Urlaubsverschiebung
    - Qualifizierung der Arbeitnehmer
  - **mit Personalbewegung durch Versetzung infolge**
    - innerbetrieblicher Bewerbung
    - Vorschlag des Vorgesetzten
    - gezielter Personalentwicklung (Berufsausbildung, Umschulung, Stellenwechsel)
- **außerbetriebliche Beschaffung**
  - **mehr passive Beschaffung durch**
    - persönliche Vorsprache von Bewerbern
    - Bewerberkartei
    - Auswertung von Stellengesuchen
    - Hilfe der Arbeitsverwaltung
    - Zeitarbeit
    - Werkvertrag
  - **mehr aktive Beschaffung durch**
    - Anschlagtafeln
    - Anwerbung durch Betriebsangehörige
    - Werbung an Schulen
    - Plakatwerbung
    - Personalberater
    - Zeitungsanzeige

Personalbeschaffung

Die Planung der Personalbeschaffung beginnt häufig durch eine Personalanforderung, die der Personalabteilung zugeht. Betriebe haben grundsätzlich zwei verschiedene Möglichkeiten ihren Bedarf zu decken. Durch eine inner- oder eine außerbetriebliche Personalbeschaffung.

aus: RKW-Handbuch (Teil III), Planung der Personalbeschaffung, Darmstadt 1988, S. 27

4001328L

Im Rahmen der Personalbeschaffung für die Führungsebenen der Unternehmung werden oft auch so genannte „Headhunter" eingesetzt. Hierbei handelt es sich um Personalberater/innen, welche darauf spezialisiert sind, erfolgreiche Manager/innen bei anderen Unternehmen aufzuspüren und „abzuwerben". Damit wird der Tatsache Rechnung getragen, dass es kaum eine Führungsposition im Topmanagement gibt, die z. B. über Stellenanzeigen besetzt wird.

Dieses u. a. auch aus dem Profifußball bekannte Geschehen läuft zum Teil sehr diskret ab und setzt ein großes Vertrauensverhältnis zwischen den Beteiligten voraus. Dabei kommt es darauf an, dass der „Headhunter" in der Beurteilung der Übereinstimmung von geforderten und tatsächlich vorhandenen Fähigkeiten einer potenziellen Führungspersönlichkeit zuverlässig, sicher und kompetent ist.

Kommen die an- bzw. abgeworbenen Manager aus der gleichen Branche, sind evtl. Wettbewerbsverbote zu beachten, denen die Führungsriege im Normalfall unterliegt, damit im Falle eines Firmenwechsels keine Geschäftsgeheimnisse weitergegeben werden.

Sowohl die innerbetriebliche als auch die außerbetriebliche Personalbeschaffung haben Vor- und Nachteile, die es gegeneinander abzuwägen gilt.

Vorteile innerbetrieblicher Personalbeschaffung:

- werden Aufstiegschancen im Betrieb geboten, erhöht dies die Bindung der Arbeitnehmer
- geringere Beschaffungskosten
- in aller Regel keine Probezeit, in der es möglicherweise zum Abspringen von Bewerbern kommt
- Betriebskenntnis, kurze Einarbeitungs- oder Einfindungszeit
- Fähigkeiten und Möglichkeiten des Mitarbeiters sind bekannt
- Stelle kann ohne langes Suchen rascher besetzt werden
- ursprüngliche Position des Arbeitnehmers wird frei, Chance für den Nachwuchs
- äußerste Transparenz der Personalpolitik

Nachteile innerbetrieblicher Personalbeschaffung:

- weniger Auswahlmöglichkeiten durch geringes Kontingent an Bewerbern
- möglicherweise Betriebsblindheit des Arbeitnehmers, keine Innovation
- innerbetriebliche Beschaffung löst den Personalbedarf rein quantitativ nicht; ein Loch wird gestopft, doch ein anderes aufgerissen
- starke kollegiale Bindungen des Arbeitnehmers, Sachentscheidungen können „verkumpelt" werden
- nachlassende Mitarbeiter-Aktivitäten wegen des möglicherweise entstehenden Eindrucks von automatischen Beförderungsmechanismen (wenn zum Beispiel der Vertreter bei einer Vakanz stets auch der Nachfolger wird)

Vorteile außerbetrieblicher Personalbeschaffung:

- breitere Auswahl an Arbeitnehmern
- neue Impulse und Innovation von außen
- Einstellung löst den Personalbedarf direkt, ohne dass innerbetriebliche Verschiebungen erforderlich werden
- gegebenenfalls – und wenn auch nur durch Unkenntnis – größeren Respekt vor den imaginären Leistungen des neuen Arbeitnehmers

Nachteile außerbetrieblicher Personalbeschaffung:

- höhere Beschaffungskosten
- hohe externe Einstellungsquote und häufiges Erscheinen auf dem Arbeitsmarkt kann dazu führen, dass die Fluktuation von Arbeitnehmern begünstigt wird („Bei denen kann man wohl nichts werden.")
- negative Einwirkungen auf das Betriebsklima durch Beförderungsfrust beim Stammpersonal
- Risiko der Probezeit, in der es sich der neue Arbeitnehmer kurzfristig noch einmal anders überlegen könnte
- Einarbeitungs- oder zumindest Einführungszeit
- Stellenbesetzung mit entsprechenden Sondierungen ist zeitaufwendig

aus: Der Industriekaufmann, Zeitschrift für Ausbildung und Praxis, Gabler Verlag, o. J.

Personalauswahl[1]

Der Personalbeschaffung schließt sich die Personalauswahl an. Sie vollzieht sich in mehreren Schritten. Wie sie vom Eingang der Bewerbung bis hin zum Abschluss eines Arbeitsvertrages verläuft, ist dem folgenden Ablaufschema zu entnehmen:

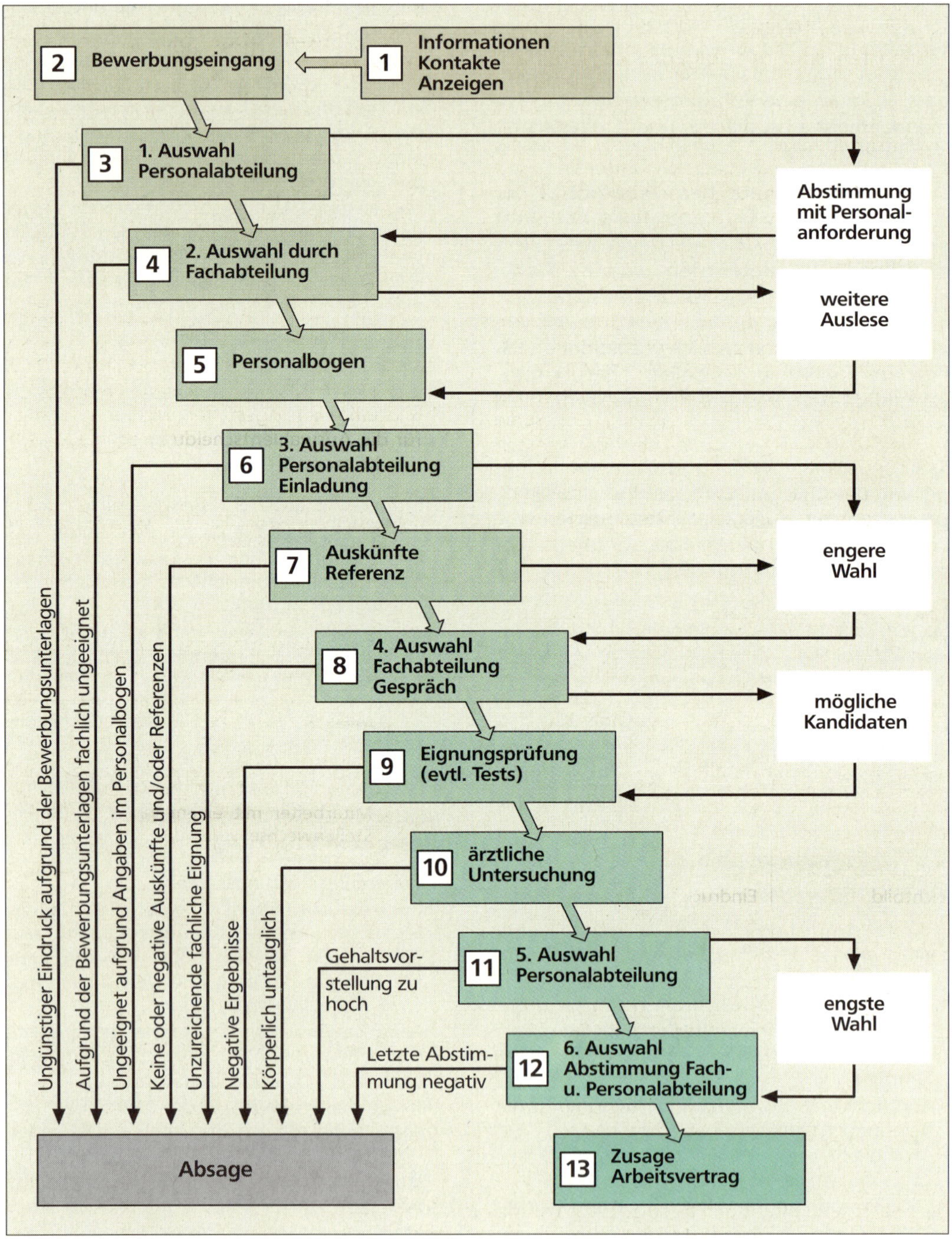

Ablauf der Personalauslese

aus: Maul u. a., Personalplanung im Mittelbetrieb, Heidelberg 1976, S. 4

1 Hinweis: Teilweise wird die Personalauswahl auch als Schlussphase der Personalbeschaffung angesehen.

Auswahlkriterien

Die Personalauswahl wird von vielen Kriterien beeinflusst. Je nach Art des zu besetzenden Arbeitsplatzes gibt es erhebliche Unterschiede, welche Kriterien im Einzelfall herangezogen werden. Eine Übersicht über die Kriterienarten sind der folgenden Aufstellung zu entnehmen:

- **Physis**
  Hierunter fallen alle objektivierbaren Merkmale, die die körperlichen Anforderungen einer Arbeit kennzeichnen, z.B. Anforderungen an die Muskelkraft, Sinnesorgane, an die allgemeine Widerstandsfähigkeit und Ähnliches.
- **Sozialpsychologische Kriterien**
  Hier geht es um Merkmale, welche die Anforderungen an das zwischenmenschliche Verhalten kennzeichnen, wie die Fähigkeit zur Zusammenarbeit, das Führungsverhalten und Ähnliches. Ferner soll mit diesen Kriterien die soziale Situation am Arbeitsplatz beschrieben werden, die möglicherweise die Arbeitsleistung beeinflussen kann, z.B. Alter und Qualifikation der Kollegen, Untergebenen, aber auch der Vorgesetzten.
- **Psychische Kriterien**
  Darunter sind Merkmale zu verstehen, welche die geistigen und sonstigen nicht körperlichen Anforderungen einer Arbeit bezeichnen, wie Anforderungen an die Intelligenz, Reaktions-, Konzentrations- und Entscheidungsfähigkeit sowie Monotonieempfindlichkeit und Ähnliches. Ferner zählen dazu Kriterien, welche die Voraussetzungen hinsichtlich der Leistungs- und Einsatzbereitschaft sowie die Belastbarkeit des Menschen aufzeigen.
- **Fachliche Kriterien**
  Hierzu zählen alle Merkmale, die durch Ausbildung und/oder durch Erfahrung erworben werden können, z.B. Wissen, Kenntnisse, fachliches Können.
  Fragen, wie sich ein Bewerber beispielsweise in eine vorhandene Arbeitsgruppe einfügen wird, wie sich die Zusammenarbeit mit Kollegen, das Verhältnis zu seinem Vorgesetzten und umgekehrt gestalten wird, sind letztlich für die Auswahlentscheidung ebenfalls wichtige Kriterien.

aus: „Arbeitsberichte" des Ausschusses für Soziale Betriebsgestaltung bei der Bundesvereinigung der Deutschen Arbeitgeberverbände, Nr. 40

Informationsquellen

Eine fundierte Personalauswahl kommt ohne aussagefähige Informationsquellen nicht aus. Welche Bedeutung ihnen im Einzelnen zukommt, ergibt sich aus der folgenden Tabelle:

Quelle	Bewerber von außen	Mitarbeiter im Unternehmen
Bewerbungs-schreiben	vermittelt ersten allgemeinen Gesamteindruck	vermittelt Eindruck über Anlass der Bewerbung und über die Vorstellunen, die der Mitarbeiter mit einem innerbetrieblichen Stellenwechsel verbindet
Lichtbild	Eindruck vom äußeren Erscheinungsbild; kann täuschen	geben (als Bestandteil der Personalakte) Aufschluss über den Werdegang vor Eintritt in das Unternehmen
Lebenslauf	verdeutlicht den Werdegang	
Personal-fragebogen	enthält gesammelt und geordnet die wichtigsten Informationen über den Bewerber; verhindert, dass Informationen vergessen werden	
Schulzeugnisse	Aufschluss über schulische Leistungen; in Bezug auf berufliche Qualifikation auch bei Berufsanfängern nur bedingt aussagefähig	
Arbeits-zeugnisse	belegen die beruflichen Stationen des Lebenslaufs; geben Aufschluss über bisherige Tätigkeitsgebiete; Aussagefähigkeit der qualifizierten Beurteilungen ist wegen terminologischer Probleme begrenzt	

Quelle	Bewerber von außen	Mitarbeiter im Unternehmen
Schriftliche Beurteilungen durch bisherige Vorgesetzte	–	Aufschluss über die Bewährung des Mitarbeiters in seiner derzeitigen Aufgabe
Referenzen	können nicht alle Aspekte der Eignung beleuchten; in der Regel nur ergänzend heranzuziehen; als vom Bewerber genannte Informationsquelle nicht unproblematisch	–
Befragung des Vorgesetzten	–	Beurteilung der Eignung und Bewährung des Mitarbeiters in seiner derzeitigen Aufgabe
Interview	Möglichkeit Informationslücken anderer Quellen zu schließen; vermittelt persönlichen Gesamteindruck vom Bewerber	Möglichkeit die Erwartungen und Vorstellungen des Mitarbeiters in Bezug auf die neue Aufgabe zu erfahren
Ärztliche Eignungsuntersuchung	wichtig vor allem, um gesundheitliche Eignung für die vorgesehene Aufgabe festzustellen	wichtig vor allem, wenn vorgesehene Aufgabe besondere gesundheitliche Anforderungen stellt
Psychologische Tests	erfassen normalerweise Teilaspekte der Eignung (Intelligenz, Belastbarkeit o. Ä.)	aussagefähig, wenn neue Aufgabe besondere, testbare Eignungsschwerpunkte verlangt
Grafologische Gutachten	Aussagen über Gesamtcharakter und Teilaspekte der Eignung; äußerst umstritten	–
Arbeitsproben	für bestimmte Positionen (z. B. mit Anforderung an besondere Fertigkeiten o. Ä.) aussagefähig	Aufschlüsse über praktische Fähigkeiten und Fertigkeiten

aus: „Arbeitsberichte", a. a. O.

Gemäß dem Betriebsverfassungsgesetz (BetrVG) hat der Betriebsrat bei der Arbeitsplatzbesetzung und Personalplanung ein Informationsrecht, das bis zur Mitbestimmung gilt.

Im Einzelnen gilt:

- „Der Arbeitgeber hat den Betriebsrat über die Personalplanung, insbesondere aber den gegenwärtigen und künftigen Personalbedarf… rechtzeitig und umfassend zu unterrichten. Er hat mit dem Betriebsrat über Art und Umfang der erforderlichen Maßnahmen… zu beraten. Der Betriebsrat kann dem Arbeitgeber Vorschläge für die Einführung einer Personalplanung und ihre Durchführung machen." (§ 92 BetrVG)
- „Der Betriebsrat kann verlangen, daß Arbeitsplätze, die besetzt werden sollen, ... vor ihrer Besetzung innerhalb des Betriebes ausgeschrieben werden." (§ 93 BetrVG)
- „Personalfragebögen bedürfen der Zustimmung des Betriebsrates. … Richtlinien über die personelle Auswahl bei Einstellungen, Versetzungen, Umgruppierungen und Kündigungen bedürfen der Zustimmung des Betriebsrates. …" (§§ 94, 95 BetrVG)
- „In Betrieben mit mehr als zwanzig wahlberechtigten Arbeitnehmern hat der Arbeitgeber den Betriebsrat vor jeder Einstellung, Eingruppierung, Umgruppierung und Versetzung zu unterrichten ... und die Zustimmung des Betriebsrates. … einzuholen. …" (§ 99 BetrVG)
- „Der Betriebsrat ist vor jeder Kündigung zu hören. … Eine ohne Anhörung des Betriebsrates ausgesprochene Kündigung ist unwirksam. …" (§ 102 BetrVG)

Arbeitsvorschlag:

1. Beschreiben Sie die Möglichkeit zur Personalbeschaffung, um die es in nebenstehender Zeitungsanzeige geht.

2. In welchen Schritten läuft eine Personalbeschaffung im Normalfall ab?

3. Welche Auswahlkriterien würden Sie in der Rolle eines Personalchefs heranziehen bzw. besonders berücksichtigen, wenn Sie folgende Arbeitsplätze zu besetzen hätten:
   a) Auszubildende(r) Industriekauffrau/-mann
   b) Betriebselektriker
   c) Telefonistin
   d) LKW-Fahrer
   e) Geldbote
   f) Sekretärin

4. Kostenstellenleiter Kurz von der Pyro AG verlangt von der Personalabteilung eine externe Besetzung der freien Stelle. Frau Lenz, die Betriebsratsvorsitzende, ist hiermit nicht einverstanden. Wie ist die rechtliche Situation?

3 Maßnahmen der Personalführung, -betreuung und -entwicklung als Instrument der Mitarbeitermotivation aufzeigen und vergleichen

3.1 Entwicklung und Umsetzung eines Unternehmensleitbildes

Situation

Warum stärkt Mietberufskleidung das Wir-Gefühl?

Wenn alle Mitarbeiter am gleichen Strang ziehen, wenn alle mitdenken, weiterkommen wollen und Eigeninitiative ergreifen – nur dann kann ein Unternehmen an der Spitze seiner Branche stehen. Mietberufskleidung von Profitex® trägt einen Teil dazu bei, das dafür notwendige Wir-Gefühl zu verstärken: Ein Mitarbeiter in seiner sauberen Berufs-

kleidung, mit Firmenlogo und seinem Namen versehen, identifiziert sich mit der Firma, für die er arbeitet. Und das motiviert zu mehr Leistung. Denn der Mitarbeiter ist stolz. Stolz auf seine eigene Leistung, stolz auf die Erfolge seiner Kollegen, der ganzen Firma. Diesen Teamgeist gilt es, zu fördern. Durch Identifikation.

(aus einer Anzeige)

?

- **Was sind Unternehmensleitbilder und was ist eine Unternehmenskultur?**
- **Welches Unternehmensleitbild kommt in der Werbeanzeige für Berufskleidung zum Ausdruck?**
- **Welche Erwartungen erhoffen sich Unternehmungen durch das Leitbild einer bestimmter Unternehmenskultur?**
- **Was ist bei der Entwicklung einer Unternehmenskultur zu beachten?**

Informationen

Eine Unternehmenskultur ist die Summe aller Werte und Einstellungen, welche das Handeln und die Orientierung der Mitarbeiter einer Unternehmung prägen. Durch ihre Beachtung soll die Wettbewerbsfähigkeit der Unternehmung gestärkt werden.

In den Unternehmungen weiß man seit einigen Jahren, dass der Erfolg nicht nur das Ergebnis einer geschickten Beschaffungs-, Produktions- und Marketingstrategie ist, sondern auch von einer starken Unternehmenskultur beeinflusst wird. Bekennt sich ein Betrieb zu einer bestimmten Unternehmenskultur, wird diese im Allgemeinen durch ausformulierte **Leitlinien** zum Ausdruck gebracht. In ihrer Gesamtheit ergeben sie ein bestimmtes **Unternehmensleitbild.** Es ist Bestandteil einer ganzheitlichen Unternehmenspolitik, durch die sich das Unternehmen mit all seinen Aktivitäten gegenüber den Mitarbeitern, Kunden, Lieferanten, Konkurrenten und der Öffentlichkeit präsentiert. In der englischen Sprache wird dies als **„Corporate Identity"** bezeichnet (siehe S. 281).

Das Unternehmensleitbild der Firma Siemens AG (Auszug):

WIR ...

- → wollen in den Augen unserer Kunden weltweit als kompetenter Partner gelten, der Produkte und Leistungen von höchstem Nutzen bietet.
- → wollen auf unseren Arbeitsgebieten zu den wettbewerbsstärksten Unternehmen der Welt gehören.
- → fördern den offenen gesellschaftlichen Dialog und wollen Schrittmacher im Umweltschutz sein.
- → wollen uns alle bewusst sein, dass es unsere Mitarbeiter sind, die durch Kreativität und Leistungswillen den Unternehmenserfolg gestalten.
- → wollen einen nachhaltig guten Ertrag erzielen als Maßstab unserer Leistungsfähigkeit.

aus: Siemens AG (Hrsg.), Fakten und Argumente für die Unternehmenskommunikation, München 1996, S. 2

Unternehmenskulturen der modernen Art bezeichnen sich häufig als **mitarbeiterorientiert.** Sie zu verwirklichen, ist vor allem Aufgabe des Personalmanagements. Unternehmen, die mitarbeiterorientiert handeln, berücksichtigen auch persönliche Belange ihrer Beschäftigten. Sie verfolgen nicht ausschließlich ökonomische, sondern auch soziale Zielsetzungen.

Wirkungen, die mit einer **mitarbeiterorientierten** Unternehmenskultur im Einzelnen verbunden sind bzw. von ihr erwartet werden, sind:

- **Die Motivation der Mitarbeiter für ihre zu leistende Arbeit wird gestärkt.**
- **Rahmenrichtlinien für das tägliche Verhalten werden vorgegeben.**
- **Zusammengehörigkeitsgefühle der Mitarbeiter werden geschaffen.**
- **Identifikationsmöglichkeiten der Mitarbeiter mit dem Betrieb werden erzeugt.**
- **Die Einstellung zum Produkt und zum Arbeitsprozess wird verbessert.**

Schritte zur Entwicklung eines Unternehmensleitbildes:

Initiative ergreifen	Die „Kulturträger" einer Unternehmung (Vorgesetzte in Schlüsselpositionen) fassen den Entschluss, das Unternehmensbild aktiv zu gestalten.
Analyse der Istkultur	Einstellungen und Werterhaltungen von Systemmitgliedern der Unternehmung (Mitarbeiter, Kunden, Lieferanten) aber auch die Öffentlichkeit werden ergründet.
Entwicklung von Leitlinien (Sollkultur)	Die kulturprägenden Personen einer Unternehmung entwickeln Leitlinien zur zukünftigen Unternehmenskultur. Einstellungen und Werthaltungen von unternehmensnahen Gruppen und der Öffentlichkeit fließen in den Prozess mit ein.
Realisierung der Leitlinien	Entscheidungen sind darüber zu treffen, was getan werden soll, um die Leitlinien umzusetzen. Dem Vorgesetzten kommt dabei eine besondere Bedeutung zu, da er als „Wertpromotor" Vorbildfunktion für die Leitlinien der Unternehmung hat.

Leitlinie einer Unternehmung

„Wir wollen das Zusammengehörigkeitsgefühl aller unserer Mitarbeiter fördern, zum Wohl des Unternehmens und zur Arbeitszufriedenheit der Mitarbeiter."

Maßnahmen (Beispiele)

Kantinenmahlzeiten werden gemeinsam von der Geschäftsleitung, den Führungskräften und den Mitarbeitern eingenommen.

aus: Opel AG, Das Opel-Produktionssystem, S. 18

Nicht nur am Arbeitsplatz, sondern auch im Fußballverein des Unternehmens spielen sich die Mitarbeiter die Bälle zu.

aus: Ford, Geschäftsbericht 1995, S. 62

Gemeinsames Lernen in Gesprächsrunden findet bei Bedarf statt.

aus: Mercedes-Benz (Hrsg.), Werk Untertürkheim, 1996, S. 23

Arbeitsvorschlag:

1. **Nennen Sie Wirkungen, die von einer starken Unternehmenskultur ausgehen können.**
2. **Unternehmensleitbilder spiegeln sich auch teilweise in Werbeaussagen wider. Diskutieren Sie darüber, welches Bild (Botschaft) die jeweiligen Unternehmungen durch ihre Slogans in die Öffentlichkeit transportieren möchten.**
   - **Opel: „Wir haben verstanden"**
   - **Ford: „Wir tun was"**
   - **Dresdner Bank: „Das grüne Band der Sympathie"**

Betriebliche Entscheidungssituation
Analysieren – informieren – diskutieren – entscheiden

Zwei Chefs von mittelständischen Unternehmen äußern sich zum Thema Personalführung:

Harald Meier, Würzburg

„In der Personalführung gibt es verschiedene Richtungen. Es gibt den Weg, dass man an den gesunden Menschenverstand der Leute appelliert. Aber bei vielen haut das nicht hin. Die wollen einfach nicht. Ich schmeiß dann einfach mal einen raus. Das ist zwar eine etwas brutale Situation, aber die anderen spuren dann. Bei dem vielen Geld, das die Leute heute verlangen, geht das nicht anders. Wie soll der Laden denn sonst laufen?"

Gregor Schmalknecht, Warnemünde

Nur fähige Mitarbeiter in einem optimalen Betriebsklima machen eine Firma erfolgreich. Motivation der Mitarbeiter ist heute das A und O in der Personalführung. Geführt wird bei uns durch das Vorbild der Vorgesetzten. Was zählt, ist nicht die Position dieser Leute, sondern das bessere Argument. Wir müssen dahin kommen, dass alle Mitarbeiter ihren Beruf als Berufung empfinden und nicht als irgendeinen Job, der beliebig austauschbar ist."

Versuchen Sie die gegenseitigen Argumente der beiden Unternehmer in einem Rollenspiel aufzuarbeiten und in einer Leitlinie zusammenzufassen. Erörtern Sie in einer gemeinsamen Gesprächsrunde die Hintergründe, Voraussetzungen und Ziele des unterschiedlichen Führungsverhaltens. Welche Kompromisslinie könnte es für den eher autoritären Firmenchef Meier geben?

4001336L

3.2 Führungsstile und -methoden

Situation

Ca. 86 % der Mitarbeiter in deutschen Unternehmen „atmen auf", wenn der Chef nicht da ist. Dies ist das Ergebnis einer kürzlich von Arbeitswissenschaftlichern angefertigten Studie, in der es darum ging, festzustellen, was den Mitarbeitern am Arbeitsplatz gefällt und was sie als sehr belastend empfinden. Dass ausgerechnet die Chefs bei dieser Studie so schlecht abschnitten, dürfte ihnen zu denken geben, denn, so die Arbeitswissenschaftler, **„Ängste der Mitarbeiter fressen Gewinne auf..."**

Die Studie stellt ein Spiegelbild dessen dar, was Manager von ihren Mitarbeitern erwarten. Ganz oben stehen Pünktlichkeit, Zuverlässigkeit, Fleiß und Firmentreue. 91 von 100 repräsentativ befragten Chefs gaben an, dass man eine Identifikation mit der Firma und ihren Zielen als unabdingbare Voraussetzung für erfolgreiches Arbeiten und berufliches Weiterkommen ansehe. Dagegen konnte sich mit nur 8 % eine fast verschwindend geringe Zahl auch einen Mitarbeiter vorstellen, der nicht nur „mitmarschiert", sondern eigene Vorstellungen über das Unternehmensgeschehen einbringt und sie umzusetzen versucht.

Fazit: Viele Manager möchten offensichtlich trotz aller neuen Erkenntnisse über moderne Unternehmensführung nach wie vor bestimmen, wo es lang geht. Damit ergibt sich für viele Führungskräfte die Frage, ob „Mitarbeiter, die wie ein Uhrwerk funktionieren", tatsächlich die besten sind.

? Wie sieht eine moderne Unternehmensführung aus?

Informationen

Unternehmerische Führung ist darauf ausgerichtet, das Verhalten der Mitarbeiter so zu steuern, dass die **wirtschaftlichen Ziele** der Unternehmung und die **persönlichen Ziele** der im Betrieb tätigen Menschen verwirklicht werden.

Ein gutes Betriebsklima zahlt sich in Mark und Pfennig aus, sagen Wirtschaftsforscher, Angst dagegen koste deutsche Unternehmen jährlich 220 Milliarden DM! Mitarbeiter, die vor ihren Vorgesetzten zittern und ständig um ihren Arbeitsplatz bangen, arbeiten nach Einschätzung der Forscher zwar kurzfristig mit mehr Einsatz, aber langfristig führen die körperlichen und seelischen Auswirkungen zu Fehlzeiten, innerer Kündigung, hoher Fluktuation und erhöhtem Alkoholgenuss. Selbst Drogenmissbrauch kann die Folge von psychischem Arbeitnotsplatzstress sein.
In einer anomalen Fragebogenaktion hatten 92,8 % der Beschäftigten angegeben, sie hätten Angst um ihren Arbeitsplatz, obwohl keine konkreten Entlassungen geplant waren. 84,5 % der Befragten waren der Auffassung, dass ihnen im Betrieb Nachteile drohten, wenn sie offen ihre Meinung sagten. Viele Mitarbeiter haben auch Angst vor Neuerungen, die ihre eigenen Defizite ans Tageslicht bringen. Ein weiterer Angstfaktor ist das Mobbing. Damit wird nicht nur das Verhältnis zu der Chefetage, sondern auch das Verhältnis untereinander zum Problemfall.

„Jeder Mitarbeiter, der mit Angst und Resignation zur Arbeit kommt, bedeutet ein Verlust an produktiver Arbeit im Wert von 30.000,00 bis 100.000,00 DM im Jahr" schätzen die Forscher. Und das kann sich die deutsche Wirtschaft eigentlich nicht leisten. Also: Manager auf die Schulbank?

Grundsätzlich werden drei Arten von Führungsstilen unterschieden:

- **Laissez-faire-Stil.** Für den betrieblichen Bereich hat dieser Stil, der durch weitgehende Planlosigkeit und wenig Kooperationsbereitschaft gekennzeichnet ist, keine Bedeutung. Eine straffe Führung fehlt, Mitarbeiter werden teilweise sich selbst überlassen und Anordnungen werden nicht überwacht. Gleichgültigkeit führt zu unrationeller Arbeitsweise. Von daher ist dieser Stil wenig empfehlenswert.
- **Autoritärer oder autokratischer Führungsstil.** Dieser Stil ist das andere Extrem. Er bevormundet die Mitarbeiter, lässt ihnen keine bzw. wenig Entscheidungsfreiheit. Die Kontrolle ist sehr stark und die Führung ist straff und hierarchisch organisiert, sodass Eigeninitiative der Mitarbeiter kaum zum Tragen kommt. Typisch bei diesem Stil ist weiterhin, dass der Vorgesetzte alles wissen will, aber selbst den Mitarbeitern wichtige Informationen vorenthält. Gehandelt wird von ihm nach dem Motto „alles geht über meinen Tisch". Entscheidungsprozesse und Arbeitsabläufe werden durch diese Eigenart schwerfälliger. Auch dieser Führungsstil eignet sich wenig, um den betrieblichen Problemen gerecht zu werden.
- **Demokratischer oder kooperativer Führungsstil.** Dieser Führungsstil orientiert sich an den Bedürfnissen der Mitarbeiter und den Erkenntnissen über die soziale Struktur eines Betriebes. Er fördert die Zusammenarbeit, bezieht die Mitarbeiter in die Verantwortung mit ein, verlangt konstruktive Kritik und sieht Vertrauen als wichtige Grundlage an. Statt Fremdkontrolle durch den Vorgesetzten ist die Eigenkontrolle der Mitarbeiter vorherrschend. Mögliche Konfliktsituationen im betrieblichen Alltag und der Konkurrenzkampf zwischen den Gruppenmitgliedern sind eingeschränkt.

  Der kooperative Stil geht von der Erkenntnis aus, dass Anerkennung des Einzelnen im Betrieb und bestimmte Formen der Machtausübung das Betriebsklima, den sozialen Frieden und nicht zuletzt die Leistungsbereitschaft der Arbeitnehmer positiv beeinflussen.

Ein kooperativer Führungsstil ist eine wichtige Voraussetzung um die innovativen und kreativen Fähigkeiten der Mitarbeiter zum Wohle des Unternehmens nutzen zu können. Eine Einrichtung, die auf der Kooperationsbereitschaft zwischen Vorgesetzten und Mitarbeitern aufbaut, sind die so genannten **Qualitätszirkel** (Werkstattkreise).

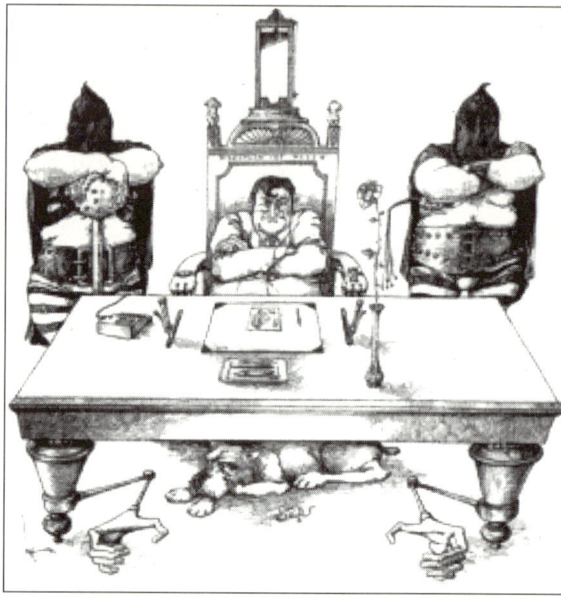

Illustration von Kurt Halbritter © Carl-Hanser-Verlag, München/Wien

Ihre Zielsetzung besteht darin, einen Beitrag zur Qualitätsverbesserung der hergestellten Erzeugnisse und zur Kostensenkung zu leisten. Bei den hierarchiefreien Treffen der Gruppenmitglieder werden Probleme analysiert, Lösungen erarbeitet und in Verbesserungsvorschläge umgesetzt.

aus: Ford (Hrsg.), Ford Galaxy: Qualität, Teamwork und Technologie, o. O. u. J., S. 11

Qualitätszirkel

Vorgehensweise

- Information der Mitarbeiter
- Motivation der beteiligten Mitarbeiter durch aktive Einbeziehung
- Besprechung von kosten- und qualitätsbeeinflussenden Problemen, die gemeinsam als wichtig empfunden werden
- Suche nach gemeinsamer Problemlösung

Ziele

- **Verminderung von Störungen, Belastungen usw.**
- **Identifikation mit dem eigenen Unternehmen**
- **Verantwortungs- und qualitätsbewusstes Handeln**

vgl. Heinen, E., Industriebetriebslehre, Wiesbaden, S. 872

3.2.2 Erfassen von Führungsverhalten

Leitungsaktivitäten von Vorgesetzten lassen sich in ihrer Gesamtheit nur sehr schlecht einem bestimmten Führungsstil zuordnen. In der betrieblichen Alltagssituation ist es vielmehr so, dass Elemente unterschiedlicher Führungsstile in dem konkreten Verhalten von Vorgesetzten zu finden sind. Verschiedene Möglichkeiten bieten sich an, um das Führungsverhalten zu erfassen und zu beurteilen.

- **Möglichkeit 1:** Verhaltensschema zum Erfassen des Führungsstils. Hierbei werden führungsrelevante Eigenarten von Vorgesetzten auf einer Rangskala von 1 bis 7 eingeschätzt und markiert. Der Wert 1 steht für einen extrem autoritären und der Wert 7 für einen extrem kooperativen Führungsstil.

aus: Neuberger, O., Führen und geführt werden, Stuttgart 1995, S. 179 f.

Möglichkeit 1: Verhaltensschema

	extrem autoritärer Führungsstil	1	2	3	4	5	6	7	extrem kooperativer Führungsstil
1 Art der Willensbildung	individuell								kollegial
2 Verteilung von Entscheidungsaufgaben	zentral								dezentral
3 Art der Willensdurchsetzung	bilateral								multilateral
4 Informationsbeziehungen	bilateral								multilateral
5 Art der Kontrolle	Fremdkontrolle								Selbstkontrolle
6 Formalisierungs- und Organisationsgrad	stark								schwach
7 Einstellung des Vorgesetzten zum Mitarbeiter	Misstrauen								Offenheit
8 Einstellung des Mitarbeiters zum Vorgesetzten	Respekt, Abwehr								Achtung, Vertrautheit
9 Grundlage des Kontaktes zwischen Vorgesetztem und Mitarbeitern	Abstand								Gleichstellung
10 Häufigkeit des Kontaktes zwischen Vorgesetztem und Mitarbeitern	selten								oft
11 Handlungsmotive des Vorgesetzten	Pflichtbewusstsein, Leistung								Integration
12 Handlungsmotive des Mitarbeiters	Sicherheit, Zwang								Sebstständigkeit, Einsicht
13 Bindung der Mitarbeiter an das Führungssystem	schwach								stark
14 Soziales Klima	gespannt								verträglich

- **Möglichkeit 2:** Verhaltensgitter zum Erfassen des Führungsstils. Das Verfahren beruht auf einer Selbsteinschätzung der Vorgesetzten: „Worauf legen Sie bei der Führung Ihrer Mitarbeiter das Schwergewicht?“, bildet die Ausgangsfrage. In dem Gitter ist zu markieren, welche Wertigkeit der Vorgesetzte bei seinem Führungsverhalten den Mitarbeiterbelangen und welche er der Erfüllung der Sachaufgaben zubilligt. Der Wert 7.2 würde z. B. einen recht autoritären Führungsstil markieren. Eine Mitarbeiterorientierung im Führungsstil ist kaum vorhanden. Das Interesse des Vorgesetzten ist fast ausschließlich arbeitsorientiert. Der Wert 2.9 würde z. B. einen stark kooperativen Führungsstil markieren.

Möglichkeit 2: Verhaltensgitter

Worauf legen Sie bei der Führung Ihrer Mitarbeiter das Schwergewicht?

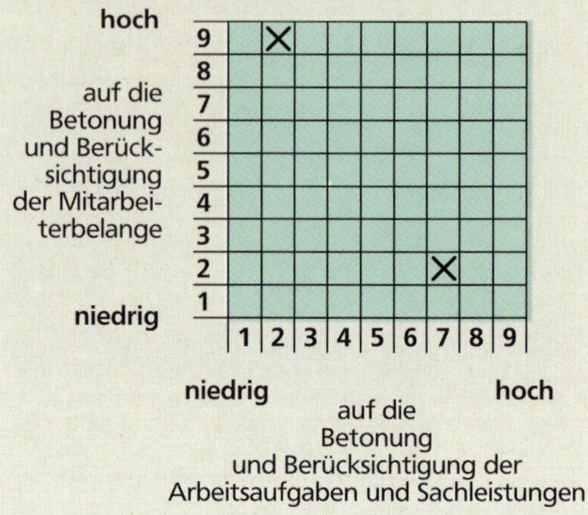

3.2.3 Einflussfaktoren auf das Führungsverhalten

Die Frage, welcher Führungsstil am besten ist, lässt sich nicht so ganz leicht beantworten. Verschiedene Faktoren haben Auswirkungen auf den Führungsstil. Vor allem sind dies: Eigenarten der Mitarbeiter, Aufgabenstellung, Vorgesetztenpersönlichkeit und die jeweilige Handlungssituation.

Führungsstil wird beeinflusst durch:

Mitarbeiter:

Menschen sind in ihren Bedürfnissen sehr unterschiedlich. Es ist daher denkbar, dass auch vereinzelt ein Wunsch nach Autorität und straffer Leitung besteht. Ein kooperativer Führungsstil wäre in solchen Fällen nicht mitarbeiterorientiert.

Vorgesetztenpersönlichkeit:

Ein kooperativer Führungsstil erfordert andere Fähigkeiten als ein autoritärer. Nicht alle Vorgesetzten dürften persönlichkeitsbedingt in der Lage sein, sich eine fehlende Kooperationsfähigkeit anzueignen.

Handlungssituation:

In betrieblichen Normalsituationen kann es für Vorgesetzte relativ einfach sein, kooperativ zu führen. In Extremsituationen dagegen, die Ausnahmecharakter haben und manchmal schnellste Entscheidungen verlangen, kann auch die Kooperation mit Mitarbeitern mal hinderlich sein.

Aufgabenstellung:

Unterschiede im Führungsverhalten können auch aufgabenbedingt sein. So ist z. B. ein kooperativer Führungsstil für ein erfolgreiches Arbeiten in einer Konstruktionsabteilung wichtiger als in der Buchhaltung.

4001340L

3.2.4 Erfolgreiches und fehlerhaftes Verhalten von Vorgesetzten

Ein Vergleich:

Ein erfolgreicher Vorgesetzter:

- muss nicht alles detaillierte Sachwissen, aber zusätzlich Führungswissen haben
- ist in der Regel nicht arbeitsüberlastet
- kann sinnvoll delegieren
- setzt sich und seinen Mitarbeitern realistische und akzeptable Ziele
- gibt ihnen und verlangt von ihnen die wesentlichen Informationen
- kennt die wesentlichen Probleme seiner Mitarbeiter
- beurteilt seine Mitarbeiter an ihrer Leistung, ihrem Erfolg und am Wert der zu lösenden Aufgabe
- sucht gemeinsam mit seinen Mitarbeitern nach Verbesserungsmöglichkeiten
- fördert die Entwicklung seiner Mitarbeiter
- motiviert seine Mitarbeiter und erzeugt damit Zufriedenheit und Leistungsbereitschaft

Ein wenig erfolgreicher Vorgesetzter:

- setzt sich und seinen Mitarbeitern keine Ziele und konzentriert sich deshalb nicht auf die wichtigen Aufgaben
- misst den Wert einer Aufgabe am Rang, Status sowie an der Zahl der Mitarbeiter und nicht an der Sache selbst und ihren Ergebnissen
- schiebt dringende Entscheidungen auf oder improvisiert
- gibt Aufgaben ohne sinnvolle Delegation an seine Mitarbeiter weiter
- verlangt alle Detailinformationen von seinen Mitarbeitern
- fühlt sich unentbehrlich und ist ständig überlastet
- hat keine Zeit kreativ zu sein
- unterdrückt Ideen und Initiativen seiner Mitarbeiter
- ist nicht teamfähig
- hat Angst zu versagen und von seinen Mitarbeitern nicht respektiert zu werden

aus: Bettermann u.a., Mitarbeiter erfolgreich führen, informieren und beurteilen, München 1981, S. 67 u. 77

Ein Beispiel dafür, wie sich ein fehlerhaftes Führungsverhalten auf die Mitarbeiter auswirken kann, ist dem folgenden Artikel zu entnehmen:

Krankheitsursachen

Mangelnde Führung

Ein simpler Trick brachte Günther Koch auf die Spur: Um herauszufinden, warum immer wieder in denselben Arbeitsgruppen des Volkswagen-Werkes Kassel krankgefeiert wurde, tauschte der Personalchef probeweise die Meister aus. Nach einem Jahr war es offensichtlich: Die Vorgesetzten hatten ihren Krankenstand mitgenommen.

Am eigenen Beispiel erfuhr Koch damit, was sich immer mehr Unternehmer schmerzhaft klarmachen müssen: Wenn Mitarbeiter besonders oft blaumachen, liegt das nicht nur an Grippeviren oder Feiertagen. Häufig genug haben die Firmenzugehörigen einfach keine Lust auf die Arbeit, genauer: auf ihren Chef. „Krankenstände", so der Würzburger Unternehmensberater Jürgen Lietz, „sind nichts anderes als Abstimmungen per Krankenschein."

Blaumachen als stille Meuterei gegen den Chef? Mit dieser These steht Lietz nicht alleine. Krankmeldungen spiegeln die Unzufriedenheit der Belegschaft wider.

Dabei wirken sich nicht nur äußere Faktoren wie lange Anfahrtswege, unregelmäßige Arbeitszeiten oder laute und staubige Arbeitsplätze negativ auf den Betriebsfrieden aus. Die Hauptursache für die Identifikationsprobleme der Mitarbeiter mit ihrem Unternehmen liegt in der mangelnden Mitarbeiterführung.

Das bestätigt auch eine empirische Untersuchung der Abteilung Personalwirtschaft an der Wirtschaftsuniversität Wien. Darin wurden Gründe für Beeinträchtigungen des psychischen Befindens im Betrieb analysiert. Danach führte zum Beispiel Aufgabenunklarheit in 23 Prozent der Fälle zu psychosomatischen Beschwerden, ein zu geringer Handlungsspielraum in 11 Prozent der Fälle.

Die fehlende Unterstützung durch den Vorgesetzten löste bei 14 Prozent der Testpersonen Selbstwertprobleme aus, die schlechte Zusammenarbeit mit ihm empfanden sieben Prozent als psychische Beeinträchtigung. Auch extreme Leistungserwartungen setzen Mitarbeiter der Studie zufolge unter Druck. Zudem wirkten ein ruppiger Umgang, mangelnde Kommunikation und übermäßige Kontrolle für Mitarbeiter ebenso demotivierend wie das andere Extrem: die gleichgültige Haltung von Vorgesetzten.

aus: Wirtschaftswoche, Nr. 8/15. Febr. 1996

3.2.5 Führungsmethoden

Die Personalführung in einem Unternehmen wird nicht nur beeinflusst von dem Führungsstil eines Vorgesetzten, sondern auch durch seine Führungsmethoden (Management-Systeme). Während der Führungsstil die persönliche Art der Mitarbeiterführung eines Vorgesetzten beschreibt, sind Führungsmethoden als Rahmenvorgaben für alle Weisungsbefugten in der Unternehmung zu verstehen. Sie stellen Konzepte dar über das vermeintlich „richtige" Führungsverhalten der Weisungsbefugten und sind als solche für diese verbindlich.

Führungsmethoden		
Management by Objectives (Führung durch Zielvereinbarungen)	**Management by Delegation** (Führung durch Übertragung von Verantwortung und Entscheidungsbefugnis)	**Management by Exception** (Führung nach dem Ausnahmeprinzip)
Ausgehend von obersten Unternehmungszielen setzen Angestellte mit ihren Vorgesetzten diese Ziele in ihrem Arbeitsbereich um. Es werden Aufgaben für die einzelnen Stellen festgelegt. Da der einzelne Stelleninhaber an der Aufgabenstellung mitbeteiligt war, wird er besonderen Ehrgeiz entwickeln, diese Aufgaben zu bewältigen. Um das Ziel zu erreichen, kann er selbstverständlich auf das Wissen und die Erfahrungen des Vorgesetzten zurückgreifen, der ihn informiert und berät.	Die Mitarbeiter dürfen innerhalb ihres Aufgabenbereichs selbstständig Entscheidungen treffen. Sie unterliegen zwar der Kontrolle des Vorgesetzten, dieser soll aber nicht in den Entscheidungsprozess eingreifen, es sei denn, er könne Fehlentwicklungen verhindern. Basis dieses Führungsgrundsatzes ist eindeutig ein kooperativer Führungsstil.	Alle üblicherweise anfallenden Entscheidungen werden von den zuständigen Stellen selbstständig getroffen. Die Vorgesetzten greifen nur dann ein, wenn über außergewöhnliche Maßnahmen entschieden werden soll. Durch diese Führungstechnik wird die Unternehmensleitung von alltäglichen Arbeiten befreit. Ihr obliegen nur noch die Anordnungen und die Kontrolle über diese Tätigkeiten.

4001342L

Arbeitsvorschlag:

1. Diskutieren Sie anhand des Zeitungsartikels das Thema: „Fehlzeiten sind keine höhere Gewalt, sie lassen sich durch die Vorgesetzten beeinflussen" die Frage, welche Gründe für unverhältnismäßig hohe Fehlzeiten verantwortlich sein können und ob es tatsächlich ernsthafte Verbindungen zum vorherrschenden Betriebsklima gibt.
2. Worauf kann man zurückführen, dass 85 % der Mitarbeiter „aufatmen, wenn der Chef nicht da ist"?
3. Was versteht man unter einem Qualitätszirkel?
4. Auf dem Verhaltensgitter (vgl. S. 340) zur Erfassung des Führungsstils haben sich folgende Werte ergeben: 8.2 und 5.5. Charakterisieren Sie den entsprechenden Führungsstil.
5. Der Auszubildende Werner Hilpert in der Lagerverwaltung der Textilfabrik Müller OHG hat zum dritten Mal gelieferte Ware falsch einsortiert. Formulieren Sie die Kritik seines Chefs, die sich durch folgende Gegensatzpaare beschreiben lässt: a) öffentlich – unter vier Augen, b) persönlich – sachlich, c) entmündigend – ermutigend, d) übertrieben – angemessen. Welche – vielleicht ganz andere – Worte würden Sie verwenden?
6. Durch welche Faktoren wird der Führungsstil von Vorgesetzten beeinflusst?
7. Nennen Sie Merkmale des Laissez-faire-Stils.
8. „Den einzig richtigen Führungsstil gibt es in einer Unternehmung nicht!" Erklären Sie, was hiermit gemeint sein könnte.
9. Worin sehen Sie die Besonderheit der Führungsmethode „Management by Objectives"?
10. Diskutieren Sie die These: „Führung widerspricht demokratischen Wertvorstellungen."

3.3 Maßnahmen (Instrumente) zur Personalentwicklung

Situation

„Wir tun was!" – Ein bekannter Industriebetrieb stellt einige seiner Maßnahmen zur Personalentwicklung vor:

Schlüsselqualifikationen in der gewerblich-technischen Ausbildung

Zum Verstehen und Einsetzen komplexer technischer Systeme und Verfahren sind außer fundiertem Fachwissen auch Eigenschaften wie Kreativität, Eigeninitiative, Teamfähigkeit und Verantwortungsbereitschaft erforderlich. Um derartige fachübergreifende „Schlüsselqualifikationen" zu vermitteln, fördern wir in unserer Ausbildung das projekt- und transferorientierte Lernen.

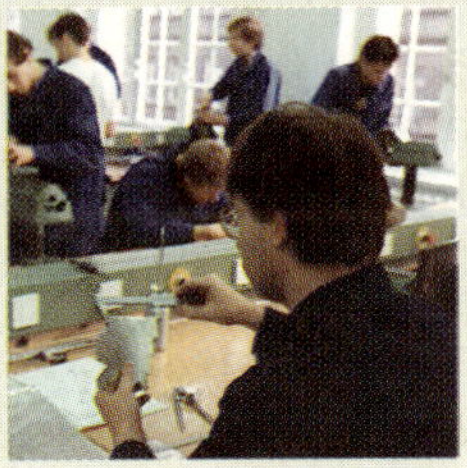

Die neuen gewerblich-technischen Ausbildungsberufe

Seit einigen Jahren bilden wir in den meisten unserer 60 eigenen Ausbildungsstätten nach den neuen Ausbildungsordnungen für die industriellen Metall- und Elektroberufe aus. Die zukünftigen Facharbeiter erhalten eine berufsfeldbreite Grundbildung und je eine berufs- und fachrichtungsbezogene Fachbildung. Unser Ausbildungsprogramm umfasst 5 Metallberufe mit 12 Fachrichtungen und 4 Elektroberufe mit 7 Fachrichtungen.

Marketing-Workshops für Führungskräfte

Die Motivationskampagne begann im obersten und oberen Führungskreis und durchdringt derzeit das ganze Unternehmen weltweit bis in alle seine Kapillaren. In Workshops und Seminaren wird den Führungskräften einmal mehr bewusst gemacht, dass für die Zukunft des Unternehmens neben technischen Spitzenleistungen konsequentes Denken und Handeln in Richtung Kunden mit entscheidend sind.

Neues Trainingscenter für Automatisierung

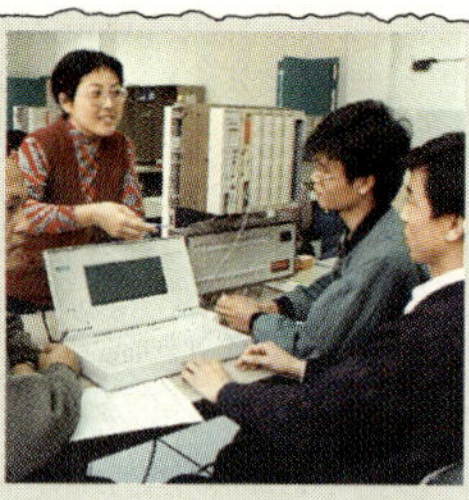

In Nürnberg-Moorenbrunn ist ein technisch und didaktisch hochmodern ausgestattetes Trainingscenter entstanden, das in unmittelbarer Nähe zu den Entwicklungs-, Vertriebs- und Projektierungsabteilungen des Geschäftsbereichs Automatisierungstechnik liegt. Jährlich werden rund 12 000 Spezialisten unseres Unternehmens und unserer Kunden aus aller Welt mit Geräten und Systemen der Automatisierungstechnik vertraut gemacht.

Selbstständiges Lernen mit Computerunterstützung

Der rasche technische Wandel führt zu einem steigenden Weiterbildungsbedarf. Für flexibles, selbst gesteuertes Lernen mit computerunterstützten Lernprogrammen besteht bei den Mitarbeitern besonderes Interesse. Deshalb gibt es immer mehr Siemens-Standorte, die ihr Weiterbildungsangebot durch Selbstlernplätze auf der Basis von Personalcomputern ergänzen.

Qualifizierung zum Informationsorganisator

In einem mehrwöchigen Weiterbildungskurs bereiten wir kaufmännische Nachwuchskräfte auf eine Beratungstätigkeit bei der Gestaltung von Büroprozessen vor. Die Teilnehmer lernen Arbeitsabläufe zu analysieren, Organisationskonzepte zu entwickeln sowie Geräte und Systeme der Informations- und Bürotechnik wirtschaftlich einzusetzen. Zum Programm gehört ein computerunterstütztes Planspiel.

aus: Siemens (Hrsg.), Investition in die Zukunft, Bildungsarbeit bei Siemens, o. O. u. J., S. 4 f.

?

- **Welchen Zweck verfolgen Personalentwicklungsmaßnahmen?**
- **Welches sind die üblichen Schritte bei einer Laufbahnplanung?**
- **Durch welche Merkmale lassen sich betriebliche Fördermaßnahmen beschreiben?**

Informationen

3.3.1 Einordnung der Personalentwicklungsmaßnahmen

Der Konkurrenzdruck auf den nationalen und internationalen Märkten und eine schneller verlaufende technische Entwicklung verlangen nach immer qualifizierterem Personal. Speziell für deutsche Betriebe, die mit besonders hohen Personalkosten belastet sind, ist es wichtig, über motivierte, gut ausgebildete Arbeitskräfte in ausreichender Zahl zu verfügen. Der Personalentwicklung geht in zeitlicher Reihenfolge die Personalbedarfsermittlung voraus. Neben dem quantitativen ist hierbei auch der qualitative Personalbedarf festzustellen. Er wird ausgedrückt durch die Anforderungen, welche die Arbeitsplätze an die Mitarbeiter stellen. Als Informationsgrundlage dienen Stellenbeschreibungen und/oder Anforderungsprofile, die für bestimmte betriebliche Tätigkeiten erstellt worden sind.

Neben den Arbeitsplatzanforderungen werden für Personalentwicklungsmaßnahmen auch Informationen über die Fähigkeitsprofile und die individuellen Entwicklungsbedürfnisse der Beschäftigten benötigt. Informationsquellen für derartige Personalbestandsanalysen sind Beurteilungen durch die Vorgesetzten und Mitarbeiterbefragungen.

Durch den Vergleich von Arbeitsplatzanforderungen mit dem Eignungspotenzial der Mitarbeiter werden Fähigkeitslücken offengelegt. Sie durch entsprechende Maßnahmen zu schließen, ist Aufgabe der Personalentwicklung. Ein Personalentwicklungsbedarf ergibt sich aber nicht nur, wenn Mitarbeiter ihren aktuellen Arbeitsplatzanforderungen nicht erfüllen können. Ein Bedarf ist auch dann gegeben, wenn mit zusätzlichen oder sich ändernden Arbeitsanforderung in nächster Zeit zu rechnen ist, auf die sich der Betrieb schon vorausschauend einstellen möchte.

Die Personalentwicklung umfasst alle Maßnahmen, die der Ausbildung, Fortbildung und Weiterbildung der Beschäftigten dienen. Hierzu gehört auch der Bereich der Laufbahnplanung und der betrieblichen Beförderung.

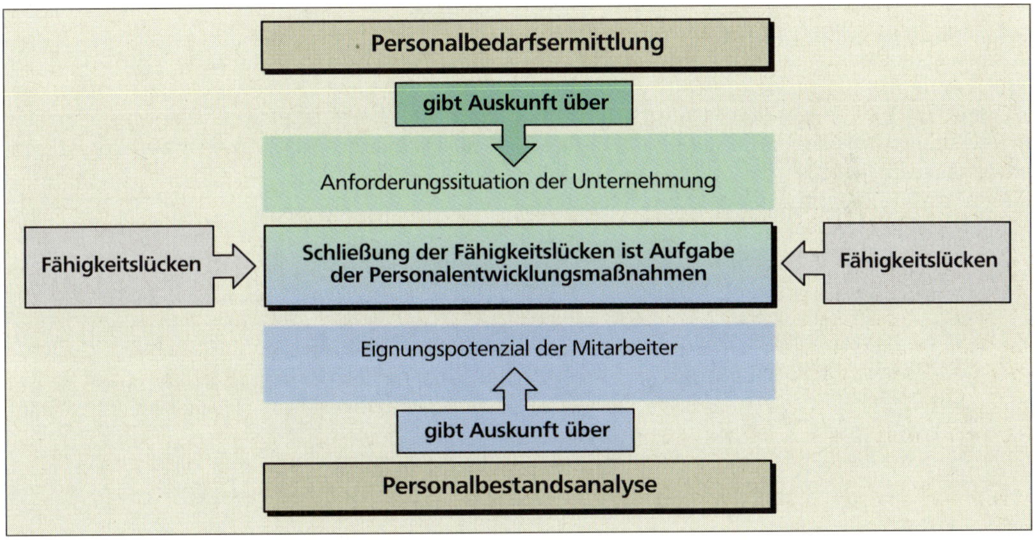

3.3.2 Laufbahnplanung und betriebliche Beförderung

Der Laufbahnplanung geht die grundsätzliche Entscheidung voraus, ob höhere Positionen durch außerbetriebliche Bewerber oder durch Betriebsangehörige besetzt werden sollen. Nur wenn bisherige Mitarbeiter die Möglichkeit eines beruflichen Aufstiegs haben, ist eine Laufbahnplanung sinnvoll.

Bei der Besetzung höherer Stellen verfahren viele Betriebe nach dem Prinzip: **„Aufstieg geht vor Einstieg."** Die Möglichkeit, in der Unternehmenshierarchie nach oben steigen zu können, ist positiv für die Arbeitsmotivation der Beschäftigten. Über ihre erbrachten Arbeitsleistungen haben sie es mit in der Hand, zu ihrem beruflichen Fortkommen beizutragen. Positiv für die Identifikation der Beschäftigten mit dem Betrieb wirkt sich aus, wenn die **Grundsätze der Laufbahnplanung** bekannt sind.

Eine auf den Stellenplan des Betriebes abgestimmte Stellenfolge ist die **Laufbahnlinie.** Sie verläuft in der Unternehmenshierarchie von unten nach oben und findet ihren Abschluss bei sog. **Endstellen.** Ein weiterer beruflicher Aufstieg ist von hier aus nicht mehr möglich.

Eine spezielle Art der Stellenbesetzungsplanung ist die **Nachfolgeplanung.** Hierbei geht es nicht um die Besetzung von neuen Stellen, sondern um den Ersatz von Führungskräften in schon bestehenden Positionen. Die Nachfolgeplanung wird unabhängig davon durchgeführt, ob ein aktueller Anlass (z.B. Erreichen der Altersgrenze) besteht. Durch dieses Vorgehen ist die Unternehmung auf alle Eventualfälle, die ein plötzlicher Ausfall des Stelleninhabers mit sich bringen würde (z.B. durch Unfall), vorbereitet.

Ein Bestandteil der Laufbahnplanung ist die **Personalbeurteilung.** Sie hat sich an den Anforderungen zu orientieren, wie sie z.B. in einer Stellenbeschreibung zu finden sind. Neben den bisherigen Arbeitsleistungen, die ein Stellenanwärter erbracht hat, ist auch dessen zukünftige Entwicklungsmöglichkeit in die Urteilsbildung mit einzubeziehen.

Eine Beurteilung von Mitarbeitern erfolgt in der täglichen Betriebspraxis durch einzelne Vorgesetzte. Denkbar ist aber auch, dass eine Gruppenbeurteilung durchgeführt wird. Dies ist der Fall bei einem **Assessment-Center.** Hierbei handelt es sich um meist mehrtägige arbeitsaufwendige Beurteilungsseminare, zu denen die Teilnehmer eingeladen werden. Wegen der hohen Kosten werden Assessment-Center vor allem als Instrument zur Besetzung von Führungspositionen durch interne oder externe Bewerber eingesetzt. Angewandt wird die **Simulationsmethode.** Künftige Arbeitssituationen werden hierbei vorweggenommen und von 4–6 Außenstehenden (Assessoren) beobachtet, wie sich die Kandidaten verhalten. Die Einzelurteile der Gutachter werden später zu einem Gesamturteil zusammengefasst.

Assessment-Center lassen sich auch als Instrument zur Personalentwicklung einsetzen. In dieser Funktion sollen sie helfen, förderungswürdige Eigenschaften der Mitarbeiter zu erkennen.

Um den richtigen Mitarbeiter zum richtigen Zeitpunkt am richtigen Platz zu haben, bedarf es einer intensiven Planung. Einzelne Schritte hierzu ergeben sich aus der folgenden Übersicht:

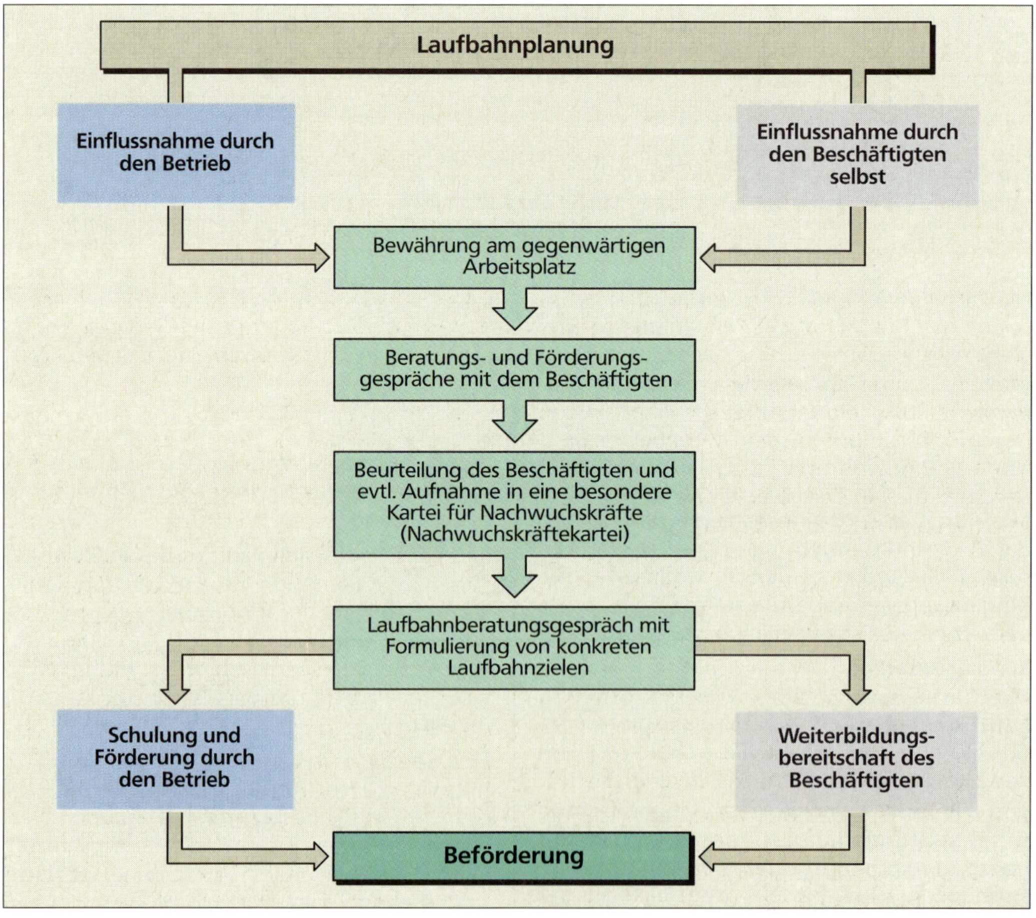

Für die Laufbahnplanung und Beförderung ihrer Mitarbeiter haben besonders große Unternehmen spezielle Leitlinien formuliert. Sie sind Bestandteile der Personalbeförderungssysteme.

Einige Leitlinien der Firma Siemens AG zur Laufbahnplanung und Beförderung:

- **Die Vorgesetzten sind für die Förderung ihrer Mitarbeiter verantwortlich.**
  Die Vorgesetzten sollen sich für die berufliche Entwicklung ihrer Mitarbeiter einsetzen, die frühzeitige Identifizierung und Qualifizierung besonders förderungswürdiger Nachwuchskräfte einleiten und diese für eine rechtzeitige Förderversetzung freigeben.
- **Personalentwicklung setzt Eigeninitiative der Mitarbeiter voraus.**
  Die Eigeninitiative des Mitarbeiters, die Verantwortung des Vorgesetzten und die kompetente Beratung durch den Personalbereich wirken bei der Entwicklung von Führungskräften gleichgewichtig zusammen.
- **Führungspositionen werden grundsätzlich aus den eigenen Reihen besetzt.**
  Umfassende Kenntnis des Unternehmens und seiner Märkte sind Voraussetzung für Führungspositionen auf allen Ebenen. Die Vielfalt der Aufgaben ermöglicht es, die persönlichen Berufsziele innerhalb des Unternehmens zu verwirklichen.

aus: Siemens AG (Hrsg.), Fakten und Argumente für die Unternehmenskommunikation, o. O., 1996, S. 2

Betriebe, die einen größeren Verwaltungsaufwand nicht scheuen, führen statt der Nachwuchskräftekartei für alle entwicklungsfähigen Mitarbeiter eine spezielle **Personalentwicklungskartei.** Statt manuell geführter Karteien werden von Unternehmen zunehmend EDV-gestützte **Personalinformationssysteme** verwendet.

3.3.3 Die Aus-, Weiter- und Fortbildung als Ausdruck betrieblicher Förderprogramme

Die Arbeitswelt hat sich geändert. Jahrzehntelang galt die Taylor'sche Managementlehre. Sie besagte, dass Arbeiter dann besonders effizient eingesetzt werden, wenn man ihnen jede Entscheidung über die Planung und Durchführung ihrer Arbeitsaufgaben nimmt. Nur die Ausführung möglichst einfacher Handgriffe war der Arbeitsinhalt vieler Beschäftigten im Produktionsbereich. Inzwischen sieht die Sache anders aus. Neue Arbeitsorganisationen, wie z. B. Fertigungsinseln, Qualitätszirkel und teilautonome Arbeitsgruppen, sind in vielen Betrieben zu finden. In ihrem Mittelpunkt stehen Arbeitskräfte, die nicht nur mitarbeiten, sondern auch mitdenken können. Nur sie bieten die Chance sich flexibel an die sich schnell ändernden Marktgegebenheiten anzupassen.

Galt früher ein gutes Fachwissen als wichtigste Eigenschaft der Beschäftigten, so sieht dies auch bei Industriekaufleuten heute anders aus. Fachwissen ist zwar nach wie vor unverzichtbar, für wichtiger werden aber andere Eigenschaften gehalten, die auch als **Schlüsselqualifikationen** bezeichnet werden.

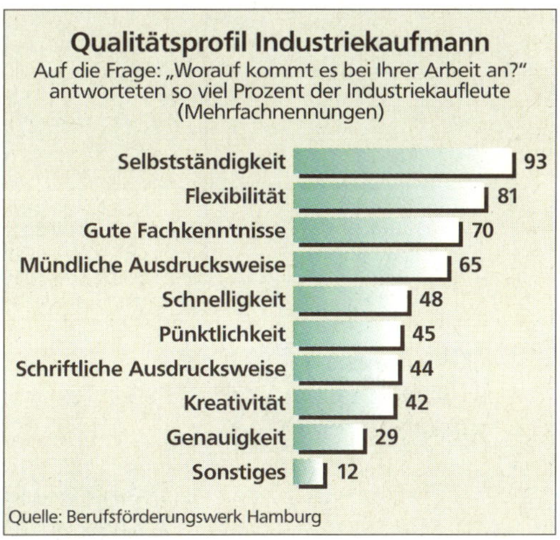

aus: Wirtschaft und Unterricht 10/1995, S. 4

Um sicherzustellen, dass die neuen Arbeitsanforderungen von den Beschäftigten auch erfüllt werden können, sind Industriebetriebe gezwungen, ihre Mitarbeiter durch entsprechende Bildungsmaßnahmen stärker als bisher zu fördern. Betriebliche Maßnahmen hierzu haben als Ansatzpunkte die Ausbildung, die Weiterbildung oder die Fortbildung der Beschäftigten. In vielen Fällen ist auch die Teilnahme an Bildungsmaßnahmen die Voraussetzung für einen beruflichen Aufstieg.

Das nachfolgende Schema informiert über Merkmale der betrieblichen Förderung:

aus: Personalwesen 9/94

Betriebliche Fördermaßnahmen bei der Personalentwicklung

	Problembereiche	
einzelne Mitarbeiter (individuelle Förderung)	**Wer wird gefördert?**	Gruppen von Mitarbeitern
direkt auf auszuführende Tätigkeit	**Worauf bezieht sich die Förderung?**	indirekt auf auszuführende Tätigkeiten
• Schulungen • Seminare • Qualitätszirkel • Coaching (Anleitung und Beratung durch den Vorgesetzten) u. a.	**Mit welchen Maßnahmen wird gefördert?**	• Stellenrotation (Jobrotation) • computergestützte Lernprogramme • Traineeprogramme (spezielle betriebliche Einarbeitungsprogramme • Workshops (unter Leitung eines Moderators durchgeführte Veranstaltungen zur Lösung aktueller praktischer Probleme) u. a.
• Diskussion • Konferenzmethode (Lehrgespräch) • Fallmethode u. a.	**Welche Methoden der Vermittlung werden angewandt?**	• Rollenspiel • Referat • Brainstorming u. a.
Personalentwicklung **on** the job (durch direkte Maßnahmen am Arbeitsplatz)	**Wo wird gefördert?**	Personalentwicklung **off** the job (durch Maßnahmen außerhalb des Betriebes)
	Personalentwicklung **near** the job (durch arbeitsplatznahe Maßnahmen)	

Haben die Betriebe für die Aus- oder Weiterbildung eines Mitarbeiters viel Geld investiert, so möchten sie, dass diese Ausgaben sich auch amortisieren. Erwartet wird, dass der qualifizierte Mitarbeiter dem Betrieb für eine gewisse Zeitdauer zur Verfügung steht. Um dies sicherzustellen, werden häufig Rückzahlungsklauseln vereinbart. Sie sehen vor, dass der Mitarbeiter die Kosten seiner Aus- oder Weiterbildung ganz oder teilweise zurückzahlt, wenn er vorzeitig den Betrieb auf seinen eigenen Wunsch hin verlässt.

aus: Personalwirtschaft 4/96

Weiterbildung und Aufstiegsmöglichkeiten für Industriekaufleute

Sie lernen genau wie viele Bürokaufleute meist in größeren Unternehmen, die schon hausintern eine ganze Reihe von Spezialisierungs- und Aufstiegsmöglichkeiten bieten. Ob z.B. **Marketing, Personalwesen, Buchhaltung oder Controlling** – mit Lehre plus mindestens drei Jahren Berufspraxis im angestrebten Funktionsbereich kann man sich im jeweiligen Spezialgebiet zur/zum Fachkauffrau/-mann weiterbilden. Dauer: sechs Monate bis zwei Jahre (Vollzeit oder berufsbegleitend). Kosten bei externer Qualifikation: je nach Anbieter zwischen ca. 3.500 und 6.500 Mark. Kursinhalte: volks- und betriebswirtschaftliche Grundlagen sowie vertieftes Wissen beim jeweiligen Schwerpunkt. Nach erfolgreichem Abschluss kann sie/er die qualifizierteren Aufgaben einer(s) Sachbearbeiterin/Sachbearbeiters im jeweils angestrebten Bereich übernehmen. (Gehalt: Tarif je nach Branche und Bundesland, z.B. Metall- und Elektroindustrie NRW: ab ca. 4.400 Mark.)

Wer sich fürs mittlere Management, also etwa zum/zur **Personalreferenten(in)** oder **Leiter(in) der Einkaufsabteilung,** qualifizieren will, kann sich bei privaten und öffentlichen Trägern (z.B. IHK) zum/zur Betriebswirt(in) schulen lassen. Für die meist zweijährigen Kurse (z.B. Betriebswirt(in) Personalwesen) muss man mindestens drei Jahre Berufspraxis mitbringen (Gehalt: ab ca. 5.500 Mark; Kurskosten: je nach Anbieter und Vorbildung ab 3.000 Mark).

Drei Jahre Berufspraxis im Rechnungswesen (z.B. als Buchhaltungssachbearbeiter/in) sind die Eintrittskarte zum Kurs **Bilanzbuchhalter(in)**. (Kosten: zwischen ca. 2.500 und 6.500 Mark; Dauer: in Vollzeit oder berufsbegleitend bis zu zweieinhalb Jahre.) Wer anschließend den Aufstieg schafft, der kann je nach Konzerngröße und Aufgabengebiet mit einer deutlichen Gehaltssteigerung rechnen.

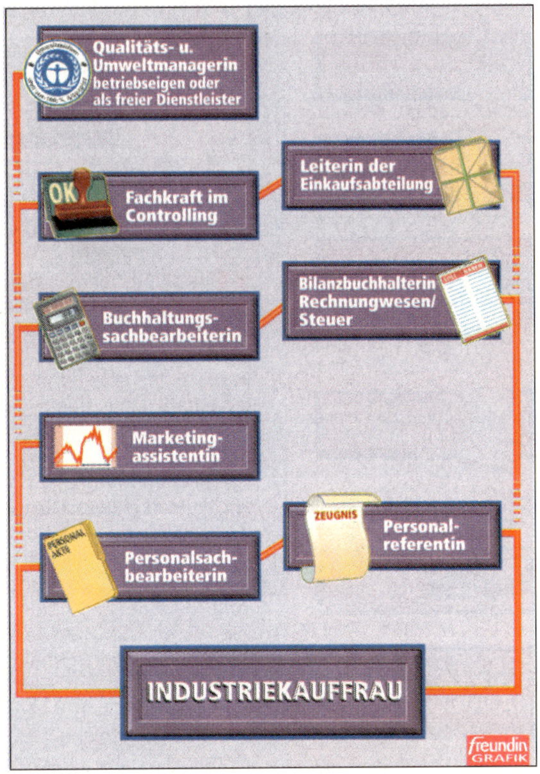

Quelle: Freundin, Heft 25/96, S. 119

Weiterbildung mit sehr aussichtsreicher Zukunft: **Qualitäts- und Umweltmanager(in).** Er/Sie passt auf, dass die Produktion umweltgerecht abläuft, schult Chefs und Angestellte in ökogerechtem Verhalten usw. (Gehalt: ab ca. 4.000 Mark, auch als freier Dienstleister möglich). Voraussetzungen für die meist einjährige Vollzeit- oder berufsbegleitende Qualifizierung: abgeschlossenes Studium oder Lehre plus Berufspraxis (Kosten z.B. bei der DEKRA, Freiburg: Einzelkurse ab ca. 1.000 Mark, Gesamtpaket ca. 20.000 Mark). DM-Angaben jeweils Stand 1996

Arbeitsvorschlag:

1. Steffen Hartmann arbeitet als Holzmechaniker an einer Furnierpresse der Möbelfabrik Büko AG. Seit einigen Monaten muss die Geschäftsleitung feststellen, dass statt furnierter Möbel immer mehr Möbel aus Massivholz verlangt werden. Es wird der Beschluss gefasst, sich auch personell auf die geänderte Nachfragesituation einzustellen. Von Steffen Hartmann und einigen weiteren Fachkräften wird erwartet, dass sie, unterstützt durch betriebliche Fördermaßnahmen, sich in die Bedienung neu angeschaffter Holzbearbeitungsmaschinen einarbeiten.

Nennen Sie beispielhaft jeweils 3 Fördermaßnahmen, die der Personalentwicklung „on the job", „off the job" und „near the job" zugeordnet werden können.

2. Beschreiben Sie die Stationen der Laufbahnplanung.

3. Ein Betrieb verfährt bei der Stellenbesetzung nach dem Grundsatz „Aufstieg geht vor Einstieg." Diskutieren Sie über Vor- und Nachteile dieser Handlungsweise.

4. Was bedeutet in den Siemens Leitlinien die Aussage „Die Vorgesetzten sind für die Förderung ihrer Mitarbeiter verantwortlich"?

5. Die Schließung der „Fähigkeitslücke" ist Aufgabe der Personalentwicklung. Erklären Sie diese Aussage.

6. Nennen Sie beispielhaft einige Maßnahmen und Methoden, die der Personalentwicklung dienen.

7. Statistiken zeigen, dass ein „lebenslanges Lernen" immer mehr an Bedeutung gewinnt. Gleichzeitig wird aber auch deutlich, dass bei der Weiterbildung die Gruppen der „Facharbeiter/innen" sowie der „ausführenden Angestellten" und der „Ungelernten" am unteren Ende rangieren, obwohl gerade hier die Fort- und Weiterbildung am notwendigsten im Sinne einer Qualifizierung wäre.

Offensichtlich ist also eine Höherqualifikation nicht ganz problemlos zu erreichen. Worin liegen Ihrer Meinung nach die größten Hürden für die Weiterbildungsmaßnahmen?

4001350L

3.4 Arbeitszeitmodelle

Situation

Der Achtstundentag muss nicht sein! Es geht auch anders.

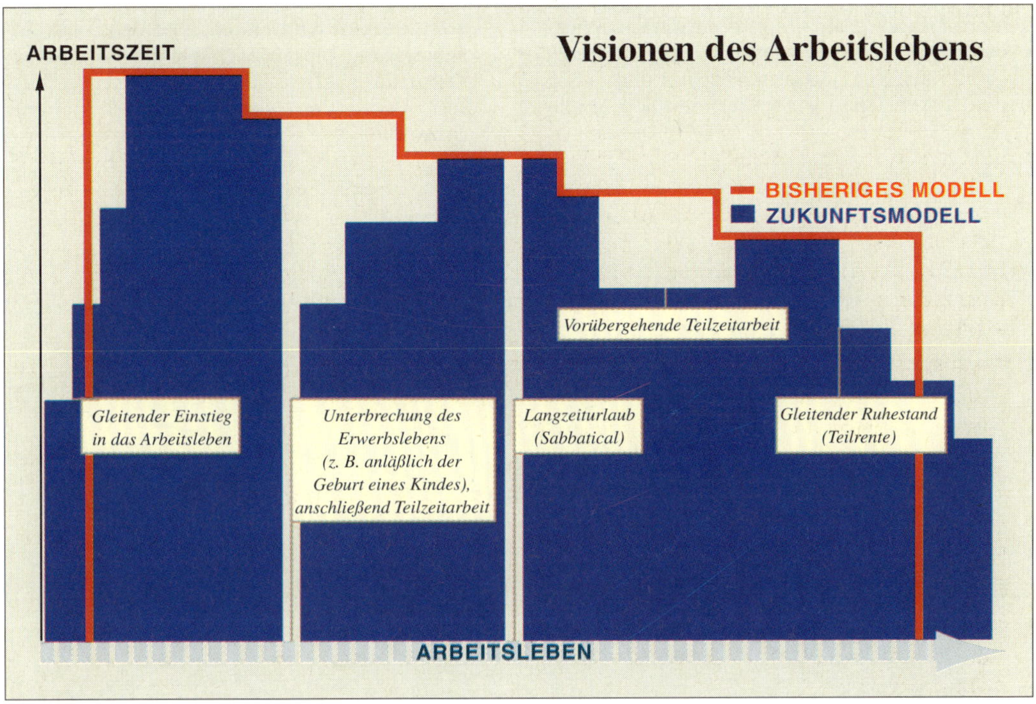

aus: Die Woche, 11. Okt. 96, S. 15

?

- **Was versteht man unter der flexiblen Arbeitszeit?**
- **Welche Grundtypen von Arbeitszeitmodellen lassen sich unterscheiden?**
- **Welche Arbeitszeitinteressen haben Betriebe und ihre Beschäftigten?**

Informationen

3.4.1 Arbeitszeitinteressen von Arbeitgebern und Beschäftigten

Seit einigen Jahren ist die Arbeitszeit wieder ins Gerede gekommen. Eine Vielzahl neuer Arbeitszeitmodelle wurden entwickelt und in den Betrieben umgesetzt. Sie weisen vor allem eine Gemeinsamkeit auf: Die **Arbeitszeit wurde flexibler gestaltet,** sodass Arbeits- und Betriebszeit noch weiter entkoppelt wurden. **Der Wunsch der Arbeitgeber nach Flexibilisierung der Arbeitszeit hat mehrere Ursachen:**

- Der zunehmende **Konkurrenzdruck** durch die Globalisierung der Märkte bedeutet für die Hersteller eine große Herausforderung. Der einzelne Anbieter kann längerfristig nur dann auf dem Markt bestehen, wenn es ihm gelingt, auf sich ändernde Auftragslagen und individuelle Kundenwünsche schnell zu reagieren. Möglich wird dies nur, wenn auch Arbeitszeiten diesen Änderungen der Marktvorgaben flexibel angepasst werden können.

- **Betriebszeiten,** so z.B. Maschinenlaufzeiten, werden immer mehr zu einem Wettbewerbsfaktor. Speziell Deutschland hat im europäischen Vergleich die niedrigsten Betriebszeiten. Während die deutschen Maschinen nur durchschnittlich 60 Stunden wöchentlich laufen, sind es im EU-Durchschnitt 9 Stunden mehr (Stand 1996). Im internationalen Wettbewerb ist dies ein starkes Handikap. Durch eine flexiblere Arbeitszeitgestaltung ließe sich dieser Standortnachteil deutlich abmildern.
- Die Arbeitszeitflexibilisierung als Mittel zur **Verlängerung der Betriebsmittelzeit** leistet einen wichtigen Beitrag zur Verbesserung der Gewinnsituation. Flexiblere Arbeitszeiten erlauben dem vielfach hochautomatisierten Betriebsmittelbestand (Kapazität) besser auszunutzen. Wie durch die nachstehende Zeichnung gezeigt werden soll, wird über eine Flexibilisierung die Möglichkeit die gegebenen Kapazitäten effektiver auszunutzen, verbessert. Verbunden hiermit wäre ein höherer Gewinn.

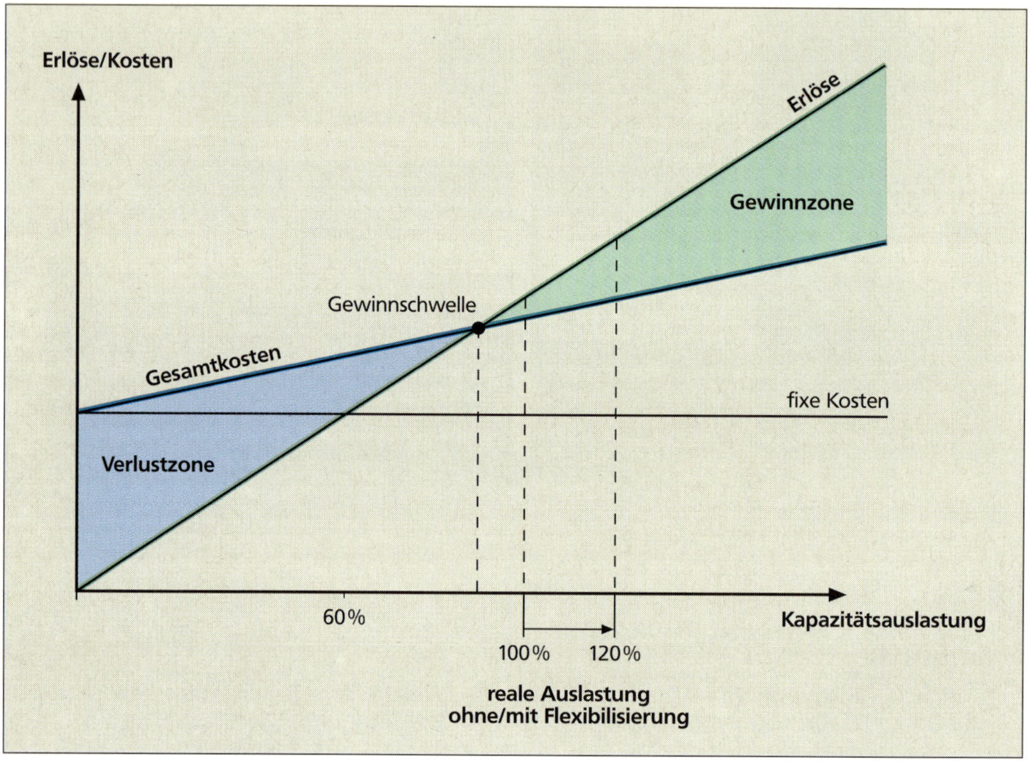

Die Arbeitszeitinteressen der Beschäftigten sind unterschiedlich. Aus ihrer Sicht sprechen für eine Flexibilisierung folgende Argumente:

- **Freiraum statt Freizeit** ist der Wunsch vieler Beschäftigter. Während früher der Wunsch nach kürzeren Arbeitszeiten stark vertreten war, möchten immer mehr Beschäftigte heute einen größeren individuellen Gestaltungsspielraum bei ihrer Arbeitszeit haben.
- Speziell für die **Gruppe der berufstätigen Frauen,** die neben ihrer Arbeit vielfach hauptverantwortlich für den Haushalt und die Kindererziehung sind, können flexible Arbeitszeitmodelle sehr interessant sein.
- Über eine Änderung der Arbeitszeitgestaltung kann es in Betrieben zur **Schaffung neuer** und auch zur **Sicherung bestehender Arbeitsplätze** kommen. Die Arbeitsplatzgestaltung kann somit ein Instrument zur sozialen Sicherung der Beschäftigung sein.

Betriebliche Interessen bei der Arbeitszeitgestaltung haben auch negative Auswirkungen auf die Bedürfnisse der Beschäftigten. So wird z.B. die Nacht- und Wochenendarbeit von vielen als sehr belastend empfunden.

3.4.2 Die gängigsten Arbeitszeitmodelle

Von der großen Zahl der Arbeitszeitmodelle sollen hier die Grundtypen vorgestellt werden:

Schichtarbeit: Sie ist die älteste Form einer flexibel gestalteten Arbeitszeit. Bei der Schichtarbeit wird die Lage, nicht aber die Dauer der Arbeitszeit verändert. Bevorzugt wird diese Form der Arbeitszeitgestaltung vor allem von größeren Betrieben. Schichtarbeit gibt es in verschiedenen Gestaltungsformen, und zwar vom Ein- bis zum Vierschichtmodell.

Jobsharing (Arbeitsplatzteilung): Dies ist eine spezielle Form einer Teilzeitarbeit. In der Regel teilen sich zwei Arbeitnehmer einen Arbeitsplatz. Diese bestimmen selbst, wer zu welcher Zeit dort anwesend zu sein hat. Eine besondere Vereinbarung mit dem Arbeitgeber hierüber ist nicht erforderlich. Besonders für Arbeitnehmer, die aus persönlichen Gründen (z.B. geplante Weiterbildung) eine Zeitlang weniger arbeiten möchten, ist Jobsharing eine ideale Arbeitsform.

Eine andere Art der Arbeitsplatzteilung liegt beim **Jobsplitting** vor. Bei dieser Regelung wird ein Vollzeitarbeitsplatz in zwei voneinander unabhängige Arbeitsplätze aufgeteilt.

Gleitzeit: Zwei Arten dieses Arbeitszeitmodells sind zu unterscheiden. Bei der **einfachen Gleitzeit** hat der Arbeitnehmer die Möglichkeit Anfang und Ende seiner täglichen Arbeitszeit selbst zu bestimmen. Anwesenheitspflicht besteht zu bestimmten Kernzeiten. Dies ist notwendig, um die innerbetriebliche Kommunikation zu sichern. Bei der **qualifizierten Gleitzeit** kann der Arbeitnehmer nicht nur die Lage, sondern auch die Dauer der Arbeitszeit bestimmen. Zeitguthaben, die entstehen, können entweder finanziell ausgeglichen oder mit der Arbeitszeit des Folgemonats verrechnet werden (Zeitausgleich).

Altersteilzeit: Es handelt sich um ein Arbeitszeitmodell, durch das der gleitende Übergang in den Ruhestand erleichtert werden soll. Nicht mehr das kalendarische Alter bestimmt den Ruhestand, sondern der Arbeitnehmer bestimmt eigenverantwortlich seine Arbeitszeit. Bis zum Ausscheiden aus dem Erwerbsleben kann er über eine längere „Gleitphase" seine Arbeitszeit in Stufen mehrfach verkürzen. Dieses Modell der **flexiblen Altersgrenze** ist dann nicht mehr gegeben, wenn die Arbeitsvertragsparteien eine einmalige Arbeitsreduzierung vereinbaren (z.B. Halbtagsarbeit), die bis zum Ruhestand des Arbeitnehmers beibehalten wird.

Die Altersteilzeit ist gedacht für Arbeitnehmer über 55, die ihre Arbeitszeit bis auf die Hälfte verringern möchten. Altersteilzeitarbeit kann von der Arbeitsverwaltung bezuschusst werden, wenn Arbeitslose oder Auszubildende die Stellen besetzen.

Vollzeit- und Teilzeitbeschäftigte können sich arbeitszeitmäßig bei täglichen Schichtwechseln ergänzen. Einen Vorschlag über eine mögliche Aufteilung ist dem folgenden Schema zu entnehmen:

Vollzeitarbeit und Teilzeitarbeit im täglichen Schichtlagenwechsel – Grundschema

1. Woche							2. Woche						
Mo	Di	Mi	Do	Fr	Sa	So	Mo	Di	Mi	Do	Fr	Sa	So
T	V	V	T	T	–	–	V	T	T	V	V	–	–
V			V	V				V	V				
	T	T			–	–	T			T	T	–	–

Ein Vollzeit- und ein Teilzeitarbeitnehmer teilen sich einen Arbeitsplatz im Wechsel von zwei Wochen bei einer täglichen Betriebszeit von 11,25 Std./Tag.

aus: IG Chemie-Papier-Keramik (Hrsg.), Tarifvertrag zur Förderung der Altersteilzeit, Hannover 1996

Arbeit auf Abruf: Entsprechend der Auftragslage der Unternehmung werden Arbeitskräfte bei diesem Modell benachrichtigt und aufgefordert, ihre Arbeitstätigkeit zu beginnen. Für die Unternehmung hat diese Regelung einen großen Flexibilitätsvorteil. Offiziell heißt dieses Arbeitszeitmodell „Kapazitätsorientierte variable Arbeitszeit" (Abkürzung: Kapovaz). Die zu leistende Arbeit kann als Teilzeit- oder auch als Vollzeitbeschäftigung organisiert sein. Beispiele für Arbeit auf Abruf findet man z.B. im Einzelhandel in Form der 610-DM-Jobs. Ein weiterer Bereich, wo sich Arbeitskräfte verpflichtet haben auf Abruf bereitzustehen, ist die Computerbranche. Immer mehr hochqualifizierte Computerfachleute arbeiten auf diese Art und Weise.

Arbeitszeitkonten: Der Kerngedanke dieses Modells besteht darin, die teuren Überstunden nicht auszubezahlen, sondern durch eine später gewährte Freizeit auszugleichen. Organisatorische Hilfsmittel hierbei sind die Freizeitkonten. Überstunden werden hier gutgeschrieben und „abgefeierte" Überstunden werden dem Konto belastet. Die Regelung im Einzelnen ist bei den Firmen sehr unterschiedlich. So sind z.B. die Mitarbeiter des Keksherstellers Bahlsen verpflichtet, ihre Arbeitszeitkonten innerhalb eines Jahres auszugleichen. Andere Firmen, wie z.B. der Computerhersteller Hewlett-Packard, erlauben auch ein längerfristiges Ansparen, das so weit führen kann, dass Betriebsangehörige in den Genuss eines Sabattjahres kommen können.

Eine völlig neuartige Form der Führung von Arbeitszeitkonten hat VW entwickelt. Die Besonderheit dieses Modells: Überstundengelder, Prämien und nicht beanspruchte Pausenzeiten werden von den Beschäftigten bis zum 55. Lebensjahr in einen Zeit-Investmentfonds eingebracht. Sie erhalten dafür Zeit-Wertpapiere. Dem Fonds fließen darüber hinaus Mittel aus den firmeneigenen Sozialplänen und Zuschüsse der Bundesanstalt für Arbeit zu. Wer von den Beschäftigten ab 55 Jahren in den vorgezogenen Teilruhestand gehen möchte, arbeitet weiterhin 18 Stunden pro Woche gegen entsprechende Bezahlung. Außerdem erhält er einen Zuschuss der Bundesanstalt für Arbeit. Der Mitarbeiter löst jetzt zusätzlich seine Zeit-Wertpapierzertifikate ein, die ihm ausgezahlt werden. Die Zertifikate sollen später firmenintern verkauft werden können. Außerdem sind sie vererbbar.

Weitere Einzelheiten dieser „Zeitmaschine" ergeben sich aus der folgenden Übersicht:

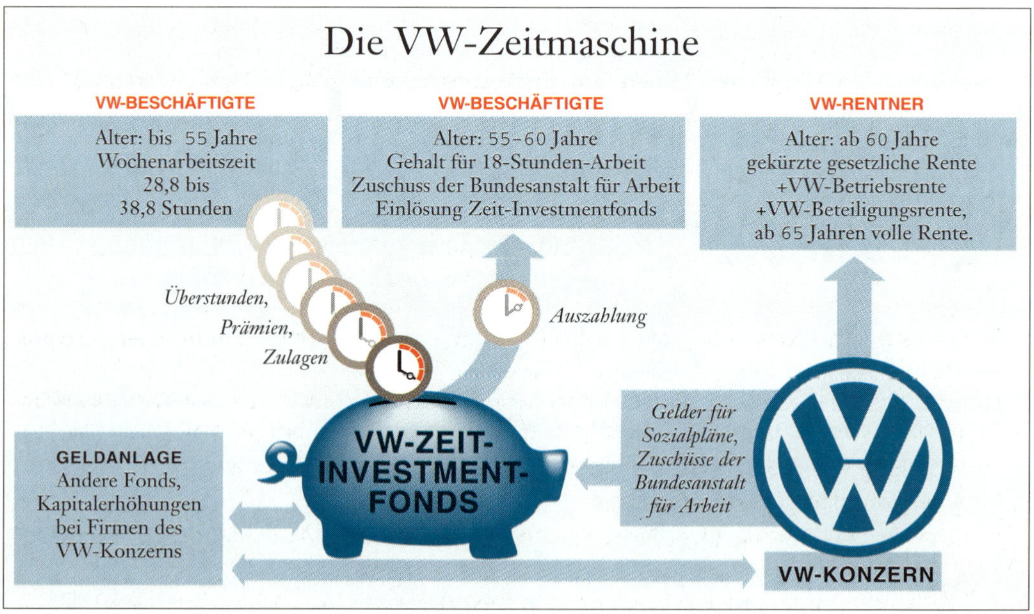

aus: Die Woche, 27. Okt. 1996, S. 25

Telearbeit: Auch zu Hause zu arbeiten kommt langsam in Mode. Vorläufer für die Einführung von Telearbeit waren Computerunternehmen, wie z.B. IBM oder Hewlett-Packard. Andere Unternehmen wie Allianz, Nürnberger Versicherung und Mitsubishi kamen hinzu. Die Möglichkeit über eine Vernetzung am Bildschirm zu Hause arbeiten zu können, wurde von den meisten Mitarbeitern dieser Betriebe sehr positiv aufgenommen.

Inzwischen wurden auch selbstständige **Telehäuser** gegründet, die für Fremdfirmen Bürodienstleistungen erbringen.

Für Telearbeit ist nicht jede Tätigkeit geeignet. Nur für qualifizierte Arbeiten, bei denen es nicht auf die ständige Anwesenheit im Betrieb ankommt, sondern vor allem auf das Arbeitsergebnis (z.B. Programmierer oder Texter) ist Telearbeit sinnvoll. Eine Kontrolle durch die Unternehmung wann und wie ein Teleworker arbeitet, wird dann weitgehend überflüssig.

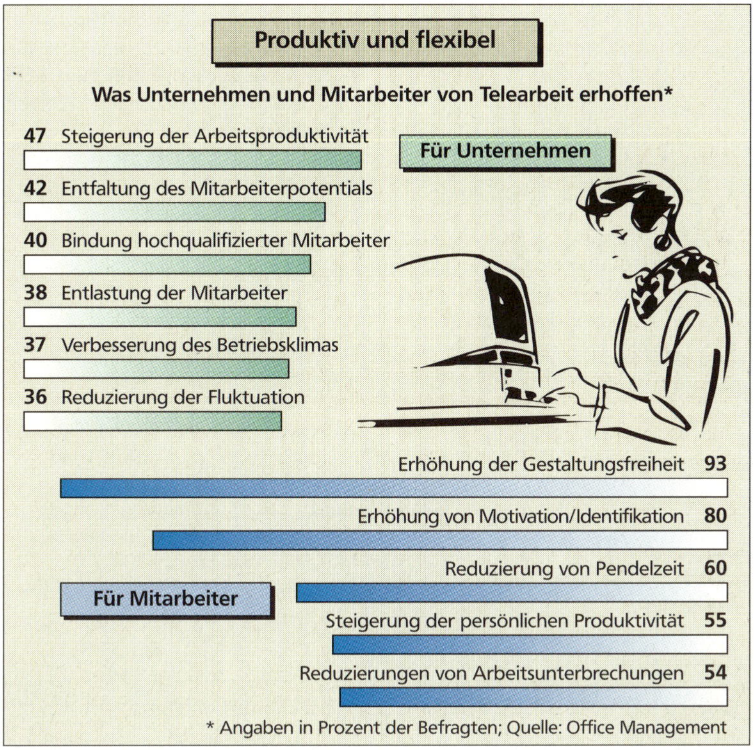

nach: Wirtschaftswoche, Nr. 9, 23. Febr. 95, S. 106

Arbeitsvorschlag:

1. **Welche Arbeitszeitregelung würde Ihren persönlichen Wünschen am meisten entsprechen?**
2. **Diskutieren Sie die These: „Deutsche Unternehmer sind auch durch den Wettbewerbsfaktor Betriebszeit gegenüber ausländischen Mitbewerbern benachteiligt."**
3. **Unterscheiden Sie zwischen einfachen und qualifizierten Gleitzeiten.**
4. **Was verstehen Sie unter Jobsharing?**
5. **Welche Vorteile hat aus Ihrer Sicht die „VW-Zeitmaschine" für den Betrieb und für die Arbeitnehmer?**
6. **Durch welche Merkmale lässt sich nach Ihrer Auffassung die „Arbeitsbiografie" der Zukunft beschreiben?**

7. Entscheiden Sie, welches Arbeitszeitmodell in den folgenden Situationen vorliegt:

- In der Verwaltung der Müller OHG können die kaufmännischen Angestellten den Beginn und das Ende ihrer Arbeitszeit selbst bestimmen. Die Betriebsleitung besteht aber darauf, dass alle Arbeitskräfte zwischen 10 und 15 Uhr anwesend sind.
- In der Möbelfabrik Konstrukta AG haben die Beschäftigten die Möglichkeit ab 55 Jahre ihre Arbeitszeit auf die Hälfte stufenweise zu reduzieren.
- In der Herrenkonfektionsabteilung des Textilhauses Egon Müller wird seit letztem Monat so verfahren, dass bei größerem Kundenandrang bis zu vier Hilfskräfte kurzfristig benachrichtigt werden können, um ihre Arbeit aufzunehmen.
- In der Montageabteilung des Gartengeräteherstellers Beier GmbH besetzen 2 Facharbeiterinnen einen Arbeitsplatz. Je nach Absprache arbeitet die eine vormittags und die andere nachmittags.
- Für einige körperlich besonders belastende Arbeitsplätze in der Gießerei des Werkzeugmaschinenherstellers BAT-AG sehen die Beschlüsse der Betriebsleitung vor, die Arbeitskräfte nicht wie bisher 8, sondern nur 4 Stunden arbeiten zu lassen.
- Für die Beschäftigten des Skiherstellers Sporting-GmbH wurde Folgendes mit dem Betriebsrat vereinbart: Überstunden in Saisonzeiten werden nicht mehr ausbezahlt, sondern gutgeschrieben und können später in Form von zusätzlicher Freizeit beansprucht werden.

3.5 Arbeitsorganisation (Arbeitsstrukturierung)

Situation

„Die Arbeit macht jetzt viel mehr Spaß!"

In diesem Backsteinbau wird, Tag für Tag, aus einem Menschen ein Roboter. Die Hände greifen sich zwei Benzinleitungen, sie senken sich. Die Leitungen tauchen in Schmierseife ein. Die Arme drehen sich. Die Leitungen rutschen durch eine Öse. Die Hände greifen sich wieder zwei Benzinleitungen.

Die Hände sind nicht aus Stahl, der Arbeiter ist kein Roboter. Er heißt Slawomir Obertowski, ist gelernter Kfz-Mechaniker. Vor dem jungen Polen zieht, zwischen 5:46 Uhr und 14 Uhr, das Fließband Blechkarossen von Opel vorbei.

Seit Wochen schon verrichtet er diese Arbeit. Und er müsste, Woche für Woche, auch künftig Leitungen montieren. Bis zum Urlaub und danach von neuem.

Nun aber soll alles ganz anders werden. Obertowski und 13 Kollegen können, an einem Freitag vormittag, ihre Arbeitswelt verändert. „Die Leute wollen eine andere Aufteilung der Arbeit", sagt sein Kollege Frank Rau. Und dann teilen die Bandarbeiter ihre Arbeit neu ein.

„Ich meine, am ersten Tag der Bremsschlauch, am zweiten die kurze Leitung, dann wäre die lange Leitung dran…"

„Also zwei Tage Leitungen geht nicht. Ich hab nicht so lange Arme wie du. Ich muss mich ganz schön strecken. Das geht gewaltig aufs Kreuz."

Die Zusammenkunft hat einen Namen – Gruppengespräch.

Zum ersten Mal entscheiden die Arbeiter selbst, wie sie arbeiten. Warum sollen sie tagelang fingerdicke Leitungen in Plastikhalterungen stecken? Die Männer können sich abwechseln. „Also dann machen wir doch einen Tag Vormontage und einen Tag Bremsschlauch dazwischen."

„In Ordnung", sagt Frank Rau. Er ist Bandarbeiter wie die anderen am Tisch, die ihn zum Gruppensprecher gewählt haben. Sie sitzen in einer Baubude, trinken Kaffee, diskutieren, planen, entscheiden. Rau lenkt die Debatte, er stellt die Fragen: „Und wann fangen wir damit an?"

„Am besten gleich am Montag", sagt einer. Nächste Woche also wird die Arbeitswelt für die „Fertigungsgruppe 2b" eine andere sein: Nach einem Plan, den die Arbeiter selbst austüfteln, wechseln sie sich täglich ab.

Für Frank Rau und seine Kollegen ist die Gruppenarbeit eine gewaltige Umstellung. Für ihren Meister gewiss auch. Bis vor kurzem bestimmte er, wie die Arbeit seiner Männer aufgeteilt wird, alle hörten auf sein Kommando. Jetzt haben ihn die Arbeiter nicht einmal zum Gruppengespräch eingeladen.

aus: Der Spiegel, 12/1994, S. 8

?

- **Welche Merkmale weist die beschriebene Arbeitsorganisation (Arbeitsstruktur) vor und nach ihrer Umstellung auf?**
- **Welche Arten der Arbeitsorganisation lassen sich unterscheiden?**
- **Wie sind die einzelnen Arten der Arbeitsorganisation zu bewerten?**

Informationen

Über Jahrzehnte war in industriellen Produktionsprozessen vorwiegend die verrichtungsorientierte Arbeitsorganisation zu finden. Ein Beispiel hierfür ist die Fließbandfertigung. Die Gesamtaufgabe der Produktion war in Arbeitsgänge zerlegt, die von den Arbeitskräften häufig nur noch in Form kleinster Handgriffe zu erledigen waren. Ein weiteres Merkmal dieser Arbeitsorganisation war: entscheidende und ausführende Arbeiten waren streng getrennt.

Die Nachteile dieser Arbeitsorganisation (z.B. monotone Arbeit, schwierige Anpassung an sich ändernde Produktionsaufgaben) wurden im Laufe der Zeit so groß, dass man sich gezwungen sah die Arbeitsorganisation zu ändern. Ansatzpunkt hierfür war der **Handlungsspielraum** der Arbeitskräfte.

Der Handlungsspielraum einer Arbeitskraft besteht aus:

- ihrem **Tätigkeitsspielraum.** Gemeint ist hiermit die ausführende Tätigkeit, wie z.B. die Montage von Getriebeteilen
- ihrem **Entscheidungs- und Kontrollspielraum.** So wäre z.B. denkbar, dass die Arbeitskraft von sich aus die Reihenfolge der Arbeitsgänge bei der Getriebemontage ändert. Des Weiteren auch selbst die Qualität des Getriebes überprüft, beurteilt und eine eventuelle Nachbesserung beschließt und selbst ausführt.

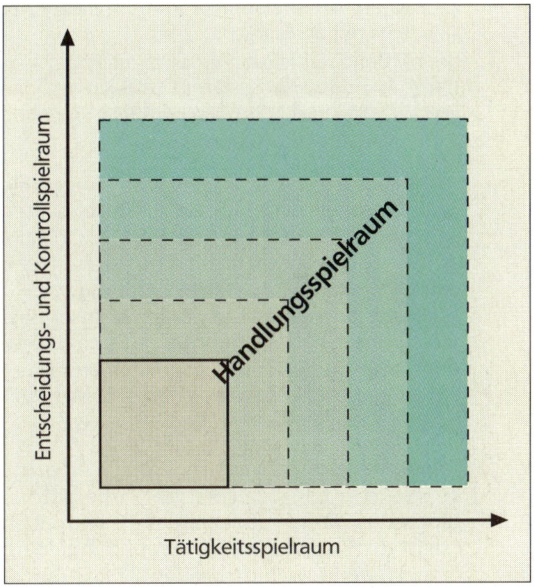

Der Handlungsspielraum von Arbeitskräften (nach Ulrich)

Neuere Formen der Arbeitsorganisation gestehen der Arbeitskraft einen größeren Handlungsspielraum zu. Betriebe hoffen hiermit zwei Ziele zu erreichen:
Verbesserung der Produktivität und Steigerung der Arbeitszufriedenheit. Im Einzelnen sind zu unterscheiden:

Arbeitsstrukturen mit erweitertem Handlungsspielraum für die Arbeitskräfte

Arbeitserweiterung Job-enlargement	Arbeitsbereicherung Job-enrichment	Arbeitswechsel Job-rotation	teilautonome Arbeitsgruppen	Fertigungsinseln

- **Arbeitserweiterung:** Hierbei steht die Vergrößerung des Arbeitsinhalts im Vordergrund. Arbeitsschritte, die vormals von mehreren Arbeitskräften erledigt wurden, werden an einem Arbeitsplatz zusammengeführt. So werden z.B. in einem Automobilwerk Lenkrad und Frontscheibe nicht von zwei Arbeitskräften, sondern von einem Bandarbeiter eingesetzt.

- **Arbeitsbereicherung:** Der Arbeitsinhalt wird qualitativ verändert. Dem bisherigen Handlungsspielraum der Arbeitskräfte werden planende und kontrollierende Aufgaben zugeordnet. Die Eigenverantwortlichkeit der Arbeitskräfte wird gefördert. Durch den vergrößerten Arbeitsinhalt kommt es zu einer Art „Entspezialisierung".
  Die Arbeitsbereicherung wird auch als vertikale Arbeitserweiterung bezeichnet, da hierbei strukturell unterschiedliche Arbeitselemente vereinigt werden.

- **Arbeitswechsel:** Die Arbeitskräfte wechseln nach vorgegebenen oder selbstgewählten Zeiten oder Arbeitsfolgen ihre Arbeitsplätze. In Betrieben, deren technische Ausstattung eine andere Arbeitsstrukturierung nicht zulässt, ist der geplante Stellenwechsel eine Möglichkeit Arbeitsmonotonie abzubauen. Auch der Springer bei der Fließbandarbeit übt eine Tätigkeit aus, die mit einem häufigen Arbeitsplatzwechsel verbunden ist.

- **Teilautonome Arbeitsgruppen:** Kleingruppen werden bei dieser Art der Arbeitsstrukturierung zusammenhängende Aufgaben übertragen, die von den Gruppenmitgliedern gemeinsam bewältigt werden. Ein eigener Entscheidungs- und Kontrollspielraum steht der Gruppe zu, damit sie die ihr gesetzten Ziele eigenverantwortlich erreichen kann. Je qualifizierter die Gruppenmitglieder sind, d.h. je mehr unterschiedliche Arbeitsaufgaben der Einzelne ausführen kann, desto flexibler kann die Gruppe auf sich ändernde Anforderungen reagieren. Im Gegensatz zur normalen Arbeitsbereicherung ist mit der Gruppenarbeit eine **kollektive Arbeitsbereicherung** verbunden. Die Einstufung der Arbeitsgruppe als teilautonom weist darauf hin, dass ihre Entscheidungsbefugnis nicht voll autonom, sondern beschränkt ist.
  Um ihre Aufgaben erfolgreich erfüllen zu können, müssen Gruppenmitglieder neben Fachkompetenz auch über Methoden- und Sozialkompetenz verfügen.

Fachkompetenz
Funktionsbezogene Kenntnisse und Fertigkeiten anwenden können, die zur Lösung der aktuellen und zukünftigen Aufgaben erforderlich sind.
Methodenkompetenzen
Probleme erkennen und bearbeiten sowie die erarbeiteten Lösungen in die Praxis umsetzen können.
Sozialkompetenz
Miteinander kommunizieren, kooperieren und Konflikte konstruktiv lösen können.

aus: Becker u.a., Einführung von Gruppenarbeit, Köln 1995, S. 36

Die Gruppenarbeit als Regelkreis:

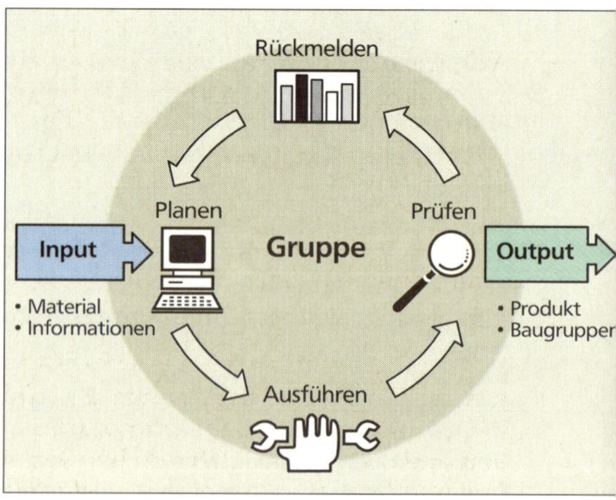

aus: Becker u.a., Einführung von Gruppenarbeit, a.a.O., S. 12

Beispiel von Gruppenarbeit: gemeinsame Kabelsatzmontage

Quelle: Mercedes-Benz AG (Hrsg.), Werk Sindelfingen, o. J., S. 26 f.

- **Fertigungsinsel:** Sie ist eine erweiterte Form der teilautonomen Gruppenarbeit. Als relativ selbstständige Organisationseinheit lässt sie sich beschreiben als „Fabrik in der Fabrik".

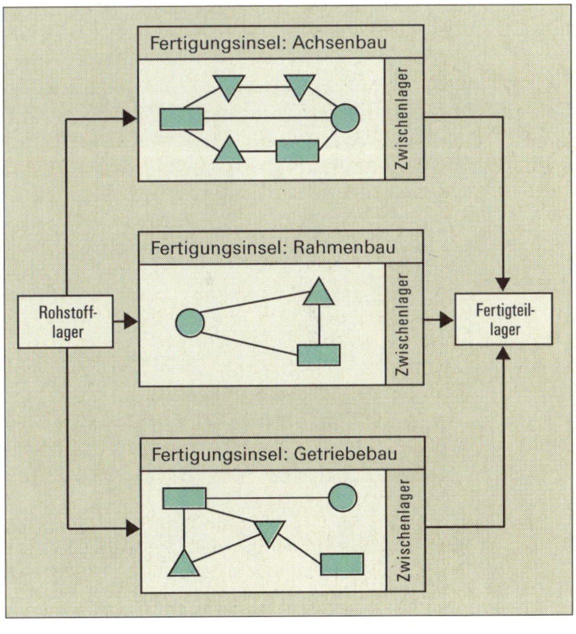

Merkmale der Fertigungsinsel:

- Planerisch weitgehend **selbstständige Arbeitsgruppen** fertigen Produktteile oder ganze Endprodukte vollständig an, ohne den Bereich der Fertigungsinsel zu verlassen. Jede Insel verfügt also über alle Betriebsmittel, die für die zu fertigenden Teile benötigt werden.
- Die **Zahl der Arbeitsplätze** übersteigt die Zahl der Arbeitskräfte. Diese wandern mit den zu fertigenden Teilen zu den Maschinen.
- Die **Aufgabenvielfalt der Arbeitskräfte** wird größer und durch die Übernahme von dispositiven Tätigkeiten auch interessanter. Zum Aufgabenbereich der Gruppe gehören das Ausfertigen von Arbeitsplänen, die Reihenfolgeplanung der Arbeitsgänge, die Feinterminierung der Aufträge, der Transport und die Qualitätskontrolle.

Arbeitsvorschlag:

1. **Warum werden Fertigungsinseln auch als „Fabrik in der Fabrik" beschrieben?**
2. **Beschreiben Sie die Gruppenarbeit als Regelkreis.**
3. **Wodurch unterscheiden sich Arbeitsbereicherung und Arbeitsvergrößerung?**
4. **Kritiker behaupten, dass weder die Arbeitserweiterung noch die Arbeitsbereicherung, die Gruppenarbeit oder Fertigungsinseln grundlegend etwas an den Arbeitsbedingungen ändern würden. „Ob nun jemand abwechselnd Bremsschläuche und Fensterscheiben montiert oder nur eine dieser Tätigkeiten ausführt, ist doch völlig egal", so ein Bandarbeiter. Setzen Sie sich mit dieser Auffassung auseinander.**

4 Entgeltpolitik und die wirtschaftlichen und menschlichen Auswirkungen beispielhaft darstellen und beurteilen

4.1 Arbeitsstudien

Situation

„Das gabs noch nie!“ Warnstreiks in der Brauerei

Ein Warnstreik hat dem Chef der Klostertaler Brauerei, Andreas Ernst, den Urlaub „verhagelt“. Er musste zurückkehren, als ihm telefonisch mitgeteilt wurde, dass sofort nach Bekanntwerden seines neuen Unternehmenskonzeptes die Mitarbeiter beunruhigt „auf die Straße gegangen“ waren.

Wie Andreas Ernst mitteilte, sei es ihm als mittelständischem Brauereiinhaber lediglich darum gegangen, „die Weichen der Existenzsicherung über das Jahr 2000 hinaus“ zu stellen. An vorderster Front standen dabei die Personalkosten, da sie „einen erheblichen Teil der Wettbewerbsfähigkeit im Kampf um Marktanteile ausmachen“. Dazu ließ sich Andreas Ernst unter Mithilfe einer renommierten Unternehmensberatung eine Menge einfallen. „Das ganze Unternehmen wurde auf den Kopf gestellt; nur die Arbeiter“, so der Betriebsrat, „die wurden bis jetzt nicht gefragt.“ Das „Zauberwort“, mit dem alles unter die Lupe genommen wurde, hieß wochenlang „REFA“. Zunächst soll der innerbetriebliche Fuhrpark ausgelagert werden. Konkret bedeutet das, dass eine eigenständige Firma gegründet werden soll, in der die bisherigen 20 Auslieferungsfahrer dann angestellt würden – natürlich zu neuen Tarifen, die etwa 20 % unter den bisherigen Löhnen liegen sollen. Außerdem ist geplant, dass alle Arbeitsgänge einer Neubewertung unterzogen werden, denn – so Ernst – „es geht nicht, dass z. B. ein ungelernter Gabelstaplerfahrer fast 4.000 Mark im Monat verdient, dass einige Mitarbeiter im Akkord schon seit Jahren eine Leistung von mehr als 180 % erbringen, ohne dass hier jemals die Frage nach der richtigen Arbeits- und Arbeitszeitbewertung gestellt worden wäre“. „Im Übrigen“, so Ernst weiter, „müsse auch davon ausgegangen werden, dass der Personalbestand um mindestens 10 % zu hoch sei. Deshalb plane man, die gesamten Arbeitsabläufe umzustrukturieren.“

?

- **Was sind „Arbeitsstudien“?**
- **REFA – was steckt hinter diesem Begriff?**
- **Welche Verbindung besteht zwischen Arbeitszeitstudien und der Entlohnung?**

Informationen

Sowohl Arbeitnehmer als auch Arbeitgeber verfolgen trotz unterschiedlicher Positionen das Ziel, dass die Leistung möglichst gerecht bewertet werden soll. Während einerseits niemand beschäftigt wird, dessen Arbeit nicht auch benötigt würde, steht andererseits auch fest, dass dies allein nicht ausreicht, um etwa davon ausgehen zu können, dass jegliche Leistung gleich ist und demzufolge in einem Betrieb Einheitslöhne oder -gehälter zu zahlen wären.

4001360L

REFA ist eine aus dem Jahre 1924 stammende Abkürzung für den Ausdruck „Reichsausschuss für Arbeitszeitermittlung". Der Name REFA ist zwar nach wie vor weit verbreitet, aber dahinter steht heute der **„Verband für Arbeitsstudien und Betriebsorganisation e.V."**. Die REFA-Methodenlehren stellen ein mehrbändiges Standardwerk dar, in dem die arbeitswissenschaftlichen Erkenntnisse zusammengefasst sind. Die REFA-Lehre besteht im Wesentlichen aus anwendungsbezogenem Methodenwissen aus den Gebieten der Arbeits- und Betriebsorganisation.

Das REFA-System setzt sich aus den drei Teilbereichen zusammen:

- **Arbeitsablauf-,**
- **Arbeitszeit-** und
- **Arbeitswertstudien**

Hierdurch wird eine unmittelbare **Verknüpfung zwischen Arbeitsanforderungen, Arbeitsbedingungen und der ihnen zugeordneten Entlohnung** geschaffen. Damit hat sich auch ein Wandel von der „Arbeiterbewertung" zur „Arbeitsbewertung" vollzogen. Während in der Vergangenheit der Arbeitnehmer fast ausschließlich nach seinen persönlichen Voraussetzungen beurteilt, bewertet und eingesetzt wurde, stehen heute die Arbeitsabläufe im Vordergrund. Sie können zwar nicht strikt von der Person des Arbeitnehmers getrennt werden, aber die Maßstäbe für Eignung und Entlohnung liegen nicht mehr allein in arbeitsunabhängigen Voraussetzungen.

4.1.1 Arbeitsablaufstudien

Im ersten Schritt der REFA-Datenermittlung wird der Arbeitsablauf in einzelne Abschnitte gegliedert. Für jeden Zeitpunkt des Produktionsprozesses wird das Zusammenwirken der einzelnen Produktionsfaktoren möglichst genau vorausbestimmt.

Arbeitsablaufpläne werden in der Regel detailliert für die einzelnen Abschnitte des Produktionsprozesses erstellt. Sie vervollständigen die Arbeitsplatzbeschreibungen mit genauen Informationen über den Arbeitsgang.

Aspekte von Arbeits-, Arbeitssystem- bzw. Arbeitsablaufanalysen	gebräuchliche Bezeichnungen
zeitliche Folge von Ablaufabschnitten →	Zeitaufnahme, Balkendiagramm, Netzplan
logische Folge von Ablaufabschnitten →	Flussdiagramm, Netzplan
räumliche Darstellung des Ablaufes →	Materialflussanalyse
menschliche Aspekte: Arbeitsmethode → Beanspruchung → Arbeitsanforderung → menschliche Leistung → andere ergonomische Aspekte → sozialpsychologische und → organisatorische Aspekte →	 Bewegungsanalyse Belastungsanalyse Arbeits- bzw. Anforderungsanalyse, Arbeitsbeschreibung, -bewertung analytische Leistungsbewertung Sicherheitsstudie, Arbeitszerlegung Arbeitsunterweisung Organisationsstudie u.a.
technische Aspekte: Arbeitsverfahren → Betriebsmitteleinsatz und -nutzung → Materialfluss → andere technische Arbeitsbedingungen →	 technologische Studie Betriebsmittelstudie (z.B. in Form einer Multimomentaufnahme) Materialflussstudie Werkstoffprüfung

Im Vordergrund der einzelnen Planungen stehen die Fragen:

- **wo** (Betriebsteil, Abteilung, Arbeitsplatz),
- **wann** (zeitliche Aufeinanderfolge),
- **womit** (Menschen, Betriebsmittel)

die Arbeitsaufgaben verrichtet werden sollen.

Der für ein Gesamtprojekt notwendige Arbeitsablauf wird in einzelne **Vorgänge** unterteilt. Sie beschreiben jeweils die innerhalb eines Arbeitsplatzes notwendigen Arbeiten, die zur Erfüllung der Gesamtaufgabe führen.

Eine Analyse des Arbeitsablaufes beschäftigt sich im Wesentlichen mit:

- der **Stellung der Tätigkeit im Produktionsprozess** → Rüsten oder Ausführen.

  Der Rüstvorgang ist notwendig, um die entsprechenden Betriebsmittel bereitzustellen und den Arbeitsplatz einzurichten. Bei verschiedenen Tätigkeiten im Laufe einer bestimmten Arbeitszeit kann sich der Vorgang mehrmals wiederholen. An ihn schließt sich die Ausführung des eigentlichen Auftrags an. Die Herrichtung des Arbeitsplatzes in den ursprünglichen Zustand am Ende des Arbeitsprozesses stellt wiederum einen Rüstvorgang dar.

- der **Art der menschlichen Tätigkeit** → Haupt-, Neben- oder Zusatztätigkeit.

  Während die Haupttätigkeit unmittelbar notwendig ist, um die Arbeitsaufgabe zu erfüllen, leistet die Nebentätigkeit nur einen mittelbaren Beitrag. Zusatztätigkeiten stehen mit der eigentlichen Arbeitsaufgabe in keinem Zusammenhang.

- dem **Einsatz der Betriebsmittel** → Haupt-, Neben- oder Zusatznutzen.

  Die Einteilung erfolgt hier nach der Notwendigkeit des Betriebsmitteleinsatzes, um das eigentliche Arbeitsziel zu erreichen. Damit wird von den gleichen Überlegungen wie bei der Gliederung der menschlichen Tätigkeiten ausgegangen.

- den **Ursachen für Unterbrechungen des Arbeitsablaufs** → Störungen, Erholungsphasen, Reparaturen. Der Arbeitsablauf kann aus vielfältigen Gründen unterbrochen werden. Ursache kann sowohl der Mensch wie auch die von ihm bediente Maschine sein. Einige dieser Unterbrechungen sind geplant (z.B. Pausenzeiten), die Mehrzahl tritt allerdings auf, ohne vorgeplant worden zu sein.

Arbeitsvorschlag:

1. **Was verstehen Sie unter dem Begriff „Arbeitsablaufstudie"?**
2. **Welche Fragestellungen werden bei Arbeitsablaufplanungen im Einzelnen untersucht?**
3. **Nach welchen Kriterien kann ein Arbeitsablauf gegliedert werden?**

4.1.2 Arbeitszeitstudien

Die Planung von Arbeitszeiten ist nicht nur als Bestandteil der Arbeitsablaufplanung wichtig, sondern sie bildet auch eine wesentliche Grundlage für die Entlohnung. Jede Tätigkeit bzw. jeder Arbeitsgang wird zeitlich bewertet.

Zeitermittlung

IST-Zeiten werden **gemessen oder erfragt**	**SOLL-Zeiten** werden **berechnet und festgelegt**
■ automatische Erfassung durch Messgeräte an den jeweiligen Maschinen oder ■ Zeitaufnahmebögen	■ Beobachtung am Arbeitsplatz und/oder ■ Erfahrungswerte und/oder ■ Mikrobewegungsstudien

4001362L

IST-Zeiten	SOLL-Zeiten

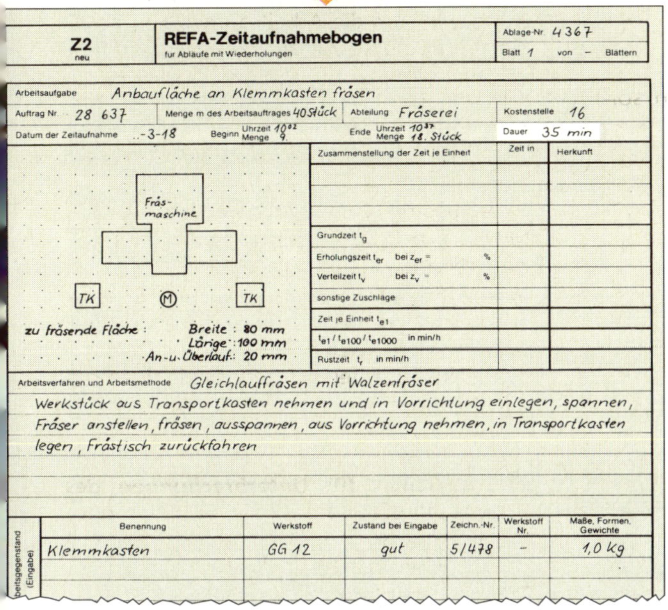

Z2 neu	REFA-Zeitaufnahmebogen für Abläufe mit Wiederholungen	Ablage-Nr. 4367	Blatt 1 von – Blättern
Arbeitsaufgabe	Anbaufläche an Klemmkasten fräsen		
Auftrag Nr. 28 637	Menge m des Arbeitsauftrages 40 Stück	Abteilung Fräserei	Kostenstelle 16
Datum der Zeitaufnahme ..-3-18	Beginn Uhrzeit 10^{02} Menge 9.	Ende Uhrzeit 10^{37} Menge 18. Stück	Dauer 35 min

Zusammenstellung der Zeit je Einheit	Zeit in	Herkunft
Grundzeit t_g		
Erholungszeit t_{er} bei z_{er} = %		
Verteilzeit t_v bei z_v = %		
sonstige Zuschläge		
Zeit je Einheit t_{e1}		
t_{e1} / t_{e100} / t_{e1000} in min/h		
Rüstzeit t_r in min/h		

Arbeitsverfahren und Arbeitsmethode: Gleichlauffräsen mit Walzenfräser
Werkstück aus Transportkasten nehmen und in Vorrichtung einlegen, spannen, Fräser anstellen, fräsen, ausspannen, aus Vorrichtung nehmen, in Transportkasten legen, Frästisch zurückfahren

Arbeitsgegenstand (Eingabe)	Benennung	Werkstoff	Zustand bei Eingabe	Zeichn.-Nr.	Werkstoff Nr.	Maße, Formen, Gewichte
	Klemmkasten	GG 12	gut	5/478	–	1,0 kg

ür die Ausführung eines Arbeitsganges wurden in diesem Falle 5 Minuten ermittelt. Dieser Wert soll für einen durchschnitt- chen Arbeitnehmer mit durchschnittlicher Leistungsfähigkeit elten.

Mithilfe von Mikrobewegungsstudien werden Vorgabezeiten festgestellt, indem alle Grundbewegungen, welche zur Ausführung einer Arbeit notwendig sind, zeitlich erfasst werden. Für die Grundbewegungen (Hinlangen, Greifen, Bringen, Fügen, Trennen, Heben usw.) sind in Tabellen so genannte Standardzeitwerte festgelegt.
Die bekanntesten Systeme zur Zeitberechnung sind das:

- **WF-System**
  (Work-Factor)
  und das
- **MTM-Verfahren**
  (Methods-Time-Measurement)

Bei dem WF-Verfahren stehen quantitative Faktoren wie Größe und Gewicht eines zu bearbeitenden Gegenstandes oder der benötigten Kraftanstrengung im Vordergrund. Das MTM-Verfahren berücksichtigt darüber hinaus auch qualitative Faktoren.

Allerdings können solche Studien nicht für alle Arbeitsbereiche gleichermaßen durchgeführt werden. Ihr Anwendungs- und Einsatzbereich ist in erster Linie auf ausführende Tätigkeiten begrenzt. Der Arbeitsablauf muss bis in alle Einzelheiten vorausgeplant werden können. Darüber hinaus lohnt sich der damit verbundene Aufwand erst dann, wenn sich die im Rahmen einer Tätigkeit anfallenden Vorgänge möglichst oft wiederholen.

Dies ist bei dispositiven Tätigkeiten kaum der Fall. Da hier der Anteil der planerischen Aufgaben überwiegt, die weder zeitlich noch sachlich genau vorhersehbar sind, können Zeitanalysen lediglich Richtwerte für ganze Aufgabenkomplexe erbringen.

Die Ermittlung der Vorgabezeit geht von einer Analyse der Arbeitsabläufe aus. Hier werden alle Zeiten innerhalb einer bestimmten Planperiode ermittelt, innerhalb derer ein Arbeitnehmer entsprechend seinem Arbeitsverhältnis eingesetzt ist.

Die **Vorgabezeit** ergibt sich aus der Addition von Rüst- und Ausführungszeit.

Rüstzeiten werden für die notwendigen Tätigkeiten zur Bereitstellung der Produktionsanlagen angesetzt. Dazu gehören z.B. das Einschalten der Maschinen mit evtl. Warmlaufphasen, das Heranholen von Werkzeugen und Materialien, Kontrolltätigkeiten bezüglich der Funktionsbereitschaft sowie die allgemeine Vorbereitung des Arbeitsplatzes. Rüstzeiten fallen in der Regel nur einmal pro Arbeitsgang an. Hat der Arbeitnehmer im Laufe eines Tages verschiedene Tätigkeiten zu erledigen, können Rüstzeiten auch mehrfach berechnet werden.

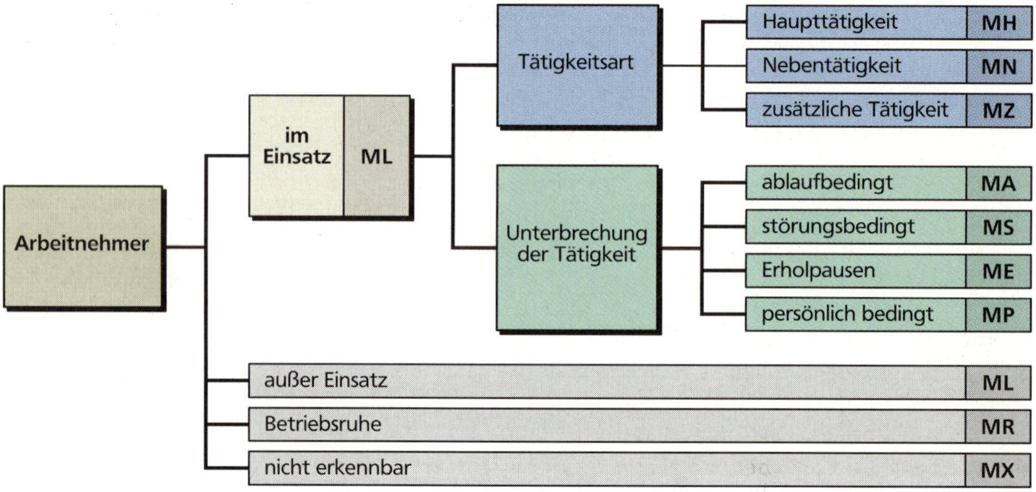

Die **Ausführungszeit** ist die auf die eigentliche Tätigkeit bezogene Zeitvorgabe. Sie setzt sich zusammen aus den Grund-, Verteil- und Erholzeiten.

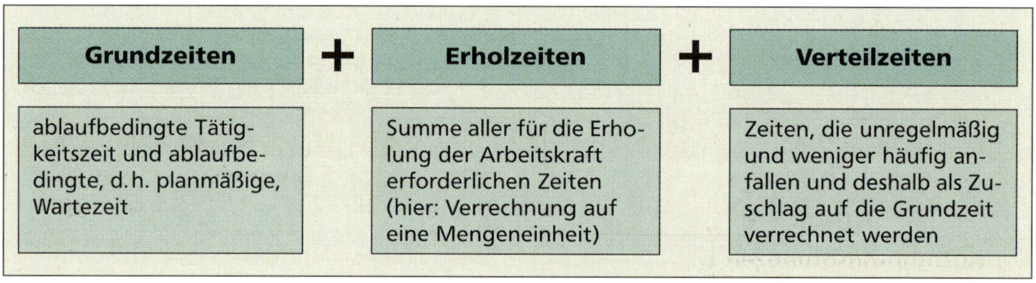

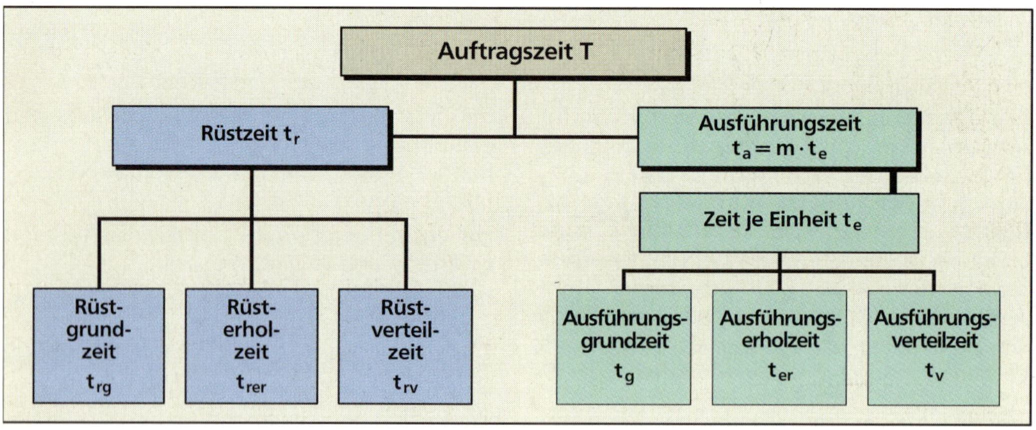

Arbeitsvorschlag:

1. **Welche Aufgabe haben Arbeitszeitstudien und welchen Bedingungen müssen sie genügen?**
2. **Welche Funktion haben die Zeitaufnahmebögen?**
3. **Unterscheiden Sie Ausführungs- und Auftragszeit.**
4. **Worin unterscheiden sich Grund- und Verteilzeit?**

5. **Wie hoch ist die Auftragszeit unter folgenden Bedingungen?**
   Vorgabezeit (Zeit je Einheit): 6 Minuten pro Stück
   Arbeitszeit: 8 Stunden
   Rüstzeit: 20 Minuten (einmal pro Arbeitstag)
6. **Ermitteln Sie die Auftragszeit für 30 Stück.**
   Rüstzeit: 15 Minuten
   Ausführungsgrundzeit: 10 Minuten pro Stück
   Ausführungsverteilzeit: 12 Sekunden pro Stück
   Ausführungserholzeit: 1 Minute pro Stück
7. **Welche Auswirkungen ergeben sich für die Beschäftigten, wenn die Zeitaufnahme mit einem überdurchschnittlich leistungsfähigen Mitarbeiter durchgeführt wurde, ohne dass der REFA-Zeitnehmer dies gebührend berücksichtigt?**
8. **Der Zeitnehmer schätzt die tatsächliche Leistung eines beobachteten Arbeitnehmers zu hoch ein. Welche Auswirkungen ergeben sich für die Festlegung der allgemeingültigen Ausführungszeit für diesen Arbeitsgang?**
9. **Welche Funktion haben die Mikrobewegungsstudien für die Feststellung der objektiv notwendigen Ausführungszeit?**
10. **Wie hoch sind die jeweiligen Ausführungszeiten und die insgesamt zur Verfügung stehende Auftragszeit, wenn ein Arbeitnehmer an einem Tag (8 Stunden) insgesamt drei verschiedenen Tätigkeiten nachzugehen hat?**

	Tätigkeit I 25 Stück	Tätigkeit II 180 Stück	Tätigkeit III 300 Stück
Rüstgrundzeit t_{rg}		30 Minuten	
Rüsterholzeit t_{rer}		10 Minuten	
Rüstverteilzeit t_{rv}		5 Minuten	
Rüstzeit t_r insgesamt	8 Minuten		8 Minuten
Ausführungsgrundzeit t_g	9 Minuten		
Ausführungserholzeit t_{er}	0,5 Minuten		
Ausführungsverteilzeit t_v	0,25 Minuten		
Ausführungszeit t_e insgesamt		0,5 Minuten	20 Sekunden

4.1.3 Arbeitswertstudien

Nach Arbeitsablauf- und Arbeitszeitstudien erfolgt eine differenzierte Bewertung der einzelnen Arbeitsgänge und -leistungen.

In der Praxis werden dabei zwei Verfahren angewendet:

Arbeitsbewertung	
analytisch: Zerlegung, Einordnung und Bewertung des Arbeitsplatzes nach Anforderungsarten	**summarisch:** Vergleich, Einordnung und Bewertung des Arbeitsplatzes als Ganzes

1950 erarbeiteten Arbeitswissenschaftler in Genf einen Entwurf von Anforderungsmerkmalen, der als **„Genfer Schema"** zur Grundlage fast aller in der Bundesrepublik Deutschland angewandter Verfahren wurde. Eine Ableitung dieses Schemas wurde von REFA erarbeitet.

Die Anforderungen werden mithilfe der Arbeitsplatzbeschreibung aufgestellt. Dabei werden miteinander verwandte Merkmale zusammengefasst:

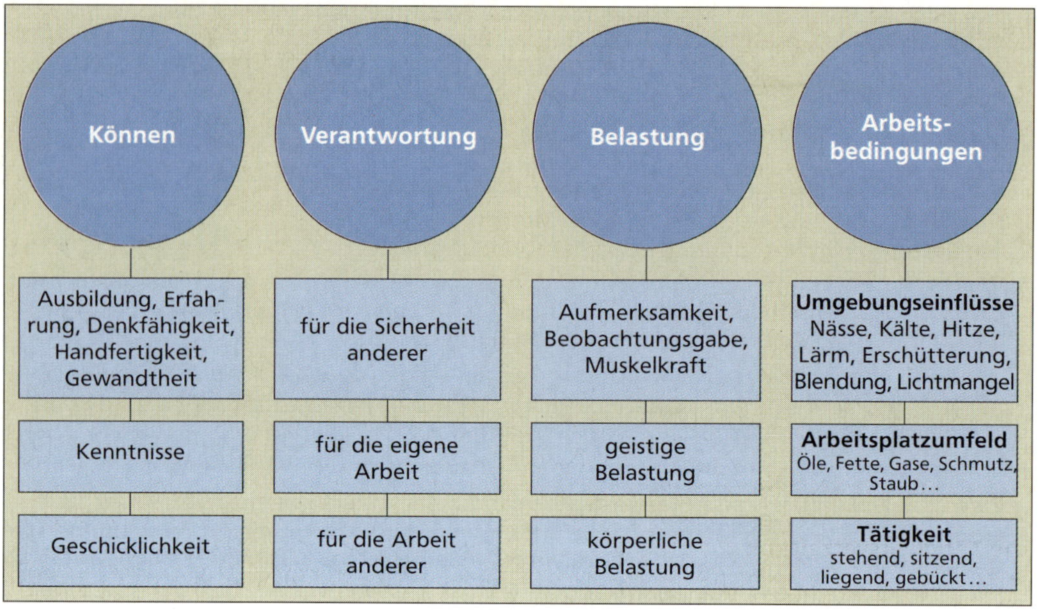

4.1.3.1 Summarische Verfahren zur Arbeitsplatzbewertung

In obigem Schema werden Arbeitsanforderungen schon stark aufgeschlüsselt. Beim summarischen Verfahren geschieht dies nicht – zumindest werden die einzelnen Kriterien nicht offen gelegt. Hier wird der Arbeitsplatz als Ganzes bewertet. Man unterscheidet zwischen zwei miteinander verwandten Verfahren:

Rangfolgeverfahren

Alle Arbeitsplätze eines Betriebes werden nach Ihrem Schwierigkeitsgrad geordnet und in eine Rangfolge gebracht. Sie stellt eine Abstufung vom einfachsten zum schwierigsten Arbeitsplatz dar. Erfordert der betrachtete Arbeitsplatz höhere Anforderungen als der jeweils zum Vergleich dienende Arbeitsplatz, wird ihm ein Punkt zugerechnet, sodass letztlich eine Rangfolge entsteht. Je höher der Rang, desto höhere Anforderungen erfüllt der Arbeitsplatz!

Beispiel:

In einer Unternehmung sollen Stellen miteinander verglichen werden. Ziel ist die Bildung einer Rangfolge in Verbindung mit der jeweils zuzuordnenden Lohnhöhe.

Im Einzelnen handelt es sich um folgende Arbeitsplätze:

- Lageraushilfskraft
- Gabelstaplerfahrer
- Verpackerin
- Einkaufsleiter
- Materialdisponent

In einer tabellarischen Übersicht wird jede Stelle mit jeder anderen verglichen. Das Ergebnis **könnte** wie folgt aussehen:

Stelle	Lageraus-hilfskraft	Gabelstap-lerfahrer	Ver-packerin	Einkaufs-leiter	Material-disponent	Punktzahl	Rang
Lageraus-hilfskraft		0	0	0	0	0	1
Gabelstap-lerfahrer	1		1	0	0	2	3
Ver-packerin	1	0		0	0	1	2
Einkaufs-leiter	1	1	1		1	4	5
Material-disponent	1	1	1	0		3	4

Lohngruppen- oder Katalogverfahren

Bei diesem Verfahren werden **innerbetriebliche Tätigkeitsverzeichnisse** erstellt. In einer Reihe von Musterbeispielen wird ein Bezug zwischen Aufgabenbereichen und Lohngruppen hergestellt. Somit kann jede Arbeitsaufgabe im Betrieb nach dem zutreffendsten Beispiel bewertet werden. Deshalb müssen die Katalogbeispiele eindeutig beschrieben und bewertet sein.

Lohngruppen werden in der Regel in **Manteltarifverträgen** festgelegt. Das Katalogverfahren findet seine Grenzen in der Vielfalt betrieblicher Aufgaben.

Beispiel für solche Lohngruppen:

Manteltarifvertrag für die Eisen-, Metall- und Elektroindustrie in Hessen

Lohngruppe 1:

Die Lohngruppe 1 entfällt.

Lohngruppe 2:

Einfache Arbeiten, die keine Arbeitskenntnisse, jedoch eine Zweckausbildung voraussetzen und nur eine geringe körperliche Belastung erfordern.

Lohngruppe 3:

Einfache Arbeiten, die unter körperlicher Belastung, die über die vorgenannte Lohngruppe hinausgeht, auszuführen sind oder einfache Arbeiten, deren Ausführungen gegenüber der vorgenannten Lohngruppe zusätzliche Erfahrung voraussetzt.

Lohngruppe 4:

Arbeiten, zu deren Ausführung die erforderlichen Kenntnisse durch Anlernen erworben sind, oder Arbeiten der Lohngruppe 2 mit einer körperlichen Belastung, die über die der Lohngruppe 2 hinausgeht.

Lohngruppe 5:

Spezialarbeiten, die eine Ausbildung in einem Anlernberuf oder ein Anlernen mit zusätzlichen Erfahrungen erfordern.

Lohngruppe 6:

Arbeiten, deren Ausführung eine Lehre voraussetzen oder Fähigkeiten und Kenntnisse, die denen eines Facharbeiters gleichzusetzen sind.

Lohngruppe 7:

Schwierige Facharbeiten, deren Ausführung langjährige Berufserfahrung voraussetzt, die in Ausnahmefällen auch durch Anlernung erworben sein kann.

Lohngruppe 8:

Besonders schwierige Facharbeiten, die hohe Anforderungen an Können und Wissen stellen und selbstständiges Arbeiten voraussetzen.

Lohngruppe 9:

Hochwertigste Facharbeiten, die überragendes Können, große Selbstständigkeit, Dispositionsvermögen ... erfordern.

aus: Schulfernsehen Hessen, Löhne und Steuern, S. 21 f.

Diesen Gruppen ordnen sich bestimmte Löhne zu:

Beispiel:

LOHNTABELLE
für die Eisen-, Metall- und Elektroindustrie des Landes Hessen.

Lohngruppen	%	Grundlöhne für Zeit-, Akkord- und Prämienlohnarbeiter DM/Stunde	Akkordrichtsätze (Grundlöhne + 3,5 %) DM/Stunde
2	84,00	16,24	16,81
3	86,25	16,67	17,25
4	88,50	17,11	17,71
5	93,50	18,07	18,70
6	100,00	19,33	20,01
7	110,00	21,26	22,00
8	120,00	23,20	24,01
9	133,00	25,71	26,61

Ähnliche Tabellen gibt es auch für die Angestellten als Gehaltsempfänger.

Kritik am Lohngruppensystem

Die „2. Industrielle Revolution" verändert das Arbeitsleben. „Leanproduction" zwingt auch dazu, die Begriffe „Arbeit und Leistung" neu zu definieren. Dadurch werden aber auch die Tarifpartner gezwungen, ihre Rahmenverträge, in denen Anforderungen und Standards beschrieben werden, zu ändern und neu zu formulieren.

Schlanke Produktion setzt auf Motivation und die verantwortliche Beteiligung der Mitarbeiter am Arbeitsprozess. Während fast ein Jahrhundert lang die industrielle Massenproduktion den Arbeitsprozess in kleinste Einheiten zerlegte („Taylorismus" oder „Fordismus"), der dem Einzelnen nur die Beherrschung weniger, sich ständig wiederholender Tätigkeiten am Band abverlangte, soll in der neuen Fabrik vorwiegend in Gruppen gearbeitet werden. Niemand soll sich mehr darauf verlassen können, dass ein Arbeitsvorbereiter schon alles Nötige besorgt hat und dass eine aufwendige Kontrolle am Ende der Fertigung schon die Fehler wieder ausbügelt. Unternehmenshierarchien und interne Bürokratien werden abgebaut.

Die Inhalte der Arbeit werden angereichert und aufgewertet. Dieses Konzept macht jede Arbeit interessanter. Die Tarifverträge der Metallindustrie legen aber den Produktionsprozess von gestern zugrunde. Ob beim Zeitlohn oder beim Leistungslohn: Die Anforderungen an die Arbeit erscheinen quantifizierbar und messbar ... Die Raster der Eingruppierung in Lohn- und Gehaltsgruppen honorieren nicht den neuen dynamischen Charakter der Arbeit: Kooperative Fähigkeiten, die die Arbeit im Team voraussetzen, sind in den Rahmentarifen und Tarifgruppen nicht vorgesehen ...

Wenn von den Mitgliedern der Arbeitsgruppen komplexere Tätigkeiten des Vorbereitens, Kontrollierens und Korrigierens verlangt werden, dann erreicht man dies nicht mit der Einteilung des „Arbeitswertes" nach herkömmlichen Methoden und Gruppen ...

nach: Tarifpolitik am Ende des Taylorismus, in: FAZ (Artikel von Rainer Hank 1996, genaue Ausgabe unbekannt)

Arbeitsvorschlag:

1. **Charakterisieren Sie das summarische Verfahren der Arbeitsplatzbewertung.**
2. **Zeigen Sie die Gemeinsamkeiten und Unterschiede von Rangfolge-, Lohngruppen- oder Katalogverfahren auf.**
3. **Erstellen Sie eine Rangfolge für die folgenden Stellen:**

   Sicherheitsbeauftragter, Prokurist, Lagerfacharbeiter, Buchhalter, Sekretärin, Werksbote, Hilfsarbeiter.

   Erörtern Sie die Vorteile, aber auch die Schwierigkeiten und Nachteile dieses Verfahrens. Versuchen Sie geeignete Anwendungsbereiche dafür herauszufinden.
4. **Setzen Sie sich konstruktiv-kritisch mit dem FAZ-Beitrag auseinander und diskutieren Sie mögliche Folgen.**

4001368L

4.1.3.2 Analytische Verfahren zur Arbeitsplatzbewertung

Um die Arbeitsbewertung transparenter zu machen, können die einzelnen Kriterien offengelegt werden. Es erfolgt damit keine pauschale Bewertung wie bei der summarischen Methode, sondern eine detaillierte Betrachtung der einzelnen Anforderungen des Arbeitsplatzes. Entscheidend ist, dass es sich auch hier um die Bewertung der Anforderungen eines Arbeitsplatzes und nicht etwa um eine Bewertung des jeweiligen Arbeitnehmers handelt.

Ein Beispiel für eine solche Arbeitsplatzbewertung:

Stelle eines Werkzeugmechanikers

Bewertungsbegründung

I. Können

a) Für die Arbeitsausführung ist eine abgeschlossene Werkzeugmechanikerlehre und zusätzlich ca. 2 Jahre Erfahrungszeit – in der eine Heizerausbildung eingeschlossen ist – erforderlich.

b) Geschicklichkeit bei zum Teil schwierigen fachberuflichen Arbeiten notwendig.

II. Verantwortung

a) Verantwortlich für richtige und ordnungsgemäße Ausführung der Wartungs- und Reparaturarbeiten, richtige Einstellungen und Arbeitsweise der Anlagen unter Beachtung der Sicherheitsvorschriften.

b) –

c) Zeitweise mitverantwortlich für die Sicherheit des zugeteilten Helfers.

III. Arbeitsbelastung

a) 1. Erhöhte, zeitweise hohe Aufmerksamkeit bei Arbeitsausführung
2. In der Regel erhöhte Anforderung an eigenes Überlegen

b) Arbeitsweise stehend, gehend, in gebückter und teilweise in unnatürlicher Haltung. Hantiert mit Werkzeugen und Ersatzteilen. Benutzt zeitweise Gabelstapler und Teleskop-Arbeitsbühne.

IV. Umgebungseinflüsse

a) Verschmutzung der Hände

d) Zeitweise etwas Strahlungshitze bei Schweißarbeiten

g) Teilweise erschwerende Lärmbelästigung

k) Erkältungsgefahr bei Arbeiten im Freien (wechselnde Temperaturen)

l) Zeitweise geringe Belästigung durch Tragen von Schutzkleidung (Schutzbrille, Handschuhe)

m) Trotz Beachtung der UV- und Sicherheitsvorschriften können Unfälle vorkommen.

Ergänzung zur „Beschreibung der Arbeit", Skizzen:

Bewertung	max.	tats.	Summe
I. Können			
a) Arbeitskenntnisse (Ausbildung, Erfahrung, Denkfähigkeit)	8	7,0	
b) Geschicklichkeit (Handfertigkeit, Körpergewandtheit)	4	2,5	
Können insgesamt:			9,5
II. Verantwortung			
a) für die eigene Arbeit (Betriebsmittel und Erzeugnisse)	4	3,5	
b) für die Arbeit anderer	3	–	
c) für die Sicherheit anderer	3	0,5	
Verantwortung insgesamt:			4,0
III. Arbeitsbelastung			
a) geistig	5		
1. Sinne und Nerven (Aufmerksamkeit)		1,5	
2. Denktätigkeit (Nachdenken)		1,5	
b) muskelmäßig	5	3,0	
Arbeitsbelastung insgesamt:			6,0
IV. Umgebungseinflüsse			
a) Schmutz (Verschmutzung)	2	0,5	
b) Staub	1,5	–	
c) Öl	1	–	
d) Temperatur	2	0,5	
e) Nässe (Wasser, Säure, Lauge usw.)	1	–	
f) Gase, Dämpfe	2	–	
g) Lärm	2	1,0	
h) Erschütterung	1,5	–	
i) Blendung oder Lichtmangel	1	–	
k) Erkältungsgefahr	1	0,5	
l) Hinderliche Schutzkleidung	2	0,5	
m) Unfallgefahr	2	1,0	
Umgebungseinflüsse insgesamt:			4,0
Arbeitswert (Summe der Punkte I–IV)	51		23,5
Arbeitswertgruppe		IV	

Ausgestellt am: ..-10-19	Inhalt anerkannt:	Bewertet am: ..-10-15
durch: Karl Meier	Josef Schulz	durch: Horst Denner

Rangreihenverfahren

Die Arbeitsanforderungen einer Stelle werden aufgeschlüsselt und detailliert bewertet. Am häufigsten wird dabei das **Genfer Schema** herangezogen.

Da die einzelnen Merkmalsgruppen nicht gleichwertig sind, muss zwischen ihnen ein Wertverhältnis festgelegt werden. Das kann z. B. durch die Vergabe von **Höchstpunktzahlen** für die einzelnen Merkmalsgruppen erfolgen. Diese **Punktzahlen geben den Schwierigkeitsgrad und damit den Arbeitswert an.** Er bildet die Grundlage der Entlohnung. Je größer die Differenz zwischen ihnen und den tatsächlich vergebenen Punkten ist, desto niedriger wurde der Arbeitswert eingestuft.

Der Punktvorgabe vorausgehen kann auch eine Rangfolgeuntersuchung in den einzelnen Anforderungsarten. Der jeweilige Rang wird mit einem vorgegebenen Gewichtungsfaktor multipliziert.

Stufenwertzahlverfahren

Auch dieses Verfahren baut auf dem Genfer Schema auf. Grundlage ist daher zunächst auch eine ausführliche Stellenbeschreibung.

Zusätzlich zum Rangreihenverfahren wird jede einzelne Anforderungsart nochmals hinsichtlich des Intensitätsgrades und der zeitlichen Belastung untersucht.

Das heißt, dass es nicht mehr genügt, z. B. bei der Anforderungsart „Umgebungseinflüsse" die Schmutzbelästigung global zu bewerten, sondern es erfolgt eine weitere Einteilung:

Anforderungsart **„Schmutzbelästigung"**								
Anforderungsstufen	Stufenwertzahl	zeitliche Belastung in Stunden						
		1,0	1,1	1,2	1,3	1,4	1,5	…
		korrigierte Stufenwertzahl (Stufenwertzahl · Belastungsdauer)						
keine Belastung	0	–	–	–	–	–	–	…
geringe Belastung	1	1,0	1,1	1,2	1,3	1,4	1,5	…
mittlere Belastung	2	2,0	2,2	2,4	2,6	2,8	3,0	…
keine Belastung	3	3,0	3,3	3,6	3,9	4,2	4,5	…
Schutzkleidung vorgeschrieben	4	4,0	4,4	4,8	5,2	5,6	6,0	…

Arbeitsvorschlag:

1. **Zeigen Sie an obigem Beispiel den Zusammenhang zwischen Arbeitsplatzbeschreibung und -bewertung.**
2. **Erläutern Sie die Merkmale des analytischen Bewertungsverfahrens.**
3. **Welche Probleme können bei der Verwendung dieses Schemas auftreten?**
4. **Welche Personen(gruppen) sollten an der Erstellung und Verwendung solcher Bewertungsschemata beteiligt sein?**
5. **In welchen Kategorien des Genfer Schemas könnte sich die Bewertung ändern, wenn größere Rationalisierungsmaßnahmen im Betrieb durchgeführt werden?**
6. **Stellen Sie die Verbindung(en) der beschriebenen Verfahren mit dem Genfer Schema her und grenzen Sie die Verfahren gleichzeitig gegenüber der summarischen Bewertung ab.**
7. **Ein Arbeitnehmer äußert sich in der Kantine sehr abwertend über die Arbeitsbewertung: „Letzten Endes können die ja doch machen was sie wollen. Objektive Kriterien gibt es für die Arbeitsplatzbelastung nicht. Eigentlich leisten alle das Gleiche, der eine hier, der andere dort. Warum gibt es dann überhaupt verschiedene Arbeitswerte?" Wie würden Sie antworten?**
8. **Stellen Sie die gemeinsamen Interessen von Arbeitgebern und Arbeitnehmern bezüglich der „richtigen" bzw. objektiven Arbeitsplatzbewertung dar.**

4.2 Lohnformen

Situation

Schlamperei im Akkord?

Eindringlich gewarnt hat der Vorsitzende der Industrie- und Handelskammer Buchenhain, Dr. Brenning, vor einem ausschließlich kosten- und leistungsorientierten Denken bei der Mitarbeiterentlohnung. „In einer Zeit", so Dr. Brenning, „die durch ein Qualitätsdenken im Sinne von ISO 9000 geprägt ist, darf ein Unternehmen nicht nur an Kostensenkungen im Personalbereich denken."

Weder reiner Zeitlohn, „bei dem auch eine unproduktive Anwesenheit entlohnt werde", noch reiner Leistungslohn seien geeignet, „den Arbeitnehmer mit in das gemeinsame Boot zu ziehen". Gesucht werden müsse, so Dr. Brenning, „eine optimale Kombination von Qualität und Leistung". Es bringe nichts, „einerseits die Qualität als eines der höchsten Unternehmensziele zu proklamieren, wenn andererseits der Arbeitnehmer durch das jetzige Entlohnungssystem geradezu aufgefordert werde Fehler nicht zu melden, sondern sie zu vertuschen, weil es sonst seinem Verdienst schadet".

? Welche Möglichkeiten der Entlohnung gibt es und welche Merkmale müssen qualifikationsorientierte Entgeltsysteme aufweisen?

Informationen

Man unterscheidet grundsätzlich zwei Entlohnungsformen:

Zeitlohn	Leistungslohn
Ausschlaggebend für den Lohn ist die Zeit der betrieblichen Anwesenheit. Zur Arbeitsleistung besteht kein unmittelbarer Bezug. Die Leistungsfähigkeit und -bereitschaft kommen allerdings in unterschiedlichen Stundenlöhnen bzw. Gehältern zum Ausdruck. **Anwendungsbedingung** ■ Der Arbeitsablauf setzt eine bestimmte Leistung voraus, die nicht individuell beeinflussbar ist (z.B. Fließbandarbeit). ■ Die Tätigkeit ist besonders schwierig oder gefährlich und setzt eine hohe Sorgfalt voraus. ■ Der Arbeitsgang ist nicht in Einzelschritte zerlegbar. **Kosten** Der Lohn bleibt bei unterschiedlichen Leistungen immer gleich. Die Lohnkosten pro Stück steigen, wenn die Leistung sinkt. Sie sinken, wenn die Leistung steigt.	Es handelt sich um ein leistungsbezogenes Entgeltsystem. Der Arbeitnehmer erhält nur das mengenmäßige Arbeitsergebnis vergütet. Je höher die erbrachte Leistung ist, desto höher ist der Verdienst. **Anwendungsbedingung** ■ Der Arbeitsauftrag ist in einzelne, zeitlich bewertbare Tätigkeiten oder Arbeitsgänge zerlegbar. ■ Die Tätigkeiten wiederholen sich im Rahmen der Betriebstätigkeit sehr oft, sodass sich der Aufwand für die Festlegung der für die einzelnen Tätigkeiten vorzugebenden Zeit lohnt. ■ Die Arbeitsgeschwindigkeit ist individuell zu steuern. **Kosten** Je höher die Leistung, desto höher der Lohn und umgekehrt. Die Lohnkosten pro Stück bleiben aber immer gleich.

Zeit- und Leistungslohn können mit dem **Prämienlohn** kombiniert werden.

Beim **Prämienlohn** werden dem Arbeitnehmer Zuschläge für besondere Leistungen bezahlt. Damit sind die Prämien Ergänzungszahlungen zum Zeit- oder Akkordlohn. **Prämien stellen qualitative und/oder quantitative Leistungsanreize dar.**

Die Prämienzahlung erfolgt nur dann, wenn eine bestimmte Normalleistung überschritten, d.h. besser oder schneller gearbeitet wurde.

Man unterscheidet verschiedene **Prämienarten,** wie z.B.:

- **Qualitätsleistungsprämien** (geringe Ausschussquoten, wenig Garantiefälle, keine Reklamationen usw.)
- **Ersparnisprämien** (hohe Materialausbeute, geringer Energieverbrauch, sparsamer Rohstoffeinsatz usw.)
- **Nutzungsgradprämien** (Reduzierung der Reparaturzeiten, Herabsetzung der Rüstzeiten usw.)

Sonstige Anlässe zur Prämienzahlung können Termineinhaltungen, vorzeitige Fertigstellungen, Unfallverhütungen usw. sein.

Prämienlohnsysteme können aber auch in ganz anderer Form als Ergänzung zum Leistungslohn eingesetzt werden, um ab einem bestimmten Punkt den Leistungsanreiz zu verringern:

Es gibt verschiedene **Prämienlohnsysteme** mit unterschiedlichen Bedingungen. Die bekanntesten Modelle stammen von Halsey, Rowan, Bedeaux, Taylor und Gantt. Diese Systeme sind sowohl bei Zeit- wie auch bei Stücklohn anwendbar.

Beim Akkordlohn werden Mehrleistungen voll dem Arbeitnehmer zugerechnet und vergütet. Das Prämienlohnsystem teilt den Ertrag der Leistungssteigerung hingegen zwischen Arbeitnehmern und Betrieb auf. Der Arbeitnehmer erhält nur einen bestimmten Prozentsatz seiner Mehrleistung, beim Halsey'schen System zwischen 33 $\frac{1}{3}$ und 50 %.

Beispiel:

Prämienlohn nach Halsey – 50 % und 33 $\frac{1}{3}$ %
Normalleistung 100 %
Grundlohn bei Normalleistung
20,00 DM/Stunde

Leistung	Verdienst des Arbeitnehmers in DM bei			
	Stundenlohn	Akkordlohn	Prämienlohn Halsey 50 %	33 $\frac{1}{3}$ %
100 %	20,00 DM	20,00 DM	20,00 DM	20,00 DM
110 %	20,00 DM	22,00 DM	21,00 DM	20,66 DM
120 %	20,00 DM	24,00 DM	22,00 DM	21,33 DM
130 %	20,00 DM	26,00 DM	23,00 DM	22,00 DM

Dem Arbeitnehmer werden mit dem Prämienlohnsystem zwar Leistungsanreize geboten, die aber nicht so stark wie bei reiner Akkordentlohnung sind.

Prämienlohn und Gruppenarbeit

Die Änderung der Produktionsverfahren ruft auch eine veränderte Form der Entlohnung hervor. In 1996 hatten weit über 60 % aller Betriebe in der Fertigung oder Montage Gruppenarbeit verwirklicht. Die im Zusammenhang mit der Gruppenarbeit formulierte wirtschaftliche und soziale Zielsetzung der Unternehmen erfordert weiter gehende Qualifikationen (Schlüsselqualifikationen) der Arbeitnehmer und stellt andere Anforderungen an sie.

Aufbau des Prämien-Gruppen-Lohnes

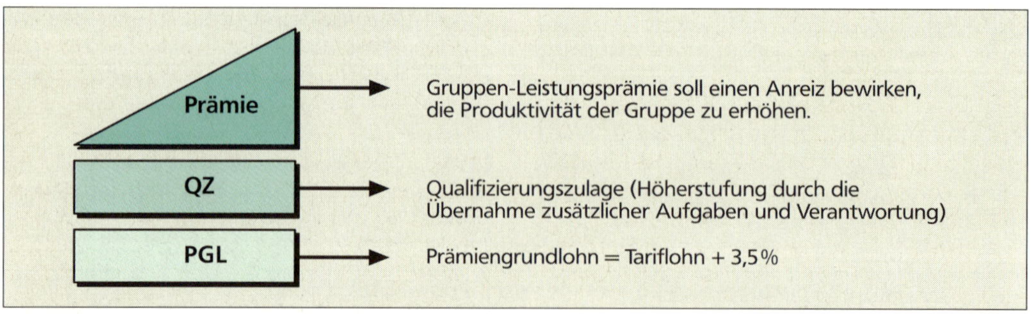

Prämienentlohnung kommt den Zielen der Gruppenarbeit am nächsten, denn sie soll

- die „Erzielung einer leistungsgerechten Entlohnung, die sowohl die gemeinsam erbrachte Leistung der Gruppe als auch die im Rahmen der Gruppenarbeit notwendige Flexibilität des einzelnen Gruppenmitgliedes berücksichtigen,
- den Gruppengedanken dadurch unterstützen, dass eine hohe Leistungsprämie nur dann erzielt werden kann, wenn jeder in der Gruppe danach strebt, die Produktivität dadurch zu steigern, dass die Anwesenheitszeit weitgehend für produktive Tätigkeiten genutzt wird".

aus: Betriebsvereinbarung der Pacoma Hydraulik GmbH, Eschwege

Wirtschaftliche Ziele

- Steigerung der Produktivität,
  Qualität,
  Kundenzufriedenheit
- Senkung der Kosten

Soziale Ziele

- Eigenverantwortliche Arbeitsgestaltung
- größere Arbeitszufriedenheit
- Verbesserung der individuellen Weiterentwicklung und Entlohnung

4.2.1 Formen des Akkordlohnes

Geldakkord

Bewertung einzelner Arbeitsgänge in Geldeinheiten

Bei dem Geldakkord erhalten die Arbeiter für jedes hergestellte Teil oder für jeden Arbeitsgang, der an einem Werkstück verrichtet wird, einen festen Geldbetrag vergütet.

Das Arbeitsentgelt pro Stück, Tätigkeit oder Arbeitsgang bezeichnet man als **Stückakkordsatz.**

Beispiel:

In einer Polstermöbelfabrik werden die Sitzflächen von Stühlen mit einer Schaumstoffauflage versehen und anschließend mit Stoff überzogen. Für jedes Stück erhält der betreffende Arbeitnehmer 1,30 DM Lohn.

Der Stückakkordsatz ist von Tätigkeit zu Tätigkeit verschieden. Er wird von der Arbeitsvorbereitung jeweils errechnet und dem Arbeiter vorgegeben. Dazu muss zunächst der Zeitbedarf für die entsprechende Tätigkeit festgestellt werden. Je länger der Arbeitsvorgang dauert, desto höher ist der Stückakkordsatz (und umgekehrt).

Mit der vorausberechneten Zeitdauer einer Tätigkeit liegt auch die erwartete Normalleistung eines Arbeitnehmers fest. Sie drückt sich in der Anzahl der Leistungseinheiten pro Stunde oder Arbeitstag aus.

Beispiel:

In der Arbeitsvorbereitung der Polstermöbelfabrik wurde errechnet, dass die beschriebene Tätigkeit insgesamt 4 Minuten dauert. Damit liegt die Normalleistung bei 15 Stühlen pro Stunde oder 120 Stühlen pro Arbeitstag (8 Stunden).

Dieser Normalleistung wird ein bestimmter Stundenlohn, der Akkordrichtsatz, zugeordnet. Er liegt in obigem Beispiel bei 19,50 DM (15 Stühle · 1,30 DM/Stück).

In der Praxis wird allerdings umgekehrt vorgegangen: Auf der Grundlage eines vorgegebenen Akkordrichtsatzes und der errechneten Normalleistung wird der Stückakkordsatz ermittelt. Bleibt man bei obigen Zahlenangaben, so ergibt sich folgende Rechnung:

19,50 DM vorgegebener Akkordrichtsatz	: 15 Normalleistung	=	1,30 DM/Stück Stückakkordsatz

Der Akkordarbeiter kann seinen Lohn unmittelbar errechnen, indem er den Stückakkordsatz mit seiner Arbeitsleistung multipliziert. In diesem Falle würde das tägliche Arbeitsentgelt bei 8-stündiger Arbeitszeit und Normalleistung 156,00 DM betragen (1,30 DM/Stück · 15 Stück/Stunde · 8 Std. Arbeitszeit).

Leistungssteigerungen wirken sich unmittelbar lohnerhöhend aus, während unterdurchschnittliche Leistungen eine Verringerung des Arbeitsentgelts zur Folge haben.

Beispiel:

Der Arbeitnehmer fertigt pro Stunde nicht 15, sondern 17 Stuhlpolsterungen. Sein Lohn steigt damit auf 22,10 DM/Stunde (1,30 DM · 17) bzw. 176,80 DM pro Tag. Fällt die Arbeitsleistung dagegen beispielsweise auf 14 Stück ab, so liegt der Arbeitslohn pro Stunde bei nur 18,20 DM (1,30 DM · 14) bzw. 145,60 DM am Tag.

Beim Abschluss neuer Tarifverträge oder Lohnveränderungen aus anderen Gründen müssen sämtliche Stückakkordsätze angepasst, d.h. verändert werden.

Zeitakkord

Zeitgutschrift für jeden verrichteten Arbeitsgang.

Auch beim Zeitakkord wird vor Beginn der Tätigkeit ermittelt, welcher Zeitaufwand dafür erforderlich sein wird.

Die Vorgabezeit wird i.d.R. in Minuten und Sekunden ausgedrückt. Wie beim Geldakkord gibt es auch hier den Akkordrichtsatz als Stundenlohn für eine durchschnittliche Akkordleistung.

Eine Arbeits- oder Akkordminute hat damit den Wert von 1/60 des Akkordrichtsatzes. Diesen Betrag bezeichnet man als **Minutenfaktor.**

Beispiel:

Der Akkordrichtsatz in der Polstermöbelfabrik liegt für das beschriebene Polstern von Stühlen bei 19,50 DM. Jede Arbeits- oder Akkordminute wird daher mit 0,325 DM bewertet (19,50 DM : 60).

Im Gegensatz zum Geldakkord erhält der Arbeiter **für jeden beendeten Arbeitsgang** jetzt **keinen festen Geldbetrag** (Stückakkordsatz), **sondern nur einen Zeitwert** angerechnet. Jede Minute hat dabei den Wert des festgelegten Minutenfaktors. Der Lohn errechnet sich aus der Summe der geleisteten Akkordminuten multipliziert mit dem Minutenfaktor.

Beispiel:

Für die Polsterung eines Stuhles wurde ein Zeitbedarf von 4 Minuten errechnet. Normalerweise polstert ein Arbeiter pro Stunde demnach 15 Stühle, d.h., er erreicht 60 Akkordminuten. Daraus ergibt sich ein Stundenlohn von 19,50 DM (60 · 0,325 DM). An einem 8-stündigen Arbeitstag ergeben sich insgesamt 480 Akkordminuten und ein Lohn von 156,00 DM (480 · 0,325 DM).

Eine Leistungssteigerung hat zur Folge, dass der Arbeiter pro Stunde oder Tag mehr Stück und damit mehr Akkordminuten erbringt.

Beispiel:

Pro Stunde fertigt der Arbeiter 17 Polsterungen. Dadurch erzielt er stündlich 68 Akkordminuten (17 Stück · 4 Minuten) und somit pro Arbeitstag 544 Akkordminuten. Sein Verdienst steigt auf 22,10 DM pro Stunde (68 · 0,325) bzw. 176,80 DM pro Tag (544 · 0,325).

Fällt die Arbeitsleistung hingegen auf 14 Stühle ab, so liegt der Stundenlohn bei 18,20 DM (14 Stück · 4 Minuten · 0,325 DM).

4001374L

Die auf einem Lohnschein (innerbetriebliche Bezeichnung in diesem Fall „Lohn-Scheck“) vom Arbeiter eingetragenen und kontrollierten Daten dienen der Lohnermittlung.

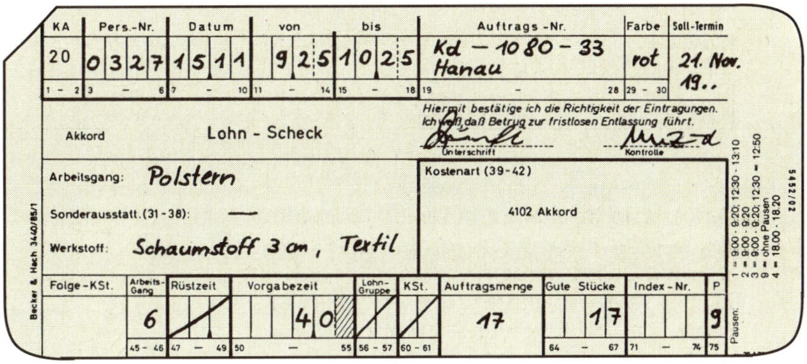
KA: 20 | Pers.-Nr.: 0327 | Datum: 1511 | von: 925 | bis: 1025 | Auftrags-Nr.: Kd – 1080 – 33 Hanau | Farbe: rot | Soll-Termin: 21. Nov. 19..

Akkord — Lohn - Scheck

Hiermit bestätige ich die Richtigkeit der Eintragungen. Ich weiß, daß Betrug zur fristlosen Entlassung führt.

Unterschrift — Kontrolle

Arbeitsgang: Polstern

Sonderausstatt. (31-38): —

Werkstoff: Schaumstoff 3 cm, Textil

Kostenart (39-42): 4102 Akkord

Folge-KSt.	Arbeits-Gang	Rüstzeit	Vorgabezeit	Lohn-Gruppe	KSt.	Auftragsmenge	Gute Stücke	Index-Nr.	P
	6		40			17	17		9

Pausen: 1 = 9.00 - 9.20; 12.30 - 13.10; 2 = 9.00 - 9.20; 3 = 9.00 - 9.20; 12.30 - 12.50; 9 = ohne Pausen; 4 = 18.00 - 18.20

Becker & Hach 3440/85/1

Die Ergebnisse der Beispielrechnungen mit Geld- und Zeitakkord sind gleich. Unterschiede bestehen lediglich in der Art der Lohnermittlung.

Geldakkord:

- Der Arbeiter kann seinen Lohn ohne größere Umrechnungen direkt aus seiner Leistung ermitteln und erkennt offen die direkte Abhängigkeit von Leistung und Lohn.
- Jede Tätigkeit hat einen anderen Stückakkordsatz, dadurch wird die Lohnberechnung bei sehr unterschiedlichen Arbeitseinsätzen erschwert.
- Bei einer veränderten Entlohnungsgrundlage (Tariferhöhung o. Ä.) müssen sämtliche Stückakkordsätze geändert werden.

Zeitakkord:

- Bei Tarifveränderungen braucht lediglich der Minutenfaktor angepasst zu werden und nicht die Vielzahl einzelner Stückakkordsätze.
- Der Minutenfaktor ist für alle Tätigkeiten gleich. Bei der Lohnberechnung müssen die Akkordminuten addiert und mit dem Minutenfaktor multipliziert werden.
- Bei einem Wechsel zwischen Akkord- und Zeitlohnarbeit kann die Lohnberechnung für den Arbeiter evtl. schwieriger werden.

Sowohl beim Geld- wie auch beim Zeitakkord wird zwischen der Normalleistung und der tatsächlichen Arbeitsleistung unterschieden.

Die Normalleistung wird beim Geldakkord durch die Vorgabe einer bestimmten Stückzahl pro Stunde festgelegt.

Beim Zeitakkord wird nicht die Anzahl der Leistungseinheiten, sondern die Vorgabezeit als Normalleistung angegeben.

Das Verhältnis zwischen Ist- und Sollleistung eines Arbeiters ergibt den **Leistungsgrad (100 % = Normalleistung).**

Unter- oder überschreitet der Leistungsgrad diese Grenzen in erheblichem Maße, sollte die vorgegebene Normalleistung kontrolliert werden.

Beispiel:

Die Normalleistung des beschriebenen Arbeitsganges in der Polstermöbelfabrik liegt bei 15 Stück pro Stunde bzw. 120 Stück pro Tag. Dies entspricht 60 bzw. 480 Akkordminuten. Bei einer Leistung von 17 Stück/Stunde (= 68 Akkordminuten / Stunde) errechnet sich der Leistungsgrad wie folgt:

$$\textbf{Leistungsgrad} = \frac{\text{Istleistung} \cdot 100}{\text{Normalleistung}} = \frac{17\ \text{Stück} \cdot 100}{15\ \text{Stück}} = \underline{\underline{113{,}\overline{33}\ \%}}$$

oder

$$= \frac{68\ \text{Akkordminuten} \cdot 100}{60\ \text{Akkordminuten}} = \underline{\underline{113{,}\overline{33}\ \%}}$$

Der Lohn liegt ebenfalls um 13,33 % über dem Akkordrichtsatz von 19,50 DM.

Bei einer Leistung von 14 Stück pro Stunde (= 56 Akkordminuten/Stunde) liegt der Leistungsgrad unter 100 %.

$$\textbf{Leistungsgrad} = \frac{14\ \text{Stück} \cdot 100}{15\ \text{Stück}} = \underline{\underline{93{,}\overline{33}\ \%}}$$

oder

$$= \frac{56\ \text{Akkordminuten} \cdot 100}{60\ \text{Akkordminuten}} = \underline{\underline{93{,}\overline{33}\ \%}}$$

Der Lohn liegt demzufolge auch 6,$\overline{66}$ % unter dem Akkordrichtsatz.

Beim Einzelakkord wird die **Arbeitsleistung jedes einzelnen Arbeiters** allein erfasst und entsprechend vergütet. Eine andere Möglichkeit ist der **Gruppenakkord.**

	Geldakkord	
Stückakkordsatz	$= \dfrac{\text{Akkordrichtsatz}}{\text{Normalleistung/Stunde}} = \dfrac{19{,}50}{15} = 1{,}30$ DM pro Stück	
Bruttolohn	$=$ Stückakkordsatz · Stückzahl $= 1{,}30 \cdot 136 = 176{,}80$ DM pro Tag	
Stundenlohn	$= \dfrac{\text{Bruttolohn}}{\text{Stundenzahl}} = \dfrac{176{,}80}{8} = 22{,}10$ DM pro Stunde	
	Zeitakkord	
Zeitakkordsatz Vorgabezeit	$= \dfrac{\text{60 Minuten}}{\text{Normalleistung/Stunde}} = \dfrac{60}{15}$ $=$ 4 Minuten pro Stück	$= \dfrac{\text{100 Minuten}^{1}}{\text{Normalleistung/Stunde}} = \dfrac{100}{15}$ $= 6{,}6\overline{6}$ Minuten
Minutenfaktor	$= \dfrac{\text{Akkordrichtsatz}}{60} = \dfrac{19{,}50}{60}$ $= 0{,}325$ DM pro Minute	$= \dfrac{\text{Akkordrichtsatz}}{100} = \dfrac{19{,}50}{100}$ $= 0{,}195$ DM pro Minute
Bruttolohn	$=$ Zeitakkordsatz · Stück · Minutenfaktor $= 4 \cdot 136 \cdot 0{,}325$ $= 176{,}80$ DM pro Tag	 $= 6{,}\overline{66} \cdot 136 \cdot 0{,}195$ $= 176{,}80$ DM pro Tag
Leistungsgrad Bruttolohn	$= \dfrac{\text{Istleistung (Stück, kg ...)} \cdot 100}{\text{Normalleistung (Stück, kg ...)}} = \dfrac{17 \cdot 100}{15} = 113{,}\overline{33}\ \%$ $=$ Akkordrichtsatz · Leistungsgrad · 8 $= 19{,}50 \cdot 113{,}\overline{33}\ \% \cdot 8 = 176{,}80$ DM pro Tag	
Normalleistung	$= \dfrac{\text{Istleistung} \cdot 100}{\text{Leistungsgrad}}$	

1 Zur rechnerischen Vereinfachung kann man beim Zeitakkord von der Basis 60 auf die Basis 100 übergehen und mit so genannten Dezimalminuten rechnen. Eine Stunde hat somit keine 60, sondern 100 Minuten. Das Ergebnis der Entgeltermittlung bleibt von dieser Umstellung unberührt.

4.2.2 Auswirkungen unterschiedlicher Leistungsgrade bei den einzelnen Lohnformen

Die Entscheidung für eine bestimmte Entlohnungsform bedarf der sorgfältigen Abwägung der Interessen von Arbeitgebern und Arbeitnehmern.

Im Vordergrund steht dabei für den Betrieb die Kostensituation, während der Arbeitnehmer in erster Linie daran interessiert ist, wie sich unterschiedliche Leistungen auf seinen Verdienst auswirken.

Grundlohn	20,00 DM
Normalleistung: 120 Stück/Stunde (Vorgabezeit: 0,5 Min./Stück)	
Akkordzuschlag: 5 %	1,00 DM
Akkordrichtsatz:	21,00 DM
Geldakkord pro Stück:	0,175 DM
Minutenfaktor:	0,35 DM
Mindestlohn: Akkordrichtsatz bei weniger als 80 % Leistung	

4001376L

Ist-leistung pro Stunde	Leistungs-grad (in %) $\frac{\text{Istleistung} \cdot 100}{\text{Normalleistung}}$	Stundenlohn (DM) bei			Lohnkosten pro Stück		
		ZEIT-LOHN	AKKORDLOHN		ZEIT-LOHN	AKKORDLOHN	
			ohne Mindest-lohn	**mit** Mindest-lohn		**ohne** Mindest-lohn	**mit** Mindest-lohn
		DM	DM	DM	DM	DM	DM
240	200	20,00	42,00	42,00	0,0833	0,175	0,175
180	150	20,00	31,50	31,50	0,1111	0,175	0,175
168	140	20,00	29,40	29,49	0,1190	0,175	0,175
156	130	20,00	27,30	27,30	0,1282	0,175	0,175
144	120	20,00	25,20	25,20	0,1368	0,175	0,175
132	110	20,00	23,10	23,10	0,1515	0,175	0,175
120	100	20,00	21,00	21,00	0,1667	0,175	0,175
108	90	20,00	18,90	18,90	0,1852	0,175	0,175
96	80	20,00	16,80	16,80	0,2063	0,175	0,175
84	70	20,00	14,70	16,80	0,2381	0,175	0,200
72	60	20,00	12,60	16,80	0,2778	0,175	0,233
60	50	20,00	10,50	16,80	0,3333	0,175	0,280
12	10	20,00	2,10	16,80	1,6667	0,175	1,40

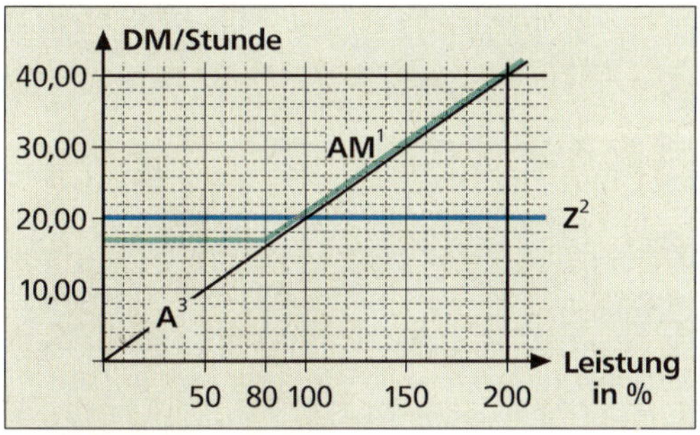

1 AM: Akkord mit Mindestlohn
2 Z: Zeitlohn
3 A: Akkordlohn

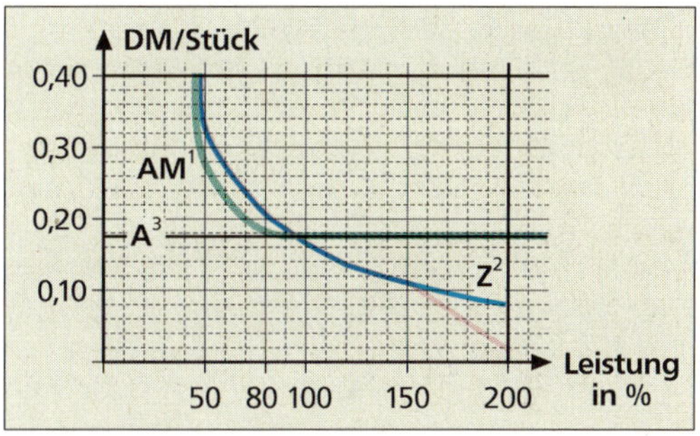

1 AM: Akkord mit Mindestlohn
2 Z: Zeitlohn
3 A: Akkordlohn

Arbeitsvorschlag:

1. Stellen Sie Unterschiede zwischen Zeit-, Akkord- und Prämienlohn heraus.

2. Erklären Sie die Begriffe Geld- und Zeitakkord.

3. Berechnen Sie den Stückakkordsatz, Zeitakkordsatz, Leistungsgrad, Bruttolohn, Minutenfaktor.

nach folgenden Angaben:

Akkordrichtsatz	**18,00 DM (19,50 DM)**
Normalleistung	**7,5 Stück/Stunde (15 m)**
Istleistung	**9,0 Stück/Stunde (12 m)**

4. Wie wirken sich unterschiedliche Leistungsgrade auf die Lohnkosten pro Stück sowie auf den Stundenverdienst des Arbeitnehmers bei den verschiedenen Lohnformen aus?

5. Erklären Sie, wie sich die Lohnkosten pro Stück bei einer Arbeitszeitverkürzung mit vollem Lohnausgleich verändern.

B Finanzwirtschaft

1 Den Zusammenhang zwischen Investition und Finanzierung erkennen

Situation

Trotz guter Auftragslage keine Investitionen

„Tief sitzt vielen mittelständischen Unternehmen noch der Schock in den Gliedern, den sie vier oder fünf Jahre nach dem Wegfall der innerdeutschen Grenze erlitten. Ihr fast grenzenloser Optimismus ist der Ernüchterung gewichen", so der Sprecher der Industrie- und Handelskammer in einer hessischen Kleinstadt.

Was war geschehen? Nach dem Fall der innerdeutschen Grenze glaubten viele Unternehmer in der ehemaligen Grenzregion an ein zweites Wirtschaftswunder. Weil den Autohändlern die Fahrzeuge förmlich aus den Händen gerissen wurden, weil in den grenznahen Baumärkten die Regale wie leer gefegt waren, weil die Baustoffindustrie mit der Produktion neuer Baustoffe nicht mehr nachkam, weil man bei den ersten Besuchen in den neuen Bundesländern den Eindruck gewinnen musste, dass hier mit Sanierungen und Erneuerungen auf Jahre hinaus Geld zu verdienen sein müsste, wurden kurzerhand neue Betriebe gebaut und vorhandene Kapazitäten maximal aufgestockt.

Wo alle namhaften Vertreter der Großindustrie eine Vorreiterrolle übernahmen, wollten viele mittelständische Unternehmen nicht zurückstehen. „Für dieses Engagement", so der Sprecher weiter, „registrieren wir heute gerade dort die größten Probleme, wo die Finanzierung nicht stimmte oder die Absatzprognosen allzu optimistisch und euphorisch waren. Kaufleute sind zum Rechnen geboren und verurteilt, denn nur, was sich rechnet, das trägt sich auch auf lange Sicht ..."

Oft hatten auch die Banken das rechte Maß verloren. Kredite wurden von ihnen gewährt, ohne dass bei nüchterner Betrachtung überhaupt die notwendigen Sicherheiten vorhanden gewesen wären.

Umso vorsichtiger sind Wirtschaft und Banken heute geworden. „Bevor investiert wird", so ein betroffener Unternehmer, „versuchen wir alle anderen Möglichkeiten der Produktionssteigerung auszuschöpfen. Im Zweifelsfall ist die kurzfristige Zahlung von Überstunden- und Nachtzuschlägen immer noch besser als eine unüberlegte und riskante Investition. Diese hatten in der Vergangenheit wegen brachliegender Kapazitäten und zu hoher Kosten, die durch die gesunkenen Umsätze nicht ausgeglichen werden konnten, nicht selten einen Konkurs zur Folge."

Doch was wird mit der Wettbewerbsfähigkeit eines Unternehmens, wenn notwendige Investitionen unterlassen werden?

?

- **Welche Gründe veranlassen ein Unternehmen zu investieren?**
- **Wie wirken sich die Investitionen einer Unternehmung auf die Bilanz aus?**
- **Versuchen Sie eine Antwort auf die Frage zu finden, welche Konsequenzen unterlassene Investitionen für ein Unternehmen haben können.**

4001378L

Informationen

1.1 Investition und Finanzierung

Betriebliche Investitions- und Finanzierungsvorgänge sind Kapitalströme, die dem Betrieb zufließen oder von diesem abfließen.

Dabei fließt das Kapital entweder von außen dem Betrieb zu oder es befindet sich bereits dort. Wenn das Kapital zu Investitionszwecken verwendet wird, fließt es wieder ab.

Über die Investitionen sollen Erlöse erzielt werden, die wiederum dem Betrieb zufließen. Hieraus können Gewinne entstehen, welche das Eigenkapital vermehren und zu neuen Investitionen verwendet werden können.

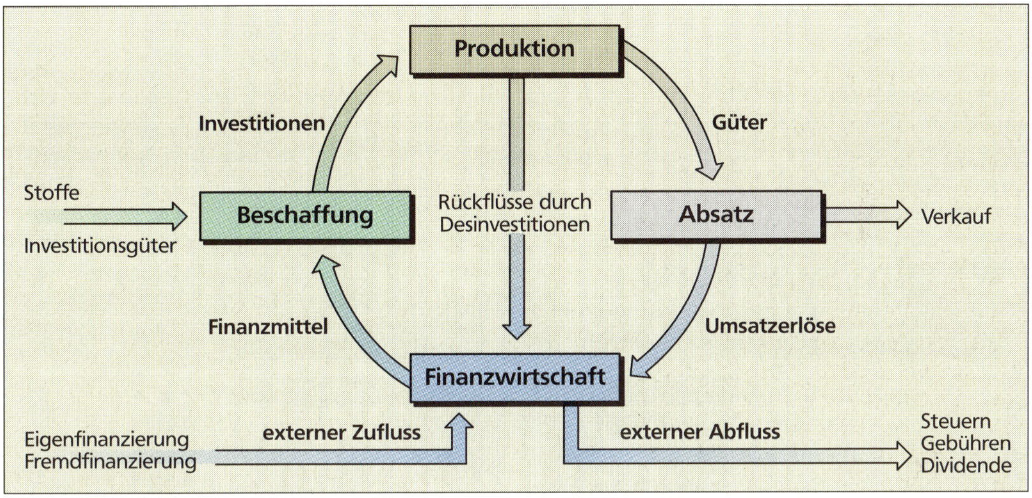

Durch betriebliche Finanzierungs- und Investitionsmaßnahmen wird die Bilanz einer Unternehmung beeinflusst, indem folgende Veränderungen auftreten können:

- **Aktivtausch** (z.B. Forderungen gehen auf dem Bankkonto ein)
- **Passivtausch** (z.B. Umwandlung einer kurzfristigen in eine langfristige Verbindlichkeit)
- **Bilanzverlängerung** (z.B. Aufnahme eines Kredits bei einem Kreditinstitut)
- **Bilanzverkürzung** (z.B. Rückzahlung eines Darlehens über die Bank)

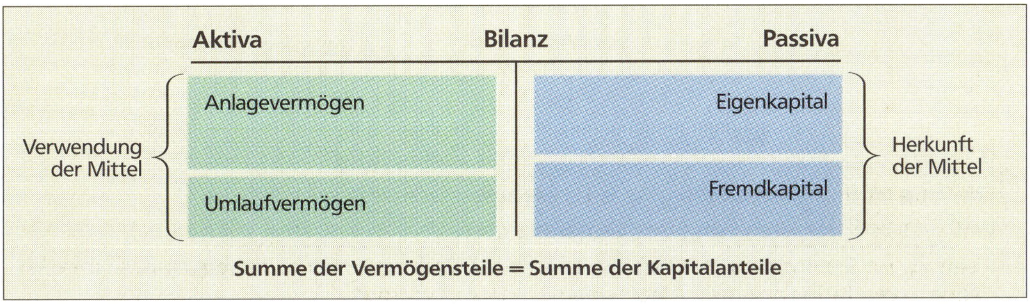

Mit **Investition** ist die Verwendung von Geldmitteln zum Erwerb von Vermögensgegenständen, die als Sach-, Finanz- oder immaterielles Vermögen auf der Aktivseite der Bilanz wieder zu finden sind, gemeint.

In enger Vernetzung zu allen anderen betrieblichen Bereichen trifft die Investitions- und Finanzwirtschaft unternehmenspolitische Entscheidungen mit erheblichen Konsequenzen für den gesamten Betrieb.

Investitionen haben langfristige Auswirkungen auf die zukünftigen Marktchancen eines Unternehmens, denn durch sie können moderne Technologien im Betrieb verwendet werden, damit die Produktion gesteigert und somit die Wettbewerbsfähigkeit verbessert wird.

Finanzierung beinhaltet alle Maßnahmen zur Mittelbeschaffung im Finanzbereich einer Unternehmung, die sowohl für die Gründung einer Unternehmung als auch für die betriebliche Leistungserstellung und -verwertung, notwendig sind.

Die Finanzwirtschaft schafft die Voraussetzungen, um Investitionen durchführen zu können. Die Herkunft der Mittel wird aus der Passivseite der Bilanz ersichtlich.

Investitionen sind der Schlüssel zum Erfolg. Nur über Investitionen, über neue und effizientere Produktionsverfahren sowie neue attraktive Produkte können Gewinne gehalten oder gesteigert werden. Was aber bewegt einen Unternehmer zum Investieren? Günstige Rendite!

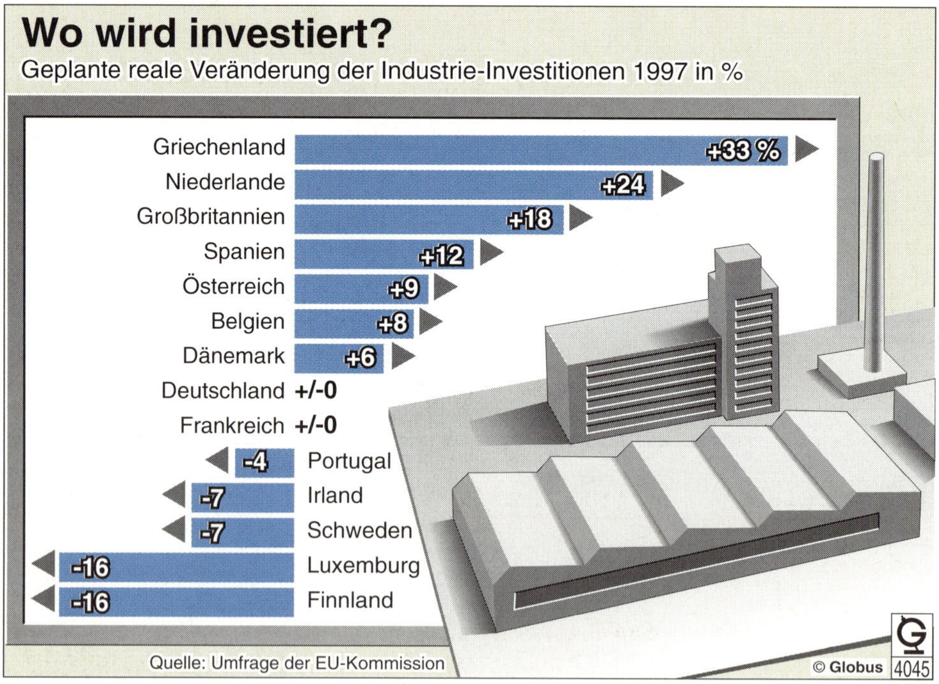

Arbeitsvorschlag:

1. **Wodurch unterscheiden sich Investition und Finanzierung?**
2. **Was bewirken Investitionen und Finanzierung in der Bilanz?**
3. **Welche Motive führen zu Investitionen?**
4. **Nehmen Sie Stellung zu der Behauptung, dass Investitionen nur Finanzierungsmaßnahmen mit anderen Vorzeichen seien.**

1.2 Investitionsarten

Investitionsentscheidungen haben sehr oft strategische Bedeutung, weil Kapital zumindest im Anlagevermögen langfristig gebunden wird. Deshalb werden Investitionsentscheidungen sorgfältig abgewogen. Völlig entziehen kann sich kaum ein Betrieb der Investitionstätigkeit, weil sonst eine technische Veralterung die Folge sein kann.

Investitionen lassen sich nach der Art der Vermögensgegenstände unterscheiden in:

Investitionen

Sachinvestitionen	Finanzinvestitionen	immaterielle Investitionen
Die Investitionen beziehen sich auf reale Gegenstände des Anlage- und Umlaufvermögens.	Finanzielle Mittel werden für Wertpapiere, Forderungsrechte oder Beteiligungen verwendet.	Investitionen für alle nicht materiellen Bereiche innerhalb eines Betriebes.
Beispiele: Gebäude, Maschinen, Fuhrpark und Rohstoffe	**Beispiele:** Beteiligungen an Personengesellschaften, Erwerb von Aktien oder Anleihen	**Beispiele:** Aufwendungen für Forschung und Entwicklung, für Werbung oder Ausbildung, Patente, Lizenzen …

Untersucht man die **Investitionsanlässe und -zwecke und -volumen** näher, so ergeben sich folgende Aspekte:

Investitionsarten nach dem

Investitionszeitpunkt	Investitionsvolumen	Investitionszweck
Gründungsinvestitionen sind alle Investitionen, die bei der Gründung einer Unternehmung für Sachausgaben, oder immaterielle Investitionen (z.B. für Patente oder Lizenzen) selten auch für Finanzlagen (z.B. Beteiligungen) getätigt werden. **Folgeinvestitionen** können Neu-, Erhaltungs-, Erweiterungs- oder Rationalisierungsinvestitionen sein.	**Ersatzinvestitionen** finden dann statt, wenn alte Investitionsgüter durch vergleichbare neue ersetzt werden. **Erweiterungsinvestitionen** sind der Ersatz eines alten Investitionsgutes durch eine neue und bessere Anlage oder die Vergrößerung des vorhandenen Produktionsmittelbestandes. **Desinvestitionen** sind die Verkäufe von Vermögensgegenständen.	**Neuinvestitionen** sind die Anschaffungen von neuen, vorher nicht vorhandenen Investitionsgütern. **Rationalisierungsinvestitionen** sind der Ersatz von alten Investitionsgütern durch neue, insgesamt weniger Kosten verursachende Güter.

Die begriffliche Abgrenzung dieser Investitionsarten ist nicht immer eindeutig. Sie gehen teilweise ineinander über. Jede Ersatzinvestition ist z.B. mit einem qualitativen oder quantitativen Erweiterungseffekt verbunden und ist fast immer auch eine Rationalisierungsinvestition.

Die Summe aller angeschafften Investitionsgüter einer Periode und die eventuell selbst erstellten Anlagen werden als **Bruttoinvestition** bezeichnet, reduziert um die Abschreibungen ergeben sich die **Nettoinvestitionen.**

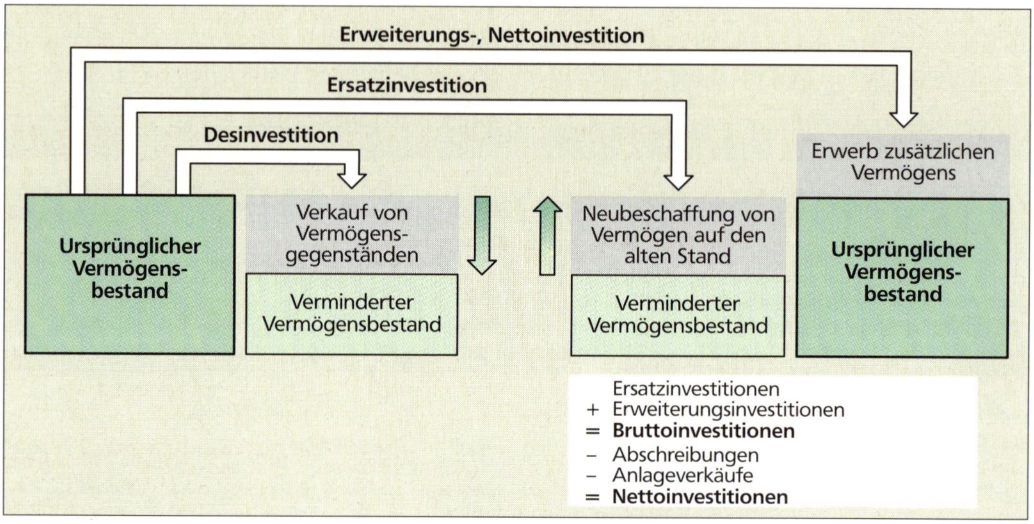

Investitionen haben einen

- Einkommenseffekt
- Kapazitätseffekt
- Struktureffekt

Investitionen stellen Nachfrage dar, schaffen Arbeitsplätze und bestimmen mit über die Produktionsmöglichkeiten der Zukunft.

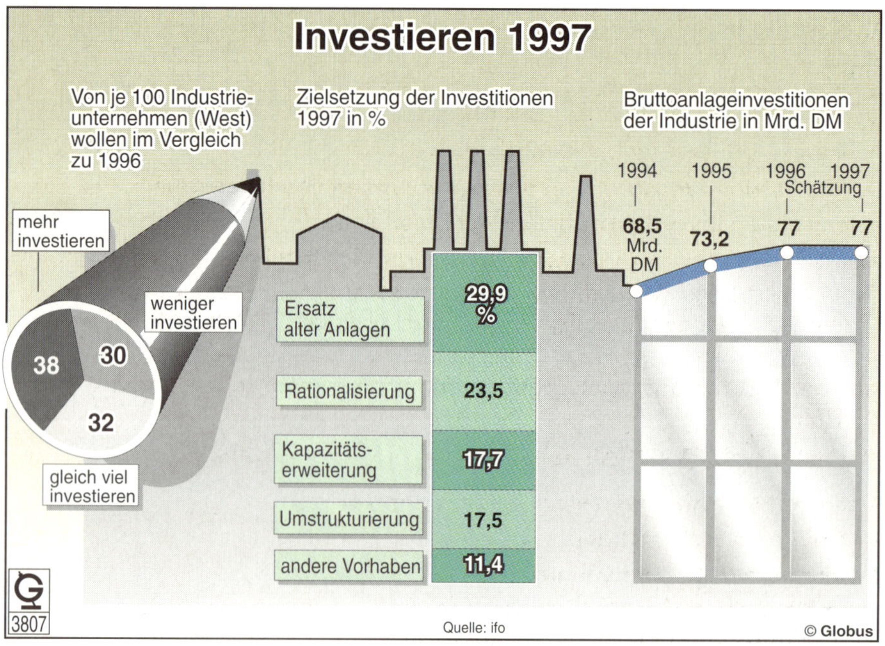

1.3 Investitionsplanung

Wegen ihrer Verbindung zu fast allen betrieblichen Bereichen bedürfen größere Investitionen einer grundsätzlichen Planung.

Entscheidungsprozesse im Rahmen der Investitionsplanung laufen oft nach folgendem Stufenschema ab:

1. Anregung der Investition	Betriebliche Stellen, wie z. B. die Absatz-, Produktions- oder die Rechnungswesenabteilung, unterbreiten Investitionsvorschläge, die auch durch gesetzliche Vorgaben ausgelöst sein können.
2. Begrenzungsfaktoren	Wirtschaftliche, technische, soziale, rechtliche und ökologische Rahmenbedingungen können potenzielle Investitionen blockieren. Nicht realisierbare Alternativen scheiden aus.
3. Beschreibung der Investition	Die Investitionsprobleme werden formuliert, Argumente und Informationen über die Investitionen zusammengetragen, Vor- und Nachteile abgewogen. Die Dringlichkeit der Investition wird festgestellt oder aber die Investition wird verworfen, evtl. kommen neue Vorschläge hinzu.
4. Bewertungskriterien	Kosten, Gewinn, Rentabilität, Amortisation, qualitative, rechtliche, soziale und ökologische Aspekte helfen die geplante Investition zu bewerten.
5. Investitionskriterien	Aus Katalogen, Fachzeitschriften, Bezugsquellenverzeichnissen und Lieferantenkarteien, Konkurrenzbeobachtungen und dem Besuch von Messen werden Informationen gewonnen.
6. Vorauswahl und Bewertung	Verfahren der statischen und dynamischen Investitionsrechnung tragen zur Bewertung der verbliebenen Alternativen bei. Nicht realisierbare Alternativen scheiden aus.
7. Entscheidung	Durch Bildung einer Rangordnung wird die vorteilhafteste Alternative bestimmt.

Arbeitsvorschlag:

1. Beschreiben Sie unterschiedliche Investitionsarten.

2. Verdeutlichen Sie Bestimmungsgründe und Auswirkungen von Investitionen.

3. Stellen Sie dar, wie eine Investitionsplanung ablaufen kann.

4. Die Technische Geräte GmbH hat im letzten Jahr folgende Einzelinvestitionen getätigt:

- **Erwerb neuer maschineller Anlagen im Wert von 1,2 Millionen DM als Ersatz für gebrauchte Vermögensgegenstände, die zu einem Preis von 500.000,00 DM verkauft werden konnten,**
- **Ausweitung der Produktionskapazität durch Investitionen im Volumen von 800.000,00 DM.**

Außerdem fielen Abschreibungen in Höhe von 250.000,00 DM an.

a) Welche Arten von Investitionen lagen im Einzelnen vor?

b) Berechnen Sie die Bruttoinvestition.

c) Wie hoch waren die Nettoinvestitionen?

d) Was lässt sich über die zukünftigen Absatzerwartungen der Unternehmung in Anbetracht der getätigten Investitionen aussagen?

1.4 Verfahren der Investitionsrechnung

Situation

Ein Maschinenhersteller plant den Erwerb einer neuen Produktionsanlage. Mit der Anlage vom Typ KR 20 könnte die Herstellung der beabsichtigten Teile automatisch ablaufen. Die Alternative dazu wäre eine halbautomatische Anlage SE 30. In den Anschaffungs- und den fixen sowie variablen Kosten weichen die Maschinen stark voneinander ab. Der Halbautomat hat den Vorteil, dass ein Zusatzteil in das Endprodukt eingebaut werden kann, wodurch sich der Absatzpreis von 12 DM auf 13 DM erhöht. Im Hinblick auf das Serviceangebot, die Zuverlässigkeit und die Qualität der Maschinen stehen sich die Anbieter in nichts nach. Über laufende Kosten und zu erwartende Erlöse durch die Produktionsleistungen der Anlagen liegen nebenstehende Informationen vor:

Das Unternehmen möchte mithilfe rechnerischer Verfahren Ansatzpunkte für eine Entscheidung über den anzuschaffenden Typ gewinnen.

Kosten und Erlöse/Jahr	Halbautomat Typ SE 30	Vollautomat Typ KR 20
Anschaffungskosten (AK)	180.000,00 DM	280.000,00 DM
Leistungsmenge (in Stück/Jahr)	15 000	15 000
Nutzungsdauer (in Jahren)	10	7
Abschreibungen	18.000,00 DM	40.000,00 DM
Zinskosten (6 % von Anschaffungskosten : 2)	5.400,00 DM	8.400,00 DM
Sonstige Fixkosten	7.500,00 DM	15.000,00 DM
Fixe Kosten insgesamt	30.900,00 DM	63.400,00 DM
Lohnkosten	105.000,00 DM	54.750,00 DM
Werkzeugkosten	16.500,00 DM	7.550,00 DM
Sonstige variable Kosten	4.500,00 DM	2.200,00 DM
Variable Kosten insgesamt	126.000,00 DM	64.500,00 DM
Erlöse	195.000,00 DM	180.000,00 DM

?

- **Welche für die Entscheidung wichtige Daten lassen sich mit dem vorliegenden Zahlenmaterial ermitteln?**
- **Welche Informationen beruhen zwangsläufig auf Unsicherheit?**
- **Für welche Maschine würden Sie sich nach einem ersten Überblick entscheiden? Begründen Sie Ihre Meinung.**

Informationen

Die Entscheidung für eine konkrete Investition hängt von vielen Faktoren ab. Sie sollte sich so weit als möglich auf rechnerische Fakten gründen, doch auch andere Faktoren psychologischer, ästhetischer oder die persönlicher Präferenzen können eine Entscheidung für oder gegen eine Investition beeinflussen. Eine ganz wichtige Rolle spielen Lieferungs- und Zahlungsbedingungen, die Qualität der Investitionsgüter, die Zuverlässigkeit und die Kulanz des Anbieters. Diese teilweise nicht messbaren Faktoren können mitentscheidend für die Anschaffung von Investitionsgütern sein.

Die Investitionsrechnungen gehen von folgenden Annahmen aus:

- die Investitionsalternativen sind vergleichbar,
- Erlöse und auch Kosten lassen sich den einzelnen Alternativen direkt zurechnen.

Bei den **dynamischen Verfahren** der Investitionsrechnung werden finanzmathematische

4001384L

Größen, wie der Kapitalwert oder der interne Zinssatz berechnet. Bei ihnen ist die Höhe der Verzinsung einer Investition maßgebend. Die zahlenmäßige Erfassung solcher Probleme erweckt den Anschein der eindeutigen Lösbarkeit, doch die rechnerisch nicht erfassbaren, oben angeschnittenen Aspekte dürfen keinesfalls außer Acht gelassen werden.

Statische Verfahren beziehen sich auf Einnahme- und Ausgabereihen, welche nicht abgezinst werden und für die auch kein vergleichbarer Zinssatz zur Verfügung steht.

1.4.1 Kostenvergleichsrechnung

Als alleiniger Maßstab für die Beurteilung einer Investition werden deren Kosten herangezogen, die Erträge bleiben außer Acht. Die Kostenunterschiede zwischen den Alternativen dienen als Maßstab für die Bewertung der Investitionen. Die Investition ist vorteilhafter, deren Kosten niedriger ist als die aller anderen möglichen Alternativen.

Werden allein die fixen Kosten berücksichtigt, so ist im Vergleich der beiden Anlagen aus dem Eingangsbeispiel die vom Typ SE 30 die günstigere. Unter Beachtung der variablen und der fixen Kosten ergeben sich Kostenfunktionen für die Maschinen. Die Vorteilhaftigkeit wird mengenabhängig.

Fixe Kosten:	SE 30	KR 20
Abschreibungen	18.000,00 DM	40.000,00 DM
+ Zinskosten	5.400,00 DM	8.400,00 DM
+ Sonst. Fixkosten	7.500,00 DM	15.000,00 DM
Fixkosten insges.	30.900,00 DM	63.400,00 DM

	SE 30	KR 20
Variable Kosten/Stück = $\frac{\text{Variable Kosten}}{\text{Leistungsmenge}}$	$\frac{126\,000}{15\,000} = 8{,}40$	$\frac{64\,500}{15\,000} = 4{,}30$
Gesamtkosten = Fixkosten + (variable Kosten/Stück · Leistungsmenge)	30.900 + 8,40 · x	63.400,00 + 4,30 · x

Durch Gleichsetzung der beiden Gesamtkostenfunktionen kann die **kritische Menge** genau ermittelt werden, ab der die Vorteilhaftigkeit der Investitionsalternativen wechselt.

Mengeneinheiten	Gesamtkosten (DM) SE 30	KR 20
2000	47.700,00 DM	72.000,00 DM
4000	64.500,00 DM	80.600,00 DM
6000	81.300,00 DM	89.200,00 DM
8000	98.100,00 DM	97.800,00 DM
10000	114.900,00 DM	106.400,00 DM
12000	131.700,00 DM	115.000,00 DM
14000	148.500,00 DM	123.600,00 DM
15000	156.900,00 DM	127.900,00 DM

Durch Vergleich der Mengeneinheiten zeigt sich, dass ab einer Leistungsmenge von rund 8 000 Einheiten die Maschine KR 20 eine günstigere Gesamtkostenstruktur aufweist als die vergleichbare Anlage vom Typ SE 30.

$$8{,}40\text{ DM} \cdot x + 30.900{,}00\text{ DM} = 4{,}30\text{ DM} \cdot x + 63.400{,}00\text{ DM}$$
$$4{,}10\text{ DM} \cdot x = 32.500{,}00\text{ DM}$$
$$x = 7\,926{,}83\text{ Stück}$$

Die kritische Menge liegt bei 7 927 Mengeneinheiten. Das heißt, bis zu dieser Leistungsabgabe ist die Maschine SE 30 günstiger, bei Mengen darüber die Maschine KR 20.

Sollten allein Kostengesichtspunkte für die Anschaffung dieser Anlage ausschlaggebend sein, dann müsste bei geplanten Produktionsmengen unter 7 927 Mengeneinheiten die Anschaffung der Maschine vom Typ SE 30 bei Mengeneinheiten darüber die Maschine vom Typ KR 20 vorgezogen werden.

Grafische Lösung:

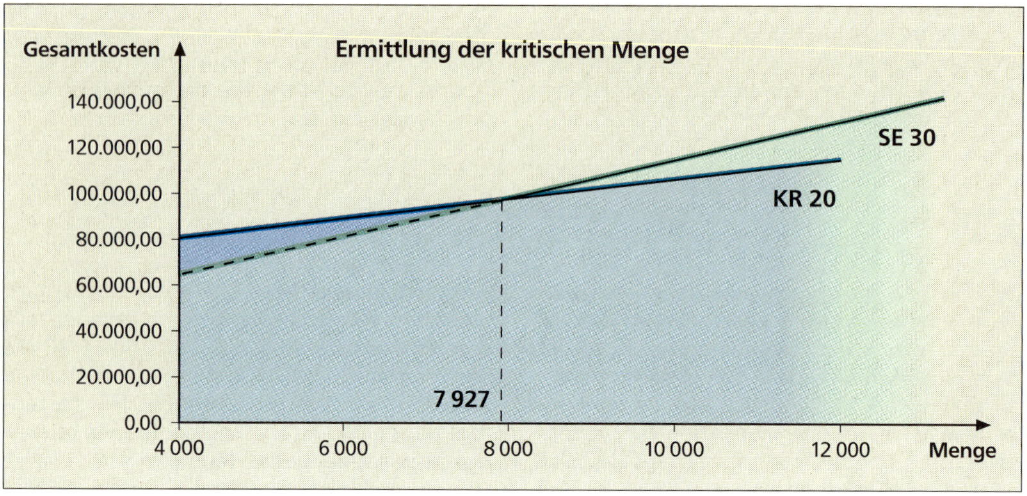

1.4.2 Gewinnvergleichsrechnung

Zur Gewinnermittlung werden den erwarteten Erlösen die voraussichtlichen Kosten gegenübergestellt. (Gewinn = Erlöse – Kosten)

Gilt dieser Maßstab allein, dann wird die Alternative realisiert, die den größten Gewinn abwirft. Geht man von einer konkreten Leistungsmenge z.B. von 15000 Stück aus, so stellt sich folgende Gewinnsituation dar:

Gewinnvergleich		
	Typ SE 30	Typ KR 20
Erlöse	195.000,00 (15 000 · 13,00 DM)	180.000,00 (15 000 · 12,00 DM)
– Fixe Kosten	30.900,00	63.400,00
– Variable Kosten	126.000,00 (15 000 · 8,40 DM)	64.500,00 (15 000 · 4,30 DM)
Gewinn	**38.100,00**	**52.100,00**

Grundsätzlich wirft jede der beiden Maschinen erst ab einer bestimmten Leistungsmenge überhaupt Gewinne ab. Diese Menge lässt sich über eine **Gewinn-** oder **Break-even-Analyse** berechnen. Danach wird die Gewinnzone dann erreicht, wenn die Erlöse genauso hoch wie die Kosten sind (mathematisch ist der Break-even-Punkt und damit der Beginn der Gewinnzone bei einer Mengenkonstellation erreicht, bei der die Erlöse gleich den Kosten sind). Allgemein gilt: Erlöse = Gesamtkosten

Break-even-Analyse

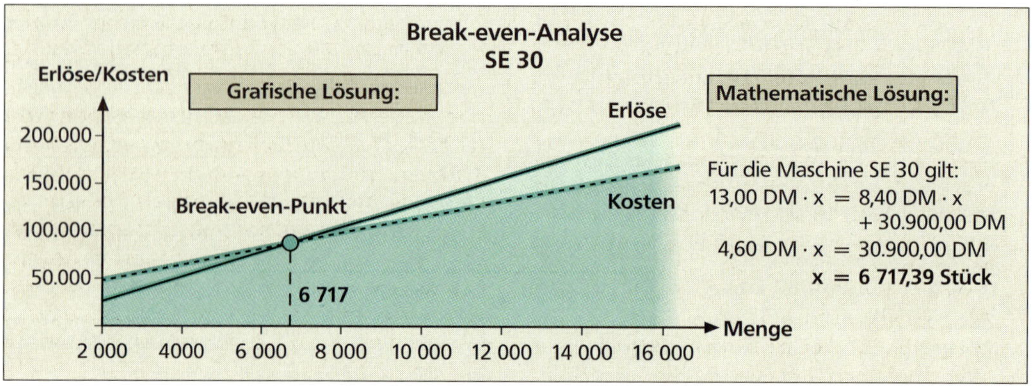

4001386L

Grafische Lösung:

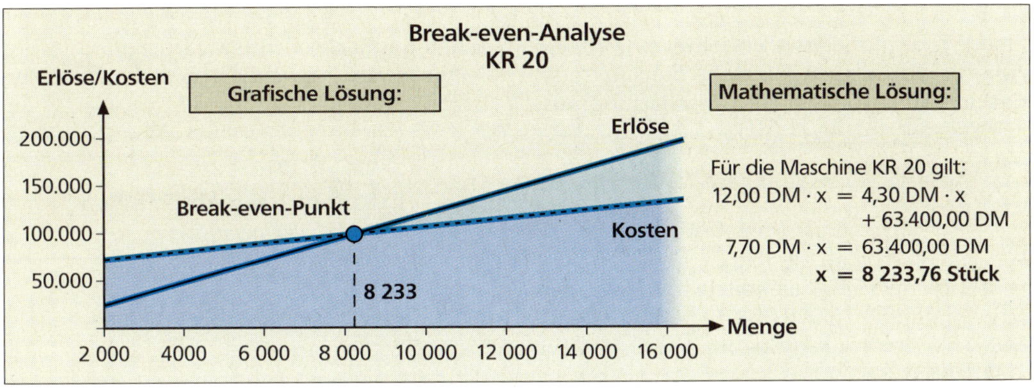

Weil die Maschine SE 30 eher in den Gewinnbereich kommt, könnte deren Anschaffung aus rein rechnerischer Sicht und unter Berücksichtigung der vorliegenden Daten vorteilhafter sein.

Aber die reine Kostenbetrachtung kommt zu dem Ergebnis, dass sich ab einer Menge von 7927 Stück die Kostensituation zugunsten der Maschine KR 20 verändert, weil sich auf den Kostenverlauf der Maschine bei steigenden Mengen die Fixkostendegression und die geringeren variablen Stückkosten positiv bemerkbar machen.

Zieht man ausgewählte Leistungsmengen bis zur Kapazitätsgrenze in Betracht, so ergibt sich im Überblick folgendes Bild:

Mengen-einheiten	Erlöse (DM) –		Gesamtkosten (DM) =		Gewinne/Verluste (DM)	
	SE 30	KR 20	SE 30	KR 20	SE 30	KR 20
2000	26.000	24.000	47.700	72.200	–21.700	–48.200
4000	52.000	48.000	64.500	80.600	–12.500	–32.600
6000	78.000	72.000	81.300	89.200	– 3.300	–17.200
8000	104.000	96.000	98.100	97.800	5.900	– 1.800
10000	130.000	120.000	114.900	106.400	15.100	13.600
11000	143.000	132.000	123.300	110.700	19.700	21.300
12000	156.000	144.000	131.700	115.000	24.300	29.000
14000	182.000	168.000	148.500	123.600	33.500	44.400
15000	195.000	180.000	156.900	127.900	38.100	52.100

- Die reine Erlösbetrachtung spricht durchweg für den Typ SE 30, weil dessen Stückerlös 1,00 DM über dem des Typs KR 20 liegt.
- Die Gesamtkostensituation ändert sich ab ca. 8000 Mengeneinheiten zugunsten des Typs KR 20.
- Auch in der Gesamtbetrachtung der Gewinnerwartung ergibt sich ein ähnliches Bild. Die Kostenvorteile der Maschine KR 20 bei steigenden Mengen sind so groß, dass der Erlösnachteil pro Stück bei etwa 10500 Mengeneinheiten ausgeglichen wird.
- Bei geringeren Produktionsmengen hat die Anlage SE 30, bei geplanten Mengen über 8000 Einheiten hat die Maschine KR 20 Kostenvorteile und bei Mengen über 10500 Stück auch Gewinnvorteile. Bei einer Produktion an der Kapazitätsgrenze ist die Maschine KR 20 vorzuziehen.

Alle diese rechnerischen Betrachtungen berücksichtigen ausschließlich quantifizierbare Kriterien und sehen von qualitativen Merkmalen, Sicherheitsüberlegungen, Umweltverträglichkeit der Produktion und anderen ab. Ein Gesamturteil über eine Investitionsalternative kann nur dann gefunden werden, wenn alle Investitionskriterien entsprechend ihrer Bedeutung in die Entscheidung mit einfließen.

1.4.3 Amortisationsrechnung (Pay-off-Methode)

Im Mittelpunkt dieses Verfahrens steht die Amortisationsdauer. Sie stellt den Zeitraum dar, innerhalb dessen die Anschaffungsauszahlung einer Investition zurückgeflossen ist. Je kürzer der Zeitraum ist, desto vorteilhafter ist die Investition.

$$\textbf{Amortisationsdauer (in Jahren)} = \frac{\textbf{Kapitaleinsatz}}{\textbf{Gewinne + kalkulatorische Abschreibung}^{1}}$$

Für die Maschinen errechnet sich bei einer Leistung von 15000 Einheiten und einer Abschreibung von 18.000,00 DM bzw. 40000,00 DM eine Amortisationsdauer von 3,21 bzw. 3,04 Jahren.

Damit fließen bei beiden Investitionsalternativen die Aufwendungen nach gut drei Jahren wieder in die Unternehmung zurück. Mit geringem Vorsprung schneidet die Maschine KR 20 besser ab, im Prinzip sind die Maschinen aber gleichwertig.

	Maschine SE 30	Maschine KR 20
Gewinn	38100	52100
+ Abschreibung	18000	40000
	56100	92100
	$\frac{180000}{56100}$	$\frac{280000}{92100}$
	= 3,21 Jahre für SE 30	= 3,04 Jahre für KR 20

1.4.4 Rentabilitätsrechnung

Rentabilität ist ein Ausdruck für die Verzinsung des eingesetzten Kapitals. Wenn sich der Gewinn aus einer einzelnen Investition ermitteln lässt, dann kann man über das Verhältnis von Gewinn zu dem eingesetzten Kapital ausrechnen, wie rentabel eine Investition war.

$$\textbf{Rentabilität der Investition} = \frac{\textbf{Gewinn} \cdot \textbf{100}}{\textbf{Kapitaleinsatz für die Investition}}$$

Im Bezug auf das oben gewählte Beispiel und eine Leistung von 15000 Mengeneinheiten ergeben sich folgende Rentabilitäten (R I und R II) für die Alternativen SE 30 und KR 20.

$$\text{R I} = \frac{38100 \cdot 100}{180000} = 21{,}17\ \%$$

$$\text{R II} = \frac{52100 \cdot 100}{280000} = 18{,}61\ \%$$

Da mit der Maschine SE 30 eine höhere Rentabilität erzielt werden kann, wird man sich unter den gegebenen Bedingungen für diese entscheiden.

Arbeitsvorschlag:

1. **Warum lässt sich die Vorteilhaftigkeit einer Investition nicht nur rechnerisch ermitteln und worin sind Probleme im Zusammenhang mit den rechnerischen Verfahren zu sehen?**
2. **Was bedeutet es, wenn für eine Investition eine Rentabilität von 3,4 % errechnet wurde?**
3. **Im Kostenvergleich weist eine Investition A einen Kostenvorteil von 7.000,00 DM aus, im Gewinnvergleich schneidet die Alternative B um 9.500,00 DM besser ab. Wie sind diese Unterschiede zu erklären?**

1 kalkulatorische Abschreibungen mindern einerseits das Betriebsergebnis, andererseits fließen sie in die Kalkulation des Verkaufspreises mit ein und werden so über die Umsatzerlöse wieder „verdient".

1.4.5 Die Kapitalwertmethode als dynamisches Verfahren

Das über die Verkaufserlöse in die Unternehmung zurückfließende Kapital kann direkt zu Finanzierungszwecken eingesetzt werden. Daher ist es nicht nur wichtig, **ob** und **in welcher Höhe,** sondern **wann** der Kapitalrückfluss erfolgt.

Beispiel:

Maßnahme		A	B	Abzinsungsfaktor (p = 10 %)		
Investitionssumme		– 20.000	– 20.000	· 1 : (1 + 0,1)^0	= 20.000 : 1	= – 20.000,00
Rückfluss	1. Jahr	+ 4.000	+ 12.000	· 1 : (1 + 0,1)^1	= 12.000 : 1,1	= + 10.909,09
	2. Jahr	+ 8.000	+ 8.000	· 1 : (1 + 0,1)^2	= 8.000 : 1,21	= + 6.611,57
	3. Jahr	+ 12.000	+ 4.000	· 1 : (1 + 0,1)^3	= 4.000 : 1,331	= + 3.005,26
		+ 4.000	+ 4.000			**+ 525,92**

Zunächst scheinen die Investitionsalternativen gleichwertig zu sein, weil sowohl Kosten als auch Gewinne, Rentabilität und Kapitalrückflusszeit identisch sind. Und doch gibt es einen großen Unterschied, den die Kapitalwertmethode berücksichtigt: Das Geld fließt bei der Alternative B schneller zurück. Der Barwert der Investition wird berechnet, indem die Kapitalrückflüsse auf den Investitionszeitpunkt mit folgender Formel abgezinst werden:

$$K_o = \frac{\textbf{Überschuss Jahr n}}{(1 + p/100)^n}$$

Der Zinssatz p kann vom Unternehmen frei bestimmt werden. Er orientiert sich in der Regel am Marktzinssatz oder an den Mindesterwartungen der Geschäftsleitung. Dieser Zinssatz ist dann erreicht, wenn der Kapitalwert mindestens gleich null ist. In obigem Beispiel wurde ein Zinssatz von 10 % angenommen. Der positive Kapitalwert von 525,92 DM zeigt, dass die Mindestverzinsung nicht nur erreicht, sondern übertroffen wird. Ein negativer Kapitalwert sagt aus, dass die gewünschte Verzinsung nicht erreicht wird. Er ist aber keinesfalls mit einem Verlust gleichzusetzen.

Arbeitsvorschlag:

1. **Worin unterscheidet sich die Kapitalwertmethode grundsätzlich von den anderen Verfahren?**
2. **Erklären Sie, wie die Formel zur Berechnung des Kapitalwertes zustandekommt.**
3. **Überprüfen Sie, ob die Berechnung des Kapitalwertes in Höhe von – 736,29 DM bei der Alternative A korrekt ist und was diese negative Zahl aussagt.**

Betriebliche Handlungssituation
Analysieren – informieren – diskutieren – entscheiden

Ein mittelständischer Industriebetrieb, die „Tachometerbau GmbH & Co", benötigt für die Herstellung digitaler Tachoanzeigen eine neue Fertigungsmaschine.

Nach einem Besuch auf einer einschlägigen Fachmesse erhält die Firma von zwei möglichen Lieferern ein Angebot.

Als Sachbearbeiter in der Finanzabteilung der „Tachometerbau GmbH & Co" erhalten Sie den Auftrag, die beiden Angebote genau zu prüfen.

Dabei geht es erstens darum, festzustellen, inwieweit die Anlagen den betrieblichen Erfordernissen gerecht werden. Dazu schalten Sie den Produktionsleiter der Fertigung mit ein.

Zweitens sollen Sie eine Investitionsrechnung vornehmen. Als Ergebnis erwartet die Geschäftsleitung einen Bericht mit den Aussagen zu

- Kosten
- Gewinnmöglichkeiten
- Rentabilitäten und
- Amortisationsdauer

der alternativen Anlagen. In einer schriftlichen Kurzmitteilung haben Sie Ihre Analysen schnellstmöglich darzulegen und sich für eine der beiden Alternativen zu entscheiden!

Evtl. einschränkende Nebenbedingungen sind dabei in jedem Falle zu berücksichtigen bzw. zu nennen!

	Angebot der Firma „Messtechnik"	Angbebot der Firma „Präzisa AG"
Anschaffungskosten	100.000,00 DM	60.000,00 DM
Kapazität/Jahr	50 000 Stück	40 000 Stück
Nutzungsdauer (Gesamtkapazität)	4 Jahre (200 000 Stück)	5 Jahre (200 000 Stück)
Fixkosten (sonstige)	1.800,00 DM/Jahr	1.500,00 DM/Jahr
Variable Stückkosten	10,40 DM	10,645 DM

Sie kalkulieren einen Verkaufspreis für das fertige Produkt von 11,10 DM. Zur Verfügung stehen Ihnen 40.000,00 DM an Eigenmitteln, der Rest der Investitionssumme ist fremdfinanziert. Der kalkulatorische Zins für das EK beträgt 8 %, das FK ist mit 12 % zu verzinsen.

2 Eine Kapitalbedarfsrechnung aufgrund einer anstehenden Anlageinvestition durchführen und eine Innovation beurteilen

Situation

Der Werkzeughersteller WEKU AG will seine Produktionskapazitäten erweitern. Dazu ist es notwendig, die Produktionsstätten zu vergrößern und weitere Produktionsmittel zu beschaffen. Der Kostenvoranschlag für die neue Produktionshalle beläuft sich auf 2.000.000,00 DM. Die Anschaffungskosten für die zusätzlich benötigten Maschinen werden bei 1.000.000,00 DM liegen. In dieser Produktionsstätte sollen nach Vorstellungen der Planer pro Tag 165 Einzelteile hergestellt werden. Die Fertigungsdauer beträgt 6 Tage. Vorher bleiben die Werkstoffe ca. 4 Tage im Lager.

Mit folgenden täglichen Kosten pro Stück wird gerechnet:

- Stoffekosten: 80,00 DM
- Verwaltungskosten: 30,00 DM
- Fertigungskosten: 120,00 DM
- Vertriebskosten: 20,00 DM.

Die Lieferanten gewähren ein Zahlungsziel von 20 Tagen, mit den Kunden sind aus absatzpolitischen Gründen 30 Tage Zahlungsziel vereinbart.

Neben den täglichen Einnahmen und Ausgaben, die der laufende Betrieb verursacht, muss die Finanzabteilung in besonderer Weise auf den neuen Produktionsteil achten. Es gilt, den Kapitalbedarf so genau wie möglich festzulegen, um einerseits nicht in Liquiditätsengpässe zu geraten und um andererseits nicht über zu viel freies Kapital zu verfügen.

?

- **Welche Hauptaufgabe kommt dem Finanzmanagement einer Unternehmung zu?**
- **Welche Gefahren sind mit zu wenig flüssigen finanziellen Mitteln in einer Unternehmung verbunden?**
- **Warum achten Unternehmen darauf, nicht zu viel flüssige finanzielle Mittel im Betrieb zu haben?**

Informationen

2.1 Finanzplanung

Finanzpläne sollen für die Erhaltung jederzeitiger Liquidität einer Unternehmung einerseits, aber auch für die nötige Rentabilität des vorhandenen Kapitals andererseits sorgen.
Ausgangspunkt der Betrachtung ist der konkrete Kapitalbedarf. Einnahmen und Ausgaben einer Unternehmung sind nur in den seltensten Fällen deckungsgleich, häufig sind Über- oder Unterdeckungen festzustellen, daraus resultiert Handlungsbedarf für die Unternehmen. Im Falle einer **Überdeckung** ist die Summe der Einzahlungen größer als die der Auszahlungen. Es sind also überschüssige Finanzmittel vorhanden, über deren Verwendung entschieden werden muss. Ist die Summe der Auszahlungen größer als die der Einzahlungen, so liegt eine **Unterdeckung** vor. Es besteht ein Bedarf an finanziellen Mitteln, die beschafft werden müssen.

Durch vorausschauende Finanzplanung sollen rechtzeitig finanzielle Engpässe erkannt und geeignete Gegenmaßnahmen vorbereitet werden.

Finanzpläne sind Hilfsmittel, um diese Aufgaben im kurzfristigen, mittelfristigen und langfristigen Bereich zu erfüllen. Es geht dabei um Pläne von einem Monat bis zu einem halben Jahr oder auch um Jahres- und Mehrjahrespläne. Je länger der Planungszeitraum ist, desto größer können die Schwierigkeiten mit der Genauigkeit der Schätzungen werden. Um die Instrumente der vorausschauenden Finanzplanung ständig zu verfeinern, werden die Ergebnisse überprüft und die Abweichungen zwischen Soll (Planwerten) und Ist (tatsächlichen Werten) festgestellt und abgeglichen.

Das sagt der Fachmann:

Für den Erfolg eines Betriebs ist die richtige Finanzierung einer der wichtigsten Faktoren. Bei Finanzierungsfehlern besteht ein erhöhtes Risiko für Liquiditätsprobleme, die im Extremfall den Bestand des Unternehmens gefährden können. In Untersuchungen über Gründe für Insolvenzen sind Finanzierungsmängel immer wieder als eine wesentliche Ursache für Unternehmenszusammenbrüche festgestellt worden. Dies gilt in besonderem Maße für neu gegründete Unternehmen. Gerade die Existenzgründung und Wachstumsphasen danach sind durch einen hohen Finanzierungsbedarf gekennzeichnet. Häufig treten hier Anlaufverluste auf, die bei Finanzierungsüberlegungen mit berücksichtigt werden müssen. Mittel aus dem laufenden Unternehmensprozess sind entweder nicht verfügbar oder können noch nicht in ausreichendem Maße erwirtschaftet werden. (Aus „Gelbe Beilage" Juni/Juli 1996)

Beispiel für einen Finanzplan

Finanzplan vom .... bis						
	Januar				Februar	
	1. Woche	2. Woche	3. Woche	4. Woche	1. Woche	2. Woche
Zahlungsmittelbestand	25.000	48.000	53.000	5.000	18.500	– –33.000
Einzahlungen						
– aus Umsätzen	100.000	90.000	70.000	80.000	60.000	75.000
– des Finanzbereichs	–	5.000	1.000	–	–	–
– sonstige	–	–	–	5.000	–	–
Einzahlungen insgesamt	100.000	95.000	71.000	85.000	60.000	75.000
Auszahlungen						
– für Personal	29.000	32.000	32.000	30.000	30.000	29.000
– für Material	41.000	48.000	45.000	40.000	70.000	30.000
– für Steuern	–	–	–	–	10.000	–
– für Anlageinvestitionen	–	–	40.000	–	–	–
– des Finanzbereichs	2.000	2.000	2.000	1.500	1.500	1.000
– sonstige	5.000	8.000	–	–	–	–
Auszahlungen insgesamt	77.000	90.000	119.000	71.500	111.500	60.000
Überdeckung/ Unterdeckung	+48.000	+53.000	+ 5.000	+18.500	–33.000	+15.000 (–18.000)

Allerdings geht das Interesse der Unternehmung über die reine Liquiditätssicherung hinaus, denn gleichzeitig soll auch die Rentabilität des eingesetzten Kapitals möglichst groß sein. Daher müssen liquide Mittel möglichst Gewinn bringend investiert werden. Mit jeder Investition verringert sich jedoch der finanzielle Spielraum der Unternehmung, denn das Kapital wird durch die Beschaffung von Anlagegütern langfristig gebunden.

Innerhalb eines gesamtbetrieblichen Planungssystems ist die Finanzplanung im Zusammenhang mit anderen betrieblichen Teilplänen zu sehen:

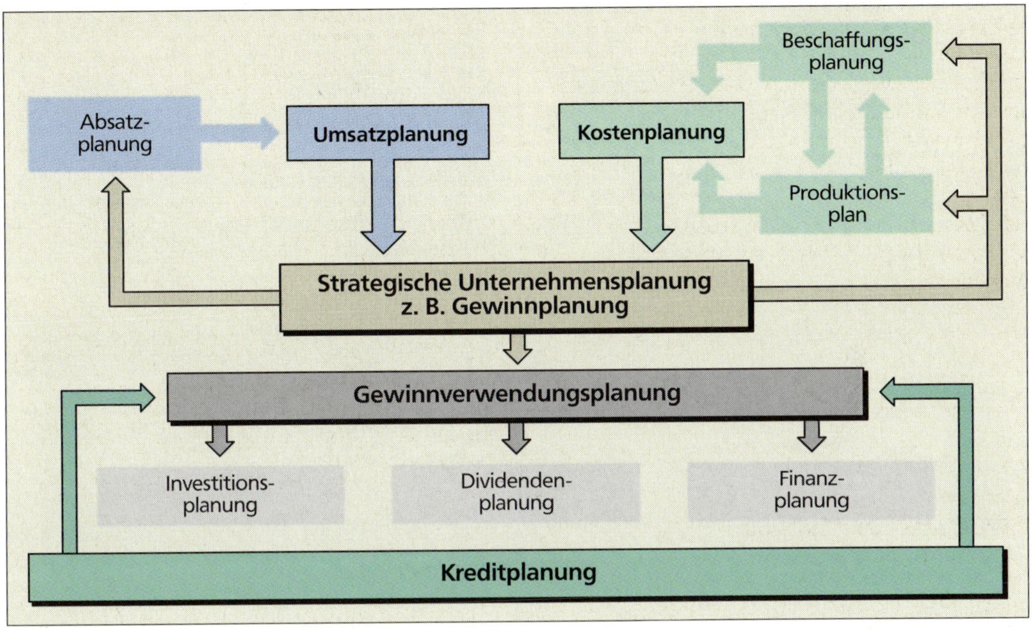

2.2 Kapitalbedarfsermittlung

Die Berechnung des Kapitalbedarfs einer Unternehmung lässt sich am Beispiel einer Unternehmungsneugründung oder -erweiterung darstellen.

Solche Anlässe werden finanziell durch unterschiedliche Faktoren bestimmt, u.a. wird der Kapitalbedarf beeinflusst von:

- Vorbereitenden Maßnahmen, wozu u.a. Planungsarbeiten, Klärung rechtlicher Fragen, Marktuntersuchungen und organisatorische Aufbaumaßnahmen gehören.
- Dem benötigten Anlagevermögen, d.h. den Preisen für Grundstücke, Art und Anzahl der Gebäude, Maschinen und Werkzeuge.
- Der laufenden Betriebstätigkeit, für die Umlaufvermögen wie Roh-, Hilfs- und Betriebsstoffe sowie bezogene Fertigteile benötigt werden und auch Ausgaben für Löhne und Gehälter anfallen.

Der Bedarf an finanziellen Mitteln für vorbereitende Maßnahmen und die Anschaffung des Anlagevermögens bezeichnet man als **Grundfinanzierung.** Es sind in aller Regel einmalige Ausgaben.

Für die **laufenden Betriebstätigkeiten** werden auch laufende Ausgaben getätigt. Die Höhe dieser Ausgaben hängt ab von der Dauer des Produktions- und Umsatzprozesses, von den Entwicklungen an den Beschaffungs- und Absatzmärkten sowie von Zahlungszielen, die mit Kunden und Lieferanten vereinbart wurden. Ferner gehören Lohn- und Gehaltskosten dazu. Ein entscheidender Faktor für die Berechnung des Kapitalbedarfs für die laufende Betriebstätigkeit ist die Kapitalbindungsdauer, d.h. der Zeitraum der Vorfinanzierung bis die Verkaufserlöse in das Unternehmen zurückgeflossen sind.

Kapitalbedarf für die laufende Betriebstätigkeit = Tagesbedarf · Kapitalbindungsdauer

Die Berechnung des insgesamt notwendigen Kapitals für eine Periode oder einen Auftrag erfolgt durch Addition der Beträge.

	Kapitalbedarf für die Grundfinanzierung
+	Kapitalbedarf für die laufende Betriebstätigkeit
=	ordentlicher Kapitalbedarf
+	außerordentlicher Kapitalbedarf (für unvorhersehbare Ereignisse)
=	insgesamt notwendiges Kapital

Aus der Eingangssituation (Seite 391) ergeben sich folgende Lösungsansätze:

1. Erstellung eines Zeitplanes für die Kapitalbindung (Modellbetrachtung)

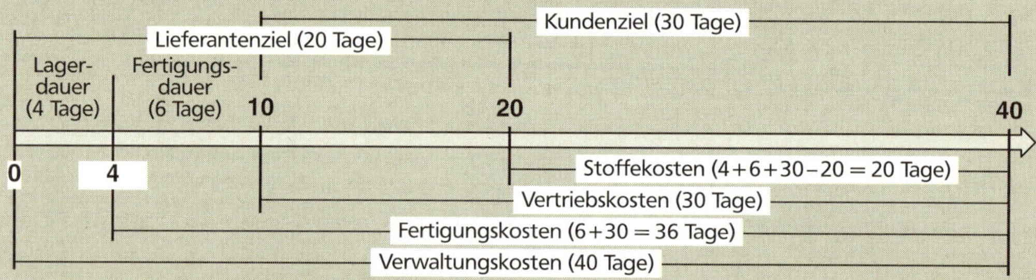

Stoffekosten fallen an von Beginn der Produktion bis zum ersten Zahlungseingang.

Fertigungskosten entstehen mit Beginn der Fertigung. Sie werden ebenfalls bis zum ersten Zahlungseingang „vorfinanziert".

Vertriebskosten sind vorhanden vom Zeitpunkt des Fertigungsendes bis zum Zahlungseingang.

Verwaltungskosten fallen die gesamte Zeit an.

2. Ermittlung des Kapitalbedarfs für laufende Tätigkeiten

	Stückkosten	Kosten/Tag (output: 165 Stück)	Kapitalbindungsdauer	Kapitalbedarf
Stoffe	80,00 DM	13.200,00 DM	20 Tage	264.000,00 DM
Fertigung	120,00 DM	19.800,00 DM	36 Tage	712.800,00 DM
Vertrieb	20,00 DM	3.300,00 DM	30 Tage	99.000,00 DM
Verwaltung	30,00 DM	4.950,00 DM	40 Tage	198.000,00 DM
		41.250,00 DM		1.273.800,00 DM
Hinzurechnung des Kapitalbedarfs für die Grundfinanzierung				+ 3.000.000,00 DM
Kapitalbedarf insgesamt				= 4.273.800,00 DM

Diese einfache Kapitalbedarfsrechnung geht von bestimmten nicht immer realen Annahmen aus. So u.a. von:

- konstanten Ein- und Verkaufspreisen,
- genauer Einhaltung der Lieferanten- und Kundenziele sowie aller Termine,
- durchschnittlichen Kosten pro Tag,
- konstanten Stückkosten und Umsätzen
- einem proportionalen Verhältnis zwischen Absatz und Kapitalbedarf, welches die betriebliche Realität stark vereinfacht, da Absatzänderungen vielfältige andere Veränderungen nach sich ziehen.

4001394L

Einen Überblick über reale Einflussfaktoren vermittelt folgende Grafik:

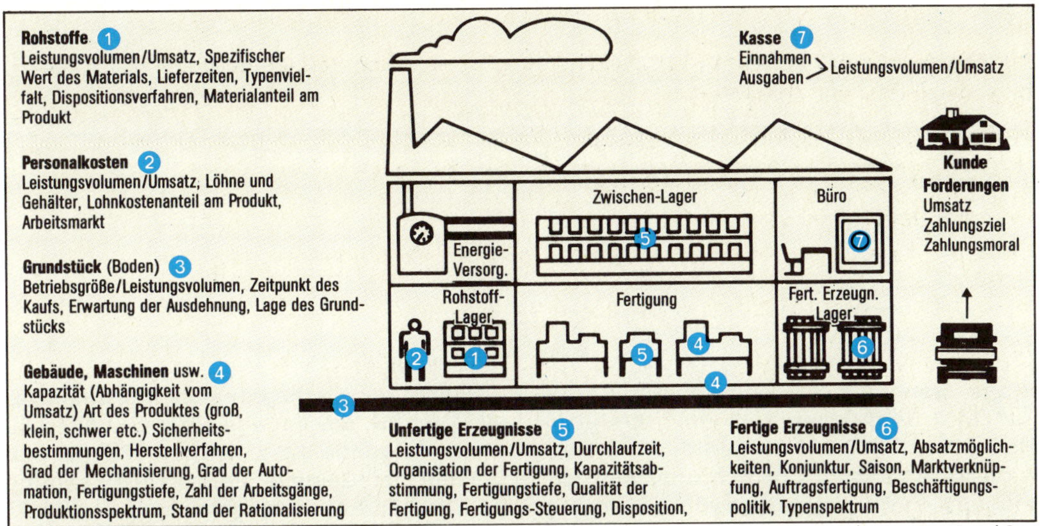

aus: Zorn, Walter: Einführung in den Industriebetrieb – Eine programmierte Unterweisung – Hamburg 1975, Band 3

Arbeitsvorschlag:

1. **Wie ist der Kapitalbedarf einer Unternehmung zu ermitteln?**
2. **Was unterscheidet eine Grundfinanzierung von einer Finanzierung für laufende Tätigkeiten?**
3. **Wie ist ein Finanzplan aufgebaut?**
4. **Verdeutlichen Sie, wie es zu Über- oder Unterdeckungen kommen kann?**
5. **Stellen Sie dar, welche Zusammenhänge zwischen den einzelnen betrieblichen Teilplänen bestehen.**

Betriebliche Entscheidungssituation
Analysieren – informieren – diskutieren – entscheiden

Eine Unternehmung will ein neues Produkt in ihr Produktionsprogramm aufnehmen. Es entstehen dieser Unternehmung für die Anschaffung von Spezialmaschinen Ausgaben in Höhe von 373.000,00 DM.

Der Produktionsplan beinhaltet folgende Größen:

Kosten pro Stück

■ Rohstoffe	20,00 DM	– Verwaltung	10,00 DM
■ Fertigung	40,00 DM	– Vertrieb	2,00 DM

Zeitplan:

■ Lagerdauer für Stoffe	15 Tage	Fertigungsdauer	5 Tage
■ Lagerung der Endprodukte	3 Tage	Liefererziel	30 Tage
■ Kundenziel	60 Tage		
Tagesproduktion 210 Stück			

a) Berechnen Sie, ob das zur Verfügung stehende Kapital von 1.400.000,00 DM für die geplanten Investitionen ausreicht.

b) Wie hoch ist der gegebenenfalls aufzunehmende Kredit?

c) Stellen Sie den Bedingungsrahmen und die Grenzen dieser Berechnungsmethode kurz dar und begründen Sie, warum die einfache Kapitalbedarfsrechnung nur ein Modell darstellt.

3 Entscheidungskriterien zur Wahl der Finanzierungsart ermitteln und auf verschiedene Finanzierungsarten anwenden

3.1 Finanzierungsgrundsätze und -kennzahlen

Situation

Die Mannheimer Medizingeräte GmbH (MM GmbH) benötigt einen Kredit in Höhe von 1.500.000,00 DM für Erweiterungsinvestitionen. Um sich über die Vermögens- und Kapitalzusammensetzung der Firma einen Überblick zu verschaffen, verlangt der Kreditgeber, die Hausbank der MM GmbH, die Vorlage einer aktuellen Bilanz. Folgende kurz gefasste Bilanz und Zahlen der Gewinn- und Verlustrechnung werden daraufhin eingereicht.

Aktiva (DM) — Bilanz zum 31. Dez. 19.. — Passiva (DM)

Aktiva		Passiva	
A Anlagevermögen		A Stammkapital	28.000.000,00
I. Immaterielles Vermögen	1.000.000,00	Rücklagen	10.000.000,00
II. Sachanlagen	30.000.000,00		
III. Finanzanlagen	5.000.000,00	Summe	38.000.000,00
Summe	36.000.000,00	B Fremdkapital	
B Umlaufvermögen		I. Rückstellungen und andere Posten	38.000.000,00
I. Vorräte	17.000.000,00	II. Finanzschulden	2.000.000,00
II. Forderungen	30.000.000,00	III. Verbindlichkeiten (kurzfristig)	15.000.000,00
III. Wertpapiere und flüssige Mittel	10.000.000,00	Summe	55.000.000,00
Summe	57.000.000,00		
Bilanzsumme	**93.000.000,00**	**Bilanzsumme**	**93.000.000,00**

Aus der Gewinn- und Verlustrechnung der Unternehmung liegen weitere Zahlen vor:

Umsatz	56.000.000,00 DM	Zinsaufwand	4.560.000,00 DM
Gewinn	4.900.000,00 DM	Abschreibungen	7.000.000,00 DM

?

- **Welche Erkenntnisse für eine mögliche Kreditvergabe kann die Bank aus dieser Bilanz gewinnen?**
- **Welche Bedeutung haben Eigen- und Fremdkapitalanteile im Hinblick auf die wirtschaftliche Situation einer Unternehmung?**
- **Warum werden Umsatz- und Gewinnzahlen zusätzlich zur Bilanz vorgelegt?**

4001396L

Informationen

In der Praxis sind verschiedene Finanzierungsregeln entstanden, deren Einhaltung Finanzierungsrisiken vermeiden helfen sollen. Das verständliche Sicherheitsstreben der Kapitalgeber beeinflusst die Grundsätze und Regeln stark, bei denen es auf die sinnvolle Zusammensetzung des Kapitals (Eigen- und Fremdkapitalanteil) sowie die Art und Weise der Finanzierung von Vermögensteilen (lang- oder kurzfristige Finanzierung) ankommt.

Ausgehend von der Finanzplanung und dem aktuellen Kapitalbedarf gibt es für jedes Unternehmen grundsätzlich zwei Möglichkeiten der Finanzierung:

- Eigenkapital wird zur Deckung des Kapitalbedarfs eingesetzt und/oder
- Fremdkapital wird zum Ausgleich der Finanzierungslücken herangezogen.

Die **vertikale Finanzierungsregel** bezieht sich auf den Anteil an vorhandenem Fremd- bzw. Eigenkapital.

Das Verhältnis von Eigen- zu Fremdkapital sollte unter strenger Regelauslegung mindestens 1 : 1 betragen.

Obwohl diese Regel in der wirtschaftlichen Praxis selten eingehalten wird, hat diese Forderung ihre Berechtigung. Je größer nämlich der Fremdkapitalanteil ist, desto größer ist die Zinsbelastung und die Anfälligkeit der Unternehmung gegen Zinssteigerungen und somit ein eventuelles Konkursrisiko. Mit steigendem Fremdkapitalanteil nimmt auch der Einfluss von außen auf die Geschäftspolitik der Unternehmung zu. Andererseits garantiert ein hoher Eigenkapitalanteil den Gläubigern bei eintretenden Verlusten eine entsprechende Absicherung ihrer Ansprüche.

Der **Verschuldungsgrad** bzw. der **Eigenfinanzierungsgrad (Eigenkapitalquote)** sind der rechnerische Ausdruck der vertikalen Finanzierungsregel:

Bilanz

Anlagevermögen	36.000.000	Eigenkapital	38.000.000
Umlaufvermögen	57.000.000	Fremdkapital	55.000.000
	93.000.000		93.000.000

$$\textbf{Verschuldungsgrad} = \frac{\textbf{Fremdkapital}}{\textbf{Eigenkapital}} \cdot \textbf{100}$$

$$\text{Verschuldungsgrad} = \frac{55.000.000 \cdot 100}{38.000.000} = 144{,}74\ \%$$

$$\textbf{Eigenkapitalquote} = \frac{\textbf{Eigenkapital} \cdot \textbf{100}}{\textbf{Eigen- + Fremdkapital}}$$

$$\text{Eigenkapitalquote} = \frac{38.000.000 \cdot 100}{93.000.000} = 40{,}86\ \%$$

Konkret bedeutet dies für die MM GmbH die Nichtbeachtung der 1:1-Regel, denn der Eigenkapitalanteil liegt unter dem Fremdkapitalanteil. Vergleicht man aber die Eigenkapitalquote mit folgender Grafik und dem westdeutschen Durchschnitt von 25 %, so schneidet die MM GmbH trotzdem relativ gut ab.
Auffällig an der folgenden Grafik ist der relativ niedrige Eigenkapitalanteil der Unternehmen in den neuen Bundesländern.

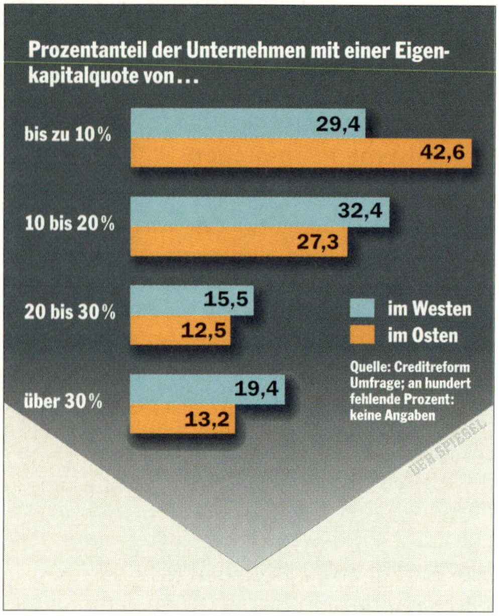

Die **„goldene Bankregel"** (goldene Finanzierungsregel) besagt sinngemäß: Die Fristigkeit der finanziellen Mittel soll mit der Fristigkeit ihrer Verwendung übereinstimmen.

Langfristige Investitionen müssen langfristig finanziert sein.

Die **„goldene Bilanzregel"** fordert zusätzlich zu der Fristigkeit auch die Einhaltung bestimmter Verhältnisse zwischen den Vermögens- und Kapitalarten.

Langfristig im Unternehmen gebundene Vermögensteile (Anlagevermögen) sollten langfristig über Eigenkapital und langfristiges Fremdkapital finanziert sein.

Beide Regeln dienen in erster Linie der Sicherung der Liquidität der Unternehmung und der Sicherheit der Kapitalgeber.

Die **horizontalen Finanzierungsregeln** spiegeln sich in der Anlagendeckung wider. Hier geht es um die Frage, inwieweit das Anlagevermögen durch langfristiges Kapital finanziert (gedeckt) ist. Grundsätzlich soll das Anlagevermögen (langfristig im Betrieb gebundenes Vermögen) mindestens durch Eigen- und langfristiges Fremdkapital, besser durch langfristig gebundenes Eigenkapital allein, vollständig gedeckt sein. Aus dieser Forderung entspringen die Formeln für die Anlagendeckung I und II.

Aus den Zahlen der Bilanz ergeben sich konkret folgende Werte:

Bilanz

Anlagevermögen 36.000.000,00 DM	Eigenkapital 38.000.000,00 DM
Umlaufvermögen 57.000.000,00 DM	Fremdkapital langfristig 40.000.000,00 DM
	kurzfristig 15.000.000,00 DM
93.000.000,00 DM	93.000.000,00 DM

Anlagendeckung I =

$$\frac{38.000.000{,}00\ \text{DM} \cdot 100}{36.000.000{,}00\ \text{DM}} = 105{,}55\ \%$$

Anlagendeckung II =

$$\frac{(38.000.000{,}00\ \text{DM} + 40.000.000{,}00\ \text{DM}) \cdot 100}{36.000.000{,}00\ \text{DM}} = 216{,}66\ \%$$

$$\textbf{Anlagendeckung I} = \frac{\textbf{Eigenkapital} \cdot \textbf{100}}{\textbf{Anlagevermögen}}$$

$$\textbf{Anlagendeckung II} = \frac{\textbf{(Eigenkapital + langfristiges Fremdkapital)} \cdot \textbf{100}}{\textbf{Anlagevermögen}}$$

Die Anlagendeckung I entspricht mit 105,55 Prozent der engen Fassung der Finanzierungsregel, nach der das Anlagevermögen durch den Eigenkapitalanteil gedeckt sein soll. Die weitere Fassung der Finanzierungsregel, nach der das Anlagevermögen durch Eigen- und langfristiges Fremdkapital gedeckt sein soll, ist, wie der Wert der Anlagendeckung II zeigt, zu über 200 Prozent erfüllt. Kritisch muss zu den ermittelten Werten angemerkt werden, dass sie eine relativ eingeschränkte Gültigkeit besitzen, weil sie auf einen Zeitpunkt bezogen sind, tatsächlich aber ständigen Veränderungen unterliegen.

3.2 Die Berechnung der Liquidität einer Unternehmung

Die Liquidität ist ein Ausdruck für die Zahlungsfähigkeit einer Unternehmung und damit auch für die Möglichkeit, kurzfristige Verbindlichkeiten über verfügbare Mittel auszugleichen.

Der allgemeine Liquiditätsgrundsatz besagt als Finanzierungsregel formuliert:

Kurzfristig im Unternehmen gebundene Vermögensteile (Umlaufvermögen) sollten kurzfristig finanziert sein, z.B. über Kontokorrentkredite oder Lieferantenziele.

Als **kurzfristig** gelten alle **Verbindlichkeiten,** welche innerhalb von 90 Tagen fällig werden. Aus dieser Differenzierung ergeben sich drei Liquiditätsgrade:

Bilanz zum 31. Dez. 19 ... (in DM)

A Anlagevermögen		A Stammkapital	28.000.000,00
I. Immaterielles Vermögen	1.000.000,00	Rückagen	10.000.000,00
II. Sachanlagen	30.000.000,00	B Fremdkapital	
III. Finanzanlagen	5.000.000,00	I. Rückstellungen und andere Posten	38.000.000,00
B Umlaufvermögen		II. Finanzschulden	2.000.000,00
I. Vorräte	17.000.000,00	III. Verbindlichkeiten (kurzfristig)	15.000.000,00
II. Forderungen	30.000.000,00		
III. flüssige Mittel	10.000.000,00		
	93.000.000,00		93.000.000,00

Liquidität 1. Grades

$$\frac{\text{liquide Mittel 1. Ordnung} \cdot 100}{\text{kurzfristige Verbindlichkeiten}} = \frac{10.000.000,00 \cdot 100}{15.000.000,00} = 66,66\ \%$$

Liquidität 2. Grades

$$\frac{\text{liquide Mittel 1.+2. Ordnung} \cdot 100}{\text{kurzfristige Verbindlichkeiten}} = \frac{40.000.000,00 \cdot 100}{15.000.000,00} = 266,66\ \%$$

Liquidität 3. Grades

$$\frac{\text{liquide Mittel 1.+2.+3. Ordnung (Umlaufvermögen)} \cdot 100}{\text{kurzfristige Verbindlichkeiten}} = \frac{57.000.000,00 \cdot 100}{15.000.000,00} = 380\ \%$$

Rechnerisch werden die verfügbaren Mittel zu den fälligen Verbindlichkeiten in das Verhältnis gesetzt und so die Liquiditätsgrade ermittelt.

Je nachdem, wie differenziert das Umlaufvermögen aufgeschlüsselt wird, unterscheidet man flüssige Mittel unterschiedlicher Ordnungen.

- **Flüssige Mittel 1. Ordnung** setzen sich aus vorhandenem Bargeld, Sichtguthaben bei Kreditinstituten und dem Barwert von bundesbankfähigen Besitzwechseln zusammen. Dies sind alles Bilanzposten, auf die man sofort (Bargeld) oder relativ schnell zurückgreifen kann (z. B. durch Verkauf von Besitzwechseln an ein Kreditinstitut).
- **Flüssige Mittel 2. Ordnung** sind Forderungen, die innerhalb von 3 Monaten fällig werden und alle übrigen kurzfristig fälligen Besitzwechsel.
- **Flüssige Mittel 3. Ordnung** sind die verbleibenden Posten des Umlaufvermögens, wie z. B. Vorräte, Roh-, Hilfs- und Betriebsstoffe, fertige Erzeugnisse und Handelswaren.

Für die einzelnen Liquiditäten haben sich aus Erfahrungswerten der Unternehmen bestimmte Untergrenzen herausgebildet. Sie bedürfen allerdings einer vorsichtigen Betrachtung, da ihre Werte je nach Branche, Unternehmensgröße, Zukunftsaussichten usw. sehr unterschiedlich sein können.

Liquiditäten	Mindestanforderungen	Begründungen
Liquidität 1. Grades	$> 20\ \%$	Lediglich ein Teil der kurzfristigen Verbindlichkeiten ist sofort fällig. Bis zur Fälligkeit der restlichen Verbindlichkeiten haben sich die Barbestände durch Eingang von Forderungen erhöht.
Liquidität 2. Grades	$> 100\ \%$	Kurzfristige Verbindlichkeiten erhöhen sich eventuell um Beträge, die aus der Bilanz nicht hervorgehen (z. B. Lohn- und Gehaltskosten). Daher könnte es bei einer Liquidität $< 100\ \%$ zu einer Unterdeckung kommen.
Liquidität 3. Grades	$> 200\ \%$	Zeitliche Verzögerungen und Risiken des Umsatzprozesses werden berücksichtigt.

Die berechneten Kennzahlen haben alle insofern eine Schwäche, als sie sich auf einen bestimmten **Zeitpunkt** beziehen; die betriebliche Situation kann sich aber sehr schnell ändern. Dieser Nachteil der **Stichtagsliquidität** tritt nicht auf, wenn alle Zahlungsvorgänge innerhalb eines zu untersuchenden Zeitabschnitts erfasst und als **Periodenliquidität** dargestellt werden.

Cashflow

Eine andere Möglichkeit Informationen über die Finanzierungsmöglichkeiten eines Unternehmens zu erhalten, ist die Berechnung der liquiden Mittel, welche ein Unternehmen aus Umsatzerlösen erwirtschaftet.

Der Cashflow ist ein Kassenüberschuss, der über die Deckung der Aufwendungen hinaus zu Investitionszwecken oder zur Rückzahlung von Verbindlichkeiten zur Verfügung steht.

Der **Cashflow** stellt gewissermaßen die „Selbstfinanzierungskraft" des Unternehmens dar.

Beispiel (Seite 396)

	DM
ausgewiesener Bilanzgewinn	4.900.000,00
+ erfolgte Abschreibungen	7.000.000,00
+ Zinsaufwendungen	4.560.000,00
+ Zuführung von Rücklagen	–
+ Rückstellungen	–
= **Cashflow**	**16.460.000,00**

$$\textbf{Cashflow Umsatzrendite} = \frac{\text{Cashflow} \cdot 100}{\text{Umsatzerlöse}}$$

$$= \frac{16.460.000{,}00 \cdot 100}{56.000.000{,}00} = \mathbf{29{,}39\ \%}$$

3.3 Die Berechnung der Rentabilität

Das Verhältnis von erzieltem Gewinn zu investiertem Kapital bezeichnet man als Rentabilität, genauer als Kapitalrentabilität. Je höher die erzielte Rentabilität, desto besser ist die Ausnutzung des Produktionsfaktors Kapital.

Bei der **Eigenkapitalrentabilität** wird hingegen nur vom Reingewinn ausgegangen:

Rentabilität des Eigenkapitals (Unternehmerrentabilität) =

$$\frac{\textbf{Gewinn} \cdot \textbf{100}}{\textbf{Eigenkapital}} =$$

$$\frac{4.900.000{,}00 \text{ DM} \cdot 100}{38.000.000{,}00 \text{ DM}} = 12{,}89\ \%$$

Die Eigenkapitalrentabilität ist ein Ausdruck für die Verzinsung des eingesetzten Eigenkapitals.

Kaum ein Unternehmen kann oder will aber auf den Einsatz von Fremdkapital verzichten, obwohl hierfür gewinnschmälernde Zinsen zu zahlen sind. Die **Gesamtrentabilität** stellt die Verzinsung des insgesamt eingesetzten Kapitals dar. Da diese Rentabilität unabhängig von der Finanzierungsart sein soll, werden die den Gewinn schmälernden Fremdkapitalzinsen dem Überschuss hinzugerechnet.

Rentabilität des Gesamtkapitals (Unternehmungsrentabilität) =

$$\frac{\textbf{(Gewinn + Zinsaufwand)} \cdot \textbf{100}}{\textbf{Eigen- + Fremdkapital}} =$$

$$\frac{9.460.000{,}00 \text{ DM} \cdot 100}{93.000.000{,}00 \text{ DM}} = 10{,}17\ \%$$

Die Gesamtkapitalrentabilität gibt Auskunft über die Höhe der Verzinsung des insgesamt eingesetzten Kapitals (Gesamtkapital).

Mit dem Begriff **Leverage-Effekt** bezeichnet man die Tatsache, dass unter bestimmten Bedingungen ein erhöhter Einsatz von Fremdkapital die Rentabilität des Eigenkapitals nicht schmälert, sondern erhöht. Dies ist immer dann der Fall, wenn der Zinssatz für das Fremdkapital niedriger ist als die Gesamtkapitalrentabilität.

Beispiel:

Kapitaleinsatz im Beispiel (Seite 396):	38.000.000,00 DM Eigenkapital 55.000.000,00 DM Fremdkapital
Gesamtkapitalrentabilität:	10,17 %
Fremdkapitalzinssatz:	8,29 % (DM 4.560.000,00)
Reingewinn:	4.900.000,00 DM
Ergebnis:	Fremdkapitalzins ist geringer als Gesamtkapitalrentabilität, d. h., mit fremdem Kapital kann „Geld“ verdient werden.

Auswirkungen eines verstärkten Fremdkapitaleinsatzes unter der Annahme, dass alle anderen Bedingungen (Gesamtkapital, Fremdkapitalzins usw.) gleich bleiben

Eigenkapital	30.000.000,00	20.000.000,00	100.000,00
Fremdkapital	63.000.000,00	73.000.000,00	92.900.000,00
Zinsaufwendungen vorher	4.560.000,00	4.560.000,00	4.560.000,00
Gewinn vorher	4.900.000,00	4.900.000,00	4.900.000,00
zusätzliche Zinsaufwendungen	663.200,00	1.492.200,00	3.141.910,00
Reingewinn nach Kapitalumschichtung	4.236.800,00	3.407.800,00	1.758.090,00
Eigenkapitalrentabilität von 12,89 % auf:	**14,12 %**	**17,04 %**	**1758,09 %**

Danach könnte das Eigenkapital am besten ganz ersetzt werden, aber dieser Substitution sind Grenzen gesetzt, denn je höher das Fremdkapital, desto:

- geringer wird der Gewinn (auch wenn die Rentabilität steigt)
- größer wird die Abhängigkeit von Kapitalgebern
- schwieriger wird es, geeignete Kreditsicherheiten zu finden.

Die Bedeutung von Rentabilitätswerten für die Unternehmung wird dann offensichtlich, wenn man die Ergebnisse mit denen gleichartiger Unternehmen oder dem am Markt herrschenden Zinssatz für alternative Kapitalanlage oder Fremdkapital vergleicht. Die Kapitalrentabilität sollte also mindestens einen Zinssatz erreichen, wie er am Kapitalmarkt für mögliche Alternativen erzielt werden könnte bzw. aufgewendet werden muss.

Interessant ist weiterhin die Betrachtung der Rentabilität des Umsatzes, d.h., wieviel Prozent des Umsatzes (Verkaufspreis) als Gewinn erwirtschaftet wurden (Umsatzrendite).

Rentabilität des Umsatzes =

$$\frac{\textbf{Gewinn} \cdot \textbf{100}}{\textbf{Umsatz}} =$$

$$\frac{4.900.000{,}00\ \text{DM} \cdot 100}{56.000.000{,}00\ \text{DM}} = 8{,}75\ \%$$

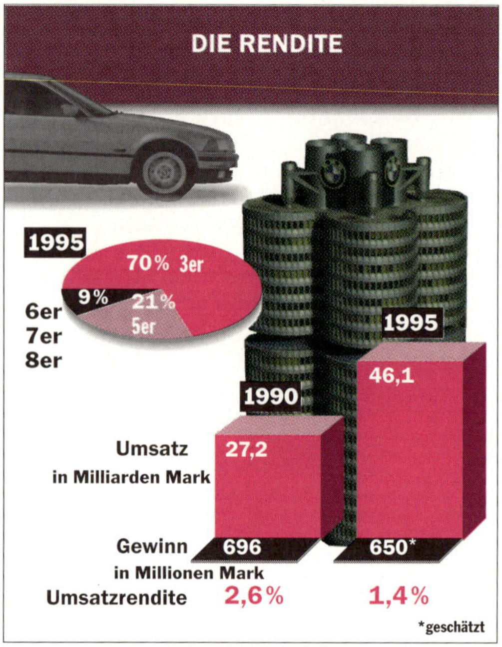

(aus: Der Spiegel 10/96)

Arbeitsvorschlag:

1. **Was besagen die Finanzierungsregeln im Einzelnen?**
2. **Welche Nachteile sind für Unternehmen mit geringem Eigenkapitalanteil verbunden?**
3. **Wodurch unterscheiden sich die einzelnen Liquiditätsgrade?**
4. **Verdeutlichen Sie den Zielkonflikt zwischen Rentabilität und Liquidität.**
5. **Erklären Sie die besondere Bedeutung des Cashflow?**
6. **Was besagt der „Leverage-Effekt“ und wo liegen die betriebswirtschaftlichen Grenzen der Kapitalsubstitution? (Vgl. dazu auch die Situationsbeschreibung auf Seite 403.)**

Betriebliche Entscheidungssituation
Analysieren – informieren – diskutieren – entscheiden

Eine Unternehmung möchte einen Überblick über ihre momentane Liquiditätssituation haben. Sie findet folgende Bilanzposten vor:

Anlagevermögen 1.500.000,00 DM,
Kasse 10.000,00 DM,
Forderungen 55.000,00 DM,
Schuldwechsel 10.000,00 DM,
Vorräte 75.000,00 DM,
Bank 15.000,00 DM,
Besitzwechsel 15.000,00 DM,
kurzfristige Verbindlichkeiten 150.000,00 DM,
sowie langfristiges Fremdkapital 920.000,00 DM.

a) Berechnen Sie unterschiedliche Liquiditätsgrade für die Unternehmung.
b) Wie hoch ist die Eigenkapitalrentabilität bei einem Gewinn von 50.000,00 DM?
c) Beurteilen Sie die ermittelten Zahlen.
d) Überprüfen und erörtern Sie, ob die Bedingungen der horizontalen und vertikalen Finanzierungsregeln eingehalten werden.

3.4 Finanzierungsarten

Situation

„Hätte Bill Gates[1] sein Unternehmen mit einem deutschen Kreditinstitut gründen wollen, dann wäre uns Windows 95 erspart geblieben", scherzen hierzulande die Jungunternehmer. Die Anforderungen an Kreditnehmer sind angesichts der hohen Insolvenzquote[2] vielerorts stark gestiegen. Die Geldinstitute agieren vorsichtiger, denn die Hälfte der Unternehmensgründer muss bereits innerhalb der ersten fünf Jahre wieder die Segel streichen. Oft fehlen notwendige kaufmännische Kenntnisse, oder der Jungunternehmer lag mit seiner Markteinschätzung neben den tatsächlichen Gegebenheiten ... Entscheidend für die Kreditvergabe ist die Ausarbeitung des Gesamtkonzepts. Fachberatung ist vonnöten, so auch für den Newcomer Andreas Winkler und seinen Fahrradhandel:

Der Kapitalbedarf für Geschäftsräume und Warenerstausstattung belief sich auf 200.000 Mark. Das Finanzierungsmodell war dann recht einfach: 70 Prozent der benötigten Mittel steuerte Winkler selbst bei, die verbleibenden 30 Prozent wurden über ein Darlehen finanziert.

Eingesessene mittelständische Unternehmen werden da oft von anderen Problemen geplagt, denn die Eigenkapitalquote vieler Unternehmen, schon seit Jahren weit vom Idealwert von 30 Prozent der Bilanzsumme entfernt, ist inzwischen deutlich unter 20 Prozent gefallen ... Ein komfortables Eigenkapitalpolster hilft Durststrecken besser zu überstehen, vergrößert den Kreditspielraum und macht unabhängiger gegenüber Kreditinstituten, Kunden und Lieferanten. Eine Möglichkeit, den Eigenkapitalmangel zu beheben, ist die Aufnahme einer Beteiligungsgesellschaft oder eines Partners. Diese stellen dem Unternehmen haftendes Eigenkapital oder eigenkapitalähnliche Mittel zur Verfügung, wobei der Zeitraum und die Konditionen jeweils individuell zu verhandeln sind. Die Kapitaleinlage ist meistens mit Kontroll- und Mitentscheidungsrechten für den Partner verbunden.

1 Inhaber und Gründer der Softwarefirma Microsoft
2 Insolvenz = Zahlungsunfähigkeit

(nach: Geschäftswelt, Magazin der Sparkassen Finanzgruppe, November 1996)

?
- Welche Finanzierungsarten unterscheidet man?
- Warum sind Kreditinstitute bei der Kreditvergabe vorsichtig geworden?
- Welche Vorteile hat Eigenkapital gegenüber Fremdkapital?

Informationen

Die Möglichkeiten einer Unternehmung, ihren Kapitalbedarf zu decken, sind vielseitig. Wichtige Unterscheidungskriterien sind u.a. die:

- **Kapitaleigenschaft** (Eigenkapital oder Fremdmittel)
- **Herkunft** (externer Zufluss oder Zufluss aus der Unternehmung selbst)
- **Fristigkeit** der finanziellen Mittel (kurz-, mittel- oder langfristig)

Eigentum an den finanziellen Mitteln / Herkunft der finanziellen Mittel	Kapitalgeber wird Gläubiger: Fremdfinanzierung	Kapitalgeber wird Miteigentümer: Eigenfinanzierung
Innenfinanzierung	**Rückstellungsgegenwerte** sind für Aufwendungen gebildet worden, deren Höhe und Fälligkeit nicht feststeht. Sie können bis zu ihrer endgültigen Fälligkeit finanziell genutzt werden	**Selbstfinanzierung** **Abschreibungsfinanzierung** **Umschichtungsfinanzierung** durch interne Kapitalfreisetzung
Außenfinanzierung	**Kreditfinanzierung** über kurz-, mittel- und langfristige Kredite	**Beteiligungsfinanzierung** über Gesellschaftsanteile oder Aktien

3.4.1 Beteiligungsfinanzierung

Eine **Beteiligungsfinanzierung** liegt vor, wenn von außen Geld, Sacheinlagen oder Rechte in die Unternehmung fließen, welche entweder vom Eigentümer selbst oder von Gesellschaftern stammen. Der Kapitalgeber erwirbt Rechte an der Gesellschaft, die ihm in Form von Eigentum verbrieft als Gewinn- bzw. Verlustanteile und in Abhängigkeit von der Rechtsform als Mitsprache- oder auch Recht zur Leitungsbefugnis zugesichert sind.

Zwei Beispiele:

Beteiligung an New Sulzer Diesel verkauft

Bremen/Frankfurt a.M. (dpa). Der Konkursverwalter des Bremer Vulkan Verbundes hat die Vulkan-Anteile an der Schweizer New Sulzer Diesel in Winthertur verkauft. Die 50-prozentige Beteiligung an dem Maschinenbaukonzern sei für ca. 140 Millionen Mark veräußert worden, bestätigt ein Commerzbank-Sprecher.

Fusion mit US-Firma MCI öffnet British Telecom den amerikanischen Markt

London/New York (rtr/ls/dpa). Die British Telecom (BT) hat sich mit der amerikanischen MCI Communications auf eine „strategische Fusion" geeinigt ... Der britische Marktführer kauft den zweitgrößten US-Fernmeldekonzern zum Preis von 30 Milliarden Mark. Beide Partner treten weiter mit ihrem bisherigen Markennamen auf.

4001404L

In Abhängigkeit von der Unternehmensform ergeben sich unterschiedliche Möglichkeiten der Erhöhung des Eigenkapitals.

Eigenkapitalbeschaffung durch	Rechtsform	Geschäftsführung und Haftung
Vermögen des Unternehmers	Einzelunternehmung	■ Vollhaftung des Unternehmers ■ Alleinige Geschäftsführung
Aufnahme neuer Gesellschafter	Stille Gesellschaft	■ Haftungsbeschränkung der stillen Gesellschafter auf ihre Einlagen ■ Alleinige Geschäftsführung des Inhabers
Aufnahme neuer Gesellschafter	OHG	■ Vollhaftung der Gesellschafter ■ Recht auf Geschäftsführung
Aufnahme von Kommanditisten Komplementären	KG	■ Komplementäre sind Vollhafter mit Recht auf Geschäftsführung ■ Kommanditisten haften nur mit ihrer Einlage
Aufnahme von Kommanditisten	GmbH u. Co. KG	■ GmbH ist Vollhafterin ■ Kommanditisten haften nur mit ihren Einlagen
Aufnahme neuer Gesellschafter	GmbH	■ Haftung mit Kapitaleinlage bzw. Stammkapital ■ Geschäftsführer
Emission von Aktien	AG	■ Haftung der Aktionäre mit dem Wert der Aktie(n) bzw. mit dem Grundkapital ■ Geschäftsführung durch Vorstand
Aufnahme neuer Genossen	Genossenschaft	■ Haftung der Genossen auf die Einlage begrenzt ■ Geschäftsführung durch Vorstand

3.4.2 Aktien – Wertpapiere der Beteiligungsfinanzierung

Das Eigenkapital von Aktiengesellschaften bezeichnet man als Grundkapital. Der Mindestwert beträgt 100.000 DM. Das Grundkapital wird in beliebig viele Anteile mit einen Nennwert von 5 DM, 50 DM oder 100 DM zerlegt. Der Nennwert sagt nichts über den tatsächlichen Wert einer Aktie, den Kurs- oder Börsenwert aus.

Jedem Aktionär stehen nach dem Aktiengesetz, abgesehen von den Vorzugsaktien, die gleichen Rechte zu:

- **Stimmrecht** (Jede Aktie gewährt das Stimmrecht, welches nach Aktiennennbeträgen ausgeübt wird, §§ 12, 134 AktG.)
- **Auskunftsrecht** (Jedem Aktionär ist ... Auskunft über Angelegenheiten der Gesellschaft zu geben, § 131 AktG.)

- **Bezugsrecht** (Jedem Aktionär muss auf sein Verlangen ein seinem Anteil an dem bisherigen Grundkapital entsprechender Teil der neuen Aktien zugeteilt werden, § 186 AktG.)
- Recht auf **Gewinnanteil** (Die Anteile der Aktionäre am Gewinn bestimmen sich nach dem Verhältnis der Aktiennennbeträge, § 67 AktG.)
- Recht auf **Vermögensanteil** bei Auflösung der Gesellschaft (Das ... verbleibende Vermögen wird unter die Aktionäre verteilt, § 271 AktG.)

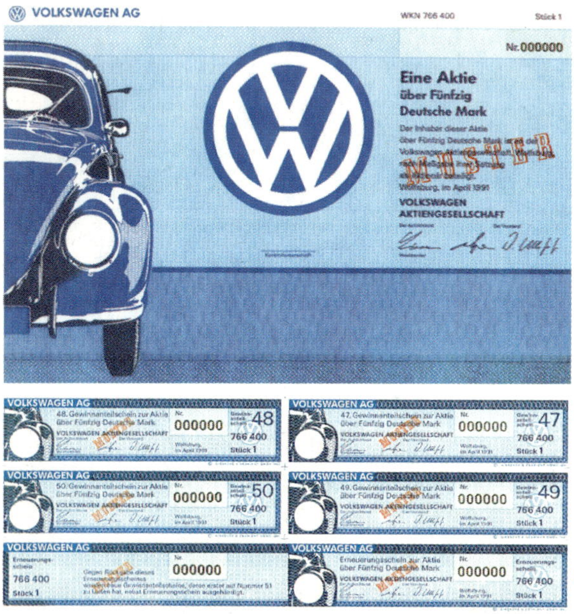

Auf jeder Aktienurkunde – dem Mantel – ist der Nennbetrag aufgedruckt, eine fortlaufende Kontrollnummer und die Bezeichnung der ausgebenden Aktiengesellschaft. Außerdem trägt sie die faksimilierten Unterschriften von Vorstand und Aufsichtsrat des Unternehmens sowie von einem Kontrollbeamten. Zum Aktienmantel gehört der Aktienbogen mit den Dividendenscheinen (Kupons). Am Ende des Bogens befindet sich ein Erneuerungsschein (Talon), für den ein neuer Bogen ausgegeben wird, wenn alle Dividendenscheine verbraucht sind.

Aktien

Stammaktien	Vorzugsaktien	Junge Aktien
Normaler Aktientyp mit gewöhnlichen grundsätzlich gleichen Rechten für die Besitzer	Aktien mit Sonderrechten (höhere Dividende, höherer Anteil am Liquidationserlös – oftmals unter Verzicht auf das Stimmrecht)	Neu herausgegebene Aktien zum Zwecke einer Kapitalerhöhung.

Inhaberaktien	Diese Aktien sind problemlos zu übertragen, ihre Veräußerung geschieht durch Einigung und Übergabe.
Namensaktien	Der Name des Eigentümers ist auf der Aktie zu finden und die Aktien sind auch so in das Aktienbuch der Gesellschaft eingetragen. Sie kann nur über ein zusätzliches Indossament veräußert werden.
Vinkulierte Aktie	Die Aktie kann nur übertragen werden, wenn die Gesellschaft zustimmt

Der Aktienkurs

Ein wichtiges Kriterium zur Bewertung und Beurteilung einer Aktie ist ihr Kurs, mit dem sie an der Börse gehandelt wird. Er wird bestimmt von:

- Angebot und der Nachfrage der Börsenteilnehmer, deren Verhalten wiederum beeinflusst wird von der allgemeinen wirtschaftlichen Situation und deren erwarteter Entwicklung, politischen, wirtschaftspolitischen, aber auch psychologischen Faktoren, besonders aber von
- der Ertragslage der Gesellschaft.

Der **Einheits- oder Kassakurs** wird börsentäglich einmal ermittelt; er stellt sich dort ein, wo die größten Umsätze erzielt werden.

Einem Börsenmakler liegen folgende Aufträge vor:

Kurs	Kauf	Verkauf	Gesamtnachfrage	Gesamtangebot	Umsatz
100	550	300 (bestens)	2700	300	300 · 100 = 30.000
101	500	250	2150	550	550 · 101 = 55.550
102	450	300	1650	850	850 · 102 = 86.700
103	**400**	**350**	**1200**	**1200**	**1200 · 103 = 123.600**
104	350	400	800	1600	800 · 104 = 83.200
105	300	450	450	2050	450 · 105 = 47.250
106	150 (billigst)	500	150	2550	150 · 106 = 15.900

Erklärung:
„Billigst" bedeutet, dass ein Nachfrager zu allen Preisen kauft. Bei „bestens" ist ein Verkäufer bereit, jeden Preis zu akzeptieren. In beiden Fällen gibt es kein Limit für die Aufträge. Bei einem Kurs von 103 sind Angebot und Nachfrage gleich groß. Damit ist das Gleichgewicht erreicht, an der Börse werden die größten Umsätze getätigt. Bei einem niedrigeren Kurs herrscht ein Nachfrageüberhang, bei einem über 103 hinausgehenden Kurs ein Angebotsüberhang.

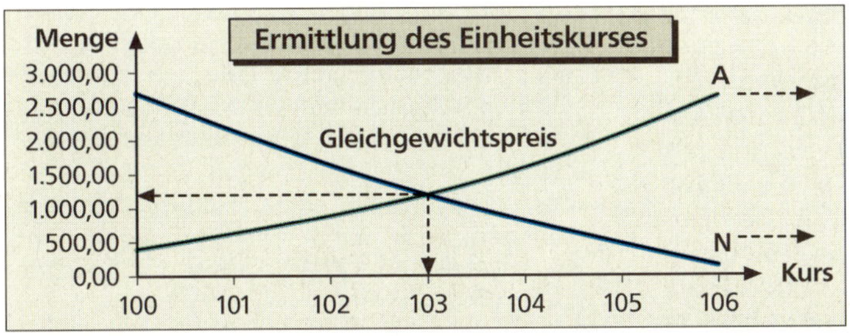

Steigende Umsätze bei steigenden Kursen charakterisiert das Verhalten der Verkäufer (Angebotskurve). Fallende Umsätze bei steigenden Kursen beschreibt das Verhalten der Käufer (Nachfragekurve).

Im Schnittpunkt der beiden Kurven sind Angebot und Nachfrage ausgeglichen. Bei einem Kurs von 103 liegt der mengenmäßige Umsatz bei 1200 Stück.

Shareholdervalue kommt nach Europa

Eine besonders aktionärsfreundliche Unternehmenspolitik scheint sich auch in Deutschland durchzusetzen. Die Idee ist den Wert (value) der Firma zugunsten der Aktionäre (Shareholder) zu steigern. Wenn dies gelingt, dann macht eine langfristige Bindung an eine Unternehmung wesentlich mehr Sinn.

Diese Idee wird u.a. dadurch umgesetzt, dass Manager leistungsabhängig vergütet, sich Unternehmensaktivitäten auf den ertragreichen Kern der Unternehmung konzentrieren, wenig rentable Tochterfirmen verkauft werden und Unternehmen eine offene Informationspolitik betreiben. Von einer solchen Unternehmenspolitik können nicht nur die Aktionäre profitieren, sondern Arbeitnehmer und Kreditgeber gleichermaßen, weil Arbeitsplätze in einem gesunden Unternehmen sicherer sind und Kredite entsprechend zurückgezahlt werden können. (nach: FOCUS, 38/1996)

Arbeitsvorschlag:

1. **Beschreiben Sie, wie eine Eigenfinanzierung in Einzelunternehmungen und Personengesellschaften erfolgen kann.**
2. **Welche Rechte sind mit Teilhaberpapieren verbunden?**
3. **Unterscheiden Sie verschiedene Aktientypen.**
4. **Ermitteln Sie, welcher Börsenkurs (oder Marktpreis) sich unter folgenden Bedingungen bilden wird:**

Kurs	20	21	22	23	24	25	Summe
Einzelnachtrager	200	120	80	40	20	5	465
Einzelanbieter	10	30	70	100	140	180	530

3.4.3 Innenfinanzierung

Immer wenn die finanziellen Mittel aus der Unternehmung selbst stammen, die Quellen der Finanzierung also innerhalb des Unternehmens zu suchen sind, dann liegt eine Innenfinanzierung vor.

- erwirtschaftete Gewinne eines Unternehmens werden nicht oder nur teilweise ausgeschüttet
- Freisetzung von Kapital durch Umschichtung (Verkauf) von Vermögen.

3.4.3.1 Selbstfinanzierung

1. Offene Selbstfinanzierung

Der Anteil des Gewinnes, der nicht ausgeschüttet wird, steht dem Unternehmen zur Verfügung. Bei Kapitalgesellschaften schlägt er sich entweder im Rücklagenkonto oder als Gewinnvortrag offen ersichtlich in der Bilanz nieder. Bei Aktiengesellschaften müssen gesetzliche Rücklagen in Höhe von 10 % des Grundkapitals gebildet werden. Zu diesem Zwecke fließen dem Rücklagenkonto jährlich 5 % des Gewinnes zu. Weitere Teile können den freiwilligen Rücklagen zugeführt werden.

2. Stille Selbstfinanzierung

Diese finanziellen Reserven sind aus der Bilanz nicht ohne weiteres ersichtlich, da keine Pflicht zu einem Gewinnausweis besteht. Ihre Entstehung hat unterschiedliche Ursachen:

Unterbewertung von Vermögensgegenständen

- Die **Einhaltung des Niederstwertprinzips** kann dazu führen, dass eventuelle Steigerungen des Markt- oder Wiederbeschaffungspreises nicht berücksichtigt werden.
- Das **Aktivierungsverbot für immaterielle Anlagegüter,** wie z.B. Patente, Forschungsergebnisse oder anderes, bewirkt, dass die ausgewiesenen Aktivposten zwangsläufig nicht die tatsächliche Vermögenslage darstellen können, die sich bei einer Auflösung oder einem Verkauf des Unternehmens ergeben würde.
- Die **Vornahme außerplanmäßiger Abschreibungen** oder Sonderabschreibungen führt zu zusätzlichen Möglichkeiten der Abschreibungsfinanzierung.

Überbewertung der Passiva

Nach dem Höchstwertprinzip und dem Grundsatz kaufmännischer Vorsicht werden Verbindlichkeiten zu dem höchstmöglichen Wert angesetzt, der nicht dem tatsächlichen entsprechen muss. Bei Auflösung der Verbindlichkeiten zum eventuell niedrigeren Buchwert werden finanzielle Mittel, die aus der Differenz des Bilanzansatzes zu der tatsächlichen Ausgabe resultieren, frei. Das Gleiche gilt für **Rückstellungen**, die für drohende Verluste und ungewisse Schulden gebildet werden. Bei einem vorsichtigen (hohen) Ansatz für Rückstellungen und ihrer Auflösung zu einem eventuell niedrigeren Betrag ergibt sich der gleiche Effekt wie bei den Verbindlichkeiten.

3.4.3.2 Finanzierung aus Abschreibungen

Durch den Umstand, dass Abschreibungen als Kosten in die Verkaufskalkulation mit ein- und somit über die Umsatzerlöse wieder in das Unternehmen zurückfließen, stehen finanzielle Mittel zur Verfügung, denen kein momentaner Aufwand gegenübersteht. Entweder werden in dieser Höhe Rücklagen gebildet, um später Ersatzinvestitionen zu tätigen oder das Kapital wird für andere finanzielle Maßnahmen verwendet.

Beispiel:

Lineare Abschreibung eines Anlagegegenstandes in vier Jahren mit jährlich 25 %. Am Ende der Nutzungsdauer steht das ursprünglich investierte Kapital wieder zur Verfügung. (Rückfluss durch Abschreibungen)

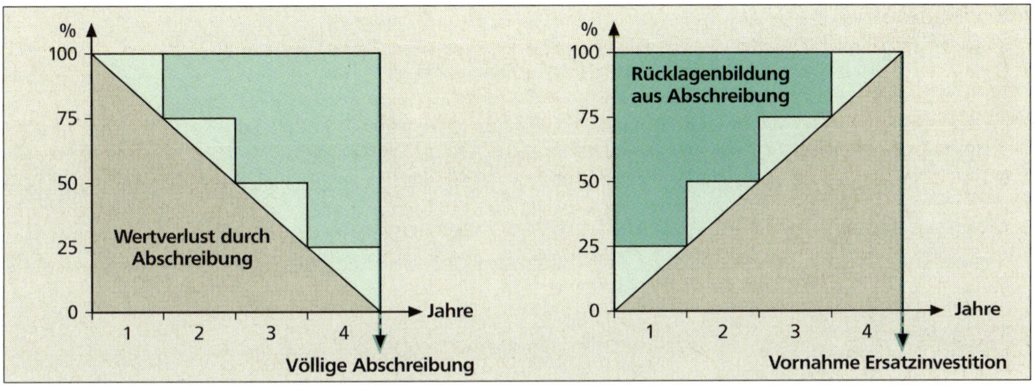

Unter der Voraussetzung, dass die Kapazitäten teilbar sind, also mehr als eine Maschine eingesetzt wird, können rückfließende Abschreibungsbeträge schon früher, ggf. laufend für Ersatz- und Erweiterungsinvestitionen eingesetzt werden.

Beispiel:

Ein Werkzeugmaschinenhersteller hat fünf Drehbänke mit einem Anschaffungswert von jeweils 100.000,00 DM im Einsatz. Sie werden mit 20 % linear abgeschrieben. Sobald die angesammelten Abschreibungsbeträge ausreichen, wird neu investiert. Bei gleich bleibenden Anschaffungskosten für die Maschinen ergibt sich folgendes Bild:

Jahr	Anzahl Drehbänke	Anschaffungswert (Tsd. DM)	Abschreibung (Tsd. DM)	am Jahresende völlig abgeschriebene Anlagen	Erweiterungsinvestition durch Abschreibung	verbleib. Rücklagen
1	5	500	100	–	1	–
2	6	600	120	–	1	20
3	7	700	140	–	1	60
4	8	800	160	–	2	20
5	10	1.000	200	5	2	20
6	7	700	140	1	1	60
7	7	700	140	1	2	–
8	8	800	160	1	1	60
9	8	800	160	2	2	20
10	8	800	160	2	1	80

Die in den jeweiligen Perioden zur Verfügung stehende Maschinenkapazität wird durch laufende Investitionen der rückfließenden Abschreibungsbeträge erheblich erweitert (hier: bis 200 %).

Trotzdem bleibt die insgesamt zur Verfügung stehende Kapazität gleich, da jede Maschine bis zum letzten Nutzungsjahr noch mit dem vollen Anschaffungswert „gebucht" wird, obwohl ihre zu nutzende Restkapazität wesentlich geringer ist.

Diese Möglichkeit der Kapazitätserweiterung wird auch als **Lohmann-Ruchti-Effekt** bezeichnet.

Finanzierung durch Vermögensumschichtung

Wenn Vermögensgegenstände, die nicht dem eigentlichen Betriebszweck dienen, veräußert werden, erfolgt ein Kapitalzufluss, welcher nicht über Umsatzerlöse erzielt wurde. Oft werden dadurch auch stille Reserven frei. Dieses „zusätzliche" Kapital kann zu Finanzierungszwecken genutzt werden.

Arbeitsvorschlag:

1. **Was bedeutet Innenfinanzierung?**
2. **Über welche Maßnahmen kann ein stiller Selbstfinanzierungseffekt erreicht werden?**
3. **Stellen Sie das Wesen der Abschreibungsfinanzierung heraus.**
4. **Lesen Sie den folgenden Bericht und beantworten danach die Fragen**

Alle marktrelevanten Daten wie die Umsatz- und Erlösentwicklung, auch die Branchenentwicklung und die allgemeine konjunkturelle Lage weisen bei dem Spezialmaschinenhersteller Schilt in Erfurt auf die Möglichkeit einer erheblichen Umsatzausweitung hin, wenn die unternehmensinternen Voraussetzungen dafür geschaffen werden können. Um die Produktionskapazitäten auszuweiten, ist insgesamt eine Investition in Höhe von 2,8 Millionen DM notwendig.

Der Großteil dieser Investition soll aus Eigenmitteln finanziert werden, denn die Gewinnsituation der letzten Jahre, die gebildeten freiwilligen Rücklagen, die Erlöse aus dem Verkauf von Teilen der alten Produktionsanlage, mögliche Wertpapierveräußerungen und die Rückflüsse aus der Abschreibungsfinanzierung bilden ein beruhigendes Polster für die notwendige Investition. Die Banken haben ebenfalls ihre Bereitschaft signalisiert fehlende Mittel über eine langfristige Finanzierung beizusteuern.

Die freien Kapitalrücklagen der Unternehmung betragen 1,5 Millionen DM.

Aus potenziellen Veräußerungen und Abschreibungsrückflüssen könnten noch einmal 800.000,00 DM bereitgestellt werden. Der Rest müsste fremdfinanziert werden zu einem langfristigen Zinssatz von 7 % mit einer 5-prozentigen Tilgung.

a) **Welche Finanzierungsmittel sollen hier eingesetzt werden?**

b) **Wodurch unterscheidet sich eine Innenfinanzierung von einer Fremdfinanzierung?**

c) **Wie beurteilen Sie, dass der größte Teil der Investition über eigene Mittel finanziert werden soll?**

3.4.4 Kreditfinanzierung

Situation

Manches Unternehmen steht kaum noch auf eigenen Beinen, wenn man betrachtet, wie hoch der Anteil des über Kredite finanzierten Vermögens ist. Kreditsummen von mehreren Milliarden DM, die Überziehung des laufenden Kontos in siebenstelliger Höhe und Wechselkredite in ähnlichen Dimensionen sind für große Unternehmen keine Seltenheit. Doch die Norddeutsche Motoren-GmbH musste leidvolle Erfahrungen mit den scheinbar unbegrenzten Möglichkeiten der Kreditfinanzierung machen. Nach erheblichen Investitionen in den letzten Jahren blieben die erwarteten Umsätze und die entsprechenden Gewinne aus. Eine notwendige Produktionsumstellung wollten die Banken nicht mehr über Darlehen finanzieren. Der Kontokorrentrahmen wurde darüber hinaus so zurückgefahren – aus Sicherheitsgründen, so die Sprachregelung der Bank –, dass es zu großen Liquiditätsengpässen in der Unternehmung kam. Sicherheiten in Form von beweglichen und unbeweglichen Vermögensgegenständen (Immobilien), welche hätten beliehen werden können, konnten nicht zusätzlich beigebracht werden. Bürgen für einen größeren Kredit ließen sich nicht finden. Die Banken hielten zwar still, sie kündigten die bestehenden Kredite nicht auf, doch sie waren auch nicht bereit das Kreditvolumen der Unternehmung auszuweiten. Die Lage der GmbH schien ausweglos …

?

- Warum können Unternehmer nicht auf Kredite verzichten?
- Welche Kredite gibt es?
- Mit welchen wirtschaftlichen Schwierigkeiten hat die Motoren-GmbH zu kämpfen?
- Welche Sicherheiten können den Kreditgebern angeboten werden, damit diese ihr Risiko absichern?

Informationen

3.4.4.1 Kreditprüfung

Bevor Kredite von Banken vergeben werden, erfolgt in aller Regel eine Kreditprüfung. Drei wesentliche Aspekte werden dabei überprüft:

- Kreditfähigkeit im rechtlichen Sinne
- Kreditwürdigkeit des Kreditnehmers (personelle und wirtschaftliche Kreditwürdigkeit)
- Kreditsicherheiten des Kreditnehmers (persönliche und dingliche Sicherheiten)

Die Prüfung der **Kreditfähigkeit** befasst sich mit der Frage, ob der Antragsteller rechtlich gesehen überhaupt einen Kredit aufnehmen kann.

Kreditfähig sind:

- Natürliche Personen mit unbeschränkter Geschäftsfähigkeit.

  Damit können geschäftsunfähige Personen keine Kreditgeschäfte tätigen. Beschränkt Geschäftsfähigen sind Kreditaufnahmen nur mit Zustimmung des gesetzlichen Vertreters und des Vormundschaftsgerichts erlaubt.
- Inhaber oder Gesellschafter von Unternehmungen[1]

  Einzelunternehmung:

  Ihr Inhaber ist kreditfähig, da er allein über die Aufnahme von Krediten entscheiden kann.

  Personengesellschaften (OHG, KG):

  Alle persönlich haftenden Gesellschafter sind kreditfähig, sofern sie nicht von der Geschäftsführung ausgeschlossen sind. Kommanditisten dürfen keine Kredite aufnehmen, da sie keine Vertretungsbefugnis haben.

  Kapitalgesellschaften (AG, GmbH):

  Alle Geschäftsführer und Vorstandsmitglieder mit Gesamtvertretungsmacht sind kreditfähig.
- Angestellte mit besonderen Rechten. Da sich eine Handlungsvollmacht auf gewöhnliche Geschäfte erstreckt, muss einem Handlungsbevollmächtigten zur Aufnahme von Krediten eine Spezial- oder Sondervollmacht erteilt werden. Der Prokurist darf dagegen Kreditverpflichtungen ohne besondere Vollmacht eingehen.

Nach der Prüfung der Kreditfähigkeit wird der Kreditnehmer auf seine **Kreditwürdigkeit** überprüft.

> „Das Vertrauen in die Person des Kreditnehmers ist für ein Kreditinstitut eine wichtige Voraussetzung zur Hergabe eines Kredits, da es vom Willen und der Fähigkeit des Kreditnehmers abhängt, ob er seinen Verpflichtungen aus dem Rechtsgeschäft nachkommt. Ein Kreditnehmer muss sich des Kredits würdig erweisen.
> Kreditwürdig ist derjenige, von dem erwartet werden kann, dass er seine Kreditverpflichtung vertragsmäßig erfüllen wird."
> (Holtz u.a. Berufsausbildung Bankkaufmann, Deutscher Sparkassenverlag)

Die Kreditwürdigkeit unterteilt man in:

Personelle Kreditwürdigkeit. Sie soll Hinweise über Charakter, Ruf sowie Zuverlässigkeit und berufliches Können des Kreditnehmers geben.

Wirtschaftliche Kreditwürdigkeit. Ihre Überprüfung erfolgt insbesondere durch Offenlegung der Jahresabschlüsse von den Kredit suchenden Unternehmungen. Dabei genügt es i. d. R. nicht, nur den letzten Jahresabschluss vor der Kreditgewährung einzusehen. Um einen einfachen Zeitvergleich vornehmen zu können, sind auch frühere Jahresabschlüsse in die Überprüfung einzubeziehen. Aus diesen Unterlagen versucht der Kreditgeber Erkenntnisse über die zukünftige Unternehmensentwicklung zu gewinnen. Dies ist besonders bei langfristigen Krediten von Bedeutung.

> Alles in allem lässt sich feststellen: Je vielseitiger das Produktprogramm und die Möglichkeit des Ergebnisausgleichs, desto größer die Kreditbasis; das gilt unabhängig für kleine und große Unternehmen. Ganz allgemein fördert ein qualifiziertes Finanzmanagement, das mit allen modernen betriebswirtschaftlichen Instrumenten arbeitet, die Kreditchancen ...
> (Quelle: Veröffentlichung der Commerzbank AG)

Kreditgeber können sich auch anderweitig Auskünfte zur Beurteilung der Kreditwürdigkeit eines Kreditnehmers holen:

- **Bankauskünfte**

  Befragung von Kreditinstituten, mit denen der Kreditnehmer zusammenarbeitet (aber: Bankgeheimnis)
- **Büroauskünfte**

  Auskünfte von gewerbsmäßigen Auskunfteien gegen Gebühr
- **Schufa-Auskünfte**

  „Die Schutzgemeinschaft für allgemeine Kreditsicherung GmbH" erteilt nur ihren Mitgliedern (Kreditinstituten und anderen Unternehmen) Auskünfte. Alle eingeräumten und abgelehnten Kredite sind dort gemeldet. Die Schufa erstellt Unterlagen über Zahlungsmoral und finanzielle Verhältnisse der Kreditnehmer.
- **Geschäftspartner**

  Der Kreditnehmer benennt Geschäftspartner, die über ihn Auskunft und Referenz abgeben können.
- **Öffentliche Register**

  Handelsregister geben Auskunft über Eigentums- und Haftungsverhältnisse und Grundbuchauszüge über Grundvermögen und dessen Belastung.

1 Es werden nur einige Rechtsformen beispielhaft genannt.

400141 2L

3.4.4.2 Kreditsicherheiten

Um im Falle einer Nichtrückzahlung eines Kredites abgesichert zu sein, legt der Kreditgeber Wert auf eine besondere Kreditsicherung.

Beim **Personalkredit** liegt sie in der Kreditwürdigkeit des Kreditnehmers. Bei einem verstärkten Personalkredit tritt neben die Person des Kreditnehmers noch eine weitere Person, ein Bürge, der beim Ausfall des Kreditgebers für die Kreditrückzahlung haftet.

Ist als Sicherheit für die fristgemäße Rückzahlung eine bewegliche Sache oder ein Recht vereinbart, handelt es sich um dinglich gesicherte Kredite. Dazu zählen auch die **Realkredite,** die durch eine Grundschuld oder Hypothek gesichert sind.

Kreditsicherheiten

Personalsicherheiten

stellen Absicherungen durch andere Personen in Form von:

- Garantien,
- Bürgschaften,
- Schuldmitübernahmen dar.

Realsicherheiten

sind Absicherungen durch Sachen oder Rechte in Form von:

- Pfandrechten,
- Eigentumsvorbehalten,
- Forderungsabtretungen oder Sicherungsübereignungen.

Die Garantie ist eine Gewährleistung für die Rückzahlung eines Kredites, die unabhängig von der Kreditforderung besteht.

Die Schuldmitübernahme oder Schuldbeitritt ist eine gesamtschuldnerische Haftungsart, bei der eine weitere Person als Gesamtschuldner auftritt.

Die Bürgschaft

Voraussetzung für eine Bürgschaft ist das Bestehen einer fremden Schuld (Hauptschuld). Dieser Kredit wird durch das Bürgschaftsversprechen gesichert. Die Bürgschaft ist mit dem Kredit eng verbunden und kann nur in Verbindung mit ihm geltend gemacht werden. Die Bürgschaft bedarf der Schriftform. Nur Vollkaufleute können auch mündlich bürgen. Die Bürgschaft endet mit Ablauf einer vereinbarten Frist. Sie erlischt mit der endgültigen Rückzahlung des Kredits.

Was bei Bürgschaften zu beachten ist

Die häufigste Personalsicherheit, die bei einer Kreditgewährung von Geldinstituten, aber auch Lieferanten verlangt wird, ist die Bürgschaft. Dabei ist es gleichgültig, ob der Bürge sich für den Kredit eines anderen verbürgt oder ob die Bürgschaft von dem Inhaber eines kleinen Unternehmens für einen Bank- oder Lieferantenkredit verlangt wird. Grundsätzlich müssen sich die Bürgen darüber im Klaren sein: Sie haften nicht nur für den Bürgschaftsbetrag, sondern auch für alle aus der Bürgschaftssumme aufgelaufenen Zinsen und Kosten. Das Risiko ist groß: Der Haftungsbetrag kann sich für den Bürgen schnell um 50 und mehr Prozent erhöhen. Dies auch dann, wenn es sich um eine so genannte Höchstbetragsbürgschaft handelt.

Dies sind die am häufigsten verlangten Bürgschaften:

- Bei der **selbstschuldnerischen Bürgschaft** ist die Bank berechtigt, den Bürgen in gleicher Weise für die Rückzahlung des Kredits in Anspruch zu nehmen wie den Hauptschuldner. Es entfällt hier insbesondere die Einrede des Bürgen auf die Vorausklage und die erfolglose Zwangsvollstreckung gegen den Kreditnehmer.
- Die so genannte **Höchstbetragsbürgschaft** hat die gleichen Merkmale wie die selbstschuldnerische Bürgschaft. Allerdings ist hier der Höchstbetrag der Haftung bestimmt, für welchen gebürgt wird.

- Wird die Haftung des Bürgen auf den Ausfall beschränkt, den ein Kreditgeber erleidet, so spricht man von einer **Ausfall- oder Schadlosbürgschaft.** Hier kann der Bürge erst dann in Anspruch genommen werden, nachdem der Gläubiger versucht hat, vom Hauptschuldner das Geld zu erhalten und dabei einen Ausfall erlitten hat.
- Mitunter verbürgen sich mehrere Personen für einen Kredit. Dies nennt man **Gesamtbürgschaft.**

Hierbei ist es nicht so, dass im Falle einer Inanspruchnahme alle Bürgen gleichmäßig zur Kasse gebeten werden müssen. Wird die Bürgschaft wider Erwarten fällig, kann die Bank alle Bürgen für Teilbeträge, aber auch einen Bürgen für den Gesamtbetrag in Anspruch nehmen. Nimmt sie nur einen in Anspruch, hat dieser Bürge gegenüber den anderen einen Ausgleichsanspruch. Verbürgen sich mehrere Pesonen für Teilbeträge, so ist dies eine Teilbürgschaft.

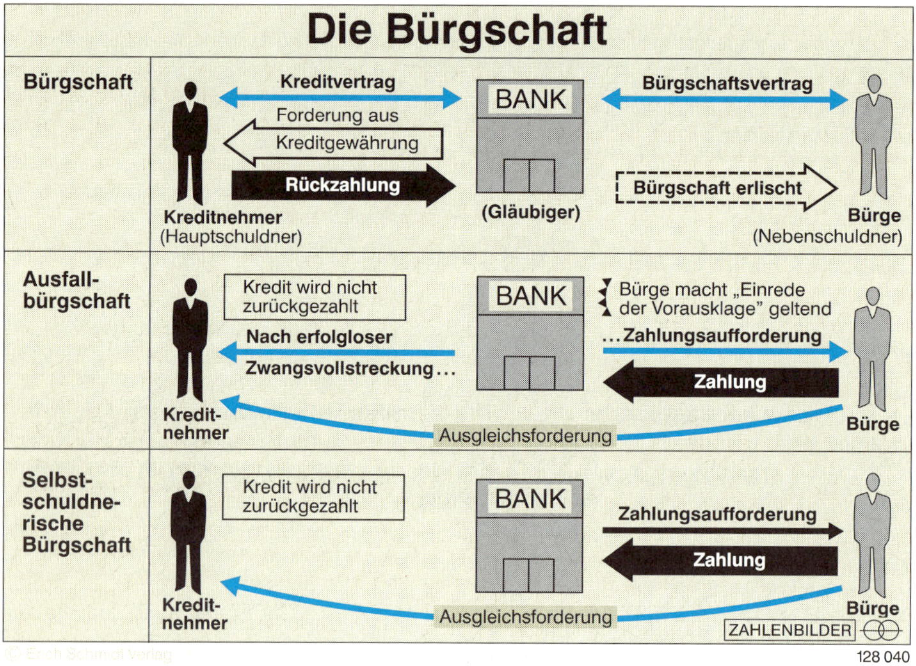

Arbeitsvorschlag:

Die Solaranlagen GmbH hat eine verbesserte Technik zur Speicherung solarer Energie entwickelt und plant mit diesen „neuen" Produkten an den Markt zu gehen. Die notwendigen Investitionen betragen im Moment 300.000,00 DM. Aufgrund des relativ geringen Gesellschaftsvermögens ist die Hausbank nicht bereit einen Kredit ohne zusätzliche Sicherheiten zu vergeben. Gleichwohl teilt die Bank aber die Einschätzung des Geschäftsführers, die Investition werde zukünftig hoch rentabel sein.

Aufgrund dieser positiven Beurteilungen der geplanten Investition und der daraus zu erwartenden Gewinne ist der Hauptgesellschafter der GmbH bereit, ein Bürgschaftsversprechen der Bank gegenüber abzugeben. Der als seriös und vermögend geltende Geschäftsmann wird von der Bank als Bürge akzeptiert, in einem Bürgschaftsvertrag werden die rechtlichen Rahmenbedingungen zwischen Bank und Bürge abgesteckt, u.a. versichert der Gesellschafter in diesem Vertrag für die GmbH zu haften, falls diese den Kredit nicht zurückzahlen kann.

1. **Welche Bürgschaftsformen unterscheidet man und welche Verpflichtung nimmt ein Bürge auf sich?**
2. **Inwiefern hat sich die Haftungssituation des Hauptgesellschafters der GmbH durch die Bürgschaft verändert?**

Die Zession

Die Zession basiert auf der Überlassung (Abtretung) von Forderungen. Es ist für den Kreditnehmer möglich, Forderungen gegenüber einem Dritten auf den Kreditgeber zu übertragen. Der Kreditgeber und der Kreditnehmer schließen einen Abtretungsvertrag (Zession) ab. Der Kreditnehmer (Weber) wird **Zedent** und der Kreditgeber (Bank) **Zessionar.** Der Zedent legt dem Zessionar eine Abtretungsanzeige vor, die ihm rechtlich die Position des früheren Gläubigers einräumt.

Eine Benachrichtigung des Dritten über die Zession ist rechtlich nicht notwendig, sie kann aber erfolgen. Findet eine Offenlegung (offene Zession) statt, so kann der Dritte seine Verbindlichkeiten nur ausgleichen, wenn es die ausstehenden Zahlungen an die Bank leistet.

Wenn der Drittschuldner nicht benachrichtigt wird, ist der Zedent weiterhin verpflichtet die Forderungen einzuziehen und die eingehenden Beträge an die Bank weiterzuleiten. Oftmals ist es so, dass diese stille Zession dem Kreditnehmer angenehmer ist, weil so seine Kreditaufnahme nicht bekannt wird, da sich der Kreditgeber nur bei Nichtzahlung an den Drittschuldner wendet. Allerdings kann bei der stillen Zession auch eine Mehrfachabtretung ein- und derselben Forderung nicht ganz ausgeschlossen werden.

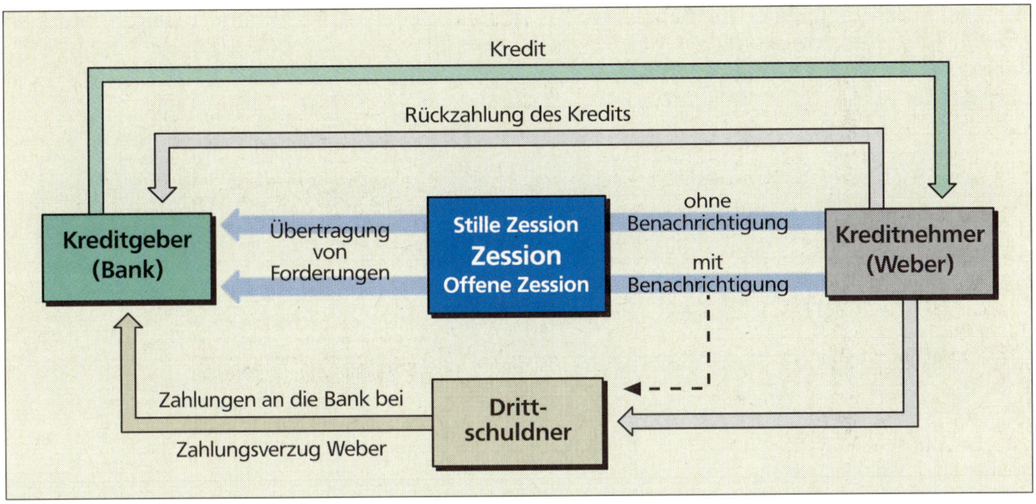

Globalzession	Bei dieser Vereinbarung werden die Forderungen, die gegenüber einer ganzen Gruppe von Kunden bestehen, abgetreten (z. B. Forderungen an die Kunden mit den Anfangsbuchstaben M bis P). Diese Abtretung schließt auch zukünftige Forderungen an diesen Kundenkreis ein.
Mantelzession	Dieser Vereinbarung liegt ein Mantelvertrag zugrunde. In diesem verpflichtet sich der Kreditnehmer eingegangene Forderungen durch neue zu ersetzen. Aus diesem Grund muss der Kreditnehmer von Fall zu Fall Debitorenlisten oder Rechnungskopien dem Kreditgeber vorlegen.

Arbeitsvorschlag:

Die Spielzeugwarenfabrik Weber GmbH & Co. KG hat die Möglichkeit Plastikteile für die Produktion günstig zu erwerben. Um dieses Geschäft finanzieren zu können, nimmt sie einen Kredit über 180.000,00 DM auf. Das Kreditinstitut ist bereit diesen Kredit einzuräumen, möchte jedoch dafür Sicherheiten haben. Weber bietet der Bank an Forderungen in Höhe von 160.000,00 DM, die er gegenüber einem bekannten Warenhaus hat, an sie abzutreten.

Die Bonität des Warenhauses ist einwandfrei und die Bank akzeptiert diese Forderungen als Sicherheiten. Doch mit der Höhe der abgetretenen Forderungen ist sie nicht einverstanden. Die Vorschriften der Bank besagen, dass Forderungen nur zu 60 % beliehen werden dürfen. Um den Kredit in voller Höhe einzuräumen, verlangt die Bank von Weber die Abtretung weiterer Forderungen, was Weber letztlich auch tut.

1. **Welche Vereinbarung treffen das Unternehmen und die Bank?**
2. **Warum verlangt die Bank weitere Forderungsabtretungen von Weber?**
3. **Welche Vorteile sind für den Kreditgeber und auch für den Kreditnehmer mit dieser Form der Kreditsicherheit verbunden?**

Die Sicherungsübereignung

Zur Absicherung des Kredits kann zwischen dem Kreditgeber und dem Kreditnehmer vereinbart werden, dass bewegliche Sachen aus dem Vermögen des Kreditnehmers in das Eigentum des Kreditgebers übergehen. Wenn der bisherige Eigentümer im Besitz der Sachen bleiben möchte, kann ein besonderes Rechtsverhältnis, das **Besitzkonstitut,** vereinbart werden.

Das Besitzkonstitut liegt nach § 930 BGB vor, wenn der Eigentümer im Besitz der Sache ist und die Übergabe dadurch ersetzt wird, dass zwischen ihm und dem Erwerber ein Rechtsverhältnis vereinbart, in dem festgelegt wird, dass der Erwerber den mittelbaren Besitz erlangt.

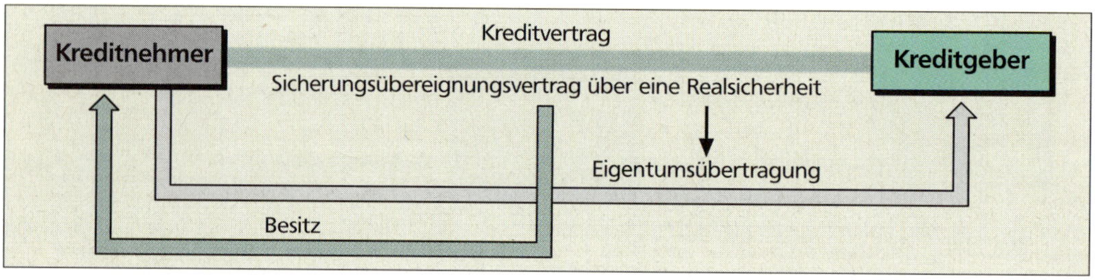

Arbeitsvorschlag:

Zur Sicherung von Kontokorrentkrediten und Darlehen hat die Firma Winter und Langer OHG mit ihrer Hausbank eine Vereinbarung getroffen. Hierin werden folgende im Besitz der Firma befindlichen Sachen der Bank übereignet:

Lfd. Nr.	Genaue Bezeichnung der Sache	Anschaffungspreis (DM)	Aktueller Wert (DM)
1	1 Hobelmaschine, Hersteller Wenger, Typ E 90, Maschinennummer 23450, Baujahr 19..	60.000,00	52.000,00
2	3 vollautomatische Fräsmaschinen, Hersteller Baumgartner, alle vom Typ A 2000, Maschinennummer 1006769, Baujahr 19..	75.000,00	65.000,00

Die Maschinen befinden sich in der Werkstatt in Offenbach, sie sind weder verpfändet noch einem anderen übereignet.
Der OHG wird erlaubt die Maschinen zu nutzen, obwohl das Eigentum an den Sachen mit Abschluss des Sicherungsübereignungsvertrags an die Bank übergegangen ist.

1. **Welche Vorteile sind mit einer Sicherungsübereignung für beide Parteien verbunden?**
2. **Bis zu welcher Höhe wird die Bank einen Kredit auf der Basis der übereigneten Maschinen vergeben?**
3. **Was ist aus der Sicht der Bank bei einer langfristigen Kreditvergabe zu bedenken?**

4001416L

Grundpfandrechte

Hypothekendarlehen weisen insofern Besonderheiten auf, als mit ihnen Sicherheiten an Immobilien verbunden sind. Eine Hypothek entsteht, wenn

- persönliche Forderungen bestehen. Diese stellen ein Hauptrecht dar, von dem das Pfandrecht (als Nebenrecht) abhängt, dieser Umstand wird Akzessorietät genannt.
- Schuldner und Gläubiger sich einigen, dass eine Hypothek begründet werden soll,
- eine Eintragung der Hypothek im Grundbuch vorgenommen wird.

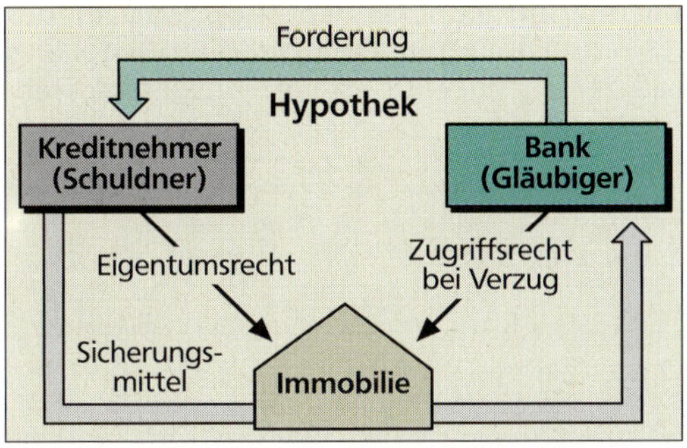

Mit der Hypothek entstehen für den Gläubiger Ansprüche an den Schuldner, denn der Gläubiger kann im Verzugsfalle sowohl gegen das sonstige Vermögen des Schuldners (persönlicher Anspruch) als auch sein Immobilienvermögen (sachenrechtlicher Anspruch) vorgehen.

Über mögliche Veräußerungserträge kann sein Forderungsverlust befriedigt werden. Die Beweislast über das Bestehen oder Nichtbestehen einer Forderung liegt bei einer **Verkehrshypothek** üblicherweise beim Schuldner, denn der Gläubiger wird sich zuerst auf die Grundbucheintragung berufen und solange diese besteht, muss der Schuldner im Zweifelsfall beweisen, dass die Forderung ausgeglichen wurde.

Das **Grundbuch** ist ein öffentliches Verzeichnis, das die Rechtsverhältnisse aller Grundstücke eines Gemeindebezirks anzeigt. Es wird beim zuständigen Amtsgericht geführt.

Gliederung des Grundbuches

Aufschrift als erstes Blatt des Grundbuches	**Bestandsverzeichnis** als Beschreibung von Größe, Art und Nutzung eines jeden Grundstückes.	**Abteilung I** mit Eigentumsverhältnissen, **Abteilung II** und **III** mit Rechten an einem Grundstück

Amtsgericht Eselsan	**Grundbuch von** Eselsan	**Band** 17 · **Blatt** 2356	**Dritte Abteilung**
Lfd. Nummer der Eintragungen	Lfd. Nummer der belasteten Grundstücke im Bestandsverzeichnis	Betrag	Hypotheken, Grundschulden, Rentenschulden
1	2	3	4
1	1	520.000,00 DM	Hypothek zu fünfhundertzwanzigtausend Deutsche Mark für die Raiffeisenbank Eselsan mit Sitz in Eschwege; 15 % Zinsen jährlich; gemäß Bewilligung vom 20. Januar 19 …; eingetragen am 6. August 19 …

Arbeitsvorschlag:

Worin liegen die besonderen Sicherheiten bei Grundpfandrechten?

Im täglichen Geschäftsverkehr eines Kreditinstitutes treten unterschiedliche Hypothekenarten auf. Neben der beschriebenen Verkehrshypothek existiert als Sonderform die **Sicherungshypothek.** Im Unterschied zur Verkehrshypothek kann der Gläubiger sich nicht auf die Grundbucheintragung berufen, sondern er trägt die Beweislast für die rechtmäßige Existenz seiner Forderung, wenn er die Hypothek geltend machen, seine Forderungen aus dem Grundstück befriedigen will. Über die Sicherungshypothek wird kein Hypothekenbrief als urkundliche Bestätigung ausgestellt.

Die **Höchstbetragshypothek** ist eine Besonderheit der Sicherungshypothek, weil ein Haftungshöchstbetrag in das Grundbuch eingetragen wird, selbst bei schwankenden, zeitweise niedrigeren Forderungen bleibt die Haftungshöhe bestehen.

Bei der Übertragung von Hypotheken werden die Grundbucheintragungen umgeschrieben. Man bedient sich hierbei zweier unterschiedlicher Möglichkeiten:

Briefhypothek: Es wird ein Hypothekenbrief als öffentliche Urkunde und Bestätigung der Eintragung in das Grundbuch ausgestellt. Dieser Hypothekenbrief muss schriftlich abgetreten werden. Zur Ausübung der Rechte aus der Hypothek genügt der Brief.

Buchhypothek: Die Hypothek wird in das Grundbuch eingetragen und die Ausstellung eines Hypothekenbriefs wird ausgeschlossen.

Grundschulddarlehen

Auch die Grundschuld stellt – wie die Hypothek – die Belastung eines Grundstücks und somit die Einräumung eines Grundpfandrechts an den Gläubiger dar. Aus der Grundschuld entsteht dem Gläubiger der Anspruch auf eine bestimmte Geldsumme aus dem Grundstück. Im Gegensatz zur Hypothek ist mit der Grundschuld keine persönliche bestimmte Forderung verbunden. Die Grundschuld ist eine abstrakte, vom Kredit losgelöste Verpflichtung des Schuldners. Zur Bestellung einer Grundschuld ist keine persönliche Forderung notwendig. Die Grundschuld bleibt selbst dann noch eine Fremdgrundschuld in der Hand des Gläubigers, wenn dieser keine persönlichen Ansprüche mehr gegen den Grundstückseigentümer hat. Ihm steht jedoch das Recht auf Rückübertragung oder Löschung der Grundschuld zu.

Im Allgemeinen ist es sinnvoll, in einer Sicherungsvereinbarung zwischen Grundstückseigentümer und Grundschuldgläubiger festzulegen, für welche Zwecke der Grundschuldgläubiger Rechte aus der Grundschuld ausüben darf. In der Praxis werden Grundschulden meist für eine Vielzahl von Einzelforderungen aus einer laufenden Geschäftsverbindung eingetragen. Sie stehen dem Gläubiger nach der zugrunde liegenden Sicherungsvereinbarung in der Regel für die gesamte Dauer der Geschäftsverbindung zu. Ein Rückübertragungsanspruch des Grundstückseigentümers entsteht dann erst nach völliger Beendigung der Geschäftsverbindung.

aus: Gelbe Reihe, Nr. 198. Information der Volks- und Raiffeisenbanken

Eine besondere Art der Grundschuld ist die **Eigentümergrundschuld.** Sie wird von vornherein auf den Namen des Grundstückseigentümers im Grundbuch eingetragen. Als Briefeigentümergrundschuld kann sie an einen Gläubiger abgetreten werden oder der Eigentümer sichert sich eine bestimmte Rangstelle im Grundbuch und somit auch einen Erlös aus einer eventuell anfallenden Versteigerung. Banken nehmen grundsätzlich eine erstrangige Besicherung in Anspruch, denn der Erlös aus einer Versteigerung geht zunächst an den, dessen Hypothek an erster Stelle im Grundbuch eingetragen ist, mit dem eventuell verbleibenden Rest werden die nachrangigen Gläubiger bedacht.

Arbeitsvorschlag:

1. **Erläutern Sie, wovon die Kreditwürdigkeit einer Person bzw. einer Unternehmung abhängt.**
2. **Welche Bedeutung haben Sicherheiten für die Vergabe eines Kredites?**

3. **Was ist eine Bürgschaft und welche Arten gibt es?**
4. **Erklären Sie das Wesen der Sicherungsübereignung und gehen Sie dabei auf das Besitzkonstitut ein.**
5. **Worin liegt die Sicherungsmöglichkeit bei einer Zession?**
6. **Zeigen Sie charakteristische Merkmale eines Hypotheken- bzw. eines Grundschuldkredits auf.**

Betriebliche Entscheidungssituation Analysieren – informieren – diskutieren – entscheiden

Die Helmut Weber OHG stellt Bier, Mineralwasser und verschiedene Säfte her. In warmen Sommern produziert der Betrieb an der Kapazitätsgrenze und kann manchmal nicht allen Bedarf decken. Eine Erweiterung der Produktionskapazitäten erscheint unumgänglich und damit auch eine mögliche Finanzierung von außen, um das benötigte Kapital zu beschaffen. Die Bilanz der Firma stellt sich wie folgt dar:

Aktiva	BILANZ zum 31. Dez. ..		Passiva
Grundstücke	550.000,00 DM	Eigenkapital	1.600.000,00 DM
Gebäude	1.200.000,00 DM	Darlehen	400.000,00 DM
Ausstattung	90.000,00 DM	Verbindlichkeiten	90.000,00 DM
Vorräte	70.000,00 DM		
Erzeugnisse	50.000,00 DM		
Forderungen	80.000,00 DM		
Bank	45.000,00 DM		
Kasse	5.000,00 DM		
	2.090.000,00 DM		2.090.000,00 DM

a) Treffen Sie Aussagen über die Kreditwürdigkeit dieser Unternehmung.

b) Unterbreiten Sie Kreditvorschläge zur Finanzierung der Betriebserweiterung bei einem Kapitalbedarf von 350.000,00 DM, wenn ein Grundstück bereits mit 150.000,00 DM erstrangig belastet ist.

c) Beurteilen Sie, ob die OHG bei der Neuanschaffung einer Maschine im Wert von 87.000,00 DM eine Sicherungsübereignung, eine Zession, oder eine ganz andere Art der Finanzierung wählen sollte.

d) Der Weber OHG fehlen Sicherheiten für einen Kredit. Der Gesellschafter Weber erklärt sich bereit eine Bürgschaft für die Firma zu übernehmen bzw. sich um einen Avalkredit zu kümmern. Verdeutlichen Sie die verschiedenen Möglichkeiten eines Bürgschaftskredits, verbunden mit den Risiken für den Bürgen.

3.4.4.3 Kreditarten

Kredite sind für eine Unternehmung Fremdfinanzierungsmittel, welche ihr von außen zugeführt werden. Jede Kreditaufnahme bewirkt eine Erhöhung der zur Verfügung stehenden finanziellen Mittel und gibt dem Kreditnehmer die Möglichkeit über Geld gegenwärtig zu entscheiden, welches er später zurückzahlen muss. Mit jedem Kredit sind Zinsen und andere Kosten verbunden, die u.a. für die Beurteilung einer Kreditart ausschlaggebend sind.

Die Kreditarten werden wie folgt unterschieden:

Kreditarten

- nach ihrer Verwendung
  - Finanzierung
    - des Endverbrauchs → Konsumkredit
    - der Produktion → Investitionskredit
- nach ihrer Laufzeit
  - kurzfristig
    - Lieferanten-
    - Kunden-
    - Kontokorrent-
    - Diskont-
    - Akzept-
    - Lombardkredit
  - langfristig
    - Darlehen
- nach ihrer Sicherheit
  - Personal
    - Bürgschaften
  - Realsicherheiten
    - Eigentumsvorbehalte
    - Forderungsabtretungen
    - Sicherheitsübereignungen
    - Pfandrechte

Der Lieferantenkredit

Der Lieferantenkredit ist ein Handelskredit, weil er mit der Lieferung von Waren verbunden ist. Die Zahlung erfolgt erst zu einem späteren Zeitpunkt als die Lieferung oder Leistung (Zahlungsziel). An den vom Lieferanten eingeräumten Lieferantenkredit sind oftmals besondere Zahlungsmodalitäten gekoppelt.

Entweder kann bei Zahlung innerhalb einer festgesetzten Frist ein Skonto oder bei Verstreichen dieses engen Zeitraumes ein bestimmtes Zahlungsziel ausgenutzt werden. Ziel des Lieferantenkredits ist die Umsatzförderung, nicht ein Kreditgeschäft.

Beispiel für eine Skontogewährung: *Auszug aus einer Rechnung*

Gesamtsumme DM 28.750,00

Beträge unter 1.000,00 DM sind sofort netto zahlbar.

Zahlungsbedingungen: Innerhalb 10 Tagen 2 % Skonto, innerhalb 30 Tagen netto, Kasse

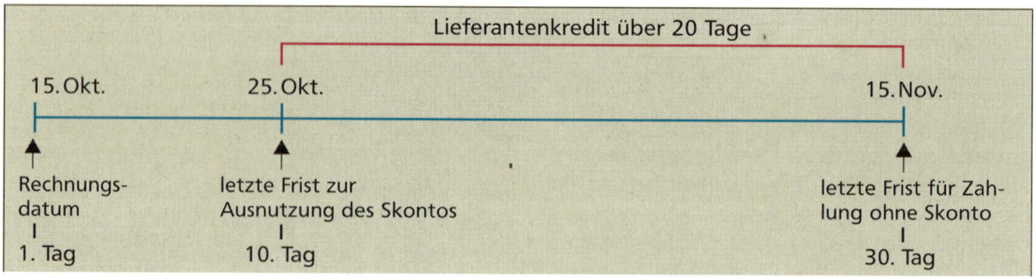

4001420L

Berechnung:

des Skontobetrages:	der Zahlung nach Abzug von Skonto:	des Jahreszinssatzes (vereinfachte Möglichkeit):	des Jahreszinssatzes unter der Berücksichtigung einer Kreditaufnahme für 20 Tage (Zinsformel):
2 % von 28.750,00 DM = 575,00 DM möglicher Skontoabzug	Rechnungsbetrag 28.750,00 DM – Skontobetrag 575,00 DM zu zahlender Betrag 28.175,00 DM	20 Tage ..... 2 % 360 Tage ..... x % $x = \frac{2 \cdot 360}{20} = 36\ \%$	$p = \frac{Z \cdot 100 \cdot 360}{K \cdot t} =$ $\frac{575{,}00 \cdot 100 \cdot 360}{28.175{,}00 \cdot 20}$ $p = 36{,}73\ \%$

Die Differenz von 0,73 % zur Berechnung des Jahreszinssatzes (vereinfacht) ist auf die um den Skontobetrag verminderte Kreditaufnahme in Höhe von 28.175,00 DM statt 28.750,00 DM zurückzuführen.

In den meisten Fällen ist es günstiger, einen kurzfristigen Kredit aufzunehmen, um den Skonto ausnutzen zu können. Auch unter zusätzlicher Berücksichtigung sonstiger Kreditgebühren ist ein effektiver Kreditzins von ca. 12 % im kurzfristigen Bereich nicht unrealistisch und damit rentabel gegenüber einem effektiven Jahreszinssatz von 36,73 % bei Skontoausnutzung. Diese „Ersparnis“ soll bei dem Kunden den Eindruck eines günstigen Kaufes erwecken und ist von daher ein preispolitisches Argument im Kampf um Absatzmengen.

Bezogen auf obiges Beispiel ergäbe sich folgende tatsächliche Ersparnis:

Skontobetrag (2 % von 28.750,00 DM)
= 575,00 DM

– Sollzinsen (12 % von 28.175,00 DM)
= 187,83 DM

= Ersparnis bei Skontoausnutzung
= 387,17 DM

Der Kontokorrentkredit

Für Unternehmen war es von jeher eine Selbstverständlichkeit, eng mit Kreditinstituten zusammenzuarbeiten, ihren Zahlungsverkehr über diese abzuwickeln, Giro-, Darlehens- und andere Konten zu unterhalten.

Auf Antrag räumen Kreditinstitute ihren Kunden, Unternehmen und Privatleuten, Kontokorrentkredite auf dem Kontokorrent- oder Girokonto ein. Mit der Auflage vereinbarte Höchstgrenzen (Kreditlimits) einzuhalten, können die Kreditnehmer mit Scheck, Überweisung oder Barabhebungen über die Mittel verfügen. Die Kreditvergabe ist nicht zwingend an besondere Sicherheiten gebunden.

Kontokorrentkredite dienen der kurzfristigen Finanzierung, sie sind leicht verfügbar, aber durch unterschiedliche Kosten auch relativ teuer.

Kosten für einen Kontokorrentkredit	
Sollzinsen	Verzinsung des tatsächlich in Anspruch genommenen Kredits. Die Zinsen sind an den Diskontsatz gekoppelt, liegen allerdings 3–5 % darüber.
Kreditprovision	3–4 % vom zugesagten, aber nicht beanspruchten Kredit, da die Bank finanzielle Mittel vorhält, ihr bei Nichtinanspruchnahme aber Sollzinsen verloren gehen.
Überziehungsprovision	Bei Überschreiten des Kreditlimits berechnet die Bank von dem Betrag, der die Höchstgrenze überschreitet, 2–5 % zusätzlich zu den anderen Kosten.
Umsatzprovision	Oft $^1/_8$ % von der Kontoseite mit dem größten Umsatz.
Nebenkosten	Spesen, Portokosten u. a.

Der Kontokorrentkredit wird in der Regel über Umsatzerlöse wieder zurückgezahlt. Er kann vergeben werden als:

Betriebsmittelkredit	Dieser Kredit dient dazu, kurzfristige Liquiditätsengpässe zu überbrücken (Überbrückungskredit), um Gegenstände des Umlaufvermögens kurzfristig zu finanzieren oder eventuell einen Skonto ausnutzen zu können.
Zwischenkredit	Die Funktion dieser Kreditart ist darin zu sehen, dass langfristige Darlehen (um zukünftig günstigere Konditionen zu erreichen) zwischenfinanziert werden.
Saisonkredit	Verschiedene Unternehmen haben saisonbedingt unterschiedlich hohe Ausgaben. Um liquide zu bleiben, beanspruchen sie das Kontokorrentkonto kurzfristig.
Dispositionskredit	Als Kredit an Privatpersonen dient er zur kurzfristigen Finanzierung von Konsumausgaben (Konsumkredit)

Beispiel zum Kontokorrentkredit:

Auf dem Girokonto der Firma Wollweber GmbH finden folgende Bewegungen statt:

Zeitraum	Ein-/Auszahlung
1. Mai	0,00 DM
2. Mai	– 60.000,00 DM
4. Mai	+ 15.000,00 DM
6. Mai	– 30.000,00 DM
8. Mai	– 25.000,00 DM
10. Mai	+ 35.000,00 DM
12. Mai	+ 40.000,00 DM
15. Mai	+ 40.000,00 DM
16. Mai	– 80.000,00 DM
19. Mai	– 35.000,00 DM
22. Mai	+ 55.000,00 DM
23. Mai	+ 45.000,00 DM
28. Mai	– 15.000,00 DM
30. Mai	+ 5.000,00 DM

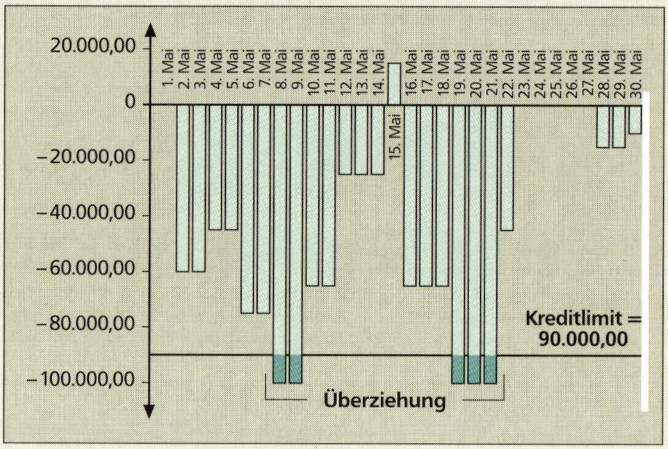

Der Diskontkredit

Oft ist ein Warengeschäft Grundlage für einen Wechselkredit. Um eine spätere Zahlung nach dem Erbringen der Warenleistung abzusichern, wird eine Wechselurkunde ausgestellt. Damit wird die bestehende Forderung verbrieft und zusätzlich wechselrechtlich abgesichert.

Der Gläubiger kann den Wechsel

- bis zum Verfalltag aufbewahren,
- er kann ihn weiterreichen, um Verbindlichkeiten abzudecken, oder aber
- er verkauft den Wechsel vor Ablauf der Wechselfrist an ein Kreditinstitut.

In diesem Fall liegt ein Diskont- oder Wechseldiskontkredit vor, weil das Kreditinstitut dem Wechseleinreicher bis zum Zeitpunkt der Fälligkeit des Wechsels einen kurzfristigen Kredit einräumt.

Für die Zeit vom Tage des Ankaufs bis zum Verfalltag des Wechsels stellt die Bank finanzielle Mittel zur Verfügung. Für eine vorzeitige Wechseleinlösung berechnet die Bank einen Zinsabzug, den Diskont. Wenn ein noch nicht fälliger Wechsel an die Bank verkauft wird, ist damit eine Vorfinanzierung durch die Bank verbunden, denn die Bank kann dem Bezogenen den Wechsel erst am Verfalltag präsentieren. Die Höhe dieses Zinsabzuges oder Diskonts hängt von der Höhe der Wechselsumme, der Restlaufzeit des Wechsels und der Höhe des Diskontsatzes ab. Die Wechselsumme wird um den Diskontbetrag reduziert; den so ermittelten Barwert zahlt die Bank aus.

4001422L

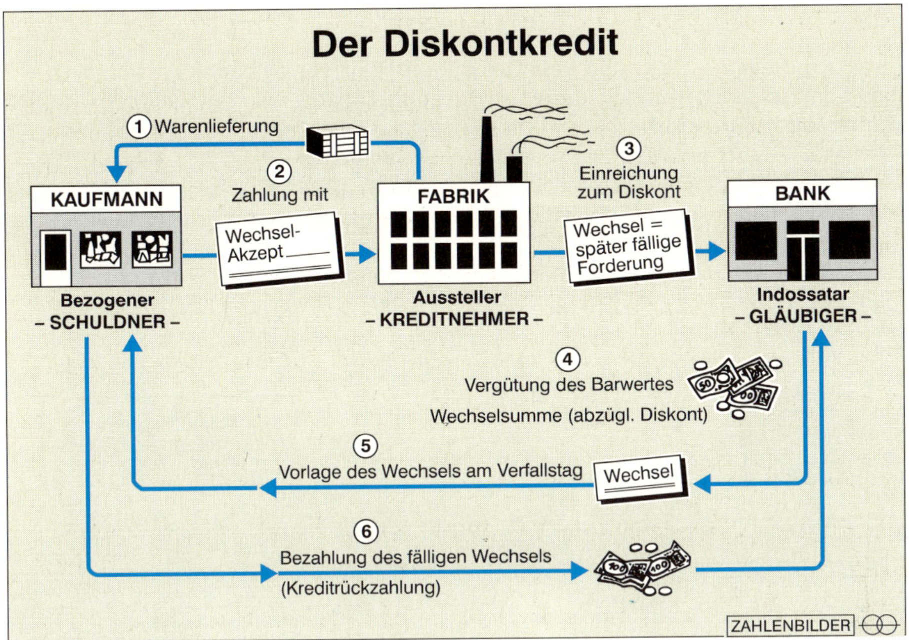

Die Kosten des Diskontkredits lassen sich mithilfe der abgewandelten Zinsformel für die Tageszinsen berechnen:

Beispiel:

Wechselsumme:	5.600,00 DM
Diskontsatz:	4 %
Ausstellungstag:	15. Sept.
Tag der Diskontierung:	5. Okt.
Verfalltag:	15. Dez.
Spesen:	4,00 DM

Abrechnung der Bank:

Wechselsumme:	5.600,00 DM
– Diskont (für 70 Tage zu 4 %)[1]	43,56 DM
= Barwert am 5. Okt.	5.556,44 DM
– Spesen	4,00 DM
= Gutschrift der Bank	5.552,44 DM

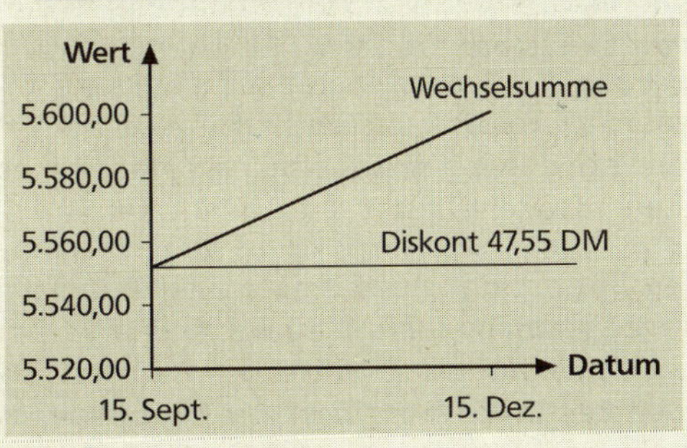

1 nach der Eurozinsmethode

Der Akzeptkredit

Er ist ebenfalls ein Wechselkredit, allerdings mit dem Unterschied zum Diskontkredit, dass der Schuldner als Kunde eines Kreditinstituts einen Wechsel auf dieses zieht und der Wechsel akzeptiert wird. Damit ist ein hohes Maß an Sicherheit verbunden und das Bankakzept lässt sich über den guten Namen der Bank am Markt entsprechend gut verkaufen. Der Bankkunde (Schuldner) verpflichtet sich, einen Tag vor Fälligkeit des Wechsels seiner Bank den Wechselbetrag zur Verfügung zu stellen. Da die Bank bei diesem Geschäft nicht unmittelbar flüssige Mittel zur Verfügung stellt, liegt ein Kreditleih- und kein Geldgeschäft vor, denn die finanziellen Mittel der Bank werden erst dann beansprucht, wenn der Schuldner nicht zahlt. Für diese Dienstleistung verlangt die Bank eine Akzeptprovision und Bearbeitungsgebühren (insgesamt 1–2 % der Wechselsumme) als Gegenleistung von den Bankkunden.

Im Exportgeschäft zieht der Exporteur einen Wechsel auf seine Hausbank. Das Akzept kann er dann in üblicher Weise verwenden und die Wechselverbindlichkeiten der Bank gegenüber werden aus den Erlösen aus dem Exportgeschäft ausgeglichen.

Der Avalkredit

Auch hier liegt ein Kreditleihgeschäft und kein Geldleihgeschäft vor. Die Bank gibt nämlich ein Zahlungsversprechen für einen Kunden gegenüber einem Dritten ab. Dies geschieht oft in Form von Garantien oder Bürgschaften und nicht durch die Überlassung flüssiger Mittel.

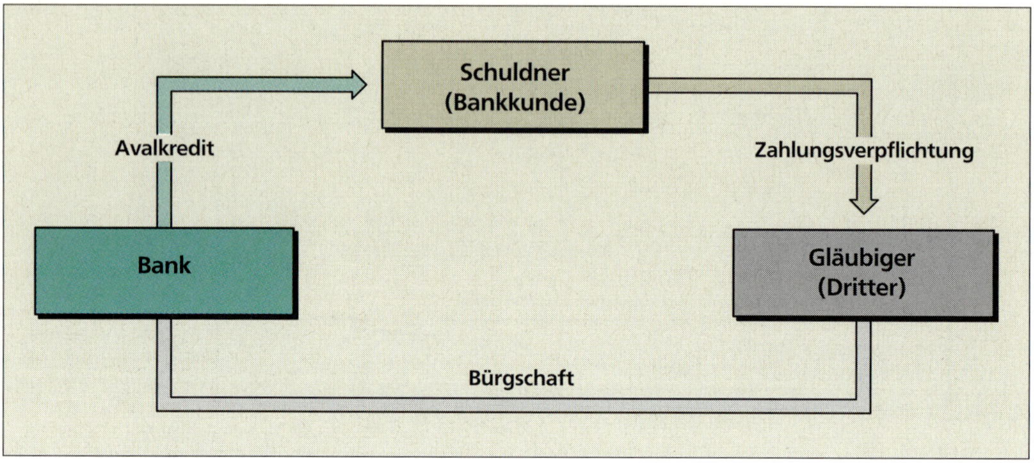

Anlässe für diese Geschäfte können sein:

- Erfüllung eines Vertrages (Vertragserfüllungsbürgschaft oder Ausführungsaval):
  Das Kreditinstitut verpflichtet sich für die Vertragserfüllung eines Kunden zu sorgen und gegebenenfalls Sicherheiten für eine Vertragserfüllung aufzubringen.
- Vertragsstrafen: Wenn Kunden des Kreditinstitutes ihren Vertrag mit anderen Vertragspartnern nicht erfüllen können und Vertragsstrafen vereinbart sind, bürgen Kreditinstitute für die Zahlung dieser Strafe.
- Gewährleistungsansprüche: Sie können aus Arbeiten von Bankkunden entstehen und werden durch Gewährleistungsbürgschaften abgesichert.
- Anzahlungen: Bei geleisteten Anzahlungen an ihre Kunden bürgt die Bank für die Leistung, welche mit dieser Anzahlung verbunden ist (Anzahlungsbürgschaft).

Der Lombardkredit

Zur Sicherung des Kredites erhält der Kreditgeber leicht verwertbare, hochwertige und wertbeständige Gegenstände zum Pfand (z.B. Wertpapiere oder Edelmetalle), welche aus Gründen der Wertbeständigkeit nur ungern verkauft würden, um finanzielle Mittel zur Verfügung zu haben. Wenn die Schuld bei Fälligkeit nicht beglichen wird, kann der Gläubiger das Pfand nach vorheriger Androhung und Ablauf einer Wartefrist versteigern oder verkaufen lassen. Aus dem Erlös kann seine Forderung befriedigt werden.

Der Lombardkredit wird meist kurzfristig vergeben, seine Laufzeit ist von vornherein festgelegt. Der Richtzinssatz für diesen Kredit, der Lombardsatz, wird von der Deutschen Bundesbank bestimmt und liegt 1–2 % über dem gültigen Diskontsatz.

Der Rembourskredit

Zur Finanzierung von Außenhandelsgeschäften wird dieser Kredit oft herangezogen. Hier liegt ein Diskontkredit in Verbindung mit einem Akkreditiv vor. Das Akkreditiv ist ein Auftrag, den eine Bank (Akkreditivbank) von einem Kunden (Importeur) erhält, um an einen Begünstigten (Exporteur) gegen Vorlage der Versanddokumente den Rechnungsbetrag gutzuschreiben. Der Wechsel, den der Exporteur auf die Import- oder Akkreditivbank zieht, dient der zusätzlichen Sicherung des Geldgeschäftes. Im Ablauf ergibt sich folgendes Bild:

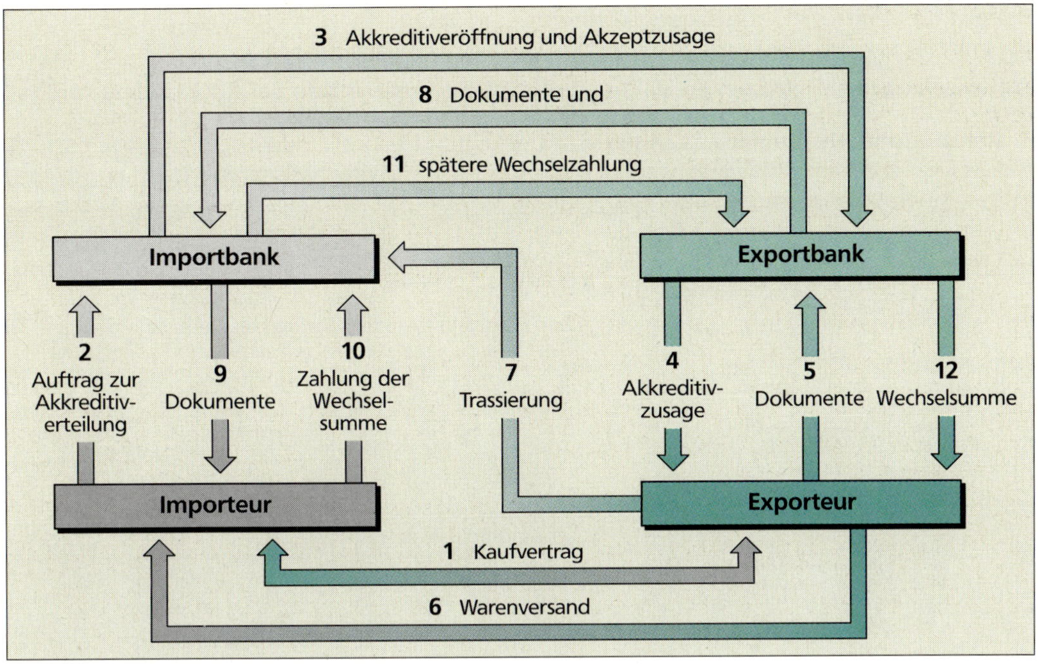

1) Importeur und Exporteur schließen einen Kaufvertrag.

2) Der Importeur erteilt seiner Importbank einen Auftrag zur Eröffnung eines Remboursakkreditivs bei der Exportbank.

3, 4) Die Exportbank teilt die erhaltene Akkreditiv- und Akzeptzusage dem Exporteur mit.

5, 6, 7) Dieser versendet die Ware, übergibt die Dokumente an die Exportbank und zieht einen Wechsel auf die Importbank.

8) Die Exportbank versendet die Dokumente an die Importbank und erhält im Gegenzug das Akzept der Importbank.

9) Die Dokumente werden weitergeleitet an den Importeur.

10, 11, 12) 2 Tage vor Ablauf der Wechselfrist muss der Importeur die Wechselsumme an die Importbank zahlen, diese leitet den Wechselbetrag weiter an die Exportbank, die ihrerseits den Diskonterlös dem Exporteur hat zukommen lassen.

Darlehen

Sie werden in vielfältiger Art und Weise am Geldmarkt angeboten. Sie unterscheiden sich primär durch die Rückzahlungsmodalitäten. In aller Regel werden sie mittel- und langfristig beansprucht.

Beispiel für unterschiedliche Tilgungsformen:

Ein Kreditnehmer benötigt einen Kredit in Höhe von 150.000,00 DM.

Die Bank verlangt 7 % Zinsen pro Jahr und schlägt drei Alternativen der Rückzahlung vor:

1. Annuitätendarlehen mit 7 % Zinsen und 1 % Tilgung

	Kapital	Zinsen	Tilgung	Annuität
1. Jahr	150.000,00	10.500,00	1.500,00	12.000,00
2. Jahr	148.500,00	10.395,00	1.605,00	12.000,00
3. Jahr	146.895,00	10.282,65	1.717,35	12.000,00
4. Jahr	145.177,65	10.162,44	1.837,56	12.000,00

Eine **Annuität** ist eine gleich bleibende regelmäßige jährliche Zahlung, welche sich aus den Zinsen und einer vereinbarten Tilgung zusammensetzt. Bei abnehmendem Schuldbetrag werden die Zinszahlungen geringer, dafür aber die Tilgungszahlungen höher.

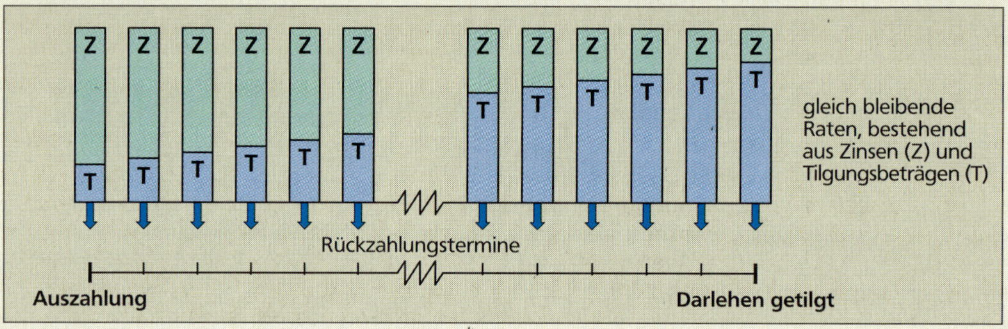

2. Abzahlungsdarlehen mit 7 % Zinsen und 4 % Tilgung

	Kapital	Zinsen	Tilgung	Gesamtzlg.
1. Jahr	150.000,00	10.500,00	6.000,00	16.500,00
2. Jahr	144.000,00	10.080,00	6.000,00	16.080,00
3. Jahr	138.000,00	9.660,00	6.000,00	15.660,00
4. Jahr	132.000,00	9.240,00	6.000,00	15.240,00

Abzahlungsdarlehen sind gekennzeichnet durch einen jährlich gleichbleibenden Tilgungsbetrag. Die Zinsen nehmen auch hier mit jeder Tilgung ab, sodass die zu zahlende Summe aus Zinsen und Tilgung immer geringer wird.

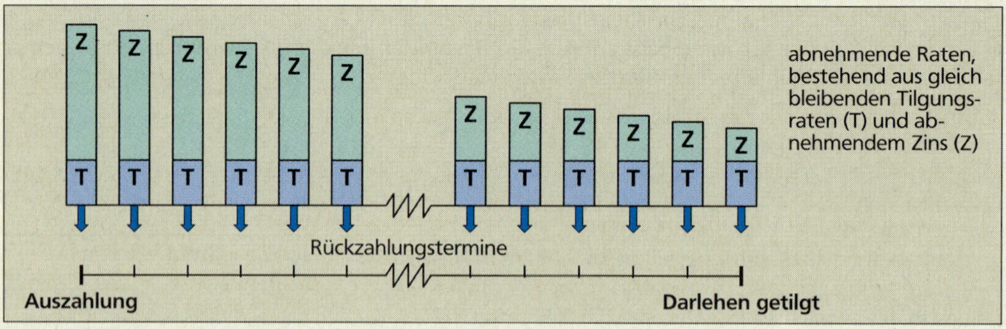

3. Zinsdarlehen mit 7 % Zinsen und Tilgung am Ende der Laufzeit

Diese Darlehensart weist als charakteristisches Merkmal die Tilgung des gesamten Kreditbetrages am Ende der Laufzeit auf. Während der Laufzeit des Kredites sind lediglich gleich bleibende Zinsbeträge, aber keine Tilgungsbeträge fällig.

4001426L

3.4.4.4 Finanzierung über Schuldverschreibungen

Schuldverschreibungen sind Schuldurkunden, in denen sich der Gläubiger dem Schuldner gegenüber verpflichtet den geschuldeten Betrag zurückzuzahlen und einen vereinbarten Zins zu entrichten.

Diese Gläubigerpapiere sind vermögensrechtliche Urkunden und somit Wertpapiere, die als Rentenpapiere an der Börse gehandelt werden. Sie bestehen aus einem Mantel, der neben dem Namen der herausgebenden Unternehmung und dem Nennwert des Papiers auch die Bedingungen für Verzinsung und Rückzahlung enthält. Der zweite Teil der Urkunde ist ein Zinsscheinbogen (Talon) mit einzelnen Abschnitten (Kupons), die jeweils am Fälligkeitstag abgetrennt und eingelöst werden.

Sie sind festverzinsliche Wertpapiere, weil mit ihnen ein fester Zinssatz verbunden ist. Ihr aktueller Wert, Kurswert, richtet sich nach Angebot und Nachfrage, er weicht jedoch nur minimal im Unterschied zu Aktien vom Nennwert ab.

Bei der Ausgabe oder dem Erwerb kann der Kurs unter 100% liegen. Da eine Rückzahlung bei Fälligkeit mindestens zum Nennwert erfolgen muss, ergibt sich durch einen niedrigeren Kurs ein zusätzlicher Gewinn für den Kapitalgeber. Die Differenz zwischen einem möglichen Ausgabekurs (Emissionskurs) unter dem Nennwert des Papiers wird als Disagio (Abgeld, Abzug) bezeichnet. Um ein Agio (Aufgeld) handelt es sich, wenn der Kurswert den Nennwert übersteigt.

Die summierten Einzelbeträge aller Wertpapiere, welche von einem Unternehmen herausgegeben werden, bilden das insgesamt ausgeliehene Kapital.

Wertpapiere dieser Art, auch als Anleihen bezeichnet, werden vom Bund, den Ländern, Gemeinden, Privatunternehmen sowie Kreditinstituten herausgegeben. Folgendes Schaubild zeigt die in der Bundesrepublik Deutschland üblichen Anleihen:

Arten von Anleihen	
Anleihen der öffentlichen Hand	Anleihen von Bund, Bahn, Post, Ländern, Gemeinden und öffentlich-rechtlichen Einrichtungen, ausgegeben als Einmalemissionen mit Laufzeiten von mehreren Jahren. Kassenobligationen und Schatzanweisungen von Bund, Bahn, Post, Ländern und öffentlichen Einrichtungen, ausgegeben als Einmalemissionen mit kurzen bis mittleren Laufzeiten. Bundesobligationen und Bundesschatzbriefe als Daueremissionen mit 5-, 2- bzw. 6- und 7-jähriger Laufzeit, hauptsächlich vom Bund ausgegeben.
Bankschuldverschreibungen	Pfandbriefe: Von Realkreditinstituten ausgegebene Schuldverschreibungen, die durch Hypotheken oder Grundschulden gesichert sind. Kommunalobligationen: Von Realkreditinstituten ausgegebene Schuldverschreibungen, die durch das Vermögen und die Steuerkraft der Gemeinden gedeckt sind, an die die Mittel weitergereicht werden, welche durch die Ausgabe dieser Anleihen aufgenommen werden. Schuldverschreibungen von Spezialkreditinstituten: Anleihen, die von Kreditinstituten mit Sonderaufgaben ausgegeben werden. Sparbriefe: Schuldverschreibungen mit fester Laufzeit und fester Verzinsung, die von Banken ausgegeben werden.
Industrieobligationen	Schuldverschreibungen gewerblicher Kapitalgesellschaften.

Auslandsanleihen	**DM-Auslandsanleihen:** Schuldverschreibungen ausländischer Emittenten, die auf DM lauten. **Fremdwährungsanleihen:** Schuldverschreibungen ausländischer Emittenten, die auf eine ausländische Währung oder eine Recheneinheit lauten.
Sonderformen	**Wandelschuldverschreibungen:** Anleihen, die dem Inhaber neben einer Verzinsung das Recht gewähren die Anleihe in Aktien umzuwandeln. **Optionsanleihen:** Anleihen, die dem Inhaber das Recht einräumen innerhalb einer bestimmten Frist Aktien zu erwerben. Davon unberührt ist die Tatsache, dass eine Anleihe ein verbrieftes Forderungsrecht darstellt. **Gewinnschuldverschreibungen:** Schuldverschreibungen, bei denen der Inhaber neben der laufenden festen Verzinsung eine gewinnabhängige Zahlung erhält. **Nullkuponanleihen oder Zerobonds:** Anleihen ohne laufende Verzinsung. Der Zinsertrag ergibt sich aus der Differenz zwischen dem Einstandspreis und dem Rücknahmepreis bei Tilgung.

aus: WIrtschaft auf einen Blick, Bank-Verlag Köln

Faktoren, von denen ein entscheidender Einfluss für oder gegen eine ganz bestimmte Finanzierungsform ausgeht, könnten unter anderem sein:

- Kostengesichtspunkte (ein vergleichsweise hohes Zinsniveau, hohe Emissionskosten),
- Eigentumsverhältnisse (Einräumung von Eigentums- oder Schuldnerrechten)
- Sicherheiten (die in ausreichendem Maße vorhanden sein können oder nicht)
- Zeitraum des Kapitalbedarfs (der kurz- oder eher langfristig veranschlagt wird)

Vereinfacht lässt sich sagen, dass eine Finanzierung über Eigenkapital eher dann vorzuziehen ist, wenn weniger Sicherheiten vorhanden, ein langer Zeitraum und relativ geringe Kosten erwünscht sind.

Arbeitsvorschlag:

1. Worin liegen Vor- bzw. Nachteile des Kontokorrentkredits?

2. Wovon hängt die Höhe des Diskontbetrages ab?

3. Wodurch unterscheiden sich Aval- und Akzeptkredit?

4. Verdeutlichen Sie Unterschiede zwischen einem Abzahlungs-, Annuitäten- und Zinsdarlehen.

5. Verdeutlichen Sie, worin die besondere Sicherheit des Rembourskredits besteht.

6. Erstellen Sie für einen Zeitraum von 10 Jahren einen Zins- und Tilgungsplan für einen Investitionskredit

Kreditvolumen:	**5 Millionen DM**
Jahreszins:	**6 %**
jährliche Tilgungsleistung:	**2 %**
Berechnungsalternativen:	**Gruppe A: Annuitätendarlehen**
	Bruppe B: Anzahlungsdarlehen

a) Vergleichen Sie die Gruppenergebnisse und stellen Sie die Unterschiede zwischen beiden Darlehensarten heraus.

b) In der Vergangenheit kamen Banken unter anderem hinsichtlich der Darlehensberechnungen in die Schusslinie der Krititk, weil die Tilgungsleistungen der Kreditnehmer meist monatlich erfolgen, während sie selbst die Tilgungen zusammenfassten und erst am Jahresende verrechneten. Stellen Sie die Auswirkungen einer solchen Abrechnungsweise dar.

7. Ein privater Kreditvermittler wirbt mit dem Argument: „Darlehen bis 10.000 DM mit Sofortauszahlung – nur 0,5 % Zinsen pro Monat von der Kreditsumme – Tilgung nach individueller Vereinbarung".

Ein Kreditnehmer nimmt ein solches Darlehen über 10.000 DM auf und tilgt jedes Jahr 20 %. Wie hoch ist der tatsächliche Zinssatz, der sich im letzten Jahr ergibt, wenn nur noch eine Restschuld von 2.000 DM besteht, aber nach wie vor monatlich 0,5 % von der Ursprungssumme zu zahlen sind?

Factoring

Bei dem Factoring wird eine Vereinbarung mit einer Factoringgesellschaft (Factor) über den Ankauf von Forderungen und die Übernahme bestimmter Dienstleistungsfunktionen getroffen.

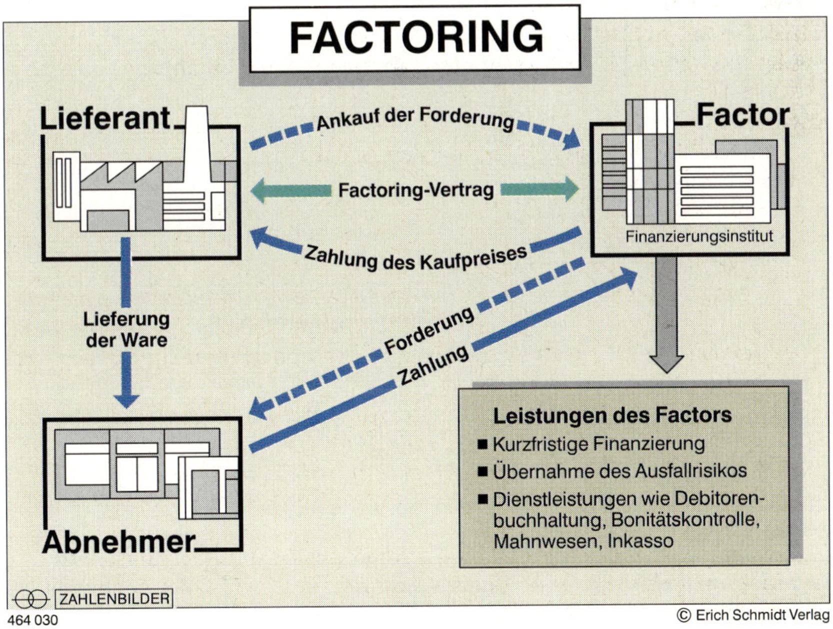

464 030

Je nachdem, ob die Dienstleistungen in vollem Umfang beansprucht werden oder nicht, liegt ein **echtes** oder **unechtes Factoring** vor. Wenn das Ausfallrisiko vom Factor nicht übernommen und somit die Delkrederefunktion nicht ausgeübt wird, ist das Factoring unecht.

Das Dienstleistungsangebot ist allerdings nicht kostenlos. Die Factoringgesellschaft berechnet Gebühren für ihre Tätigkeit:

- Provisionen für die Übernahme des Forderungseinzugs,
- Vorschusszinsen für den Ankauf von Forderungen mit Zahlungszielen,
- Delkredereprovision für Forderungsausfälle.

Diesen Kosten stehen Vorteile für das Unternehmen gegenüber, denn eine bessere Liquidität, Einsparungen im Bereich der Debitorenbuchhaltung und geringere Forderungsausfälle wirken kompensierend.

Eine Besonderheit im Außenhandelsgeschäft ist die **Forfaitierung.** Bei diesem Verfahren werden Forderungen aus dem Exportgeschäft verkauft. Der Käufer dieser Forderungen (Forfaiteur) verpflichtet sich die Dienstleistungen des Factors (s.o.) zu übernehmen und zusätzlich auf mögliche Regressansprüche zu verzichten.

Leasing

Leasing ist ein miet- oder pachtähnliches Verhältnis über einen bestimmten Zeitraum hinweg. Der Leasingvertrag wird zwischen einem Leasinggeber und einem Leasingnehmer (Kunde) geschlossen. Leasinggeber können entweder der Hersteller eines Produktes oder eine spezielle Leasingfirma sein; im zweiten Fall entsteht die abgebildete Beziehung:

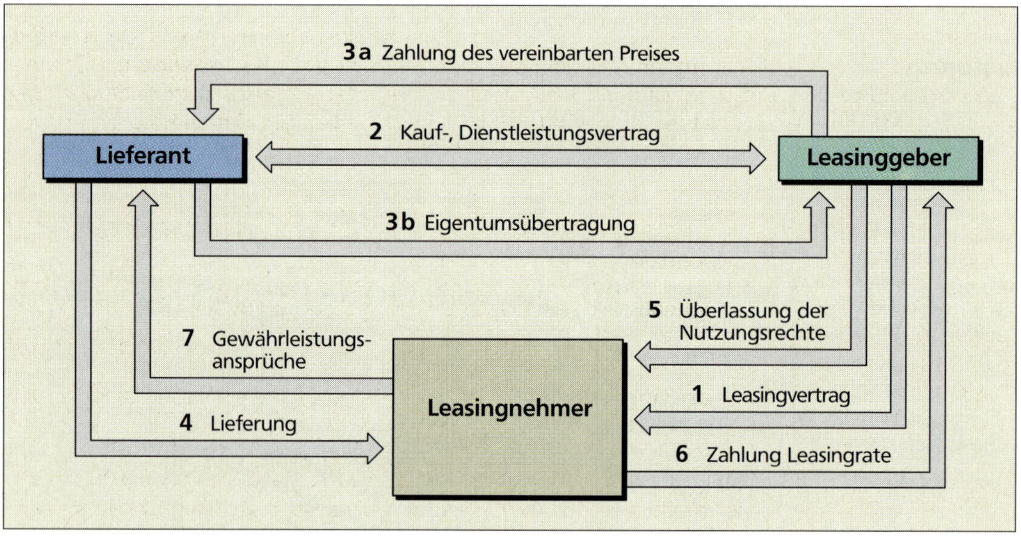

1) Leasinggeber und -nehmer schließen einen Vertrag über die Nutzung einer Sache.

2, 3) Daraufhin erwirbt der Leasinggeber vom Lieferanten diese Sache.

4) Der Lieferant übergibt die Sache an den Leasingnehmer.

5, 6) Dieser verpflichtet sich dem Leasinggeber gegenüber nach Überlassung der Nutzungsrechte die Leasingraten zu entrichten.

7) Etwaige Gewährleistungsansprüche sind an den Lieferanten zu richten.

Der Leasinggeber ist Eigentümer der Sache, der Leasingnehmer Besitzer.

Hinsichtlich des Leasingvertrages sind drei Grundtypen zu unterscheiden:

Verträge ohne Optionsrecht

Es finden keine Nebenabreden für die Zeit nach der Grundmietzeit statt.

Verträge mit Kaufoption

Nach der Grundmietzeit kann das Objekt erworben werden.

Verträge mit Mietverlängerungsoption

Eine Verlängerung des Vertrages über die ursprünglich vereinbarte Grundmietzeit ist möglich.

Grundsätzlich hat der Leasingnehmer eine Abschlussgebühr als einmalige Zahlung und seine monatlichen Leasingraten zu zahlen. Diese kann er als Aufwand Gewinn mindernd buchen. Das Bilanzierungsrecht bleibt in aller Regel beim Leasinggeber.

Es gibt eine Reihe von wirtschaftlichen Gründen, die für das Leasingverfahren sprechen.

- Es wird, abgesehen von einem oft üblichen Anzahlungsbetrag, kein Kapital für die Investition verwendet.
- Der Investitionsbetrag verteilt sich in Form von Raten auf die gesamte Mietzeit und kann aus den erwirtschafteten Erträgen aufgebracht werden.
- Dingliche Sicherheiten sind nicht erforderlich, da die Leasinggesellschaft Eigentümerin des Objekts bleibt.
- Leasingraten werden als fester Betrag vereinbart und bilden von daher eine klare Kalkulationsgrundlage.

Demgegenüber können aus der Sicht des Leasingnehmers etwaige höhere Kosten und das fehlende Recht der Bilanzierung der geleasten Sache als Nachteile angesehen werden.

In Abhängigkeit von der Dauer des Leasingvertrages, der Art des Leasinggegenstandes und dem Leasinggeber unterscheidet man verschiedene Formen des Leasings.

Leasingformen	Merkmale
Direktes Leasing	Leasinggeber und Hersteller des Leasingobjektes sind identisch.
Indirektes Leasing	Eine Leasinggesellschaft kauft das Leasingobjekt vom Hersteller und vermietet es weiter an den Leasingnehmer.
Financeleasing	Das Finanzierungsleasing ist mit einer nicht kündbaren Grundmietzeit verbunden, die in der Regel aber kürzer ist als die betriebsgewöhnliche Nutzungsdauer.
Operateleasing	Die Mietverträge werden für recht kurze Zeiten, manchmal Stunden oder Tage, kaum aber länger als ein Jahr abgeschlossen.
Immobilienleasing	Grundstücke, Gebäude sowie komplette Betriebsanlagen können z. B. Gegenstand des Leasingvertrages sein.
Mobilienleasing	Einzeln nutzbare Gegenstände wie Maschinen, Autos oder Büromaschinen und Datenverarbeitungsanlagen.
Sale-and-lease-back-Verfahren	Vermögensgegenstände werden vom Leasingnehmer an eine Leasinggesellschaft verkauft, um diese im Gegenzug von der Gesellschaft wieder zu leasen. Das in dem Leasingobjekt gebundene Kapital wird dadurch freigesetzt.

Arbeitsvorschlag:

1. **Verdeutlichen Sie die Dienstleistungsfunktionen, welche die Factoringgesellschaft übernehmen kann.**
2. **Erläutern Sie den Begriff „Leasing" und stellen Sie seine Finanzierungsfunktion heraus.**
3. **Wodurch unterscheiden sich die Grundtypen des Leasingvertrages?**
4. **Was bedeutet Forfaitierung?**
5. **Verdeutlichen Sie die Unterschiede zwischen Operate- und Financeleasing.**

Betriebliche Entscheidungssituation
Analysieren – informieren – diskutieren – entscheiden

Die Bero GmbH hat sich für einen Kleinlastwagen zur Bewältigung interner Transportprobleme entschieden. Sie hat die Möglichkeit diesen Lkw zu leasen oder ihn über ein Darlehen zu finanzieren. Der Lkw kostet 90.000,00 DM, seine Nutzungsdauer beträgt 5 Jahre.

Im Leasingvertrag ist u.a. Folgendes festgeschrieben:

- Einmalige Anzahlung von 9.000,00 DM,
- Kaufoption nach drei Jahren zum Buchwert,
- monatliche Leasingraten in Höhe von 1.800,00 DM,
- unkündbare Mietzeit von 36 Monaten.

Die Kosten der Finanzierung belaufen sich auf 10% (Zinsen incl. Gebühren) und einen Tilgungsbetrag von 30.000,00 DM jährlich. Der Darlehensvertrag hat eine Laufzeit von 3 Jahren.

a) Welche Art des Leasings liegt hier vor?

b) Wie hoch ist der Finanzierungseffekt, falls sich die Bero GmbH für Leasing entscheidet?

c) Erstellen Sie einen Vergleich der monatlichen Kosten bei Leasing bzw. bei Inanspruchnahme des Darlehens und treffen Sie eine begründete Entscheidung für Leasing bzw. Darlehensfinanzierung.

d) Berechnen Sie die Gesamtkosten, welche mit Leasing bzw. der Aufnahme eines Darlehens verbunden sind und überprüfen Sie Ihre zu c) getroffene Entscheidung.

4001432L

Sachwortverzeichnis

A

B

4001434PC

C

D

E

F

4001436PC

G

H

I

J

K

4001438PC

L

M

N

O

P

Q

R

S

T

U

V

W

Z

Bildquellen

AEG Unternehmensdienste GmbH, Frankfurt 161
Reinhard Alff 138, 217,
Michael Ammann 215, 329,
Associated Press, Frankfurt 134 (1)
Audi AG, Ingolstadt 126 (1)
Bayerische Motoren Werke AG, München 139
Beuth Verlag, Berlin 181
BITO-Lagertechnik, Meisenheim 105 (1), 106 (1),
Bonifatiushaus, Fulda 24
Cork c CCC, München 324
Dell Computer, Langen 306
Deutsche Lufthansa AG, Köln 297 (1)
Deutsche Presse-Agentur, Frankfurt 134 (1)
Deutsche Renault AG, Brühl 290
Deutsche Telekom AG, Bonn 314
Deutscher Instituts-Verlag, Köln 175, 177, 276,
Matthias Fahrberg 188
Ford AG, Köln 11 (1), 336 (1), 338
Freundin, München 349
Globus-Kartendienst, Hamburg 13, 14, 54, 130, 131, 135, 350, 380, 382
Horst Haitzinger 144
Kurt Halbritter c Carl Hanser Verlag, München Wien 338
IBM Deutschland, Stuttgart 142 (2)
IG Chemie-Papier-Keramik, Hannover 353
Jungheinrich AG, Hamburg 44, 105 (3), 106 (1)
H. E. Köhler 19
Egon Körbi 144
KONA Mountainbikes, Blumberg 145
Knürr AG, München 204
Levis's Strauss Germany, Heusenstamm 137
Erik Liebermann 137
Lö 163
Reinhold Löffler 314, 348
Gebrüder Märklin & Cie, Göppingen 278
MCC GmbH, Renningen Titel (1), 8, 9, 10,
Mercedes-Benz AG, Stuttgart 133, 135, 140, 158 (3), 279, 336 (1), 359
Bettina Müller-Zillgen/STERN 319
Carl Nolte Söhne GmbH & Co KG, Berkatal 72
Adam Opel AG, Rüsselsheim 45, 65, 66 (2), 102, 120, 122, 123 (7), 158 (3), 167, 168, 173, 196, 205 (2), 218, 335
Peter Ohrenschall 176
Persona Service GmbH, Lüdenscheid 333
Profitex GmbH, Trossingen 333
Rationalisierungskuratorium der Deutschen Wirtschaft, Eschborn 131
Rowohlt Verlag, Reinbek 321
SC 349
Erich Schmidt Verlag, Berlin 414, 423, 429
SEAT Deutschland GmbH, Mörfelden-Walldorf 11 (1)
SieMatic Möbelwerke GmbH & Co., Löhne 213
Siemens AG, München 343 (2), 344 (4)
Der Spiegel, Hamburg 398, 402
Süddeutscher Verlag, München 44
Süd-Factoring GmbH, Stuttgart 429
SWATCH THE CLUB, Eschborn 277
Stefan Trux, Rosenheim 155, 341 (2)
TÜV Product Service GmbH, München 203
Volkswagen AG, Wolfsburg Titel (3), 11 (1), 126 (1), 158 (1), 264, 297 (3), 406
Wirtschaftswoche, Düsseldorf 355
Die Woche, Hamburg 351, 354
Jupp Wolter 323
Zentralverband Elektrotechnik- und Elektronikindustrie, Frankfurt/Main 142
Fotos: Autor 33, 222
Tonn 222, 223, 227, 256, 267, 304,
INFOGRAFIKEN: Claudia Hild, Angelburg-Gönnern